HERMES

在古希腊神话中，赫耳墨斯是宙斯和迈
亚的儿子，奥林波斯神们的信使，道路
与边界之神，睡眠与梦想之神，亡灵的
引导者，演说者、商人、小偷、旅者和
牧人的保护神……

西方传统 经典与解释

Classici et Commentarii

HERMES

朗佩特集

The Collected Works
of Laurence Lampert

刘小枫◎主编

尼采与现时代

——解读培根、笛卡尔与尼采

Nietzsche and Modern Times

A Study of Bacon, Descartes, and Nietzsche

[加] 劳伦斯·朗佩特 Laurence Lampert ｜ 著

李致远　彭磊　李春长 ｜ 译

华夏出版社

古典教育基金·蒲衣子资助项目

"朗佩特集"出版说明

朗佩特(1941—)以尼采研究著称,直到《哲学如何成为苏格拉底式的》(2010／华夏出版社,2015)问世之前,他的著述的书名都没有离开过尼采。《哲学如何成为苏格拉底式的》转向了柏拉图,该书"导言"虽然谈的是贯穿全书的问题,即柏拉图笔下的"苏格拉底是如何成为苏格拉底的",却以谈论尼采收尾。在该书"结语"部分,朗佩特几乎完全在谈尼采。

从尼采的视角来识读柏拉图,可以恰切地理解柏拉图吗？或者说,我们应该凭靠尼采的目光来识读柏拉图吗？朗佩特的要求不难理解,因为今人在思想上越长越矮,我们要理解古代高人,就得凭靠离我们较近的长得高的近人。不仅如此,这个长得高的近人还得有一个大抱负:致力于理解自身的文明思想传统及其面临的危机。否则,柏拉图与我们有何相干？

朗佩特在早年的《尼采与现时代》一书中已经提出:尼采开创了一部新的西方哲学史——这意味着他开创了一种理解西方古代甚至历代哲人的眼光。朗佩特宣称,他的柏拉图研究属于尼采所开创的新哲学史的"开端部分"。他提出的问题是:"柏拉图何以是一位尼采意义上的真正哲人？"这个问题让人吃惊,因为尼采的眼光成了衡量古人柏拉图甚至"真正的哲人"苏格拉底的尺度。尼采的衡量尺度是,伟大的哲人们应该是"命令者和立法者"。然而,这一衡量尺度不恰恰来自柏拉图吗？朗佩特为何要而且公然敢倒过来说？为什么他不问:"尼采何以是一位柏拉图意义上的真正哲人？"

朗佩特宣称,"对于一部尼采式的哲学史来说,施特劳斯几乎是不可或缺的源泉"。这无异于告诉读者,他对尼采的理解来自施特劳斯——这让我们想起朗佩特早年的另一部专著《施特劳斯与尼采》。通过以施特劳斯的方式识读施特劳斯,《施特劳斯与尼采》揭示出施特劳斯与尼采的深隐渊源。朗佩特认识到尼采的双重言辞凭靠的是施特劳斯的眼力,尽管在《施特劳斯与尼采》的最后,朗佩特针对施特劳斯对尼采的批判为尼采做了辩护。

《哲学如何成为苏格拉底式的》出版三年之后,朗佩特在施特劳斯逝世四十周年之际出版了专著《施特劳斯的持久重要性》。这个书名意在强调,施特劳斯让朗佩特懂得,为何"柏拉图的苏格拉底让一位神看起来是一个超越于流变的存在者,一位道德法官",让他得以识读柏拉图《王制》卷十中苏格拉底最后编造的命相神话与荷马的隐秘关联,能够让他"从几乎二千五百年后具有后见之明的位置回望"这样一种教诲。

在柏拉图那里,尼采的所谓"大政治"是"一种为了哲学的政治",即为了真正让哲学施行统治,必须让哲学披上宗教的外衣。苏格拉底–柏拉图都没有料到,他们凭靠显白教诲精心打造的这种"大政治"的结果是:宗教最终僭越了哲学的至高法权,并把自己的僭越当真了。尤其要命的是,宗教僭越哲学的法权在西方思想史上体现为哲学变成了宗教,这意味着哲学的自尽。尼采的使命因此是,如何让哲学和宗教各归其位。

朗佩特算得上是诚实的尼采知音。能够做尼采的知音已经很难,成为知音后还要做到诚实就更难。毕竟,哲人彼此的相似性的确已经丧失了社会存在的基础。朗佩特并不是施特劳斯的亲炙弟子,但确如施特劳斯的亲炙弟子罗森所说,他比诸多施特劳斯的亲炙弟子都更好、更准确地理解了施特劳斯。

最后必须提到,朗佩特还是一位优秀的作家。他的著作虽然无不涉及艰深的哲学问题,却具有晓畅而又浅显的叙述风格——这是他的著作具有诱惑力的原因。从这个意义上讲,朗佩特的真正老师是柏拉图。

刘小枫

古典文明研究工作坊

2021 年 5 月

目　录

中译本说明

　　作者开卷便说，这是一部哲学史，一部现代哲学史。此类专著夥矣，为何要翻译这部？

　　这不是我们常见的哲学史著作，而是一部尼采式的现代哲学史。作者试图透过"第一位全面理解并超越现代的哲人"尼采的火眼金睛，观察现代思想的开端，即培根—笛卡尔主义与柏拉图传统相遇的时刻，由此展示，现代意识为何以及如何被现代思想奠基者们塑造出来。为了实现这个意图，作者并没有像通常的哲学史家那样，"历史地和批判地"阐述某些哲学理论的产生、发展和影响过程，而是在尼采（"伟大的思想就是伟大的事件"、"真正的哲人是命令者和立法者"和"以前的哲人都知道显白与隐微的区别"三个原则）的指导下，悉心解读了三个原文本：培根的《新大西岛》(1624) 和《宣告一场圣战》(1623)，笛卡尔的《方法谈》(1637)；然后，他联系这些文本的基本问题，对堪尼采本人的两个文本：《论历史对生活的利与弊》(1873) 和《快乐的科学》卷五(1886)。作者之所以把这些文本放在一起阅读，理由很明显：这三位哲人背后无不隐藏着柏拉图的影子，他们与柏拉图之间的隐秘对话既塑造亦瓦解了"现时代"的基本意涵。

　　说到底，这部书并非现代意义上的现代哲学史，毋宁说展示了一位古典哲人、两位现代哲人和一位"超越现代的哲人"之间的对话。在柏拉图式古典哲人看来，对话写作正是古典自由教育的最佳形式（柏拉图，《斐德若》，2754–276a7；尼采，《人性、太人性》，条374）。志在复兴古典政治哲学的当代哲人深知："自由教育在于倾听最伟大心灵之间的对话",然而,"最伟大的心灵总在独白",因此,"我们必须把他们的独白转化成对话,请他们'肩并肩'进入'聚会'"(施特劳斯,"什么是自由教育?",见《经典与解释5》,华夏版2005,页7)。作者做到了这一点,不仅使我们得以聆听古今伟大心灵之间的交谈,而且在阅读艺术上为我们树立了榜样。

作者朗佩特没机会在课堂上亲炙施特劳斯的解读风采,却通过精读施特劳斯的解读之作,习得古典解经术,他的尼采解读,连施派后学也不得不大翘拇指。不过,据说施特劳斯终生都在偷偷摸摸倾听尼采,却很少在公开场合大谈尼采,甚至公开摆出反对尼采的姿态,只在生命的最后时期写了篇晦涩的短文("注意《善恶的彼岸》的谋篇")。相比之下,朗佩特更喜欢把自己读出一切都说白了,显得更坦诚,因而也更现代⋯⋯当然,要是从人家那里得到有益的启发,还苛责于人就有点不厚道了。据说朗教授目前正在写《尼采与古代》(*Nietzsche and Ancient Times:A Study of Plato and Nietzsche*),但愿我们不久能读到更精彩的解读。

李春长博士译过培根原著和解读文章,故由他承译培根部分;彭磊同志浸淫笛卡尔有年,策划过《经典与解释》学刊的笛卡尔专号,因此承译笛卡尔部分和导言;笔者喜读尼采,不揣浅陋承译尼采部分,并审读全稿,舛误之处,敬请各位读者批评指正。

文中[ ]内数字指原版页码(Yale University Press 1993)。

李致远
2008 年 10 月 8 日于康乐园

缩 写 表

　　本书所引培根和笛卡尔作品除《新大西岛》《哲学原理》和《灵魂的激情》仅给出章节顺次和格言条目外,其他均出以标准版本的卷次和页码。本书所引尼采作品除《未刊稿》据《考订版》出以卷次、笔记编号和条目(如 VIII 15〔30〕＝卷 VIII,笔记 15,条 30)外,其他均出以格言条目。

培根作品：

《复兴》:《伟大的复兴》(*Great Instauration*)

《新工具》:《新工具》(*New Organon*)

《培根》:《培根的哲学》(*Philosophy of Francis Bacon*, Farrington)

《古人》:《论古人的智慧》(*Of the Wisdom of the Ancients*)

《培根全集》:《培根全集》(*Works*, Spedding/ Ellis/ Heath 主编)

笛卡尔作品：

《笛全》:《笛卡尔全集》(*Oeuvres*, Adam/ Tannery 主编)

《哲著》:《笛卡尔哲学著作集》(*Philosophical Writings*, Cottingham/ Stoothoff/ Murdoch/ Kenny 主编)

尼采作品：

《敌》:《敌基督》(*The Antichrist*)

《集锦》:《意见与格言集锦》(*Assorted Opinions and Maxims*,《人性》第二卷,第 1 章)

《善恶》:《善恶的彼岸》(*Beyond Good and Evil*)

《悲剧》:《悲剧的诞生》(*Birth of Tragedy*)

《瓦格纳》:《瓦格纳事件》(*The Case of Wagner*)

《朝霞》:《朝霞》(*Daybreak*)

《瞧》:《瞧这个人》(*Ecce Homo*)

《道德》:《道德的谱系》(*On the Genealogy of Morals*)

《人性》:《人性、太人性》(*Human, All Too Human*)

《快乐》:《快乐的科学》(*The Joyous Science*)

《全集》:《尼采全集考订版》(*Kritische Gesamtausgabe*, Colli/ Montinari 主编)

《反瓦格纳》:《尼采反瓦格纳》(*Nietzsche Contra Wagner*)

《希腊人》:《希腊悲剧时代的哲学》(*Philosophy in the Tragic Age of the Greeks*)

《拜雷特》:《瓦格纳在拜雷特》(*Richard Wagner in Bayreuth*)

《叔本华》:《叔本华作为教育者》(*Schopenhauer as Educator*)

《偶像》:《偶像的黄昏》(*Twilight of the Idols*)

《历史》:《论历史对生活的利与弊》(*On the Use and Disadvantage of History for Life*)

《权力》:《权力意志》(*The Will to Power*)

《漫游者》:《漫游者及其影子》(*The Wanderer and His Shadow*,《人性》第二卷,第 2 章)

《扎》:《扎拉图斯特拉如是说》(*Thus Spoke Zarathustra*)

感谢尼采的一位不愿具名的朋友和艾阿哈特基金(Earhart Foundation)！承蒙他们的适时资助,笔者才有长久的闲暇来写作本书。

第一章　导　言

[1]尼采使一部新哲学史成为可能。本书就是这部哲学史的一部分。

这部哲学史有三条主导原则；用尼采的直率宣言来说就是："伟大的思想就是伟大的事件"（《善恶》，条285）；"真正的哲人是命令者和立法者"（《善恶》，条211）；"以前的哲人都知道显白与隐微的区别"（《善恶》，条30）。

这些说法广为尼采的读者们所知，但我以为，恐怕还没有人严肃地对待过这些说法——没有人认为它们可能是事实。这些说法若是事实，就必定会颠覆我们看待哲学史的方式，颠覆我们看待人类思想史的方式。"伟大的思想就是伟大的事件"——若果真如此，各种思想就是历史变革的首要动因，就一直通过支配我们共同的价值信念而支配着我们的历史；若果真如此，我们就必须抛弃那些行之已久但又似是而非的潮流，不再把思想看作最微不足道和最变幻不定的东西，好像只是某些更实在的运动泛起的泡沫。"真正的哲人是命令者和立法者"——若果真如此，以思想为生命的思想者就一直是历史中的首要行动者，并以自己的教诲左右了历史事件的进程；若果真如此，我们就必须抛弃旧有的观念，不再把思想者仅仅看作特殊时空的产物，不再认为他们的思想源于那些实际推动人类的真实事件。"以前的哲人都知道显白与隐微的区别"——若果真如此，哲人们就一直实践着隐藏的艺术，就一直为了立法而践行了说服的艺术；若果真如此，我们就必须以另一种方式阅读哲人们，不再认为他们（像我们一样）试图把一切都尽可能地揭示给一切人；我们就必须考虑一个令人不快和不受欢迎的可能性：哲人们很可能隐藏了自己的真实意图，他们这样做很可能出于某些正当的理由。

[2]这三条宣言典型地体现了尼采的简捷风格,因为他根本没打算提供任何论据或例证以说服我们相信这些宣言。不过,尼采尽管是个宣言艺术的大师,也没想要被人奉为权威;此类声明只是邀请甚或挑衅,不过是为了催人探问。尼采的正面观点也许不会对读者产生丝毫影响,但包含这些正面观点的作品却会以华丽恣肆的语言和痛快惊人的批判引起人们的注意:尼采像他笔下的扎拉图斯特拉一样,知道怎样吸引人群。但所有这些诱惑和招摇背后却潜藏着离经叛道的肯定性观点。这些观点若不仅仅是浮华夸张之辞,或一个人意兴所致的创造——它们若是事实,就必定会改变我们看待哲学史的方式。它们会是事实吗? 本书将会证明:的确如此。

但通过阅读培根和笛卡尔又如何能支持上述论点呢? 培根、笛卡尔和尼采可以相互发明。培根和笛卡尔通常被视为现代哲学之父;在我看来,此二人基本上都认同尼采上述三条宣言中阐明的哲学观。在他们二人的作品中,可以精彩地发现对这三条原则的肯定;他们是"尼采式的"哲人—立法者:他们精通隐微术,他们的思想也属于最伟大的现代事件。尼采的宣言打开了通往培根和笛卡尔作品的入口,而后者的作品也反过来打开了通往前者作品的入口:通过反思培根和笛卡尔及其革命性后果,可以使读者清醒地意识到哲人的可能性,从而进入尼采的作品。一旦培根和笛卡尔显现为尼采意义上的现代立法者,尼采就会显现为第一位全面理解了现代,并在自己的思想中涵括且超越了现代的思想者。培根和笛卡尔式革命的成功可以使读者看到尼采式革命的可能性。

"如何用锤子搞哲学"——尼采这句妙语是否意味着:可以把培根和笛卡尔锻造成尼采的样子,也可以借助某些强大观点的力量把哲学史随意锻造成任何可能的新样子? 不! 尼采的哲学史观认为:历史中某些颠扑不破的东西固然会遭到忽视或掩盖,但也会因其自身而得到聆听。[3]尼采的锤子并不改变任何东西。它只是轻轻碰触它们,如同音锤触碰音叉,从而使它们发出自己特有的音调:事物有其特殊的音调;我们要聆听这些音调,就需要一个音锤和一只耳朵。尼采的音锤并不损及培根和笛卡尔的思想，而是要让它如其所是地进入我们的耳朵。

尼采以相对主义或相对主义的肇始者而闻名于世，但他本人并不是一个彻底的历史相对主义者，因为他意图恢复实际所是的过去——尽管他说过，一切结论都必须接受不信任的警察监督（《快乐》，条344）。尽管尼采的科学是"谱系学"，尽管尼采强调解释都带有不可避免的偏差，但他的谱系学旨在揭示我们实际的家族史，而非仅仅讲述某个有趣的或可能的故事。把尼采的谱系学用于培根和笛卡尔，可以使人们以一种新的视角理解：说培根和笛卡尔是现代性的奠基人，这话意味着什么。此外，尼采的谱系学还以一种惊人的方式把这些革命性的现代人与古代人联系在一起，从而可以使人们以一种新的视角思考另一个更宽泛的问题。培根和笛卡尔给人造成的主导印象是：他们为了革新，不得不与哲学传统彻底决裂，不得不与笛卡尔佯装不屑的"古代异教徒们"彻底决裂。然而，我们一旦小心翼翼地阅读这两位公开表示尊重显白与隐微之差异的哲人，就可以看出：此二人都知道自己不完全是革新者。他们以适当的方式承认：柏拉图早已经把革新问题（即向一个民族既定的生活方式引入新东西）想了个桶底脱落。他们戴上了极端革新者的面具，假装否认自己受惠于柏拉图。其实呢，债是赖不掉的，他们也以相宜的方式偿了债。

一种尼采式的视角使现代的革命思想者们显现为"柏拉图式"的哲人——基本意义而非通常意义上的"柏拉图式"哲人（本书将始终贯彻这层意义）。从柏拉图至现时代的哲学传统中，有一个连贯的柏拉图主义——这是尼采就西方思想提出的看法。尼采不仅使我们有可能恢复早期现代哲学的恢宏气度和抱负，在更深层的意义上，他还可以使我们恢复柏拉图作为西方的基本教师的身份：这位哲人凭着"迄今为止所有哲学家所能随意支配的最大力量"把"所有哲学家和神学家都拉上了同一条轨道"（《善恶》，条191）。

背　景

[4]一部尼采风格的哲学史要求揭示一位哲人思想的背景。但是,把哲人放在背景中来考虑,这并不意味着可以假设思想是其背景的机械产物,如黑格尔、马克思和弗洛伊德所主张的那样;尼采意义上的背景化(contextualizing)并不沉溺于某种还原论——思想只是对非思想的某种反映。尼采的背景化会认真看待培根在卡珊德拉(Cassandra)寓言中表达的意涵:真正的哲人是卡珊德拉的化身和先知,他清楚自己身在何处,并学会以一种有说服力和影响力的方式对自己的时代说话。尼采意义上的背景化假定:真正的哲人已经理解了自己的时代,并因而超越了自己的时代;他已经从时代之子变成了时代的继子(《叔本华》,条3)。

培根和笛卡尔所处的背景不仅包括当时的哲学状况(这当然很重要),也包括某些重大事件:如,两位法国国王遇刺或伽利略被审判等(他们在作品中的某些关键地方提到了这些事件)。这种当下的政治背景,还可以扩展为一种更广阔的政治背景,即基督教的宗派战争:在培根和笛卡尔之前那个血雨腥风的世纪里,这场战争已经急剧地改变了欧洲的精神氛围,而且丝毫没有缓和的迹象。不过,还有比这些基督教内部纷争更伟大的战争,即希腊古典遗产与以色列圣经遗产之间的较量:这是西方精神生活内部最根本的较量,尼采称之为"罗马反朱迪亚,朱迪亚反罗马"(《道德》,1.16)。这场漫长的战争刚刚在一次周期性爆发中得到显现,就以文艺复兴在一阵宗教狂热中的覆灭而告终。这场伟大事件激发了培根和笛卡尔的革命性工作。被拖延的事件很难让人看见整体(《道德》,1.8),尼采如是说;同样,这些被无限拖延了的事情更难让人看到整体,因为我们恰恰仍然生活在这些事件当中并以一种特殊的方式理解它们;这种理解号称综合了希腊和希伯来两种遗产,即一种黑格尔式的 Aufhebung[扬弃]:发扬每种遗产中对我们好的东西,抛弃无用的东西。重新发现培根和笛卡尔,就可以重新确立一个极端而冷静的视角来看待我们的精神遗产。我们从他们的作品中可以看到,我们的哲学遗产与宗教遗产是精神上的死敌,各自以截然不同的态度看待生命;[5]他们的努力不是要调和对立双方,而是要激起它们之间的精神战争,亦即尼采推进并公开的那种战争。

　　然而,要想理解哲学,所需的背景甚至必须要比我们西方的整个遗产还要广阔,因为尼采认为,哲学作为一个事件出现于他所谓的人类历史的“道德时期”,也就是地球上大部分地区最后的一万余年(《善恶》,条32)。在这个道德时期内,古希腊哲学和圣经宗教都是局部的事件,尽管对于生活在其中的我们而言,它们是有决定意义的局部事件。尼采这位思想者比培根和笛卡尔更革命,甚至比柏拉图更革命,因为他的工作发生于他所谓的道德时期的末尾,而且计划终结道德时期。作为一位如此级量上的革命者,尼采是道德的颠覆者? 但我们将如何彼此相待? ——这个问题把尼采置于一个微妙的情境之中,并且几乎所有人都判定,他对这个问题处理失当:他为了策动和推进这场前所未有的道德革命所选择的修辞么轻率,要么邪恶。但我一开始就要说(我希望全书能阐明这一点),第一位“非道德者”的工作不是返回远祖,也不是前－道德或次－道德的猛烈爆发。如尼采所说,他的工作是后－道德的,而且必然不再以某位神灵或某种自然法为指导,而是以某种受过科学原则训练的人类理解力的精致感觉与品位为指导(《善恶》,条230);在良心的发展过程中,尼采的工作继承了一万年的道德期。德勒兹(Gilles Deleuze)说,“一本研究尼采的书不仅要重建概念分析,还必须尽力纠正实践上或情感上的误解”。① 许多人发现自己的孩子在聆听尼采的观点,仍然会忧心忡忡,这类担忧并非毫无道理:尼采就是要让这些孩子获得一种会令父母们倍感震惊的新视角。

　　对尼采的思想而言,一万年的道德时期甚至仍然不是一个足够宽广的背景。尼采的哲学出现在道德时期的终点,它要与其在宇宙的位置(即尘世间的位置)相契合。对尼采的思想而言,最广阔的背景就是最

---

　　① 　Deleuze,《尼采与哲学》(*Nietzsche and Philosophy*),页 xii。

广阔的可能背景，即宇宙的自然史——尼采善待并支持的那种科学将阐明这种自然史。"物理学万岁！"尼采在《快乐的科学》(条 335)中如是说；同时，他也表明自己并不赞赏培根和笛卡尔的科学，不赞赏后者技术统治的目的和假定确定性的方法。[6]尼采在推进科学的同时也敏锐地意识到，我们的探究迫使我们把某些东西断为虚假，而我们的希望和恐惧则会使我们把这些东西奉为真实。然而，一旦他考虑到这是某种 sacrifizio dell'inteletto[理智的牺牲]（《善恶》，条 23）——人们注定会把上述暗示当成权威的说法而不考虑自己的真正工作，他就立即斩钉截铁地说："恰恰相反。"《善恶的彼岸》条 23 阐明了感情与理智(heart and mind)之间的这种对立：尼采的工作就是为了理智而牺牲感情。尽管如此，某些习惯于牺牲理智的心灵(hearts)仍然指控尼采的科学，说尼采本人牺牲了理智。"恰恰相反"，尼采的科学是快乐的科学，它试图训练感情在理智的照耀下快乐地生活在地球上，并忠于地球，把地球当作一个已经出现、并将在时空之深幽而神秘的广袤中消逝的生命避难所。尼采的科学是最全面意义上的生态科学。正因此，它才会用理智绑住感情。

"哲人是命令者和立法者。"如果哲学离不开背景（正如在尼采那里），那么，命令和立法就不是无中生有的创造行为——简单读一下尼采的命令就可以得出结论，尼采并未设想自然和历史会完全受一个强大精神的支配。相反，命令和立法会熔铸和形塑自然和历史已经给定的东西；它始终关注自己的原材料。尼采把"历史感"称赞为 19 世纪的第六感（《快乐》，条 357），所有真正的哲人都有这种"历史感"：他们知道自己身在何处，都知道如何言说以便造成非凡的影响。要恢复他们的思想，就必须尽可能地复原他们所处的背景。

科　学

本书的主题是科学：培根—笛卡尔的科学与尼采的科学。本书的论点是:尼采认识到现代科学所附带的危险,并着手补救这些危险;补救的方法就是,更充分地理解自然,从而全新理解科学。尼采对现代科学的视角极为深远:科学是试图理性地理解整全的渴望,而现代科学就是其形式之一。不过,尼采批评现代科学,部分是因为它在致力于一个政治目标时缩小了视野。

尼采有资格批评科学吗?他理解科学吗?尼采对科学的评价常受到否弃,其中典型的观点就是"尼采对任何科学学科都没有亲身的了解"。① [7]从此类观点的措辞可以看出,它们把科学归结为一种广为流行的笛卡尔主义;它们把 Wissenschaft[科学]理解为 Naturwissenschaft[自然科学],把现代的数学物理学奉为科学的典范。尼采没有任何一门科学学科的训练,这一假设是不对的:尼采曾被公认为同代人中最有前途的语文学家。Philology[语文学]?语文学是一门科学?语文学发展出了文本考订的各种手段,从而可能更充分地公开恢复作为西方根基的两大文本传统,即希腊与希伯来传统;长期以来,语文学就以客观性作为清规戒律,并接受了由于培根的模式而标准化了的集体合作做法;不仅如此,尼采所理解和从事的语文学还宣称自己是科学的典范。语文学是解释的科学,这门学问始终面对文本的含糊性和解释者的偏好,因而对解释之优劣的各种细微处深有体察。此外,作为一门历史科学,语文学可使人了解西方文化的源头和一般的文化,它证明是一门自由的、颠覆性的科学。在伊斯兰文化和基督教文化中,由于恢复"希腊人的科学"而引起的复兴一次次地表明了这一点。语文学对人类过去的一切充满了警惕和怀疑;而且,最高形式的语文学的动力来自它字面的意思:爱 logos[理性/言辞]。

作为一位语文学家,尼采受过良好的科学训练,因而可以切中肯綮地反驳现代科学:现代数学物理学是否堪称科学的典范?笛卡尔主义的信念认为,只要研究者摆脱一切个人利害和观点,并全神贯注,就能确切地说明自然规律。至少有五六个人早已醒悟到,物理学也仅仅是

---

① Brinton,《尼采》(*Nietzsche*),页 81。

解释(《善恶》,条14)。只要提出了物理学的认识论地位问题(不论我们怎样作答),语文学就获得了它应有的地位,成为最基本的科学或仲裁的科学,它赋予了各个领域及解释模式以合法性。现代数学物理学不能仅仅通过践行它具有的程序来为这些程序辩护;它不能以物理学的语言来辩护,而只能以解释的语言来辩护;它的合法性取决于语文学,取决于对自身的解释标准的合理理解。

　　但是,尼采的语文科学不仅裁断标准科学的解释性地位,[8]它还裁断伟大的哲学文本。对哲学的语文学研究重新发现了显白与隐微的区别。作为一门文本解释的科学,它赋予哲学史以一种看似极为尴尬的全新视角。因为尼采的哲学史表明,伟大的哲人们都不免要说谎,当然是高贵的说谎,必要的说谎——柏拉图用这两个词为说谎作了最著名的辩护(《王制》,iii.414b – c)。这绝不是尼采特异的见解;培根和笛卡尔也如此认为,他们不仅这般理解哲学史,还践行着各自独特的隐微术。这一关于哲人(即爱真理者)的结论初看起来难以置信,甚至令人生厌;不过,一旦我们理解了哲人之所以说谎的理由(绝非出于轻率或执拗或偶然),这一结论就会变得更加可信。尼采在谈到"致命的真理"时,极为清晰地阐述了这些理由。所谓"致命的真理",即"变易生成主导一切,所有概念、类型和种类都变动不居,人与动物之间并无任何根本差别"(《历史》,条9):如果这些学说如尼采所认为的那样是"真实却致命的",那么,真理就与生命相悖;爱真理者就发现自己处在一个危险的情景中,好比经营毒品的贩子。从一种尼采式的视角来看哲学史,哲学面对着最深刻的实践问题:社会能否建立在哲学所知道的真理之上? 柏拉图是第一个敢于直面这一问题的哲人。尼采的柏拉图断定:不能,必须说谎,必须为了社会的福祉而高贵地说谎。从柏拉图开始,哲学大规模的追求政治,要求保护社会避开哲学所知道的致命真理,并且——绝非偶然地——保护哲学避开维系社会的高贵谎言。培根和笛卡尔认同并推动了这一哲学的政治,这两位思想者提供了哲学史上最精彩的隐微术范例,从而也证实了一部尼采式哲学史的这一方面。

　　在隐微术是否必要的问题上,尼采脱离了以前的哲人,因为他不仅仅是一位当场抓到哲学的欺骗行为的语文学侦探：他还把一切公之于众。这并不是一种轻率和孤立的行为，尼采也不是一位向来口无遮拦的不审慎的哲人。因为在尼采看来，发端于培根和笛卡尔的科学从根本上改变了哲学的处境，科学成了头等重要的公共事业。科学的领域是真理的领域，[9]而这一领域现在已经自由开放。用扎拉图斯特拉的话说，诚实是最年轻的美德，而美德又都是好妒的主人，诚实要经过一番搏斗来获得至高的地位(《扎》，1.3,5)。现在，公共良心成了高贵谎言的敌人。现代社会无法重新领会吉本所说的罗马社会的特征："对于充斥罗马世界的各种宗教崇拜，民众视之为同等正确；哲人视之为同等错谬；当权者视之为同等有用。"①我们有一种新的公共良心——尼采称之为"理智的诚实""我们的美德"(《善恶》，条227)，因此，我们才如此难以接受下述事实：即伟大的思想者们极大地欺骗了我们，而我们却从未想到这一点。不管怎样，我们自己的诚实承认哲学史上有这种欺骗。在尼采之前的思想者中，蒙田或许最公开地描述过这种欺骗的存在。②即便身为启蒙模范的康德甚至也承认，由于前人不幸没有生活在一个启蒙的时代，所以这种欺骗不可避免。③不过，康德并不是真的要拿真理冒险，因为他如此信任道德律，以至于他能够假设上帝、自由和不朽：他没有理由害怕用如此善良的真理去搞启蒙。

在尼采之后，人们无需再把哲学的隐微术看作骇人听闻的东西。培根和笛卡尔是隐微术伟大的现代践行者，他们将隐微术作为哲学必备的手段，用以将哲学从严酷的宗教压迫中解放出来。在某种程度上，正是由于他们的努力，他们的隐微术曾经隐藏的罪行在我们的时代不再是罪行也无需隐藏了：从德谟克利特(Democritus)直至当前的探究科

---

① Gibbon,《罗马帝国衰亡史》(*The History of the Decline and Fall of The Roman Empire*, New York, 1776 – 1778)，第 2 章。

② 可见蒙田《随笔》，II. 12,"为塞邦一辩"(Apology for Raymond Sebond)，页 376,379 以下。

③ 康德,《纯粹理性批判》，B776 – 778。参见 Rosen,《作为政治的解释学》(*Hermeneutics as Politics*)，页 27 – 40。

学都持有的那种世界观。一旦公开揭示了这种隐微术，就可以提供一
个令人振奋的视角来看待哲学传统，并能使我们明智地拥护理性的拥
护者——这些理性的拥护者觉得有必要暂时装作站在理性的敌人一
边。承认隐微术绝不是什么丑闻，反而会让我们免于耻辱：一部哲学史
的耻辱在于满足于下述论断，说理性的伟大鼓吹者们都无视自身的矛
盾，譬如笛卡尔所谓的二元论中的矛盾之处。一旦我们承认笛卡尔为
了施行其改造世界的方案而运用了策略性的言辞，笛卡尔自己就会表
明，他始终一以贯之，为了永久的胜利而不得不做出临时的妥协。
[10]不仅如此：一旦我们领会了笛卡尔的隐微文风，就会发现笛卡尔
著作中出人意料但搞笑至极的喜剧因素。培根同样如此：认识其工作
的处境，有助于恢复他那受损的名誉。他们的隐微术绝不是一种恶德，
而应该被看成一种美德："正直的虚伪这种智性美德"，正如一位史家
在界定和辩护饱受攻击的伽利略的所作所为时所说。①本书试图揭示
培根和笛卡尔的隐微术实践，并由此表明这种美德的气度和高贵。

　　尼采认为，科学的公共领域是对真理的追求，它基于一种信念：认
为真理可以带给人自由；正是科学为哲学创造了一个新的环境。但耶
稣的诫命与大多数哲人的观点大相径庭：哲人认为，真理是一把双刃
剑，会让一些人变得愤世嫉俗或绝望，也会让另一些人沉溺于某些曾经
受尊敬、敬畏或恐惧所约束的冲动，因为如果上帝死了，一切都可允许。
这类哲人认为，真理是致命的，因为社会的繁盛完全基于有益的幻想，
即幻想自己是永恒的和被拣选的。一个人类共同体能否建立在真理之
上？这一问题激发了尼采的"大政治"：这种政治类似其伟大前辈的哲
学政治，但它承担了更大的风险，因为它要拿真理做实验。而且，这不

---

① 　Redondi，《异端伽利略》(*Galileo Heretic*)，页283。John Toland 在1720
年发表的文章《克利多弗如斯，或显白与隐微的哲学》(Clidophorus，or the Exo-
teric and Esoteric Philosophy)详细证明了古代哲人的隐微写作，是理解隐微术
的入门之作；参见 Toland，《四根》(*Tetradymus*)，页61–100。另见 Strauss，《迫
害与写作艺术》(*Persecution and the Art of Writing*)；Zagorin，《说谎之道》(*Ways
of Lying*)。

是因为冒险的乐趣,而是因为它认识到一个公共科学所造成的全新境况。社会与科学相容吗? 或如尼采以其特有的更恣肆、深刻和刻骨的方式所问:为什么生命会更喜欢无知和谎言?

由于尼采不可救药的恣肆,外加许多偶然因素(比如他未完成自己的工作,海德格尔上升为尼采最权威的学生),人们产生了根深蒂固的误解,认为尼采是科学的敌人。科学的敌人,艺术的朋友——难道科学与艺术不是水火不容的两方吗? 不,尼采并不这样认为;科学与艺术并非势不两立,尽管二者曾经交战,但只要恰当理解了两者,就可以使战事消弭,就可以从艺术的视角或从视角的视角承认科学(《悲剧》,"前言",条2)。[11]尼采所推动的科学脱离了两位伟大的历史先辈:柏拉图式超越自然的科学,培根式征服自然的科学。尼采的科学是一种纯粹的内在主义或自然主义,而且与当代宇宙学和生物学的自然主义世界观完全一致。尼采式科学的最高目的在于肯定一切存在者并让一切存在者存在。与之相补充的是尼采的艺术,即赞颂并美化科学所揭示的世界。未来社会能否建立在一种彻底的内在主义之上? 尼采的政治撇开这个问题,同时假定我们必须去尝试。

语文学

尼采表明,现在可以如此勾勒西方精神生活的整个轨迹:从柏拉图之前的希腊开始,中经柏拉图主义,最后到反柏拉图主义的漫长斗争。如尼采所说,我们都是柏拉图主义的内心紧绷且充满期待的后裔(《善恶》,"前言")。作为这场精神戏剧的一个缩景,本书集中于两个伟大的事件。第一个就是现代科学及随之兴起的技术。通过检审位于我们时代源头的几部要著,笔者希望能重新揭示我们作为现代人的起源。这几部绝妙的神来之作旨在为新事业辩护:它们论证说,为了人类的善,在人类历史的这个时刻,绝对有必要征服并拥有自然。第二个伟大事件就是尼采的思想本身,因为尼采不仅是一位把我们的整个传统置于

新阳光下的哲人(《快乐》,条34),他同样迫不得已要投身其中并战斗
(《悲剧》,条15)。尼采的工作本身就是战斗,它代表了人类面对自然的
全新立场;这种立场可以克服古今柏拉图主义此时大白于天下的危险,
并使人有可能肯定一切存在者的短暂和消逝。尼采这位思想者尤以其
否定论断而闻名,但他也奠定了对尘世的全新肯定,即一切存在者的永
恒复返。

在尼采那里,我们发现了一个以迷人的方式讲述的迷人故事。因
为尼采本人在解释我们的精神史时,践行了他那独具一格的写作艺术
(即便在书的篇幅很长时):格言的艺术。这种写作艺术意在吸引一种特
殊类型的读者,并在这种吸引中塑造和锻炼他们,培育他们,让他们成
为尼采分子。尼采的写作艺术顾及了下述事实:起初,一切听起来无不
骇人听闻,因为读者都已经被灌输了另一种相异的观点;[12]起初,没
有尼采分子而只有尼采。把不受欢迎的革新引入到已经成形的生活方
式之中,这是每一位革新的导师所面对的重大问题之一。通过对这一
问题的思考,尼采明白,并不是每个人都会喜欢他,他会被诬蔑为邪恶
的导师,因为从字面意义上来说,他的确是一位教授邪恶的导师:"邪
恶就是反对传统"(《人性》,I.96)——"新事物永远是邪恶的……只有
旧事物才是好的"(《快乐》,条4)。怎样引入一种"邪恶的"教诲? 通过
阴谋。通过勾引。通过"心灵的天才……神样的诱惑者(tempter – god)"
的技艺——他知道怎样"下降到每个灵魂的冥府"(《善恶》,条295)。

实际上,本书只是要介绍尼采及其邪恶的教诲,介绍尼采面对并且
(我认为)解决的根本的、全面的文明问题。"太少语文学"——年迈的
语文学家尼采曾如此谴责其同时代人。"太多语文学"——许多读者
或许会如此指责本书。既然我们的宏大目标在于理解现代性的起源,
谁还会理会培根文本中的细枝末节呢? 更糟的是,谁还想精心研读培
根的《宣告一场圣战》(Advertisement Touching an Holy War),谁还希望在这
本书的字里行间发现培根宣告一场反基督教的圣战的理由? 虽然每个
人都读笛卡尔,但不是每个人都认为《方法谈》(Discourse on the Method)
值得进行细致入微的分析,不是每个人都认为《方法谈》是理解笛卡尔

整个计划的不二法门。本书离开了这条从者甚多的道路，从一种尼采式的视角来考察这些受到忽略的著作。我的理由是，这些短小的作品隐含着某种恢弘的气象，只有坚持不懈的研读，才能从中发现这种恢弘气象。此外，在我看来，只在这些作品中，而且只有通过这样的研读，现代的哲学起源才可以得到理解。语文学，解释的艺术，阐释学（hermeneutics）：我本应以对赫耳墨斯的祷告开始，不过，即便我知道怎样祷告，这只会让一切变得更糟。

在讨论培根的部分，我集中讨论《新大西岛》（New Atlantis）和《宣告一场圣战》，这两部短篇作品都在作者死后才发表，表面上都是未竟之作；但我认为，这完全是培根为了他创始的科学和技术的计划而有意为之。他那些长篇作品阐明这一计划；它们教导了征服自然的全新目标，而且还教导可以实现这一目标的实验方法。这两部短小的作品后来悄悄出版，以其谜一般的方式说明了培根是谁，培根接受这一使命又是出于什么理由。[13]我对笛卡尔的阐发集中于《方法谈》：这部短篇作品让世人知道了笛卡尔，并作为一个序言阐明了笛卡尔的整个基本原理（这在他的所有著述中是绝无仅有的一次）。这部作品还奇妙地承认了笛卡尔所受的影响：这位自我表现为 sui generis［自成一类的人］竟是苏格拉底—柏拉图—蒙田—培根的结合体。至于尼采，我集中讨论了他的两部作品：一部是其写作生涯中相对较早的《论历史对生活的利与弊》，另一部是相对较晚的作品，即《快乐的知识》第五卷。把这两部作品放在一起研读，可以见出尼采思想中一个本质的演变，即从早期的深刻担忧直到后来近于自信的解决。这种担忧及其解决可以称之为"科学何去何从？"——如果我们以一种足够开放的方式来思考科学的话。培根和笛卡尔的科学使我们所有人都面对"致命的"真理；鉴于这一公共的科学造成的那些显著后果，人类的前途会怎样？致命的科学如何能成为快乐的科学，如何使人类社会肯定转瞬即逝的存在者？尼采的思想是伟大的事件；在这场伟大的事件中，一位立法的哲人诱引读者发自情感和理智地肯定存在者。

上编　哲学大法官

第二章　为什么要读培根？

> 从现实主义者这个词的任何伟大意义上说，培根都是首屈一指的现实主义者，我们对他的了解还远远不够。
>
> ——尼采（《瞧》，"聪明"，条4）

[17] 如尼采所说，培根是个现实主义者，但他也是个寓言作家，以讲故事来表达自己的现实主义。通过仔细研读这些故事，我们或许能够更多地了解培根，因为故事和寓言展现了他的雄心壮志和责任田，也清晰地揭示出培根是一位尼采意义上的哲人。

把培根当作尼采意义上的哲人将会恢复他现在几乎已失去了的荣誉。卢梭说过，最伟大的哲人可能就是那位英格兰的大法官。法国启蒙思想家视他为必不可少的先驱。康德和达尔文把他作品中的箴言放在自己主要著作的篇首，以示敬意。但这种崇高的荣誉现在已烟消云散，取而代之的看法是，培根充其量只是个充满热情的时事评论家，他思想平庸，对哲学史的贡献微乎其微，即使忽略不计，也不会扭曲哲学史的面貌。培根的寓言可以使我们改变对培根的看法，也改变他在哲学史上的地位，因为他的寓言表明：与其他人相比，培根一方面更加异想天开，另一方面又更加清醒持重；一方面具有更高的雄心壮志，另一方面又谨小慎微。现代历史不能没有他。

当前有很多因素导致培根的地位降低，负有主要责任的因素就是尼采所说的"混淆了科学与哲学，既不适当，又有害处"。就在此处，尼采说道，我们要严格地"按劳取酬"，因为给科学家太多，而给哲学家太少（《善恶》，条204，211）。培根作为哲学家，他的计划是促进科学的进步，抬高科学在大众眼中的地位，使科学获得公众的最高尊重。培根的成功反而损害了他的荣誉；[18]培根式的科学是向前看的、不断进步的、征服世界的科学，它似乎超过了对纯粹哲学的需要。但是，哲人培根和尼采一样明白,科学与哲学是两个学科。哲学探索自然和人性的真理,是至高无上的事业。不仅如此,这种探索如果深入下去,终会使探索者具有一些责任,这些责任只能被称为崇高的责任。培根的雄心和成就使他成为尼采意义上的"真正的哲人""命令者和立法者",他已确定了人类的"目标和意图"(《善恶》,条211)。培根本人在描述哲学与他自己时则更加小心谨慎,然而,他言谈时总给出自己克制的原因。但我们反思这些原因时,就会清楚地看到,培根的哲学抱负和他的雄心壮志实际上根本不克制。克制要求"那个集捣蛋鬼、乐天派、恶棍"于一身的培根表示出礼貌,也就是尼采所说的,要不露破绽地显示出比实际的你要愚蠢(《善恶》,条284)。现在,培根强作礼貌不但没有任何效果,而且还妨碍了他在我们历史中恢复他的地位。重新将培根树立为现代性的哲学奠基人之一有助于一个更为宏大的计划,即恢复哲学在我们历史中的地位。

在我看来,认真研究《新大西岛》和《宣告一场圣战》似乎可以恢复哲人培根的地位。下面两章就致力于这个目标。《新大西岛》明显是个寓言,讲述了位于太平洋上的一个子虚乌有的岛屿。这个岛屿因为拥有培根式的科学,才可能在历史的长河中保持和平与进步,使宗教与科学和谐相处。《宣告一场圣战》是一篇对话,讲的是基督教世界的现状和圣战的时机已经成熟,但在某种程度上,它也是"杜撰的历史"或寓言,因为它讨论的莫名其妙的圣战就是培根式科学发动的战争。

当然,这两部短小的断章并不是无所不包,要充分理解培根还需要研读他的其他著作,那些著作更为详细地表达了培根的计划。在《宣告一场圣战》的献词中,培根全面地谈到了自己的作品,特别突出了两部著作:《学术的进步》(The Advancement of Learning)和《伟大的复兴》(The Great Instauration)(《培根全集》,VII. 13 – 14)。《学术的进步》被称为"进一步学习《伟大的复兴》的入门性或关键性的读物"。培根在这本书中讲述了当时的学术状况和要做的任务,必须读这本书才能理解培根的"历史感",才能理解他为什么会认为希腊、罗马和基督教的历史改变了哲学的状况并赋予他以任务。[19]《伟大的复兴》和复兴的一部分即《新工具》(The New Organon)提出了两部寓言所不具备的自然科学的新方法,培根认为他的任务必需这种方法。①

　　然而,在我看来,这两部寓言在培根的作品中具有举足轻重的地位,因为它们解释了培根的动因,从哲学上说明了他与古代作家决裂的原因。本来,他对这些作家具有深刻的认识,与他们也产生过强烈的共鸣。然而,每个作品都是一个片断,在读者想要了解更多东西的时候就中断了。因此,读者起初会有一种草率感,似乎降低了作品的重要性。它们难道是苦恼的作者仓促中未能完成的作品? 或是临时的消遣,刚刚开始却因为更重要的计划需要关注而必须放弃? 研究作品本身可以纠正这种第一印象,因为两部作品各自都揭示出其没有结尾的原因。这些断章的作者很长一段时间内都在思索断章写作的战略用途。

　　从《广学论》(*De Augmentis Scientiarum*)②中的一小段插入语中,或许可以瞄见这两部著作没有结尾的原因之一。在此处,培根拒绝谈论“统治术”。因为这门学问需要早先他忘记提及的“沉默的技艺”(《培根全集》,V.31)。当他终于谈论“帝国之术或治国之术”时,他给出了自己开口的原因,同时也重复了他要保持沉默的誓言。他还说道:

　　　　然而,从此以后,我利用闲暇时间写出的作品若有关政治,这些作品可能会半途而废或在死后才能发表。(《培根全集》,V.78 – 79)

　　培根写出了两部这样半途而废死后发表的著作:一个是他说此话时创作的《宣告一场圣战》(1622 – 1623 年),一个是一年后创作的《新大

---

　　①　那种方法与当代科学方法的标准并不矛盾,并不像 20 世纪早期的批评家认为的那样已经过时。参见 Peter Urbach,《培根的科学哲学》(*Francis Bacon's Philosophy of Science*, La Salle, 1985);Antonio Perez – Ramos,《培根的科学观》(*Francis Bacon's Idea of Science*,Clarendon Press, 1988);Harvey Wheeler,《现代经验主义的发明》(Invention of Modern Empiricism),载《法律文献学刊》(*Law Library Journal*)第 76 卷,1983 年,页 78 – 120。

　　②　[译注]*De Augmentis Scientiarum* 是 *The Advancement of Learning* 的拉丁文增订版,为区别起见,分别译为《广学论》和《学术的进步》。

西岛》(1624年)。在这两部作品中,从某种意义上说,培根违背了他要在帝国之术或治国之术上保持沉默的誓言。培根有意让它们都半途而废且在死后发表。每部作品都阐述了政治最深层的秘密,都展示了哲学在世间的地位,并表明采取行动为什么必须以哲学和世俗世界为基础。

培根和尼采一样,都明白断章写作或格言写作有助于选择读者并让他们行动起来。格言是"不连续的知识","诱导人们去进一步探索"(《学术的进步》,见《培根全集》,III. 405)。在最重要的问题上,他与尼采都同意苏格拉底式的看法:[20]需要学会的东西是教不会的,但可以通过恰当地安排诱因让人学会。结构巧妙的断章不能面面俱到,但也足以引人思考,并为思考提供动力和方向。把断章转变成一个整体取决于读者。当然,培根不是后现代主义者,他的断章不是所有认识的碎片式样本,也不是诱导读者进行解释的游戏,激起他们提出自己的碎片式误读。若要补全断章,就得根据培根的整个计划来解释,但这个计划现在是一部"未完成的著作"。这些断章无一例外都支持了培根的学说,一部分是主张新自然科学,而整体则是主张为人类造福,这与柏拉图的哲学观如出一辙。因此,若要续完断章,就需要借助于柏拉图来理解这些断章。在下面的几章中,我将会证明,未完成的寓言表现了培根全方位的视角,展现了培根的计划如何与时代相关,如何与当时的哲学显学即柏拉图哲学有关。寓言还显示了培根如何看待自己在哲学史上的地位,它们可以集结起来,取一个尼采式的标题:"我向古人学了些什么。"尽管培根是个坚定的现代人物,公开表示他过多地受惠于古代哲学家不是明智之举,然而,他的确得到了古人的好处,他也承认这一点。

这些寓言明显揭示了培根勋爵是个伟大的现实主义者,而不是空想家。他是乌托邦之梦的先驱,是现代信仰的奠基人,认为用科技征服自然的方式可以延年益寿,使生活变得安逸。但寓言又告诉我们,培根本人并不完全相信这一点。①培根从古人那里学到的现实主义使他认为需要一

---

① 参见 Jerry Weinberger,《科学、信仰和政治:培根与现代乌托邦根源》(*Science, Faith, and Politics: Francis Bacon and the Utopian Roots of the Modern Age*, Cornell University Press, 1985),我对培根的解释大部分受益于 Jerry Weinberger 和 Howard White。

种新的信仰。他的寓言说明了他为什么会认为必需一种新信仰。建立新信仰就需要发动圣战，这就是尼采讲到培根时所指的"犯罪"："看到强有力的实在需要的力量与采取行动、实施暴行和犯罪需要的最强有力的力量不仅彼此相容，而且前者是后者的前提条件"（《瞧》，"聪明"，条4）。这个"犯罪"就是培根的科学计划，因为尼采意义上最严重的犯罪就是提出新学说，[21]改变人类观察事物的方式（《朝霞》，条496），这样就违背传统习俗，改变了一整套生活方式。尼采的观点从新的角度阐明了整个哲学的犯罪史。就培根而言，我们可以说，从罪犯尼采那里也能看到罪犯培根。尼采违背习俗，绝不相信现代性的培根之梦。尼采缺乏信仰或者说破坏信仰，这使我们有可能找出培根对自己学说的态度。

培根的隐秘文风

> 谨慎的文风：
> 甲：然而，若所有人都知道了这一点，大多数人都会深受其害。你自己也说，这些观点会危及那些受其威胁的人，你怎么还能公开讲出来呢？
> 乙：我的文风让那些乌合之众、populi［大众］、党派都不乐意读。如此一来，我的这些观点就永不会公开。
> 甲：那你怎么写呢？
> 乙：让上面提到的那三种人感到作品既没有用处也没有乐趣。
> ——尼采（《漫游者》，条71）

如果你公开写作一些东西，而这些东西会对大多数人带来害处，"那你怎么写呢"？要进行"迷雾重重的隐秘写作"。这是培根的母亲形容儿子的作品时说的话（《培根全集》，VIII. 245），这种描述当然也适用于《新大西岛》和《宣告一场圣战》。在讨论这些寓言之前，研究一下培根关于修辞方法与修辞目的的论述可能会有所帮助。培根想让人明白，他的写作方法"古人曾小心谨慎地使用过"（《广学论》，见《培根全集》,Ⅳ.450),这种方法"不能丢掉"(《论本质》,见《培根全集》,Ⅲ.248)。

培根的做法与建筑工不同,因为"他们建好房屋之后就撤走了脚手架和梯子"(《新工具》,Ⅰ.125)。培根论述方法论时还部分地让人们看到脚手架,并让他们注意到作为建筑工的他所具有的目标。在最为精雕细刻的讨论中(《广学论》,见《培根全集》,Ⅳ.448-450;《论本质》,见《培根全集》,Ⅲ.247-49),培根拒绝像以前那样把传授知识的技巧("方法论")纳入逻辑或修辞名下,而是把它单列为"重点条目",[22]并冠之以"传授的智慧"这个题目。然后,他列举了六种不同的知识传授方法。每种方法包含一对对立的方法。第一和第二对与本文关系特别密切。

第一对方法把知识的传授分为"家长式和启发式":前者灌输,后者调动积极性;前者传授时要求全信,后者则启发思考;前者适于大众教育,后者适于少数科学家;前者的目的在于教会如何使用当前的知识,后者的目的在于拓宽知识,促进知识的进步。培根认为,启发式途径"遭到了遗弃和堵塞",他要把它重新打开,因为科学的进步取决于培养出来的一些后代子孙,他们要超越父辈,其工作方式也激励他们这样做。这种方法"揭示出科学的真正奥秘",被称为"传递光明"。培根在寓言"普罗米修斯"(《古人》)中详细阐释了这个形象,他极力要求重新设立希腊人的竞赛,但他做了些改动:现在的竞赛是献给普罗米修斯,但火炬要由致力于科学的人来传递。①

---

① Stanley Fish 有一篇精彩的文章,它会让每个认真研究培根的学者都回味无穷。Fish 证明了培根的《论说文集》如何以身作则,把"启发式"方法凌驾于家长式方法之上。他还证明,这些论说文打破了心灵的被动状态和沉湎于习俗的特性,强迫心灵活动起来,从而把培根的科学方法付诸实践。Fish 讲到,读培根的一篇论说文"让人感觉到吃力和焦虑"(页162),他把这种阅读过程比作边读培根的作品边创作自己的作品,但二者都逃不过培根的手心(页147)。Fish 称赞了《论说文集》,称它们为"未完成的作品",它们否定性的情况颠覆了话语的道德含义与说教,诱导读者去进一步探索。文中引用了培根的话:"我们要多多感谢马基雅维里和其他一些人,他们写出了人们的所作所为,而没有写他们应该做什么"(页79),Fish 以此表明,我们也要因为同样的理由而多多感谢培根。参见 Stanley Fish,《自我消耗的作品:17 世纪的文学经验》(*Self - Consuming Artifacts : The Experience of Seventeenth - Century Literature*, University of California Press, 1967)。

第一对与科学的进步密不可分,第二对则有另一种用途。这一对包括"显白式的与隐秘式的"或隐微术,与第一对在"意图上"相近,但"实际上"几乎相反。相近在于二者都是一种选择策略,从众多的学习者中选出特别的学生;相反则是因为它们选择的方法以及要传授给选中者的内容不同。启发式方法选择时比平常的教学法更为公开,而隐秘式方法选择时则更为隐蔽。"通过归纳获取的知识"可以根据发现的顺序移植;[23]而学习培根的新科学方法需要此类的演示,它将训练有经验的人取得科学上的进步。这些有经验的人就是科学家,他们的父亲采用上述方法抚育他们,使他们能够在发现和发明上超过父辈。启发法似乎是《新工具》格言使用的方法。在这部著作中,整株新科学被移植到选中的科学家头脑中;选取的过程是被动的,因为显白式科学方法就是要选择那些有才华有兴趣的人。

隐秘教学法则大大不同。它不是培根的首创,古人已经小心谨慎地使用过。它由于被人利用来兜售诸如炼金术、星相术和魔术等伪劣产品而遭到羞辱。为恢复古代的做法,培根必须使它免受滥用。但隐秘法所能采用的方式只有"隐秘传授",培根必须让其所用到的隐秘题材秘而不宣。他只讲到了隐秘所能达到的意图:圈出去和诱进来。圈出去的人缺少诱进来的人所具备的东西,后者通过老师的解惑或通过"敏锐的头脑"获得了入门钥匙,从而能够独立揭开神秘的面纱。谈论这些隐晦的东西对于尼采所说的"啃硬骨头的人"来讲,当然是一种激励和挑战。《广学论》没有给出使用这种方法的原因,培根最早叙述隐秘的用途是在《论本质》(*Valerius Terminus*)中,这部作品给出了两个原因:避免"伤害圈外的人",增强圈内人的兴趣,或按柏拉图所说,不伤害任何人,却有益于好人(《王制》,i. 331e–336a)。

培根本人只推崇隐秘法,但他怎么能以隐秘的方式推崇隐秘法呢?实际上,隐蔽起来的东西在《新大西岛》和《宣告一场圣战》中将显露无遗。培根在论述第六对亦即最后一对方法时,曾谈到寓言和比喻的用法,从这里我们可以看出一丝端倪:"通常,任何违背习惯的科学必须祈求比喻的帮助"(《培根全集》,IV.452;《学术的进步》,见《全集》,III.407)。培根传授的东西本身就与习惯相违背,《新大西岛》和《宣告一场圣战》似乎就是祈求比喻来帮助与习惯相违背的科学。"启发式"和"隐秘式"的区别使我们清楚地看到,培根没有使用这些比喻来传授新科学。《新大西岛》展示了新科学的一些成果[24]和取得这些成果所必需的政治体制,但没有涉及培根的方法;《宣告一场圣战》在新科学问题上几乎未发一言。《新大西岛》和《宣告一场圣战》本身并不涉及培育科学家的事情。作为隐秘法的范例,它们属于寓言或比喻,向读者传授总是与习惯相背的东西。即使培根的新科学本身成了习惯——培根也清楚地预料到了这一点,这些著作也会与新科学不一致。它们将保留自己的隐秘特性,因为他们显示的神秘将永远被认为是一种"不可能"(尼采曾把这个牌子置于扎拉图斯特拉寻求自己的神秘道路上)。这种隐秘法涉及哲学,就培根而言,涉及新科学背后引人注目的哲学原因。通过采用老方法解决老问题,培根表明了自己与古人的密切关系。要取得具有革命性的科学进步,首先要回到过去具有永恒意义的哲学。

在《论古人的智慧》前言中,培根探讨了寓言如何有助于隐秘法。他争辩说,寓言是推广创新的传统方法,即提倡新事物的老办法。其论证的落脚点在《论学术的发展和价值》中已有表述:"即使在当今,任何人若希望让别人明白关于某课题的新发现,他仍然必须遵循同一种方法,即要借助于比喻,否则,会招来敌意或批评。"培根为了自己的创新求助于古代的寓言。就寓言而言,他提出了几个惊人的主张,其中一个令人难以置信,即最为久远的古代是最为进步的时代,他们的智慧由于希腊诗人的重述而部分地被保存下来,作为经典流传至今。在讲述寓言之前,培根非常巧妙地断言了寓言的特点之一,即在史前存在着一个无法挽回的黄金时代,那时生活着与我们迥异的神灵和英雄,我们只能敬仰他们,但永远不能与他们相比。我们必须尽力提醒自己,讲这番话的人就是哲人培根;然而,他也曾与布鲁诺(Giordano Bruno)一道争辩说,后来的我们比古人更年长,因此,更应当得到年龄所赋予的光荣即智慧。①在这些寓言中,哲学家培根还默许[25]德谟克利特的观点,认

---

① 《新工具》,I. 84:"因为老年的世界才算是真正的古老,这正是我们时代的特征。"也可参见《学术的进步》,《培根全集》,III. 291。Paoli Rossi,《近代的哲学、科技和艺术》(*Philosophy, Technology and the Arts in the Early Modern Era*, translated by Salvator Attanasio, New York, 1970)。

为人类起初穷困潦倒,只忙于生计问题。①

　　在前言的最后,培根承认,他惊人地声称寓言具有权威性可能遭到一些人的驳斥,这些人过度慎重,认为寓言不过是些无足轻重的东西。由于过度慎重之人的阻挠,培根不能用寓言维护寓言,他打算,"如果值得的话,我会以新的理由用另一种方式攻击他"。新的理由即要保护寓言两种互相排斥的传统用途。第二个用途是要阐明意思,培根仅仅描述了这种用途,因为他宣称第一种用途要"掩饰意思",被他放弃了。放弃了? 这种简单的否认巧妙地掩饰了他针对过度慎重之人的含义。同时,他自己的解释常常指向掩饰起来的意思。并且,他常常讲到不应当放弃对意思的掩饰。《论学术的发展和价值》中有同样的一段话讲到三个寓言(《培根全集》,I. 520;IV. 317),他把这三个当作掩饰用途的例子。寓言的掩饰用途有助于高尚的题材即宗教、政治和哲学,它们要求揭开面纱来阅读。《论古人的智慧》《新大西岛》和《宣告一场圣战》讲的就是这三种相关的题材。

　　培根和浸淫于古代经典不再追随康德相信启蒙的尼采在对隐秘的描述上具有一致性。尼采重新发现了"哲人们以前所熟悉的显白与隐微的区分"(《善恶》,条30)。他道出了这种实践的原因,更新了柏拉图关于哲学写作原因的典范叙述。尼采说,哲人的真知灼见若要"讲给

----

① 培根下了一个惊人的断言,认为在希腊人之前就有一种更为高级的智慧,他做出这个断言大概是要达成两年前他所说的可能之事。他曾经承认:"如果他愿意少一些十足的真诚,说服人们接受下列观点没有什么困难:远在希腊人之前,古代圣人就拥有发达的自然科学,远比他们希腊人的科学强大得多,但早被人遗忘了。"参见 Benjamin Farrington,《培根的哲学》(*The Philosophy of Francis Bacon*, University of Chicago Press, 1964),页86 – 87,下文中称《培根的哲学》即指此书。11 年后,培根做出了同样的断言(《新工具》,I. 132)。培根著作的英译者 Benjamin Farrington 认为,培根声明自己可以讲以前和后来说过的话,但不会相信,这说明他是真心实意的。Farrington 认为这种转变是由于培根不断改变自己的思想之故。更为合理的解释参见 James Stephens,《培根和科学的风格》(*Francis Bacon and the Style of Science*, University of Chicago Press, 1975),页137 – 153。

那些无意于此或无此种天赋的人"，那么，它们听起来就不再像真知灼见，[26]倒"像蠢话，有时像是犯罪"。用柏拉图的话说，可以断定，哲学家没有什么用处，只要有点儿用，就会构成危险（《王制》，vi. 487a – 502c）。既然断定这些人要么无用，要么危险、愚蠢或罪恶，培根就必须掩饰自己的思想，但不是掩饰那些对传递自然科学的光明而言必需的思想，而是这些思想背后的思想，即它们的原因和根据。培根必需的掩饰行为部分地削弱了他的荣誉。科学家通过传递光明的启发式方法超过了父辈。在公众的眼中，这些科学家们在思想上具有权威性，于是，他们就忽视了隐秘法的隐秘性，或自认为在道德上也优于后者。他们也以同样的方式超越了他们的父辈——父辈们，特别是那位现代科学之父认为，需要用隐秘的文风来表达那些与习惯相违背的观点。

在既揭示又隐藏的寓言或比喻中，培根传达了他哲学任务中的根本东西，挑明的同时也隐藏了哲人的责任和当时的时代特征，这也是他伟大的事业即建立新自然科学的两个最根本原因。《新大西岛》重述了柏拉图创作的大西岛寓言。培根把寓言命名为《新大西岛》并让其中的一个角色去贬低柏拉图，嘲笑后者的叙述"充满了诗情画意和荒诞不经的东西"，从而让人们注意到这个寓言源自柏拉图。新大西岛与以前的大西岛有什么关系？同是寓言作家的培根和柏拉图又有什么关系？那个贬低柏拉图的家伙是个基督教神父，他认为自己拥有的知识要高于哲学和基督教提供的知识。那么，新科学与基督教又有什么关系？培根与《圣经》又有什么关系？《新大西岛》以一种独特的也可以说令人费解的方式回答了这些问题，所有这些答案都指向《宣告一场圣战》。这篇复杂的对话集讲述了培根时代基督教的宗派战争。培根把这种战争当作时代的根本特征，并把它放在希腊哲学与基督教长期以来的准备背景中加以考察。他表明，这种背景要求立即采取行动。培根的新圣战就是代表新科学的信仰之战，他认为战争的原因是当时独特的极端情况和哲人永恒的责任。①

————————

① ［译注］引用《新大西岛》和《宣告一场圣战》的所有页码都在行文中标出，原书参见《培根全集》卷三中的《新大西岛》和卷七中的《宣告一场圣战》。

第三章　谁统治着本撒冷？

> 世界不是围绕着创造新噪音的人运转,而是围绕着创造新价值的人运转;它的转动无声无息。
>
> ——尼采(《扎》,2.18)

[27]在《学术的进步》中,培根指出,政治"是隐秘知识的一部分"。他似乎到此为止就心满意足了,认为让人们知道他是个明白如何"保持沉默"的哲人就可以了(《培根全集》,Ⅲ. 473 – 475)。培根真的保持沉默了吗?杜撰的国家《新大西岛》一开始就附有他的私人牧师写的一篇序言,说作品中没有政治题材。培根在这部作品中果真保持沉默了吗?罗利(Rawley)说,培根对这部小寓言失去了兴趣,转向罗利认为培根自己更感兴趣的自然史收集工作。让培根的一个侍从当作理解作品的指南之前,我们应当三思。正如怀特(Howard White)所说:"私人牧师也不可能完全了解主人。"①培根说,统治艺术秘而不宣,"与所有被认为是秘密的事情一样是出于两方面的原因;有些事情不为人所知是因为其费解,另外一些则是因为其不适于讲出来"。培根公开表示,他参透了费解的政治秘密。因此,他公开表示沉默足以说明这些秘密不适于讲出来。培根在《新大西岛》中乍一看似乎保持了沉默,仔细研究会发现,他讲出了政治秘密,讲述的方式也适合政治秘密而且令人费解。他揭示统治艺术的方式是适用于政治大师唯一的方式。

在我看来,《新大西岛》最能揭示培根关于政治秘密的思想。展示

---

① Howard White,《柳林中的和平:培根的政治哲学》(*Peace among the Willows: The Political Philosophy of Francis Bacon*,Hague, 1968),页15。

这些思想并没有违背培根要保持沉默的声明,它们在形式上是哲人暗中凌驾于公认的统治者之上。《新大西岛》把这种政治秘密与第一个大西岛即《克里提亚》(Critias)联系起来,[28]后者是柏拉图的未竟之作,与培根的"未竟之作"形成对比。然而,我认为,在培根的著作中,似乎只有《新大西岛》最完整,因为研读它的细节就会发现它惊人的复杂。这种复杂非但没有损害表面上的娱乐光泽,而且完全出人意料地为之增色。乍一看仅仅给人欢乐的东西经过仔细研究却给人以指引、教育和更深沉的快乐。在我看来,它是尼采式哲学史的典范之作,因为它的隐秘文风把人悄然引入无声无息运转的世界中那精彩的哲学领域。

我从《新大西岛》的表层——本撒冷(Bensalem)的培根式社会的科技统治——着手,研究其中的政治问题。然而,这种政治明显不是自治的,人们肯定想知道谁来统治这些统治者。结果是,他们受自己的天性统治,这些天性在培根的《论古人的智慧》中已有描述。他们还由意见和"价值"来统治。这些意见和价值不是他们自己制定的而是由所拉门纳王(King Solamona)制定的,后者是本撒冷的创始人,他通过崇尚和美化他的传统来统治本撒冷。但本撒冷并不是个遵守传统的社会。自从所拉门纳王以降,本撒冷做出了许多伟大的发明。谁有权力提倡这些革新?或者说谁掌权?这部寓言表明,哲人掌握着权力,哲学家即是统治者。

萨罗门宫的院士们

科学长期以来都是神学的"婢女",在有幸战胜后者之后,现在竟然毫无廉耻地、愚蠢透顶地为哲学立法,摆起了"主人"的架子——我的意思是——摆起了哲学家的架子。

——尼采(《善恶》,条204)

　　本撒冷是个君主国，另外，本撒冷的城市和乡村以及各种机构都有自己的"总管"（页147－148,154,155）。即使是浮光掠影地思考一下也会清楚地看到，本撒冷的真正统治者是萨罗门宫的科学家们，共三十六人，或者是那三个自然解释者，他们似乎位于国内等级的最顶端。培根只在一处明确提到科学家与国家的关系。他说，科学家有权利对自己的知识和能力保密，不让公众和国家知道（页165）。科学的权力得到了明确，而君主国的权力则隐晦不明，[29]只有一个场合例外：在国王未参加的家宴上，有人宣读了王令，这时，国王好像成了依赖人民的债务人；而国王的特许状读过之后，受到欢呼的不是国王而是人民。

　　书中表明，国王依靠人民，而人民依赖萨罗门宫的院士们（Fathers，或译元老们）。院士们在巡视全国时分发一些礼物。这些礼物在发明出来之后，如果立即得到长官政治机构的接受，就会起到更好的效果，但院士们选择的是亲自直接派发礼物，这使他们能够获取马基雅维里（Machiavelli）所说的政治感情：感激。他们的做法严格符合马基雅维里的要求，即他们的礼物永远不要稀松平常，而是要出人意料，并且，施主永远要把礼物亲自送到受益人手里。人民了解自己的施主就能够对他们表示忠心。但马基雅维里注意到，由于感激而产生了政治依赖性的另一方面：让人民依附于君主的同时，君主也依附于人民，因为君主需要人民的感激。①从寓言的背后可以看到，对感激的需要使萨罗门宫的院士们成为培根岛国的依赖性统治者。感激可能是政治美德，但在培根那里，如普罗米修斯的寓言所强调的那样，忘恩负义也具有重要的作用："自满是匮乏的主要原因之一"（《培根全集》，VI. 749）。本撒冷人会感恩戴德，但他们也会有更多的期望；萨罗门宫的院士活着就要更多地给予，让人们更多地相信他们。

　　故事的末尾写到了一位院士，在他到来之前，所有的讲述人都颂扬了萨罗门宫，为院士的到来做戏剧性的铺垫。院士来时仪式"相当隆

---

　　①　Machiavelli，《〈君主论〉与〈李维史论〉》（*The Prince and Discourses*，New York，1950），I. 28－32。

重”，所有的配备都显示出统治者的样子。这些配备来自他们原初的宗教，显而易见象征着精神统治：如权杖、牧杖以及教皇式的祝福；另外，还有约柜一样的马车，上面载着象征宗教权威的珍贵货物。院士穿着纯黑和纯白两色衣服，令人想起执行宗教审判的多明我会士（Dominican）。但这些配备也包含象征世俗统治者的东西，如所有市里面的官员都要跟在他的后面，人民像军队那样列队迎接他的到来。

院士在接见外乡人时，[30]坐在"平台上"的宝座上，"头上方有鲜艳的华盖"（页156）。①院士最后讲到，他们在巡视时"会公开我们认为合适的有用发明"。这一次，他公开了自己拥有的"最珍贵的宝石"，因为他让叙述者告知公众他听到的东西。这种行为表明了谁才是真正的统治者，因为院士们似乎自己决定，现在应该取消一千九百年前他们国家的立法者所拉门纳王定下的"根本法"之一，即保密法。到目前为止，他们的幸福都离不开这条法律。

院士们不仅掌握着国家，也掌握着宗教。培根通过外乡人总管表明了这一点，后者既是基督教神父，也是政府官员。这位神父在接待外乡人方面受过训练。尽管他很少使用这些技巧——37年来他第一次遇到外乡人——但他表现出的虚伪说明他受过训练。知道这些外乡人为自己的生命担忧，第一次会面时，他却告诉他们国家只允许他们逗留六周，也可能给予更多的时间。他在撒谎，因为在两天后，他又告诉这些做好充分准备的人们，政府鼓励外乡人在本撒冷永久居住下去，还说本撒冷人的这项鼓励措施非常成功，结果他们从未听说有船只再从本撒冷返回家乡。他曾讲道："法律在这一点上不很明确"，但实际上，这条法律既明确又至关重要，他自己也心知肚明。但外乡人战胜了神父的虚伪，也可以叫外交手段吧，因为外乡人明白如何与神父"联络感

---

①　培根似乎在明显表示权威的地方玩弄 state 一词的多种意义。萨罗门宫院士来时仪式"相当隆重"（in state）。院士坐的宝座下面是"平台"（the state，页156），而家宴中提桑坐的椅子上方是"华盖"（state，页148）。萨罗门宫的院士"头上方"也有一个绚丽的华盖。

情"，所以他们提出的第一个问题很巧妙。他们问那个似乎掌握着他们命运的基督教神父："基督教是如何传播到这个岛上的？"这样就把首要问题放在了后面："这个岛屿上的外乡人命运如何？"在斗智的外交中，外乡人好像最终取得了胜利，他们的问题引出的答案使他们有可能构想出关于本撒冷、他们的命运以及基督教降临到这个岛上的真实情况。

[31]对于满腹狐疑的听者和读者，神父对基督教降临这个神圣的问题做出的回答都足以表明，基督教是由智慧的科学家引入，作为一种工具来引导温顺如绵羊的民众。基督教最初降临于本撒冷的一个城市：伦福萨（Renfusa），这个城市名即可成为首个怀疑对象。Renfusa 把两个希腊词（即"羊的本性"和"羊一样"）合在了一起。培根巧妙地不动声色地只用一个词，表明我们理解神父所讲的基督教来源时要采取的视角。另外，还可以首先怀疑那个在基督教来临现场的没有温顺如羊的萨罗门宫院士。他当时碰巧在那儿，负责了整个事务，证明那是神迹，但他缺乏培根式科学家所具有的谨慎。我们在后文了解到，"光明商人"的历史已有三百多年了，他们的目的在于把有用的东西带回本撒冷。在描述萨罗门宫奇观的最后一段，我们还了解到，他们有感官迷惑实验室。在那里，他们用灯光表演各种技艺，并"力图使它们看起来更神奇"（页164）。关于基督教来源的故事是从一个信徒即基督教神父的角度来讲的；讲述同一故事的另一角度是由智慧的约邦（Joabin）提供的，约邦不信这种说法，但明白它的用途。培根正是通过约邦表明，对神父的故事进行怀疑是正当的。因此，在介绍基督教时，培根让我们看到了一幅奇异的景象：一个具有权威性的科学家向那些羊一般温顺的人们宣扬关于神圣上帝和不朽灵魂的宗教，这种宗教在培根式科学倡导三百多年之后成了他们的主流宗教。在下文中，培根以这种以及其他方式让我们了解到，本撒冷的宗教和国家一样已落入了科学之手。通过这种转换，宗教与国家并没有失去权威性，只是暗中失去了独立性。宗教和君权仍然保留它们传统的作用，前者是"抑制各种罪恶的首要武器"（页153），后者在维持本撒冷社会的家长制链条中是受人尊

重的一环。①

但是,假如科学家统治本撒冷,他们是最高统治者吗?他们三十六个人秘密商讨时,根据的是不是他们自己的标准?他们智慧吗?在《新大西岛》中,故事叙述者只提到约邦是个智慧之人,但叙述者又怎么可能知道?叙述者的第一段直接引语使我们对他充满了信任,[32]因为在引语中,他把自己介绍为哲学家。他的第一句话"让我们认识自己"重复了德尔菲神庙(Delphi)上的神谕与苏格拉底的话。这些话表明他是个明白人,清楚他们的情况,能够准确地告诉他们该怎么做。他知道事情并不是其他人所看到的表面现象,因为表象是欺骗不了他的;他知道他们所有人看起来获得了拯救,实际上仍处于致命的危险当中。只有他一人清楚的东西使他能够提出可能拯救他们生命的建议,因为他一方面不为表象所迷惑,另一方面知道如何装样子。他指示其他人要严格保持基督徒的形象,因为那些基督教监护人掌握着他们的性命。叙述人就这样以恰如其分的培根方式表现了自己的智慧:他既是个明白人又是装样子的高手。他是"五十一人"中的"一"(页133),那五十个人也意识到了这一点,因为在最后,他们选他单独觐见萨罗门宫的院士。如此一来,权力从"我们的头头"——船长——转移到了叙述者手中,从强者手中转移到了哲人手中。叙述者真正身份的最终确定是在智慧的约邦第一次讲话时。叙述者没有记录以前的讲话,记录的这番话是在他们混熟后说的。约邦对叙述者说的第一句话就是"你说得有道理"。因此,那个叙述者有可能清楚约邦是否智慧。

叙述者说约邦睿智时就为他的判断提供了理由。从约邦对宗教的态度就可以看出他的智慧。在基督教问题上,约邦"总愿意承认"并"会讲"多数派基督徒们乐意听的东西(页151)。对于自己的犹太民

---

① 关于本撒冷的科学家统治,参见 Harvey Wheeler,《培根的〈新大西岛〉》(Francis Bacon's *New Atlantis*:The 'Mould' of a Lawfinding Common-wealth),载《培根的遗产》(*Francis Bacon's Legacy of Texts*, edited by William Sessions, New York, 1990),页 291-310。

族,他"根据犹太人的传统,希望当地人相信"他们是上帝的选民,他们的律法创始人摩西最终制定了根本法,而多数派基督徒们则认为这些法律是所拉门纳王制定的。讲完约邦如何提倡自己都不相信的信仰之后,叙述者得出了结论,认为约邦有智慧:"暂且不论这些犹太梦想,约邦还是个智慧的人……"其实是叙述者把这些犹太梦想搁置不论,但如果没有那个"暂且不论",句子的意思就是约邦把这些梦想搁置不论。在本撒冷的关键人物中,只有约邦一个表面上看欠缺衣着描写。实际上,他也得到了这方面的刻画。从下文可以看出,作为哲人,他穿的是适合自己的信仰服装。

"这些犹太梦想"就是信仰本撒冷的建国法和它的高贵起源,[33]哲人在对它们搁置不论的同时却渴望别人信仰它们,渴望传统承认它们。但外乡人刚刚听到关于这些传统的另一种说法,这种说法来自那个根本谈不上智慧的基督教神父兼国家官员。神父的杜撰显然是与此相对的基督教梦想,为发现本撒冷的历史真相就必须把这些梦想搁置起来。与约邦一样,叙述者将会明白,"根据传统",最好让本撒冷人"相信"本撒冷具有神圣的起源和使命;二者都将明白,本撒冷人不能抛弃这样一个柏拉图所说的"高贵而又必要的假话"。在柏拉图笔下,苏格拉底或雅典外乡人建立起的虚拟国家中的居民曾经也是如此(《王制》,iii. 414b–415e;《法义》,ii. 663d–664c)。①

如此一来,约邦和那个总管兼神父对待各自梦想的态度就形成了对比,这很具有启发意义。约邦是个明白人(knower),而总管是个信徒。故事表明,信徒全身心都投入到了基督教与本撒冷的权力教条之中。对他而言,宗教与国家融为和谐的一体。假如他在官位上耍两面派、撒谎,这都是为国家的利益着想,为听假话的人着想。那个总管兼神父相信宗教与世俗的权威,甘当它的仆人,认为统治他的那些信条正确无

---

① 《新大西岛》表明,外乡人管理处的主管并不智慧,但他认为另外两个人比较智慧。此外,那位科学家和阿尔塔本所谓的睿智是依据他们各自的事迹来判定的。前者引入了基督教,后者拯救了本撒冷,免遭大西岛人的入侵。

疑。然而,如果说总管兼神父与约邦的对比就是依赖传统的仆人与传统之外的旁观者和研究者之间的对比,那么,由此得出的结论对于理解本撒冷的政治秘密无比重要:即在萨罗门宫的院士和约邦之间也存在一模一样的对比。那位院士全身衣着都代表了本撒冷的世俗权威与宗教权威,作为信徒和仆人,他也同样浸淫于传统的教条之中。如此一来,信仰两种东西的信徒衬托出《新大西岛》中睿智的明白人。从根本上信仰科学的科学家显然也认为,宗教在一个科学的社会里也应有自己的位置和权威;从根本上信仰宗教的神父也认为,科学在基督教社会里也应有自己的位置和权威。[34]这两类信徒都承认,宗教与科学应有适于自己的领域和作用,使二者得到了和谐统一。

那个院士对外表的依赖性表明,他是个信徒而不是个明白人。他来时的穿戴与气派使他在民众中间享有至高无上的荣誉,所以他才"一脸的慈悲相",居高临下地俯视其他人。他不像约邦那样掩饰自己与他人的距离感,而是要在高位上装腔作势地祝福下面的可怜人。他的姿态使他有别于外乡人,因为他高人一等地祝福他们,而且允许他们吻自己的衣边,而外乡人的总管也就没有这样做。他不加区别地对待那些外乡人,那些外乡人曾选出那位睿智的叙述者与他单独会面,而他却称呼其为"我的孩子"。那个院士关于学院仪式与荣誉的讲述表明,装样子对他也至关重要:要为那些发明创造者树碑,使他们永垂不朽;要到处巡视以接受他们应得的荣誉。他的话说明,这些样子并不仅仅是装样子,并且,他与约邦一样明白装样子的用途。尽管他打发走仆人之后单独对哲人叙述者讲话,但他只是独白,不容讨论。这些话像教条一样披露给对方,后者只能满怀敬畏和感激。与此相反,约邦与叙述者之间则是平等的对话,这种对话不用面面俱到即可揭示出道理。

哲人约邦与萨罗门宫院士之间的对比表明,院士是信仰的仆人。但是,若真正的统治者为信仰所统治,他们就不可能是最高统治者;他们既不可能为自己定下的标准所约束,也不可能智慧。这些不智慧的统治者是谁? 在这些明知他们不智慧的时代,培根为什么还要把权力交给他们呢? 在《新大西岛》中,培根对这些人做了描述。在《论古人的智慧》关于代达罗斯(Daedalus)的一篇寓言中,培根对他们进行了分析。

代达罗斯

进一步来说,科学工作者是什么样的人呢? 他是那类不具有高贵品行的人;他关心与自己同阶层的人和他们的需要;获取功名,不断证明自己的价值和作用以便不断克服内心的不信任感,[35]而所有依赖成性的人都具有这种不信任感。他满怀嫉妒之心,对天性中的卑下成分非常敏锐,却不能达到天性的高尚。这类人的庸俗感不自觉地致力于消灭不同寻常的人,折断所有弯弓,说得恰当一点,它要尽力拉直弯弓。

——尼采(《善恶》,条206)

代达罗斯是古代的英雄,适于完成培根所说的为公众造福的发明创造工作。但代达罗斯缺乏公益精神,而这种精神在培根事业中则是不可缺少的。他奸诈狡猾,无法无天,表面上服务于他人,实际上只为自己。培根怎么敢把本撒冷的统治权托付给代达罗斯这样的人?

在重述代达罗斯的寓言时,培根强调,古人未能约束这位搞发明和机械的天才。他注意到,古人常常试图通过弥诺斯(Minos)或法律来谴责代达罗斯这类人的发明,并禁止使用他们的发明,以此来约束他们。但培根让我们注意到,法律对此无能为力,他引用了塔西佗(Tacitus)关于此类人(占星家和算命先生)的论述,说他们是"我们国家永远需要既保留又禁止的一类人"。然而,培根省略了塔西佗指控中的核心部分,这部分非常明确地反对代达罗斯这类人:"权贵们也不应当相信"这些人,他们"欺骗有远大抱负的人。"①这些不可信赖的机械发明天才把自己的技能用于满足欲望和暴政的罪恶目的,而不是满足正派人的正当目的。正如培根所描述的古人的智慧那样,他们强调,代达罗斯的邪恶更增强他们的看法,即一个秩序井然的社会没有他也会一帆风顺。古代的智慧认识到了代达罗斯的才能是何等的邪恶,于是就贬斥这种邪恶,并试图让大家认识到,他的才能纯粹是多余。

这就是培根的表白。《论古人的智慧》重述了与培根正相反的观点,它反复宣扬,发明家不会做公益事业,代达罗斯的发明创新会危及来自不同渠道的国民幸福。涉及代达罗斯这类人的古代智慧来自希腊,它不同于埃及智慧。埃及智慧在论述发明者方面是最古老的智慧,它吹捧发明家并"给予他们以神圣的荣誉和礼仪"(《新工具》,I. 73,I. 129;《培根全集:学术的进步》,III. 301)。[36]培根在此处没有说出这种区别,但在别处为了自己的修辞目的常常提及。培根既不同意关于代达罗斯的希腊哲学智慧,也不认为它优于自己的智慧。但其根本的一条得到了培根的认可:代达罗斯这类人非常危险,这不仅因为他们是天才,同时也因为他们本性邪恶。然而,培根强调了希腊智慧最突出的弱点:通过发布代达罗斯并无用处这种有益的假话或通过法律、流放的手段并不能有效地遏制代达罗斯。在寓言结尾,培根提出自己的一点建议:要约束代达罗斯这类人不能用老办法,而要依靠他们"自命不凡的特点";培根暗示,可以以其人之道还治其身,但前提是要注意到他们的本性,注意到他们是什么样的人而不是他们应该是什么样的人。古人清楚代达罗斯这类人的本性:在所有人当中,他们最为嫉妒所困扰。他们的嫉妒心最为强烈,最难以释怀。并且,嫉妒使他们坐卧不安。古人试图纠正或抑制这种难以消

---

① Tacitus,《历史》(*Histories*, translated by Clifford Moore, London, 1925),卷一,章 22。Heidi Studer 在她的关于《论古人的智慧》博士论文中提出了这个观点,承蒙她的好意使我能够使用她的观点。参见 Heidi Studer,《"遭到践踏的葡萄……":培根与古人的智慧》('*Grapes Ill – Trodden...*': *Francis Bacon and the Wisdom of the Ancients*, Ph. D. University of Toronto, 1992),页 201。

除的嫉妒，让代达罗斯这类人显得多余。培根则利用这种嫉妒，并在一个认为代达罗斯这类人不可或缺的社会里培育它、引导它。

萨罗门宫的院士是驯化了的代达罗斯，他认识到了自己自命不凡的缺陷。培根允许善妒的代达罗斯这类人妒忌所有人，以便让弥诺斯管制他们。更准确地说，他让代达罗斯这类人篡夺了弥诺斯的权力，登上了统治地位，因为培根为他们找到了一条虚荣之路，以引导他们的才智。代达罗斯这类人的自命不凡是他们嫉妒成性的结果，这种特点要求公众承认他们是自己心目中独一无二的天才。自高自大使他们急躁不安，渴望得到大众和像他们自己那样的少数人的承认。他们嗜好荣誉，强烈希望超过那些已经功成名就的人，让人们视其为奇才。在《新大西岛》中，他们几乎没有受到任何羁绊。①

精心打造的本撒冷社会就是为了满足代达罗斯这类人的嫉妒本性。即使在家宴中，也要求给予萨罗门宫院士们至高无上的地位。[37]家宴那天是亲生父亲最受尊重的时候，但就在此时，亲生父亲所受到的尊重也不会高于萨罗门宫的院士。若有院士在场，在国王宣布自己受惠于家父的那天，院士会紧挨着家父坐着。那位教会官员也承认萨罗门宫的高位，他认为萨罗门宫是王国的"智慧之眼"（页137）。并且，他大概不经意地让我们看到，他所从事的宗教本身也是由他视为智慧人的科学家所建立的。这些院士挪用了那位总管兼神父曾使用的

---

① 就在下一个寓言《厄尼克托尼俄斯或欺骗》当中，培根继续贬低发明家。伏尔坎（Vulcan）强暴米涅瓦（Minerva）未遂，产下有缺陷的后代厄尼克托尼俄斯（Ericthonius），后者发明了马车以展示自己风流倜傥的部位，而隐藏其畸形部位。培根赋予这个寓言的意义表明本撒冷改进了古代的方式。技工伏尔坎没有受到约束时试图强迫自然顺从自己。尽管激情产生了畸形后代，但后代却导致了欺骗。与在代达罗斯的寓言中一样，培根也在本篇寓言的末尾表达了自己的观点。这种过失不在厄尼克托尼俄斯而在伏尔坎。对于后者可以轻而易举地加以引导，让他付出应有的细心和观察。自然由于他和他的锻造得到了征服而不再发号施令（参《学术的进步》，见《培根全集》，III. 325）。

"神父"（Father）称号；①他们现在也称所有人都为"我的孩子"（页156）。萨罗门宫中的画廊满足了他们的嫉妒心，因为本撒冷人要让人们永远记住发明家。如果发明家及其发明很伟大，本撒冷人会按照地位给他们塑雕像，镀上金（页165－166），让他们及其发明永垂不朽。

然而，要想使自己的虚荣心得到满足，这些代达罗斯必须把天才用于一个目的：公益事业。代达罗斯本人没有塑像，因为他给予帕西法尼（Pasiphae）和那些互相敌对的国王的礼物不是为了公益事业，没有改善人类状况。对于想贬低代达罗斯的哲人来讲，代达罗斯正是发明的化身，他似乎已经被那个夸耀发明与发明家的社会遗忘了。本撒冷社会必须忘记代达罗斯及其罪恶，因为代达罗斯这类人只有满足了别人，用灵巧的才华造福于没有嫉妒成性的人，也就是那些一心向往幸福与安逸的大多数人，才能得到这个社会的满足。嫉妒成性的代达罗斯们如果得到了受惠人给予的荣誉和感激，就会转向公益事业。萨罗门宫施加惩罚和给予奖赏一样恰到好处：超越权限以外的行为会使人遭到"羞侮和罚款"，即自尊心要受到伤害，部分财富要受到剥夺（页164）。这样的奖惩通过满足代达罗斯们的天性去引导他们的才华。培根的新型社会认为，代达罗斯的礼物值得公众至高无上的尊重，从而通过上述方式驯服了代达罗斯这些人，使他们变得品德高尚。由于注意到了代达罗斯们的本性，并满足了他们的需要，培根就能够保证，他们将让自己成为应该成为的人，即有益于公众的人。

培根式社会不依赖于希望或祈求，因为代达罗斯们的本性仍然没有改变；他们也没有变成［38］慈善家，不可能因为在本性中新发现一点恻隐之心就突然渴望为别人谋取幸福。古人的智慧怀疑代达罗斯的能力，认为他是个多余的点缀，所以，正如培根在寓言中描写的那样，他一定要报复。难以消除的嫉妒之心腐蚀了他的本性，使他必然采取一

---

① ［译注］在《新大西岛》中，"院士"对应的英语为 Brethren，Fellow 和 Father，为上下文通顺和易于理解，均译为院士，但 Father 也有"神父/元老"之意。

切可能的途径炫耀自己那无人赏识的伟大之处。培根的代达罗斯们仍然具有根深蒂固的"恶毒本性"（这使他们属于憎恶人类的人）和"人类本性的罪恶"。培根认为，他们"这样的木材最适于做成伟大的"统治者（《论说文集》，"论善和性善"）。培根建构的社会满足了这些人贪婪天性（对于这种天性，法律和流放都无济于事）。他们的个人利益和公众利益之间的一致性既不依赖于他们的美德，也不是奇迹或"神性的善"（后者是培根为方便起见，不得已才小心谨慎地使用的一词）。培根征用代达罗斯这些极少数人作为可信赖的独裁者，认为能够把新事业托付给他们，而不必祈求他们讲究信用。因此，只有顺从代达罗斯们的本性才能征服他们（《复兴》，《培根全集》，IV. 32）。

　　培根的新智慧征服了代达罗斯们，而古人的智慧就没有，因为培根宣扬一种新的至高无上的善：让人人都安逸并延年益寿。代达罗斯们让这种至高无上的善变为现实，怎能不受人们至高无上的尊重呢？但是代达罗斯们自己并没有宣扬这种新的至高无上的善。通过对这个事实的强调，培根表明，本撒冷真正的统治者本身也受到约束。他们受制于自己的本性和一套奖惩机制，后者不是由他们制定，但他们若想满足自己的本性不想招来苦恼，就必须服从这个机制，他们也因此乐意服从。和他们为之服务的大多数人一样，他们趋向于认为，所有其他各阶层的人，如外国人和古人，都是原始的和野蛮的。因此，处于统治地位的科学家，即在本撒冷处于高位的那些人是"三重仆人"；"他们没有自由，既不能自由支配自己的人身，也不能自由支配自己的行动和时间"（《论说文集》，"论高位"）。实际上的统治者只是名义上的统治者，因为他们受制于那位慎重的立法者，后者不仅设立了他们所在的学院而且制定了他们要服从的新善，即要通过征服自然来改善人类的状况。

　　谁才是本撒冷的统治者？是所拉门纳王。他采用开国者们一直采用的统治方式，通过复兴权威来统治名义上的统治者。[39]用尼采的话说，所拉门纳王是真正的哲人、命令者和立法者，他确定了自己社会的目标和动机（《善恶》，条211）。

所拉门纳

科学本能达到极致的理想学者当然是最珍贵的工具之一,但一只更强大的手控制着他。

——尼采(《善恶》,条 207)

"既然习俗主宰着人的生活",并且"改变和压制天性"。因此,正是由于新习俗的确立,特别是那种尊崇代达罗斯这类人的习俗的确立,才使所拉门纳王成为本撒冷的"立法者"、伟大的发明家和革命性的奠基人,使他的创新对于后代而言逐渐具有神圣的权威性(《论说文集》,"论习俗与教育","论人的天性")。但准确来讲,习俗具有权威性是因为其不具有新颖性,并且一直为人们所实践,而所拉门纳一方面提倡新习俗,另一方面又能够成为本撒冷看不见的精神领袖。他是如何达到这一点的呢?

在《新大西岛》中,外乡人安置处的总管回忆了所拉门纳王慎重的立法。他是个虔诚的好古之人,忠诚可能使他的叙述掺有水分。然而,他讲到的两个创新(保密法和设立萨罗门宫)使我们有可能重现那位革命性的奠基者的策略。

第一个伟大的创新保密法把一个公开的海上强国变成一个封闭的社会。据那个总管讲,所拉门纳为这个巨大的转变提出了三条辩护理由,每一条都诉诸本撒冷人的自豪感(页 144)。仔细考察一下,每一条都没有说服力。第二条,即他们的航运仅限于本地海上运输,这仅仅是他的措施的结果,而不是原因;第一和第三条,即本撒冷完全自给自足和永远因循过去的传统,这两条显然令人怀疑。就第一条而言,他们仍旧依赖派遣出去的"光明商人"从外国人那里窃取光明;至于第三条,科学机构是创新的基地,其首要目标就是要改变。巨大的转变使本撒冷与世界上的其他民族隔离开来,其一本正经的借口就是本撒冷人对自己的资源和旧传统感到自豪。

[40]据说，这些保密法融人道与政策于一体，但约邦是否会觉得神父对这项政策的讲述方式有理，让人很是怀疑，因为约邦将表明，人道与政策表面上的融合是虔诚欺诈行为。给政策戴上人道的面纱在古代本撒冷就有，那个在两方面都很崇高的阿尔塔本（Altabin）的所作所为即可表明这一点（页142）；所拉门纳利用的是本撒冷对自己独特性的自豪感，后者在历史上已经存在，而且有理有据。与外邦人的接触会危及这种独特感，因为如果对外邦人了解得过多，那么，本撒冷人与外邦人的差异就会证明根本不是太大。两种方式保存了有教化意义的独特感：一是新提倡的极端孤立，二是讲述劣等外乡人如欧洲人的故事。本撒冷人认为，他们人道地对待了特殊人即那些偶然来自劣等社会的过路人，并自认为这些人在本撒冷有选择的自由，可以回家，也可以在本地享受幸福。正是这种人道的方式在当地人的心目中确定了本撒冷的优越性。因此，所拉门纳的第一个伟大的创新巧妙地利用了这种习以为常的神话，即当地人及其风俗有着独特性和优越性。有必要利用技巧的原因在于，实行孤立政策似乎仅仅基于本撒冷的脆弱或认为本撒冷不能顶住与外乡人的公开接触。

所拉门纳第二大创新是萨罗门宫，但这个创新并不是要改变世界。在人们的心目中，所拉门纳在致力于"使他那时恰如其分的建制永垂不朽"，所以他能够倡导新的革命——持续不断的高新技术革命——而给人的印象是在满足自豪人民的保守特性。为加深这种印象，所拉门纳把自己的工作装点成复兴的样子，要重建起始于以前所罗门国王的伟大工程。①这位成功的革命性奠基人把自己创立的机构命名为"六日工程学院"和"萨罗门宫"，从而把光荣给予了已经荣耀加身的上帝

---

　　①　关于"复兴"，参 Charles Whitney，《培根与现代性》（*Francis Bacon and Modernity*，Yale University Press），页 23 – 54；《培根的〈复兴〉：人道内外》（Francis Bacon's *Instauratio*：Dominion of and over Humanity），载《观念史学刊》（*Journal of the History of Ideas*）卷 50，1989，页 371 – 390。

和所罗门。他最具革命性的创新要求他用古代的人名掩盖自己的名字，在名义上屈从于现有的上帝与哲人的目的。①所拉门纳与代达罗斯们不同之处在于后者受到荣誉的驱使，而前者则利用后者为自己服务。[41] 他"很清楚，把新发现与遥远的古代联系起来会给予新发现以神圣的意义。这与暴发户从家谱学家模棱两可的传闻中赋予自己显贵的祖先没有什么两样"（《培根》，页 87）。

只有仔细研究一下约邦，才能恰到好处地评价所拉门纳对所罗门的忠诚，因为只有这样，我们才能搞清楚培根为什么用《圣经》中的人物给自己的关键人物命名。但现在需要进一步探讨所拉门纳的伟大创新，因为在这些创新中我们才能明白培根伟大复兴的理论依据。

伟大的创新一旦引入社会，在立法者死后必须要由其他人继承下去，即使是所拉门纳也不能改变时间的本质："时间就像河流，卷走轻浮的漂浮物，淹没沉甸甸的东西"（《培根》，页 80；《学术的进步》，《培根全集》，III. 291 – 292；《新工具》，I. 71；《复兴》，《培根全集》，IV. 15）。所拉门纳深知时间的不变本质，并使之服务于自己的目的。哲人虽然懂得创新中沉甸甸的东西，但他们很少出现，人数寥寥无几（我们将会看到，如约邦一样的人即属这类人）。由于不能依赖这些人，所拉门纳就把计划托付给人数众多频繁出现的代达罗斯们，让他们成为焦点人物和无意义的吹捧对象，以此提高他们的地位。对于一直遭人蔑视和排斥的代达罗斯们，所拉门纳给予吹捧，以保证他们作为受惠者而非明白人继续传扬那沉甸甸的东西。

所拉门纳具有革命性的新政体建立在对人类本性、时间和其他一

---

① 在本撒冷，所罗门以前并不那么荣耀，后来在介绍希伯来语《圣经》时，他作为基督教的先驱才荣耀起来。所罗门虽然是在本撒冷的犹太人中享有至高无上的荣誉，但仍然可以认为他是可资利用的古代哲人之一，最适于所拉门纳的计划。培根把名字拼作萨罗门，而不是所罗门，是根据希腊文《圣经》、拉丁文《圣经》和早期的英文《圣经》，如 Tyndale 和 Cloverdale 版的《圣经》。因此，把所拉门纳变成萨罗门并不表示所拉门纳与所罗门之间的妥协，而是表示完全屈从于萨罗门。

些东西的了解之上，这是一种新自然知识，它将取代古代关于自然的解释。培根认为，关于潘（Pan）的寓言讲述了古人对自然宇宙的解释。在重述这个寓言时，培根讲道："据传说，潘没有什么风流韵事，即使有也寥寥无几"，即他只有和厄科（Echo）和悉林佳（Syringa）有过私情。潘把厄科或哲学选为妻子，后者作为话语形式仅仅是他的传声筒。潘与厄科即自然与哲学的婚姻没能结出硕果，据推测只有一个只会胡言乱语的女儿艾安珀（Iambe）。[42]潘追求仙女悉林佳几乎也没有任何结果。悉林佳变成芦苇，成功逃脱了潘的纠缠，潘于是用芦苇秆做成笛子，吹出悲伤的曲子。另外，潘尽管是猎人之神，却不是做出发现的猎人。培根讲到，潘找到了刻瑞斯（Ceres），这只是个意外发现。假如关于潘的寓言详述了古代的自然哲学，那么潘这个伟大的神必然要死亡，对于自然也必然会有崭新的解释，以便建立起所拉门纳的政体。自然必定会被认为是柔顺的女性，哲学则是具有阳刚之气的男性，二者的结合会孕育出萨罗门宫院士所描绘的发明的家族（《复兴》，《培根全集》，IV. 15）。所拉门纳创立的新科学不是妻子般的传声筒，也不是为失去的挚爱吹出的一曲哀歌，因为后者表达的只是苏格拉底从无法实现的自然哲学到次之的政治哲学的转向，其孕育出的胡言乱语的子嗣将由新的自然科学所代替。在这种对自然进行系统研究的新科学中，几乎见不到潘的踪迹。

然而，即使古代的自然学说必然遭到取代，也并不表示所有的古代导师必然遭到抛弃。所拉门纳作为奠基人和立法者所做的工作表明，他还是在追随一位古代的导师即柏拉图。通过把寓言命名为《新大西岛》，培根表明，柏拉图的古代大西岛提供了一个基本模式。把两个大西岛故事加以比较，就可以揭示出培根在多大程度上受惠于柏拉图。本撒冷那位讲述大西岛的神父提到柏拉图时神态倨傲，称其为"你们的一位伟人"。如此一来，这位《圣经》的忠实信徒使我们的那位伟人对本撒冷而言似乎一钱不值，柏拉图只是谬误的导师，他的大西岛故事充满了为自己谋取私利的假话和无根无据的策略，并令人生疑地进行歪曲，去吹捧比本撒冷人要弱小和冷酷的雅典人。这样，培根在假装批评柏拉图时,提出自己的柏拉图式论点,因为本撒冷剥夺了雅典神秘的过去,树立了自己的神秘过去,这也同样来自自吹自擂和民族自豪感。培根在柏拉图的大西岛上更进一步确证了柏拉图的观点,即有益地捏造国家的过去,就会贬低他人而抬高我们自己。神父这个忠实信徒批评雅典人自夸,这种批评同样也适用于他自己,只不过他不知道,因为他认为其他社会都建立在假话之上,只有他自己的社会建立在真理之上。柏拉图在《新大西岛》中的指导作用还可以从更为可靠的人物约邦身上看出来。约邦让我们注意到柏拉图的《法义》。他称柏拉图为"你们当中的一个人",认为他的这本书"虚构了一个国家"。另外,柏拉图虚构的国家即理想国[43]最终为《新大西岛》提供了政体模式,即哲学家为王。"你们的一位伟人"柏拉图为其提供了根本性指导,虽然书中没有明确表示出他在这方面的作用。这里,所拉门纳的策略具有典型性,它表明培根本人应该如何采取行动。培根的计划与所拉门纳的计划类似,都是要以新自然科学重塑整个民族。在这种计划中,学习外国哲学家对公众起不到任何实际作用,而学习上帝和公认的哲人则可以。所拉门纳表面上依赖于耶路撒冷,巧妙地掩饰了他依赖于雅典人的事实,使得民众认为他的创新来自《圣经》,而且反对所谓异教哲学家的智慧。在一个不信仰《圣经》的人看来,《新大西岛》远不是"培根极力反对柏拉图的唯一重要作品",①实际上它以柏拉图反对柏拉图,超越了柏拉图,同时又是一部难以解释的柏拉图作品。

因此,对我而言,培根与柏拉图的关系至关重要。除了培根的独特批评所蕴含的含义之外还有无更多的关系?培根集中批评了柏拉图把哲学与神学结合在一起。由于启示宗教的崛起,这个问题在培根时代与在柏拉图时代完全不同。《新大西岛》表明,培根与柏拉图还有很多关系,因为该书指明柏拉图是重要的导师。所拉门纳这位睿智的奠基人和立法者从柏拉图那里学到了基本方法,培根正是通过所拉门纳表明,柏拉图就是自己的导师,所拉门纳闭口不提此事也表明了培根的态

---

① 参见 Howard White,《柳林中的和平:培根的政治哲学》,前揭,页 112。

度:即权宜之计要求以依靠《圣经》为幌子来掩饰对哲学的真正依赖。
虽然仔细研究《新大西岛》会揭示出很多问题,但在所有问题当中,我
认为这个问题最重要,而且对于从尼采的角度理解哲学史最有帮助,因
为在尼采看来,哲学家的作用远比想象的要伟大,而柏拉图的作用是其
中最伟大的。苏格拉底通过柏拉图成为所谓整个世界史的转折点。在
我看来,培根作为一位柏拉图式哲人在这个历史中占有一席之地。

柏拉图是如何进入《新大西岛》的呢？ 只有那些深知柏拉图是我
们中间的伟人并读过《蒂迈欧》和《克里提亚》中的大西岛故事以及约
邦提到的《法义》的人才会看到,柏拉图是偷偷地进入了《新大西岛》。
[44]所拉门纳表面上忠实地追随上帝和上帝的所罗门,实际上则追随
柏拉图,因为作为立法者,他仿效了柏拉图未署名的立法者即那个雅典
外乡人。所拉门纳采取了两条显著措施,即减少与外乡人接触和建立
新执政委员会,这在一定程度上修改了柏拉图《法义》最后一卷的两条
重要措施。

至于与外乡人接触,雅典人与所拉门纳都明白,非商业国较少需要
与他国交往(《法义》,vii. 949e)。既然"让国家衰退的方法可能多如牛
毛,让国家兴盛的方法却如大海捞针",那个雅典人因此"拒斥奇技淫
巧与风俗杂合"(页144,《法义》,949e - 950a),建议严厉(可能没有所拉门
纳那样严厉)禁止与外乡人交往(949e - 950d)。然而,玛格尼西亚(Mag-
nesia)与本撒冷仍然要与外乡人交往。交往给二者带来的两种主要后
果也是一样:获得了道德优越感和有用的东西。那位雅典人允许选中
的公民去参加祭神的比赛活动,他们回来之后要"教育年幼的人,说其他
国家的法制不如本地的法制"。然而,玛格尼西亚人也去参加其他竞赛,
回来之后总宣扬自己摘取了桂冠。"光明商人"以不同的方式起到了同
样的作用,因为约邦讲到,本撒冷人满怀热情地对比了自己贞洁的性行为
和欧洲的性行为。但本撒冷人中只有极少数"光明商人"才见过欧洲人,
因此,他们受到的教育就是鄙视外乡人,认为他们道德低下,从而抬高自
己,认为自己才是道德最高尚的人。当这些欧洲性堕落者真的出现在他
们中间时,也难怪他们会很矜持,显得"彬彬有礼"(页132 - 133)。

除了这些外出团体之外,柏拉图的玛格尼西亚认为:"一些公民渴望有更多的闲暇研究其他地方人们的事务"(951a)。这些公民是"观察家",他们致力于发现"为数不多的神人,因为与神人交往是完全值得的",后者在好的国度与坏的国度出现的频率是一样的。这些观察家和他们要找的神人一样,不仅关心法律习俗,而且还关心它们得以建立的基础(952b),因为他们就是那些屈指可数的哲人。这些人像国内执政委员会汇报自己的所见所思(952b)。因此,雅典人承认,基本法本身并不是十全十美一成不变的,它们会根据那些外出哲人的所见所思进行变更和增补。所拉门纳采用这种方法似乎也[45]出自同样的原因:尽管那个虔诚的信徒认为"光明商人"专门寻求"世界各地的科学发明、艺术和制造业"(页146),但他讲的故事清楚地表明,他们曾寻求并倡导了一种新国教。

在立法完成之后,第二项措施即执政委员会的建立,遭遇到了根本性困难,这也是《法义》最后一个令人费解的话题:如何"永恒完美地保障"已建立起来的体制,并保证传承的忠实性。①永恒完美的保障要求,即使是根本法也要进行修正,因为"几乎是反对变革的禁令"在一定条件下也会承认变革的必要性(同前施著,页177)。因此,雅典人再次列出"夜间议事会"名单时(961a–b;951a–952b),回国的旅行者取代了教育监察委员,关于根本事务的教育就属于他们。雅典人第三次提及夜间委员会的构成时曾表明(同前施著,页181),这些人是"解释者、导师、立法者和他人的监护人"(964b)。这些回国的旅行者是起导航作用的哲人,他们的研究范围包括美德、高尚、善和诸神。这最后一个课题属于最高层次的研究,要探讨灵魂和天体,但不会陷入无神论。因此,这些回国的旅行者即为数不多的哲人是真正守护法律的人,也唯有他们可以恰如其分地被称为"夜间议事会",受他们指导的其他委员现在仅属

---

① 对于《法义》最后一个话题的解释来自 Leo Strauss,《柏拉图〈法义〉的论证与情节》(*The Argument and the Action of Plato's "Laws"*, University of Chicago Press, 1975),页 169–186。

于"议事会"（同前施著,页184－185）。这些哲人对将来的指导不能写进起初的法规当中,一方面因为这样的法规肯定给人一种不可更改的印象,另一方面因为这些将来的守护人会发现自己以及他们为时代制定的措施不能事先决定时代。然而,可以先做准备工作,雅典人做的就是这样的工作。这样一来,他们设立了"神圣议事会",并把城市交给其管理(969b)。

我们可以认为,所拉门纳王也追随柏拉图,设立了"神圣议事会",即把三十七个法律守护人(752e)换成了萨罗门宫的三十六位院士。这个新神圣议事会的成员都具备一流的本撒冷美德:[46]即通过科技征服自然,服务于公共的善。根据以前的标准,他们实际上也被授予了与发明家身份相称的神圣的荣誉(《新工具》,I.129)。那位萨罗门宫的院士就是公认的发明家即驯服了的代达罗斯。他表示,他们已仿造了雷电,因此配得上从前宙斯曾得到过的荣誉,而在古人眼中,宙斯是唯一掌管雷电的人,不可模仿。在柏拉图的《克里提亚》中,大西岛偏离了原来的神道,陷入人类的狂妄,挑战众神。众神在篇末一齐来倾听宙斯为什么会因为这样而必须毁灭大西岛。但宙斯一言未发,因为《克里提亚》没写完。效仿《克里提亚》的未竟之作《新大西岛》在结尾之前,有一长段话仅讲给了一位听众。这段话可以看作出自新宙斯之口,后者代表了所有拥有雷电的人。他在讲话中给出了本撒冷不仅没有受到惩罚反而受到保佑的原因。相对而言,未写完的《新大西岛》比起它模仿的《克里提亚》要更加完整。①

新大西岛人由于拥有了宙斯的雷电而免于宙斯的审判,他们的领导也获得了宙斯曾得到的荣誉。院士得到的荣誉在形式上似乎融合了基督教和希腊因素。在装有法典的约柜上立有两个展翅的金天使基路

---

① 参见 Howard White,《柳林中的和平:培根的政治哲学》,前揭,页112－134. Jerry Weinberger,《〈新大西岛〉和〈伟大的复兴〉前言》("Introduction",见 *New Atlantis and The Great Instauration*, edited by Jerry Weinberger, Harlan Davidson, 1989),页 xiv。

伯([译按]参见《出埃及记》25：18。)；而萨罗门宫院士乘坐的马车上立有
一个展翅的基路伯，"车顶中央"有一颗金太阳。这颗太阳可能就是
《法义》在颂扬这些审查官(Auditor)时大加渲染的那颗。审查官是法官
中的法官，享有最高的荣誉。因此，希腊或异教的太阳优于基督教的基
路伯。①这些院士是新宗教的大祭司，[47]而本撒冷民众则着迷于这种
新宗教。我们将会看到，培根深知，为新科学而战必须与宗教在同等层
面上展开，但绝不能高于宗教问题。

通过重建神圣议事会，睿智的所拉门纳把城市交给了那些遭到古
人怀疑和恐惧的充满嫉妒的荣誉爱好者。但他并没有让他们失去约
束，因为他明白柏拉图精心呵护的政治终极秘密，即哲人统治，这在
《王制》中最为明显。柏拉图认为，哲人不想当王，从来也没人能说服
民众去强迫哲人为王(《王制》，VII. 519c – 520d; VI. 494a)。然而，尽管哲
人当王既不可能也不受人欢迎，但柏拉图表明了哲人如何通过树立根
本的新善，发挥自己的导航作用，从而实现统治的目的。他的统治与苏
格拉底统治格劳孔(Glaucon)和阿得曼托斯(Adeimantus)一样，采用劝说
技巧，让他们再次相信美德的价值。《王制》通过一系列步步深入的论
述，使他们能够相信美德。它首先将美德与城市的善联系起来，然后把
美德建立在思想和善的观念之上，最后用监视的众神和不朽的灵魂强
化了美德。《法义》中的哲人也以同样令人信服的方式统治着那些为
玛格尼西亚制定法律的立法者。哲人的统治是向现实中的统治者提供

① 关于为什么有两个天使而不是一个，培根是否读了迈蒙尼德的解释
(参见 Moses Maimonides,《迷途指津》[*The Guide of the Perplexed*, translated by
Shlomo Pines, University of Chicago Press, 1963],页 577)？后者讲的是如何让
民众联想到权威，特别是法的权威。相信法的权威首先要信仰预言，而信仰预
言又要首先信仰天使的存在，信仰天使的存在就要从根本上信仰上帝的存在。
上帝让两个天使立于约柜之上，是要让人们坚信众多天使的存在。只有一个
天使会误导民众，他们可能把这个天使当作神的形象，从而成为崇拜偶像的
人。让本撒冷民众看到一个天使也会导致某种偶像崇拜，即认为科学家即是
上帝的天使，为人民带来他们乐意服从的法典。

后者自己没有的东西，即所谓的终极标准或神圣标准，以便用于后者需要裁决的具体事务。《法义》末尾的精彩反讽也因此真相大白：米吉罗（Megillos）死而复生，强留雅典外乡人，以使他成为永恒完美的法律守护人。这样就满足了哲人执政的两个条件之一。那位雅典哲人心甘情愿地受到强迫吗？这不仅违背了他自己的意愿，而且，在他们的强迫下，他已做了一切可以做的事。他是指导其他委员的"夜间议事会"委员，并以柏拉图哲人的方式统治着统治者，因此，他可以走了。

哲人是"命令者和立法者"这个政治秘密在培根的著作中随处可见。哲人或那个独自前行的幸运旅行者提出的目标或善贯穿着委员们所有的审议，因此也统治着这些委员。"真正的哲人"执政起来像价值的创造者，世界正是围绕他创造的价值无声无息地运转。

所拉门纳王是本撒冷的立法创始人，他发明[48]并倡导慈善的自然科学，这比他的后继者提倡的慈善基督教要早三百年。对于所拉门纳王与培根的相似之处没有必要长篇大论，但需要再次提醒各位注意根本的一点。哲人柏拉图指导了所拉门纳，也指导了培根。我们可以认为，培根要疏远这位导师本身即是在遵从他的指导。但为更清楚地了解培根在柏拉图以后历史中的位置，我们必须求助于约邦。他睿智、审慎，却生活在所拉门纳建立的社会中。

约　邦

今天有天才哲人吗？一定不会有这样的哲人吗？

——尼采（《善恶》，条211）

睿智的所拉门纳为致力于征服自然改善人类状况的稳定社会打下了基石。这个社会的统治者热衷于荣誉，最为强烈持续的欲望即嫉妒是他们最大的动力。但是，对于那些受到最高层次的欲望即受智慧驱使的寥寥无几的人来讲，所拉门纳为他们事先做准备了吗？他为约邦事先做准备了吗？

在当时的本撒冷人中，约邦是其中唯一一个只知其名，不知其官衔的人。他与叙述者的谈话似乎只涉及情欲方面的风俗以及本撒冷人（约邦称其为"他们"）对这些风俗的信仰。本撒冷人在约束情欲上高人一等的美德使他们产生了自豪感，后者又成为他们自尊的基础。按照约邦的话说，自尊是"第二信仰，是抑制各种罪恶的首要武器"。然而，这位哲人的谈话使我们可以洞悉隐藏在本撒冷道德优越性下面的真相，既有关于他们情欲的真实情况，也有关于他们政策的真实情况。

本撒冷对待外乡人热情好客，把人道与政策融为一体。经过那位总管的讲述，他们的好客似乎全是出于人道，而实际上则全部出于政策，其中包括策略性的人道面具。约邦与叙述者在引用《圣经》典故时暴露出了事实真相。虽然典故并不完整，但其正好适于那些彼此不用面面俱到的人。约邦提到了"罗德提议"，叙述者提到了以利亚对撒勒法城的寡妇讲话。正如温伯格（Jerry Weinberger）所说，"罗德提议"实际上意味着什么——献上还是少女的女儿，[49]让外乡人受益；叙述者在引用寡妇的话时又省略了什么——"还要杀死我的儿子"，①想想这些就会明白，好客的本撒冷人献上还是少女的女儿，让外乡人受益，但是如果外乡人不屑一顾，想要返回家乡，按照政策规定，他们会以回老家的形式遭到杀害。根据那位总管兼神父说，那十三个不幸的人"乘我们的货船"回家了，实际上则是被杀了。这种命运在轻信的神父的话中已经是显而易见了，他说："但你们肯定会想到，在他们的家乡，无论他们讲些什么都会被认为是一场梦而已"（页145）。与此相反，我们肯定会认为，人们将很乐意相信水手们关于一个隐蔽发达的文明的故事，因为这些水手曾到过那里，能够准确描述它的样子与地点。并且，我们也一定会认为，哲人所拉门纳也清楚这一点，他不会愚蠢至极地指望人们的怀疑之心，而把本撒冷的秘密透露出去。

---

　①　《创世记》19：1－11；《列王纪上》17：18；Jerry Weinberger，《〈新大西岛〉和〈伟大的复兴〉前言》，前揭，页 xxv－xxvii。

约邦和叙述者还使我们看清了本撒冷人情欲的事实真相，而对情欲的控制正是本撒冷人自豪感的基石。约邦提到的最后一个《圣经》典故为这个问题提供了一个新视角。正如温伯格所说，约邦关于亚当夏娃游泳池的叙述表明，情欲并没有受到节制，而是受到放纵。在这种情况下，约邦（Joabin）的同名人约押（Joab）起到了关键作用：大卫王见到在沐浴的拔示巴（Bashsheba），于是让约押谋害了她的丈夫乌利亚（Uriah），使拔示巴成为自己的妻子。①在这个典故中，约邦明显与约押旗鼓相当，他迫使读者发出疑问，培根为什么要把本撒冷审慎的哲人命名为约邦或"约押们"（［译按］Joabin 为 Joab 的复数形式）。约押是大卫王心狠手辣的贴心元帅，他的犯罪使大卫能够满足他对拔示巴的情欲，并使他的王室后继有人。大卫与拔示巴结婚后，他们的第一个儿子（大卫的非法生子）由于上帝的愤怒而死去了，拔示巴又给他生了所罗门，即大卫的接班人。因此，约邦的典故让我们看到了理解《新大西岛》的全部关键：《圣经》中的大卫王朝相当于本撒冷的所拉门纳王朝。但培根的所拉门纳通过睿智的引导，成功地让政治稳定了多个世纪，《圣经》中的大卫王就没有能够做到这一点。所拉门纳是如何做到的呢？

指涉约押的约邦似乎表明，审慎的政治离不开专搞恐怖的残酷大臣，因为他与叙述者的对话［50］明确了审慎与残酷之间的联系。但约押实际上远远超过了这个限度，这一点甚至可以从他谋害乌利亚的行为中看出来。他采取的残酷行为并不是为了审慎的政治，而是为了鲁莽冲动的政治。就大卫王而言，约押起到什么作用呢？深思一下他任大卫的将军时的所作所为就会发现，他似乎更像一个审慎的顾问和独立的行动者，他有时采取残酷的行为，有时则拒绝这样做，从而纠正了大卫鲁莽冲动的政治。由深思约押的所作所为而揭示出来的东西实际上集中在大卫身上。统治者大卫受到私欲的左右，危及自己的王国，他需要像约押这样的人或更为审慎的人给他以约束。

_____

① 《撒母耳记下》11 – 12；Jerry Weinberger，《〈新大西岛〉和〈伟大的复兴〉前言》，前揭，页 xxvii – xxiv。

　　约押曾对大卫的冲动政治至少提出过一些慎重的约束建议,但所罗门在其父的煽动下将约押杀害,因为所罗门自认为自己聪明,不需要顾问。《圣经》把所罗门描述为最睿智的人,他自己也是这样宣扬的。但《新大西岛》按照其暗含的柏拉图标准对所罗门提出了一种完全不同的看法。按照所拉门纳的柏拉图哲学标准,这位《圣经》中最睿智的人则成了笨蛋,其原因如下:他非但没有断绝与外国人的联系,反而加强了对外交流,并炫耀他的财富,使他的王国易受到邻邦的嫉妒;他非但没有把贞洁当作光荣的目标,反而炫耀自己的七百个妻子和三百个小妾,这激起了人民本能的情欲;他修建了上帝庙,但没有修建科学庙,所拉门纳声称所罗门本来打算建立科学庙的;另外,他还杀了约押。为了短短几年的个人和国家的辉煌,愚蠢的所罗门就葬送了人民的幸福与团结,使他们失去了将来的稳定,只有一个充满浪漫色彩的过去。睿智的所拉门纳一方面保留了所罗门虚构的智慧,另一方面又从他的愚蠢行为中吸取了教训。他采取了与所罗门完全相反的政策,因此保证了王国的延续,使他的人民繁荣昌盛,使人民的将来甚至超过了他们神秘高尚的过去。培根虚构所拉门纳似乎是要衡量所罗门,而不是要颂扬他,是要用柏拉图的智慧衡量《圣经》中的智慧。在其他作品中,培根也表面上采用所罗门作向导,实际上则以哲学为向导。在谈及培根关于修辞的论述时,斯蒂芬斯(James Stephens)表示:“典型的(培根)信条即是,修辞的实践规则涉及基督人物所罗门,而不涉及[51]‘反基督’人物(亚里士多德),但后者却是他的真正源泉。”①对耶路撒冷装模作样的忠诚掩盖了他对雅典事实上的忠诚。

　　政治的问题不在于那些心狠手辣的约押们,而在于那些冲动的大卫们和愚蠢的所罗门这类人,前者能提出具有调和作用的建议,后者则自认为不需要建议。但在所拉门纳建立起来的稳定体制中,约押们或约邦面临的不是大卫或所罗门,而是众多萨罗门宫院士的集体统治。

　　① James Stephens,《培根和科学的风格》,前揭,页50;参见“对亚里士多德的继承”一章,页36-54。

这些院士明显是睿智的所拉门纳的继承人,他们统治的目的既有自身利益同时也有公共利益。这些统治者可以不需要指导吗？难道睿智的顾问在所拉门纳时代成了多余人？

从《新大西岛》表层看,约邦明显是个睿智的观察者,他了解事实的真相。但想一想刚开始显露的《圣经》与柏拉图之间的相似之处,就会发现约邦还不只这些,他还是个行动的观察者。在睿智的所拉门纳而不是愚蠢的所罗门遗留下来的国度里,他是约押名副其实的继承人。用约邦这个名字来表示所拉门纳王国中的哲人表明,所拉门纳没有杀害约押,而是找了一种办法,把这些约押限制在萨罗门宫。柏拉图的《法义》而不是《圣经》曾有助于解释所拉门纳的作用,同样,它也有助于解释约邦的作用。文中说约邦是个"商人"。在培根的时代,"商人"这个词几乎专指从事"对外"贸易的人。但本撒冷只有对外的"光明"贸易,没有其他外贸活动,而"光明"外贸是由商人即"光明商人"来做的。约邦似乎曾到过许多地方,因为他对世界各地的风俗习惯很熟悉。尽管从他的叙述来看,他的知识一定来自书本,但他的智慧和行动表明,声称读过《法义》的约邦是柏拉图《法义》中那些特别的旅行者之一,这些人出去执行"观察任务",寻找"那些为数不多的神人,因为与神人交往是完全值得的"(《法义》,951a－c)。在《法义》中,这样回国的旅行者向执政委员会报告并接受后者的治疗,仿佛他因外出而受到了污染,变得睿智(952c),因此,他要过上平民的生活,不能宣称自己有智慧。现在,这位回国的旅行者在自己的国土上成了睿智的观察者,他的知识使他超越了执政委员会,但他仍然忠实于那些高尚而必需的信条,而执政委员会认为这些信条本身就是基础。约邦就这样忠实于本撒冷的信仰,希望人们相信本撒冷具有神圣的起源,并加以滔滔不绝的赞美。对这些明白人有必要加以限制,[52]但他们若不插手教育与法律事务,就可以与外乡人交往(952d)。正因为如此,约邦才过着平民的生活,但可以与那位外乡人即睿智的叙述者接触。约邦对本撒冷信仰的溢美之词使外乡人了解到真正的本撒冷美德及其融合传统与创新的优点。那么,叙述者本人呢？他似乎是那位雅典外乡人描述的寥寥无几的外乡人之一,相当于玛格尼西亚的那些孤独旅行者。他是玛格尼西亚的有资格的来访者,能够目睹通常是秘密的东西,包括它的智慧和财富(953c – d)。在约邦与叙述者的私下交谈中,一位柏拉图外乡人从另一位柏拉图外乡人那里了解到了由智慧建立和守卫的柏拉图社会的秘密。

如果说《新大西岛》在这方面模仿了柏拉图的《法义》,那么约邦将是其中的哲人之一。雅典外乡人虽然没有规定这些哲人将来的作用,但只有他们参与统治才能保证具有"永恒完美的保障"(《法义》,960b);约邦还将是"夜间议事会"的成员,立法者表面上把城市交付给执政委员会本身,实际上则交给了"夜间议事会"的委员;约邦也将是受到委托进行根本性变革的人之一,这些变革是起初的立法者无法预料到的。所拉门纳也正是把本撒冷的根本性变革托付给了约邦。他的本撒冷仿效了柏拉图的玛格尼西亚,佯装拒斥革新,但实际上欢迎由睿智的继承者提出的革新,因为这位立法奠基人无法知晓这些继承人的时代需要。《新大西岛》详细描述了所拉门纳以后两项根本性的变革:引入基督教和取消保密法。这两件事表现出智慧与权力的结合,但不能归功于那三十六个代达罗斯。它们同时也表明,所拉门纳这类人不仅存在,而且还发挥着有效的作用。

基督教显而易见是由那些特殊的旅行者即"光明商人"之一引入的。一位正义的上帝来照看不朽的灵魂,这是新颖的外来宗教。"光明商人"负责以恰当的神兆做幌子把基督教引入本撒冷。用尼采的话说,这样的宗教是"为人民的柏拉图主义",它普及了但更糟蹋了柏拉图自己为人民而写的柏拉图宗教,即正义的诸神和不朽的灵魂。《王制》第十卷中具有教育意义的诗歌揭示了他们在原有的众神死去之后对公共生活的作用。本撒冷"对人们思想有很大控制力的宗教"(《新工具》,I. 89)遭到了改变,约邦的谈话有助于解释这件大事。这种充满希望的新宗教[53]控制着个人为公众谋福利的欲望,特别是情欲。这种欲望最终破坏了俄耳甫斯(Orpheus)具有调和秩序的音乐所建立起来的文明世界。因此,新宗教特别努力弥补"人格化的哲学"俄耳甫斯这位古人所遭受的两个失败之一。尽管俄耳甫斯"能力非凡"，但他在哲学的两个分支上都遭到了失败。他在"自然哲学"遭到失败后，悲伤地转向"道德和政治哲学"，但也失败了（《论古人的智慧》，"俄耳甫斯"）。

受到情欲煎熬的人会彻底疯狂（《法义》，VI. 783a），而文中约邦与叙述者的整个谈话都涉及对情欲的控制。叙述者对婚姻习俗感到好奇才导致了这个对话，他本人没有参加家宴，而是要那个哲人讲述家宴的意义。约邦的回答揭示出本撒冷在多大程度上成功地迫使个人的欲望服务于公共利益。约邦曾引用《法义》推荐的方法，即让公开裸体服务于个人的婚姻选择，这一点令人想起柏拉图的解决办法，因为柏拉图旨在公开个人隐私，如裸体、性行为和抚育孩子。约邦讲到的本撒冷的解决办法与《法义》的方法正好相反。这种方法不是尽可能公开个人隐私，而是通过道德感这个媒介允许公众进入私人空间。在本撒冷比在玛格尼西亚有更多的隐私，因为一位看不见的监工纵容了这里的隐私。这位监工无所不察，是一种模棱两可的力量，人们可以认为它是神，也可以认为它是魔鬼（页140）。约邦的话中有两句话加了着重号，记录了本撒冷人如何约束情欲：通过宗教和自尊。倡导基督教这项革新引入了一个无所不察的正义的上帝。这位上帝会清楚地看到即使是最隐蔽的个人事务，他根据不朽灵魂的所作所为包括其最隐秘的思想对其进行奖惩。如此一来，"任何人，无论是男是女，都要有一个统治者"（《法义》，xii. 942a）这条命令就得以执行，而"所有人在所有方面都总要生活在集体中"就没有必要了（942c）。现在，个体甚至成了集体。既然"宗教是社会的主要纽带"（《论说文集》，"论宗教统一性"），所拉门纳后来的一位哲人从外国引入了宗教，这种宗教以内心的信仰而不是仪式为基础，它把公共场合里最为严厉的得体标准运用到已不再是隐秘之地的心智。严格说来，身体与心智已不再属于个人自己。

然而，在约束情欲的方法中，约邦强调的不是宗教，而是最重要的约束工具[54]"第二信仰"，即自尊。这种尊重似乎是个人最隐秘的内心指令，即个人的道德感，它内化了外界关于荣辱的标准。通过培养道德感，公共的约束得以在私人空间中贯彻。如果约邦说"第二宗教"实际意味着"下一种宗教",他可能在暗示道德谱系发展中具有历史意义的一步。按照谱系学观点,宗教是促进人类文明的一个发展阶段,并且,道德感的增强——这是尼采的根本性主题——属于另一阶段,通过这个阶段,道德感就不再需要外界的力量即上帝。本撒冷人会以自己的能力达到自律,做到行为得体,而信仰上帝只是一个形式。无论这种可能性有多大,约邦表明,本撒冷人的自尊要求集体崇拜他们自己的言过其实的美德而集体鄙视外人的言过其实的罪恶。对本撒冷人而言,这些外人包括欧洲人,他们所受到的教育使他们认为欧洲人放荡,像他们"淫乱之神"(页152)。公共生活以一种适于本撒冷个人的集体形象进入了最为隐秘的私人活动,这种集体形象即是内化了的先人精神,因为先人们的父权逐渐成了自然本身(页148)。如此一来,经过宗教与习俗驯化的自然仿佛逐渐成了自然本身来主管事务。叙述者在与约邦谈话伊始就表明了这一点(页151)。

因此,萨罗门宫自愿引入了使大卫王朝四分五裂的基督教,这种宗教自称在精神上继承了大卫和所罗门的继承人所失去的世俗王国。把弱化的基督教作为国教在某种程度上延续了所拉门纳贤明的统治,这在《论说文集》中有表述:"埃庇米修斯也可能成为普罗米修斯",也就是说,高瞻远瞩的兄弟可以把目光短浅浑浑噩噩的兄弟所保留的希望派上好用场。基督教虚幻的希望,是埃庇米修斯的希望,它补充了所拉门纳的科学所带来的对物质财富的希望。因此,贤明的统治能够"用希望笼住人们的心"(《论说文集》,"论叛乱")。控制情欲通过把狄奥尼索斯和他的常春藤及葡萄融为硕果累累的一束,从而驯化了狄奥尼索斯,既服务于外来的神,也服务于本撒冷国。[55]信仰酒神的妇女曾吹响狄奥尼索斯的号角,淹没了俄耳甫斯更为美妙温和的乐声,导致了他的死亡。但她们现在被新俄耳甫斯所控制。① 外来的为人民的柏拉

---

① 在庆祝父亲的节日里,母亲不露面,也不为人所知,实际上她至少应该有同样的功劳。这表明男性自然思想的延续。母亲观看这些男性的仪式,其中包括狄奥尼索斯的象征,可以看作稍稍变更了的彭忒乌斯罪行。

图主义取代了柏拉图自己的失败了的为人民的柏拉图主义。通过把握住希望和用证据证明他们的成就，本撒冷保证，它自己有希望延年益寿，有希望控制社会的自然衰落过程。

培根的寓言展现了一个颠倒的历史。所拉门纳的慈善科学在三个世纪的仁慈统治中逐渐具有政治和精神权威，现在又倡导慈善的基督教。按照历史的更替，应先有慈善宗教，再有慈善科学。培根为什么要颠倒这个顺序？在我看来，科学先于宗教的问题让我们触及培根政治纲领的核心内容。显而易见，这个问题不适于讲出来，它过于敏感，所以不能公开谈论，但又至关重要，不能不谈。要令人满意地完整回答这个问题，《新大西岛》这部"未完成的死后发表的"政治哲学著作就需要另外一部作品《宣告一场圣战》来补充。《宣告一场圣战》证实了《新大西岛》中暗示过的东西，它的全部论点在我看来似乎是要证明：慈善宗教必须受到慈善科学的管制。这个主题最接近于尼采式的哲学史，即现代的天才哲人最初的重大目标之一就是展开哲学与宗教之争。由于宗教坚持要领导哲学使得社会为此"付出了惨重的代价"（《善恶》，条62），而《新大西岛》和《宣告一场圣战》指出了哲学如何树立自己对宗教的统治地位。①

培根在《新大西岛》中对历史的颠覆暗示着权威上的颠覆。慈善科学可以倡导慈善宗教，而不用害怕会成为它的俘虏，[56]也不用害怕会重现宗教领导哲学的现实，而根据《宣告一场圣战》，这些令人恐惧的事则是培根时代的特征。在那个时代中，基督教推翻了亚里士多德，俘虏了哲学之全部。如果培根颠覆培根式科学和基督教出现的历

---

①　Weinberger 对《学术的进步》富有成效的研究特别有助于理解培根著作中的这一关键内容，即他对基督教合情合理的反驳。Weinberger 说："培根极其不敬神。"他展示了培根这种不敬神思想有多么强大、基督教如何改变了哲学的疆域、培根又是如何从柏拉图和亚里士多德首创的标准中得到指导、用科技征服自然如何只是代表哲学而采取的一项策略。"在残暴的基督教时代，培根所能做到的就是把它的贪婪转向自然而不是人类。"Jerry Weinberger，《科学、信仰和政治：培根与现代乌托邦根源》，前揭，页 99，143。

史顺序是为重新树立哲学对宗教的统治做辩护,那么,这可能有助于解释本撒冷历史上最为关键的事件的日期问题,即所拉门纳的统治时期。文中说所拉门纳的统治时期是在"大约一千九百年前",或根据怀特令人信服的年代推算,大约是在公元前 288 年。①根据这个统治时期将会算出所拉门纳大约出生于亚里士多德去世那年,即公元前 322 年。这位本撒冷哲学家推进了早在亚里士多德以前希腊人已成功展开的自然哲学,他的出生大致对应于另一位哲学家的死亡。后者"认为只有杀掉自己的兄弟才能坐稳江山",他的弑兄行为使西方失去了自然科学的遗产,也使他成为"虚伪之王和反基督者"(《培根》,页 110,112 - 113;《学术的进步》,《培根全集》,III. 352;《新工具》,I. 63,67)。所拉门纳出生时,希腊自然科学已经确立,哲人也已受过柏拉图与亚里士多德政治哲学的教育,亚里士多德的学生亚历山大已经把希腊文化带到了更为宽广的世界。正是在哲学发展的这个阶段,所拉门纳提出了柏拉图式的保密法。当时世界上从事海运的国家都相互开放,而保密法使本撒冷沿着另一条道路发展,既不同于亚里山大为欧洲规定的路线,也不同于后来罗马帝国的道路。培根在一个长长的关键性的历史争论(后面会讲到这一点)中指出,罗马帝国最终要为希腊最珍贵的自然科学财富的遗失负责,因为它不能永远地挫败对手;是罗马而不是亚里士多德使西方失去了科学遗产,这段论证虽然只字不提基督教,但肯定暗含有这层意思(《培根》,页 113 - 114)。所拉门纳熟悉柏拉图和亚里士多德,掌握了希腊的全部自然科学,并且还了解亚里士多德的学生所选取的道路。这些有利条件使身为柏拉图学生的他能够另辟蹊径。所拉门纳运用柏拉图的政治智慧和早期希腊人的自然科学,建立了一个新型社会,让一个新的贵族阶层来管理,从而既保护了哲学也为大众造了福。本撒冷表现了一个幻想中的欧洲历史。[57]在这个历史中,欧洲没有陷入基督教的手中;培根哲学成了占统治地位的为人民的柏拉图主义;欧洲避免了周期性的学术波动,如培根所说,后者曾让欧洲陷入三个短暂的学

① 　Howard White,《柳林中的和平:培根的政治哲学》,前揭,页 121。

术时期(《新工具》, I. 78)。这样的社会最终甚至能够引入新的有益宗教, 但不会陷入宗教主导哲学的危险, 而在以前, 基督教"禁止亚里士多德著作"时未曾想出现了这种危险。①远方的本撒冷还令人惊奇地保留着希腊智慧, 使它最终能够进行帝国统治, 并能够返回欧洲, 将其唤回到希腊智慧上来, 让哲学来统治曾坚持自己主导地位的宗教。

但是, 博爱的这个观念本身不是来自基督教吗？因此, 培根颠倒历史顺序是不是在信仰上搞错了时间？在《宣告一场圣战》中, 培根不遗余力地否定博爱或慈善来源于基督教, 因为它的根源可以在希腊哲学中找到。佩特森(Timothy Paterson)曾指出, 在本撒冷, 培根式科学的建立比基督教要早得多, 这说明"它的来源必然与信仰无关"。②

尽管已经占主导地位的基督教必须给予慈善科学以合法地位, 但培根实际上努力要战胜并控制基督教。本书接下来会讲到, 关于这种观点的背后原因, 后面还有更多更详细的论述, 因为不仅培根的《宣告一场圣战》表明了这种历史必然性, 我们还将看到, 笛卡尔也出于与培根同样的理由发动了培根式战役；尼采把希腊哲学与基督教之间的差异作为一个公开的论辩主题。尼采声称, 现代哲学都以公开或隐蔽的方式在反对基督教(《善恶》, 条54)。在如此重大的战役中采用隐蔽的战术不会令人感到意外, 培根的隐蔽战术仅仅是审慎的基本要求, 即没有告知受害者他的作战计划。培根不需要从马基雅维里那里学习, 就知道攻击者不会说"把你的枪给我, [58]我想毙了你", 最多只会说"把

---

①　Jerry Weinberger, 《科学、信仰和政治: 培根与现代乌托邦根源》, 前揭, 页169。

②　Timothy Paterson, 《基督教在培根政治哲学中的作用》(On the role of Christianity in the Political Philosophy of Francis Bacon), 载《政治评论》(Polity)19卷, 1987, 页419 – 442。Paterson具有洞见性的文章所收集的证据表明: "培根对基督教漠不关心, 甚至充满敌意"(页419), 并且, 培根的著作表现出培根"从内心远离了基督教"(页441)。他的文章作出了重要贡献, 因为"我认为, 在当今, 从根本上相信基督教的启示和培根式科学的意图是从整体上理解培根政治哲学的最大障碍"(页421)。

你的枪给我"。培根甚至这一点都没讲，他不经允许就拿走了枪。为大众谋取世俗幸福的慈善科学将取代为不朽的灵魂谋取看不见的未来的慈善宗教而成为权威，它将依赖自己的福音或宣传来取代后者。

如果约邦的话使我们有可能理解所拉门纳以后那个重大变革，即把基督教引入本撒冷，那么他的所作所为则使我们有可能理解所拉门纳以后另一个重大变革，即废除迄今为止的根本性的保密法，并把科学带给欧洲，因为似乎是约邦发动了这场变革。

约邦与萨罗门宫有着神秘的联系。约邦得到秘密通知，说萨罗门宫的院士要来。他于是把这件事告知了叙述者，并安排了一个地方让后者观看迎接仪式。他还被派去负责招待院士，安排那群人去会见院士，还安排其中一个倾听院士的谈话，并把本撒冷介绍给欧洲。我们必须借助《圣经》和柏拉图的人物来解释这些行为。约押无视大卫的期望却能够为大卫谋利，回国的旅行者或"夜间议事会"委员也能够决定执政委员会的行动。

在陪伴叙述者看完迎接院士大典之后——"典礼结束后"，约邦告诉叙述者自己要去负责招待院士。他的原话表明他更喜欢服侍哲人而不是权贵，但他的职责压倒了他的好恶之感。作为权贵的睿智侍从，约邦不可能只是旁观发生在面前的重大事件，或像伊壁鸠鲁分子那样对人类事件漠然置之。他的同名人约押以及他的榜样"夜间议事会"委员都不可能使他扮演这样的角色。培根也同样拒斥伊壁鸠鲁式的沉思生活，因为伊壁鸠鲁派作为哲学流派要"逊色于其他流派"（《论说文集》，"论真理""论爱情"；《学术的进步》，《培根全集》，III. 420 – 423）。因此，尽管《新大西岛》没有描述其过程，但我们似乎有必要认为，是约邦导致了那场重大变革，破坏了所拉门纳的保密法。但是，要威严的自高自大的萨罗门宫院士听从一位犹太商人关于重大问题的建议，这可能吗？如果约邦曾做过"光明商人"，属于院士那一类人，是过着平民生活的回国的旅行者，那么上述情况就是可能的。[59]思考一下《法义》的开篇就会发现这也是可能的。一位雅典老人在根本法问题上向一位克里特老人和一位斯巴达老人提出建议，建议他们更改自己的法律，提倡革新,但世代的仇恨和冲突使后者认为雅典是个奸诈的城邦,要他们接受来自这个城邦之人的建议可能吗? 如果雅典人懂得如何通过愉快的交谈来赢得他们的信任,把赞扬和责备令人陶醉地结合在一起,使老牌爱国者倾向于创新和变革,那么这就是可能的。约邦的行为与柏拉图的模式是一致的,即根本法要由哲人来改变,但哲人在立法过程中的地位事先不能确定。

然而,约邦不仅必须统治表面上的统治者,他还必须让叙述者为此做好准备。他已经找到了这位叙述者,但不是叙述者约邦本人。在约邦去见那位叙述者时,培根反复使用"又"字(页154,155)就表明了这一点。约邦在了解到自己能够向叙述者讲"你说得有道理"(页152)之后,才向后者介绍本撒冷的秘密。在书中唯一一段二者的直接对话中,约邦名义上向叙述者介绍了本撒冷的婚姻习俗,而暗中则向他介绍了本撒冷的政治秘密,使叙述者由此看到了这个"世界贞女"(这是约邦为富饶的本撒冷起的怪名字)的内部秘密。就"亚当夏娃游泳池"的形象而言,我们可以说,约邦允许那位朋友观看裸体的新娘,是因为他知道那位朋友不会透露自己的重托,他也知道后者向欧洲谈论那位新娘时会只字不提其暗中的缺陷。如果是在寓言中,观看世界贞女的裸体会使叙述者犯亚克托安(Acteon)的罪过,后者曾因观看裸浴的狄安娜(Diana)而遭到噩运。①叙述者避免了亚克托安的命运,因为他遵照了培根在解释亚克托安寓言时提出的两点要求:不让君主知道他的新知识,也不让他自己的仆人有任何机会把这种知识透露给君主。与萨罗门院士和他自己的五十个同船水手在一起时,他会用虔诚的信仰掩饰自己危险的知识,以让人相信,本撒冷是世界上其他地方应该效仿的榜样。

约邦通过交谈向叙述者揭示了本撒冷对自然欲望的控制;萨罗门宫的院士通过约邦的安排向叙述者揭示了本撒冷对整个自然的控制。约邦借助这两种方式让叙述者受到了教育,以便叙述者把本撒冷的学

---

①　参见 Howard White,《柳林中的和平:培根的政治哲学》,前揭,页184。

说带回欧洲时[60]不会遭遇俄耳甫斯的两种失败,因为俄耳甫斯虽然是哲学的完美象征,但他没能控制住狄奥尼索斯式的欲望,也没能征服冥府。约邦出现在一个精神神父和一个自然神父①的叙述之间,明白二者的统治秘密,但后者却不自知。约邦以信仰的传统形式掩饰自己的知识,并着手教授新俄耳甫斯,即那个叙述者,后者已没有了俄耳甫斯的缺陷,正好适于把他听到了两段"讲述"(页151,166)即重塑欧洲的新学说带回欧洲。

因此,后来发生的事情初看起来仿佛是偶然事件,其实却是精心策划的结果,如叙述者"与约邦混得很熟"、萨罗门院士的到来、叙述者单独觐见院士以及发布本撒冷消息的时机已经成熟。最后一件事取缔了一项根本法,而《法义》中制定这项基本法的人认为这项法律也该取缔了。最初的立法者制定的法律通常具有不可更改性(960d),根据这一点,后来的哲人主张,革新需要与时代的要求相符合,这些要求以前不可能预料得到,因此也不可能为之立过法。睿智的约邦让睿智的叙述者离开时像"离开了朋友们,带着大量的礼物和相称的荣誉"(953d)。约邦的行为是在颂扬所拉门纳。同样,培根也是在不折不扣地颂扬柏拉图。

培根与尚未终结的统治

我们所理解的哲人会利用宗教服务于他的教育计划。

——尼采(《善恶》,条61)

约邦与叙述者不像萨罗门宫院士那样具有驯服了的天性,不会受到虚荣心的驱使去从事有益于社会的事业。他们的天性似乎没有虚荣心,因为虽然所拉门纳把自己比作所罗门,但约邦似乎只是位犹太商

---

① 　[译注]分别指外乡人安置处的总管和萨罗门宫的院士。

人,而那位叙述者则听命于那个标榜自己高人一等的萨罗门宫的院士,并在表面上成为后者的带薪仆人,为他散布信息。

这些人的动力是什么？这里,我们第一次触及涉及培根、笛卡尔和尼采这样的世界历史思想家的一个根本问题:是什么在驱使他们从事塑造历史的工作？他们为什么不做个旁观者,仅仅去沉思这个昙花一现的星球上发生的波澜壮阔的人类事件？为什么要参与并为之奋斗？很多人试图指责培根,[61]说他仅仅是因为热衷于荣誉,渴望人们记住他的恩惠,使他永垂不朽。《新大西岛》通过对所拉门纳、约邦和叙述者的刻画驳斥了这种看法,因为他们三者各自体现了培根的一部分。笛卡尔在《方法谈》的最后一段谈到了自己的动力,他也表示了同样的观点。对于最为野心勃勃的人发出的谦逊声明,我们能相信吗？在我看来,我们似乎能够相信这一点,我们的根据是尼采在《扎拉图斯特拉如是说》中明确提出的哲学家心理学。这本书是一部寓言,讲述了哲学家发现自我的同时也发现了自己肩上的责任(没人要求他去完成这种责任)。尼采的寓言指出,真正的哲人采取行动是出于慈善,即对人性中至高无上的东西的热爱,对理智或逻格斯的热爱。正如尼采在他的第一本书中讲的那样,思想者站在现在与将来的门前,目睹了波澜壮阔的斗争和斗转星移的变迁,这使他感慨万千;对斗争的迷恋使他一定要参与战斗(《悲剧》,条15)。

如此赞美哲学家,我们必须投以怀疑的眼光,并且尼采的每一步都要求怀疑。然而,如果认识到培根与笛卡尔声称具有类似的动机,这种怀疑就会减少。如果认识到二者把柏拉图关于哲学家的心理强加于研究者身上,那就会进一步减少怀疑。柏拉图哲学要求哲人参与城邦事务:"你必须回城",柏拉图在《王制》中对哲人如是说。但为什么哲人必须回城？后面将会讲到柏拉图给出的理由(见"理想国与责任"一节);培根、笛卡尔和尼采给出的理由与柏拉图的理由实质上是一样的。尼采式哲学史的一个核心主题就是,尼采的哲人心理学是哲人对自己行为的理解,这在伟大的哲学著作中都可找到。至于培根,只有在考察完

《宣告一场圣战》之后才能对这个观点做更为全面的论述。①

[62]任何人要恰如其分地解释伟大哲人的动机都必然面临哲人的面具问题。从只写对话的柏拉图到喋喋不休地谈论面具的尼采,这都是一个无所不在的问题。培根当然也认为,哲人采取行动需要掌握装样子的艺术。作为哲人,所拉门纳、约邦和叙述者都知道如何装样子,因此,他们看起来比事实上的他们要逊色。尼采曾精彩地描述过他们的这种反讽或自贬艺术,即他们看起来比实际上的他们要愚蠢(《善恶》,条284)。这种艺术常常运用寓言的形式,以便使哲学能够提出自己的雄心壮志而不会遭到别人的嘲笑。培根把这种艺术分别放在他的寓言著作《论古人的智慧》的篇首、中间和末尾,来强调这种艺术的必要性。他还着重指出,这种艺术在基督教统治时期具有一种特定的形式。

《卡珊德拉或实话实说》是第一篇寓言,它表明,哲人必须懂得如何以令人信服的方式讲出具有潜在危险性的真理:他要清楚自己的处境,明白自己从来都不是住在柏拉图的理想国或其他"虚构的国度"。培根就清楚自己的处境:他的世界由基督教创造并加以规定,现在又在信仰事务上变得疯狂起来。《宣告一场圣战》明确了在这种疯狂状态下所必须采取的行动,而《狄俄墨得斯或宗教狂热》明确指出,古代世界从来不会受制于这样的事情。

《朱诺的求婚者或羞耻》这篇寓言放在书中间,指出了在新的诸神永远取代了古代世界之后哲人要如何采取行动。基督教世界认为,天

---

① Timothy Paterson,《培根政治哲学中对科学力量的世俗约束》(The Secular Control of Scientific Power in the Political Philosophy of Francis Bacon),载《政治评论》(*Polity*)21卷,1989,页457–480。在解释培根"关于以前哲学家的心理"时,Paterson 把科学家与哲学家的动机融合在一起。培根从来没有做过这样的事情:"支持科学执政并不是认为科学家本身具有特别的善意,而是认为,科学家的善要求他们在某种程度上注重社会的善,而且,比起其他政治或经济剥削的形式,科学对非科学家的统治将会更崇高、更温和,与被统治者的根本欲求与利益更为一致"(页477–478)。Paterson 没有区分"技工"与"哲学家"或代达罗斯与俄耳甫斯之间的动机。培根本人也被视作代达罗斯那样受名誉驱使的人。

生高贵的哲学只是虚荣的表现，因为上帝面前人人平等，人人都染上了无法医治的原罪。天生高贵者即使是朱庇特本人也认为，自己最好装出一副可怜相。他以前都变成公牛、老鹰、天鹅或金雨，因为以前这些形象会引起世界的兴奋，但现在他最好化作可怜的布谷鸟，这样似乎才能吸引新朱诺，因为后者受到的教育使她对可怜相感兴趣。哲学家装扮成可怜的布谷鸟，受到了大自然的风吹雨打而惊魂未定、半死不活，以此来打动追求的目标朱诺，因为后者喜欢令人怜悯的事物。这篇放在作品中间的寓言表现了装样子艺术的必要性，后者是贯穿培根作品的一条主线。产生培根艺术的时代是一个混乱的时代，其中，大众化的怜悯宗教超过并遮蔽了哲学，培根从之受惠的哲人都没有预见到这一点。在《学术的进步》（《培根全集》，III. 281 – 282）中，培根举出了三个例子讲述"温顺"的哲学，即哲人要服从权贵。[63]在每个例子中，他都赞成哲人为自己的臣服地位辩护。培根说，如此自贬"可能在表面上有点儿可耻，但应该认为，它们是屈从于某种场合，而不是个人"。①旨在做出一番事业的哲人应该仿效叙述者第一次对同船人直接说的话，装起样子来；他应该知道在那些把可怜当美德的人面前如何装样子。

最后一篇寓言《赛伦或享乐》审慎地探讨了哲人装样子艺术的最后一个方面。据说，所罗门提出了一个贯穿德谟克利特和苏格拉底直到尼采的观点：哲学是至高无上的最强烈的快乐，值得人们去追求，它使人能够抵制所有低级的快乐，其中包括最危险的快乐即追随者的建议和奉承。要对所有这些享受充耳不闻，只倾听别人听不到的赛伦之歌，哲学家必须超越奥德修斯（Odysseus），成为新俄耳甫斯。他不会用蜡封住朋友们的耳朵，而让他们倾听新曲，按自己的音乐重新调和文明社会。他不再需要别人把他绑在桅杆上，而是要体验哲学的快乐，这种快乐比感官的快乐更有力更甜美。这就是培根隐藏的东西。尽管他吹嘘自己的雄心抱负，像是敲钟人去召集哲人，但他掩饰了自己影响最为

————————

①　参见 Jerry Weinberger，《科学、信仰和政治：培根与现代乌托邦根源》，前揭，页146。

深远的抱负,即在哲学上为取代旧宗教的新宗教立法。在我看来,这似乎是《新大西岛》最后一个事件的意义,把本撒冷的消息带到欧洲以颠覆处于危机时期的欧洲宗教。

由于取消了所拉门纳制定的根本法即保密法,叙述者可以离开本撒冷,让世界了解本撒冷,并让欧洲走向崭新的未来。新大西岛不像以前的大西岛那样走出国门,征服世界。前者对世界的征服表现了所拉门纳王朝对大卫王朝的借鉴,它派出的不是军队,而是曾在这里走马观花地看过一遍的信使。①本撒冷自己则仍留在"上帝的怀抱里"。《新约》讲到耶稣在上帝的怀抱里,并赞美他揭示了看不见的上帝:[64]"从来没人见过上帝;他唯一的儿子在父的怀抱里,让世人知道神的存在"(《约》1:18)。通过让萨罗门宫院士最后说出这段话,培根暗示上帝的怀里诞生了一种新的拯救模式,即本撒冷模式或"完美之子"。②以前曾被当作完美之子的耶稣(《来》2:10,5:8-9)现在成了有缺陷的儿子,带来了不完全的拯救。如果说完美之子仍在上帝的怀抱里不为人所知,新的使徒将散布普遍的拯救,即颠覆耶稣福音的本撒冷福音。

这位和平的新预言家利用"传教士"把本撒冷的科学传向世界,这与以前的基督教如出一辙。约邦所讲的关于耶稣的话巧妙地暗示出这两种权力的实质顺序:上帝如何立耶稣为撒拉弗天使之主,爱的天使被伪狄奥尼索斯放在天使等级中的第一位,而光的天使基路伯则居于第二位(《学术的进步》,《培根全集》,III. 296)。但本撒冷重排了天使的等级,把光排到了爱之前,并受爱的包容。如果说本撒冷统治着基路伯,那么耶稣就统治着撒拉弗。基路伯作为本撒冷的象征,其翅膀是下垂的,仿佛在休息(页130),不再伸张翅膀保卫伊甸园免遭来自伊甸园东部的入侵者。新宗

---

① Jerry Weinberger,《〈新大西岛〉和〈伟大的复兴〉前言》,前揭,页 xiv。温伯格指出,那位院士给予叙述者和其他人大量的赏赐并不表示本撒冷慷慨大方,而是去让他们完成任务。参观本撒冷本身就是一种赏赐,这不是劳动报酬。他们得到报酬并不是因为接受了这些信息,而是要散布这些信息。

② 参见 Howard White,《柳林中的和平:培根的政治哲学》,前揭,页152-153。

教通过采纳和改进旧宗教的方法控制了旧宗教。它采纳了基督教的预言，但给予它以新的焦点，即通过征服自然达到尘世的幸福。它采纳了基督教的普遍性，虽然它出自一批选民之手，但现在它要让所有人都能得救。它还采纳了基督教的方法，让观看过它的人从这里看到自己的美好前程，并让这些信仰者去传播拯救的预言。它像基督教一样，几乎毫无代价地给予所有人一切东西，只要他们信仰这块未知的土地。如此一来，哲学就统治了宗教，培根哲学通过把未来世俗化而取代了基督教。①

在本撒冷，科学明显压倒了基督教。尽管[65]宗教在控制欲望上具有重要作用，但科学则是社会生活的最高体现。然而，科学之所以成功压倒了基督教，在于它代表了一套信念，这套信念本身也具有宗教性。这些信念与"未知的土地"相符，在人类生活的终极意义这些问题上，它们以权威为基石，具有不可证实性。它们与培根在《基督徒的特

---

① Frances Yates，《布鲁诺与解释传统》（*Giordano Bruno and the Hermetic Tradition*，University of Chicago Press，1982），页450；《玫瑰十字会的启蒙运动》（*The Rosicrucian Enlightenment*，London，1978），页118 – 129。Yates 对神秘主义与早期现代科学之间的联系进行了卓有成效的研究。她得出结论，玫瑰十字会统治着本撒冷。她认为其中的会员就是萨罗门宫的"神父兼科学家"。尽管她指出的相似点可能有力地证明了培根熟悉玫瑰十字会的事情，但我认为，这些相似之处并不能说明玫瑰十字会统治着本撒冷。在我看来，为了支持自己的论点，Yates 对一些相似之处的解释显得过于牵强附会：戴有红十字的外乡人安置处的总管不是"国家的统治者"，而身为国家统治者的神父兼科学家们没有佩戴红十字；本撒冷人照看病人而拒绝报酬并不是因为他们反对为此劳动而得到报偿，而是反对拿"双份工资"；只有外出的光明商人穿的衣服没有地位的差别，而本撒冷的官员穿的衣服则相反；Yates 认为，基路伯的双翼象征玫瑰十字会的会徽。在本撒冷，"在耶和华两翼的阴影下"，基路伯的翅膀下垂，而不像在玫瑰十字会的会徽里那样向外展开，下垂的翅膀不会投下影子。即使作品中有玫瑰十字会的象征，这种象征似乎并不是指玫瑰十字会的秘密统治，更多的是指 Yates 所说的玫瑰十字会运动所要达到的目的，即一个更加自由的欧洲；那些在宗教事务上并不狂热的人通过操纵多少有些暴虐的参与当前宗教战争的人来达到这个目的（《玫瑰十字会的启蒙运动》，页25）。Yates 的著作在这里（在其他地方也一样）不幸地把培根等同于当时的思潮，但培根模仿这些思潮的目的是要颠覆它们。

征》中对基督教信仰下的定义具有一致性：

> 基督徒信仰自己的理智不能理解之事；他希望得到自己或任何在世之人都看不到的东西；他努力劳动，目的是要获得自己知道永远得不到的东西；但是，他的信仰到头来看起来并不荒谬；他的希望并不使他感到羞愧；他的劳动也没有白费。(《培根全集》，VII. 292)

新信仰的主要信条修正了关于上帝和灵魂的学说。培根教(Baconianism)不再信仰上帝和依赖全能的上帝，而是要人们相信，人有能力征服自然甚至整个宇宙；它不再细心呵护不朽的灵魂，而要让人们相信，人有能力使自己延年益寿。

《新大西岛》这部大众化的故事描述了一个信仰培根教的未来社会。它是宣扬新信仰的最重要的小册子之一。这是象征世界之光的山巅之城。对于任何一个致力于"拓展人类帝国边界"(页156)的社会来讲，这都可能是一个具有启示性的模式。如此拓展边界要求人们深信人类征服自然的能力。那位傲慢的院士滔滔不绝地列举"我们有……"就表现了这种能力(1620年版的《新工具》中有一篇评论，表达了培根如何看待列举出来的东西："我对机械技术几乎没有任何兴趣，我关心的只是那些有助于壮大哲学的东西"[《培根全集》，IV. 271])。①另外，培根的宗教要求人们相信，[66]历史上的科学与学术的衰退只是偶然现象，历史可以连续地直线前进，就如本撒冷的历史一样。

———————

① 关于萨罗门宫的设备以及整个培根科学发展方面的当代评论，参见 Brian Klug，《实验动物、培根与科学文化》(Lab Animals, Francis Bacon and the Culture of Science)，载《倾听》(Listening) 18 卷，1983，页 54 – 72。这篇文章因为现代科学对自然的罪行而指责培根。从这个重要的视角来看，培根在某种程度上正在恢复自己的荣誉，不过是作为责难的对象。也可参见 Caroline Merchant，《自然之死：女性、生态与科技革命》(The Death of Nature: Women, Ecology and the Scientific Revolution, Harper and Row, 1980)，页 164 – 190；William Leiss，《征服自然》(The Domination of Nature, Beacon Press, 1974)，页 45 – 71。

　　因此，在存在与时间的问题上，培根的宗教要求有新的信念，既要相信人可以左右自然，还要相信时间沿着原始时代直线向前直到一个完美的目标。培根在《新工具》中曾提出自己重建希望的计划。为灌输上述信念，《新大西岛》成为培根计划的一个重要组成部分。在《新工具》中(I. 92 – 114)，培根论述的主要部分旨在为这种希望辩护。假如没有希望，其余的科技计划"将令人沮丧(因为它让人们更为轻蔑地看待当前的事物，使他们更充分地感受和明白自己的困境)"(《新工具》，I. 92)。一个社会怎么能欢迎令人沮丧的东西或孜孜以求尼采所说的"致命真理"？培根似乎在回答，达到这一点，要通过灌输新希望，对不可见事物的新信仰，这种信仰赋予人类以新的希望。

　　科技这种新宗教注定要与它所模仿并意图取而代之的旧宗教产生冲突。《新大西岛》一方面假装取得了宗教和谐，另一方面又不得不挑起了圣战，即信仰之战。这种战争结果变成了现代两大信仰阵营的真实战争。为什么要鼓动欧洲进行圣战？为什么要让本撒冷的武器对准欧洲？在我看来，培根似乎把这当作一个非常重要的问题，并且他不辞劳苦地在《宣告一场圣战》中为他的战争辩护。这部作品虽然单薄，但其复杂性和深度不亚于《新大西岛》。

(接上页)在我看来，对培根及其推动的科技事业进行的这种评价及时而且有价值，但最好还是从尼采对现代的全面重估这个角度出发来做出评价。对于我们高举培根主义所进行的斥责，参见 John Dewey，《哲学的重建》(*Reconstruction in Philosophy*, Beacon Press, 1948)，页 v – xli。P. W. Medawar，《论"实现一切可能实现之事"》(On 'the Effecting of All Things Possible')，收于《进步的希望》(*The Hope of Progress*, New York, 1973)，页 119 – 138。

第四章　为什么要煽动圣战?

　　若宗教不想成为哲人手中教育人与培养人的工具,而坚持自己至高无上的地位,那么,人们就总会为此付出惨重的代价。

——尼采(《善恶》,条62)

　　[67]培根的《宣告一场圣战》至少有些奇特。它是培根文集中唯一的对话,记述了六个人物的争论,其焦点是基督教欧洲对伊斯兰土耳其帝国发动的圣战有哪些优点。这部作品开始于某一天,计划在第二天展开一系列详细的发言,但在事先定好的第一个发言中就突然结束了。虽然表面看来这是一部未竟之作,培根却写了一篇重要的前言,让人把它译成了拉丁文,并安排在他死后用两种语言出版。

　　能够陈述自己观点的两个人对圣战的优点感到热血沸腾,更为温和的人物只在中间插入了几句话,仅有几处提示让我们知道,若有更多篇幅他们将会说些什么。为圣战辩护在今天看来毫无疑问会使辩护人蒙受耻辱,而培根竟然就充当了辩护人,这一点甚至使斯伯丁(J. Spedding)感到难堪,他认为培根屈从愚昧的时代,因而对这些论点不予考虑。①难道我们只能认为,培根成了热情愚昧的牺牲品?这位哲人对自己的信仰感到迷狂?但是,为什么又要为狂热分子单独搭建一个舞台,并计划在身后的作品中把这个舞台放在一个显要的位置?

　　我们怀疑,培根的圣战可能基于作品的外部原因:培根一生都在关注宗教问题,一直主张宗教宽容;在《新大西岛》中,培根未来社会的基

---

　　①　参见 J. Spedding,《〈宣告一场圣战〉前言》(Preface to *Holy War*),《培根全集》,VII. 页5–6。

督教完全不会发动基督教圣战,因为它已变得宽容和文明,承认了科学与国家的权力以及其他宗教存在的特权。我们怀疑培根的圣战也

[68]可能基于作品内部的原因:那些似乎要反对圣战的人物如果有机会发言,结果又会如何呢? 先前的引证似乎表明宗教上的圣战具有可行性,后来经过探讨,似乎又推翻了这种看法,对这些引证又如何看待呢? 一旦我们起了疑心,就不禁要问,这六个人物是谁? 他们为什么取那样的名字? 对话为什么到此为止? 一旦开始质疑,培根小小的对话就会显示出其异常的复杂性和历史重要性。

这部对话写于命运多舛的 17 世纪 20 年代初,当时,与培根的狂热分子西庇太乌斯(Zebedaeus)属同一教派的信徒不仅战胜了与培根的另一个狂热分子迦玛列(Gamaliel)属于同一教派的信徒,而且战胜了其他温和派,如仍然残存于欧洲的伊拉斯谟派(Erasmianism)。对话诸多的引经据典让人想起一百年来新教与天主教之间的战争、此前几个世纪的圣战和宗教审判、罗马帝国以武力树立起基督教的信仰,以及希腊哲学与基督教之间禀性的差异。用尼采的话说,我们在对话中一眼即可看出来的是"坚持自己至高无上地位"的宗教。但其中的很多典故、行动和插叙表明,欧洲为这个至高无上的地位付出了多么"惨重"的代价。对话似乎得出了尼采的结论,但我们做出这个结论时应当谨慎小心,因为培根似乎挑起了哲学与宗教之争,要把宗教纳入哲学的控制之中。

这个结论首先"与常识相悖",但所有"从历史与经验的坚硬的矿藏里挖掘出来的知识"都是如此(《培根全集》,III. 503)。培根似乎重新把自己挖掘出来的东西在《宣告一场圣战》里又埋了起来,让人更容易开采。并且,上述结论明显与《新大西岛》相吻合,因为即便说本撒冷没能发动基督教的圣战,它也为自己至关重要的思想即科技进步发动了圣战。这实际上是未来几个世纪发生在欧洲内部的圣战,即科学与宗教之战,它驯服了至高无上的宗教,而站在战线最前方的就是培根。当时,狂热分子把持政权,需要与其作战,但针对至高无上的宗教,如何挑起战争?《宣告一场圣战》为此巧妙地采取了隐秘法,别的还能有什么方法呢?

我认为,培根的小对话恰好表现了为什么要发动在尼采看来对现

代哲学具有重要作用的信仰之战："现代哲学……以公开或隐蔽的方式[69]在反基督教"(《善恶》,条54)。"宣告"是指公共告示或城镇宣传员宣读的声明。通过这样的"宣告",培根暗地里为最重要的一步圣战辩护。这场战争要宣传对科学的信仰,对抗并驯服基督教。培根的其他著作实际上已点燃了圣战之火,使圣战在现代世界中展开,而《宣告一场圣战》提出了圣战的必要性,具有极大的历史意义。这位公认的现代科技之父在自己的作品中表明,他所从事的革命具有明显的目的性,就是要制止宗教狂热,后者曾经控制欧洲达一个世纪之久,使欧洲面临着另一个黑暗世纪的威胁。斯伯丁认为,《宣告一场圣战》"在培根的作品中具有重要地位"(《培根全集》,VII. 6),但他完全忽略了其精华部分即论证本身:"对话的论证对今天的我们来讲几乎没有任何意义"(页5)。与此相反,论证具有最为重要的意义,因为其精彩地表现了培根为什么自己充当新秩序的先锋,对主流的基督教秩序发动战争。《宣告一场圣战》支持了新的信仰战争,是培根以古代的模式为哲学所作的辩护词。与《新大西岛》一样,它从哲学中找出与传统哲学决裂的原因。这部小小的戏剧性的对话反映了最伟大的戏剧,即为了柏拉图意义上的哲学展开的信仰之战。

背 景

《宣告一场圣战》开篇是一封信,献给温彻斯特主教安德鲁斯。按艾略特(T. S. Eliot)的话来说,这个人"在英国教会形成的历史上具有至高无上的地位"。①这封信具有重要作用,因为按斯伯丁的话说,它"最

---

① T. S. Eliot,"安德鲁斯"(Lancelot Andrewes),收于《安德鲁斯个人祈祷书》(*The Private Devotions of Lancelot Andrewes*, trans. , by F. E. Brightman. Peter Smith, 1978),页 xxii。培根把安德鲁斯称为他的"审判者",见《培根全集》,X. 256;也可参见 IX. 141。

为充分地记述了培根作为作家的个人感受与计划"（页6）。所有认真研究培根的学者都会转向《宣告一场圣战》来研究培根对自己作品的思考，而这些思考表明，《宣告一场圣战》要完成一项重要的任务。

这封信开篇写得非常优美。培根昔日位高权重，现在却蒙受羞辱，自比为三个古代的伟人：西塞罗、狄摩西尼和塞涅卡。培根以塞涅卡为榜样，决心利用余生来写作，[70]因为塞涅卡"把时间用在写书上，写出的书论证严密，实用性强，超越了时代的局限"（页13）。培根决心效仿塞涅卡，使他反思自己已经完成的著作。他着重强调了《伟大的复兴》以及他以前的书如何与此项计划具有一致性。在这个人生反思的转折点，即"想一想自己的作品"，包括那些发表过的与写完但尚未脱手的作品，培根做出了一个决定，这个决定使《宣告一场圣战》显得极其重要。这部作品具有其他作品都无法替代的作用："它们都是在论述城市，没有一部论述圣殿。"①于是，《宣告一场圣战》要论述圣殿。

《宣告一场圣战》如何论述圣殿呢？采用"宗教与世俗、沉思与实践相互交织的主题"即可。而世俗与实践的成分占了主导地位，因为培根论述圣殿的方式与他《伟大的复兴》中论述那些为人忽略的或薄弱的领域的方式是一样的。他不"像个在占卜的占卜师"，而"像个意图占领的将军"（《培根全集》，IV.23）。培根的对话，正如他自己所说，是一份"微薄的祭品"，因为它根本就不是祭品；它进入圣殿不是去献祭，而是要占领。在描述完《宣告一场圣战》的目的之后，他莫名其妙地问道："谁能说不会出现点儿什么东西？"但在培根煽动下出现的东西完全不符合圣殿的要求。研究这些作品的学者被培根对自己作品的反思所吸引而注意到了《宣告一场圣战》，他在研究中将会看到，《宣告一场圣战》通过行动弥补了其他作品中的不足。

在拉丁译文中，培根将《宣告一场圣战》命名为"对话"。除了那六

---

①　[译注]这里的"论述"都用的是 go into，这个词组兼有"论述"和"进入"之意，从上下文看，译成"进入"可能更好，与柏拉图的"进城"形成对照，但由于与汉语表述不符，故仍用"论述"，下同。

个人物外,培根本人作为叙述者也参与进来,提供背景知识,并打断对话,发表自己具有权威性的观点。对话预计会很长,由于讨论过长,原来计划在第一天的发言推迟到第二天,以便有时间继续讨论。但对话在安排好的第一个发言中间就中断了。《宣告一场圣战》成了断章,让人注意到其不完整性。

但它真的不完整吗? 培根是不是放弃了对话,任其不完整,让它看起来(用极少数评论家的话说)"就像搁在一边的未竟之作",①从而降低了它的重要性? 一些重要环节证明,它是完整的:[71]培根亲自审定拉丁的译文;他在完成流传至今的唯一手稿之后对其进行了修订(页5-7);培根在献词中声明了这部作品的独特性;其中的献词非常重要,培根在里面对自己的作品做出了详细的反思;培根在计划死后出版的《道德与政治作品集》中特意为《宣告一场圣战》留了一席之地;几乎在同时,培根在《广学论》中表示,他写的有关"帝国之术或治国之术"的任何著作都"可能会半途而废或在死后才能发表"(《培根全集》,V.78-79);最后一个事实就是,培根把这种表面上的不完整当作一种技巧用于《新大西岛》,后者也是关于帝国之术和治国之术的英文著作,后来翻译成了拉丁文并被搁置起来,死后才发表。比这些外部因素更为有力的则是对话内部的证据:对话点到了所有的话题之后就戛然而止;它结束时,培根刚刚开始谈论圣殿;对话的结尾借用了耶稣讲到的寓言,看似稀疏平常,实际上则大大改变了寓言以服务于培根的目的,这种结尾证明了对话的完整性。但《宣告一场圣战》与《新大西岛》有一个相似点,即都是"未竟之作",但其完整的论证表明,一部作品刚刚开始,伟大的东西刚刚出现,这就是圣战。

对话中有两个人物取希伯来名字,两个取希腊名字,最后两个取罗马名字。两个希伯来人是狂热的神学家;两个希腊人一个是政客,另一

---

① Max Patrick,《鹰与鸽:培根为詹姆士一世针对土耳其的圣战辩护》(Hawk versus Dove: Francis Bacon's Advocacy of a Holy War by James I against the Turks),载《文学想象研究》(Studies in the Literary Imagination)卷四,1971。

个是温和的神学家;两个罗马人都是行动的人,一个是战士,另一个是侍臣。在拉丁译文中,除了迦玛列,其他人全是罗马天主教徒。迦玛列和西庇太乌斯这两个希伯来人的名字来自《新约》。迦玛列是法利赛(Pharisee)教徒,是希勒尔(Hillel)①学派的头目,也是当时最伟大的犹太教师;《新约》谈到他时,他的身份是大数人扫罗(Saul of Tarsus,《徒》22:3)的老师。西庇太(Zebedee)是两个使徒雅各和约翰的父亲。耶稣曾给他们俩重新洗礼,起名为"雷子"(《可》3:17)。他们曾狂热地要求耶稣降火于撒马利亚人的村庄,因为后者不让他们进来传教(《路》9:54)。②迦玛列与西庇太乌斯的同名人都以各自的方式成为使徒的"父亲",即宗教狂热分子的父亲。

取希腊人名的尤波利斯(Eupolis)和优塞比乌斯(Eusebius)的字面意思是[72]"好城市"和"好信仰"(=虔诚)。尤波利斯是主人,交谈就发生在他家里,是他编排了第二天的发言顺序。培根在"发言人物"这个奇怪的题目下列出了人物名单,迫使我们对优塞比乌斯的角色发出疑问。优塞比乌斯作为名单中提到的第一个人物从未发言。为什么一个温和派神学家在圣战问题上无话可说?尤波利斯给他分派了"一个庞大的部分",正好适合温和派神学家,要他比较不同的战争主张,分出三六九等。然而,"优塞比乌斯到现在还没有开过口",他以后也不会开口。这位沉默的温和派迫使我们质问中庸之道的作用,并关注起尤波利斯这位既不沉默也不是神学家的温和派人士。讲到中庸和发言会使人有一种柳暗花明又一村的感觉,因为沉默的"优塞比乌斯"在某种意义上的确发了言。凯撒利亚(Caesarea)主教优塞比乌斯是古代最爱

---

① [译注]希勒尔,公元1世纪初的耶路撒冷犹太教圣经注释家。
② 关于迦玛列,参见《使徒行传》5:34以下;22:3。也可参见《民数记》1:10;2:20;7:54,59;10:23。关于西庇太,参见《马太福音》4:21;10:2;22:20;26:37;27:56。《马可福音》1:19,20,3:17;10:35。《路加福音》5:10;《约翰福音》22:2。

高谈阔论的作家。①玛尔提乌斯(Martius)所敬佩的一句话以及波利奥 (Pollio)在关键的发言中引用的一个典故都出自他的口。

军人玛尔提乌斯与侍臣波利奥取的是拉丁名。玛尔提乌斯的战争 热情推动了整个讨论,因为尽管主题是"当今的基督教问题"(页18), 实际上其主题显而易见是玛尔提乌斯的发言挑起的基督教圣战。但波 利奥打断并反驳了玛尔提乌斯,使他不得不求助于其他人为自己热衷 的战争提供合理的辩护。对话中间出现了一个重要问题,由谁来引导 玛尔提乌斯? 用什么样的依据? 又要达到什么目的? 希腊人尤波利斯 和罗马人波利奥结成联盟,不动声色地反对两个希伯来人西庇太乌斯 和迦玛列,双方都在争夺温顺的玛尔提乌斯这份力量,而表面上一言不 发的优塞比乌斯则在旁观。

引人注目的对话写作日期似乎一直是个谜。准确地确定对话的时 间起初看起来并不是不可能,因为玛尔提乌斯在发言中两次提到1621 年,使得最近的日期可能就是1621年。在描述基督教欧洲令人称道的 军事行动时,玛尔提乌斯提到了发生在"过去的半个世纪里"(页18)和 "过去五十年间"(页19)的大事,其中一件是发生在1571年的雷班托 海战,土耳其在战争中被打败。②另外,[73]波利奥对当时教皇的描述 使得日期最早也可能是1621年。"老朽的"格列高利(Gregory)十五在 1621年当选为教皇。但波利奥提到1623年8月选举新教皇之事使对 话的日期又蒙上了一层迷雾。波利奥很熟悉这件事:新教皇的名字是 乌尔班;他取这个名字是为了纪念第一个发动圣战的教皇(乌尔班二

---

① [译注]凯撒利亚的优西比乌斯(260–340),基督教会史家,著有《基督教教会史》《君士坦丁传》等。

② Jerry Weinberger,《培根的〈宣告一场圣战〉》(On Bacon's *Advertisement Touching a Holy War*),载《解释:政治哲学学刊》(*Interpretation: A Journal of Political Philosophy*)卷九,1981,页191–206。培根在《论说文集·论强国之术》中曾说雷班托之战"遏制了土耳其的力量"。考虑到《宣告一场圣战》中的辩论,培根提到这一点可能不是偶然的。假如土耳其的力量在五十年前得到遏制,那么对其发动战争的原因之一就会不成立。

世）；教皇的年龄在"50 到 60 岁之间"，而乌尔班八世当选时是 55 岁。由于玛尔提乌斯的发言使得对话日期不晚于 1621 年，而波利奥的发言又使老朽的教皇仍然在世，那么培根是把波利奥关于新任教会领袖的发言当作了预言。波利奥于是成了现代的以赛亚，能够指名道姓地预言新的居鲁士，即一位外族的统治者，他注定要重建耶路撒冷和圣殿（《赛》44:28－45:4）。①

在地点问题上，培根很明确，是在"巴黎（尤波利斯的家）"。②巴黎是一个动荡不安的王国的首都，因为亨利三世和四世这些国王被认为不忠于天主教政策而在这里遭到暗杀。在《论说文集》第三十九篇，培根认为，克雷芒（Friar Clement）和雷维拉克（Ravillac）两个刺客是马基雅维里都不了解的那类阴谋家，这些搞阴谋的基督徒在他们的内心深处还心安理得地认为自己的弑君行为是在诛杀暴君。1621 年夏，23 岁的路易十三梦想获取荣耀，率军到法国西南部，试图镇压胡格诺派教徒（Huguenots）。因此，这部对话发生在尤波利斯的家中，既有直言义又有比喻义。"温和、缺乏激情"的尤波利斯恰好可作为"第五元素"，接纳其他四种元素，后者在他和谐力量的作用下虽然各不相同，但还是朋友。③然而，如果尤波利斯接纳的圈子里充满了敌对因素，这个圈子必须要按波利奥预言的方式进行改造。

---

①　波利奥的发言使写作日期——至少是对话具有戏剧性转折的这部分的写作日期——定在 1623 年 8 月以后，而不是罗利在 1629 年第一版的标题页所写的 1622 年。

②　培根的另一部作品《诸哲学批判》（1608）也是以巴黎为戏剧背景。其中，一位无名圣人在五十个欧洲人面前评判多种哲学。参见 Benjamin Farrington，《培根的哲学》，前揭，页 103－133。

③　参见 Howard White，《柳林中的和平：培根的政治哲学》，前揭，页 15："要记住，培根的'欲望'指的是受到干扰的情感，并不是所有情感，因此，去除欲望必定是一个神圣的目标。"

第一天

开场场景

　　波利奥很晚才来到已在进行的私下讨论会,使对话就这样突然开始了。第一次对话发生在波利奥与尤波利斯之间,从根本上补充说明了"人物角色",[74]因为它总括了六人,特别点出了尤波利斯与波利奥。其余四人虽然像地、火、水、风一样各不相同,但却是"能够"构成世界甚至构成"一个完整世界"的"四大元素"。尤波利斯与他们不同,是"第五元素"。他包容其他四人,使他们和谐相处,构成"大世界"。

　　波利奥呢?他与那五个人更加不同,一个人构成"小世界",独立于现实世界之外。但他这样做时却在衡量现实世界:"因为你公开承认了,实际上也在做着统揽一切的事情。"然而,按培根的说法,统揽一切即从自身找出衡量的标准是"君主的仆人"或侍臣的"最大罪恶"(《论说文集》,"论自私")。这是"那些更为败坏的政客"的行径,"他们的思想既不在于对本职工作的热爱与操劳,也从不能高瞻远瞩"(《学术的进步》,《培根全集》,III. 297)。这是波利奥的写照吗?他是不是仅以自己的私利来衡量"大世界"呢?波利奥又是什么样的人呢?

　　他是个表示要统揽一切的侍臣。作为侍臣,他摆出一副优雅、超脱的样子。卡斯蒂廖内(Castiglione)认为,这种姿态是一个侍臣所必需的。超脱这种技巧通过处心积虑地摆出来的自然姿态来掩饰自己的技巧性,由于大家都认可这种欺骗,所以它看起来并无矫揉造作之嫌。任何时候都八面玲珑的侍臣看起来永远都是那么自然。侍臣的超脱特别要求他对自己的言行做到事前有数而给人的印象却是一切都是即席发挥。①波利奥的部分圆滑可以是他统揽一切的表示,这种表示在侍臣身上很容易引起怀疑。实际上,波利奥作为侍臣会不会假装以自我为中心掩饰自己的忠心与严肃的目的,从而服务于其他东西而不是自己?

并且,他还是波利奥。波利奥(Asinius Pollio)是罗马伟人,他独自参加了使罗马由共和陷入僭政的诸多大事。公元前40年,他早早地退出了公共生活,投入到学术中去,促进学术的进步。他建立了罗马第一个公共图书馆,著有悲剧和国内战争史,但都没有[75]流传下来。他还资助过荷拉斯(Horace)与维吉尔。维吉尔曾把一首诗献给他,这是古代第一首展望人类将要创造出的黄金时代的诗歌(《牧歌》,4),这非常像是培根的主题。

承认统揽一切的波利奥是不是根据私心来衡量整个世界? 他的侍臣与波利奥身份使我们不禁对此感到怀疑。侍臣波利奥很可能“戴着普路托的头盔,使人看不见他的政治身份”(《论说文集》,“论拖延”),当然并不是完全不可见,因为他在接下来发言中的表白使我们能够瞥见他行动的真实原因以及在何种意义上他没有统揽一切。

如果说尤波利斯对波利奥的描述让我们对波利奥的角色做到了心中有数,波利奥对尤波利斯的描述又怎么样呢?②波利奥认为尤波利斯

---

① Balthasar Castiglione,《侍臣论》(*The Book of Courtier*, translated by George Bull, Penguin Books, 1976),页66-70,147-150。John Briggs,《培根与自然修辞》(*Francis Bacon and the Rhetoric of Nature*, Harvard University Press, 1989),页118-128。Briggs虽然没有提到《宣告一场圣战》,但对于卡斯蒂廖内与培根的讨论很精彩。

② 历史上的尤波利斯是雅典喜剧诗人(公元前445-前410),与阿里斯托芬(Aristophanes)和克拉提努斯(Cratinus)一起被认为是三个旧喜剧大师。他的《人民》(*Demes*)被一位现代评论家称为“历史上最重要的政治喜剧”。在这部剧作中,尤波利斯召唤出四位已去世的雅典伟大的政治家,让他们拯救“我们现代公共生活的怪相”。据说,尤波利斯由于在戏剧《沐浴》(*Baptai*)中攻击了阿尔喀比亚德(Alcibiades),在公元前415年到西西里的路上被后者投入海中淹死,而埃拉托色尼(Eratosthenes)认为这是谣传。

是第五元素,把其他四个凝聚在一起,促进了整个世界的和谐。但接下来的发言表明,大世界正在分崩离析,一个政客(Politique)对此或许也无能为力。在 1621 年的法国,politique 指的是政治温和派成员,是法国宗教战争与内战特别是 1572 年圣巴多罗买日大屠杀(Saint Bartholomew's Day Massacre)导致了这一派别的产生。起初,这是个贬义词,用于咒骂那些视国家利益高于宗教的人。后来,蒙田的朋友纳瓦纳的亨利(Henry of Navarre)①当政,抑制了宗教改革与反宗教改革运动的狂热分子,如迦玛列和西庇太乌斯这类人,使政治局面出现一片繁荣景象,这时"政客"又成了褒义词。在欧洲进行白热化的宗教战争时,尤波利斯作为谨慎的温和派遵循历史上的先例,如"吉伯林"(Ghibelline,保皇党)派或更准确地说是伊拉斯谟派的先例,旨在使宗教的利益从属于世俗的权力,并最终用理性控制宗教。②进一步来讲,是第五元素的政客一定会类似于培根笔下"更伟大更深沉的政客",[76]具有神性。他"使别人成为自己意志与目的的工具,而从不让他们知道自己的目的"(《培根全集》,III. 359)。

要把大世界中的敌对因素重新调和为一个整体需要什么样的条件呢?培根本人当然不会仅仅依靠以前缓和宗教狂热的旧办法。他的波利奥在一次关键的发言中透露了暗示的秩序,他将表明,有种办法可能使敌对因素达到新的和谐。波利奥因此看起来并不只是个侍臣,他似乎还是哲人,根据新情况的要求采取了具有决定意义的一步。如此一

---

① [译注]指亨利四世(1553 – 1610),法国波旁王朝第一代国王(1589 – 1610),提倡信仰自由,医治战争创伤,使法国繁荣起来。

② 关于欧洲哲学背景下的吉伯林政治,参见 Hiram Caton,《进步的政治学》(*The Politics of Progress*, University of Florida Press, 1988),页 122 – 133;Frances Yates,《正义女神:十七世纪的帝国主题》(*Astraea: The Imperial Theme in the Seventeenth Century*, London, 1985),页 1 – 28。关于在基督教战争中伊拉斯谟派的历史与意义,参见 Hugh Trevor – Roper,《十七世纪的危机:宗教、宗教改革与社会变动》(*The Crisis of the Seventeenth Century: Religion, The Reformation and Social Change*, New York, 1968),页 24 – 28,41 – 43,204 – 236。

来,波利奥取代了尤波利斯成为和谐秩序的规定者,虽然他们仍保持同盟,一起反对狂热的宗教政治。

波利奥承认并实践自己统揽一切,但他问道:"做这样事情的人如果不承认又如何?"即那些实际上在以自己为尺度但却不承认这一点的人又怎么样呢?尤波利斯答道,这些人"不直率,但更危险"。这些人是谁?在对话进行的过程中,有一个角色最适合不直率但更危险的标准:西庇太乌斯。他声称自己的标准不是来自他本人,但他在某种意义上却在统揽一切,歪曲普遍性以服务于狭隘的自我中心主义。

小小的开场白提出了一个非常大的反差,整个对话就将以此展开:谁能够衡量世界?是宣称的自私自利抑或是宣称的普遍性?前者实际上可能着眼于普遍性,而后者实际上则服务于私利。对话中对立的双方到底是什么?现在证明还为时过早,但对话会给出答案,那就是哲学与宗教。在对话中,波利奥以一种方式展示了实践与宣称,他宣称自己统揽一切,而自己的标准实际上似乎来自普遍性。西庇太乌斯则以另一种方式展示了实践与宣称。作为一个片面的不和谐的因素,他宣称自己衡量一切的标准来自自己之外,但他实际上不直率,更危险,因为他以自己狭隘的目的去衡量一切事物。对话的结局将是哲学针对宗教主导的大世界采取了破坏性的衡量标准。从这个支离破碎两极分化的旧世界中能否造出一个以哲学为标准的新世界?我们必须强迫自己注意到一个显而易见的事实:是培根创作了这个对话,[77]他不仅缔造了一个特定的新世界(这在本对话中有少许暗示),而且成功对抗了本对话所描述的充满纷争的基督教世界。

尤波利斯中断了开场白,邀请波利奥加入来讨论"当今的基督教问题"。这将是整个对话的主题,波利奥也将做他应邀做的事情即发表自己的意见。

波利奥直接从宫廷过来,但他"跑了一上午",现在很疲惫,因此,发言的人必须足够生动风趣才能让他不至于打瞌睡。然而,在暗示自己的睡意之后,他事先指责他们的发言会令人昏昏欲睡,因此,他要保持清醒,提醒他们注意。他请他们允许他"提醒你们,如果我认为你们的讨论让人昏昏欲睡的话"。因此,波利奥从一个清醒的纵览全局的视角来衡量这个令人昏昏欲睡的世界的种种观点。对于波利奥,要注意不让谈话令人产生睡意,尤波利斯这样说:"你这样做最好不过啦",但他"恐怕"波利奥可能把玛尔提乌斯刚才鼓吹的"战斗的号角"仅仅当作无法实现的美梦。受到如此提醒的波利奥将会全神贯注地倾听玛尔提乌斯的发言,后者是要召唤有能力实现自己梦想的梦游人投入战斗。

背景现在清楚了。波利奥的到来很难说是个偶然事件。考虑到尤波利斯和波利奥之间明显的联合,我们可以得出结论,波利奥是由尤波利斯叫来听战争的号召,并准备给予反驳。由于波利奥的缘故,玛尔提乌斯要重新开始,尤波利斯也说他的发言值得再听一遍。"波利奥的到来并不会影响大家听"他"讲话",但他的发言三次被清醒的波利奥打断。这几次中断提供了一个视角,来衡量玛尔提乌斯向其发出战争号召的处于梦境中的世界。

玛尔提乌斯的发言

玛尔提乌斯发出战争的号召是对基督教世界的控告,因为最近基督教世界的军事行动由于其卑鄙行为而使军事精神蒙受耻辱。但玛尔提乌斯关于崇高的军事精神的标准却是基督教的产物,因为与基督教君主身份不符的战争却适合异教徒。文中提到异教民族指雅典、斯巴达和罗马,培根称它们为"典型的国家"(《学术的进步》,《培根全集》,III.225)。他们的战争并不是玛尔提乌斯最崇拜的战争,因为他们的目的不在于通过武力传播信仰。基督教的战争标准已经改变了战争的性质。玛尔提乌斯把新的军事精神追溯到"我们的主",后者在人间曾对使徒们说"去传播福音",[78]从天上曾对一位罗马皇帝说"根据这种迹象你会取得胜利"。吉本称这个针对康斯坦丁的天上神迹是"优西比乌斯的基督教寓言",因为优西比乌斯曾认为,这个神迹和相关的梦导致康斯坦丁皈依基督教,并成功入主罗马,登上皇位。①优西比乌斯

---

① Edward Gibbon,《罗马帝国衰亡史》,前揭,第二十章。

作为培根对话中的一个角色一句话也没讲，但在某种意义上讲，他作为凯撒利亚主教时却开了口，因为作为基督教史学家，他记录了基督教如何通过神佑的康斯坦丁大帝征服了罗马。①正是由于康斯坦丁，基督教的神迹才第一次出现在军队的前方，基督教才成了大帝国的国教。上帝对康斯坦丁说的话使玛尔提乌斯受到启发，他赞成"基督教的士兵"现在以他自己的方式去搞"宗教上的竞赛"，不仅要模仿最初的康斯坦丁，还要仿效后来具有侵略热情的好战的宗教派别。如果基督教士兵现在缺乏一个康斯坦丁做领导，他们还有贯彻命令的意志或仿效狂热信徒的意志。玛尔提乌斯只记得发生在过去五十年中的"三场崇高伟大的战争"，它们都是"基督教发动的战争"。第一场取得了胜利，其他两场则遭到失败，玛尔提乌斯认为失败的原因在于基督徒缺乏团结，他回应波利奥第一次插话时就证明了这一点。

波利奥第一次插话

波利奥打断了玛尔提乌斯的发言，断然否定了他列举的"三场崇高伟大的战争"，然后又问道"你对基督教灭绝瓦伦西亚的摩尔人有什么看法？"以诱使他继续说下去。对此问题，玛尔提乌斯没有做出任何回答，因为培根自己也第一次介入到叙述中来。他表明，玛尔提乌斯由于不能立即回答"这个突如其来的问题"而显得茫然失措。玛尔提乌斯只能立即对付波利奥三次插话中的一次，对其他两次则无能为力，只能由其他人来补上，这些人也因此表达了他们如何看待玛尔提乌斯的战争号召。

波利奥的否定似乎质询了玛尔提乌斯关于崇高与伟大的标准，因

---

① Eusebius，《圣康斯坦丁大帝传》(*The Life of the Blessed Emperor Constantine*)第一章，节 28－32，收于《尼西亚时代及其后的教父资料选》(*A Selected Library of Nicene and Post－Nicene Fathers of the Christian Church*, vol 1, edited by Philip Scaff and Henry Wallace, Eerdmanns Publishing Co., 1952)，页 481－559。

为他问为什么不把 1609 年灭绝"瓦伦西亚的摩尔人"作为基督教崇高伟大的战争?①玛尔提乌斯有两个例子指出了基督教教派之间关于圣战细节的差异,[79]但波利奥现在迫使他们面对的事例加剧了致使基督教欧洲分裂的深仇大恨,因为迦玛列和西庇太乌斯分别站在新教与天主教的立场上发言。这种话语上的冲突是基督教世界中两大派之间挑起圣战的最初迹象,这些战争在文中提到的五十年中曾重创了法国和其余的欧洲。对话中,这两个狂热分子代表的纷争因为最近的一件事走向公开只有一次,然而却是在对话的起始部分。我们可以认为,尽管尤波利斯使他们继续进行文明的对话,但他们的激烈对抗通篇都可发现。由波利奥导致的这股短暂的纷争表明,尤波利斯调和的大世界由于宗派狂热分子的分歧而分崩离析。正如吉本谈到早期的基督徒时说:"他们心中已怀有不和的思想",②下面我们还会听到一系列关于他们争斗的历史事件。

迦玛列这个狂热的新教徒只发了一次言,对驱逐摩尔人表示不满。他的不满是由于他看到了上帝不满的迹象,因为在他看来,菲利普三世和莱尔玛公爵两个要人的命运好像是上帝在惩罚他们,他还警告接下来还会有惩罚。他的发言初看起来一团和气,但却暗含着威胁,"你们天主教徒""的命运"就像莱尔玛公爵的命运一样,"看起来坚如"圣彼得这块"磐石",但会像莱尔玛一样可能被"寻思报复"的人所"毁灭"。

西庇太乌斯的回答公开了基督徒之间的纷争。他反对迦玛列对"伟大的行动""仓促得出结论",因为这次行动像"基督的扇子",即扬善,扬弃了"罪恶的种子"。西庇太乌斯引用了《圣经》上的例子,即我们可以反对灭绝摩尔人,但前提是摩尔人要拿出西班牙同意与他们共同居住的契约,类似于约书亚与基遍人订立的和约。然而,西庇太乌斯的典故推翻了他自己的论点。约书亚的和约发誓,上帝的选民不会杀

① Charles Lea,《西班牙宗教审判史》(*A History of the Inquisition of Spain*, 3 vols, New York, 1966)卷三,页 388–398。

② Edward Gibbon,《罗马帝国衰亡史》,前揭,四十七章。

害基遍人(《约书亚记》9 - 10)，但扫罗"出于对以色列人和犹太人的狂热"(《撒》下21:1 - 9)破坏了和约，因此，西庇太乌斯合同式的中庸模式遭到了上帝选民中狂热分子的背叛。西庇太乌斯并不满足于为自己派别的狂热行为辩护，他最后一句具有挑衅性的话还攻击了新教徒迦玛列。他说，驱逐和屠杀摩尔人[80]"是通过命令来完成的，没有引起骚乱，因为民众不能采取武力行动"。言外之意，我们天主教徒的武力行为是有道理的，而你们新教徒的军事行动就没有道理可言，因为你们指望乱哄哄的暴民，并给予他们采取武力行为的权力，所以就威胁着我们通过命令和武力维护起来的秩序。

波利奥的插话提出了一个问题："宗教战争中什么才是崇高的东西？"但由于狂热分子的意见而没有进行讨论。这些意见不仅展现了基督教阵营中的战争，而且为西庇太乌斯控告性答复中的战争升级铺平了道路。迦玛列回答时肯定会以牙还牙，但优西比乌斯这个旨在缓和同一教派狂热的温和派为什么不能发言？文中两次使我们注意到他显而易见的沉默，这种沉默可能是他那一类人的内在本性，因为在基督教的狂热席卷了两大敌对阵营时，基督教温和派没有可以仰仗的权威。宗教改革与反宗教改革的狂热分子之间的战争淹没了基督教温和派的声音，这使得培根的人物具有历史的真实感。①不断增长的狂热威胁着世界，而调和世界的不是希腊人优西比乌斯而是希腊人尤波利斯，不是虔诚或基督教的中庸而是"好城市"或古典的中庸。

尤波利斯化解了迦玛列与西庇太乌斯的潜在冲突，提醒大家注意玛尔提乌斯早先所做的一个区分，这个区分玛尔提乌斯当时未能及时想起来以答复波利奥。上述冲突可以暂告一段落，因为按照玛尔提乌斯的定义，加剧冲突的例子"不适于归入战争之列"，因为它"针对的是属民，而且没有引起反抗"。但波利奥的插话却达到了自己在上文表述的目的，因为玛尔提乌斯论述基督教战争时忽略了基督教阵营内部

---

① Hugh Trevor - Roper，《人与事件》(*Men and Events*，New York，1957)，页35 - 60;《十七世纪的危机:宗教、改革与社会变动》，前揭，页193 - 236。

的战争,引起人们的睡意,所以警醒的波利奥硬是把这件事提了出来。尤波利斯赞扬了玛尔提乌斯,鼓励他继续讲下去:"我觉得他说起话来像戴着盔甲的神",即战神玛尔斯。玛尔提乌斯的名字可能就来源于这个神,而气势汹汹的战神由于说话粗俗、缺少文雅遭到了雅典人的蔑视。

玛尔提乌斯继续讲下去

玛尔提乌斯现在换了一个角度。尽管他的主要问题是"虔诚与宗教",但他能够严格以"普通人"的身份进行论证。针对土耳其的圣战可以比作让欧洲成为世界帝国的西班牙与葡萄牙的征服战争,虽然这些战争的首要目标是"世俗的伟业",[81]其次才是"传播基督教信仰"。针对土耳其的战争能够获得"宗教和世俗两方面的荣誉和利益"。

波利奥的第二次插话

在玛尔提乌斯停顿时,波利奥提出了重要的反对意见。它与玛尔提乌斯"只按普通人的身份来讲"的诺言相吻合,因为反对意见的论点就只来自世俗的角度。提出的异议具有决定性的意义,因为它决定了对话其余部分的发展。玛尔提乌斯试图满足它的条件,但没有成功,他不得不请求其他人帮忙。西庇太乌斯第二天接过这个请求,揭示出普通人的反对意见所具有的真正分量。

谈话这一次在什么地方令人打瞌睡呢? 从双方的交谈来看,玛尔提乌斯瞌睡了,没有注意到波利奥提出的区别。当波利奥要他"回忆"起这种区别时,玛尔提乌斯说:"据我所知,有理性的人不会做出这样的区分。"波利奥区分了"野蛮人"与"文明人",前者"与飞禽走兽一样"是荒凉或野蛮的自然,谁征服他们谁就拥有他们,而文明人则与此不同。波利奥的标准区分了不同民族间的文明程度,为征服相对不文明的民族而不是比较文明的民族提供了合理依据。这个标准令人想起亚里士多德在《政治学》第一卷(8.125a–b)中的论述。玛尔提乌斯不做这样的区分，却提出了另一个区分标准："无论人民的文明程度如何，只要目的在于他们最高最普遍的善，所有的行为都是正义的。"这就出现了两条重要的标准，其余的讨论也将按照它们进行下去，但一直暗含的问题是：这样的标准如何能够为人所知？又如何能够应用？谁来判定文明程度？谁能认定最高最普遍的善？在这些头等重要的问题上，玛尔提乌斯愿意接受指导，而西庇太乌斯又迫不及待地想给出指导，即根据神的权威，如果我们确信他们是彻头彻尾的野蛮人，那么人民最高最普遍的善就是要灭绝他们。然而，西庇太乌斯自己将承认，他只有服从神的权威才熟知这些标准。能够以其他方式熟知这些标准吗？一时的疏忽使他展示了如何以其他方式也能做到这一点。

玛尔提乌斯继续讲下去

玛尔提乌斯认为有理性的人不做波利奥的区分，但他却应用了这种区分。虽然波利奥没有任何迹象表明自己如何解释野蛮与文明的区别，玛尔提乌斯却认为自己已读出波利奥的意思。[82]他设想波利奥会认为秘鲁人或墨西哥人"残酷、野蛮"，于是他就为这些人的文明辩护，无形中却采用了波利奥的标准，把西班牙的征服战争看成了正义之战。玛尔提乌斯可能听到过有人基于秘鲁人和墨西哥人的不开化而赞成屠杀和奴役他们，西庇太乌斯第二天就会论证这个论点。玛尔提乌斯认为波利奥污蔑了西班牙殖民地上被臣服的人民的文明，并大张旗鼓地反击这种污蔑。他为他们的信仰和统治辩护，使基督教对他们采取的残酷行为更加没有合理性可言。然而，对于玛尔提乌斯来讲，主张这些当前被臣服的人民具有文明是在服务于一个目的：即要表现土耳其人的野蛮并煽动基督教对其发动圣战。因此，他猛烈抨击了土耳其人，但波利奥"中间"又插了进来，并称他的抨击为"谩骂"。第二天，西庇太乌斯明确拒绝使用"谩骂"一词，而赞成用"正确的指控"这样的表述。仅仅依据这种所谓正确的指控，西庇太乌斯把他先前列举的用于限定圣战讨论的六点搁置起来。对话这时发展到顶点。玛尔提乌斯在描述完土耳其人之后,读者被迫或支持波利奥或支持西庇太乌斯,因为玛尔提乌斯在吹过战争的号角之后就退出了战场。并且,在解释玛尔提乌斯的圣战号召时,读者或与波利奥或与西庇太乌斯站在一起,他也不得不就培根在对话中的意图下一个结论。

波利奥的第三次插话

波利奥最后一次提醒玛尔提乌斯时,再次请求他回忆一点:"对土耳其人要公平,你知道,他们是不崇拜偶像的。"波利奥要求玛尔提乌斯遵守他自己从《所罗门智慧书》第十三章得出的标准,以维护秘鲁人的信仰。如果按民族对众神的看法去衡量文明程度的高低,那么土耳其人肯定是文明人,因为他们的上帝是基督教三位一体的第一格。玛尔提乌斯由于自相矛盾而没有话说。波利奥神学上的宽容立即引起西庇太乌斯的不满,在玛尔提乌斯沉默时他开了口。这时培根在对话中第一次描写了人物的表情,西庇太乌斯带着"一脸的责备和严厉"指责波利奥"无意中陷入了拜占庭皇帝康尼努斯的异端学说"。我们知道,波利奥这个超脱的侍臣总是对一切了如指掌,他怎么可能无意陷入西庇太乌斯所说的神学论争呢? [83]这场争论使我们能够深入了解整个对话。拜占庭皇帝康尼努斯(1143 – 1180 年在位)在与信奉伊斯兰教的土耳其人作战期间,曾提出了波利奥在这里维护的观点。西庇太乌斯说,主教会议不仅拒绝和谴责了这种观点,而且"认为这是皇帝极度疯狂的结果"。西庇太乌斯所讲的谴责比这还要严重,因为萨洛尼卡的主教即渊博的埃乌斯塔乔斯曾发出了威胁,但西庇太乌斯煞有介事地拒绝道出这种威胁,只是说"其措辞尖刻,不近人情,这儿不便讲出"。它们到底是什么话呢?

实际上,它们是一位宗教狂热分子几近于疯狂的话,这是因为皇帝提出一个温和建议打算与伊斯兰教的土耳其和解,使埃乌斯塔乔斯无法克制自己。这位大主教说:"那个鸡奸者野蛮如骆驼,是各种丑恶行径的能手和老师,如果我把他当作真正的上帝,我将头朝下走,我也完全不配身上这套衣服。"①

　　培根一直努力寻找在基督教与伊斯兰关系史上直接与他的对话有关联的事件。为使他的典故产生高潮效果,他让满腔激情的人物暗示一些"不便讲出"的话。当然,培根肯定希望读者方面也做一些努力。在晦涩的《编年史》中最终找到这些话之后,我们面前出现了一幅宗教狂热与世俗政权相冲突的壮阔画面,这与对话中的情景正好类似。在培根迫使我们参照的历史事例中,世俗的宽容遭遇到了宗教上的褊狭。但还不止这些,培根在重述过程中稍稍扭曲了这个事件,因为宗教会议实际上并没有指责皇帝"极度疯狂"。这种描述最适合用于埃乌斯塔乔斯这个宗教权威身上,他因为不受世俗权威即皇帝的管制而遭到责难。宗教与世俗权威之间的冲突产生的疯狂反映在对话中就是西庇太乌斯与波利奥的冲突。对故事小小的修正迫使读者对疯狂产生了疑问。谁的提议接近于极度疯狂? 波利奥本人在他下一段发言中明确提到了疯狂,对疯狂的提及也就阐明了本段发言的意思。

　　[84]西庇太乌斯带着"一脸的责备和严厉"恐吓波利奥,说他有异端思想,这一刻具有戏剧性。西庇太乌斯是玛尔提乌斯马上要寻求理论依据的权威之一,尤波利斯将让他对圣战的合法性做主题发言。波利奥第三次插话使大家开始讨论世俗与宗教权力的关系以及两种权力指导欧洲时所具有的权限。这场讨论对于欧洲的宗教改革和反宗教改革的政治局面至关重要,但它可以追溯到更远的欧洲宗教与政治历史。培根让西庇太乌斯指出了更为久远的教会与君主之间的冲突,它完全发生在基督教世界的另一时期,是世俗的宽容与近似于疯狂的宗教狂热之间的对抗。培根通过西庇太乌斯成功提出了对话的核心问题,而没有表明自己持哪些人物的立场。并且,他成功预示了未来之事,即缓

---

　　① Niketas Choniates,《拜占庭编年史》(*O City of Byzantium*, *Annals of Niketas Choniates*, translated by Harry Magoulias, Detroit, 1990),页122。参见John Meyendorff,《拜占庭眼中的伊斯兰》(Byzantine Views of Islam),载《敦马顿橡树文集》(*Dumbarton Oaks Papers*)18卷,1964,页115–132。

和宗教狂热是欧洲政治的大问题。

玛尔提乌斯的停顿

对于波利奥最后一次插话所引起的世俗与宗教之争,玛尔提乌斯没有加以评论,只是提出了一个绝对的极端观点:即针对土耳其人的圣战是世界历史上最崇高的军事行动。这充分揭示了他沉睡于其中的梦境,波利奥明智的异议永远都唤不醒他。无论这种标准来自宗教或世俗荣誉,对于玛尔提乌斯来说,它无与伦比的优点是显而易见的。历史给予机会,让人们去实现人类最神圣最光荣的任务,谁还会犹豫不决呢?现在明显可以看到,玛尔提乌斯已沉迷于自我营造的军事荣耀之中,但他的发言还没有完,他打算在小组同意了他的要求之后再讲下去。实际上,尤波利斯分派给他的发言将会"继续"目前中断的发言。但他还没发言,对话就结束了。然而,现在发生的一切在玛尔提乌斯的战争号召中只是个小插曲。

玛尔提乌斯给出了他停下来的三个原因。首先,他想喘口气儿。其次,他想让其他讲得更好的人先讲。第三,也是最主要的原因可再分为三个原因:他知道自己面对的是"解释上帝律法的高手,虽然你们解释的方法并不一样";他不信任自己的判断,因为其"本身软弱无力",而且他"战争的热情和爱好"很容易使其走向极端;他认为,在"更擅长证明战争合法性的人打好基础"之前,自己再讲下去就是个错误。[85]他不是在问律法解释者能否提供支持他战争狂热的论证,而是在要求他们必须提供这样的论证。他犹豫不决并不是由于他不确信,而是出于慎重,因为在他们提供论证之前自己再讲下去是个错误。西庇太乌斯第二天给出的论证支持了军事精神。这种精神要求,对于已经决定了的战争,其原因在世界历史上应该最崇高最光荣。西庇太乌斯在赞成圣战时就怀有强烈的偏见,而他把这种偏见归结于神的律法。

尤波利斯的新秩序

尤波利斯赞扬了玛尔提乌斯,因为后者表现出"如此的自制力",

但赞扬只是因为一点，即他们这行人进行战争竟然以律法为依据。至于战争本身，尤波利斯只描述了其结果与其中的一个表象：它"令人热血沸腾而且看起来也很神圣"。

尤波利斯现在"提议把讨论分为几个部分，分工负责"，使对话向另一个方向发展。他的分工如下：

分派给西庇太乌斯的是主要问题："没有其他敌对的原因，仅为传播基督教信仰而发动的战争合不合法？要满足什么条件？"但实际上，西庇太乌斯讨论宣告一场圣战的原因时，完全漏掉了"传播基督教信仰"这一条，而是用新的原因即遏制人类的敌人取而代之。

迦玛列的问题是战争是不是合法、是不是具有强制性。西庇太乌斯在说明了其强制性之后，这个发言就显得多此一举了。

优西比乌斯"到现在还没有开过口"。作为惩罚，他要就圣战与其他宗教和世俗义务之间的优点进行大段的"比较"。波利奥的发言将使优西比乌斯无话可说。

分派给波利奥的是一个特殊角色。这个角色与其他发言不一致，但与波利奥的本性相契合。这里增加的新特征就描述了他的本性：他"反应敏捷，善于区分货真价实的东西和空中楼阁"，也就是说，他具有区分真假的哲学天性。考虑到波利奥的哲学天性，尤波利斯"很怀疑"他会"看重这些不可能之事或虚无缥缈的空中之鹰"。尤波利斯预示，波利奥这个清醒人将来的发言将决定他们的梦想是否具有可能性。尤波利斯已经[86]明确警告波利奥不要把这些交谈当作梦想，但波利奥本人也将提出另一个不同的梦想，而梦想的真实性必须至少部分地由一个事实来衡量，即他就是梦想的制造者这个事实。分派完波利奥的任务之后，尤波利斯代表其他人即整个"大世界"（波利奥只是一个旁观者）提出一个引人瞩目的请求："我们就请他用自己最精锐的力量驳倒这个论断。"玛尔提乌斯或西庇太乌斯会愿意让别人驳倒自己的圣战论吗？尤波利斯无论是代表自己还是代表所有人在讲话，波利奥都全盘依照执行。他发言比较早而且没有按秩序，在发言中他准确指出了如何驳倒他们的论断。尤波利斯敷衍了事的反驳表明他赞同波利奥的驳斥方式。

然而,现在,作为对波利奥的最后警告,尤波利斯指出,在波利奥成功驳倒他们的论断之后,紧迫的任务接踵而至:"在他(波利奥)的启发下",他们要么放弃玛尔提乌斯的计划,要么去除其华而不实无法实现的东西。波利奥是启示的给予者,他将展示出如何重新引导玛尔提乌斯。

尤波利斯给自己分派的任务是证明波利奥提出的计划所遇到的各种阻力如何可以清除。"波利奥"可能"很难对付",但对于尤波利斯来说,面对面的交锋已没有必要,因为波利奥不仅提前一天讲出了自己应该说的话,而且把尤波利斯的话也讲了,因为波利奥与尤波利斯都明白圣战是可能的,也清楚它何以可能。

分派给玛尔提乌斯的任务是继续他早先的发言,即"这项事业可能要采取的方法、做出的准备等所有事情"。

分工之后,培根讲到每个人都接受了各自的任务并同意把发言推迟到第二天上午,"因为天色已晚"。但波利奥做了最后发言,这个发言具有决定性的意义,它在对话中最为清晰地表现了培根的意图,因为它为第二天西庇太乌斯出人意料的解释铺平了道路:为圣战辩护在波利奥发言之后变成了另外一码事。

波利奥的辩护和预言

波利奥没有必要等到第二天上午或等到轮到他发言的时候,因为他已抢在所有人前面发了言。他承认尤波利斯对他的刻画切中肯綮:"你说得对。"波利奥也确实能够判断何谓货真价实何谓空中楼阁,他也认为,所有这些关于圣战的谈论都是在谈论"不可能之事或虚无缥缈的空中之鹰",但只是一件事例外,即他知道如何真正地把这些鹰转变为真实战争的恶兆。他的方法正好满足了尤波利斯让他做的事,[87]也就是"用自己最精锐的力量驳倒这个论断":"我认为,除非你能把基督教世界在石臼里捣碎,把它塑造成新的形状,否则就不可能有圣战。"波利奥取代了尤波利斯的角色,明确了可能发生圣战所需要的条件,即要打碎基督教,重新进行塑造。这句话可能意味着,让基督教重新充满西庇太乌斯那样的狂热,但也可能意味着打碎并重构基督教,这在本撒冷的基督教或培根式基督教中显而易见,后者的慈善行为变得实用化和技术化。波利奥其余的发言证实了第二种可能性。

波利奥的第二句话陈述了他"曾经"持有的观点:"点石成金术和圣战只会召集来疯子,这些人的标志不在外表而在心智。"在当时巴黎这个小聚集地,难道只有追求疯狂梦想的疯子即只有那些疯狂的炼金术士和一心一意搞圣战的宗教狂热分子吗? 或者说,波利奥现在改变观点了? 有种方法可以使炼金术和圣战变成"货真价实的东西",准确说来,那就是二者要聚集到被捣碎并塑造成新形状的基督教中去,波利奥在第一句话中已经提到了这一点。波利奥可不可能看到这一层呢?他认为圣战只有满足一个条件之后才有可能,这在第三句话中作了说明。这句话混合了前因后果,比较复杂,必须一部分一部分地来分析。

"然而,请相信我……"尽管波利奥刚才所说是他过去的观点,他们应该相信他能够改变这种观点。

"……即使你们五个都持另一种观点……"你们五个指构成"大世界"的四大元素加上接纳他们的"第五元素"。如果他们都坚持"另一种观点",波利奥会改变自己的想法。但五个人中只有一种情况可能改变波利奥经过了深思熟虑的判断,那就是调和这四个不和谐的因素使他们构成大世界的那个人也持另一种观点,亦即尤波利斯也持另一种观点。这时,波利奥这个小世界就能够反映它,用自己的标准去衡量它,并以恰当的方式承认它。

"……特别是听了我能够讲的一切之后……"他就在讲他能讲的一切,并且他所讲的将至少部分地有助于使"你们五个"持"另一种观点"。满足这个前提之后,波利奥开始得出结论:

"……我仍会像希波克拉底一样,宣布雅典人都疯了,只有德谟克利特一个神志清醒。"这个结论非常明确,波利奥为圣战进行的紧凑论证一直在朝这个结论展开。并且,它极其简练地、富有创造性地为培根作了证明。[88]在这里,波利奥带着惯用的超脱捏造了古人的一句话来对应当前的形势,并准确地解释他为什么能够改变过去的圣战观。在古代文集中根本没有这样的话,但在其各个部分中则可以找到。所有这些部分都有助于表达波利奥的意思。"……像希波克拉底一样宣布……":把波利奥的判断与古希腊医学联系起来,尽管希波克拉底没有说过这样的话;圣战可能具有药用价值,像希腊的解毒药一样,能够治愈其他药方不能奏效的疾病。"……雅典人都疯了……":据斯伯丁所说,引用的地方应该是德谟克利特的城市阿布德腊(Abdera),但在拉丁译文中也是雅典,而且培根也清楚这种区别。我们期望的不是雅典而是阿布德腊,同时我们也预料到"只有德谟克利特一个神志清醒",这恰好与第一部分宣布的疯狂形成对比。当波利奥说"只有德谟克利特一个神志清醒"时,他暗示,清醒是与雅典人的疯狂相对比的一种缺陷。从字面上来理解,波利奥的结论暗示,对于那种只有圣战才能治愈的疾病,必须同时采取雅典人的疯狂与德谟克利特的清醒。培根常常断言,德谟克利特的原子论是关于事物终极本质最可信的学说,①但这里的德谟克利特被认为在一个方面有缺陷:在需要疯狂的地方他却清醒。如果说雅典人拥有真正的自然学说所缺乏的具有药用价值的疯狂,那么,这种疯狂只能是柏拉图的哲学疯狂,即"那种神性的疯狂,它使人如神一样从日常习惯中解脱出来"(《斐德若》,265a-b)。希波克拉底的解毒剂把柏拉图与德谟克利特结合起来,把前者的疯狂与后者清醒的自然学说结合起来。

　　我们找到了波利奥结论的出处,使一个引人注目的事实真相大白,它阐明了雅典人的疯狂在这种语境下意味着什么:波利奥捏造的古代权威不是来自同一个出处,因为他的观点修正了"柏拉图学派成员之一"菲罗(Philo of Alexandria)的观点(《学术的进步》,《培根全集》,III. 267)。在《论沉思》(页14-17)中,菲罗批评希腊人,说他们赞扬德谟克利特为了从事哲学而听任羊群肆虐自己的田地。菲罗认为,哲学并不要求对

---

　　①　关于德谟克利特,参见《论古人的智慧》"卡卢姆""丘比特""普罗米修斯";《学术的进步》,《培根全集》,III. 358;《论事物的本质》,《培根全集》,V. 419-423;《论起源》,《培根全集》,V. 461-468;《知识领域描述》,《培根全集》,V. 514-515;《新工具》,I. 51,57。

他人漠不关心，因为像德谟克利特一样对哲学有同样热情的哲人也可以为他人谋利。他比较了德谟克利特和自己的一些熟人，后者把自己的哲学与对亲族的慷慨结合在一起，[89]把自己的田地捐赠给他们，供他们耕作，而不是任田地荒芜。这些"疗法"在治病救人的同时也在讲哲学。通过对两种行为的比较，菲罗说德谟克利特的行为"欠缺考虑"，并且还说，他的评论还不只这些。要不是希腊人赞赏这种行为，他会称其为"疯狂"。对于另外一种人的行为，他称之为"清醒"。清醒的方式把哲学与慷慨结合在一起，菲罗引用了希波克拉底的一句话来证明这种方式的优越性："人生有时尽，学艺进步难"，而培根常常引用这句格言。波利奥话中的主要部分如希波克拉底、德谟克利特、疯狂和清醒在菲罗那里都可以找到。但培根把这些成分按自己的方式混杂在一起并添加了另一个成分雅典。

通过精确地篡改古人的观点，培根迫使读者解读他的改动并追寻其结果。完成这件事之后，在我看来，培根为哲学反对宗教这项艰巨的任务所采取的策略似乎全部浮出了水面。培根通过波利奥宣扬的圣战结合了雅典的疯狂和更为有效的自然学说来抗击宗教上的极端主义，也就是说，把柏拉图与德谟克利特结合起来打碎基督教世界，把它塑成新形状。西庇太乌斯的发言表现了雅典疯狂的准确形式，但根据菲罗的《论沉思》，疯狂可以说是哲学的慈善行为，它负责教育人民。德谟克利特缺乏"远见"，不能"关心别人的利益"，使他们在他揭示出的富有敌意的自然界里陷入被动挨打的境地。柏拉图的慷慨哲学给予人们慰藉，因此是为他人谋利。雅典的疯狂在培根学说里包含了慈善科学的慷慨，而慈善科学正是遏制基督教统治的工具。雅典的疯狂使培根如神一样从日常习惯中解脱出来，并建立起新的习惯。这种疯狂远不是埃乌斯塔乔斯或西庇太乌斯那类人宗教上的疯狂或圣战狂。后者的圣战论已被波利奥最精锐的力量即来自哲学的圣战论所驳倒；宗教的疯狂现在受制于雅典的疯狂。

对话中后来发生的情况特别是西庇太乌斯的发言证实并强化了对波利奥发言的这种解释，但这个解释早该讲出来了，因为它吻合了《新大西岛》以及这本书中所陈述的哲学与宗教的关系。

波利奥篡夺了尤波利斯第二天的发言角色,因为他已证明了圣战事业如何是可能的。但他似乎还篡夺了另一个角色,因为我们注意到培根借用了菲罗这个小小的细节。[90]菲罗为哲学辩护的《论沉思》的译者说,这本书"比菲罗的其他著作更广为人知,引来的讨论也更多",①其原因只有一个:优西比乌斯在他最著名的作品《基督教教会史》中曾详细讨论和阐发了这部著作(第二章第17节)。波利奥发言时几乎直接引用菲罗,这时,我们的"发言人物"之一"优西比乌斯""到现在还没有开过口"。优西比乌斯的同名人早已发言了,他讲述了基督对康斯坦丁所说的战斗性话语,使玛尔提乌斯深受启发。现在,这个表面上一言不发的神学温和派以类似的方式再一次"发了言"。但这一次,他的同名人的发言是要保存经由菲罗传下来的希腊智慧,后者是第一个把希腊智慧和基督教启示神学调和起来的思想家。优西比乌斯认为,菲罗的疗法实际上是早期基督教的疗法。温和的基督教神学赞扬并保存菲罗曾赞扬和保存的希腊智慧。在菲罗那里,柏拉图学派开始试图把柏拉图的政治智慧与《圣经》调和起来,而基督教的温和派神学继承并推进了这项工作。培根可能在暗示,基督教温和派把古希腊文化融入了基督教学说,从而保存了古希腊文化,并已经从中受益。在《论说文集》的最后一篇"论变迁"中,马基雅维里认为"宗派之间的嫉妒在很大程度上促进人们对历史的遗忘",但培根反对这种看法。马基雅维里曾提到格列高利教皇与"其他基督教首领"破坏异教的东西,②培根没有更改这个典故,但他却举了一个反例即格列高利的继任者萨比尼安(Sabinian)教皇。培根声称,在萨比尼安的统治下,古希腊文化得到复兴。培根似乎在暗示,基督教的各个教派如果得到适当的调和就能够变成保存哲学遗产的工具。

----

① Philo of Alexandria,《论沉思》(*On the Contemplative life*, translated by F. H. Colson, Harvard University Press, 1941),页106。

② Niccolò Machiavelli,《李维史论》,前揭,卷二,章5。

如果说优西比乌斯通过波利奥的引用在发言，那么温和派神学则通过柏拉图学派在发言。正如尼采所说，"基督教是为人民的柏拉图主义"（《善恶》，"前言"）。虽然这种宗教在"坚持自己至高无上的地位"时会让我们"付出惨重的代价"，然而，它也可以成为"哲人手中教育人与培养人的工具"（《善恶》，条62）。在波利奥的圣战论面前，温和派神学没有发言，可能因为它无知地或心领神会地同意了圣战的必要性。

[91]在波利奥抢了尤波利斯和优西比乌斯的发言之后，希腊人和罗马人就不必要再讲了，而玛尔提乌斯则要做给他分配的任务。因此，只有希伯来狂热分子们才有机会发言。并且，他们发言会比西庇太乌斯更狂热，因为后者接过了迦玛列的角色，主张圣战具有强制性。这个充满狂热的发言非常过分，反而指控了圣战，使希腊与罗马有必要联合起来对付它。

接下来，波利奥似乎乐意把怀疑性的清醒搁置不论，这种清醒"曾经"认为炼金术和圣战是疯子聚集的场所；他似乎乐意证明，雅典的疯狂与德谟克利特的清醒结合起来能够发动圣战，为基督教的狂热造成的历史问题提供一剂古典药方。斯伯丁讲到，波利奥其余的发言在手稿中没有，因此，发言可能是后来加上去的，也就是在对话预示的1623年八月事件之后。

波利奥进一步发言的原因在于不想让他们误解自己在与大家都赞成的计划"处处作对"，因此他帮助他们指明计划何以可能。在他们争论应不应该进行圣战之前，他就指出了应该如何进行圣战。他宣称自己坦荡诚实，然而，这种宣称及其神秘的预言形式却危及他所声称的坦率。

波利奥知道，其他人将会谋划许多宗教事务，但他要命令他们听从自己安排。圣战是由基督世界的领导层决定的，要使新圣战有获胜的希望就必须更换领导层。"老朽的现任教皇大去之日不远。"教皇格列高利十五世在1621年2月当选时已经老朽，必须换人，于是波利奥指示他们在教皇死后应该如何去做，即注意选出来接替格列高利十五世的教皇要"年轻，在五十到六十岁之间"，像1623年8月6日选出的乌尔班八世一样,并且"他的名字应叫做乌尔班",因为乌尔班(二世)是第一个开始圣战传统或号召人们进军圣地的教皇。在基督世界新领导的指挥下,这次进军将开向圣地本撒冷。

圣战的历史必然性与培根所掌握的策略直到第二天才得到全面展示,因为这时的西庇太乌斯揭露了只依赖神权的世俗政权所犯下的残酷暴行。然而,其基本问题波利奥已经说得明白,即他们必须更换基督世界的领导人。波利奥这个现实主义者梦想他们能够选出新教皇,并且,[92]他还预先提供了新领导的年龄、姓名和目标,以表明他的能力。某个年轻的新乌尔班必须要吹响新圣战的号角,他当然不是巴布里尼(Maffeo Barberini)即将来的乌尔班八世,而是能够捣碎基督世界、把它塑造成新形状、建成新社会的领袖,也就是像培根那样的哲学领袖,他将领导进军本撒冷的圣战。

在波利奥身上闪耀着培根的影子,因为波利奥明白自己的处境,知道如何说。由于他明白"当今的基督教问题",他才知道基督教必然要被打碎并进行重新塑造以调整自己的目标。他也清楚,如此伟大的事业必须以伪装或玩笑的形式暗中讲出来,以便让典故和暗示掩盖住远大的抱负。

尤波利斯对波利奥发言的回应是双重的,既有赞扬也有批评,这表明他们之间的联盟。尤波利斯一句"你说得很好"毫无理由地承认了波利奥陈述的真实性,因为在听完波利奥能够陈述的一切之后,他至少是持另一种观点的。"但请求你在讨论时再严肃一点儿。"尤波利斯提醒波利奥,这个讨论要求他表现出严肃性。尤波利斯有这个必要吗?借助西庇太乌斯第二天的发言来观照波利奥发言的内容就会发现,尤波利斯的轻率特点正好用来掩饰其实际上的重要性,因为把它当作机智快乐的侍臣所说的玩笑话而在名义上加以指责,就最能够不让别人知道它提出的重要问题。我们后来再也没有听到波利奥的发言,但培根说,尤波利斯要求他更严肃一点儿并没有约束住他,因为第二天上午,波利奥开"玩笑"地讲起自己的梦,说在他的梦里圣战已经打响,这就证实了当前的发言。

我们必须停下来想一想波利奥的发言。他的发言虽然有安排但没有按照顺序。既然已做出决定，圣战必打无疑，他带着明显的轻浮冲动地做出决定，现在的圣战必须如何进行。如果对话中有停顿的话，这里可以有一个暂停，因为发言的人要反思一下已经讲过的东西，准备一下第二天上午将要说的东西。

波利奥指示要改变教会老朽的领导人，这就呼应了耶稣会士主张的关于诛杀暴君的新教皇教义。根据这条教义，若君王不是我们自己的君王，弑君就是诛杀暴君，后者不仅使杀死君王合理化而且使之神圣化。波利奥让自然来完成第一条，因为这个教皇已经老朽。而把第二条分派给他梦想能够起决定作用的秘密委员会："他去世之后，注意……"如此更换教皇的思想[93]毫无疑问让人想起教皇们更换反对自己的君主的新思想。英格兰对这个新教义有着直接体会，因为教皇格列高利十三让天主教的忠实信徒不再效忠于"暴君"伊丽莎白，并要求暗杀她（1580 年）。两个英国贵族曾计划杀害女王，但由于自己的行为会构成罪恶而苦恼不已。教皇的秘书写信告诉他们俩，至于那个"有罪的女人……，任何人只要怀着虔诚之心，为上帝效劳，把她从这个世界铲除出去，那么他不仅不会获罪而且有功……"培根展开对话的地方即法国更为直接地体验了新教义，因为它的前两个国王就死于神圣的刺杀当中。

培根怎么看待教皇的这种圣战？我认为，《宣告一场圣战》似乎能够非常完美地回答这个问题：他认为，这样的圣战需要另一场圣战来抗击它，后者利用的工具就是本撒冷所展示的被打碎后又重新塑造起来的基督教。并且，1615 年 5 月 17 日，培根在任检查总长时曾有一篇讲稿是对《宣告一场圣战》有益的补充（《培根全集》，XII. 152 – 168）。发言有效证实了这里对《宣告一场圣战》的解读，因为培根在其中明确谴责了他的西庇太乌斯在第二天的发言中所宣扬的东西。尽管这仅仅是对《宣告一场圣战》的补充，而且它还具有独立性，但作为培根对自己的西庇太乌斯及其主张的评价，它非常有意思。培根发言的原因是一个叫欧文（Owen）的年轻天主教徒受到了起诉。欧文被控犯有罪大恶极的叛国罪,因为他鼓吹杀害被逐出教会的国王具有合法性。培根讲稿详细评论了教皇的教义,最后得出结论:"在所有罪大恶极的叛国罪当中,这个观点是最严重的叛国罪"(页165)。他给出的理由是,这种形式的弑君首先是基于宗教,而宗教这种"号召(最能)使人心狂热并激发人的能力,使人变得鲁莽和顽固";其次,它对于阴谋者没有限制,它依赖于"任何要杀国王的人";第三,它没有时限,使"阴谋永远存在"。这种罪行的严重性、绝对性与无限性使培根得出一个引人注目的结论:"两个派别的所有基督教君主们应当发动某种圣战或结成某种联盟来根除这种观点以及提出这种观点的人"(页157)。发动这场圣战是为了打击培根所说的"人类共同的敌人"(页165)。培根讲稿比较了诛杀暴君的教义与其他关于谋杀的政策,发现这个反宗教改革的教义[94]在各个方面都是最恶劣的。培根认为,他举出的例子罪恶程度比天主教的教义要轻,而天主教徒西庇太乌斯正是引用这些例子来证明圣战的合理性,反对坚持这些例子的人。

在《论说文集》中,培根明确表示,他认为马基雅维里错误地描述了基督教士兵,因为马基雅维里没充分注意到绝对隐秘的基督徒的良心,而这种良心可以说服自己也可以被它所尊重的权威说服,从而会认为克雷芒和雷维拉克的弑君罪行是会带来神恩的行为(《论习俗与教育》)。并且,在与伊丽莎白的统治直接相关的作品中,培根一贯认为,教皇诛杀暴君的政策是一桩罪行。《回忆英格兰女王伊丽莎白》(1608年)一文赞扬了伊丽莎白,因为她在回应"教皇庇护革除她的教籍"时表现得非常节制(玛尔提乌斯说,对于"那位杰出的教皇……我感到迷惑不解的是,他的后继者仍未把他封为圣人"[页19])。文章还谴责了这个命令所带来的血腥事例,"这些事例在基督徒中间简直无法出口"(《培根全集》,Ⅵ. 305 – 318;也可参见 Ⅷ. 146 – 208,特别参见页 178 – 180, 187 – 189)。

我们越考虑培根的这些话,《宣告一场圣战》就越成为一篇明白无误的辩护词,为反对人类共同敌人的事业而辩护。这些敌人就是宗教权威,他们认为自己的行动不受任何约束,因为他们具有特权,能够接受神的指示。西庇太乌斯这个狂热分子经过一夜的思考在第二天拿出了经过深思熟虑的冷静的发言,这个发言结果却是自我控诉。这里似乎可以证实一个结论,尽管它令人难以置信但却让具有尼采观点的人感到高兴:在培根的著作中,哲学从那些直接接受上帝指示的狂热分子手中夺取了对人类将来的控制权,从而推动了文明的发展,使现代科学事业凸显出来。

第二天

培根没有讲述波利奥第二天上午讨论前所说的"玩笑话",但他让人注意到这个事实表明,波利奥仍然在以玩笑的形式掩饰自己的严肃目的。波利奥的战争已经打响,就发生在他的梦里,而他是个能够区分"货真价实的东西"和"空中楼阁"的人(页 24)。西庇太乌斯的发言将会给波利奥的梦提供合理的依据。

[95]在安排好的发言开始之前,三个人修正了前一天达成的分工。

玛尔提乌斯的修正

玛尔提乌斯慎重考虑过之后决定提出反对意见。各个部分的安排对他似乎不合适,因为他要讲的问题即战争策略问题,通常会决定战争的可能性与不可能性,而这是波利奥与尤波利斯的发言要讲的内容。玛尔提乌斯忘记了前一天波利奥和尤波利斯讲的东西,因为后两者已解决了圣战的可能性及其策略问题。玛尔提乌斯让他们"在论述可能性问题时先听一听我关于作战策略的意见,不要先主观武断地下结论",这样的告诫未免为时太晚。玛尔提乌斯很自然地夸大自己的作用,但波利奥和尤波利斯没有采纳战神关于如何利用他的意见。他们既不需要玛尔提乌斯关于作战策略的指导,也不需要西庇太乌斯关于法律义务的指示。玛尔提乌斯提出异议似乎是由于害怕波利奥和尤波利斯仓促做出决定，说圣战不具有可能性。他似乎整夜都在担心，世界历史上最受人敬佩的事业可能受到那些对他的策略一无所知的人的干扰。

第二天，《宣告一场圣战》开篇就是一番关于策略的"慎重有力的宣扬"。玛尔提乌斯声称，可能与不可能取决于策略。根据玛尔提乌斯的说法，指派给尤波利斯和波利奥的发言取决于玛尔提乌斯自己。虽然他声称手段决定目的，而下一个发言的尤波利斯则认为目的决定手段。

尤波利斯的修正

为什么尤波利斯要修正自己的提议？误排发言顺序使玛尔提乌斯对其提出修正。尤波利斯修正的"不仅仅是个误排问题"，因为它"要略去一个问题"，即"圣战进行到何种程度为止"，这与西庇太乌斯的发言有关。在波利奥讲过之后，尤波利斯的修正做得恰到好处：既然圣战证明是可能的，它的策略也得以挑明，现在它的程度和目标就变得紧迫起来。尤波利斯给出了三种不同程度的极端：一是要灭绝人民；二是要强迫人们皈依新信仰；第三是要臣服人民，为新信仰开辟道路，[96]并"通过说服、教育等适合灵魂和良心的方式"让人们接受它。西庇太乌斯紧接着也认为，没有必要另外派人讨论宣告一场圣战的目标问题，因为他这个雷子之父、圣战的极力鼓吹者将会解决这个问题。实际上，最极端的可能性即"灭绝人民"是西庇太乌斯的圣战在法律上的义务。他心中的目标要求玛尔提乌斯的满腔激情听从于信仰之剑的指挥。"用世俗之剑为信仰之剑劈开大门，通过说服、教育等适合灵魂和良心的方式达到这个目的"，这是三个目标中最温和的一个，也只有这个目标与培根在别处谈论宗教问题时认可的观点相一致。比如，他在赞扬伊丽莎白温和的宗教政策时就是如此；另外，在寓言《狄俄墨得斯或宗教狂热》中，他加入了古代寓言所没有的东西——宗教战争，古人了解到这一点只有通过"反思和想象"而不是经验。培根还说，古人那里不存在圣战，因为他们的众神没有"真正上帝的特点"即嫉妒之心。狄俄墨得斯刺伤了维纳斯，但他是受到了与维纳斯敌对的帕拉斯的怂恿，而众神之间的敌对与一个真正上帝的嫉妒有着根本性的差异（也可参见《论说文集》，"论宗教统一性"）。对玛尔提乌斯而言，与"异教徒战争相配"的东西"配不上基督徒的战争"（页18），狄俄墨得斯的寓言证明这种差异属于本质上的不同，因为一个嫉妒的上帝他的仆人为了他会有无穷的战争狂热。西庇太乌斯将详述的战争配得上嫉妒的上帝的仆人；然而，他的论证和例子将使培根证明，尤波利斯提出的最为温和的圣战目标具有合理性。

西庇太乌斯的修正

西庇太乌斯修正的幅度最大，因为他改变了分配给他的发言的性质。在征求大家的同意时，"他看到大家闭口不言，意思是让他继续讲下去"。他们既不赞成也不反对，只是想听听他要说些什么。西庇太乌斯是如何修正了自己的任务呢？

他认为，尤波利斯的修正使他"按照原来的计划走下去"。他甚至把尤波利斯的修正当作决定圣战合法性的第六个"特定问题"。然而，他随后又建议略去所有这六个问题，[97]因为他认为"还有一点要先于所有这些问题"。他的新问题不仅先于这些问题而且"解决了所有问题"。"解决"是个歧义词，既可表示办成，也可表示不予考虑，但它在一个重要方面上没有歧义，即新问题需要认真考虑。西庇太乌斯说，要不是玛尔提乌斯"提到了土耳其帝国"，他就不会注意到这个新问题。尽管波利奥认为那部分发言是"谩骂"，但它是"正确的指控"，使西庇太乌斯要为这些受到指控的人定罪（页22）。西庇太乌斯越想到指控，就越认为"即使我们不是为了宗教问题，为平定那个帝国发动战争也是正义的"。因此，西庇太乌斯没有就尤波利斯分配给他的问题即"没有其他敌对的原因，仅为传播基督教信仰而发动的战争合不合法？要满足什么条件？"发表意见。相反，他发表了一番完全不同的言论，鼓吹对一个特定的民族发动战争，撇开了宗教问题。并且，西庇太乌斯越想此事就越坚信，对于土耳其人而言，所有限定性的条件都可忽略不计,因为这不是宗派问题,而是普遍问题。西庇太乌斯的修正就是,他要撇开宗教问题,在哲学的帮助下仅仅从人类理想的角度进行论证,他将宣称,只有人类问题才使圣战具有必要性,而圣战针对的是那些堕落到亚人类状态的人,他们对真正的人构成了威胁。

我认为,培根就是在这里通过他的狂热分子为自己的辩护做了准备。撇开宗教问题的不仅有西庇太乌斯,也包括培根,但求助于哲学的只有培根。西庇太乌斯实际上是诉诸他的权威即他对《圣经》的解释,但他从神学上论证他所声称的亚人类的堕落时,结果表明,他的论述具有偏见,没有真实性。他求助于哲学中普遍的人类标准就可证明这一点。在西庇太乌斯的发言中同时运作的有两种标准,一个来自哲学,另一个来自宗教。西庇太乌斯认为他们合二为一了,但细看一下他们的内容就会发现,培根知道他们没有合二为一。西庇太乌斯的修正旨在使圣战论脱离狭隘的宗教偏见,他做得既成功也不成功。当培根表明某种圣战实际上可以以哲学为基础时,他让西庇太乌斯揭示出他的圣战完全基于宗教。西庇太乌斯求助于哲学帮助了培根却推翻了自己。哲学认为,西庇太乌斯的事业不仅不合法而且有罪。这就出现了两类人的冲突,一类人“公开承认了,实际上也在做着统揽一切的事情”,[98]另一类是“不直率,但更危险”的人,他们“做这样事情又不承认”。在西庇太乌斯的发言中,培根有力地控告了西庇太乌斯的事业,也就是以哲学控告宗教。哲学与基督教、雅典与耶路撒冷之间的冲突使培根这个起诉人带着诉状来论述圣殿。

一夜的休整使玛尔提乌斯夸大自己的角色,使尤波利斯要对其加以限制,而使西庇太乌斯要为其找出取消所有限制的理据。因此,更多的反思时间并没有使西庇太乌斯变得更温和,而是使其更加坚信自己喜好的观点,不能自拔。观察一下第二天上午发言的三个人,再想想关于波利奥发言的饱含信息的陈述,会使我们有可能解释培根为什么要在小小的对话里插入很长一段休息时间。培根甚至用不正确的时间标识使我们对一整夜的休息时间发出疑问。波利奥在下午三点左右来到(页18,“天正热”),但经过简短连续的交谈之后,培根宣布休息,“因为天色已晚"（页24）。第二天上午,玛尔提乌斯和尤波利斯都提到了"昨天晚上"的讨论（页25-26）。培根在小小的对话中为什么要拉长时间,强迫插入一夜的时间？"在重要问题上,先在前一天提出问题,第二天再发表意见"（《论说文集》,"论建议"）。波利奥没有必要等待,因为他对问题了如指掌,这一夜的时间可以用来梦见由他发动的圣战。这个夜晚有助于揭示其他参与者的性格,它对于玛尔提乌斯而言是自我吹捧的一夜,对于尤波利斯是思考如何限制目标的一夜,对于西庇太乌斯则是极端狂热的一夜。在西庇太乌斯的发言中,我们听到了这个狂热分子对那位战士的"谩骂"所进行的辩护,其不动感情的论证,却能让人热血沸腾。他似乎也做了一夜的梦,梦见的也只有"土耳其士兵、鞑靼人和苏旦",这些梦使他坚决认为,"即使我们不是为了宗教问题",针对他们的战争也是正义的。撇开宗教问题完全改变了前一天的焦点,为圣战辩护的焦点从圣战事业内在的善转到了敌人内在的恶。在我看来,正是此处揭示了培根的目的:西庇太乌斯的发言是在自我指控,这种"正确的指控"揭露了敌人,为培根针对它的战争做了合理论证。

西庇太乌斯的发言

西庇太乌斯发言时没有遭到别人打断,一直讲到对话的末尾。他拿出的不是"论文",而是"谈话",即旨在怂恿人们行动起来的简短的宣传性发言。[99]他为战争提出的权威依据来自两个源泉,一个是以亚里士多德为权威的"自然法和万国法",另一个是以《圣经》为权威的神法,它是"对前两种法律的完善"。

西庇太乌斯认为,不仅仅圣战,任何战争的正义性都要显而易见。他于是就着手明确自己所宣扬的战争的正义性,但是,他规劝人们讲原因要清晰明了时,他的劝告辞漏洞百出,听起来好像把"神圣的救世主变成了摩洛克或异教的偶像",尽管玛尔提乌斯深知,并且西庇太乌斯也将会表明,摩洛克所引起的战争从来也没有神圣的救世主所引起的战争那么血腥残酷。衡量战争的正义性有三个标准:战争的法律依据、司法实施的正当依据和执行形式。西庇太乌斯将一一论述这三个标准。他还声明:"至于内心的意图,我把它交给上天来审判。"实际上,他自认为能够窥见敌人的灵魂,而且他对于他们罪恶行为的的了解保证司法可以判后者以极刑。

西庇太乌斯摒弃了经院哲学的圣战论,认为它们基于罗马实在法和公民法,而这些法律对这个问题无能为力。①这样一来,论证就简化为两个权威:亚里士多德和《圣经》。

西庇太乌斯为自然法和万国法进行的哲学论证来自亚里士多德的一段话,这段话在《政治学》中首次重点讨论了统治问题(第四至七章,1253b–1255b):"从出生时候起,一些人注定要统治,一些人注定要服从。"西庇太乌斯列举了对该段的三种解释,并称第一种为"炫耀之辞",第二种为"梦想",第三种也就是他赞成的一种为"真理"。炫耀之辞使这种区分成了亚里士多德为希腊人统治野蛮人所做的辩护词,梦想使其成了一种愿望,认为精英会来统治,而真理则使其成了等级的区分。在考虑西庇太乌斯的解释之前,最好思考一下中间的那种解释即"梦想",因为这一种看起来非常吻合培根对古典政治哲学的解释,似乎是他自己辩护词的核心:

> 有些人把这当作一种愿望,认为理性和自然会让最优秀的人来统治,绝不(not in any wise)是要授予某人权利。

[100]not in any wise 是"绝不"的意思吗?这个词组如果从字面上理解也完全讲得通,即 not in any wise men(所有哲人都没有)。那么,最后一个分句的意思就是,所有哲人都没有理性或自然授予的统治权。然而,"理性和自然会让最优秀的人来统治"。精英或哲人统治确实有理性和自然的合理依据,但这种依据不能根据人类传统解释为权利。

---

① 经院哲学家被认为缺乏纳维乌斯神奇的占卜才华,后者的占卜曾让满腹狐疑小心谨慎的国王相信,即使不大规模地调动军队,他也有能力取得战争的胜利。

按照法律建立起的政权让哲人来统治不符合理性和自然。西庇太乌斯认为其不过是个"梦想"，仿佛它隐藏了哲人内心深处的统治欲望。但西庇太乌斯对其置之不理的态度与柏拉图的预料完全吻合，也正是柏拉图在《王制》中第一次提出了这里所概括的观点。柏拉图承认，尽管理性和自然"让"哲人统治，但人民不愿意。但对于柏拉图而言，哲人并不"梦想"以普通的方式进行统治，正是柏拉图教会了哲人如何作为立法者进行实际上的统治。西庇太乌斯说，那些把亚里士多德的政治论述解释为哲人统治的人认为其只是"愿望"。这里的"有些人"不包括西庇太乌斯，但包括培根，因为这种观点不仅在《新大西岛》中有表述，而且在《宣告一场圣战》中的献词中也有明确的表示。培根在描述他的对话时说："伟大特别是宗教的伟大常常起源于渺小，宏大的计划（platform）需要一点一滴的实践来完成。"关于亚里士多德自然政治的中间那一种解释就表现了这样的"计划"，即理性和自然让精英来统治的那种愿望。platform 在培根时代用来表示建筑规划或行动纲领，更详细一点说，它表示一个宗教派别的一套原则。理性和自然所支持的精英统治这个计划遭到狂热分子的遗弃，但它却是培根政治的基石，也是培根介入世界的基础，而这个世界以理性和自然为尺度时，要求哲人政治活跃起来，像在约邦身上所体现的那样。培根的理据来自希腊人，而西庇太乌斯的理据则来自《圣经》，培根通过后者所拒绝的解释展示了自己的理据。这些渺小的开端即这个在对话中精心打造出来的计划可能"需要一点一滴的实践来完成"，并且这个对话之微妙可与柏拉图的对话相媲美。它可能激发出"什么东西"或一场暴动，这场暴动将变成普遍范围内的起义或通过培根的方法使欧洲走向培根的目标。

　　西庇太乌斯对亚里士多德的解释与此不同，但也反映了培根的中心论点，[101]因为培根能够做西庇太乌斯承认自己不能做的事，即从制高点来衡量。西庇太乌斯认为，亚里士多德限制自然统治权的方式使其成为"真理"：如果在人与人之间存在像人与兽、灵与肉之间这么明显的不平等，那么，这种不平等就认可了高等人对低等人的统治。然而，人们能够认识到这种不平等吗？西庇太乌斯表明："在谁更为优秀这个问题上,人们永远不会达成一致意见","谁适合统治是个棘手的问题"。因为难以就"谁是高等人"这个问题达成一致意见,西庇太乌斯就缴械投降了。他认为,人们虽然不知道高等人,但可以得到帮助;并且,为了解释他的权威哲学家,他抛弃了哲学,而偏向于《圣经》。西庇太乌斯阐明不平等的方式将展示出低等人而不是高等人;无休止的争论使他放弃了天生统治者的概念,并使他认为,天生的下等人能够得到大家的公认。他其余的发言将证明这一点;它还将展示,人的无能使其失去了统治权,并使他接受别人的统治。从此时起,西庇太乌斯的发言所依赖的政治原则就仅仅来自《圣经》,因为只有根据《圣经》才能证明统治权的丧失或道德堕落;由于西庇太乌斯不懂得希腊关于高等人的标准,他就用基督教关于低等人的标准来代替前者。但培根不像西庇太乌斯那样无能。他像波利奥一样"反应敏捷,善于区分货真价实的东西和空中楼阁"。"在谁更为优秀这个问题上,人们永远不会达成一致意见"这个事实不会让能够辨别真伪的培根放下武器。

西庇太乌斯发言的线索和培根的策略到现在为止已完全清楚。西庇太乌斯转向《圣经》为他的圣战寻找理据,因为他承认,对于人与人之间建立在理性与自然之上的不平等,他拿不出衡量标准。由于不能辨别天生的卓越之处,他寄希望于关于天生堕落的权威叙述。波利奥承认自己独揽一切,但实际上他接受了理性与自然的普遍标准;西庇太乌斯声称自己采取普遍的标准,但却以来自权威的个人标准去独揽一切。培根准确地勾画了西庇太乌斯的发言从亚里士多德到《圣经》的过渡,不仅以小见大地论证了[102]基督教不正当地征服哲学的过程,而且为解放哲学做了准备。从此时开始,培根就带着哲学的标准出现在西庇太乌斯的发言中。

在转向《圣经》去证明人与人之间的不平等之前,西庇太乌斯力图"除去"他提到的两个"模棱两可的观点和错误的观念"。主张更有能力的人有统治权,这种提法没有意义,因为人们永远不会就谁是更为优秀的人达成一致意见。此外,"谁适合统治是个棘手的问题",因为统治者所需要具备的品质几乎不可能全部集中在一个人身上。统治者不仅需要有智慧,还需要"勇气以保护臣民",并且,"最重要的是他要诚实、刚正不阿,这样才能不去伤害臣民"。因此,统治者需要智慧、勇气、节制和正义感,以免精英统治或所谓的精英统治变成暴政。所以,西庇太乌斯认为,指望高等人只是空想,因为人们不能就什么才是高等人统一意见,这些人也不可能出现,并且,声称是高等人的人可能有滥用权利的危险。由于无法找到"优秀人物",即哲学上的理想人物,西庇太乌斯转向"匮乏之人"即缺乏理想的人。匮乏之人就是"根本没有能力也不应该占统治地位的……一群乌合之众",这里强调的不是"没有能力"而是"不应该",后者按照西庇太乌斯的标准来定义即为"不配"。这些彻头彻尾的低等人的存在将使战争成为正义之战,"即使发动战争者是不信基督教的居鲁士或恺撒",但征服国应是"文明"国家。这种标准与尤波利斯分配给他的任务"为传播基督教信仰而发动战争"(页23)背道而驰。基督教作为一个相关标准已在征服国消失,现在的标准是征服国文明而被征服国不文明。要使这种逆转变得彻底,还有一步棋要走,那就是确定应该被基督教征服的国家。西庇太乌斯在这一步无意中提供的证据使培根的圣战论变得完美。理性和自然要求某个居鲁士或恺撒介入以减少基督教的野蛮。

西庇太乌斯阐明的"第二个错误"区分了专制的个人和专制的政制。如果罗马碰巧受到个人(卡里古拉、尼禄、康茂德)的专制统治,圣战就不合法。反之,如果国家的体制以及基本法律和风俗"违背了自然法和万国法",那么圣战就是合法的。

西庇太乌斯现在要发言了,他的发言分为三部分:[103]

一、有没有那么一些国家,虽然没有过挑衅行为,但对它的战争却是合法的?

二、哪些破坏自然法和万民法的行为能使一个国家丧失统治权和统治资格?

三、在当今的国家中,准确来说就在土耳其帝国中,能否找到这些破坏自然法和万民法的行为?

然而,在明确给出发言的结构之后,问题变得模糊起来,因为西庇

太乌斯过早地论及第二点,接着又说以后再处理这个问题。他是不是
又回到这个问题上来了呢? 讨论过第三点吗? 当然,我们可以认为,第
二、第三点在没有记下来的发言里。然而,一旦问及发言的明确结构,
我们马上会注意到另外一个三分结构,这个结构只是随着对话的展开
才变得明朗起来。西庇太乌斯区分了三种证据:"证言""例证"和"说
理"。发言的三分结构与这三种证据有什么关系? 仔细考察一下,就
会发现这两个三分结构是融合在一起的。证言回答了第一个问题;例
证回答了第二个,而仅有的一处说理回答了第三个。

证 言

"有没有或是否可能有那么一个国家或群体,虽然以前没有侵害
和挑衅行为,但对它的战争却是合法的?"西庇太乌斯求助于《圣经》回
答这个问题。培根让西庇太乌斯说"听好了,特别是要注意我的序言
部分",从而在享有统治权所要满足的条件这个问题上很高明地证明
了自己的论点。遵守这条命令,我们会明显看到序言:"我们要照着我
们的形象造人",这句话前面还有一个序言即"上帝说"。西庇太乌斯
证言的引言部分拿出上帝的话作为证据。对于这样的法律序言,哲人
当然不会感到陌生,因为柏拉图认为,法律需要序言以便把法律的权威
建立在众神之上(《法义》,IV. 722c – 724a)。西庇太乌斯的发言隐含的问
题是:众神现在所说或上帝所说与自然法和万国法能和谐统一吗?

西庇太乌斯的证言分两步展开,但都依赖于《圣经》。第一步说明
"最初赠予的统治权"可能失去,第二步说明"只有名义上的民族,没有
权利意义上的民族"。虽然西庇太乌斯从《圣经》那里摘录了上帝对统
治权的表述,但他承认,[104]他的经文必须得到解释,因为权威不是
《圣经》而是关于《圣经》的解释。《创世纪》中讲到人的创造及人与动
物的关系,就在最初赠予统治权这个关键问题上,西庇太乌斯遵循了维
多利亚(Francisco de Victoria)的解释,把他的话提高到特等权威的地位,
他所说的——只有像神一样的人才能统治——是"极其贴切的神圣格

言"。然而,把维多利亚立为神圣的权威无意中颠覆了西庇太乌斯的证言。维多利亚作为解释者闻名于世是因为他写有关于正义战争的论述,他认为西班牙针对美洲土著人的战争是非正义的,这个结论与西庇太乌斯的结论正好相反。西庇太乌斯引用的话是其作者维多利亚用来证明印第安人天生具有统治权,后来却被西班牙征服者非法剥夺了。[1]另外,在同一部著述中,维多利亚还提到了里昂穷人派、《创世纪》第一章及《何西阿书》第八章,都是为了证明与西庇太乌斯相反的论点,而西庇太乌斯却反其意而用之。

所谓能够赋予统治权的"依据"在树立之后,西庇太乌斯接下来谈第二个问题,证明统治权的丧失是因为其建立的基础即上帝的形象受到了损毁。什么样的行为才构成损毁没有定论,但在西庇太乌斯看来,有一件事确凿无疑是损毁行为,即对自然理性的损毁。人们曾对统治权的丧失做出了不同解释,其中,西庇太乌斯提到了"里昂穷人派"。这是西庇太乌斯第一次提及受到基督教迫害的基督徒,在他的发言中还有很多这样的地方。里昂穷人派或韦尔多派教徒(Waldensians)曾卖掉所有家当,跟随耶稣过着贫穷虔诚的生活,但无论他们在哪里传教都遭到追捕和迫害,因为罗马教会当局不承认他们。[2]提到里昂穷人派似乎具有特别重要的意义,因为他们之所以著名是在于他们是中世纪第一批试图进行改革的人,其原则成为后来宗教改革的基本原则,即要阅读翻译成方言的《新约》、对早期基督教实践与当代的教会实践进行比较、反对通过教会仪式获得拯救。这些行为使他们第一个招来针对异端或基督徒同胞的圣战,映衬了针对清洁派(Cathars)的阿尔比圣战(Albigensian Crusade)。教皇英诺森三世(Innocent III)在位时期,本为针对异

---

① Francisco de Victoria,《论美洲印第安人》(On the American Indians),收于《政治作品集》(*Political Writings*, edited and translated by Anthony Pagden and Jeremy Lawrance, Cambridge University Press, 1991),页 239 – 243。

② Charles Lea,《中世纪宗教审判史》(*A History of the Inquisition of the Middle Ages*, 3 vols. New York, 1966)卷一,页 76 – 88,123 – 179。

教徒的圣战[105]被用于持非正统观点的基督教同胞身上。由于可能获得两年的大赦,如果战死还会获得永恒的拯救,基督教的勇士们就仇视起基督教的异端分子。后来,这次旨在剪灭异端思想的战争失败了,为针对里昂穷人派这伙宗教改革教徒,教会又首次成立了宗教裁判所,这与铲除清洁派的企图又紧密相关。在几十年内,后来是在几个世纪内,里昂穷人派这个少数派遭受了基督教圣战的残酷暴行。西庇太乌斯提到里昂穷人派似乎没有什么理由,但他让我们注意到基督教圣战的起源,因为圣战在培根时代仍在进行。反复使用这些典故使培根悄无声息地指出了基督教违背自然法与万国法的历史。

西庇太乌斯的证言现在又求助于两段《圣经》经文,以便证明现在已失去了统治权的民族。第一段指出了《圣经》中失去了统治权的上帝的选民(《何》8:4)。第二段也是针对上帝的选民,这一次是他们的建国者摩西做出的判决(《申》32:21)。当西庇太乌斯从这些证言中得出结论时,他说,有些民族或国家"根据自然法和万国法或直接根据上帝的律法"是不合法的。这个"或"字使得自然法和万国法与上帝的律法可以互换进行判决,不像前面声称的那样,上帝的律法是另外两种法的完善(页28)。另外,我们很难理解西庇太乌斯的两段《圣经》经文哪一个与损毁自然理性有关;《圣经》确定丧失统治权的标准似乎只是"上帝说"。与自然法和万国法相比,上帝的律法又会怎样?随着西庇太乌斯从证言到例证的过渡,这个问题就显得特别重要,因为他的例证谴责了那些声称直接接受上帝律法的人。

例证

哪些违背自然法和万国法的行为才使人丧失统治权?西庇太乌斯告诉我们,他的例证与证言具有同样的证明效果,但前者比后者更能说明问题。通过这样的介绍,我们可以判定,例证至少与基于《圣经》的证言同样重要。实际上,培根在他的献词中已证明了例证的威力。在献词中,他举出自己的"例证"即西塞罗、狄摩西尼和塞涅卡。当然,献词也谈到了说理,预示了西庇太乌斯的第三种证据。在谈到自己的情况时,培根提供了《圣经》上的"证言"了吗？献词中只有一次提到《圣经》,[106]因为培根开篇就把《圣经》与例证和说理结合起来:"例证比说理更能打动人心,并且也让我们坚信,《圣经》上所说我们没有发生什么事也是给人以安慰。"当培根把西庇太乌斯的三种证据总汇在一起时,说理在中间,例证不是位于《圣经》证言的"下面",而是去证明《圣经》"也提出"的东西,因为培根把《圣经》归入了例证一类。

西庇太乌斯给出了九个例证。前四个都在阐明"危险和恐惧"是圣战的原因。接下来的三个讲"对自然法的违背"是圣战的原因。第八个为西班牙征服美洲作合理化辩护。最后一个例证根本没有解释西庇太乌斯的"匮乏"情况,倒是提到了一桩赫拉克勒斯的奇闻,以便为一种奇特的战争作辩护。

第一个例证即针对海盗的战争具有合法性,其"公认的真正原因"是"对于人类社会的共同敌人,所有人也会自然地组成心照不宣的联盟"。同一种"自然法"对第二个例子即"陆地上的强盗"也同样适用。第三第四个例证提到了"现在已经灭掉了"的敌人:阿萨辛王国和明斯特的再洗礼派。1615 年,身为检查总长的培根审判欧文的叛国罪时,在自己讲稿中曾使用了这两个例子,它们作为罪恶的例证来阐明反宗教改革教会所提倡和实践的更大罪恶即政治暗杀(《培根全集》,XII. 158, 166 - 167)。培根在那里明确表达的观点似乎在这里隐含了起来。假如阿萨辛人和明斯特的再洗礼派的观点使针对他们的战争是合法的,那么,发动战争去"根除这种观点以及提出这种观点的人即人类共同的敌人"更是合法的,培根在这里明显指的是反宗教改革的教皇政策(《培根全集》,XII. 165)。西庇太乌斯这样描述阿萨辛人:"根据惯例,他们的国王一下命令,要求无条件地服从,任何人都会去阴险地刺杀指定的任何君主或个人,即使献出生命,也在所不惜。"这样的措辞肯定会让读者想起在过去五十年内曾出现的政治暗杀教义和实践——教皇庇护五世在 1570 年针对伊丽莎白女王发布的教皇令;教皇格列高利十三在 1580 年又变本加厉;西班牙的菲利普宣布奥朗的威廉(William of Orange)为罪犯并在 1582 年将其暗杀;受到反宗教改革教义熏染的基督徒暗杀了亨利三世(1589 年)和亨利四世(1610 年)。

[107]在《论说文集》中,培根明确讨论了基督教的暗杀行为,进一步阐发了马基雅维里论述密谋行刺的著名章节。①培根赞扬了马基雅维里,因为他制定的规则可以"保证谋杀取得成功",后者的规则就是不要把这些事托付给天性即天性残忍或果断的人,而要把它们托付给习俗,即托付给"曾沾染过鲜血的人"。培根声称,这种规则仍然适用,但最近的一些事件让人格外注意到一种意外情况:"马基雅维里不知道克雷芒和雷维拉克,也不知道若雷吉(Jaureguy)和热拉尔(Baltazar Gerard)。"这四个信仰基督的刺客分别在 1589,1610,1582 和 1584 年进行了暗杀,这表明,"现在的迷信如此猖獗,甚至首次搞谋杀的人也和职业杀手一样心狠手辣"。这篇论说文从整体上讲证明了习俗的力量——"习俗主宰着人的生活",但培根的结论认为,"为宗教献身的决心"这种力量"甚至在杀戮之事上"与"习俗"不相上下。"为宗教献身的决心"是基督徒个体所表现出的极端危险,被上帝的代理人利用来搞暗杀。在让我们注意到"杂合的学院里的习俗力量"之后,培根得出结论:"但不幸的是,最有效的手段却用于人们最不想看到的目的。"最不想看到的目的就是暗杀,学院习俗即最近的基督教暗杀教义使狂热的基督徒在内心深处把暗杀当作坚定不移的目标,这是马基雅维里所不知道的。②西庇太乌斯当然不能提及这些例证,因为他本人是狂热的天主教徒,但是,他提到了类似的例证,培根在说明基督教会的暗杀是最为严重的危险时,也运用了这些例证,因此,西庇太乌斯为培根的论证提供了方便。

能够指望新教来缓和基督徒的狂热吗?新教狂热分子迦玛列的同

---

① 《论说文集》,"论习俗与教育";Niccolo Machiavelli,《李维史论》,前揭,卷三,章6。Michel de Montaigne,《论美德》(Of Virtue),见氏著,《随笔》(*Essays*, translated by Donald Frame, Stanford University Press, 1965)。

② Jerry Weinberger,《科学、信仰和政治:培根与现代乌托邦根源》,前揭,页 150 – 164。

名人与节制同义，而且，迦玛列在仅有的一处发言中口气也比较温和，但西庇太乌斯讲到明斯特的再洗礼派时表明，宗教改革的后代们没能受到约束，正如迦玛列不能管制住他的学生大数城的扫罗一样。就再洗礼派教徒而言，使他们犯罪的不是他们的行为，而是他们的行动纲领，因为该纲领声称他们有权力让任何自然法和万国法服从于神的律法。但西庇太乌斯的控告似乎是搬起石头的同时也砸了自己的脚，因为他在讲"上帝肯定不会承认这样的国家、[108]人民或首领"之时，也在声称自己也知道上帝承认的东西，并声称自己的行为就是以此为基础的。根据西庇太乌斯的观点，"任何文明国家都可以去臣服他们，如果他们不屈服，就加以灭绝"。培根的读者都清楚地知道，天主教和路德教的军队联合起来灭绝了明斯特的再洗礼派，但这些军队是不是代表了"文明"的一方还令人怀疑，因为在这场可怕的圣战中，一些基督徒采取了残忍的报复手段消灭了另外一些基督徒。

培根自己在谈论再洗礼派时认为，他们的学说在危险性上次于教皇的暗杀教义（《培根全集》，XII. 166 – 167）。他的理由与西庇太乌斯的理由一样，但他更进了一层。再洗礼派吟诵《圣经》上的诗篇为他们推翻国王和贵族提供辩护（《诗》149:8），但培根认为，这种主张虽然直接诉求于高于世俗政权的权威，却"非常明确地反映了教皇的权威"。虽然这两个教义类似，但培根认为，西庇太乌斯闭口不谈的教皇教义罪恶更大，因为尽管（培根说）再洗礼派"狂暴、愚蠢"，但罗马的宗教法庭"是处心积虑的可耻暴政，一个把作恶想象为虚荣，另一个把作恶想象为法律"。虽然在危险程度上，再洗礼派与教皇的刺客有高低之分，但不要指望其中任何一个去缓和在宗派战争中变得残暴得无以复加的基督教狂热。西庇太乌斯的例证与证言都有效地证明了这一点，但前者说明得更清楚。然而，它们还没有给出如何利用圣战对抗圣战，后面的例子会阐明这一点。

西庇太乌斯从前四个表达"危险和恐惧"例证转到了下面表达违背自然法的三个例证（即那些女人统治男人、奴隶统治自由人、儿子统治父亲的国家），认为自然赋予别人征服他们的权利。接下来，他提到了前一天玛尔提乌斯和波利奥讨论的例子,即西班牙征服墨西哥和秘鲁的问题。波利奥曾让大家注意自然与习俗在哲学上的区别,而玛尔提乌斯曾维护西印度的习俗,认为其符合自然。西庇太乌斯针对玛尔提乌斯直接指出,他们的习俗与自然相背,因此遭到了也应该遭到西班牙的征服。然而,若认为自然法认可西班牙对秘鲁和墨西哥的征服,就要否定维多利亚这个权威,而西庇太乌斯早先曾引用后者"极其贴切的神圣[109]格言"作为合法性的依据。维多利亚从他的格言中得出结论,认为西班牙的征服不合法,但西庇太乌斯却从中推出,西班牙的征服具有合法性,实际上也具有道德必然性。在证明自己的观点时,西庇太乌斯明显不再把传播信仰当作基础,而仅仅把自己的结论建立在他所认可的自然法上,建立在征服者的"文明和美德"之上。但在这个例证的末尾,西庇太乌斯在否认西班牙的暴行时,对西班牙征服者的"文明和美德"这些品质提出了质疑。西庇太乌斯说他的结论不是基于"裸体"、"愚蠢"和"巫术",而是基于食人"及其他一些习俗"。对西庇太乌斯而言,这种习俗非常"令人厌恶",使西班牙人有权"臣服或灭绝他们",否认这一点"会让人感到有点儿不可思议"。然而,这正是他的权威维多利亚所否认的,也是蒙田所否认的。蒙田在他著名的《论食人》一文中认为,与包括宗教战争在内的欧洲习俗相比,这种习俗还要更好些(《随笔》,卷一,章39,亦见《论马车》,卷三,章6)。

　　"这些例子已经够了",西庇太乌斯说,但接下来又加了最后一个例证,即"赫拉克勒斯的功绩"。准确说来,它不是例子,而是寓言。培根非常善于利用这种形式来揭示最为隐蔽的政治、宗教和哲学事务。赫拉克勒斯只阐明了一点:虽然他是古代希腊人,但他表现了"所有国家和时代都一致同意"的事情,即"根除和征服巨人、怪物和外国暴君不仅是合法的,甚至还会得到神的嘉奖"。英文版中是这样写的,但在译成拉丁文时做了巨大的改动。"外国暴君"变成了"穷凶极恶的暴政","不仅是合法的,甚至还会得到神的嘉奖"改成了"和高尚的行为一样,值得神的奖赏,至少可称得上英雄行为"。这种改动显示,西庇太乌斯的话非常接近于教皇庇护针对他要暗杀的"外国暴君"伊丽莎白的控告。《宣告一场圣战》译成拉丁文所要遵循的原则似乎和翻译《学术的进步》所要遵循的原则是一样的。培根把《学术的进步》献给国王詹姆士时写了一封信，信中说：

> 我一直……不让自己的书到处流传。而我把它译成拉丁语，目的就是要让人随处都能读到它，那么，在语言上随心所欲，而在物质上又要把它禁闭起来未免自相矛盾、荒唐可笑。(《培根全集》，XIV. 436)

西庇太乌斯说，赫拉克勒斯的例子说明，解放者"从世界的一方跑到另一方"具有合法性。[110]实际上，他的第二个例子即罗马解放希腊已经阐明了这一点。这里似乎暗示了正好相反的解放行为：希腊人去解放罗马。西庇太乌斯提到的赫拉克勒斯的功绩有些特别，因为培根在《论古人的智慧》中有一篇寓言《普罗米修斯或人类状况》重点谈论了这个例子。赫拉克勒斯受到赞扬的功绩不在他的十二大功劳簿上，这项功绩是为了解救人类的恩人：他乘着杯子渡过大海，把普罗米修斯从宙斯的惩罚下解救出来。为解释这种惩罚即老鹰每天都要啄食普罗米修斯的内脏，培根在叙述中更改了原来的寓言；宙斯对其施以酷刑不是因为他以前多次为了人类反对宙斯而犯了罪，而仅仅因为一桩罪行，"普罗米修斯的最后一桩罪行"：他试图强奸智慧女神米涅瓦。培根对寓言的解释表明，赫拉克勒斯伟大的航行解救了代表哲学的普罗米修斯，因为无知的宙斯认为哲学企图占有他的后代智慧，就缚之以锁链。普罗米修斯最后一桩罪行是"试图把感觉和理性凌驾于神性之上"。他的罪行就是培根的罪行，它必然会带来"无穷无尽的烦恼和痛苦"。这些忧虑和担心正是赫拉克勒斯所要解决的，因为他代表了一种外来的美德，即在重大责任面前的勇敢美德，这种美德是"任何天生的坚毅都不能达到的东西"。勇敢的美德来自远方，由赫拉克勒斯从太阳那里带来，据说是智慧的产物，因为代表智慧的是太阳而不是宙斯和他的少女米涅瓦。尽管勇敢来自太阳，但它要乘杯子从海上而来，来自"对变化无常的人类生活的沉思,而人类生活就如航海"。这种哲学上的勇敢源于自然的智慧,既不遏制智慧也不增加智慧,而是要消除烦恼,因为智慧鲁莽地将感觉和理性凌驾于神性之上,即让宙斯和米涅瓦听从于太阳神,这时就会产生一些烦恼。培根谈到要重新设立纪念普罗米修斯的比赛,紧挨着这之前的一点讲述了培根如何实现让宗教臣属于哲学:"人类必须谦虚谨慎地区分神性和人性,分清理智和信仰。"像培根这样的人一定会主张有两种不同的追求真理的方法,一个适用于涉及神的事务,而不适用于所有其他事务,另一个适用于所有其他事务,[111]而不适用于涉及神的事务。现在,这种反柏拉图的哲学策略是避免"异端邪说"的手段。

西庇太乌斯的最后一个例证说明培根自己试图强暴米涅瓦,把普罗米修斯与赫拉克勒斯即智慧与勇敢糅合在一起,坚持要让"异教之火玷污上帝的圣坛"。然而,假设最后一个例证表明,培根的任务是要让希腊解救罗马,那么对话结尾的说理表现了更为全面的解救行动,即从雅典到耶路撒冷的旨在占领的解救旅程。

说理

今天,有没有国家存在这些违背自然法和万国法的行为? 这些为圣战辩护的证言、例证和说理现在一齐集中到一个说理中来,达到了高潮,这个说理使培根的论证得以完成,使它的对手真相大白。这里,培根表明,他能够做西庇太乌斯不能做的事情,即从制高点来衡量。培根自己的论证与西庇太乌斯的不一样,不是基于匮乏之人或低等人,而是基于对高贵的了解。《宣告一场圣战》得出了一个令人称奇的完全令人满意的结论。其没有了下文是因为不需要再说了,计划现在可以展开了。

培根最后的说理高明地利用了《圣经》,并着手颠倒欧洲历史上最致命的征服,即耶路撒冷对雅典的征服。培根让人们目睹他谈论圣殿,以雅典的名义谈论圣殿,以完成他在献词中许下的诺言。

这个说理表明,国与国之间暗含着纽带,使一个国家对另外一些国家负有责任，即使它们之间没有明文协定和联盟。西庇太乌斯举出了三种形式的"不言自明的联盟"："殖民地对宗主国或移民对祖国的联系"；共用一种语言所暗示的联盟；还有一种更强的纽带："正如希腊人相对于野蛮人一样，更重要的是拥有同样的根本法律和风俗习惯。"西庇太乌斯拒绝第四种与宗教有直接联系的纽带："如果属于某一宗教派别，信仰出了错误，他只是陷入罪恶的兄弟，我说的不是这种情况。"（"陷入罪恶的兄弟"这句话在拉丁译文中被省去了），国与国之间最后还有第五种联系："所有人都有一种至高无上的无法改变的亲缘和社会关系。"为支持这最后一点，西庇太乌斯先是引用了使徒保罗对雅典人讲的一句话（《徒》17：16 – 34）。[112]保罗讲话是要把基督教的福音带给雅典，他以雅典人熟悉的东西来打动他们，即引用他的西利西亚（Cilician）的同乡"异教诗人"阿拉图斯（Aratus）的话："我们都是他的后裔。"接下来，西庇太乌斯引用了另一个诗人的话，说基督徒应该"和那位喜剧诗人介绍的人一样友善"。这句含糊的引语后面就是："在我看来，与人类有关的任何事情都与我有关。"这句话出自泰伦斯的喜剧《自责者》（第一幕，行77），出自雅典老人克莱墨斯（Chremes）之口。有历史学家说，这是"希腊化时期最伟大的一句话"。①克莱墨斯爱管闲事，爱插手别人的事情，在受到质疑时他说出了这句话。泰伦斯的剧本改编了雅典喜剧诗人米南德（Menander）现已亡佚的一部喜剧。我们一定会又一次对培根的能力感到诧异，他竟然能够找到证明自己观点的典故。在上文中，波利奥暗示雅典的疯狂是解毒剂。这里，雅典又出现于众多的典故之中。从所有这些典故包括使徒保罗的话可以得出一点，普遍的慈善和责任来自雅典。指控爱管闲事的人就是在指控哲学（《申辩》，31c；《法义》，xii. 952d；《情敌》，137b）。培根不可避免地是个爱管闲事的人，要插手关系到我们所有人的最根本的事务。作为雅典人，他说："在我看来，与人类有关的任何事情都与我有关。"

---

① John Ferguson,《希腊文化遗产》(*The Heritage of Hellenism：The Greek World from* 323 B. C. *to* 31 B. C. , New York, 1973), 页 121。

如果人与人之间有心照不宣的联盟,那么,"它要对付什么东西或什么人,但它(他)们又是谁呢?"这是对话的最后一个问题,这个问题的答案没有直接给出,需要寻找,因为对话的结尾没有按照西庇太乌斯早先答应的那样把它的说理运用于土耳其人(页30)。西庇太乌斯只是说,联盟要对付的是"乌合之众和暴民",这些人"背离了自然法彻底堕落……可以毫不夸张地说,他们就是人类的敌人和痛苦,是人类本性的耻辱"。这些人是谁呢? 对话最后一次提到《圣经》时给出了答案。

倒数第二句话明白无误地道出了战争的义务,但这些战争是针对谁的就说得不明不白:"鉴于有些国家虽然犯了罪却不能改过自新,所有其他的国家都应该憎恨和讨伐他们的人民。"是哪些国家呢? 让我们看看最后一句话。

这句话的开头讲得有些模糊:"我认为,在这一点上,不要太多地遵循……"[113]"这一点"指的是什么? 应该是前面几句话的要点,即人们之间的联盟有责任发动战争反对人类的共同敌人。战争及其依据尽管要遵循但"不要太多地遵循法学家的原则,在更大程度上要遵循慈善原则和近邻原则"。通过引证慈善原则和近邻原则,培根起用了耶稣对法学家的回答,后者曾问道:"谁是我的邻居呢?"(《路》10:25 – 37)。近邻原则"不仅是利未人的原则,也是乐善好施的撒马利亚人的原则"。但那个祭司到哪里去了呢? 大家都知道,耶稣关于善良的撒马利亚人的故事里有一位祭司。培根不提祭司,只提到了来帮助挨打之人的撒马利亚人和没有帮这个人的利未人。近邻原则的重要性在接下来的一个拉丁文分句中再次提到:"亚当的子孙都来自一团泥土这一原则。"一团(mass)泥土? mass 有两种意思交相辉映,一是只有祭司才有权举行的宗教活动"弥撒",二是人类那伟大的一块泥土。难道来自一团泥土的亚当子孙不包括那位祭司?

这句话接下来讲道:"这些最初的原则就是本人观点的基石。"慈善原则是战争义务的基石,最早是雅典人的原则。这句话的结尾是"(假如可以坦白地说),否认这些原则几乎可算是根本上的分歧"。培根可以坦白地说吗? 并不能完全坦白地讲。即使一个人能够和培根一样讲话,能够在西庇太乌斯这类人的眼皮底下表达自己的意思,他也不能完全坦白地讲话。我们已经知道,那些独揽一切却不坦白讲话的人比较危险,培根没有坦白讲出的结论则是最危险的:否认人的友爱原则"几乎自然的分裂(schism in nature)"。schism 是希腊文《新约》上用的一个词,表示教会的分裂(《林》前 1:10,12:25),在英语中,它几乎是专用的宗教术语,指令教会四分五裂的宗派纷争。在论证结束时,培根借用了这个宗教术语"自然的分歧"以服务于更大的目的。然而,这最后一个短语具有歧义:它可以表示两种意思:分歧属于否认这一原则的人的本性;否认这一原则的人就自然法管辖下的事物几乎都有分歧,也就是说他们超出自然之外。两种意思似乎都适用;在两种意思中,"几乎"一词表明有所保留,使判断显得不那么绝对,这种论断针对的是教派分裂分子,宗教上的诅咒则不能以此为根据。然而,这种论断也针对那些在本性上几乎都不同的人,因为他们否认[114]来自希腊的自然法,凡是不同意"上帝说"观念的人,他们都要加以诅咒。显而易见,普遍主义者或普遍主义的后来者基督徒现在正充满着难以驾驭的狂热,他们才是分裂分子,因为他们打破了天然和谐的秩序。

保罗进入雅典,有选择性地利用了雅典的诗人来传播令人陌生的新福音。培根也正是以同样的方式进入了耶路撒冷。保罗带着耶路撒冷的学说进入雅典,旨在带去关于"不为人知的上帝"的知识,或者说要用关于真神的知识取代雅典人对于众神的无知,也可以说要取代雅典的"苏格拉底学说"。培根把雅典的学说假扮成关于真神的知识进入耶路撒冷,其目的是要从那些违背了自然法和万国法而犯下罪恶的君主手下获得自由。与保罗进入雅典是为了占领雅典一样,培根进入耶路撒冷也是为了占领耶路撒冷,二者都取得了成功。培根成功的途径在《宣告一场圣战》中只暗示过一次:成功需要打碎基督教世界,把它塑造成新形状。慈爱原则是公开的基督教原则,也是希腊哲学家认为具有优越性的人类关怀论(《论说文集》,"论善与性善")。这条原则必须用一种能带来尘世幸福的新科学来表述。培根这一部论述圣殿的作品必须要由其他论述城市的作品来补充:占领城市的计划推翻了圣殿对城市的统治,并让其服务于自身的目的。培根发动圣战的目标与乌尔班二世 1095 年在克莱蒙(Clermont)发动第一次圣战时所宣布的目标一模一样,即要占领耶路撒冷和圣地。但培根圣战的依据是起源于雅典的学说,后者的目的在于为人类造福而不是宗教。

基督教世界能不能在石臼里捣碎并塑造成新形状? 这件事要取决于"最伟大的人事变迁……宗教和派别的变迁"(《论说文集》,"论变迁"),并且,培根也给出了变迁的规律。"当人们以前接受的宗教由于纷争而四分五裂时,当信徒们不再圣洁而腐化堕落丑闻缠身时",就可能出现新的宗派,《宣告一场圣战》涉及的基督教圣战中的诸多事件都大大满足这些条件。但还要满足另外一个条件:"这时要有一个具有雄心壮志的奇人来倡导",而培根这个倡导新自然科学以改善人类状况的奇人正好满足这个条件。[115]新派别如果具有以下两种特点就肯定成功:"排挤或反对既定的权威,这是最受人欢迎的;另外一个是允许享乐,让人过安逸的生活。"培根的新教派对抗权威时小心谨慎,但它完全可以冒这个险,因为它允许人们享乐和过安逸生活,这使它简单明了受人欢迎。借助三种方式可以建立新宗派:"通过神迹和奇迹的威力;通过充满智慧的宣传和雄辩;通过武力。"培根的新派别采用的是中间那一种,但其他方式也可以用,因为本撒冷就掌控着神迹和奇迹,还掌握着以新科技做后盾的武力。然而,新宗派意识到了自己的局限从而对自己有个约束,因为它知道利用宣布"上帝说"的法律序言,但它也知道自己的法律上面没有这样的前言。研究《宣告一场圣战》使我们同意莱布尼兹的话:"我们最好给予维鲁伦(Verulam)男爵①以高度评价,因为他艰涩的话富有深意"(《培根全集》,III. 71)。

---

① [译注]这是培根的封号。

第五章　培根、柏拉图与尼采

我完全怀疑柏拉图。

——尼采(《偶像》,"古人",条2)

[116]尼采完全怀疑柏拉图并不是怀疑他的影响。相反,他认为柏拉图对欧洲的影响无人能比,这主要因为基督教成功地将柏拉图哲学改造成了"为大众的柏拉图主义"。在尼采看来,哲学史上曾有的最重大的事件,莫过于诸立法事件,它们为雄心壮志和大众舆论开辟了的舞台,上演着西方文化。但哲人作为立法者并不是尼采观点中的首要问题,这可以由《善恶的彼岸》证明:其首先抨击了"哲学家的偏见",旨在冲破他们的枷锁,澄清我们的思想。只有通过这样的思想解放,哲学才能被委以立法和文化塑造的权力。在这之后,才能按照新型哲人的新观念培育新人。

培根也持有尼采式哲学史的基本观点:认为以柏拉图为首的哲人们拥有立法权;攻击哲人把思想从偏见或由偏见形成的偶像中解放出来;提倡新的哲学立法。这样的观点和行为要求哲人具有"历史感"。尼采发现,只有19世纪才有这种"第六感觉"(《快乐》,条357),但不言而喻,培根也认为历史感或对时代的了解是哲人的基本功。

培根和他的时代:改造后的卡珊德拉

《论古人的智慧》的第一个寓言《卡珊德拉或实话实说(Parrhesia)》讲述了一个重要的教训,培根的其他著作也以各种形式对此做了说明,那就是富有远见的智慧应[117]与适合时代的传达智慧相伴而行。

Parrhesia 是标准的希腊词,指讲话直率或随便,其字面意是无话不谈。这个寓言叙述了卡珊德拉所遭受的斥责,因其无话不说,表达正确的远见时过于直接和随意,结果她不仅得不到信任,而且本想行善却酿成恶果,其远见反而加速了自己人民的灭亡。哲学的庇护神阿波罗受到卡珊德拉的哄骗,赐予她预言的能力,但出于报复,保留了本应赐予她的说话的时机与方式。阿波罗的报复使她丧失了辨别鸿儒与白丁的能力,不清楚何时该讲何时不该讲。因此,卡珊德拉毫无顾忌地滥用了言论自由,即雅典人后来声称的他们与生俱来的权利。①

培根在自己的阐释中举出卡图(Cato)这个著名的例子以补充说明卡珊德拉的寓言。他宣称卡图深谋远虑,看到了罗马最终会实行独裁。培根认为他只不过成功加速了这个进程,正如西塞罗评论他时说:"他讲起话来仿佛在柏拉图的理想国,而不是在罗穆路斯的遗产上。"卡图讲起话来好像实实在在住在哲学建立的城邦里,但这样说暴露了一个问题,即没有揭示出柏拉图《王制》中一个至关重要的馈赠,因为这个对话显示,说话必须适合现实中的城邦或洞穴里的大众。热爱真理的人从柏拉图那里懂得必须忍受高贵的谎言,这是所有城邦的基石(《王制》,vii. 537d – 539d),他们讲话时总会有所保留;他们义正词严,善待好友,无害于他人(《王制》,i. 331e – 336a)。培根把卡珊德拉的寓言作为第一篇,是让人们确信,阿波罗偏爱于他,于是把两件礼物都赐给了他。对柏拉图《王制》的学习使他在言谈时不会觉得自己在《王制》中。他明白自己所处的位置和应该如何讲话。

卡珊德拉的寓言对于理解"世俗王国"中的先知至关重要。先知培根看到威胁自己时代的暴政就要来临,为避免发生这种灾难,他在那最为动荡不安的时代提倡一项全新的事业,要通过"全面重建科学、艺术和所有人类知识"来改造那个时代(《伟大的复兴》,《培根全集》,IV. 8)。培根又是怎样躲过了阿波罗的报复呢?他依靠的是对时代的

---

① Euripides,《希波吕托斯》(*Hippolytus*),422;《伊翁》,672。Plato,《王制》,viii. 557b;《斐德若》,240e;《法义》,ii. 671b。

把握,[118]明白何时应该说何时应该保持沉默。对培根而言,了解时代需要了解哲学史,要明白时代受到智慧形塑的程度。培根对其时代的把握除了理解哲学的作用之外,还包含了一个关键因素,即尼采所说的"对常人的长期认真的研究"(《善恶》,条26)。培根甚至说:"最高明的学说就是要能够明智地指导人们的日常事务"(《学术的进步》,《培根全集》,Ⅲ.118),但古代作家都缺乏这种研究。哲学似乎忽视了宗教特别是基督教的研究成果。在险恶的暴政面前,改造后的卡珊德拉将必然从基督教手中接过指引大众的使命。

培根知道自己不是生活在柏拉图的《王制》中,但他同时也清楚自己也不是生活在罗穆路斯的遗产上。《宣告一场圣战》清楚地表明,他是生活在摩西和耶稣的遗产上。在《学术的进步》中,培根描述了当时的这个问题:基督教律法在其得以确立和根深蒂固的地方把自己凌驾于哲学之上,用自己的标准评判与其无关的哲学论争,甚至用自己的至善评判哲学的至善(《培根全集》,Ⅲ.418 - 424)。哲学为了评判并取代基督教成为主导权威,就必须像约邦那样做,采用基督教的外衣和语言。结果将会是新的信仰学说,它包裹在旧学说里,却能够自由发言(《培根全集》,Ⅲ.419)。改造后的卡珊德拉懂得了哲学史和受到基督教塑造的普通人,从而将会把握住时代。新的先知话语由于预见了威胁其时代的灾难,将会调整自己,以适应已确立并已根深蒂固的观念,以便消除灾难。

培根的哲学史

培根对哲学史最为集中的论述见于《新工具》第一卷,但这个历史是为了辩论,帮助培根为新科学辩护;作为"诸哲学批判"(《伟大的复兴》,《培根全集》,Ⅳ.27;《新工具》,Ⅰ.115),它旨在推翻满足于主导哲学的思想,因为"信仰众多哲学是哲学贫乏最主要的原因之一"(《新工具》,Ⅰ.85)。一方面,培根要表明,哲学表面上繁荣实际上则贫困,另一方面,他必须努力让人相信,若哲学另辟蹊径,可能会出现多个哲学。摧毁对旧哲学的信仰与建立[119]对新哲学的信仰需要同步进行,因为"人的大脑不像蜡板。在蜡板上,只有抹去旧的,才可以再写上新的。但对于大脑,你必须写上新的才能抹去旧的"(《培根的哲学》,页 103,132)。

抹去旧哲学写上新哲学要求培根勾画出哲学史的轮廓。根据这个轮廓,哲学有三个繁荣阶段,都在苏格拉底之后。其中,苏格拉底是个转折点,因为他从自然哲学转向了政治哲学。培根暗示,他自己的思想回归到了苏格拉底以前的哲学家特别是德谟克利特,但他的哲学叙述却没有舍弃政治哲学的成果。培根非常精明,只是暗中将他的自然哲学或政治哲学与异教渊源联系起来;他表现得像所拉门纳一样,其哲学的灵感仿佛来自所罗门。然而,培根振兴前苏格拉底自然哲学所用的哲学策略则可追溯到苏格拉底。

培根《新工具》中的哲学史出现在"剧场假象"一节中,旨在让他的读者从哲学家们制造的幻象中醒悟过来,因为每个人都在这些哲学家创作的大型舞台剧中扮演着某种角色。为达到自己的目标,培根必须推翻亚里士多德在自然哲学中的统治地位。这种哲学上的反叛行为主要表现为两个主张:亚里士多德并不是一直处于统治地位;古代希腊人的自然哲学并没有被亚里士多德所驳倒而是屈从于帝国的淫威。①

学术繁荣有三个时期,"第一个是希腊人时期,第二个是罗马人时期,最后一个是我们西欧这个多民族时期"(《新工具》,I. 78),它们均没有致力于自然哲学研究。在最近这个时代,"到目前止,绝大多数的精英分子在从事神学"而不是自然哲学(页 79);第二个时期的"哲学家主要忙于……道德哲学,这对于异教徒来讲相当于我们的神学"(页 79);在第一个时期,自然哲学从希腊七贤到苏格拉底这段时间曾"昙花一现"。"苏格拉底将哲学从天上引入人间"使希腊的自然哲学黯然失色。②培根引用西塞罗对苏格拉底的颂扬来表示自己的斥责,因为苏格拉底"转移了

---

① 参 Jerry Weinberger,《科学、信仰和政治:培根与现代乌托邦根源》,前揭,页 177–178。

② Cicero,《图斯库卢姆清谈录》(*Tusculanae Disputationes*, trans, J. E. King, Harvard University Press, 1923),页 5,4,10。

人们对自然哲学的关注"(页79)。苏格拉底因此是哲学史上的转折点，[120]因为"如果必须说出实情"，那么随着苏格拉底信徒、柏拉图和亚里士多德开始从事"唯理的教条科学，经以致用的发现活动就终结了"(页85)，盛极一时的自然哲学——"伟大的科学之母"终结了(页79，80)。

　　哲学史的转折点是苏格拉底而不是当前处于主流的亚里士多德。此外，关于自然哲学家著作的遗失这个关键问题，培根不厌其烦地说亚里士多德的大力批判对此并不承担责任："人们通常认为，亚里士多德著作的发表造成了旧体系的衰落，这种观念是错误的"(页77)。尽管亚里士多德的举止像土耳其帝国皇帝一样，灭绝同族抬高自己来保住王位(页67)，但他的攻击并没有成功，因为希腊自然哲学家的著作经过西塞罗时代并延续下来，威胁着亚里士多德在自然哲学上的权威地位(页77)。在类似的章节中，培根着重指出，柏拉图与亚里士多德曾力图消除德谟克利特的思想，但后者仍然延续下来，因为其在自然哲学方面更高一筹，得到罗马人的赏识："在那些更为睿智的人中间，在那些沉默寡言勤于沉思的人中间，德谟克利特受到了极大的尊重。当然，在罗马学术时期，德谟克利特的著作不仅存在，而且得到广泛的认可"(《培根全集》，V. 465 - 66；在一部早期的著作中，他强调自己付出了诸多艰辛以寻找遗失的古代希腊人的学说[《培根的哲学》，页116])。① 自然哲学家著作

---

　　① 关于培根和前苏格拉底哲学的关系，参见 William Sessions，《培根与古典》(Francis Bacon and the Classics：the Discovery of Discovery)，收于《培根的遗产》，前揭，页237 - 253。对于尼采的哲学史，需要注意培根没有仅仅依赖于德谟克利特，而是超越了他。艾利斯(Robert Ellis)是19世纪培根作品的编辑者之一，他认为，"培根对原子理论的原理已很有创见"，他已不像前人那样认为原子具有特定的形状、坚硬不变形。培根和尼采都超越了"唯物的原子论"观点(《善恶》，条12)。艾利斯表明，在培根那里，"原子理论只是关于力的理论"。艾利斯是在19世纪说这番话的，他指出，思想家博斯科维奇(Boscovich, 1711 - 1787)关于力的理论与培根的观点相吻合，而博斯科维奇又是尼采原子思想及其权力意志理论的重要来源："博斯科维奇教导我们坚绝不要相信地球切分到最后的部分'坚不可破'，坚绝不要信仰'物质'、地球残余物和微小的原子"(《善恶》，条12)。参见 Robert Ellis，《〈论起源〉序》(Preface to De Principiis atque Originibus)，见《培根全集》，III. 70 - 71。

的遗失并不是因为亚里士多德更为卓越而是因为罗马没能守护好希腊的自然科学。培根在解释这种重大损失时只说了这样一句话："大批蛮族人涌入罗马帝国，使人类的学术如船只遭受海难而毁灭，亚里士多德与柏拉图的哲学[121]象轻型疏松的材料制成的木板漂浮在时代的浪潮上，并由此保存下来"（页77）。这个不对称的句子有选择性地将原因与内容搅在一起；它指出了遗失的原因（蛮族人的涌入）而没有指出遗失之物（希腊自然哲学家的作品），点出了保存下来的东西（亚里士多德与柏拉图的哲学）而没有点出保存的原因。为什么亚里士多德与柏拉图的哲学得以保存下来？根据培根关于三个时期的特点以及《新大西岛》与《宣告一场圣战》中的论据，这些哲学保留下来的原因是它们有助于基督教的自然神学，而后者则是入侵罗马帝国的力量中最重要的一支。因此，培根不对称的句子似乎暗示，在罗马帝国，基督教的权力膨胀使我们丧失了希腊自然哲学的遗产，后者曾一直延续到罗马时代。终结罗马学术时代的不是"那些无知的蛮族人"（吉本对哥特人和汪达尔人的称谓①）而是基督教。当然，尼采也持这种看法，尼采的时代需要尖锐公开的雄辩，而培根的时代则要求温和与掩饰："古代世界的全部辛劳都付之东流：对于如此恐怖之事，我找不到能够表达自己感想的字眼"（《敌》，条35）。

因此，培根的哲学史认为，苏格拉底的哲学或唯理的教条哲学曾与自然哲学共存了很长一段时间，到罗马帝国后期占了上风。罗马帝国在基督教面前不堪一击，后者这个大众运动决定了哲学的命运或孰沉孰浮的问题。在学术问题上，培根说"最糟糕的征兆"就是大众的赞同（页77），他又重复福基翁（Phocion）②的话说："如果大众认可并拍手称赞，人就立即反省自身是否犯了错误。"这里犯下的是世界性、历史性的错误，即宗教在罗马战胜了哲学，随之而来的是希腊自然哲学的泯

① Edward Gibbon，《罗马帝国衰亡史》，前揭，第十七章。
② ［译注］福基翁（公元前402–前318），雅典政治家、将军，民主制度恢复后被废黜，后被杀。

灭,若当时继续研究自然哲学本来可以产生出培根现在意欲建立的各门具体科学。①

　　培根用很大的篇幅(《新工具》,I. 78 – 92)论述了自然哲学的没落,最后,他注意到自然哲学的宿敌之一就是迷信或盲目极端的宗教狂热;他从三个学术时期选出的例证特别着眼于基督教对自然科学的恐惧(页89),尼采曾把这种恐惧态度追溯到《创世纪》的头几章,[122]认为这几章"表明上帝极其畏惧科学"(《敌》,条48)。培根强调指出,如今那些在"信仰高于理智的帝国"中掌权的人害怕失去权力。他自己的伟大任务就是重新燃起人们对理性的希望之火,让人们相信理性能够让人驾驭自然(页92 – 114),以此推翻靠压制自然科学和诋毁理性来维持其权力的帝国。

　　这种当前讲求实效的工作成了他大部分的公务,也几乎使他能够作为哲人被载入史册,因为他颠覆了古代关于理论与实践或反思与行动的等级秩序。但是,在为新实践哲学辩护的末尾,培根又肯定了古代的等级。"既然希望已被唤起,偏见已被消除",培根就能够致力于自己的工作目标。他高度颂扬各种发现,特别是那种"牵一发而动全身的方法",也就是培根的方法。但就在这个巅峰时刻,培根要把"全部真理"公布于众,因为到目前为止,他只公布了部分真理:"毋庸置疑,思考事物自身,除去迷信与虚伪、谬误与迷惑,其本身要比所有的发明创造更有价值"(《新工具》,I. 129)。培根必须采取行动,并且,他的行为把实践抬高到比以前更高的层面。但培根实践的动力来自保卫沉思保卫哲学的需要。

　　谁是罗马与希腊的继承人呢? 准确来讲,谁是希腊哲学的继承人呢? 培根的第三个学术时期即他那个年代,受到信仰高于理智的帝国支配,这个帝国解释历史使之符合自己的胜利。基督教学术认为,自己是希腊罗马的名正言顺的继承人,把其认为有价值的东西保存下来而丢弃那些它认为不值一提的东西,所以就保存了柏拉图与亚里士多德而舍弃了德谟克利特。基督教深信,它征服希腊与罗马并保存其文化精华来自上

――――――――――

① 参见 Jerry Weinberger,《科学、信仰和政治:培根与现代乌托邦根源》,前揭,页 168 – 169。

帝的旨意,培根对此毫不认同,他的看法更为接近于尼采:基督教的胜利是奴性和卑贱战胜了高贵,其关于保存的价值标准反对天生的高贵。培根的时代不许他持有尼采这种直截了当的观点,即认为希腊罗马陷入基督教之手是大众或奴隶道德的胜利,然而,在本撒冷,第一次接触基督教的居民被称为"伦福萨人"(Renfusans)就清楚地暗示了这一点。《宣告一场圣战》从整体上反对基督教表明培根是站在希腊罗马的立场上。

[123]谁是希腊罗马的继承人?尼采的扎拉图斯特拉告诉自己的学生,这个问题将会是一团乱麻,因为基督教试图继承古代的遗产时已经把它曲解了("毒蜘蛛",《扎》,2.7)。《宣告一场圣战》表明,亚里士多德关于高贵的学说被大大扭曲,以认可基督教关于卑下的教义。《新大西岛》描述了民众的历史,其中,本撒冷人实际上信仰柏拉图而表面上则佯装信仰所罗门。培根声称自己真正继承了希腊哲学,既包括前苏格拉底的自然哲学又包括苏格拉底的政治或道德哲学。这位新时代俄耳甫斯弹奏的美妙音乐"不仅讨好了冥府,还吸引了野兽和树木"。此外,正是古代俄耳甫斯的命运让这位新俄耳甫斯采取了行动:在重述这篇寓言时,培根注意到,"一些色雷斯妇女在巴库斯的煽动下"把俄耳甫斯撕成了碎片,但他对这些细节未加评述。然而,在"狄奥尼索斯或欲望"这个专门讨论巴库斯的寓言中,培根又回到了俄耳甫斯的命运上来。他说,疯狂是由于巴库斯的煽风点火,因为每一种欲望都是短暂的疯狂,若过于猛烈和固执则会导致精神错乱,并且"每种失去理智的欲望都滋生于伤风败俗的宗教里"。"强烈的欲望不喜欢也不能容忍"俄耳甫斯这种"坦诚有益的忠告"。讲述俄耳甫斯命运的两篇寓言指明了苏格拉底这个典型的俄耳甫斯的命运,同时也指明了苏格拉底哲学在基督教手中的历史命运,正是这种历史命运要求培根采取行动。①

---

①　对色雷斯妇女的这种解释,参见 Timothy Paterson,《培根的俄耳甫斯神话》(Bacon's Myth of Orpheus: Power as Goal of Science in *Of the Wisdom of the Ancients*),载《解释:政治哲学学刊》(*Interpretation: A Journal of Political Philosophy*)16 卷,1989,页 427–444。

　　培根继承了希腊的自然哲学与政治—道德哲学,但希腊的自然哲学没有流传下来,柏拉图与亚里士多德的哲学保留下来的只是空洞无物的泡沫。即便可以说培根由于拒斥自然神学(《新工具》,I. 65)而偏离了柏拉图,但在政治哲学这个关键问题上,他又仍然追随了柏拉图,为适应时代的哲学辩护。

培根与柏拉图

　　培根具有论辩性的哲学史并不是完全讲述前人,它强调的是哲学家们的偏见[124]指引了后来的哲学。培根自己也扮演了土耳其帝国皇帝的角色,杀戮同族为新哲学铺平道路。但《新大西岛》和《宣告一场圣战》解释了这种论辩为什么必不可少;这些短小作品的真正伟大之处在于,它暗中揭示出培根忠实于希腊哲学:他以创新者的姿态承认了希腊哲学的价值。在《新大西岛》中,从所拉门纳王的言行举止来看,他的启示似乎来自《圣经》,实际上则全部来自希腊,准确地说是来自柏拉图。在《宣告一场圣战》中,希腊的自然法与万国法要求神庙中应有哲学的一席之地;雅典人的疯狂与德谟克利特的理智结合产生了希波克拉底式的良药以纠正宗教带来的弊病。培根表面上排斥希腊哲学,从而掩饰了他暗中却忠心耿耿的事实。

　　柏拉图是个关键人物。培根对柏拉图的批判具有独特性,这是时代使然。柏拉图把哲学与神学天衣无缝地融合在一起,培根则必须将其拆开。培根不容许人民的柏拉图主义的一个主要部分即自然神学,因为它声称能够接近众神,并恢复已死诸神的力量以拯救城邦,所以它已不能再服务于哲学的目的。培根时代的特点并不是诸神的死亡而是全知全能的、甚至支配了哲学的一神。现在,各种纷争使一神的宗教四分五裂,危及欧洲文明。在这样的时代,西庇太乌斯式的人物可以挪用普遍哲学以达到自己宗教的目的,还可以用推理调动起玛尔提乌斯式的人,其所用的推理虽然后者不能理解但可以加剧他已经被煽动起来的激情。通过把"信仰的东西给予信仰",培根为知识争得了一席之地,而不会受到信仰的诘难。与柏拉图和亚里士多德的自然神学相反,培根声称有两种相互独立的知识,它们只在各自的领域内完全有效,在对方的领域内则完全无效。这种理性的策略只是在表面上对理性做了限定,因为理性适于审慎地探讨宗教的神秘,培根对彭忒乌斯寓言的改动清楚地表明了这一点:在培根的故事中,彭忒乌斯的渎神后果不是死亡而是神志迷乱,因为他在两个太阳、两个忒拜城之间摇摆不定(参见《论古人的智慧》,"亚克托安和彭忒乌斯或好奇心";在狄奥尼索斯寓言中,彭忒乌斯因渎神罪而死)。培根在修正普罗米修斯寓言时则更进一步:普罗米修斯最后一次犯罪是要强奸米涅瓦,即想要拥有神的智慧,遭到宙斯的惩罚,但赫拉克勒斯从太阳那里得来的礼物可以解除他的痛苦。普罗米修斯猎取对象米涅瓦是他所经历的最为危险的一个,后者掌握了宙斯自发智慧的秘密[125]并用其与宙斯作对,连宙斯都不清楚她如何糅合了哲学与宗教。得到此类高等猎物可以得到安乐,但给予安乐的是赫拉克勒斯而不是宙斯。①

　　培根非难柏拉图的自然神学,称其为"自然神学的狂想曲"(《学术的进步》,《培根全集》,III. 347)即某种哲学诗,柏拉图自己在《王制》第十卷中也承认了这一点。《新工具》表明,柏拉图的狂想曲含有较为强烈的怀疑思想,因为培根认定"柏拉图学派"引入了不可知论(acatalepsia),新学园派就宣扬这种怀疑学说,以反对廊下派(《新工具》,I. 67)。②培根表明,柏拉图自己引入"不可知论"时,"满口的讥讽与揶揄,对早期的智术师派人物普罗泰哥拉(Protagoras)、希庇亚斯(Hippias)及其他人

---

　　①　关于培根区分理性与启示,参见 Fulton Anderson,《培根的哲学》(*Philosophy of Francis Bacon*, University of Chicago Press, 1948),页 53 – 54,58 – 359,171 – 173,477 – 490。他对柏拉图自然神学的批评,参见《学术的进步》,《培根全集》,III. 346 – 59;《新工具》,I. 62,页 65,89。

　　②　可知论(catalepsia)是廊下派的真理标准,至于不可知论如何证明可知论之行不通,参见 Pierre Coussian,《新学园时期的斯多亚主义》(The Stoicism of the New Academy),收于《怀疑论传统》(*The Skeptical Tradition*, ed. , by Myles Burnyeat, University of California Press,1978),页 31 – 63。

一脸的鄙夷"（页67）。另外，柏拉图哲学本身据说可以沦落为新型的诡辩术（页71）。培根本人也完全怀疑柏拉图，这种怀疑的产生是由于他看出了后者在对话中使用修辞的意图。

对于尼采式的哲学史来讲，关键要搞清楚，培根既非第一个亦非最后一个对柏拉图表示完全怀疑的人。在培根以前，就持有这种观点的人，包括一些出类拔萃的哲学家，如蒙田、西塞罗以及阿拉伯哲学家阿尔法拉比（Al Farabi）和阿威罗伊（Averroes）。蒙田乐意公开表示对柏拉图的怀疑。他通过揭示出柏拉图狂想曲背后的怀疑主义来达到自己的怀疑目的。他说，哲人们"应社会的需要而写作，如他们的宗教一样……柏拉图谈论这种神秘时丝毫不加掩饰"（《随笔集》，"申辩"，2. 12，页379）。蒙田仍然对这种坦率加以拷问，证明柏拉图哲学"实际上是肯定形式包装下的怀疑论（Pyrrhonism）"（页376）。蒙田对柏拉图及其哲学神学的怀疑在笛卡尔那里也可见到，我在下一部分将对此加以论证，但笛卡尔和培根在这个问题上都没有蒙田那么直截了当。

伟大的哲人都"懂得隐微与显白的区别"（《善恶》，条30），都清楚宗教对什么有利（《善恶》，条58）。[126]在我看来，尼采哲学史的目标之一就是直言不讳地道出这些哲人不得不隐藏的东西。隐秘的必要性是尼采早期著作中出现的主题，他后来不断地回到这个主题上来。但在崇尚直率、不分贵贱的真诚年代，这个主题令人困窘不堪。隐秘在这种氛围中必然显得不合时宜；它不仅仅是一派假话，而且让其他人无法理解，似乎我们中只有部分人才可以生活在德谟克利特的清醒世界里。我的书旨在恢复隐秘在我们文化历史中所起的崇高作用，这种作用的良好开端见于苏格拉底的转变中，尤见于柏拉图的著作中。完全可以认为，尼采的哲学史完全怀疑了柏拉图，同时它又承认，柏拉图在哲学与公众信仰之间搭起了桥梁，其影响无人可比。①

---

①　Colin Starnes，《新理想国：注意莫尔〈乌托邦〉与柏拉图〈王制〉的关系》（*The New Republic: A Commentary on Book I of More's Utopia Showing Its Relation to Plato's Republic*, Wilfrid Laurier University Press, 1990）。斯达恩斯认为，摩尔的《乌托邦》（1516年）采用了隐秘法，提倡与基督化的柏拉图彻底决裂；摩尔决裂的原因类似于培根的原因，即宗教与世俗政权的冲突让欧洲陷入政治动荡的局面。

对培根和其他完全怀疑柏拉图的人来讲,反对柏拉图哲学的某些方面与受教于柏拉图完全并行不悖。可以证明,《新大西岛》参照了柏拉图的《法义》。在《法义》中,柏拉图作为立法者教导说,时代需要会不断要求改动基本法,但改动的方式都是相同的,即要有哲人的参与。柏拉图讲授的不仅有城市的本质及其与哲学之间的关系,而且还有哲人对城市的责任。雅典外乡人的工作表明,像他这样的人还有很多。他不仅仅是苏格拉底或柏拉图,而是柏拉图式的哲人,受柏拉图哲学的教诲,负责教育众多的如克莱尼阿斯(Kleinias)和米吉罗这样的人。伟大的迈格尼西亚城按哲学建立并由哲学滋养,而他们就是这个城邦的立法者。这位外乡人的名字可以是《新大西岛》中暗示的所拉门纳王,也可以是《宣告一场圣战》中暗示的波利奥。

是什么促使这些人做出如此惊人的决定,去改变人类的状况和历史的方向? 是因为他们热爱真理并希望与人分享? 还是他们热衷于名利或不朽的荣耀(培根就是为此常常受到责难)? 或是臭名昭著的"权力意志"(权力意志被认为是一种希望在历史上打上自己烙印的冲动,人们通常为此对尼采嗤之以鼻)? 这些人是受了什么原因的驱使? 在我看来,[127]这是尼采哲学史的根本问题之一。我认为,这个问题有个准确的答案,它表明柏拉图、培根、尼采及其他真正的哲人具有相同的根本体验。我认为,这种体验在尼采有关它的作品中最容易找得到,尤其是在《扎拉图斯特拉如是说》中,该书讲述了如何成为新型哲人的故事。在柏拉图的对话中也可得到这种体验,但途径有点儿特别,因为它们是后世哲人的榜样,影响深远。若我们把柏拉图哲学看作关于哲人的心理学和社会学,或简单点儿说,把其看作对这些哲人动机的描述,那么,我们必须将尼采归到柏拉图式的哲人中去。既然这个问题对尼采的哲学史至关重要,并有助于阐明培根、笛卡尔和尼采的著作,我们似乎有必要讨论一下柏拉图哲学的模式,哪怕简短一点儿也好。柏拉图的著作经常探讨哲人的动机,其中《王制》和《斐多》似乎尤为突出。

《王制》与责任

在《王制》中,苏格拉底指出了柏拉图式哲人的责任并以自己的说话方式当作表率。哲人的责任在关于洞穴的故事中更加明了,而培根从未详论过这个故事。在谈到故事中无关痛痒的一点时,他坦白地说自己不愿"探讨该寓言的精微之处"(《广学论》,《培根全集》,IV. 433)。论述一下这种精微的某些方面会让我们明白,培根自己所承担的责任及他的柏拉图式哲学思辨。

洞穴故事的创新性令人注目,它不再使用以前人们认可的模式(vii. 519d),即哲人具有强烈的求知欲,渴望了解一切,却超然于城邦之外,去追求最合乎自己天性的东西(v. 475c)。苏格拉底教导格劳孔正义就是做自己的事,因此,格劳孔的反对意见就完全合乎情理,因为现在又要求哲人返回洞穴剥夺了最属于他的东西或最符合他本性的东西,对其来说就是不义(vii. 519d)。作为回应,苏格拉底规定了具有新责任的哲人返回城邦的条件,只有在两种情况下哲人要义不容辞地返回城邦,一是他们的城邦重视他们的哲学教育,二是他们是由对话里建造的城邦抚育长大的。[128]按照自己的天性成长起来的哲人仿佛是由于神的恩赐或机遇而非城邦的意志造就的,他们就没有义务回城。在描述这些条件时,苏格拉底发表了一段演讲,忠告由对话里建造的城市抚育出的哲人:"你们必须回城!"这个命令是其演讲的核心内容和主题(520b – d)。

这里详细阐述了《王制》中颇有争议的最重要主题,即哲人与城邦之间的关系。然而,就在这个节骨眼上奇怪地出现了矛盾。苏格拉底发出命令"你们必须回城"仅限于由对话里建造的城邦抚育大的哲人,但苏格拉底的成长是神的恩赐或机遇而不是城邦的意志所造就。他现在说:"你们必须回城",但他在《王制》开篇自己首先说过"我回城去"。这个核心命令被发出者自己完成了,既是他讲述的开端又是他讲述的一个行为。为什么苏格拉底这样的按天性成长的哲人也要回城去？他为什么要采取这种转向？

苏格拉底给出了两个回城的理由：他要去祈祷和观察(i.327a)。在虔诚与好奇心得到满足后，他打算回城，但被拦住了。苏格拉底留下来仅仅是因为被拦住了吗？第一次被拦引出了第一卷中的对话，其表面上的原因是有委婉道出的诱人晚宴、一群聊天的年轻人以及祭祀女神的马上火炬赛。苏格拉底看起来通过这些对话解脱了自己，准备回城(ii.357a)。但格劳孔和阿得曼托斯马上又给了苏格拉底一个新的限制，这种限制完全不带有珀勒马库斯(Polemarchus)将军的武力威胁玩笑。相反，苏格拉底听到的是年轻人发自内心的近似呼声的恳求，他们比珀勒马库斯更为明白，他们已丢掉了先人遗留下来的东西，即无比珍贵的信仰和实践(这些信仰和实践来自诗人)，并让塞弗勒斯(Cephalus)能够献祭并照看好自己的灵魂。正如尼采在谈到当前诸神之死时所说，"那已成为过往云烟"(《快乐》，条357)。既然一切都已是过往云烟，在这些年轻人和忒拉叙马霍斯(Thrasymachus)抛出的诱惑之间仅有贵族思想的残余，使诱惑令人感到厌恶和有失身份。

苏格拉底的虔诚与好奇心得到了满足，武力威胁也已解除，他为什么还待在比雷埃夫斯(Pireaus)呢？接下来的一长段对话让格劳孔和阿得曼托斯重新受到了教育，但它的发生似乎是由于苏格拉底给了自己一个新的限制条件，那就是苏格拉底明确所说的"避免不敬的行为"，即在正义遭到践踏时要挺身而出而不是袖手旁观(ii.368c)。苏格拉底回城[129]是因为虔诚与好奇心，他留下来似乎仅仅因为虔诚，即对正义的虔诚。他在回城路上发现了要他留下来的新理由，正是这些理由牵动着他的虔诚。

但苏格拉的虔诚总让人满腹狐疑，因为这种虔诚似乎总伴随着另一种更为重要的动机。在《申辩》中，根据第一段讲辞，他回城在市场上的演讲是基于对阿波罗的虔诚；然而，当再次谈到他演讲的动机时，他说是为了人的至善(38a)；他想象在阴间询问英雄时，第三次提及他的动机，说是为了快乐和幸福(41b－c)。

苏格拉底留在比雷埃夫斯是为了什么？仅仅是为了忠于正义吗？忠于正义对苏格拉底来说究竟意味着什么，那一长段对话已讲得一清二楚。苏格拉底在开篇对青年同胞的关心看起来已仁至义尽了，但在深夜，这位哲人显露出真正的独立性，明确表示这种关心并不足够；他的动机不仅仅是对自己的城邦或洞穴的爱。他们在夜间进入洞穴似乎揭示了苏格拉底留下来的根本原因。在故事中，模糊不清的人影在囚犯们背后一堵墙的后面来来往往，产生出权威的舆论、影子和回声，从而一直支配着洞穴。他们的投影和回声是囚犯们唯一可见的现实。这些囚犯受限于这种现实之中，把之当作自己的现实加以热爱，他们反对有人对其进行研究或攻击。但书的开篇已清楚地表明，在苏格拉底时代，古老的影子和回声可以一览无余，因为囚犯们得到引导，扭过脸来看到了权威学说的来源。在通常情况下，年轻人会像塞弗勒斯继承先父那样接受这些权威学说，但权威学说现在已不能控制他们了。然而，当前年轻的天才似乎只为了提升自己，他们有高贵的品质，但却受忒拉叙马霍斯之流的导师所左右，后者自己缺乏高贵思想，时刻会将那种提升引向独裁。

然而，那些年轻精英们的高贵品性让他们乐意接受苏格拉底的说教；他们渴望受到劝导，趋向美德，结果也如愿以偿。然而，如果说苏格拉底成了他们的权威，证明了他们乐意接受的正义，他同时也表明他并不是城邦的权威。一般说来，洞穴里的居民肯定会认为他无用、危险，[130]阿得曼托斯说的话就反映了他们的观点(vi. 487b – d)。为让哲人的正义论在鄙视和害怕他的人中间站稳脚跟，就必须要改变城邦对待哲学的态度。至于如何进行，苏格拉底在谈话的高潮阶段已经挑明，当时他受到激励，讲出了他言辞中的城邦如何才能变为现实：要么哲人成为统治者，要么统治者成为哲人。苏格拉底宣布，像他自己一样的人应该统治城邦，因而招来了人们的愤怒。未来的统治者格劳孔是其中之一，他在苏格拉底第一次讲出自己的观点时，立即准备赤膊上阵，只身攻击苏格拉底(v. 474a)。然而，由于被苏格拉底的魅力所吸引，格劳孔又答应帮助他，使他免遭别人的伤害，因为苏格拉底的目中无人让人感到愤怒。苏格拉底说:"既然你愿意与我结成强大的联盟",他会不遗余力地证明哲人应该统治城邦。苏格拉底与格劳孔的结盟,即回城的哲人和权力日益膨胀的政治家之间的联盟,会让城邦听命于哲学,从而使哲学在城邦中高枕无忧;与格劳孔结盟可以使苏格拉底利用别人未能洞察的思想建设城邦必需的美德,为城邦作出贡献。现在,思想丰富的诗篇代替了荷马史诗,就像永远和谐的众神取代了荷马笔下争执不休的诸神;众多新的正义之神认真地主持新的正义,众多不朽的新灵魂得到奖惩。苏格拉底表明,在这种联盟下,哲学有了用武之地,并真正有益于而不是有害于城邦。这种联盟产生了新的影子与回声;改造过的洞穴与哲学为友,实际上受哲学及其美好思想的统治。

这就是疯狂,雅典的疯狂,即哲人统治城邦。苏格拉底哲学远离了与同胞民众相互鄙视的德谟克利特式的清醒。根据尼采对我们传统的解读,这种疯狂获得了成功;苏格拉底成为所谓整个世界历史的转折点;自柏拉图以降,所有的哲人和神学家无不步其后尘(《悲剧》,条15;《善恶》,条191)。自柏拉图以来,我们的文明故事就是真理世界即柏拉图的世界("我柏拉图即真理")如何最后演变为寓言(《偶像》)。有没有名副其实的哲人曾经确定了人类的目标和动机(《善恶》,条211)? 答案显然是肯定的,因为柏拉图哲学给出的特定目标和动机左右着整个欧洲。

苏格拉底的转向使哲学有益于城邦,这种转向果真是因为他关心城邦或他所表明的虔诚吗? 看起来并非仅仅如此,[131]因为柏拉图的苏格拉底使得城邦无害于哲学。苏格拉底说过"我回城去",后来又留下来教导制造城邦影子和回声的人。他的教育使他们认识到,哲学是城邦的恩人,是政治家美德的楷模和根基。柏拉图的苏格拉底和格劳孔结盟也就是新的政治哲学和贵族的结盟,使洞穴无害于哲学。虽然那些信仰众神或认为有必要信仰众神的人包括斯特莱普西阿德(Strepsiades)和阿里斯托芬曾经参与杀害城邦的诸神并煽动人们反对哲学,柏拉图仍让他们看起来冠冕堂皇,这样使他找到了一条令人叹为观止的途径,既可以服务于上层的城邦又可以服务于最上层的哲学。

　　《王制》似乎告诉我们，苏格拉底回城是出于虔诚和好奇心，但他留下来是出于虔诚和责任心。他留下来不仅要力争解救出像他苏格拉底一样的人（他们受到更强大的团体的威胁，并受到其他的利益牵制），还要解救出哲学本身，因为，当时的哲学已倒在振振有词的怀疑之下。就苏格拉底而言，这些怀疑的顶点就是将他处死；但柏拉图式的苏格拉底抚慰并解除了这些怀疑，把它们转化为青年们的信任与感激，这些青年将会永远记住在比雷埃夫斯的那个夜晚，并因此而得到升华。或许，我们甚至可以说（考虑到第一卷中的苏格拉底和从卷二到卷十中的苏格拉底之间的巨大反差），历史上被处死的苏格拉底在第一卷末尾羞辱了忒拉叙马霍斯，让大家没吃成盛宴，这之后就脱身离开了。但柏拉图的苏格拉底在柏拉图兄弟们的恳求下留了下来，通过说服他们哲学可以保证城邦的美德，达到与他们结盟的目的。如此一来，柏拉图的苏格拉底与智术师派，特别是与自然哲学家如德谟克利特及其一帮巨人帮划清了界线（《智术师》，247d – e）。柏拉图的苏格拉底从《云》中吸取了教训。这些极少数人回城掌握了统治权，但却不愿意统治，更不愿意被统治（i. 347a），只希望听命于他们本身固有的狂热激情，即对知识的渴望、对万事万物的探索（v. 475b – c）。

　　因此，《王制》中阐明的柏拉图哲学由于对哲学的责任而变成了政治—道德哲学。让哲学统治城邦才能保护哲学免遭城邦的威胁。尼采说柏拉图超越了善恶的界线；但柏拉图和尼采一样都没有超越善恶的界线。[132]柏拉图认为，哲学是人类的至善，需要庇护。柏拉图的苏格拉底在城邦中为哲学本身赢得了死缓，柏拉图笔下更加年轻漂亮的哲学典范苏格拉底却被城市处死。柏拉图最优美的对话录《会饮》让苏格拉底在外观上就更美：他穿上别致的鞋和最好的衣服去参加阿伽通（Agathon）的宴会。但他又披上第俄提玛（Diotima）的"外衣"讲述了爱神（Eros）的起源及其对永恒至善的火热追求，令人受益匪浅。他讲这个故事是要赢得阿伽通。但他的对手醉汉阿尔喀比亚德，也讲了个故事提醒阿伽通，有一种爱欲苏格拉底没有回应。醉醺醺的阿尔喀比亚德描述了一个只迷恋于智慧的苏格拉底，从而把他美化为无情人，因为他曾引诱这个伟大的雅典罪犯,结果却发现后者相当节制。在美化苏格拉底的故事中,《王制》中向下走的趋势开始发生逆转,因为随着《会饮》的展开,我们发现叙述者与听众从港口登上了高高的雅典城。《会饮》一直讲述着受到美化的苏格拉底这个哲学最有说服力的倡导者,直至进入那个处死苏格拉底并让他名誉扫地的城邦。

《斐多》与仁爱

《王制》强调回城,为哲学事业担负起责任;《斐多》表明,苏格拉底哲学从自然哲学转向道德哲学是趋利避害的一个途径。斐多记得,苏格拉底临刑那天,愉快与悲痛、欢笑与痛哭相互交织。没有遗憾,也没有畏惧,这表明,那是死亡而非悲剧。但就在对话中间,斐多谈到令人感到遗憾和畏惧的死亡,即逻格斯(Logos,即"言辞/理性")的死亡,后者的发生将会让苏格拉底和斐多削发致哀(89c)。对话中确实出现了这种死亡的威胁,当时,西米阿斯(Simmias)和塞伯(Cebes)提出了新异议,反对灵魂不灭的主张。这种威胁预示着更大的危险。如果他们不挽救灵魂不灭的主张,这种更大的威胁就会如疾病一样把他们全部感染。苏格拉底必须重整这一小股"节节败退的战士",让他们转过身去跟随自己冲锋陷阵(89c)。苏格拉底表现得非常英勇,不仅在撤退时如此(阿尔喀比亚德在《会饮》中曾提到过这一点),在进攻这个强大的敌人时也是如此,因为"最大的罪恶莫过于"此。

然而,为让他们全体赢得胜利并在天黑以后仍能如此,苏格拉底必须与斐多结盟:苏格拉底像赫拉克勒斯一样砍掉海德拉(Hydra)①的头,斐多则像伊俄拉俄斯(Iolaus)②那样灼烧其伤口,[133]防止再长出两个新头,然后,两人合力把不死的头埋于岩石下面。对于这个联盟的幸

①　[译注]希腊神话中的九头蛇怪,头砍下后会再生。
②　[译注]希腊神话的人物,帮助赫拉克勒斯杀死海德拉。

存者斐多来讲,现在"最大的快乐"(58d)就是回忆苏格拉底,重述苏格拉底末日的事迹与言谈,再现苏格拉底的胜利,让世人怀念。苏格拉底的胜利挽救了灵魂不灭的主张,它不仅抚慰了许多在场的苏格拉底学派的奠基者,还抚慰了伊奇克拉底(Echecrates)和其他听过斐多讲述英雄故事的人(88c - e;102a)。

苏格拉底重整他的小部队是要对付什么样的致命弊病?是厌理病(misology),即痛恨逻格斯或理性的理论。为说明厌理病,苏格拉底把它与厌世病(misanthropy)联系起来,认为二者的出现都是因为信念有余而欠缺训练和技巧。一旦信仰经常遭到背弃,热爱逻格斯的人由于缺乏技巧就转变成憎恨逻格斯的人,这与热爱人类的人在缺乏技巧时变成憎恨人类的人是同样道理。厌理病与厌世病分别产生于它们无辜的对立面即爱智慧和爱人类,它们让人类遭受灾难,走向真正的悲剧:逻格斯的死亡。

如今,厌理病与厌世病这两个希腊词比起拉丁词虚无主义(nihil-ism)来,已不那么广为人知了。虚无主义融合了前两者的意思,在尼采那里被炒得沸沸扬扬。苏格拉底在临刑那天说,"最大的罪恶莫过于"虚无主义,它不再相信理性,不再相信人类具有理性。没有了逻格斯,也没有了对理性的希望,厌世病必然会接踵而至,因为理性赋予人类以本质和尊严。缺乏技巧的哲学与爱人类必然会导致厌理病和厌世病,那么,在苏格拉底的末日,他周围的那一小班人马怎能阻止住这股潮流?苏格拉底无论是否穿着赫拉克勒斯的狮子皮(见《斐多》中间)或忒修斯这位雅典英雄的爱国斗篷(见《斐多》开篇),他都必须做出英雄壮举。①英勇的苏格拉底集合起自己的同伴们,仿佛他们就是斗士,因为

---

① 参见 Jacob Klein,《柏拉图的〈斐多〉》(Plato's Phaedo),见《演讲与论文集》(Lectures and Essays, St. John's College Press, 1985),页 375 – 394。也可参见 Ronna Burger,《〈斐多〉:柏拉图之谜》(The Phaedo: A Platonic Labyrinth, Yale University Press,1984);我讲的《斐多》中有一些观点来自伯格的重要评论。

他承认,在这个时候,他讲起话来不再是哲人而像个争强好胜者(91a)。以后,灵魂不灭的主张无论何时遭到动摇,他们将会勇敢地说,出现谬误的不是逻格斯而是探询的人;这些人必须重新开始探索才能变得正确,苏格拉底过去一直这样做,现在又这样做了,因为离太阳落山还有几个小时,仍然能够使谬误的苏格拉底从谬误走向健全。

然而,爱好辩论的青年怎么会沾染上厌理病呢?[134]苏格拉底通过讲述自己的经历给出了准确的原因:过分相信哲学能够揭示万事万物的起因到头来会因为哲学的无能而痛恨它(96a)。哲学辜负对它的信任会让人感到词与物没有固定的意义(90c)。苏格拉底本人也曾认为,哲学有能力揭示万事万物的起因,但他失望地发现,对自然所做的各种机械的和目的论的说明竟然不能圆满的解释它们自己最简单的范畴——数与增加。同样,它们也不能解释人们从事各自事务的真正原因,不能说明为什么苏格拉底在其末日要在监狱里坐到天黑。对自然哲学的失望并没有使苏格拉底成为厌理病患者和厌世病患者,这是为什么呢?因为苏格拉底转向了,他乘上第二条船,又一次出发去寻求起因了(99c‑d)。他开辟了一条新航线,以避免第一条航线上的危险;由于注意到了第一条航线上的危险,这条线路就比较安全,但不那么惊心动魄;培根把它称之为“忧郁之路”,就像俄耳甫斯在欧律狄刻被冥间抓回后所走的路。第二次航行弥补了第一次信仰中所欠缺的技巧,实际上,这种技巧正是逻格斯的技巧即言辞或推理的技巧,在关于事物的言谈中寻找它们的起因。在这条安全的航线上航行的不止一人,因为它是对话,其目标是说服而不是知识。安全的道路就是要通向满足,谈话的对方得到满足,也就达到了目标。西米阿斯和赛伯得到了满足,斐多与伊奇克拉底也得到了满足。只有一人似乎仍然没有得到满足;斐多说,但我忘记是谁了(103a)。然而,这位无名人士并没有引起他的不满。或许在这一点上,逻格斯看起来出现了谬误,但他将认为,这不在于逻格斯而在于他本人。他虽然对自己不满,但赛伯满足了,他也就满足了。如果说这条安全的道路似乎不那么惊心动魄,或许让逻格斯和自己的同伴去冒险也就根本不会惊心动魄。

　　然而,安全的航线也需要有天文知识来相佐,即需要不断追问至高无上的事物(《法义》,vii. 966d－968a)。由于有安全的航线,这种冒险的研究不会像以前那样导致无神论。早些时候,草率的哲学思辨使诗人把那些思辨的人比作狂吠的母狗(967c－d)。①培根经常重提这种观点:"对哲学浅尝辄止会把人的思想引向无神论,[135]对哲学潜心钻研则会把人的思想引向宗教"(《论说文集》,"论无神论")。

　　苏格拉底从事物转向言辞,这是出于安全的考虑,巧妙地拯救了对理性的信任。同时,它必然是爱人类之举,因为,维护对理性的信任也是维护对人类至善至美的信任。苏格拉底的言辞转向似乎正是柏拉图哲学的核心,其转向原因也真相大白,就是要维护柏拉图哲学的核心内容:爱言辞和爱人类。这种爱训练有素、讲究技巧,在厌理病和厌世病时代面临着最为艰巨的任务,它需要找出方法使人类避免最为严酷的悲剧:虚无主义。

　　这就触及尼采哲学史的基石,因为它讲述的就是保存逻格斯的英雄事业,而让逻格斯首先焕发出生机的是苏格拉底之前的希腊思想家。柏拉图哲学的出现纠正了那时激情有余知识匮乏的状况,这种情况虽然孕育了柏拉图哲学但却危及它的生存。历史上出现过多个类似于此的时期,当时,厌理病和厌世病威胁着哲学的生存,但柏拉图的哲学仍然保存下来。培根的时代就是如此,他对时代的反应使他被列入柏拉图式哲人,这并不是因为他遵循了第二条航线,准确说来是因为他没有这样做:第二种航行的结果仍是陷入厌理的和厌世的宗教,这迫使培根采取行动。

　　柏拉图时代的特别之处在于,哲学第一次出现在城邦里。从洞穴故事所示的特定意义上来讲,柏拉图的回应使所有后来的时代成为后柏拉图时代。柏拉图的苏格拉底能够发布命令"你必须回城",真正地指导那些由城邦培养出来的哲人,而这个城邦由言辞建立,与现实中的城市在形式上一模一样:柏拉图在《王制》中记录下了这样的话,并且,

---

　　①　参见 Leo Strauss,《柏拉图〈法义〉的论证与情节》,前揭,页183。

哲学与高贵人士的结盟使城邦容忍了哲人。后柏拉图哲人受到柏拉图的教诲,从而认识到城邦和哲学的真理,同时,他们接受教育的城邦由于柏拉图卓有成效的哲学辩护而得到了改造,因此,他们有义务回城去。柏拉图式哲人回城的原因与柏拉图的苏格拉底留在比雷埃夫斯的原因一模一样,即虔诚和责任。"你必须回城"去塑造权威舆论并把高尚的行为建立在坚实的基础上,柏拉图的苏格拉底在为城邦美德所做的论述中就是这样做的(《法义》也大大证明了[136]柏拉图对人类的热爱:雅典外乡人没有去克里特学习那完美的法律,而是引入新的法律和制度。作为爱国者,他在争取更多的爱国者时是个"从事教化的哲人,是个爱人类的人")。①

但是,取代宙斯而登上统治地位的根本思想将不会像宙斯的统治那样永恒不变。不过,它声称发现了过去永恒不变的思想,从而使自己获得永恒。这个柏拉图的故事正好应和了培根所说的话:"人的本性极其贪婪",也就是说,"人的思想需要永世不变的东西作为自己的支撑点"(《学术的进步》,《培根全集》,III. 392)。但柏拉图在《法义》一书的末尾暗示,城市的根本法律必须容许改变,而改变的方式是当初的立法者所不能预料的:"人们关于众神的意见变化了,法律也要随之改变"(《法义》,vii. 948d)。那个雅典人本人宣扬改革的罪恶,自己却做出了最大的改革,并为后来所拉门纳王的大规模改革铺平了道路。

"我完全怀疑柏拉图",尼采这样说道,"他道德说教太多"。然而,就哲人的责任而言,这"第一位非道德主义者"与道德主义者柏拉图并无根本的区别。伊壁鸠鲁分子主张,有哲学天性的人聚会于花园,袖手旁观城邦的自我毁灭,而尼采不是个伊壁鸠鲁分子:"你们这些笨蛋,高傲自大可怜兮兮的笨蛋,你们做的好事!"尼采正是说着这些话回城了,他手持着神锤,口中高喊着,充满着愤怒、悲悯和恐惧(《善恶》,条62)。这是尼采爱人类的开场白。在他那里,热爱人类就是热爱哲学:

① 　Leo Strauss,《什么是政治哲学?》(*What is Political Philosophy? and Other Studies*, the Free Press, 1959),页31。

热爱人类就是热爱人性中最美好的东西。哲人的任务就是要保护哲学。"你必须回城"是《扎拉图斯特拉如是说》的主题,它与《王制》一样,都以哲人回城开始。在新的虚无主义包围之中,新的哲人回城之后怎样才能恰当地保护哲学呢? 不能高喊"我爱人类",扎拉图斯特拉十年孤独之后不小心说出了这些泄露机密的字眼,但他立刻把它们掩盖下去。最后,他称自己的回城是"馈赠的美德"(《扎》,1.22),但这种从哲学上表达他热爱人类的美好话语也将被收回。把回城称为"权力欲"也行不通,因为受过占主导地位的柏拉图主义熏陶的人会觉得其卑鄙无耻,虽然[137]他们耳濡目染的柏拉图主义产生于对人类的高度热爱,而对人类的高度热爱准确来说就是"权力欲"(《扎》,3.10)。对扎拉图斯特拉来讲,热爱人类的思想无名目可言,给后来钻牛角尖的人留下了一个谜,它也可能是个简单的谜,因为尼采把它称为最神圣的权力意志。

培根的柏拉图式责任和仁爱

在上述意义上讲,培根是尼采式的哲人。他当然不能高叫"你们这些笨蛋",但他可以采用犀利的文笔、冷嘲热讽的口气、小心翼翼的旁征博引把它暗示出来。培根的声音没有尼采的响亮,但他也站在哲学的立场上,反对宗教对哲学的统治。这种行为表明,培根也是柏拉图式的哲人,但在表面上他必须否认柏拉图,宣誓效忠于笨蛋们。

培根在他早期的私人信件中宣布了自己"大量需要沉思的对象",声称"所有知识都在我的研究范围之内",并且说自己受到了"爱人类"(Philanthropia,或译"爱人/仁爱/博爱")的驱使(《培根全集》,VIII. 109)。在著名的论文《论善和性善》中,他把善或"给人幸福"等同于"希腊人所说的爱人类"。这篇论文对比了希腊人与基督教的观点,希腊人认为"趋善的倾向在人性中根深蒂固",而基督教则主张人性本恶。论文的高潮处极具戏剧性或许也具有讽刺意味,说一个人"为了拯救兄弟情愿被基督逐出教门"。培根的爱人类与苏格拉底的仁爱类似:苏格拉底在《游叙弗伦》中公开承认自己爱人类(3d),这与游叙弗伦(Euthyphro)暗示的厌世思想形成对比,后者是虔诚的狂热信徒,他甘愿审判自己的父亲暗示出他是个厌世者的形象,他所思所想的只是要服从可能会伤害他的众神,似乎只有他才了解神的意图。

培根发动了一场革命性的科技运动,使人类的精力远离了建设公民和宗教美德的特定任务,而前两个学术时期则认为这是根本性任务。他将人类的目光转向旧学说认为是不值一提和极具危险的公民工程。柏拉图在他的大西岛寓言中贬斥技术改进这类的实践科学,而培根提倡柏拉图的宙斯所惩罚的狂妄,与柏拉图形成对比,这就解释了他为什么在表面上背叛了柏拉图。《宣告一场圣战》把偏离古代思想的原因归结于尼采所描述的教会变革。[138]尼采在一段话(我们后面会谈到)中指出,宗教改革与反宗教改革改变了罗马教会——尼采所说的"罗马人仅存的建筑"——的本质(《快乐》,条358)。尼采争论说,这个机构事实上是思想家和哲学家的避难所,所以,其决定性变革不是来自他们,而是来自虔诚的信徒。这些信徒满怀宗教热情进行抗议,结果激起了对手反叛的激情。严厉的新教规使教会不再宽容和放任自流,预示着又一个黑暗时期的来临:路德(Luther)在尼采看来是另一个阿拉里克(Alaric),①另一个日耳曼蛮族人,他以武力改变并恶化了罗马秩序。

培根对这种新野蛮行径的回应正中要害。从培根奉为坐标的古代政治哲学来看,他的回应虽然危险但并不是完全冒失的行为。为建立慈善的科学,摆脱慈善宗教的支配,培根重新树立了哲学对专制宗教的统治地位,并致力于建立服务于哲学的联盟。柏拉图曾经表明,哲学需要联盟,曾用新的方法把哲人送到权贵的门前:为了理性的健康发展,柏拉图的苏格拉底与格劳孔和斐多结了盟,还与克莱尼阿斯和米吉罗结了盟。柏拉图哲学旨在通过取悦于正在崛起的雅典力量,让他们支持哲学,来使哲学登上统治的宝座。年轻的贵族跟随哲人苏格拉底并

---

① [译注]西哥特人首领,于410年率军攻陷罗马,下令抢劫三日。

遵从他的教导,就认为自己也是哲人。实际上,他们只具有美好的品德,因为他们让苏格拉底去发现他们看不到的东西,即善的思想及其理念,这是他们公民美德的基础。罗马哲人们证实,各个苏格拉底学派都成功地培养了那些贵族。他们还欢呼苏格拉底从自然哲学转向道德哲学,因为这教育了罗马这些忠心耿耿的埃涅阿斯的后裔,让他们也走向道德哲学。

　　培根利用被驯服的代达罗斯和伏尔坎那样的科学家,组成哲学与新兴力量的新联盟,这种新兴力量就是当时正在崛起的科技力量。培根没有以古代的美德为标准抗议这股力量,相反,他暗中以古代为楷模,把哲学的命运寄托于它,因为培根认识到,"印刷术、火药和指南针"在西欧得到了改造和应用,已经"完全改变了全世界的面貌和状况"(《新工具》,I. 129)。确切地说,这三项是由中国人在几个世纪前发明的,但使用方式上的差异没能使它们改变中国社会的面貌。[139]培根让哲学与正在西欧崛起的力量结盟,当时,这股力量由于将中国的发明用于实践,其强大远远超出自身,并且还在不断壮大。新联盟燃起了人们的希望之火,它要把哲学从苏格拉底联盟的废墟中拯救出来。

　　培根扭转了《斐多》中苏格拉底的转向,即由于安全的缘故从自然哲学转向言辞。安全道路现在也有危险了,因为苏格拉底让同代人警惕的厌理病和厌世病在启示宗教中又以新的形式涌现。原来安全的理性之路不再安全,这使培根返回到前苏格拉底特别是德谟克利特的哲学。培根把这种返回与一项社会计划联系起来,并借用基督教的甜言蜜语描述了这项计划的益处。他取得的丰硕成果取决于培根的独创:实验方法和建设一个资助新兴科技事业的社会,这个社会不科学,但却相信科学会带来好处,因而会支持科学的发展。为掩饰这个计划的革命性,培根遵循阿里斯托芬《云》中的古老教导,即引进新神必须征得旧神的同意。培根的神学宣誓效忠于基督教传统,但他只用了对自己最有利的神性:"在培根的思想体系中,上帝的自我约束就是要认可人类的理性利用新科学可能取得的一切成果。"①

　　培根令人叹为观止的整个计划只有新型俄耳甫斯才能做得到,而培根重述俄耳甫斯的寓言是为了明确他哲学上的雄心壮志。这些雄心还表现在他采取了查理五世大帝的策略和名言,后者使文艺复兴时期的欧洲再次讨论罗马帝国"世界之王"的主题。②抛弃古代的"到此止步"(Non Ultra),以"继续前行"(Plus Ultra)作为座右铭,培根驶过古代的地缘极限赫拉克勒斯柱,③并采用了查理五世用以象征帝国统治世界的图案(参见《伟大的复兴》卷首插图;也可参见《学术的进步》,《培根全集》,III.340)。具有深厚历史渊源的帝国思想和通过新发明实现这种思想在欧洲已成为一股强大的力量,如今,培根又为之推波助澜。④

　　如果说培根的计划产生于宗教与哲学之间的矛盾,[140]那么,从柏拉图爱人类的角度来理解这个矛盾,我们就不会认为,培根会相信他正在建立的更为极端的宗教形式:信仰是为新计划中的格劳孔之流而不是苏格拉底准备的。正如尼采所说,哲人"根本不相信任何'学者'"(《快乐》,条351)。培根的哲人当然也是如此:约邦和所拉门纳明白如何激起梦想,达到既定效果;尤波利斯和波利奥懂得如何改变令人神智迷狂的梦想。我们在对待哲人的问题上必须追随尼采才能彻底怀疑培根,因为尼采认为其同代人不了解宗教的用途(《善恶》,条58),而培根

---

　　①　Harvey Wheeler,《现代经验主义的发明》,前揭,页100。

　　②　关于欧洲帝国主义思想及哲学家怎样对其进行修正,参见 Frances Yates,《正义女神:十七世纪的帝国主题》,前揭,页1-28。

　　③　[译注]即直布罗陀海峡。

　　④　关于培根哲学后来结成的联盟,参见 R. F. Jones,《古代人与现代人:十七世纪英国科学运动的兴起》(*Ancients and Moderns: A Study of the Rise of the Scientific Movement in Seventeenth - Century England*, New York, 1982);Charles Webster,《伟大的复兴:1626-1660年的科学、医学和改革》(*The Great Instauration: Science, Medicine, and Reform*, 1626-1660, New York, 1976);Hugh Trevor - Roper,《十七世纪的危机:宗教、改革与社会变动》,前揭,页237-293;Hiram Caton,《政治的进步》,前揭,页15-109,186。

不是他的同代人。人定胜天并能达到永生是培根哲学的极端信念,它赤裸裸地攫取了上帝及基督教中灵魂的权力,把传统上认为是超越人之外的力量给予世俗之人,这样,培根就挑起了新旧信仰之间的斗争。新信仰表明,普罗米修斯通过赋予恐惧和希望以新的内容,聪明地利用了他愚昧无知的弟弟。培根"这第一个彻头彻尾的现实主义者"把他的计划寄托于虚无缥缈的改造过的基督教信仰,寄托于随波逐流的"无足轻重的漂浮物"。培根计划的这种特点产生于基督教的宗派纷争。培根哲学是一位卓越现实主义者所提倡的乌托邦思想。

有观点认为,培根信仰世俗化的基督教,成了时代精神的牺牲品。要彻底怀疑培根就要走出这种误区。《新大西岛》和《宣告一场圣战》表明,改编过的卡珊德拉十分清楚他所处的位置,即处于遗产之中,但不是罗穆路斯的遗产,他还准确地知道怎样提出一套世俗化的基督教。基督教是他的牺牲品,而不是相反。

通过重新理解从柏拉图到尼采的哲学史,《新大西岛》和《宣告一场圣战》回答了培根在哲学史上具有何等地位的问题。培根揭示了作为命令者和立法者的柏拉图,后者促进了新大众传统的建立,并向后来的哲人传授哲学王的思想。柏拉图教导我们承担起责任,因为我们并不是我们自己的,我们的存在归功于[141]我们最终要为之负责的正义之神。他还教育那些怀疑这种思想的人,让他们对秩序井然的可爱宇宙担负起同样的责任,因为它决定着我们的存在。对于同类人,他则宣扬另外一种责任,即对哲学的责任,对寥寥无几的哲学城邦或社会的责任。《新大西岛》和《宣告一场圣战》承认要担负起柏拉图传统所规定的责任。

培根起初可以说既反对柏拉图,又追随柏拉图,反对哲学式的神学把理性寄托于既定的诸神上。患厌理病和厌世病的人无所不能,像一个暴君,打算把柏拉图卖为奴隶(蒙田在论证这一点时说了同样的话)。考虑到这一点,培根把神的特权赋予了人,让人类凌驾于所有其他的物种之上,傲视宇宙,达到永生,这样一来,他就承担了很大的风险。在《新大西岛》前一页,《林木集》的末尾是第一千零一个格言,即千禧格言,它为过去的十个"世纪"画上了句号,其中描述了一位"异教头领",培根就是这个人。他在"实验中,独自触摸着人类精神的普遍情感"。他是"世界上伟大的征服者和搬弄是非者之一",他"提倡的新学说控制了人们的思想和信仰"。哲学是"僭政冲动本身,是最神圣的权力意志,是最精神化的'创造世界'的意志"(《善恶》,条9)。当然,逻格斯的专制不能决定这些理性人的是为善还是作恶,是热爱人类还是厌恶人类。

正如立法者柏拉图所承认的那样,一切都在变动不居。异教头领培根所提倡的稀奇古怪的信仰,虽然仿照了基督教,也不会持续到永远。培根自负地认为人定胜天,前进的时间步伐在历史的尽头会进入某种普遍同质的乌托邦。这些信念及培根为现代设想的其他空中楼阁首先被尼采炸得烟消云散,因为尼采说:"我不是人,我是炸药"(《瞧》,"命运",1),这另一个异教头领从根基上质问了现代的信念。尼采如此做也是为了消除厌理病和厌世病,他认为,虚无主义是现代信仰的必然结果。但在讨论尼采之前,最好详细地了解一下现代的另一位异教头领——笛卡尔。他传承了培根的思想,是令人敬佩的培根接班人。

中编　谨小慎微的立法者

第六章　培根分子笛卡尔

Bene vixit qui bene latuit[谁隐藏得好,谁才活得好]——这话
写在笛卡尔的墓碑上——算是一个墓志铭吧:如果曾有一个的话!

　　　　　　　　　　——尼采(致 Brandes,1887 年 12 月 2 日)①

笛卡尔(曾是)理性主义之父,因此也曾是法国大革命之祖父。

　　　　　　　　　　　　　　——尼采(《善恶》,条 191)

　　[145]笛卡尔是个培根分子? 那位表现得如同横空出世并被人们
深信不疑地名之为"现代哲学之父"的笛卡尔是个培根分子? 我想,只
要我们遵循笛卡尔的教导,按照他发表著作的先后顺序来研读他的著
作并将之全部读完——当然,假设培根的著作为我们所熟知,就像它们
在笛卡尔的时代为人所熟知那样——笛卡尔的培根主义将会显露
无遗。

　　这两位富于谋略的思想家改变了世界,一种对哲学的尼采式理解
使我们可能发现两者之间的实际关联,同时又保留各自不可缺的贡献。
相应地,只要我们恰切理解了两者的文风从而得以一窥其真正的伟大
之处,一种对于哲人(少之又少的天才哲人)的高贵使命的尼采式理解就

---

　　①　首先来看墓志铭:实际上,笛卡尔的墓碑上并没有这句格言。它出自
奥维德为抗议自己被流放而作的《哀歌》(*Tristia*, III. iv. 25),笛卡尔在一封信
中对之加以引用(该信讨论了人们对伽利略的谴责):"我想要安宁的生活,想
要继续我恪守'谁隐藏得好,谁才活得好'这一格言而已经开始的生活"(致
Mersenne,1634 年 4 月)。其时,这一格言在法国的自由知识人(libertins
érudits)中间颇为流行(Zagorin,《说谎之道》,页 325)。

会在这两位思想家身上得到展现和确证。当我们从一种尼采式视角来审视两者时,这位"现代哲学之父"的培根主义就已显而易见了。

笛卡尔有两次极为明确地讨论了他为何必须发表自己的著作,恰在这两处极为特别的位置,他坦承了自己的培根主义。[146]一处是在其处女作:匿名发表的《方法谈》;另一处是在成为其遗著的《灵魂的激情》(*The Passions of the Soul*),而且,笛卡尔在此处同样没有亲口坦承,而是借那位巴黎友人之口承认这一点(这位巴黎友人的信是"序言"的一部分)。①这两个关键段落证实笛卡尔受惠于培根,同时又表明笛卡尔超越了培根。此外,它们为理解笛卡尔奇绝的文风提供了一篇导引:当前有一种趋势,要把笛卡尔降格为《沉思录》(*Meditations*)与《方法谈》第四部分的作者(这仅是笛卡尔的多重面相之一),这篇导引因此就极为必要,甚至显得迫切。②

培根的目的与笛卡尔的手段

笛卡尔只有一次提出了培根式的主张:他的思想将会"使我们成

---

① [译注]《灵魂的激情》的"序言"由四封书信组成:一位不具名的巴黎友人的两封来信(一长一短)和笛卡尔对两封信的简短回复。

② [译注]译文主要参照王太庆译本,并据英文有所改动。另附笛卡尔著作汉译概况:彭基相译《方法论》,上海商务 1933(据法文文本);关琪桐译《方法论》,上海商务 1935(据英译本);关琪桐译《哲学原理》,上海商务 1935(据英译本);关琪桐译《沉思集》,上海商务 1935(据英译本);关文运译《哲学原理》,北京商务 1958(据英文选译本转译);庞景仁译《第一哲学沉思集》,北京商务 1986;王太庆译《谈谈方法》,北京商务 2000;管震湖译《探求真理的指导原则》,北京商务 2005(原文拉丁文,据法文译本转译);黎惟东译《沉思录》,台北:志文出版社,2004;钱志纯、黎惟克译,《方法导论》《沉思录》《哲学理论》,台北:志文出版社,1984。

为自然的主人和占有者"(vi. 62)。①一次就够了,因为这一次是如此决然:作为笛卡尔的生命传奇的《方法谈》刚刚进展到了一个紧要关口——作者自问,在这样一个不可能发表这本耗费数年心血的著作的时代,为何还要发表什么东西呢(vi. 61 - 62)? 他回答说,他对思辨之学和道德行为的思考不需要发表,但他在"物理学方面的普遍观念"则需要发表。为什么? 这是出于一个在风格和实质上全然培根式的理由:把这些观念匿不示人,就违反了责令我们竭力谋求大家的公益(general good)的法则。余下的论证继续着这种准圣经式的语调,但这种语调并不能使我们完全忽略其反圣经的实质。因为,这一新物理学所带来的公益仅仅是貌似基督教的普世仁爱(universal charity),实际却在推进由培根首先应许的仁爱:此种公益是一种尘世的益处,而不是灵魂的得救;这项新幸福的执行者是人,而不是上帝。如培根一样,笛卡尔似乎也是从失乐园的圣经故事中得到了自己的天职,但他改写了这一故事:失乐园的古老传说同时允诺了天堂乐园的重获,并且,只有通过一种角

---

①　本文对《方法谈》的所有引用均包括亚当和汤内尼(Adam and Tannery)编本的所属卷次和页码。[译注]附此全集版的卷次目录:卷 I:《书信集》(1622 年 4 月 - 1638 年 2 月);卷 II:《书信集》(1638 年 3 月 - 1639 年 12 月);卷 III:《书信集》(1640 年 1 月 - 1643 年 6 月);卷 IV:《书信集》(1643 年 7 月 - 1647 年 4 月);卷 V:《书信集》(1647 年 5 月 - 1650 年 2 月);卷 VI:《方法谈及论文》(*Discours de la Methode & Essais*),含法文与拉丁文两种版本;卷 VII:拉丁文版《沉思录》(*Meditationes de Prima Philosophia*);卷 VIII. 1:拉丁文版《哲学原理》(*Principia Philosophia*);卷 VIII. 2:《致弗特函》(*Epistola ad. G. Voetium*)、《致乌特勒支大人声辩函》(*Lettre Apologetique aux Magistrats d' Utrecht*);卷 IX. 1:法文版《沉思录》(*Meditations*);卷 IX. 2:法文版《哲学原理》(*Principes*);卷 X:《物理数学》(*Physico - Mathematica*)、《音乐概要》(*Compendium Musiae*)、《探求真理的指导原则》(*Regulae ad Directionem Ingenii Recherche de la Verité*)、《书信补遗》(*Supplément a la Correspondence*);卷 XI:《论宇宙》(*Le Monde*)、《人体描述》(*Description du Corps Humain*)、《灵魂的激情》(*Passions de L'ame*)、《解剖学》(*Anatomica*)、《杂集》(*Varia*);卷 XII:亚当撰《笛卡尔生平研究》(*Etude Historique*);卷 XIII:索引。

色的倒转才能重获天堂,这就是把自然的奴仆变成自然的主人。一个永逝无回的过去化作一个可以实现的未来[147],人类将会自己把自己从堕落中拯救出来。笛卡尔不得不发表他的著作,因为他的物理学将会拯救人类。

笛卡尔说,这一实用的新哲学将使我们认识到事物的"力量和活动":不是事物的本质,而是事物的作为。这一实用的新哲学无所不包,涵括"火、空气、水、星辰、天宇,还有我们周遭的所有其他物体"。我们将"像认识匠人的各种技巧一样来清楚地"认识宇宙,并且这种对事物的认识将使我们得以"以同样的方式将它们用于它们所适合的所有目的,从而让我们成为自然的主人和占有者"。为什么这一前所未有的培根式事业值得追求?笛卡尔给出了两个培根式的理由。第一个理由是,这一新的实践哲学将会产生一种前所未有的技术,因为它清楚自然事物如何运作。由此带来的"无数的工具"将使人类轻松地享受到地球上的所有出产以及人在地球上找到的所有幸福。这曾经只是一个梦想:一个人间天堂,一个存在于永逝无返的太初的伊甸园;如今,人们可以认为能在人间实现这一梦想——不是借助于恩典,而是通过以对自然力量的洞察为指引的人的努力。在这个历史的尽头出现的人间天堂,人类会享受到"人在地球上找到的所有幸福"。所有幸福,当然包括曾经被禁止的幸福——那棵教人善恶的知识树的果实,人们吃了它就会变得像神们一样(《创世记》3:3 – 5)。《灵魂的激情》泄露了这一被禁止的知识:善与恶不过是依据我们对欢愉和苦痛的体验用来指称事物的名号,一旦我们认识到这一点,我们就变得像神们一样。但是,当我们分享这曾经的禁果之时,我们必定会死吗(《创世记》2:17)?

之所以要掌控和占有自然的第二个理由与人的必死性相关,即保持健康"这一首要的幸福以及所有其他幸福的基础"。在笛卡尔物理学方面的总体观念的指引下,医学将旨在修养身体和精神(body and mind)两者,因为笛卡尔的医学承认,"甚至精神也大大取决于身体各器官的质地与构造"。将物理学上的这些新观念应用到身体和精神的相关科学——生理学和精神病学,能够让人类摆脱"无数的疾病——甚至可能还会摆脱"由老年造成的虚弱。人类的长寿不再属于某个大洪水之前的想象的黄金时代,而属于未来。《圣经》对这些诅咒的描述或许是真的:我们受罚要在苦痛中来到人世,汗流浃背地过活,百般无常地死去——因为我们没有得到[148]生命树的果实,也没有得到知识树的果实。不过,我们将在这一新科学中找到解除这些诅咒的手段。在《方法谈》的这一部分(即第六部分),笛卡尔为这一拯救人类的科学装点了其他的培根式特征:比如,需要进行无数的实验,需要大批的人来为这些实验工作。但相比于追究这些细节,我们最好现在就直接转入笛卡尔对其培根主义的另一次坦承。

笛卡尔在其著述中只有一次提到了培根爵士的名字,即《灵魂的激情》中作为序言的第一封信——这部著作曾经非常知名,但如今已湮没无闻。①该书打破了这位欧洲最著名和最受非议的哲学家五年来的沉默;并且如笛卡尔所说,这本书的标题必定会为它吸引到众多的读者,尽管只有少数人能够理解它。不过,可以设想,大多数为这个标题所吸引的读者至少会读完"序言"部分——笛卡尔与某位巴黎友人之间令人称奇而妙趣横生的通信。在关键的第一封信中,这位巴黎友人赞扬笛卡尔,说他是整个哲学史中唯一倾力惠泽人类的思想家,但又责备笛卡尔,因为他没有讲明这一点,尽管他深知,在人类能够享有自己最大的恩人施予的恩惠之前,必须要讲明这一点并得到人们的信任。这位巴黎友人是何许人,他为什么要说到这些关于笛卡尔的骇然之事呢?此外,笛卡尔为什么容许这位巴黎友人在自己这本期待已久的书中第一段说到这些呢?卡顿(Hiram Caton)已经令人信服地论证说,这位不具名的巴黎人就是笛卡尔自己。②我希望下面的分析会有助于证实

---

① 这篇序言的杰出译文见 Stephen H. Voss 译《灵魂的激情》(Indianapolis,1989)。这篇译文远远优于《哲学著作集》(*Philosophical Writings*)中收录的译文,而且后者还忽略掉了这位巴黎友人的信。本文对《灵魂的激情》的所有引用都是文章的条数。

② 《笛卡尔的匿名作品览要》(*Descartes' Anonymous Writings*),页 273 – 294。

这一观点,并表明笛卡尔的作者身份为什么不太可能逃脱当时他最优秀的读者们的法眼。伪装成一位对他大声辱骂的朋友,笛卡尔能够陈述他对自己真正的要求:"礼节不允许我把自己展示给公众"(笛卡尔对第一封信的回复);他能够做培根所说的一位友人能做之事:

> 有许多事情,一个人为了颜面之故而不能自己说或做!一个人不能自承有功而免矜夸之嫌,更不用说是不能表扬自己的功绩了;有时他也不能容忍低声下气地去恳求。(《论说文集》,"论友谊")。

但一位巴黎友人则能:"所有这些在自己嘴里说出来未免赧颜,但在一个朋友说出来却是优雅得体。"

[149]在笛卡尔的所有著述中,这封信最为详尽地坦承了笛卡尔计划的培根式性质;笛卡尔的这位朋友就在信中提到了培根的名字:正如我们所阐述的,笛卡尔的核心任务是一种实验的和数学的物理学,它将会创造出必要的技术工具来获取全人类的共同幸福。礼节禁止笛卡尔讲明的,正是他的巴黎朋友能够讲明的事情:笛卡尔已经为培根的革命作出了最重要的贡献,即提供了这一革命不可或缺的、基于数学并且适用于所有问题的方法。整封信的主题在于:为了推进笛卡尔的物理学以实现公众的利益,如今需要进行大量的实验;因此就要获得公众的支持,可笛卡尔并没有竭尽全力去恳求公众的支持。写信人为了交待他写第一封信的理由,又写了简短的第二封信,其中再次提出了这一主题。一位朋友因此也再一次履行了那项使命——再一次,因为这位朋友至为清楚地表明,笛卡尔实际上已经频频发出这一恳求,并且举止得体。

这封信对笛卡尔大肆吹捧,同时又对他进行了诚挚而盛气凌人的辱骂;这是笛卡尔所有文学表演中最有趣的一出,一幕与一位伟大哲人相得益彰的喜剧场景:笛卡尔把他基本的公共要求变作对自己的指责,借由他人之口表达出来——那个人是笛卡尔的 charlatan[江湖骗子]、笛卡尔的戏子,笛卡尔借它之口向奔着书的标题和作者的名气而来的人群发言。笛卡尔的戏子带来了一个古老的讯息——仿佛它是一个新讯息,仿佛笛卡尔未曾说过它:为了与一位遁世的哲人所设定的目标保持一致,那些执掌公共事务的人将不得不调整公共议程。

这位朋友说到,这位哲人一直都过于害羞。他已经受够了笛卡尔胆怯的作风,受够了笛卡尔的懒散,受够了笛卡尔对其他人的漠不关心,并且不愿再忍受下去:如果笛卡尔不说出自己是谁,他将说出来。这位朋友有两项抱怨:一项是私人的抱怨,另一项是普遍的抱怨。在私人的方面,笛卡尔曾许诺让他看这本讨论激情的书,如今却断然拒绝。这是为何?在他的第一次答复中,笛卡尔以自己的名义回答说,私下跟出众的人谈论此类问题(此书的私密版本献给了笛卡尔最出众的读者伊丽莎白公主)是一回事,而向所有人公开谈论则完全是另外一回事。把私下向他心中最出众的人所说的话转换成受所有人检视的内容,这一工作致使他耽搁了向自己的巴黎通信人展示这本书:笛卡尔说,尽管他没有更改内容,只做了小小增补;[150]但相比该书此前私密的样子,他仍然不得不在它现在公开的样子上花费了更多的工夫。

然而,我们这位写信人并没有等着笛卡尔交待其耽搁的理由,因为,根据自己理解的笛卡尔的动机,他在信中自己解释了笛卡尔的理由。不过,他并不想被认为苛责于人,因此他用笛卡尔本人或许会说的理由的条件性形式表达了自己对笛卡尔意图的推断。"或许,您会说"(you will say, perhaps)的内容就是笛卡尔实际要说的内容,不过仅是在拒绝这位朋友看到的这本书中。"或许,您会说"的内容涉及卑顺(servility)、谦恭(virtuous humility)、骄傲、虚心、荣誉,而且这位朋友对它们的用法完全合乎笛卡尔此后提出的全新定义(条157,158,159,204)。①借由笛卡尔的这本书首度引入的对各行为的分析,我们就能理解笛卡尔假

---

① [译注]《灵魂的激情》,条157,"论傲慢"(De l'Orgueil),条158,"论效果与崇高的效果相反"(Que ses effets sont contraires à ceux de la Generosité),条159,"论谦恭"(De l'Humilité Vitieuse),条204,"论荣誉"(De la Glorie)。

定的失败。这是卡顿最有力的论点:这位匿名的朋友用以解释笛卡尔的行为的那些条目,就是笛卡尔道德学说的革新之处。

这个漂亮的玩笑使我们重新认识了我们现在的阅读对象,它是另一个更加精妙的玩笑的前奏。在这里,这位朋友把他的怨言普遍开来。拒绝把这本书给这位朋友看,仅仅是伤害了这位朋友,但是,笛卡尔没有适当地宣扬自己,则损害了笛卡尔的整个计划,并随之损害了翘首以待从这一计划受益的整个人类。对于自己的事业,笛卡尔一直是一位玩忽职守的倡导者。不过,这位朋友知道应该怎么做,只需要采纳他的建议,笛卡尔就会在自己迄今惨败的地方取得成功。笛卡尔应该做些什么来推动自己的计划呢? 他应该做的,就是做他在七年前随《沉思录》一起发表的致狄奈神父(Father Dinet)的信中所做。为了"推进您的事业","在我看来,没有什么比"笛卡尔早先所做的"更有用了"。这位朋友教导笛卡尔应该如何行动,在其教诲的高潮部分,他以拉丁文(向笛卡尔)引用了笛卡尔,并以法语(向笛卡尔)重述了笛卡尔就自己的物理学已经公开提出的恣肆主张——笛卡尔把这一主张作为对整个秩序的挑战而已经向那位法国耶稣会高层(the Jesuit Superior of France)写信说明。①为了最好地推进您的计划,您应该做的,就是您已经做过的。君可明鉴:您一攻击耶稣会士们的哲学根基,七年之后,他们就销声匿迹了。您本来应该做的,就是直接挑战他们的物理学,那是他们各种观点的要害,而您在数学上的权威受到众人服膺,它将会使您在这个问题上无坚不摧。

[151]让自己的朋友命令自己去做自己已经做过的事情,这样精妙的玩笑仅开一次并不过瘾,于是笛卡尔又开了一次,正确地假定我们对第一次玩笑还不满足,于是加以修改并精心炮制。这位朋友说,笛卡尔啊,想要击败权威的物理学,唯一的方法就是要证明物理学从属于数

① [译注]在这封致笛卡尔的劝导信的中间位置,匿名的巴黎朋友引用了笛卡尔以拉丁文写就的致狄奈神父的信(《笛全》,XI.),该信收入《沉思录》拉丁文第二版(1642 年)。

学,还要证明我们需要一位博通两学的高人,并且要证明您就是那位高人。这或许有违您的天性,但是您不得不下决心说出这一切:您不得不下决心说的,恰是您在《哲学原理》(*Principles of Philosophy*)中已经说过的,四年前,您已经在那本书中证明了这些观点。① 1649 年,通过回顾他与权威观点的重要斗争,笛卡尔借他的巴黎朋友之口说:我本应做的,恰是我已经做过的那些事情。

笛卡尔没有成功地推进自己的计划,然而,成功的唯一方法就是做他曾做之事。此刻,我们笑了,我们还嘲笑耶稣会士们,七年来,这些法国的师保与国王们的参赞难堪地无力回应他们的一位学生公开的挑战。②他们不仅默默忍受着致狄奈神父的信,还忍受着引发该信的演出:笛卡尔对布尔丹神父(Father Bourdin S. J)精彩的公开斥责。笛卡尔指控这位尊敬的神父(the Reverend Father)公然说谎以诋毁笛卡尔的声誉,并由此指控他已经精神失常,陷入了一种幻觉:因此,在笛卡尔长篇的滑稽戏拟中,他被比作一位妒性十足兼可怜兮兮的泥瓦匠,一位受其嫉妒的伟大的建筑师刚在一个地方建造起一所教堂(即《沉思录》),他却幻觉着那里没有什么教堂,只有一条空空的填满怀疑的沟渠,而正是这条沟渠让这位建筑师寻到了他建造教堂的地基。在这一斥责的最后,笛卡尔回报了这位尊敬的神父所声称的友谊,把这位说谎的妄想症患者汇报给了狄奈神父,当时可怜的泥瓦匠已经被他的朋友们带去看医生了。但是,布尔丹(Pierre Bourdin)这位说谎的妄想症患者毕竟是一位耶稣会的数学教授,他对笛卡尔的答复(如笛卡尔所暗示的),不可能仅仅是一个私人性的答复,而是整个耶稣会秩序的答复(《笛全》,VII. 452 – 453;《哲著》,2. 303)。致狄奈神父的信本身就是对整个耶稣会秩序的挑战。而现在,颇具诱惑力的标题和作者的名气为笛卡尔的这本新书吸引来大批公众,当着他们的面,笛卡尔再次挑战了耶稣会士

---

① ［译注］《哲学原理》出版于 1644 年,呈献给伊丽莎白公主。

② ［译注］笛卡尔早年就学于著名的耶稣会学校 La Flèche 公学,受过耶稣会士的正规教育,称得上是耶稣会的学生。

们,奚落了这些耶稣会士们七年来的沉默迹象,而且是藏在某个巴黎友人的身后,令别人奈何不得。

这位朋友在开头部分就建议说,或许笛卡尔需要迁离对进行他的实验最适宜的地方(巴黎),在一个安全的地方(荷兰)研究。但是,[152]离开了巴黎,反对统治法国的宗教权力的战争显然还能继续下去。我们笑了,而耶稣会士们则没有——他们将试图查禁笛卡尔的著作。如果反驳不了他,或许可以塞住他的嘴(if he cannot be answered maybe he can be choked)——笛卡尔在另一封致狄奈神父的信中如此抱怨到(1644年10月),这也正是他的《哲学原理》所遭到的命运。在这场战争中,一方是一位孤胆英雄,他以其睿智的冷嘲热讽独自作战,其中还通过一番杜撰为自己增加了人马;另一方则是时代的师保和权贵们的参赞——这位孑立的喜剧作家赢得了这场战争。并且,我们就如达朗贝(D'Alembert)一样欢欣鼓舞:当一百年后时势倒转时,达朗贝说到,与所有后继者相比,笛卡尔对哲学所履行的职责要远为更加困难——笛卡尔召集了一伙阴谋家力图挣脱偏见和野蛮的束缚。①无怪乎在自己那部论述启蒙运动的《人性,太人性》一书中,尼采的前言大段引用了笛卡尔的《方法谈》来说明哲学的强烈愉悦。

在这里,我们看到了一个精妙的例子(这样的例子还有许多),它说明了笛卡尔著作中的另一个培根式主题——不是我们熟悉的、鼓吹实

---

① 《初论狄德罗的百科全书》(*Preliminary Discourse to the Encyclopedia of Diderot*),页80。传闻说,耶稣会神父梅士朗(Denis Mesland)因为在圣餐变体论(transubstantiation)这一重大问题上与笛卡尔过于接近而被驱逐到了加拿大去帮助休伦人(Hurons)和易洛魁人(Iroquois)。不幸,这个善意的传闻并不属实。这个如今流传甚广的传闻来自笛卡尔致梅士朗的一封信的手稿复件上的一个页边批注(《哲著》,3.278,亦参对梅士朗的传记性简述,388)。实际上,梅士朗在1645年去了拉美的马丁尼克岛(Martinique),于1672年死于Santa Fe de Bogatá。见Pacheco,"Un amigo de Descartes en el Nuevo Reino"。感谢罗马耶稣会历史资料馆(Institutum Historicum Societatis Iesu)的Charles E. O'Neill S. J. 神父,他提供了这则材料。

验科学的培根,而是我们必定不太熟悉的、鼓吹对启示宗教发动革命性
战争的培根,《宣告一场圣战》中的培根,为了占领圣殿而进入圣殿的
培根。几个世纪以来,欧洲宗教接连败在科学手中,它的力量实际上已
经被驯服,这场具有历史意义的战争有着精彩的开端,但是,在当前宽
容的时代里,有关这一开端的传闻似乎已经完全湮息,提起这一传闻近
乎一种尴尬之举、一种品位低下的行为。笛卡尔在与一位布尔丹或一
位沃埃提乌斯(Voetius)①进行较量却遮遮掩掩,如果我们采用耶稣会士
们和加尔文派教长的判断标准来看,笛卡尔并不光明磊落。但是,这一
标准根本不合乎笛卡尔写作的时代,使笛卡尔完全没有可能被理解为
一位身处一个恐怖的时代的勇猛斗士:在那个时代,宗教狂热遍布生活
的方方面面[152],并在席卷整个大陆的圣战中频频爆发出来。阅读
笛卡尔却无视一位狄奈神父或一位沃埃提乌斯教长的权威,就是剥离
了笛卡尔所身处的背景,而这恰是他本人经常提醒我们注意的地方。
这一背景没有解释笛卡尔的哲学,但有助于解释笛卡尔哲学的表达形
式,理解了这种形式就有助于我们进入笛卡尔哲学的核心。在尼采本
人的著作中,业已极为公开地展示了哲学与宗教之间的冲突,在我看
来,尽可能公开展示这一冲突的早期阶段,是一部尼采式的哲学史的一
部分。哲学与宗教之间的冲突在笛卡尔的著作中是一个永恒的主题。
对布尔丹神父的攻击、致狄奈神父的信以及《灵魂的激情》中的重
申——这样单个的例子并不足以详致深入地讲述整个故事;只有大量
的例子才能充分地呈现出这一根本问题。在本章及以下几章对笛卡尔
思想的描述中,哲学和宗教的冲突将会是一个重要主题。

　　回到笛卡尔的巴黎友人:临近信的结尾,他才点明了笛卡尔与培根

----

　　① [译注]Voetius,Utrecht 大学神学教授,加尔文派教长。1640 年,笛卡
尔的追随者、Utrecht 大学教授 Henricus Regius 把笛卡尔的一些哲学命题公之
于世,进行公开讨论,结果使笛卡尔卷入了与 Voetius 的争论。笛卡尔于 1643
年 5 月写了一封长达 200 页的题为"关于与沃休斯的争论与笛卡尔的辩护说
明"的公开信,1643 年 6 月乌德勒支法庭指控笛卡尔犯有诽谤神职人员罪。这
场争论对笛卡尔影响极大。

的革命性实验科学的关系,然而,他的主体论证从头至尾展现出笛卡尔是一位培根派这一事实:这一新计划所需的实验要求获得整个国家的支持,并最终需要获得所有国家的支持。这位朋友希望笛卡尔强调三个要点,总体来看,这三点就是经笛卡尔改造后的培根主义的本质:第一,通过物理学,可以发现无数对生命极其有用的东西;第二,我们有充分的理由期待您来发现这些东西;第三,需要进行大量的实验,因此您需要帮助。在论证第一点时,这位朋友重复了培根的一个重要教导:"要去证明,坚持过分崇古是一个错误,它对科学的发展极为不利。"笛卡尔的计划需要新的信仰——信仰自然科学创造实用性发明的能力。

在论证第二点时,这位朋友引入了物理学的数学基础:单凭这一笛卡尔的手段就能做出所有对生命有用的发明,从而实现培根的目的。"您在(数学)上的卓越深受服膺",对您而言,证明物理学不过是数学的一部分简直轻而易举。实际上,您在自己的《哲学原理》中已经对此有过证明。"并且,由于人们毫不怀疑您精于(数学),所以他们在(物理学)上对您也满怀期待。"数理物理学(Mathematical physics)使[154]笛卡尔成了那位为这座新大厦"奠立所有根基并竖起主墙"的"建筑师"。

在论证第三点时,这位朋友明确援引了培根,并直接陈述了此前一直有所暗示的观点:只有通过笛卡尔的手段,培根计划才能成功。笛卡尔设计并提出了对培根计划的改造,如今,这位建筑师需要援手来完成改造,于是他的朋友赓续了此前首先由笛卡尔在其第一本书(《方法谈》)中发出的求援。恰在此处,笛卡尔的著作中唯一一次提到了培根的名字:"我也看过大法官培根所写的《伟大的复兴》和《新大西岛》,在我看来,关于应当用来引导物理学臻化的方法,在您之前的所有作家中,培根对之思考最为高超……"培根的方法不是那个正确运用理性在各门学问里寻求真理的方法。这位朋友所夸赞的并不是培根的方法,而仅是培根对方法的思考;此外,他提到的这两本书呈现的不是培根的方法,而是培根的思考:一种实验的、技术的科学以及这种科学能够达到的伟大目标令人神往。培根所宣扬的是一个用他自己的方法永远不能实现的计划:笛卡尔才是那位拥有所需之手段的培根。这个谈论培根的句子继续说:"——但是,两三位最强大的国王的所有收入终归不足以负担(培根)为了这一目的所需的一切。"笛卡尔的手段提供了一条花费较少的途径,从而使培根的目的得以可能。尽管如此,为了实现您所设想的培根的目的,您仍然需要众多的公众支持。这位朋友要求笛卡尔再次请求(笛卡尔从一开始就不断在请求的)公众的支持。借此,笛卡尔再次请求公众的支持,但这次他以恰当的历史视角说明了自己的理由:他是一位培根式的哲人,借由为物理学提供数学的根基,他超越了自己的导师。笛卡尔并没有篡夺培根的地位;亦无意与培根一争高下;他是一位青胜于蓝的学生,通过为首先由老师提出的计划贡献出不可或缺的手段,他实质上超越了自己的老师。

在信的倒数第二段,这位朋友继续着眼下无法抗拒的、洋溢着喜剧性热情的风格:当统治者们或他们的咨议们听闻了这个计划,他们无一例外地都会欣然采纳;所有国家都会通过这一世界性的新计划来造福,将统治致力于实现培根的公益理想,在这场竞赛中,法国将不得不与其他国家相竞争。哲学来劝导那些表面上的统治者,由此上升到了它正当的统治地位;笛卡尔则取代了那些统治者现有的咨议,即那些无力反驳笛卡尔的指控的耶稣会士。[155]在这个建立于笛卡尔的物理学之上的世界性的培根式社会里,笛卡尔式的咨议取代了基督教的咨议。

信的最后一段缩影般地对笛卡尔的这一杰作进行了最后的喜剧性润色。朋友说,假如我能够看到《灵魂的激情》,我会自己撰写一篇与之相配的序言。这篇序言的内容丝毫不会令您不赞同,也丝毫不会令每一位富有才智和美德的人情感不适;读过这篇序言,每一位这样的人就会转而狂热地投身于科学的进步。在"对前一封信的答复"中,笛卡尔适时地勒住了自己的这匹脱缰之马——这位狂热的江湖骗子,但这封信已经达成了他的目的,而且其内容丝毫不会令他不赞同:在笛卡尔的著作中,培根发动宗教战争的计划向前推进着,并且,假如笛卡尔不得不重新开始这场战争,他会做他已经做过的事情。残酷的命运使我们丧失了笛卡尔更多这样的著作,但是,笛卡尔此时以这种对自己所做之事的肯定而结束他的著作、结束他的整部作品,真是再合适不过了!

其他的培根式印迹

沿用培根的修辞来推动培根的计划,笛卡尔无疑自认是培根的后继者。一旦辨明培根的计划与笛卡尔自己的计划之间的这种关联,就有了一种新的方式来理解《方法谈》中所描述的事件的序列。在《方法谈》的第一部分,笛卡尔描述了他对传统的完全拒斥,他所依据的是一个单独的标准:他渴望"一种有关对生命有用的一切事物的清楚、牢靠的知识"(i.4)。这一标准暗示,笛卡尔是一位尚未蜕变为笛卡尔的培根派,一位尚未发现物理学上的普遍观念的现代人(单靠这些观念,就能奠立培根掌控自然的计划)。笛卡尔在数学和物理学上的发现是他对培根根本的超越,并且拉近了那些缥缈的目标——倘无他的这些发现,那些目标将仍旧只是幻梦。

笛卡尔为培根的计划提供了培根本人无力提供的方法,此即他对培根的超越之所在。职是之故,笛卡尔含蓄地批评了培根的方法,正是缘于其早已是老生常谈的缺陷:一种关于实验的学说依靠对本质的预测(divination of essence)所进行的归纳(induction),同时却削弱了假设(hypothesis)和演绎(deduction)的重要性;一种关于方法的学说则假定,科学的目标在于辨识本质或自然种类,[156]而并不在于把整个本质约简为群体共同的品质和把运动体(motion subject)约简为数量。从笛卡尔的视角来看,我们可以说:尽管培根志在成为一个好蜜蜂,可他始终是蚂蚁,始终是蜘蛛———一位忙碌的采集者,一位因从旧例的机械纺纱工。不过,笛卡尔并不仅是培根的批评者,通过提供必需的方法,他还弥补了这些暗含的缺陷。①

---

① 参见笛卡尔致梅森(Mersenne)信函中对培根的提及:1630 年 12 月 23 日、1632 年 5 月 10 日。至于实验在笛卡尔的科学哲学中的地位,见 Clarke,《笛卡尔的科学哲学》(*Descartes' Philosophy of Science*)。

　　与培根同道,却又借由提供必不可少的方法而超越培根,其目的最终在于,实现一个建立于这种新自然观和对科学之益处的深信之上的科学的社会(scientific society)。创造这样一个社会要求建立大规模的科学研究机构(培根首先对此作过设想,而笛卡尔在《方法谈》的第六部分和《灵魂的激情》中作为序言的信中对此也有过提示)。笛卡尔说,这一计划需要好几个世纪才能完成,而且要想成功,就只有劝说那些最优秀的头脑,使其相信把自己所有的才干都奉献给这一计划才是最有价值的生命,从而吸引他们为之效力(《哲学原理》,"序言"最后一段)。但是,笛卡尔多次提到这一计划涉及不可胜数的任务,似乎在他看来,这一计划也将永远是"一个未竟的工作"。此外,笛卡尔认为,只有极少的人才会倾向于这样来阅读他的著作,即认为他的著作中所表达的观点真正来自正确的原理(《哲学原理》,"序言"倒数第二段)——这似乎也是在追随培根。在这些天分甚高的人中,有的(笛卡尔会突出一种新医学的从事者)则会如同科学之子一般投身于科学的工作,他们信仰科学的人道主义,并享有科学所带来的荣誉。大众会将科学尊为给他们带来安逸和长寿的科技的来源。在笛卡尔的哲学观、科学观和社会观中,我们看到了我们在本撒冷看到的那种社会秩序,还看到了本撒冷的稀世之人约亚宾、稍逊一筹的萨罗门学院的院士们,还有本撒冷所沉醉的对科学的无限感激。①

　　这是一种新的自然科学和一个经过重新安排以推动这种科学的社会,在与之相关的核心问题上,笛卡尔表现出明显的培根主义。除此之外,尚有诸多其他的痕迹表明了笛卡尔主义的培根式特性[157]。如培根一样,笛卡尔暗自把自己视为自然的主人们的主人、能够发现其余一切的手段的发现者(《新工具》,I. 129;《方法谈》,ii. 11 - 13)。如培根一样,笛卡尔把这一新哲学对全人类的仁爱展现成它与旧哲学最大的不同,掩饰了它对柏拉图式仁爱(Platonic philanthropy)的实际依赖。如培根一样,笛卡尔号召一群工作者前来进行对自然的这种新解释所必需的

---

　　① 见 Kennington,《笛卡尔》(Rene Descartes),《笛卡尔和征服自然》(Descartes and Mastery of Nature)。

观察和实验(《培根全集》,IV. 251[*Parasceve*, 1620]);①《新工具》,I. 271;《伟大的复兴》,见《培根全集》,IV. 21)。如培根一样,笛卡尔预料到科学的仁爱会包括洛斯(Leon Roth)所说的"方法的民主化"(democratization of method)②——才智的拉平缩小了人的天赋中自然而然就能达到的广博范围(《新工具》,I. 61, 122)。如培根一样,笛卡尔诉诸寓言以恰当地描述哲人和哲人的抱负,他选择把自己的生活讲述为一个寓言。如培根一样,笛卡尔宣称真理有两个互不相涉的领域(通过适当的手段就能进入其中之一且不会带来冲突,因为每种手段只适于它自己的范围),由此掩饰了理性和启示的冲突。笛卡尔同样是这样一位哲人:他清楚自己身在何处,明晓如何言说,而且为哲学的未来承担起责任。③

----

①　[译注]该文全名 Parasceve ad Historiam Naturalem et Experlmentalem(走向自然的历史与实验的历史),起初只是《伟大的复兴》中的第三部分,1620年附于《新工具》后发表。Parasceve 为希腊文的拉丁写法,意为"准备",后转义为安息日前夜的"准备"。

②　Roth,《笛卡尔的〈方法谈〉》(*Descartes' Discourse on Method*),页 54 –55,页 62 以下,页 69,70。

③　关于笛卡尔和培根,参见 Penrose,《培根的声名和影响》(Reputation and Influence of Francis Bacon),页 117 – 152。培根当时在法国很出名,他的书在那里流传甚广。培根的第一部传记于 1631 年以法语写成,即 Amboise 的《培根的自然史》(*L'histoire naturelle de Francis Bacon*)。参见 Popkin,《从伊拉斯莫到斯宾诺莎的怀疑传统》(*History of Scepticism*),页 84, 126。关于笛卡尔对培根的运用,见 Lalande,《论培根与笛卡尔的某些文本》(*Sur quelques textes des Bacon et de Descartes*),页 296 – 311。Paoli Rossi 在对培根和笛卡尔进行区分的时候,赞扬了培根的谦逊而贬低了笛卡尔的骄傲,他认为培根的科学完全是一个合作性的事业,其中没有一个人的贡献是决定性的。以贬损笛卡尔为代价来赞扬培根,这容易转变为一位谦逊的科学家同行曾就他自己所言:"假如所有时代的所有才智曾经交汇融合过或者此后会交汇融合,假如全部人类曾经献身于哲学或者此后会献身于哲学,此外,假如整个地球曾经是或应该不过是博学之士的研究院、学会和学园,没有这种我将会给出的自然的和实验的历史,人类在哲学和各学科中仍然不可能会取得、或不能取得任何伟大的进步"("描述一种自然的和实验的历史",《培根全集》,IV. 252)。见 Rossi,《近代的哲学、科技与人文》(*Philosophy*, *Technology and the Arts in the Early Modern Era*),页 103 – 109。

在结束笛卡尔与培根相关联的这些细节之前,我提请读者注意笛卡尔《气象学》(*Meteorology*)中的一个小小的特别之处,在我看来,它阐明了笛卡尔与培根的关系。《气象学》的第八讲史上第一次[158]极为科学地描述了天空中最著名的标记(sign)彩虹,它理应因此而名闻后世,①在这一讲的结尾,笛卡尔描绘了一种能够设计彩虹的设备,从而对上帝之和解的标记进行了解神话(demythologize)。人不仅能模仿宙斯的霹雷,还可以模仿《圣经》中上帝给予诸物种(他刚刚通过大洪水涤除了它们的罪恶)和解的神圣标记。②笛卡尔展示了人类如何能够再造这一表示上帝的怒火得到平息的标记,哈特勒(Ann Hartle)和拉克特曼(David Lachterman)让我们注意笛卡尔这一行为的重要意义。③如果我们确知彩虹不过产生于光线通过水滴的折射和反射,如果我们能够自己制作彩虹,能够随时让它们露面,那么我们就剥去了它们身上那种奇迹的性质,而正是这种性质促使我们在神圣现象面前屈身俯拜(《气象学》第一讲)。

不过,笛卡尔对这种彩虹制造器的描绘仅仅是对天空中的一种标记的机械化再造?还有什么其他含义吗?我认为有,我还认为《新大西岛》的读者们难免会有所察觉,因为笛卡尔为他的彩虹器提供的背景表明,他不单是在对一个《旧约》圣迹进行解神话,还对一个培根式的圣迹进行了解神话:笛卡尔展示了如何设计这一把基督教引入本撒冷的天空中的标记。为一个十字架所覆盖的光柱出现在一个祥和的多云之夜,它使得那温驯的人群感到不可思议;当他们出于对这一神秘之

---

① 见 Scott,《笛卡尔的科学著作》(*Scientific Works of René Descartes*),页 71,82;以及 Clarke,《笛卡尔的科学哲学》(*Descartes' Philosophy of Science*),页 183 – 185。

② [译注]大洪水过后,上帝与诺亚立约:"我与你们立约,凡有血肉的,不再被洪水灭绝,也不再有洪水毁坏地了",而彩虹"就是我与地上一切有血肉之物立约的记号(sign of covenant)",见《创世记》9:8 – 17。

③ Hartle,《死亡和漠然的观众》(*Death and the Disinterested Spectator*),页 151,187;Lachterman,《几何学的伦理学》(*Ethics of Geometry*),页 204 以下。

光的敬畏而目瞪口呆时,一个权威的形象(科学家)从他们中间走了出来,宣布这光是一个真正的圣迹,于是本撒冷皈依了基督教。《新大西岛》的英文本出现于 1627 年、法文本 1631 年、拉丁文本 1633 年,而在 1637 年([译按]《方法谈》的出版年份),笛卡尔,这位对天空进行解神话的人展示了如何设计一种器械来再造出现在本撒冷天空的圣迹。当然,培根本人曾悄然暗示说,他那巍然的天空标记不过是由统治本撒冷已有三个世纪的科学家们用来向本撒冷引入一个新的市民宗教而设计的一场骗局,此外,在展示如何制作这一器械时,笛卡尔尊重了培根的克制,因为他没有炫耀自己揭穿了这场骗局。笛卡尔没有提到培根或《新大西岛》,而是以一种含混的方式说到他所记得的一项发明:喷泉——它的水柱会在天空中产生一个标记,而这会让那些对其成因无知的人们诧异。不过,笛卡尔补充了许多把这个标记和本撒冷联系起来的细节,举例来说,这样一个[159]标记会呈现为"十字架,或者柱形,或者其他某种会令人诧异的东西"的形状。并且,要有大量的技能和劳动才能创造出这样一个器械:它强大的足以"被整个国家远远地看到",精妙的足以"无需寻觅窍门"就可运作。

笛卡尔的机械把戏(mechanical trick)与培根的圣迹并不完全吻合,因为他的机械把戏是白天的一道彩虹,而培根的圣迹却是夜里的一道白光。然而,在其他地方,这些分歧得到了自我解释。在前一讲的结尾(《气象学》第七讲),笛卡尔描述了夜晚出现在天空中的白光,那样的夜晚祥和宁静,如同这一标记出现在本撒冷天空的那夜。笛卡尔断定这种光能够利用已经落山的太阳,但他并未完成这一探讨。取而代之的是,他预先称讨论彩虹的下一讲为这一探讨的完成:下一讲结束于展示如何设计天空中的一个标记,这一标记"可以被整个国家远远地看到",但这个国家不会发现骗局而是感到诧异,因为它始终"对成因一无所知"。

若说笛卡尔的器械隐蔽地参照了那把基督教引入本撒冷的圣迹(我所认为确乎如此),那么,笛卡尔就已经以一种极为漂亮的方式表明,在引入新科学所面对的关键问题上——如何把新科学引入这一由旧宗教塑造的世界中、如何在将来的社会里保持新科学与旧宗教能够和谐一致,他深通培根。此类问题必然极端敏感,正鉴于此,笛卡尔并未径直说,培根一定是意欲让那把基督教引入本撒冷的圣迹被理解成由萨罗门学院搞弄的设计壮举。他也没有说,这一圣迹表明宗教正在转变成新哲学的呵护。尽管如此,如果事情不过是由明理人设计的机械把戏,那无形中就说出了一切。如果笛卡尔是在暗指培根的圣迹,他就展示了自己共谋于这一圣迹的意图:哲学对宗教的统治取代宗教对哲学的统治。而且,他对培根的圣迹去神秘化的谨慎方式说明,他与培根一样践行着“隐秘文风”(enigmatical style)。

这个例证引人注目,且抛开《新大西岛》就无从解释。尽管如此,正如前一个来自《灵魂的激情》中的例证一样,它如果只是单文孤证,那就不能令人信服地证明奥秘文风。事实上,这并不是单文孤证,如卡顿所说,笛卡尔“有的是恶作剧”。[1]而且,笛卡尔的恶作剧跟从着培根:它们全都属于一种多面相的写作风格,这种文风的一致目的就是革命——在一个受基督教的宗派冲突所宰制的世界里,他们否认革命,同时又在煽动革命。笛卡尔对文风的零星探讨说明了这一点。

笛卡尔的文风

> 后人们啊:千万不要听信那些关于我的各种传闻,除非我自己透露的。
>
> ——笛卡尔(《方法谈》,vi. 70)[2]

---

[1] Caton,《进步的政治学》,页 54。

[2] [译注]参王太庆译文:“我愿意乘这个机会请求后人们注意,凡是未经我亲自发表的东西,千万不要道听途说,以为是我说出来的”,见《谈谈方法》,页 54。

　　尼采曾说,显白与隐微之分先前为哲人们熟知,它自动产生于哲人们的等级或差异(《善恶》,条30)。对于这一尼采式规则,笛卡尔亦不例外。藏得好才活得好——笛卡尔混用坦率与掩饰,以让自己成为法国大革命的始祖。与培根和其他隐微术大师一样,笛卡尔以恰当的方式颇为隐微地探讨了显白与隐微之分,从而提示了他的隐蔽位置。

　　其中一场对隐微风格的讨论发生在《哲学原理》的结尾(iv. 205)。在此处,笛卡尔强调了一个难免会困扰隐微风格的解释者们的问题:假定作者称职,那解释者们将无从以任何直接的方式证明隐微术的存在。《哲学原理》用拉丁文写成,旨在成为一部受到认可的教科书,而笛卡尔却在结尾表达了他的担忧,唯恐由于自己先前被迫主张的观点而有损于真理:时势一度迫使他声称,自己的物理学的原理是骗人的(《哲学原理》,iii. 44,45;iv. 1,204)。如果显见并不同于真实,责任就落在了解释者这方;为了阐明这种责任,笛卡尔谈起了一种写作的艺术,它运用一种简易的编码方法:通过一种非常的方式编排字母,把一条信息藏在一个拉丁文本里面。正确的解释要基于一个猜想,即这本拉丁著作是用密码写成的,还要基于一个信念,即密码已经被破解了。如果这种解释最简单、最一致,而且能够进行预测,那就有充分的理由坚持这一解释。然而,无法清除它的猜想性依据。可猜想的意义(conjectural meaning)始终有可能并非所预期的意义(intended meaning),因为文本或许是用另一种更复杂的密码写成的。不过,笛卡尔补充说,我们有理由怀疑,[161]一种更复杂的密码特别对于长篇讯息才有可能。谈论一种密码,这说明笛卡尔破解了一种复杂的密码:笛卡尔的数学物理学所猜想的原理,最好地解释了自然世界的表象。但是,一旦这位一流的解释者根据自己的原理(他被迫称之为骗人的)破译了世界的密码,对这一解码的世界的传达自身就必然会被编码。破译这一次级密码起初依靠猜想,当猜想显示出简易、一致以及富有解释力时,它就有说服力了——尽管它始终都只是一种猜想,只是认为存在着一条被编码的信息。如此这般地结束这本书,恰恰阐明了其"序言"中离奇的警告:不要把书中所表达的任何观点看作是正确的,除非能极为清楚地看到这种观点从第一原理推理而来。①

另一场对隐微风格的讨论发生在一个有趣的背景中：笛卡尔对旧日门徒雷吉乌斯（Regius）的低劣修辞的公开责难。②《评一份大字报》（*Comments on a Certain Broadsheet*）讨论了笛卡尔所说的"苏格拉底风格"（Socratic style）或"装样子"（speak ironically），就此揭露了雷吉乌斯的失误。践行此种风格的人言在此而意在彼，把明辨其真意的任务留给了解释者。作为雷吉乌斯作品的解释者，笛卡尔本人就面对着这样的任务，而他采取的正是他向自己的读者推荐的方式：他阐述"猜想——不是作为真正的事实，而是作为纯粹的猜想，因为我在这里所说的都不确定"（《笛全》，VIIIB. 355 - 356;《哲著》，1. 302）。笛卡尔主要的猜想乃是基于一个推断：在雷吉乌斯对灵魂的讨论中，存在着两个相互对立的陈述，其中之一断言灵魂不同于身体，另一则暗示灵魂只是身体的一个工具。一项暗示对立于一项断言，这是不对称的。笛卡尔察觉了此处的策略：作者是在以同一套说辞向两类不同的听众发言。

　　这两项陈述对立之如此显然，这使得我并不认为作者意图让读者同时接受两个陈述；我认为他是故意混淆两者，[162] 目的是

---

①　在早期的未刊著作《指导心灵的原则》（*Rules for the Direction of the Mind*）中，笛卡尔谴责了古代作家的修辞行为，称他们不够真诚和坦率、用各种晦涩伪饰自己的发现。但在几页之后，笛卡尔将自己的修辞行为比作是用数学的方法为他的发现披上外衣。他还补充说，谁仔细领会他的意思，谁就会明白普通的数学（ordinary mathematics）并不是他的用心所在，他描述的是所有可能的知识的基础（《笛全》，X. 366 - 367，页 373 - 374;《哲著》，1. 13, 17。对 Mathesis universalis 这一术语的长期争论，有一个有趣的解答，参见 Van de Pitte，"The Dating of Rule IV - B"）。［译注］参见管震湖中译本，页 10 - 11,18。

②　［译注］雷吉乌斯是荷兰乌德勒支大学的医学教授，笛卡尔哲学的信仰者，曾激起 Voetius 与笛卡尔的争论。之后与笛卡尔产生分歧，于是在 1647 年发表了一份大字报，列出了 21 条对笛卡尔形而上学的质疑。笛卡尔写了一份单页的申辩书，张贴于街亭供人阅读。笛卡尔的这份公开辩护以拉丁文出版于 1648 年，原名 *Notae in Programma Quoddam*。

通过援引《圣经》的权威以满足头脑简单的读者和他的神学家同仁,同时让那些更为聪敏的读者认识到,当他说到"精神不同于身体"的时候,他是在装样子,而且他完全认为精神不过是一个模子而已。(《笛全》,VIIIB. 356;《哲著》,1. 302)

笛卡尔由此断定,这位作者意图表达某种他并未明言的东西,而他所明言的东西并非其意图所在。这一断定体现了本书三页前所描绘的有关信仰与自然理性之关系的原则。以自然理性衡量信仰问题,这是成问题的。长期以来,神学家们鼓励哲学家们通过自然理性去论证信仰问题。但是,如果自然理性与信仰冲突呢?——雷吉乌斯表明,在精神与肉体不同这一问题上,它们确实冲突。在一个繁复的句子中,笛卡尔说,他从未见过谁会认为自然的法则与《圣经》中的描绘不同,除非是出于唯一一个理由:为了直接表明自己不信仰《圣经》(《笛全》,VII-IB. 353;《哲著》,1. 301)。卡顿总结出一条他认为隐含在笛卡尔的论证中的阐释规则:"我们可以说,这一规则合理地解决了笛卡尔著作中信仰与理性之间的每一个对立,即支持理性。"①我认为,这一规则完全正确。笛卡尔在自己对装样子的描述中装样子:他大胆地揭露了对手的策略性行为,这表明他绝不会屈尊自己去搞这个。笛卡尔对隐秘风格的讨论自身必定是显白的,或者必定倾向于一种虔敬的阐释。虔敬会让人如此感受笛卡尔对雷吉乌斯的讨论:旧日门徒所使用的方法无异于随意展示这位哲人最高深的观点,这是何等大逆不道;而我们的哲人一把逮住了他,却又何等警觉。

不论当代人是否认为笛卡尔践行了"苏格拉底风格"或装样子(许多人确实如此认为),笛卡尔对于宗教的方法带来了爆炸性的实际后果。波普金(Richard H. Popkin)这位早期现代怀疑主义和宗教方面的著名史

---

① Caton,《笛卡尔的诚挚问题》(Problem of Descartes' Sincerity),页 366。围绕着笛卡尔的虚伪,卡顿进行了全面和启发性地阐发。参见《主体性的起源》,页 10 – 20;《进步的政治学》,页 25 – 32, 54 – 65。

学家说:

> 在现代非宗教的进程中,其中主要的因素之一(即便不是最主要的因素),就是应用笛卡尔的方法论与笛卡尔关于真正的哲学——科学知识的标准。①

是否笛卡尔本人[163]并不清楚自己的科学与自己的宗教之间的相容性呢? 笛卡尔对雷吉乌斯的策略的分析表明并非如此,因为他指出:一位作者会很好地避免陈述具有争议的结论,他清楚这些结论可由他所陈述的内容暗示出来。不过,在这一重要的策略问题上,笛卡尔留给我们的并不只是猜测,因为他在书信中描述了自己的缄默策略。与自己的追随者们的私人交流允许笛卡尔坦诚一些,即便如此,如他自己私下所说,在信中保持自己最高深的观点含混一点儿仍然有必要。在17 世纪 40 年代早期,雷吉乌斯的鲁莽几近让加尔文派的荷兰大学权威们毁掉笛卡尔岌岌可危的声誉,当时笛卡尔曾教导雷吉乌斯怎样讨论旧观点而不会激起反对(致雷吉乌斯,1642 年 1 月)。这一策略就是培根的恶意忽略策略(strategy of malign neglect)。笛卡尔问道:"你为什么要公开拒绝本体的形式(substantial forms)和本真的性质(real qualities)呢?"②应该效仿笛卡尔在《气象学》中的做法:"我明确地说,我丝毫不拒绝或否认它们,只是觉得在阐述我的解释时,并不需要它们。"这一策略容许笛卡尔的听众为他们自己拒绝旧观点——要是他告诉他们这么做,他们反而可能不会这么做:"假如你上过这堂课,你的每一位听众一认识到这些旧观点无用就会拒绝它们,而你在你的同僚中就不会

---

① 《笛卡尔主义和圣经批评》(Cartesianism and Biblical Criticism),页 61
-81;所引段落见页 61。
② [译注]两词均为经院哲学术语。

变得如此人心向背。"①

　　这是笛卡尔在《气象学》中的策略。他还告诉梅森（"仅限你我之间"），这也是他在《沉思录》中的策略：

　　　　这六篇沉思包含了我的物理学的全部根基。不过，这一点千万不能透露出去，因为那些亚里士多德的追随者会觉得更难以认同这些根基。我希望，他们会渐渐习惯我提出的原理，并且在他们发觉这些原理摧毁了亚里士多德的原理之前，就承认其中的真理。（致梅森，1641 年 1 月 28 日）

　　笛卡尔风格的关键问题在于：笛卡尔的方法激起的最富争议的推断明显不是由笛卡尔做出的。笛卡尔深知，他的原理对立于古老的原理，于是他让自己的读者看到这些对立，还让他们自己做出恰当的结论。

　　笛卡尔曾授予他的年轻门徒布尔曼（Burman）和伊丽莎白毫不隐微的教导，明确向他们说明如何衡量他的著作的诸种主题，这进一步阐明了笛卡尔的隐微术。②[164]在与布尔曼的谈话中（当时笛卡尔已经完成了他计划中的所有著作），他告诉这位年轻的荷兰仰慕者，他本人怎样衡量自己著作中的重要内容。笛卡尔以第三人称谈起他的宇宙学（以及自己），并侧重于他的个人感受：

_____

　　① 雷吉乌斯不赞同笛卡尔公开拥护那些他实际上反对的信念。雷吉乌斯还谈到了其他不赞同笛卡尔的策略的人，并称这些人认为，笛卡尔发表他晦涩难解的形而上学是在损害他的哲学。见《笛全》，IV. 255；Caton，《笛卡尔的诚挚问题》，页 364。

　　② [译注]1648 年 4 月，一位名叫 Franz Burman（1628 - 1679）的年仅 20 岁的荷兰学生与笛卡尔一同进餐并与他进行了谈话。250 年之后（1896 年），这次谈话的记录才公开发表出来，成为笛卡尔哲学遗产的一部分。参见 John Cottingham 英译本：*Descartes' Conversation with Burman*（Oxford，1970）。

　　回顾过往,他最大的快乐源于他对宇宙的一些思考。他最为看重这些思考,并不愿把它们对换成他对任何其他主题的任何思考。

　　他希望让这位热衷于他的哲学的聪明的年轻人认同这一评价,尤其是谈到"其他主题"中的一个:"不要在《沉思录》上花费太多时间。"与笛卡尔在这一谈话中的所有其他评论不同,这一建议是笛卡尔主动说出的,而且也不关乎哪个特别的段落;恰好在此之前,布尔曼提出了《沉思录》里面的许多问题,这注定会成为解释笛卡尔的形而上学的标准绳结。笛卡尔强调说:"这些物理学研究才最值得人们去从事。"年轻的布尔曼终究成了一个神学家,他象征着对笛卡尔的解释此后所采取的方式:《沉思录》首先向"巴黎神圣神学院的院长和博士们"(法国的宗教裁判所)发言,读起来却像是以同一种声音向所有人发言("与布尔曼的谈话",《哲著》,3. 346 – 47)。

　　伊丽莎白公主拥有非凡的洞察力和理解力,笛卡尔对这位追随者明晰的教导更加精彩(书信,1643 年 6 月 28 日)。他们有过长年的通信,在其中一封早期的信件中,笛卡尔言简意赅地直陈一切,同时也使对方无需多费口舌。这位公主应该如何安排她宝贵的学习时间呢? 她应该效仿她的导师"在他的研究中始终遵循"的"首要准则":"绝不要一天在占据想象力的思想上盘亘几个小时之上,更不要一年在那些占据纯理智的思想上逗留几个小时之上",后者刚好已经被界定为"形而上学思想……它有助于我们熟悉灵魂的观念"。一年花几个小时——唯有伊丽莎白公主才适合接受这一建议,因为她浸染于写作与阅读的百般精妙。在一封更早的信中,笛卡尔就留意到:作为一个作者,伊丽莎白公主仅仅是记录下自己思想的轨迹,这些轨迹初看之下很敏锐,而愈加以审视就愈显审慎和稳妥。[165]此外,作为一个读者,她还有着一双火眼金睛(书信,1643 年 5 月 21 日)。作为笛卡尔的这样一位读者,伊丽莎白公主审慎的咨议建议她应该如何处置这样一位作者的形而上学思考,而她肯定会对之会心一笑,因为,在此处——如桑蒂拉纳(Giorgio de

Santillana)就伽利略信中一个相似的段落所说:"几乎可以听到偷笑声。"①一年花几个小时。考虑到笛卡尔对写作和阅读的认识,对于学者们对他的著作的解释变得越来越像布尔曼(Burmanesque)而不是伊丽莎白(Elizabethlike),笛卡尔肯定毫不惊讶。②

笛卡尔本人对风格的讨论加上我们已经讨论过一些段落,应该揭示了笛卡尔文本中一种尚无人问津的喜剧风格。透过笛卡尔著作严肃的外表,始终闪耀着一种喜剧笔调,哂笑着,斜睨着,使笛卡尔成为哲学史上伟大的喜剧大师之一。要享受这些有趣的片断,得看对笛卡尔隐微风格的敏感程度。在笛卡尔逝世一个世纪之后,拉美特立(La Mettrie)看出了显白与隐微的不同,而当我们也看出时,我们就能加入拉美特立和他保卫"伟大的笛卡尔,驳斥那些习惯为了他的愚蠢错误而嘲笑他的人"。③我们就能停止嘲笑笛卡尔,开始与他一起大笑,因为,所谓笛卡尔的愚蠢错误实际是对笛卡尔的喜剧麻木不觉的解释者们所犯的愚蠢错误。

与笛卡尔一起笑——在尼采关于笑和记忆的《快乐的科学》的开篇格言中,我们可以看到这种笑在一部尼采式的哲学史中的地位。这篇格言冠名以"教导生存之目的的导师",它是对人类历史中的肃穆与轻浮之涨伏起落的反思。尼采肯定肃穆者,这些教导目的的导师逐个族群去说服人们接受一些有益于人类生存的意义,从而推动人类向前。但是,长远来看,这些关于目的的教导"都被笑、理性和自然彻底击败了:短暂的悲剧总是一再被取代,[166]并回到生存的永恒喜剧;而且,'无尽笑声的浪潮'——借用埃斯库罗斯的话说——终将淹没这些悲

---

① Santillana,《伽利略的罪行》(*Crime of Galileo*),页172。

② Maritain 的《笛卡尔之梦》(*Dream of Descartes*)认为,笛卡尔的修辞"仅仅是花招手段:隐晦——但不是谎言;最大的矜持"(页44)。因而,笛卡尔自己并不知道"他的哲学与基督教智慧的整个正统深深地不和"(页44);笛卡尔是"无意的含混";"几乎在每一点上,这一哲学都并排排列着同等极端的一个命题与一个反命题"(页45)。

③ Vartanian,《拉美特立的〈人是机器〉》,页191-192。

剧家中最伟大者"。笛卡尔发觉自己处身于一种对目的的教导之中，于是学着用笑的可怕武器来对抗它。当然，笛卡尔本人并没有笑；他似乎难得一笑。但我们还能奢望更多吗？如尼采所说，教导生存之目的的导师"想要确保我们不会嘲笑生存或嘲笑我们自己——或嘲笑他"。所有此类的教导都认为，"世间有种东西是绝对禁止嘲笑的"。受制于这样一条禁令，又在一个对禁止者们（prohibiters）一个世纪以来就危机重重的时代写作，笛卡尔清楚，笑行不通。于是，他采用了肃穆的手段，为自己戴上严肃的面具，不论这个面具多么不自在。轻浮来自这种肃穆，来自他所采取的姿态——他万分谨慎地让我们把其看成一种姿态。他没有笑，可我们笑了。在禁止笑的地方，他逼着我们笑而他却逃脱惩罚，因为他是如此严肃。

让我们来看看笛卡尔本人关于嘲笑肃穆者的教导吧。在《灵魂的激情》中，笛卡尔讨论了一种幽默：嘲讽或愚弄——尼采以之作为一种重要的哲学方法，而尼采本人就是一位嘲讽大师。笛卡尔说：

> 嘲讽，它让坏人们显得可笑，从而善意地训诫他们，但嘲讽者并不亲自嘲笑他们，也不表达对任何人的任何仇恨。嘲讽不是一种欲情，而是一位有教养的人具有的一种品质，它炫耀他性情的喜悦与灵魂的宁静这些美德的标志，还常常炫耀他头脑的机智，这样，他就能在其中赋予他嘲弄的对象一个赏心悦目的外表。（条180）

"嘲讽者并不亲自嘲笑它们"——而我们这些享受这种嘲讽的观众呢？"一听到别人的嘲讽就大笑并非有失体统；甚至你不笑的话它还会生气"（条181）。是时候开怀大笑了，是时候把笛卡尔看作哲学史上伟大的喜剧大师之一了。

尼采说，当我们发现并理解了笑的过去、笑在征服所有对目的的教导中的伟大作用，"笑或许就拥有一个未来"。"你们理解我吗"，尼采在这则格言的结尾说道，"你们理解这一新的盛衰规律吗？我们也会有一个时代"！尼采与其同侪的快乐的科学会有一个时刻，这一时刻是对目的的教导终结的时刻,也是一种教导生存之无目的游戏的学说翻然来临的时刻。笛卡尔就是一位[167]笑的导师,在对那些教导生存之目的的学说的征服中,我们从他那里受益最多。①

笛卡尔与哲学史:《方法谈》

以下对笛卡尔的讨论将始终主要关注《方法谈》。在笛卡尔的著作中,这部书有着特殊的地位。原因有三。第一,笛卡尔对他公开的形象有过长期的反思,在打消了一系列预想的第一形象之后——《奥林匹卡》(*Olympica*)、《指导心灵的原则》、《论世界》,他才最终作为《方法谈》的作者出现。第二,《方法谈》展现了笛卡尔整个计划的纲领,并且,为了伴随并验证这一计划,它还展现了它的匿名作者的一幅画像。在这部著作面世一年前,笛卡尔为它所设想的标题是:

> "一项普遍科学的计划:提升我们的自然达到最高的完善。"
> 外加《折光学》《气象学》和《几何学》,作者已经尽量选择了最有趣
> 的问题来证明他的普遍科学,而且,他解释这些问题的方式,使那
> 些即便从未研究过它们的人也能够理解。(致梅森,1636 年 3 月)

要是笛卡尔如此命名他的著作,或许读者们就会更快醒悟这一使命的重要性与其作者的非同一般。第三,《方法谈》是三篇"运用这一方法的论文"的序言。如罗斯所说,这是"《方法谈》最重要的文本事实"(却普遍被人忽视);对于那些讨论"不是把我们带向形而上学,而是

---

① 在反抗启示的现代战争中,嘲讽是一种武器。关于嘲讽的这一作用,参见 Strauss,《斯宾诺莎的宗教批判》(*Spinoza's Critique of Religion*),页 143 – 146,《哲学与律法》(*Philosophy and Law*),页 11。

带向科学真理"的科学主题的论文,《方法谈》是一篇导言。①这些科学
论文早先是在没有形而上学"基础"的情况下完成的(iii. 29),只有伴以
一篇序言才能把它们送到人间,使它们得以在人间立足。通过这一职
能,《方法谈》成了笛卡尔所有著作不可或缺的序曲。

　　在《方法谈》发表十年之后,当笛卡尔在法文版《哲学原理》的序言中
评论自己的著作时,他强调说,《方法谈》始终是理解他的这部作品的必
要门径。笛卡尔说,他的著作经过了系统编排,为的是让读者们的心灵为
他的《哲学原理》做好准备;他一系列的书[168]"以正确的次序(解释了)
整个哲学,没有漏掉应在我最后所写的东西之前加以论述的任何内容"。

　　早在《方法谈》许多年以前——甚至比他预想的所有其他第一形
象还早,笛卡尔写下了一则饶有兴味的笔记,幸运地成为他存世的最早
的断章之一:"演员们受命不能让他们的脸上显现出一丝尴尬,于是他
们戴上面具。至今,我一直是世界这个剧场的一名观众,但我现在马上
就要登台了,而且,我将着面具而来"(《笛全》,X. 213;《哲著》,1. 2)。当
笛卡尔终于到来时,他戴上面具作为《方法谈》的作者而来。在《方法
谈》的自传性戏剧中,他让他的读者见证了一次面具行动(a masking),
因为,我们看到他走进孤独的火炉子(poêle)——如今德国南部著名的
"炉房"或"火炉取暖房",在那里独自与自己的思想摩挲(ii. 11)。不仅
是他所说的"一整天",还有 1619 - 1620 年间的整个冬天,他都在遗世
隐居。当他终于出现时(iii. 28),他戴上了面具——尚在隐居之时,他就
为自己精心准备了临时的道德规范,用来隐藏他自我设立的革命性思想
和革命性方法。相比于火炉子之前的他,这位戴着面具的革命者看上去
并无二致,重新作为他提到的欧洲风云的"观众而不是演员"(iii. 28)继续
着自己的游历。借着《方法谈》,这位观众首次成为一位演员;发表了《方
法谈》,他就登上了欧洲的舞台,而他不久就会主宰这一舞台。②

———————

　　①　Roth,《笛卡尔的〈方法谈〉》,页 6。
　　②　笛卡尔的《奥林匹卡》描写了耐人寻味的梦境和释梦。如果我们把它
理解成有意识的编造而不是对实际梦境的记录,那就可以将它看作笛卡尔回

作为笛卡尔所有著作的引人入胜的序言,《方法谈》的外表令人愉悦,既简单又直率。笛卡尔甚至希望,他的坦诚能够得到每个人的称许(i.4)。可在我看来,《方法谈》的简单和坦诚掩盖了一种复杂和晦涩,这种复杂和晦涩更加令人愉悦,正是它们使《方法谈》成为哲学著作中一部不折不扣的杰作。这种复杂和晦涩之一,就在于笛卡尔与他的哲学前辈和导师们之间的关系。笛卡尔表现得好像是横空出世,可他同时表明自己是如何受教于那些伟大的哲人——在我看来,尤其是苏格拉底、柏拉图、培根以及蒙田。笛卡尔表明,他[169]通过模仿苏格拉底的著名行为来向苏格拉底学习,直到他的苏格拉底活动最终促成了他生命中的一次转折,迫使他与苏格拉底分道扬镳:这就是《方法谈》在中间位置描绘的一个事件。我会证明,笛卡尔与苏格拉底的分道扬镳使他转向了柏拉图,转向一种极为不同的审慎风格(politic style):在《方法谈》的第六部分,笛卡尔表明自己正在学习这门技艺。笛卡尔与培根直接相关,因为他继承了培根掌控自然的计划,以自己的数学物理学作为这一计划的根基,并以这一计划作为发表所有作品的唯一理由。至于蒙田,笛卡尔秘而不宣地径直引用了他的许多独家观点,这促使读者们自己思考现代怀疑主义对笛卡尔的影响:正是现代怀疑主义取代了苏格拉底和柏拉图的怀疑主义。

　装作是横空出世,却又暗地里表现出对伟大前辈们的依赖——笛卡尔由此展示了他与最伟大的心灵的紧密联系。最伟大的心灵只愿接受最智慧的人来评判他们,并不需要浅陋者的追慕(vi.78;i.6)。①同样,笛卡尔为他真正的朋友和亲信、为这些热爱智慧的人写作,邀请他们成

(接上页)答"我应当追随什么样的生活道路?"这一问题的另一个早期表述。也可将它看作笛卡尔早年的一次尝试:展现他的使命以及他胜任这项使命。参见 Kennington,《笛卡尔的〈奥林匹卡〉》(*Descartes' "Olympica"*)。科勒(Cole)则支持这些梦的真实性,见《奥林匹亚之梦与笛卡尔的青年造反运动》(*Olympian Dreams and Youthful Rebellion of René Descarts*)。

　① 柏拉图,《会饮》,194c;培根,《伟大的复兴》,"前言"尾句;《培根全集》,IV.21。

为他的同谋。从笛卡尔的做法中,他们会学会自己如何去做,因为笛卡尔的做法表明,他承继着一条长长的高贵谱系,承继着自苏格拉底以来的圣贤们;装样子的言辞是这些圣贤的法宝,既能保护他们的清静和闲暇,又能让他们的教诲可以为那些兼具良知(good sense)和学识的人所理解(vi. 77–78)。可是,在不同的时代、不同的地方,苏格拉底的言辞一定要采用不同的形式;卡珊德拉一定得清楚她身处何方,知道怎样说话。笛卡尔的装样子部分就在于这一假象:这位苏格拉底—柏拉图—蒙田—培根派造就了他自己。我希望阐明的是,《方法谈》讲述了这位新哲人的成长历程,这部绝妙的故事布满了暗指(allusions)。有的暗指直接引自著名的作品(对蒙田的暗指),有的是复述一些著名的事件(对苏格拉底和伽利略的暗指),有的则是厚着脸皮从柏拉图和培根等人那里偷来的观点。①

[170]不过,这里需要提醒一点。《方法谈》似乎把绝对确定性(absolute certitude)作为哲学的目标,而对这些暗指的理解却缺乏绝对确定性;它取决于敏感性精神(esprit de finesse),而与几何学精神(esprit géométrique)毫不相干。②随着时间和感受的变换,就不可能辨认出所有的暗指,而且始终有可能看错这些暗指或误解其意义。不过,在我看来——笛卡尔如此来构制他的这本著作,是要迫使那些想要理解它的读者费尽心机,而且,他在那些主要问题上已经明确:哪有人不知道苏

---

① David Lachterman 深入探讨了笛卡尔的数学,并主张最好放弃考辨笛卡尔所受到的影响这一无用之功。他把源流考证(Quellenforschung)贬斥为一种无用的 Ideenjagd,并认为笛卡尔试图隐藏他的所有行踪,为的是造成一种横空出世的夸张印象:拒绝进行源流考证当然有助于这一解释。此外,笛卡尔第一部书的第一句话就引用自蒙田,而且并不需要很多源流考证;这一事实也有助于这一解释(Lachterman,《几何学的伦理学》,页124–125)。

② [译注]两词原是帕斯卡尔在《思想录》中的发明(见何兆武中译本,页3–6)。帕斯卡尔把人的精神(esprit)分为两种类型:"几何学精神"是超越日常生活的、几何学的逻辑推论方式;"敏感性精神"则是在日常应用中的良好的洞见力,属于心灵的直觉或敏感。对于那些可感而不可见的、异常繁杂的事物,只可凭借"一种极其细致而又十分明晰的感觉才能感受它们,并根据这种感受作出正确公允的判断;但却往往不能用几何学里那样的秩序来加以证明"。

格拉底的生平,柏拉图、马基雅维里、蒙田、培根的著作,以及伽利略的遭际呢? 笛卡尔表面上是个自成一代的理性人(rational man),但他又受惠于其他稀世的绝对理性人,这两点是完全一致的;此外,笛卡尔为理性人写作,对他们而言,笛卡尔回报这种恩惠的方式有着重要的启示。在这里,对于你们显然并不知道是否正确的东西绝不要相信:我不迷信他们的权威,你们也不要迷信我的权威。我认为,这就是笛卡尔所理解的哲学史的教益。伟大的哲人们教导了他,他们教导他投身于一场远比他自己更伟大的文化戏剧、一场人类历史的戏剧:这场戏剧某种程度上取决于哲学,而他有望在其中扮演一个角色。笛卡尔通过表明自己如何受教来施教。通过不断反思伟大的先师们,笛卡尔成就了自己。

第七章　笛卡尔与苏格拉底：
《方法谈》中的转折点①

> 在苏格拉底身上,我们不能不看到所谓的整个世界历史的转
> 折点和涡漩。

——尼采(《悲剧》,条15)

[171]事实上,笛卡尔在苏格拉底身上看到了所谓的整个世界历史的转折点。在他对哲学史的唯一一篇长论——介绍其《哲学原理》法文译本的信——中,笛卡尔把苏格拉底描绘成一位奠基性的导师:他的学生柏拉图、柏拉图的学生亚里士多德以及所有此后的哲学都在传承他的思想。可苏格拉底并不仅仅是西方哲学的奠基者,他还是一个可以效仿的思想者典范。在《方法谈》的前半部分,常常能发现模仿苏格拉底的痕迹。然而,在《方法谈》的中间位置,这位匿名作者的人生出现了一次重大转变,他突然停止模仿苏格拉底而选择了另一条道路。

苏格拉底的原型就显现于这位作者发现自己无知的方式,即通过考察号称的聪明人,以及研究世上的各种风俗(i.4,10)。他获得的无知激励他以"认识你自己"作为自己的探究原则(i.10,11),而这一德尔菲神律早已等同于苏格拉底。沿着这条苏格拉底之路,他得出了苏格拉底式的结论:哲学生活能够给人最强烈的满足(iii.27),而且,"有了正确的判断,就可以有正确的行动"或美德即知识(iii.28)。这些对苏格

———————————

①　在这些关于笛卡尔的章节中,我的许多观点都得自杜恩(George Dunn)。尤其是本章关于苏格拉底的一些重要论点都来自他对笛卡尔的研究。感谢他惠允我采用他的这些观点。

拉底之道(Socratic practice)的暗示在第三部分的结尾得到了确证,在那里,[172]这位作者描绘了自己人生的一次转折——他离弃了自己的祖国,为自己开启了一块全新的探究领域。这一转折意味着与苏格拉底之路的彻底决裂。

为了描写这一决裂,这位作者头一次明确说明,他的外在行为曾经何其像苏格拉底:九年来,他遵循着苏格拉底之道的两个要点——公开声称自己的无知,公开证明那些自称的有知者的无知(iii.30)。苏格拉底之道带来苏格拉底的遭遇,人们开始散布流言,说苏格拉底是智术师,说他坦率承认无知不过是装样子而已。正是这些流言最终导致了苏格拉底的审判和死刑。基于相似的原因,产生了相似的流言,这些流言使我们的作者做出了一个并非苏格拉底式的反应:他不能容忍别人对他信口妄论;在谣传的智慧与矜夸的无知之间,他必须得有所抉择。他没有继续追随苏格拉底,也没有否认对他智慧的流言,而是回身而去,决定索性证实这一流言。他要学会如何声称有智慧而不是无知。非苏格拉底式的决心要求一种非苏格拉底式的行为:他自愿流放到异国他乡,准备着向他的国民们证明自己的智慧。①

为了声称有智慧而不是无知,我们匿名的作者不得不改换自己的居所,还不得不改换自己的主题,已经钻研九年之久的主题并不能证明他的智慧。他要改换成第四部分的全新主题——对形而上学问题的沉思(在介绍性的概要中,他称这些全新的主题是"[他]用来证明上帝存在、证明人的灵魂存在的理由,也就是他的形而上学的基础")。因而,这位作者告别了苏格拉底式行为,并度过了八年的流放时光:为了消除公众对一种隐秘智慧的流言,他要表明自己对神圣事物和人间事物(上帝和灵魂)都有智慧。在苏格拉底式行为折戟沉沙之处,他要取得胜利。赢得人们的追慕似乎极为重要,因为,对于自己的这些非常之举——自我流放、转向上帝和灵魂此类新主题,他只交代了一个理由:他的声名。他

———————————

① 见 Simpson,《整修某人的房屋》(Putting One's House in Order),页83 - 101。

将"用尽一切办法"不辜负流言强加于他的声名。他改变了自己的行为,为的是改变自己的声名:[173]因为某些问题,苏格拉底被处死了,在这些问题上被称颂为有智慧,才是智慧之举。

笛卡尔在处女作中就以哲学上的神话英雄苏格拉底自况,还自称真正变得智慧因而超越了这位英雄——是否笛卡尔由此就沉湎于他经常受到指责的"自大"(arrogance)呢? 我们必须在这儿暂停一下,思考一个《方法谈》常被人遗忘的事实:它最初是匿名出版的。这本书是一部自传,但是,是谁的自传呢? 谁是这个故事的主角呢? 这位作者从未告诉我们他姓谁名谁,可他却告诉我们怎样看待他的故事并由此看待他:把它当作一部史传——或者,假如你们愿意,一部传奇[fable](i.4)。①但他随即补充说,这部史传或传奇的目的不是要树立一个效仿的榜样,因为"在能够效仿的榜样中,我们也可能发现其他一些有理由不追随的榜样"。我们应该怎样看待这部史传或传奇呢? 这位作者变相回答了我们的问题——他告诉我们传奇和史传有何益处:传奇的雅致可以唤醒心智,史传中的丰功伟绩则激励心智,精心研读它们有助于英明决断(i.5)。他还告诉我们怎样精心研读:传奇描写了诸神和英雄们的瑰奇事迹,它使我们把许多实际不可能的事情想象成可能的(i.7)。这部传奇的主角做了什么不可能的事情吗? 他做了什么呢? 他的这部史传会告诉我们吗? 他说,即便是最信实的史传也会以各种方式歪曲事实"不能尽如原貌"(i.7)。另外,"如果对史传提供的榜样亦步亦趋,就容易如传奇中的骑士一般陷入浮夸,也容易构想出他们力所不逮的计划"。精心研读命令我们,不要处处模仿传奇故事中的榜样——比如几年前出版的唐·吉诃德(Don Quixote)的传奇故事。然而,如果《方法谈》中所描写的事迹超出了我们的能力并因此难以仿效,是否它们也超出了《方法谈》中的这位骑士的能力呢? 这些传奇事迹是要唤

---

①　[译注]fable 通常译作"寓言",但就西方寓言传统(伊索、斐德若等)而言,动物才是寓言的主人公(参见莱辛《论寓言》)。笛卡尔所说的 fable 是指如《唐·吉诃德》这般离奇的英雄故事,故译作"传奇"。

醒我们的心智,让我们明白人的可能性,还要以它的主角实践这些可能性的举动来激励我们的心智,可是,这些传奇事迹是什么呢?我们将会看到,它们是一位哲人的事迹:过去的稀世哲人曾做过被认为不可能的事情,正是从这些传奇性的人物那里,这位哲人获得了衡量伟大的标准。

[174]言归正传,《方法谈》是一位英雄的传奇故事:这位英雄九年来效仿苏格拉底,却为了不辜负强加于自己的智慧之名而突然与苏格拉底之路决裂。为什么与苏格拉底的决裂恰好发生在第三部分的最后一段?前面的一段解释了这一决裂,因为它纠正了前面就哲学和新方法的关系而造成的假象。在第二部分,这位作者发现了自己的新方法,当他最开始运用这一新方法时,他发愿要把它应用于其他学问门类上的问题,就如他最初成功地把它应用于代数学和几何学一样(ii.21 - 22)。要应用于其他科学门类,必须要依据这一方法自身所要求的次序原则。这一原则规定,必须要推迟应用于哲学,因为哲学殊为不同:迄今为止,所有学问的本原都来自哲学,尽管哲学完全不确实可靠。鉴于哲学屹立已久的至上地位(而这至上者并不可靠),因此就有必要首先在哲学中建立某种确定;实际上,这是"世上最重要的事情"。但这位作者说,他当时不过二十三岁,所以这世上最重要的事情还得缓一缓。他的未来给人们留下了这样的期望:各门学问要想有什么建树,都要等到我们的作者把他的新方法应用于所有学问的传统本原——哲学。然而,就在与苏格拉底的决裂之前,我们认识到,这一期望落空了。

这位作者信守对自己的诺言,九年来,他把自己的方法用于数学问题,同样也用于其他学问上的问题:他把这些问题从此类不够牢靠的学问的所有原理中分离开来,也就是将它们与毫不牢靠的哲学分离开来,从而就能使之类似于数学问题。使其他学问上的问题独立于统治性的哲学,并且使之数学化,就可以解决它们;而且,作者要我们把附录的论文作为对他的主张的证明:《折光学》《气象学》《几何学》是"遵循这一方法的论文",它们证明,假如把各门学问从哲学中分离出来并采用这种新方法,它们的问题是可以得到解决的。九年来的辛苦弄清了一开始无法弄清的东西:这一新方法能够取代传统哲学成为所有学问的本原。对这一主张的陈述[175]包含了一项挑战：这位作者说，研究附录的《论文》，看看这一新方法能否不依赖哲学而取得成功。在转向形而上学之前，《方法谈》声称：没有那种传统意义上的哲学，各门学问仍然可以取得一场全胜；传统的本原可以由一种方法取代：这一方法的原理统摄所有学问，尽管这些原理并不以传统的形而上学方式为基础。

但是，这一主张似乎随即就遭到了否认。为了获得"根基"，以下的段落最终转向了哲学的传统主题，尽管作者刚说过这些根基对《论文》中科学探索的成功并非必需。不需要形而上学，新科学就能解决自己的问题，即便如此，新科学也必须要以传统方式建立起来吗？必须要在关于上帝和灵魂的形而上学之上建立起来吗？应当如何理解第四部分所说的根基——读者不得不面对这一问题，因为它们不是《方法谈》中唯一的"根基"：第一部分曾指出数学的根基"如此稳固和牢靠"，以至于作者惊讶于人们居然没有在上面搭建任何东西（i.7）。这一根基尚没有成为一幢崇楼杰阁的地基，因为它们真正的用处迄今"还没有"被注意到。在研究了一种适用于其他学问的数学方法九年之后，它们仍然还没被注意到吗？

根基的问题或许是《方法谈》中最重要的问题，当然也是最复杂的问题之一——卡顿称之为"笛卡尔哲学中最棘手的问题之一"。[1]不过，我们现在可以独辟蹊径地来探讨根基的问题，这条蹊径就是那位传奇的骑士：他曾经效仿过苏格拉底，但如今已不再效仿，而他现在挑明，自己过去的效仿一直都是一个面具。他刚才对自己九年来的行为的简述昭示，他只是外在像苏格拉底，只有在人群中，他才会向人们承认自己的无知并证明他们的无知。内心里、私底下，他根本就不是苏格拉底，因为他暗地里独自抱持着自己发现的一种方法，而这一方法使他不断获得各门学问中更多的知识。在矜夸无知时，他已经获得前人未曾掌握的关于自然的知识与法则，《论文》证明了这一点。独居的他绝非苏格拉底，而是"前苏格拉底"，他寻求的是一种关于自然的知识——据《斐多》中的记叙（88c–91c，96a–102a，105b），苏格拉底曾因这种知识无

---

① Caton，《主体性的起源》，页66，39–100。

望且有害于哲学而明确地放弃,他期冀从言辞中探明关于人事的真理,并将自己和朋友们从对 logos 的绝望中拯救出来,抱着这样的希望,苏格拉底从人类的 logoi(或言辞)开始了"第二次起航"。[176]这位骑士所选择的道路绝非这"第二次起航"。据他自己所说,他已经对考察他人言辞的所有方法失去了信心,①因为他发现这些言辞大多建立在"惯例和习俗"之上,而他已经"懂得不要对它们深信不疑"(i. 10)。就在当时,在第一部分的结尾,他实际就已经与苏格拉底决裂了,尽管表面上并没有。就在当时,他决定遗世隐居来自个儿研究自个儿。隐居时,他反思着人事中不完满的根源,并因而发现了一种可以使自己尽可能完满的方法。或许这个方法并没什么,或许他也永远无法摆脱对人之判断的怀疑主义。但他的方法使他在数学上迅速取得了意料之外的成功。然而,或许数学无法表明自己的用处,或许它只能是一个"稳固和牢靠"但在上面什么也建不起来的"根基":"古代异教徒们"回避这一"根基",却在意见的松泥软沙上建造起"道德的宏伟殿宇"(i. 7 – 8)。但是,有些问题能够变得类似于数学问题,当他继续把自己的方法应用于这样的问题时(iii. 29),他依旧取得了成功。这一方法能带他走多远呢? 是否最终能够在数学这一稳固和牢靠的根基上建造起一座新的道德殿宇呢? 故事中的这位骑士会否是一座宫殿的建造者,来挑战那些师从苏格拉底的古代异教徒们的宏伟殿宇?

我们的传奇所讲述的不是满足于意见的松泥软沙的第二次起航。相反,出于对第二次起航的不满,它重演了第一次起航。前苏格拉底的自然哲学曾因自身的信念而搁浅大海,苏格拉底重述过这一惨局,称它的毁灭危害到对理性的所有信任。面对着对理性的虚无主义绝望,苏格拉底找到了一条安全的方式来复原理性,这就是 logoi 的方式,由柏拉图和亚里士多德发展成日后权威性的哲学形式。在他的苏格拉底面

---

① [译注]"他人言辞":笛卡尔所用原文为 les moeurs des autres hommes,moeur 的词义涵括"道德、品行,风俗,习性"等等,朗佩特此处仍以 speeches 对应。

具后面,我们的主角追随的显然是一条非苏格拉底航向。但在他苏格拉底式的怀疑主义后面,他隐藏的是一个越来越成功的、获取知识的手段,这一手段基于他自己发现的一种方法,而经过九年来的应用,他的方法如今有望适用于所有的主题内容,他的《论文》对此就是明证。

[177]他发现了能够正确指导人的理性以及在各门学问里面寻求真理的方法,并计划作为这一方法的发现者来到这个世界,于他而言,一副苏格拉底的面具有什么用呢? 必须抛掉这副无知的面具——假如这副无知的面具对蒙田这样的思想家有用,那它对培根爵士这样的思想家则毫无用处,因为培根发现了一种能够把世界改造成人类的怡土乐园的新知识。作为一个方法的发现者,而这一方法适用于一切类似于数学的主题内容,他所要采用的修辞必定要对应于一种对理性的乐观主义,而不是对应于一种怀疑主义。必须要提升而不是贬低理性的地位;培根的道路必定要优于蒙田与苏格拉底的道路。

于是,我们传奇中的骑士退下了苏格拉底的面具。他退居异国,在那里准备现身——怎样现身? 不戴面具? 他取得了所有其他哲人未曾有过的成功,因而声名鹊起,为了不负众望,他要提出一种哲学的"根基",比人们通常接受的"根基"更为可靠。他在新一回隐居进行的"第一批沉思"的结果,就是第四部分的"形而上学"沉思(iv. 31),即"作者用来证明上帝存在、证明人的灵魂存在的理由,也就是他的形而上学的基础"。这位作者的苏格拉底之道曾经激起了纯属流言的名声,而如今,通过这些手段,他没有让自己辜负这一名声。他先前曾把自己真正的工作藏于一副苏格拉底式无知的面具后面,这些形而上学反思不就是他那脱下面具的真理吗? 或者,它们是一副更有效的面具,一副适合于有知者(knower)的面具,它们使这位发现了认识世界的新方法的激进人物得以作为能够为新世界奠立"根基"的人到来——这些"根基"与旧世界的根基如此相似,甚至绝不可能撼动旧世界?

《方法谈》中的根基谜题实际可以归结为一个贴切的两面话(equivocation)。这些根基是稳固又牢靠的数学,虽然人们至今仍然无视它成为一座道德殿宇的根基的可能(i.7-8);或者,这些根基是哲人们的古老主题,即第四部分为了彰显这位新哲人的名声而引入的新主题。第四部分为了提供"根基"而展开的研究绝不可能改变九年来的研究成果,因为,这些成果的取得完全与第四部分的研究无关,而且唯有九年来的研究引领着各门学问的转变,我们的[178]作者所致力的正是这种研究,何况他还要在第五部分回到它。依据这位作者引入的方式来看,第四部分的新研究并非源于任何缺陷,而是源于其开创者的名声。不过,这一名声绝非无关紧要;九年来的研究仍旧只是个人的成功,要想取得公开的成功,部分要靠这一研究的引入者的名声。为了被人们看作他们所认为的智慧之人,他的智慧就必须满足权威意见的标准。

作为智慧之人,作为史上首位为我们操心的日常世界提供了稳固根基的思想者,故事中的这位骑士从流放中归来了。《方法谈》的第四部分展示了最最英勇的哲学行动,它证明我们世界的城墙牢系于上帝和灵魂,我们的世界拥有人们一直在寻找的根基。但是,在退出第四部分时,作者再次唤起我们对这些根基的地位的怀疑,因为第五部分的开头一段以一种清晰的次序排列它的主题,使之并列于第四部分的主题。这位作者说,他现在已经解决了"哲学上一般都要讨论的所有主要难题",从而能够着手描述"比他从前学到的、甚至希望学到的一切更有用和更重要的真理"。这些最有用和最重要的真理就是自然的规律,即对第五部分阐述的演进宇宙论(evolutionary cosmology)最核心的运动质的规律。当然,仍有必要声称所有的自然规律都来自上帝的无限完满。可我们的作者没有这么做。他没有描写眼前这个令我们操心的、变动不居的世界如何建立在某种永恒——上帝的无限完满——之上。我们的骑士说,他能证明世界建立在上帝的无限完满之上,要是他想这么做——但他并不想。他不想吗?故事中的这位骑士解决了亘古以来的哲学谜题,可他并不愿告诉我们怎样解决?他曾警告我们:传奇使人们把那些实际不可能的东西想象为可能。

第五部分一开始就把自然的规律称为最有用和最重要的真理,却又在结尾称灵魂是"最重要的"主题(v.59),并再度引入了与上帝存在有关的问题。我们再次面对着一个两面话(正如关于根基的两面话一样),不过,笛卡尔再次提供了解答。他交代了上帝和灵魂之所以重要的原因,这个原因与上帝和灵魂的真理无关,而仅仅关乎信仰它们的结果。它们之所以重要,是因为它们关乎美德,[179]并关系到人类根本的恐惧与希望。我们一直受到教导要这般认识自己以及这般区分人兽,因此,如果突然强使我们相信,我们如飞蝇和蝼蚁一样对来世既没有恐惧也没有希望,那人类就会出离美德之道。笛卡尔在《沉思录》的起首说:"因为在今生行恶往往比行善得到更多回报,如果人们不恐惧上帝也不希望有来世的话,那就没谁愿意选择正义而不是有利"(《笛全》,VII. 2)。第五部分的结尾所讨论的就是对美德有利的东西,而且它没有径直讨论人类,而是讨论"心智薄弱者"(weak minds)。上帝和灵魂之所以最重要,是因为心志薄弱者需要把自身提升到禽兽之上,还需要让自己亲近神,才能够持守美德之道。在这里,美德不是知识,而是一种特殊的无知——对第五部分所阐述的自然起源和自然目的的无知。把弱者带入绝望,这不是一个智慧之人的正当之举。通过以传统非自然或超自然的方式区分人与兽,我们的作者结束了讨论自然的历史的第五部分。这位作者缩写并改写了苏格拉底在《王制》(卷十,608e–611a)和《斐多》(78b–82a)中对灵魂不朽的论证。在《王制》中,苏格拉底解释了城邦在逐出荷马的诗歌之后对诗教的需要(606e–608b),并随后提出了自己对灵魂不朽差强人意的假定性论证,此外,他还把自己讲述灵魂不朽的(非荷马的)新诗与正义的诸神联系起来——正义的诸神会依据灵魂的行为而予以奖惩。为了让格劳孔和其他年轻人持守美德之道,柏拉图笔下的苏格拉底引荐了描写不朽的灵魂与正义的诸神的诗教;为了尊重心智薄弱者现在基于这些信念的道德,《方法谈》的作者也采用了这样的诗教。

第四部分论述上帝和灵魂,它最初只是为了彰显作者的声名,结果保全了他人的幸福。这是苏格拉底的一位后学的高雅之举和正义之举:他认识到哲人的言辞所能带来的利与害,于是践行了由柏拉图的苏格拉底首先限定的正义的全新形式。在《王制》中,苏格拉底批评了玻勒马库斯(Polemarchus)所陈述的传统观点:正义就是让朋友受益和让敌人受伤害。从这一批评产生的定义——正义就是让那些是好人的朋友受益,而且不伤害任何人——限定了苏格拉底在整场对话里的表现。在一开始,我们匿名的作者表达了他对自己著作的希望,其中明显挪用了苏格拉底的正义:他希望这本书会[180]对某些人有益而对任何人无害,而且希望它的坦诚能讨得大家的赞许(i. 4;《王制》卷一,332a – 336a)。公开鼓吹关于自然世界的新观点会毁灭一些人的美德,为了不要伤害这些人,传授这些观点的老师只能采用一种纯粹表面的坦诚,同时又要让小部分人能够理解这些观点并从中受益。在第四部分,作者谨小慎微地避免伤害到谁,因为他说的好像是那些历世长存的事物(things that endure);不过,即便在这最不坦诚的地方,他仍然让某些人受益,因为他指的实际是那些必须容忍的东西(things that must be endured)。

这位作者在"想象的空间中的某个地方"(v. 42)开创了一个新世界,在那里还需要这些恒久的功绩吗?《灵魂的激情》会根据习惯化(habitulation)或条件作用(conditioning)的力量回答不:假以适当的条件,"在很好地引导下,即便再薄弱的灵魂也能完全克服自身的欲情"(条50)。《灵魂的激情》提出的引导既极端背离了传统的上帝观和灵魂观,还重新划定了人根本的恐惧和希望。

《方法谈》的作者把自己推上了审判台,他和盘托出自己的生活和事业来让每个人评判(i. 3 – 4)。尤要注意的是,他"不得不谈论"第四部分的形而上学问题,以使"人们或许能评判我打下的根基够不够牢固"(iv. 31)。人人都能读他的著作,人人都能评判他——包括那些他必须服从的、监控他的举动的权威人士(vi. 60)。然而,在其自我介绍的结尾,他说"我只接受那些兼具良知与学识的人作为我的评判者"(vi. 78)。同样是等到《申辩》的结尾,苏格拉底才点明,那些赞成无罪释放他的人们是他真正的评判者(50a)。可大多数人都投票认为苏格拉底罪名成立。应该矜夸有智慧而不是无知。为了以一场成功的申辩开始自己的公众生活——而不是以一场徒劳的申辩结束自己的公众生活,我们的作者与苏格拉底分道扬镳了。在与苏格拉底决裂之后,他鼓吹自己的智慧,而不是鼓吹自己的无知。不过,脱下苏格拉底的面具就是戴上柏拉图的面具。故事中的这位骑士与柏拉图有何渊源呢? 在我看来,第六部分有助于解答这一问题。

第八章　笛卡尔与柏拉图

我彻底怀疑柏拉图。

——尼采(《偶像》,"古人",条2)

[181]笛卡尔也怀疑柏拉图。在法文版《哲学原理》的介绍信中,笛卡尔谈到了柏拉图和苏格拉底的关系,其中表达了他对柏拉图的怀疑,这在他的所有著作中是绝无仅有的一次。即便在那里,他也对柏拉图所论不多,因为,他承认他的书需要一篇序言(因为拉丁文读者变成了法文读者),可他说他不会自己写这篇序。这是笛卡尔逗引我们的又一出精彩的恶作剧,实际上,他写的正是他心中的那篇序言。外行的读者没有接触过经院哲学,而那些哲学专家的做法又让他们对哲学心生怀疑,所以应该告诉他们,哲学是什么,哲学为什么有最高的价值,哲学过去是怎样操作的,哲学现在(即在笛卡尔之后)能够怎样操作。设若笛卡尔来写一部哲学史,他会说,"哲人"就是指那些寻求第一因和真正的本原——从中可以推衍出我们所能知的一切所以然——的人。笛卡尔并不知道有哪位哲人成功完成了这个计划,但他知道有两位哲人表现得像是完成了:柏拉图和亚里士多德,两位"我们读到其著作的最早的、主要的哲人"。两者的区别仅仅在于,柏拉图坦承自己不能找到任何确定无疑的东西,因而紧随苏格拉底更甚。不过,柏拉图转而假想出一些本原,用来解释其他的事物——在哲学无法把握万物的第一因时,这对哲学就是唯一安全的方式(《斐多》),却被认为导致厌恶逻格斯(misology)。从笛卡尔对亚里士多德的看法中,我们会更加了解笛卡尔眼中佯谬的柏拉图:亚里士多德不如柏拉图坦诚,尽管他的本原与柏拉图并无不同,却"完全改变了讲述这些本原的方式,声称这些本原既真

实又确定,即便他未必真的如此认为"。笛卡尔对亚里士多德也是一个彻底的怀疑者。

[182]我们开始认出了尼采眼中的柏拉图,那位好怀疑的苏格拉底分子(a skeptical Socratic)——那些看穿了他的怀疑主义的哲人们则保守着这一秘密。哲人蒙田为哲人们稍稍敞露了这位隐秘的柏拉图,因为他赞同一种有益的怀疑主义;蒙田有意于为了我们其他人而出卖柏拉图,或说像尼采那样,有意于直接说柏拉图的诚实并非毋庸置疑(《全集》,VIII 14[116] =《权力》,条 428)。借着尼采,一切都大白于天下,因为尼采无意保留柏拉图的伪装。

笛卡尔则有意于斯。张扬自己对柏拉图的彻底怀疑,并非笛卡尔着眼所在,因为他同样采用了一种柏拉图式的写作艺术——他的写作艺术部分在于,不要泄露这位老师对这种写作艺术的运用,以免泄露他这位学生对这种写作艺术的运用。尽管如此,《方法谈》的第六部分仍以一种恰当的方式显明了笛卡尔的写作艺术,他在其中提出了这一问题:为什么要写作? 第五部分转述了那部耗费笛卡尔多年心血的论著,但是"某些顾虑"(vi. 41)却促使他把这部论著放诸箱底。他也曾想把自己关于"各种物质性事物的性质"所知的一切和盘托出,但恐惧使他不敢如此率意而行(v. 42),于是不得不采用画匠的手法,以强光突出一个对象而以阴影淡化所有其他(vi. 41)。尽管有这些预防措施,还是得收回这部论著——不是因为它的理据、论证或结论有任何问题,笛卡尔对其内容的概述清楚说明,它并不需要任何修改。等到概述结束之后,在第六部分的篇首,他才谈到促使他收回这部论著的唯一原因,也就是他说的"某些顾虑"。这部论著唯一的问题就是它不够谨慎,而且他是在一个紧要关头才发现这一点:我们看到,在他正准备付印自己的论著之时,他突然得知"某某人"表达的某种见解受到了权威人士们的责难。他即刻判定,自己的著作不够谨慎而且可能会受到同样的责难。第六部分就是为了表明,笛卡尔如何改正自己的不谨慎,如何学习一种新的言说技艺——柏拉图式的言说技艺,而这一技艺就体现在眼前他公开发表的这部书中。

　　一起事件促使笛卡尔改变了表达他对"各种物质性事物的性质"的思考的方式，那就是当时的一桩苏格拉底审判：伽利略审判，"某某人"就是伽利略，当时最知名的科学人物，即便欧洲对科学毫无兴趣的人也都在关注他与宗教权威之间的公开论战。[183]宗教裁判所加诸伽利略的强权昭示，笛卡尔不能单单宣称，他只是在描述想象的空间中某个地方的某个新世界(v.42)，因为伽利略本人也这么做过，也是这样表面上服从宗教裁判所的这一区分：讨论一个观点不同于坚持一个观点，假设性地讨论无损于世界的表象的内容也不同于绝对性地讨论世界的自然真实。①伽利略写作技艺的失败昭示笛卡尔，必须要更精心地向权威意见表示以忠诚。从伽利略的命运中，笛卡尔认识到，要严守柏拉图关于哲学如何自我掩护的严厉教导，并用另一本著作替代那部收回的论著。

　　第六部分说明，笛卡尔沿用了柏拉图式掩护，他在其中交待了自己如今这样写作的原因。柏拉图的《斐德若》讨论了写作的危险，可以将之视为笛卡尔公开自己思想的新方式的原型。第六部分是笛卡尔与自己的绝妙对话，探讨了他为何应该发表著作以及应该何时发表，从而解释了为什么会有《方法谈》，为什么《方法谈》会采用现在的形式。鉴于这一部分阐明了《方法谈》的艺术，并展示了笛卡尔计划的最终目标，首先来处理它就非常有利。为了破除这一部分的诸种复杂与精妙，我们需要逐段剖析他的论证。

新的决心(第 1 段)

　　第六部分一开始，笛卡尔就最终透露了三年前阻止他出版《论世

---

　　①　参见伽利略，《关于两大世界体系的对话》(*Dialogue concerning the Two Chief World Systems*)，"致明察秋毫的读者"(To the Discerning Readers)，页 5 – 7，435 – 465；Sangtillana，《伽利略的罪行》，页 149，151，171 – 172，194，207；另及笛卡尔，致梅森函，1634 年 4 月。

界》(*The World*)的"某些顾虑"(v.41)。他把这些顾虑讲得既言之凿凿，又含糊其词，迫使读者只能根据推理来重构情形。那些主要的推理极为清楚，但推断下去不免让人想象笛卡尔受到宗教裁判所的审判——就像宗教裁判对伽利略的审判一样。笛卡尔的书与伽利略的罪行有何相似，以至于他被迫收回这部耗费数年心血的著作？笛卡尔含混地说道"我敬重的那些人"，同时却极为清楚地表明，这些人会控制他的行为，[184]但他却完全控制着自己的思想。这些人反对伽利略发表的"物理学领域里的一种见解"。一直以来，人们都推想笛卡尔指的是伽利略的哥白尼主义，也就是伽利略实际上受到审判和判决的物理学思想罪行。可是，赫东迪(Pietro Redondi)在其杰作《异端伽利略》(*Galileo Heretic*)中提出，伽利略可能犯有一项更为严重的思想罪行。鉴于这一可能性对笛卡尔的行为具有重要的影响，对它作番考察大有益处。

　　是什么对伽利略构成了最大的危险，赫东迪问道，是他实际受到审判和判决的哥白尼主义，还是别的什么——在与强大的异端势力交战的时代里，某种对天主教正统更为致命的东西？三个半世纪以来的解释都从那场天文学的审判事实来寻找线索，而赫东迪提出的证据表明了一个不同的危险：变体说的物理学(the physics of transubstantiation)，即天主教的圣餐祭礼，也就是所谓酒和面包会奇迹地变成基督身体的肉和血。赫东迪表明，天文学上的异端邪说远不如物理学上的异端邪说那样要害；哥白尼的著作1616年被列为禁书，但是，继特伦特会议(Council of Trent)之后，①耶稣会士们——这些捍卫天主教正统的最狂热斗士——形成了一套卫教体系，其中就接受了哥白尼的天文学(页287-290)。变体论则完全是另外一个问题。争议不在于某种杳渺的问题(比如，地球和太空的关系)，而在于万物的物质构成(material make-up)

――――――

　　①　[译注]为了应对新教的挑战，1545-1563年间，罗马天主教会先后召开22次会议，改革教会的习惯和律法，讨论教义与圣礼问题。这次旷日持久的会议象征着现代罗马天主教的开始，史称特伦特会议。该会议曾于1562年的第21次、22次会议上重新处理圣餐祭礼问题，重新肯定变体说的教义。

学说,尤其是作为"天主教改革的整个信仰的基石"的那些物质性事物
的构成(页207)。赫东迪历史地重构了笛卡尔的物理学所处的天主教
背景,他证明,在对新物理学的整场争论中,变体说的物理学如何成为
了焦点。面对着前所未有的异端风潮,即威胁整个大公教会的新教主
义(Protestanism),在数世纪的圣餐物理学的争论过后,1551年的特伦特
会议依据亚里士多德关于实体和偶然(substance and accident)的物理学
界定了这一圣迹,而且指派给它的御用卫士(即耶稣会)以最高的职责:
如果有人宣扬的物理学不能说明这一圣迹,那就"降诅咒于他"(页
163)。耶稣会士凭借着自己的"神学的哲学",也就是他们"宗教统治
哲学"的教义,跋扈地在物理学中推行这一正统;这必然要求坚决反对
各种形式的原子论,因为这种物理学不能解释,一个东西所有可感的性
质丝毫未变但却有了不同的实体。

而伽利略呢? 赫东迪指出,在1623年,耶稣会[185]的政治势力就
已开始衰退,伽利略则于同年发表了一部著作,与耶稣会针锋相对地支
持原子论。赫东迪称1623年是自由的力量与人文的力量"惊人的结
合":1623年8月当选的乌尔班八世(Urban VIII)①有望在任期内发起一
场新的复兴运动,使天主教的思想生活摆脱反宗教改革的正统派的狭
隘(页68 – 106)。伽利略是这位新任教皇的御用科学家(页146,147),他
的新作《尝试者》(Assayer)则是一篇文学性宣言,宣告了一个新时代,这
一时代包容"新哲学",即一种以数学语言写成的"自然这部大书"为圭
臬的自然哲学,这部大书的符号能用数学来解读(页37,53)。在这一背
景下,伽利略和他的新物理学看上去近乎不容指摘。赫东迪论点的核
心就是,当时对伽利略的异端指控实际对他无可奈何:在圣职部(Holy
Office)的密档中,赫东迪意外发现了一份前人未知的文件,文件谴责伽

---

① [译注]乌尔班八世1623 – 1644年在位,他原是数学家,也是伽利略
的密友。1623年,见自己的朋友成为教皇后,伽利略立即前往罗马朝见。之
后,在这位教皇的同意下,伽利略开始写作《关于两大世界体系的对话》,并在
他的许可下,出版了这部作品。

利略《试金者》中的物理学,因为它在圣餐问题上是异端。这表明,在乌尔班八世任职的初期,伽利略豁免于最严重的异端指控。

但到了 1632 年,一切已时过境迁。随着瑞典国王的新教胜利,天主教气数日衰,"惊人的结合"也随之终结。乌尔班八世挺法国,或反西班牙、反耶稣会的方针受到质疑,他面对着任内最严重的危机。人们指责教皇在这场异端甚嚣尘上的战争中过于温和,他只好做出妥协,妥协之一就是需要公开表示他与异端的势不两立。如赫东迪所说,伽利略是欧洲政治的受害者,而不单纯是新科学的受害者。教皇依然善待伽利略,假如要他谴责伽利略,那他会谴责伽利略的哥白尼主义而不是物理学,这一相对轻微的指控使伽利略得以享受特殊待遇。伽利略没有在宗教裁判所的法庭上受到审判,而且还可以在家颐养天年,而不是像布鲁诺那样在 1600 年受火刑。

赫东迪的论证突显了一个对理解笛卡尔颇为关键的问题:要想揭示伽利略审判背后那些重大的思想事件,只有假定一种赫东迪所说的"正直的虚伪"(honest dissimulation)的思想美德。由于某些人的科学品性,这一古老的美德变成了缺陷,对这些人而言,赫东迪的著作是一项持久的反驳。针对这种时代倒错的道德观——"歪曲的回顾性错觉"(页 323),赫东迪表明,

> 在《试金者》中,我们找到[186]一种正直的、严格的虚伪。如今我们称之为伪善……然而,在 1623 年,正直的虚伪却是一种理智德性。(页 146)

在 1627 年,当笛卡尔终于公开露面时,他汲取了伽利略的教训。①

----

① Yirmiyahu Yovel 证明,在 17 世纪 60 和 70 年代同样如此。他指出,斯宾诺莎秉持一种审慎原则,以一种方式对大众发言,以另一种方式对"快乐的少数人"发言。Yovel 的著作极有力地证明了在培根和笛卡尔的时代进行公开言说的条件,因为它将斯宾诺莎的虚伪行为与马哈诺(Marranos)的民族经验联系起来,这些西班牙

　　赫东迪生动地重现了宗教企图统治哲学和科学的这一阴郁时期。他让笛卡尔在 1625 年的罗马简短出场,当时适值这一争论的初期,伽利略尚高枕无忧(页 69)。①后来,当一场无法控制的政治风波转向伽利略时,赫东迪把笛卡尔看作一位清明的观察者,洞悉宗教和政治面对新物理学的各种机关。汲取伽利略的教训,笛卡尔成了一位更老练的"正直的虚伪的理智德性"的践行者。由此,赫东迪对伽利略审判的理解,合理地透彻说明了笛卡尔收回他的物理学著作的需要。第六部分的首段以其刻意的含混表明,笛卡尔深知争议在于耶稣会认为要害的圣餐说。②多数人跟着霍布斯谴责笛卡尔,说他把一个无稽的圣迹看得如同具有哲学意蕴,然而,笛卡尔这么做自有其策略性意图。③

　　从伽利略的审判中,笛卡尔领悟到了什么? 当然不是什么物理学,而是当时物理—政治中的一个关键问题。第六部分的首段明确说到,笛卡尔一直不闻不问政治的处境,[187]因为他早年的论文没有任何

———————

(接上页)和葡萄牙的犹太人被迫改宗基督教,他们谙于在规矩的公开言说中隐藏自己真正的想法,因为只有进行从头到脚的虚伪才能生存。参见 Yovel,《斯宾诺莎及其他异端》(*Spinoza and Other Heretics*),卷一,《理性马哈诺》(The Marrano of Reason)。在这方面,John Bossy 的《布鲁诺与大使事件》(*Giordano Bruno and the Embassy Affair*)也很有趣,该书对布鲁诺的宗教政治进行了新的解释。

　　① 　[译注]1623 年 9 月,27 岁的笛卡尔前往意大利朝圣,圣诞前夕抵达罗马,并在 1625 年回国,但笛卡尔此行并未拜访伽利略。

　　② 　笛卡尔辩解说,他的物理学能够解释变体论:《答复》,(《笛全》,VII. 248 以下;《哲著》,2. 173 以下);致梅士兰函,1645 年 2 月 9 日。参见 Watson,《笛卡尔派的变体论》(*Transubstantiation among the Cartesians*)及 Laymon,《变体论》(*Transubstantiation*),Gabriel Daniel S. J. 的《笛卡尔世界之旅》(*A Voyage to the World of Cartesius*,1692)可以印证圣餐的争论之于笛卡尔物理学的重要性,参见页 28,42,126 以下,179。

　　③ 　见《奥布瑞〈小传集〉》(*Aubrey's Brief Lives*),"笛卡尔",页 94 – 95:"(霍布斯)确实极为敬仰(笛卡尔),可他不能原谅笛卡尔写东西来维护变体论,但笛卡尔清楚这与自己的立场完全相反,而且仅仅是为了奉承耶稣会士们才这么做。"

内容让他"想到会危害宗教,或危害国家"。宗教裁判所对伽利略思想的非难昭示笛卡尔:对于什么会危害宗教和国家,执法者另有一套评判标准,他自己的标准则与之不尽符合,而且他必须得裁改自己的著作以符合他们的标准。在笛卡尔第一次暗示自己作为一个建造者的宏伟计划时,他刻画了这些监察官的职能:他们是"负责确保私人建筑能够美化公共环境的官员"(ii.16)。伽利略审判昭示笛卡尔,自己的美工还不够考究,为了监察官们所要求的美化,他还得改进自己的工艺。《方法谈》甫一出版,笛卡尔就把一个印本呈交黎塞留大主教(Cardinal Riche-lieu),①笛卡尔清楚,他是把它呈交给一位警惕的审判官,而这位审判官的是非标准与贝拉明大主教(Cardinal Bellarmine)及其继任者们一样严格。某种意义上,我们得感激宗教裁判所对伽利略的审判,因为它及时让笛卡尔看到了那些监控他的行为的人所持的新是非标准。认识到这一新标准,笛卡尔开始重新思考著书立说的整个事情(vi.60),第六部分就是要表明,他如何完善自己的工艺来达到他们的标准。

笛卡尔说,对伽利略审判的反思促使他改变了他发表著作的决心,尽管事实上他有充足的理由发表,尽管事实上坚守自己选择的道路是他临时行为规范的格言之一(iii.24,25)。什么样的权衡使坚决的笛卡尔变得犹豫不决呢? 他当然有心说出这些理由,或许公众也有心了解这些理由。在描绘了由思想警察(thought polices)所统辖的背景后,笛卡尔不会再提及他们,而是集中于自己对著书立说的反思,探讨发表著作对公众的益处以及对自己的不利。然而,提及一次就足够了:读者会了解,在所有其他顾虑的背后,潜伏着受到迫害的危险,因此只能表面上顺从。

---

①　[译注]Cardinal Richelieu(1585 – 1642),时为法王路易十三首相,以非凡的政治才能襄助法王执政。坊间有其传记,卡尔莫纳著《黎塞留传》(商务印书馆,1996)。

为什么发表著作?（第 2 段）

笛卡尔区分了自己著作中的三个主题:他对"思辨之学"(the speculative sciences)的思考,他按照从自己的方法中推出的道理来指导他的"道德操行"的尝试,以及他的[188]"在物理学领域中的普遍观念"(vi. 61)。《方法谈》在第四部分讨论了思辨之学,在第三部分讨论了道德操行,在第二与第五部分(及构成此书主体的论文中的《折光学》和《气象学》)讨论了物理学。在这三个主题中,笛卡尔说,他对"思辨之学"及"道德操行"的思考自身绝对没必要发表,而他的"在物理学领域中的普遍观念"自身则值得发表。①为什么笛卡尔在《方法谈》中发表他明确说自身不值得发表的东西?有人会回答说,这是因为自身当然值得发表的东西:自身值得发表的物理学必须附带着自身并不值得发表的、对思辨之学与道德操行的思考,才能使人相信物理学屈从于新的是非要求。这一答案只是貌似有理。笛卡尔对思辨之学的思考自身不值得发表——笛卡尔为了这些思考自身发表了《沉思录》,在《沉思录》的所有版本中,是否都应该附带上笛卡尔的这句话,把它奉为一句格言?

只有笛卡尔的新物理学才有理由因其内在的价值而发表。笛卡尔以什么标准来衡量内在价值?他的"物理学方面的普遍观念"既新颖又宽泛,但他并没有以创新性或综合性作为标准。相反,笛卡尔说,不公开这些观念,就是触犯了责使我们全力追求全人类的共同福祉的律条。如哲人培根一样,哲人笛卡尔遵守着一条与基督教的普世仁爱相仿的律令。但是,亦如培根一样,笛卡尔所阐述的共同福祉同样是以尘世的福祉取代基督教的福祉,是身心的舒适而不是灵魂的得救。此外,这种新幸福的执行者是人,而不是上帝。笛卡尔以全人类的尘世福祉作为新的衡量标准,以之作为我们一切行动的目的(《王制》,卷六,

---

① 见 Kennington,《笛卡尔》,页 428。

505d)。笛卡尔为自己确立了这一新标准,随后即援引它作为一条放诸四海皆准的新标准来衡量高尚的行为:一旦致力于人类的实际利益,人们就会实际地理解美德,而且,在实用的美德所具有的这一新标准之下,旧有的标准显得如同虚伪的托词(vi. 65)。

笛卡尔在物理学领域的普遍观念取代了旧有的物理学,也取代了旧有的思辨哲学:这一无用的哲学将自身的本原赋予所有学问,但它将被一种[189]以物理学为基础的实用哲学取代。这一新哲学发现了事物的实际活动:事物的"效力与作用"(force and actions),而不是其假定的本质;这一新哲学涵盖一切:"火、水、空气、星辰、天宇以及我们周围一切物体的效力与作用",而且其样板就是手艺人的知识,因为它的目标在于"将这些东西用于与它们相匹配的目的"。在自己的所有著作中,吝啬的笛卡尔只陈述过一次他之所以发表著作的唯一理由,恰在这一培根式陈述的正中,笛卡尔宣告了人类的培根式新使命:让"我们成为——打个比方,自然的主人和拥有者"。

笛卡尔物理学的普遍观念必须得发表,因为它们使征服自然成为可能,而征服自然之所以令人想往,是因为它让安居于一个富足的世界而长生不死的梦想似乎可以成真。不朽者所居的天堂,一个辉煌的目标——在自己的数学物理学中发现了实现这一目标的手段之后,恪守共同福祉律令的他怎能不公开这一手段呢? 在这一终极段落的结尾,笛卡尔点明了自己在实现新伊甸园的征途中的位置。他已经找到沿着一条新路取得成功的手段,他愿望一直前行到底,但却面对着两个阻碍:个人生命的短暂,缺少实验(见 i. 3)。这位新的创立者已经远远瞥见了那片应许之地,但他自己却不能迈进那里,他必须激励那些有识之士(good minds)沿着这条新路途前进,接续他的计划。随着第六部分的展开,一个培根式主题愈益彰显出来:一群工作者参与到这一新科学,以创造一个新社会为使命。笛卡尔在这一终极段落讨论了自己的工作目标,并以一项培根式声明作结:以他的方法为指导,科学的进步要靠其他人进行的大量实验,还要靠把这些实验传达给公众,以便后来者能够接续前人之业。薪火相传,连绵无绝,后世终会实现培根和笛卡尔的天堂。

笛卡尔科学中的进步（第 3 段）

交代完自己不得不发表著作的理由,笛卡尔扼要叙述了自己所实践的科学方法,这次叙述得出一个已经得出的结论,即他无法独力完成,因此必须发表著作以便赢得必要的帮助。[190]早在第二和第三部分,笛卡尔就表述过自己方法的步骤,从而补充了他在此处对自己方法的叙述。这些多重的表述将笛卡尔与培根的实验方法紧密地串联起来——比通常设想的远更紧密,不过通常的设想是以《沉思录》为依归,而《方法谈》表明这些"沉思"开始于这一科学的方法成功之后。笛卡尔的起点来自感觉以及从感觉产生的寻常讯息,而不是来自普遍的怀疑。在这里,他重复了他先前所做的陈述(ii. 19):就在描述完他的四准则之后,笛卡尔说从哪里开始并不是一个问题;他从最简单和最容易了解的东西开始,从他的准则在几何学、代数和逻辑上的应用开始;他并没有从沉思的怀疑开始。在《论文》中,这一实际的起点再次被展示为笛卡尔所遵循的方法。

"我所遵守的次序"包括四个步骤。笛卡尔首先一般地考察"世界上能够有的一切事物的本原或第一因"(vi. 64)。这些物质的种类与运动规律本应出现在那部收回的论著之中,如今却只能在《气象学》中窥其一角;它们最终将在《哲学原理》中得到阐述。第二步,从运动质推绎出首要的、最平常的结果,由此构成普通的宇宙学。第三步,为了理解运动质更特殊的结果并让这一理解有用,就必须进行实验。这一步是从特殊的结果上溯到其原因,在介绍《论文》的实际步骤时,笛卡尔将会更为详尽地说到这一点(vi. 76 – 77)。第四步,看到自己能用这些简单的原理来解释一切自然现象,笛卡尔承认,需要进行实验来达到"并非一致的结果"或者推翻一项假设(类于培根的"否定性例证",见《新工具》,II. 12)。只有采取这一步,才能把特殊现象的实际成因从我们能够想到的诸多可能成因中抽离出来,因为这些可能的成因均与运动质的普通原理相一致。

这位创立者的能力远不足以完成一项实验科学,实现征服和占有自然的宏大目标。他能看到大量实验指明的前景,但他缺乏资源来进行这些实验。他曾写的那篇论著本要寻求合作伙伴和经济的支持,却因为伽利略所受的责罚而不得不收回。笛卡尔[191]本要被判为一个罪犯,尽管他的计划——他现在强调说——是一场卓绝的人道计划。因而,三年之后,身穿一身裁改的戏装,笛卡尔前来呼吁当初本能做出的呼吁。所有真正高尚的人——而非那些沽名钓誉或徒有虚名之徒——都应该加入他的人道事业:那些声讨伽利略的人即是公共美德的护卫者,笛卡尔向这些人发出了一个高尚的挑衅,并以此结束了对自己论著的转述。

至死都要等待?（第 4 段）

尽管志向远大,尽管必需吸引合作伙伴,笛卡尔还是改变了主意,决定不予发表自己的论著。他没有重述理由,而是用一个散漫的、长达半页的句子解释了自己的新决定。鉴于其计划的性质,他当然不能免除著述之劳:与他先前的声称(vi. 60)相反,他并未逃避这一任务。他会立言著述,而且只要有需要就一遍遍地修改,但他会私藏它们直到自己离世。这就是说,一旦越出那些监控自己的人的领地,他就会全部予以发表。等待有两大好处:公众将会受益(即便不是立即受益),他则可专心于己务,免为杂事所扰。这一新计划与他所追求的共同福祉的要求完全一致:他有责任惠及他人——不是他的同时代人,而是遥远后世的子孙。

接下来,围绕着死后发表这一问题,笛卡尔进行了非同寻常的自我论辩。在这场如今公开的私人对话中,双方的观点均得到笛卡尔支持。一方说,等到你死后吧。另一方说,现在发表吧。经过一番论证,"等到你死后"的一方胜出。似乎没有什么充分的理由来现在发表。可他现在就在发表;读者们手捧此书,而作者还在结尾呼吁他们向他提出自己所有的反驳。为什么他的回心转意与他的整个推理相忤呢？在其对话的结尾（vi. 74 – 75），①笛卡尔交代了之所以现在发表的两个所谓的新理由——这两个理由突然出现，似乎是要颠覆这场内心对话的论证。这两个理由归结为一：声名。当笛卡尔再次身处生命中的一个重要转折点时，坚定的他再次根据声名而作出了选择。[192]而与此同时，在这场对话中，笛卡尔已经不动声色地表明，等到死后再发表对他是一个多余的保护措施，因为他已经学会自我伪装。他能够神气活现地登上舞台，而且，他登台的方式必定会彰显他的名声。

在这场表面上犹豫不决的精彩喜剧中，坚定的笛卡尔刻意对一个目的举棋不定：这促使读者断定，在 1633 年之前，笛卡尔错误地估计了提出一项新的宇宙学说所必备的保护措施；1633 年使笛卡尔认为，形势已经严峻之极，或许他不得不等到死后才能发表。不，以他现在的写作方式来写作，他便能在思想警察的眼皮底下发表著作，而且仍旧还能自由来去。他的声名得以成就：潜在的敌人会确信，他不会造成威胁；潜在的朋友则会明白，他无需像个懦夫一样先死后战。

主张现在发表的第一条论据是，等到死后发表将会损害他的同时代人，他自己关于共同福祉的标准指令他要现在发表。为了反驳这一反对等待的论据，笛卡尔得以指出两个东西。第一，他的方法只是有望造福于后世的子孙。第二，他自己在学问中仍然有许多需要摸索。第二点突出了笛卡尔不可替代的角色；作为一条新道路的创始者，他必须特别关注开端的问题，正如马基雅维里的教导。②开端微渺而艰难，但笛卡尔这样的计划会在进程中集聚能量——像笛卡尔的例证所说，会变得雄厚而强大，并最终拥有一支常胜之师。在这一计划的开端，它的创始者绝不能无端招惹那些仍旧有法律为傍的人们，以免浪费自己的精力。要安抚吃了败仗的军队，需要更大的领导才能，所以，更为必要的是不要以一场失败开局，连连旗开得胜最能稳固和激励军队。要害

---

① [译注]即第六部分的第八段。

② 《君主论》，卷四；《李维史论》，卷一，前言。

在于"他物理学的根基",而不是诸如哥白尼主义的物理学中的某个具体结论。他的物理学的根基会遭致敌意,而一开始就遭致敌意会牵扯他的精力,并危及他的计划。最好是等到死后。

等待会对他不利吗?（第 5 段）

[193]难道公开讨论自己的观点对他没有帮助吗?反对者可以纠正他的错误,赞同者可以自己著文来拥护他的著作,一如"经院里采取的争辩方式"所造成的局面。自己的新方法的经验却使笛卡尔并不如此认为;反驳和建议都是无用的,不论它们来自那些他认为的朋友,或那些他认为的骑墙者,或那些他明知道的敌人。他的方法如此不同,以传统方式来争论他的全新论题简直是浪费他的时间。他不需要这种帮助。最好是等到死后。

等待会对别人不利吗?（第 6 段）

若他等待,会否损及他的著作本能对别人发挥的用处?笛卡尔在这里提出了最关键的问题:他怎样才能有益于他人(i.4)?怎样才能传授自己业已领会的东西?笛卡尔的回答首尾重复宣告:机械学、医学等实用科学与道德的建立需要根基,而只有他自己才能打好这些根基。就此而言,笛卡尔教导的必然是其追随者;这些根基(它们仍旧需要扩展)属于笛卡尔自己,因为是他发现了它们,而只有发现者才会清楚自己的发现是什么:"要想透彻地理解一样东西并掌握它,跟别人学习就不如自己来发现它。"笛卡尔肩负双重的使命:扩展这些根基;告知别人,他通过发现根基而掌握了什么。可是,如果发现了才能真正掌握一个东西,那别人如何能掌握笛卡尔已经发现并已经掌握的东西呢?本段提出了唯一可能的解决方法:笛卡尔必须以自己的写作引导别人来

一同发现,引导他们自己去发现至今只有他发现的东西。于是,问题就
变成:谁能掌握笛卡尔所掌握的东西,而且笛卡尔挑出"最智慧的人"
(the greatest minds)来特别讨论。因此,某种意义上,笛卡尔仅仅着意于
一群少之又少的读者,他以一种恰当的方式来教导他们。不过,他也为
所有的读者写作,因为所有人可以阅读他所写的东西(包括那些监控他
的行动的人),所有人最终都会受惠于他的著作。

笛卡尔怎样才能让别人掌握自己已经掌握的东西呢? [194] 一开
始,他讲述了自己试图向"非常聪明的人"(great minds)解释自己观点的
体会,但随即转向最智慧的人,即那些哲学史上不朽的稀少思想家。通
过反思哲学史,反思最智慧的人及其后学,笛卡尔总结出了关于传达自
己观点的结论。在举出他的哲学史上的例证之前,他向后人发出了极
为适宜的告诫:不要听信关于我的各种传闻,只能相信我自己所透露的
东西。问题不仅仅在于我们怎样理解笛卡尔,还在于哲学史如何看待
笛卡尔——我们要以笛卡尔看待哲学史的方式来看待笛卡尔:只相信
最智慧的人们自己透露的内容;质疑关于他们的一切传闻。现在,笛卡
尔举出两个例子来说明他如何怀疑地理解哲学史;第一个例子是那些
没有著作存世的古代哲人,第二个例子是亚里士多德,有著作存世的古
代哲人之一。笛卡尔并不倾向于相信,前一类思想家真的具有那些归
诸他们的离奇观点。这些思想家是其时代最智慧的人,笛卡尔断定,他
们的思想不可能会如此荒诞不经。他们著作佚失了,这意味着我们如
今只有其后学们不足为信的描述,而这些后学并非最智慧的人;他们真
正的思想难以重现,因为我们不知道他们自己真正透露了什么。

笛卡尔曾说,要是他可以完全自由地来写一部哲学史,他会信笔直
书。当笛卡尔转向一位有著述存世的古人时,他并没有像他所说的那
样坦诚:他没有讲,苏格拉底作风的亚里士多德绝不会认为自己在著述
中公开提出的观点正确无疑。不过,笛卡尔指出了亚里士多德与其后
学之间的差别,让人们觉得似乎是亚里士多德的后学们玷污了亚里士
多德。只有跟随亚里士多德,我们才能得到亚里士多德真正透露的内
容,正如跟随笛卡尔,我们才能得到笛卡尔真正透露的内容。笛卡尔

说,亚里士多德的后学们缺乏亚里士多德所具有的自然知识。最智慧的人的此类追随者们好比藤萝,无法比其依附的树升得更高,而且一朝攀爬到顶通常就再度下行。笛卡尔随后描写了由亚里士多德藤萝般的后学所造成的哲学史的境遇,而且,他的描述采用了柏拉图——另一位有著述存世的最智慧的人——的著名比喻与告诫。亚里士多德的后学们被自己的下行走势拖进一个幽黑的洞穴。言听计从的他们无异于盲瞽,而且惯用瞎子的伎俩,[195]把看得见的人引进自家的洞穴来公平对决。亚里士多德(《方法谈》中唯一点名的哲人)的后学们才智平庸(mediocre minds),这使得哲学自身要屈身于权威意见的洞穴。对亚里士多德著作的滥用产生了柏拉图《斐德若》中那位畏怕写作的神曾预料的结果:亚里士多德的著作创造了一种书本文化(book culture),那些丧失了自己的回忆的人们栖居其中,并以一种假定的智慧代替真正的智慧(《斐德若》,275a – b)。这种书本文化就如一个洞穴,里面是瞎子领瞎子,但它并不等同于柏拉图《王制》中的洞穴,因为,它不是深处于地下的天然洞穴。这一洞穴是人造的,出自此类后学之手,成于哲学的滥用。笛卡尔之提及伽利略的审判表明,这位新哲人依旧面临着来自那些甘愿做瞎子之人的古老威胁,不过,为了表明自己所下往的洞穴的性质,笛卡尔修改了柏拉图的洞穴喻。这是一个由亚里士多德哲学的愚蠢后学们建造的洞穴,一个有窗户的人造洞穴:借由公开自己哲学的那些原理,这位新哲人便能推开窗,让些许阳光洒向每个人。

　　如果笛卡尔公开自己哲学的那些原理,自愿做瞎子的后学们会反对这道洒入自家洞穴的光芒。而"最智慧的人"又如何呢?笛卡尔说,即便"最智慧的人"也没有理由来探求他哲学的原理。这一说法令人匪夷所思。为何最智慧的人不想了解这些原理呢,他们不是受到笛卡尔的高度评价吗?这些原理堪比前苏格拉底自然哲人们的原理,也堪比亚里士多德的原理。为了解释自己这个匪夷所思的说法,笛卡尔描述了两种最智慧的人。第一种热衷名誉,对他们而言,哲学只是让那些浅陋之人敬重自己的手段而已(i.6)。他们没有理由来探求笛卡尔的原理,因为只有正统的哲学才能使他们获得所寻求的地位。第二种热衷于求知,他们兴许非常"渴望照着(笛卡尔)本人那样的计划去做"。为什么他们也不渴望了解笛卡尔哲学的原理呢?这是因为,他们渴望认识一切,于是他们也就不渴望别人来告诉自己一切,他们也不需要别人来告诉自己一切。笛卡尔明确说到,需要告诉他们的仅仅就是他在自己的第一部书中将要告诉他们的内容。关于笛卡尔的原理,只需要告诉他们这么多,他们就会强烈地满足于自己来发现其余的内容。笛卡尔这样来写作,是要把渴望的东西变成必需的东西:最智慧的人要想掌握笛卡尔所掌握的东西,[196]必须要自己来发现它,或者和笛卡尔共同来发现。依靠笛卡尔现在设下的诱饵,他们发现了笛卡尔的发现,他们将因此成为他的朋友或伙伴,而且笛卡尔将成功地成为"一伙阴谋家的头目"。①

从《方法谈》及其所附论文中,可以发现笛卡尔哲学的那些原理。它们向最智慧的人发出一项用心良苦的呼吁。照着笛卡尔本人那样的计划去做,真正的追随者们便不会变成藤萝,他们将磨炼自己去探寻更高深的真理,而不会简单满足于重复笛卡尔的真理。自己来发现笛卡尔的方法,他们便会掌握这一方法,而且,笛卡尔以己为例:要是把他一直在寻求证明的那些真理从年轻时就全部教给他,他也就会变得与藤萝无异。

如果说,第四部分展示了笛卡尔从苏格拉底之路向柏拉图之路的转变,第六部分则展示了笛卡尔与柏拉图的紧密程度:决定笛卡尔的表述方式的,不完全是他自己的声名问题,也不完全是避免造成伤害的要求;决定它的是正义之士施惠那些好人的要求——只要清楚哪些是好人,以及怎样才能惠诸他们(《王制》,卷一,335a)。无怪乎笛卡尔期望他的书"对一些人有益,而对大家都没害,而且我的坦诚会博得每个人的称许"。需要体察的东西不可教,它们只适宜于某些人;这些人兼具良知和学识,通过这些相宜的禀赋,他们便能体察习得。笛卡尔志在通过自己的正义之举获得智慧的名声,从柏拉图式仁爱观看来,他无愧于这

---

① 达郎贝,《初论狄德罗的百科全书》,页80。

一声名;他同时向愚人和潜在的智人发言,笛卡尔用这样的方式证明,他之装作智慧正基于他是智慧之人。

要让少数人(笛卡尔真正的写作对象)受益,最佳途径在于这样来写作:既要训练他们,又要让他们挣脱现在所受束缚的符咒。这就是柏拉图写作艺术的首要内容。由此,笛卡尔自我展示为柏拉图《斐德若》的一位学生,他服膺塔姆兹(Thamuz)对一种基于写作的文化的告诫:这种书本文化什么都没有真正理解却认为自己有智慧,它有的只是智慧的表象而不是智慧本身(《斐德若》,275a－b)。存储于书本中的传统可以传给后人各种传闻和故事,却无法传给后人对这些传闻和故事的真理的认识:正是以此种方式[197],亚里士多德的传闻如今成了传统,因为他所知的真理遭到他藤萝般的后学们否决(《斐德若》,275c)。塔姆兹的告诫及其显见的真理没有使柏拉图或笛卡尔摒弃著述;反而使他们学会规避著述的危险,以及发挥著述的长处。他们追随的不是塔姆兹,而是忒乌特(Theuth),这位神对人的局限更为宽容,同时又更乐意把责任交托给人,他赐予人温雅却危险的才能:数学与算学,几何与天文,跳棋与赌骰——以及写作。在某些人的手中,忒乌特所赐的写作才能会播下一粒种子,这粒种子会成长为用来改进人类状况的智慧。①

以一种与自身相宜的方式,笛卡尔的同谋们学会了怎样探寻真理,怎样进一步探寻下去,沿着笛卡尔所选择的这条道路,他们或许会大大地超过他。尽管如此,笛卡尔才是那位可以赢得当前这场战争的将军,只要再打两三次胜仗——或许,就是他著作的发表现在挑起的与甘愿做瞎子之人的战斗,他就能完成自己的奠基性工作(vi. 67－68)。

这一段是笛卡尔与自己的对话,它并未提出一项论据来支持死后发表。这一段反而表明,已没必要等到死:当他无法将自己哲学的那些原理坦言相告时,当然最好不要坦言相告。他无需等待到死,只需要说出他不得不说的东西。

---

① 对《斐德若》的解读,参见 Burger,《柏拉图的〈斐德若〉》。

等待会对他的计划不利吗？（第 7 段）

死后发表不会对自己或他人造成无法克服的不利，尽管如此，或许迟延发表会损害他的计划，因为这一计划的成功取决于那些他无法单独操作的实验。为了寻求援助，他必须现在发表吗？可以雇用那些热衷牟利的人，吩咐他们来做事情。有些人出于求知欲而自愿帮忙，但必须用其他方式来回报他们：他们需要讲解、恭维或无用的谈话，所以会浪费他的时间。还有些人只是带来自己的实验，但他们同样会浪费他的时间，这是因为，缺少现今只有他知道的那种方法，他们的实验只能是错谬百出。帮助他的唯一方式就是资助他让他能 [198] 雇用援手推进自己的实验，并让他继续自己的独居。然而，他并不准备接受任何人的帮助，因为有人或许会认为，他并不值得帮助——这一条件排除了所有帮助。最好是等到死后。

为什么现在发表《方法谈》（第 8 段）

就是这些顾虑，促使笛卡尔（身处 1633 年的余殃）决定不发表这部耗费自己多年心血的著作。现在，第二次陈述自己死后发表的决心之时，他却更改了自己的决定。他决定的不再是生前压制自己的所有著述，而是"绝不在生前发表任何其他这般提纲挈领，或者是人们据以能够理解我物理学根基的论著"（对比 vi. 65 – 66 与 74）。这一决定有更多限定，且不会因《方法谈》及其《论文》的发表而改变：《方法谈》并不像《论世界》那样提纲挈领，也没有"谁"能够从中理解他物理学的根基——尽管他刚刚暗示过，一些最智慧的人能从它理解这些根基。

笛卡尔已经表明，即便等到死后再发表著作，他也要同样谨慎地推敲允许哪些内容出现。他死后发表的著作会跟他生前发表的著作同样警觉,个中原因已由笛卡尔点明:即便在死后,笛卡尔依然惹人非议。这并不是因为宗教裁判所会挖出他的尸体拿火烧掉,外兼诅咒他不朽的灵魂,就如另一个异端分子 Marco Antonio de Dominis 在 1624 年的遭遇——此人的物理学质疑了面包如何能变成鱼、酒如何能变成血。不,笛卡尔的计划深具颠覆性,只有身前身后同样地谨小慎微,才能保守这样一项计划的微弱开端。即便在死后,笛卡尔依然惹人非议,这是因为他正在引入一项全新的计划,它需要许多代人的努力才能深入人心;而且,新学说的成功部分取决于其传授者的声名。在 1650 年之后的笛卡尔主义史中,笛卡尔的敌人们费尽心机地试图诋毁他的声名,这正说明了他死后的惹人非议。

笛卡尔知道怎样在生前介绍自己的学说。此外,在生前就开始介绍自己的学说有很大好处。因此,笛卡尔在这一段谈论了眼下发表的这部作品,并交待了自己之所以发表它的唯一原因——他的声名。等到死后发表不可取,因为他的敌人们会指控他在藏匿什么;[199]通过公开自己发表著作的意图,他甚至把这一武器递给了他们。他的敌人们会对他满腹猜疑和含沙射影,从而玷污他的声名,让他措手不及。先前,声名曾要求笛卡尔远离故土,精研关于上帝和灵魂的学说,以便不辜负智慧的声名。如今,声名又要求他在死前发表作品,以便证明自己的学说无需像罪行那样遮遮掩掩。职是之故,以一种有理由希望会赢得众人赞许的坦诚,他向世界展示了自己的人生故事,并以三篇论文向世界表明了他在学问上能够达到的成就。这是一个与一位伟大哲人相称的开端:为了向人们表明自己没有什么要隐藏,这位哲人公开现身了。

笛卡尔现在补充了一条发表《方法谈》的理由,也就是他先前反复强调的一点:他需要同工。他的计划要求大量的观测和实验,因而需要援手,除此之外,他还说到,由于缺少这样的援手,他日益强烈地意识到自己自学的计划难以完成。然而,这一需要也随即让位于那始终更为重要的问题——他的声名:他决定,不留给后人任何由头来指责他没有竭尽所能造福他们。为了后人,他甚至要告别独居生活,屈尊在生前成名。笛卡尔不被允许等到死后。

笛卡尔的写作艺术成功了吗? (第 9 段)

笛卡尔不能确定,他的《论文》会否成功地展示自己在学问上能够达到和不能达到的成就。不过,笛卡尔已经竭力确保他的著作会成功,因为他按照《斐德若》所建议的做法撰写了一部《方法谈》。尽管一部著作会落入所有人的手中——包括那些与这部著作无关、并非其写作对象的人,笛卡尔的写作艺术依然知道怎样甄选它的读者:通过区分灵魂的不同类型,并以因人而异的方式言说(《斐德若》,271d,273d,277b - c)。笛卡尔本人实际上渴望遗世独立,然而,他在独居时构想和开展的计划则依靠别人的支持;为了表明不同类型的灵魂(《斐德若》,271a - 272b)——爱牟利者、爱荣誉者、爱智慧者——均能以自己的方式促成这一新计划,必须运用一种劝说的修辞术(一个"无比强大和优美"的工具,见 i. 5)。[200]写作类似于绘画,面对着人们所提出的问题,两者的产物都保持着一种威严的沉默;而一种写作艺术所用的文辞似乎内容一成不变,实际上,只要愈加深入地领会其艺术,它就会改变向读者言说的方式(《斐德若》,274d)。而且,笛卡尔还想超越《斐德若》,因为他并未等到死后发表著作:作为这一文辞的父亲,他会竭力来卫护它,因为他同意回答人们向它提出的问题(《斐德若》,275e)。在回答这些问题的时候,他不会解释什么新东西,只是表明这一文辞自身能够以何种方式回答它们——只要它们提得正当。笛卡尔的文辞由此证明,它自身就是形于文字的言辞的合法形式(《斐德若》,276a),因为它能避开塔姆兹向它的冒牌兄弟提出的批评:这位好妒的神对人的局限无动于衷,而且还希望人世完全受其左右,从而保持既有状态。笛卡尔的文辞基于知识;它写在学习者的灵魂中;它有能力卫护自己;它懂得对谁该说话,对谁该缄默;当着塔姆兹的面,它冲破了这位暴君的禁锢(《斐德若》,276a)。

如何读以这一方法写就的《论文》(第 10 段)

　　笛卡尔提请注意《折光学》和《气象学》的开头出现的一些"假设"。他恳请他的读者不要惊异于"假设"这一术语,或惊异于他似乎无意证明这些假设。这只是一种似乎的无意,实际上,他以唯一可行的方式证明了它们。它们是笛卡尔物理学的基本原理(物质的种类与运动规律)最一开始的不完整表述——笛卡尔唯在《气象学》中才明确称其为"假设"。阐述这些假设,仅仅是为了说明笛卡尔在每篇论文中所描述的结果。笛卡尔指示读者,特别注意这些假设得到确证的步骤,此步骤触及他方法的核心。这就是一系列遵循以下模式的推理:最终的推理(笛卡尔称之为"结果")由最初的推理(即假设,笛卡尔称之为"原因")得到证明。反过来,最初的推理(假设)由最后的推理得到证明,原因由结果得到证明。笛卡尔说,他并不是在犯循环论证(a vicious circle)的错误;是循环性的推理过程但并非无益,因为这是个不对称的循环:笛卡尔从原因中推导出结果,但这些原因并不"证明"结果,因为结果显而易见,它们只需要原因给出的说明;[201]实际上,得到证明的是那些并不显而易见且亟需证明的原因。

　　然而,如果论文中的论证事实上证明了这些原因,为何还要把它们称为"假设"? 笛卡尔给出的唯一理由是:他想要让人们明白,他认为自己能从"我前面解释过的那些首要的原理(the first truths)"推导出这些假设。因此,尽管光学和气象学上研究的那些结果证明了这些假设,但它们并不像猜想那样产生于对这些结果的分析。称它们为假设,是因为它们推导自某种比它们更为首要的东西:物质的种类与运动规律推导自"我前面解释过的那些首要的原理"。但这是一个两面话。这些"首要的原理"是指第五部分首句所说的"首要的原理",亦即关于上帝和灵魂的原理(笛卡尔宣称自己能从中推导出第五部分的所有原理)? 或者,这些"首要的原理"是首先得出的原理,亦即第二部分所说的"最

简单和最容易认识真理"以及实际赋予他在学问上的起点的方法准则
(ii. 19)?

笛卡尔的步骤很清楚:科学问题上的实际研究开始于业已构想的
假设,这些假设由观测数据和实验数据得到确证,并反过来说明这些数
据。这些假设自身作为推论产生于某些"首要的原理",而笛卡尔却让
这些"首要的原理"模棱两可。更确切地说,笛卡尔说他是故意遮掩自
己方法的这个方面:"我决意不"从这些首要的原理中推导出假设。笛
卡尔故意在自己的方法(同样也在一部方法谈)的关键环节上含混不清。
之所以在这一关节点选择含混,他交待了一个双重理由:首先,他想要
防止"某些人"(certain minds)对他的原理妄猜臆测并据以建立某种"狂
妄的哲学";其次,他想要防止人们为这一狂妄的哲学而指责他。笛卡
尔想让自己著作中的这一点难以解释,他还想让由解释所激起的指责
落在解释者头上。笛卡尔想要豁免于人们将那些狂妄之物归之于他,
正如人们将那些狂妄之物归之于他之前的前苏哲人和亚里士多德此类
伟大的心灵。他没有阐述纯粹自己的观点,而是描述了这些观点的特
征,并以此结束了这一讨论方法的段落:这些观点"极为简单,极为合
乎共识,与大家对同一问题的所能采取的所有其他看法相比,它们毫不
夸张,也毫不奇怪";而且,这些观点与理性严格一致。

笛卡尔此处有意的含混类似于他对根基的含混:[202]他的试验
方法所证明的"假设"可以从某些"首要的原理"推导出来,而这些"首
要的原理"要么是"上帝的无限完满"(v. 43),要么是他以之开始的四条
准则(ii. 18 – 19)。后一种可能性认为,这些假设根源于《方法谈》的第
二及第三部分所铺展的合理步骤,在补入形而上学的内容之前,这一步
骤就最终使《论文》中的科学问题得到了解决(iii. 29)。前一种可能性
则要假设,从自己关于上帝和灵魂的形而上学"根基"中,笛卡尔可以
推导出物质的种类与运动规律。既然他可以做到这一点,为什么还对
此含糊其词? 如果我们如此解答这一有意的含混,我们就再度面对着
笛卡尔的提示:只要他想,他就能表明自己怎样在上帝和灵魂之上建立
起他的物理学——可他并不想这么做。我们所选择的这一解答昭彰显

著,它再次表明,形而上学的"根基"对笛卡尔的科学绝非"根基"(《哲学原理》遵循了一个与"假设"相关的策略:与人们的既有看法[上帝瞬间创世]相比,这些"假设"甚至被称为"错误的假设"[III. 44,45,47;IV. 1]。依据这些"错误的假设",就能发现关于世界的全部真理)。

因此,《方法谈》必须要附以《论文》,因为它们表明了这位作者在学问上能够达到和不能达到的成就:他能以既简单又合乎共识的理性原理来解释世界,但他不能以上帝和灵魂来解释世界。书的标题称《论文》是"以这一方法写就的论文"。约在《方法谈》的中间位置(iii. 29 – 30),"你们"就已经受邀把这些论文当作一些实例,它们表明,笛卡尔能将自己的方法成功地应用于各类问题,尽管他以自己的声名为由而随后突然转入了传统的形而上学。当前的这一段落介绍了《论文》(vi. 76 – 77),它告诉读者这些论文实际采用的方法:假设—求证(hypothesis – testing)的方法,这一方法完备自足,因为它既能从已知的结果证明作为基础的假说准确无误,又能根据这些假说来解释已知的结果。对于这些假说或"假设",读者不得不去断定,它们源于上帝的无限完满,还是来自这一方法的四个准则。如此看来,笛卡尔的物理学是一个自我封闭的体系,它从最简单且最容易了解的东西开始,围绕着作为一个整体的自然宇宙,最终得到一些不确定的假设,并根据世上易于了解的结果证明这些假设。《方法谈》是一部谈方法的"谈"。在此书发表前,梅森曾提出反驳,笛卡尔回复他说(1637 年 2 月 27 日),[203]这不是一部论方法的"论文";此书并不传授而只是谈论方法,它仅仅是这一方法的"序"或"评"。这一方法就是由附录的论文所展示的做法,笛卡尔这般呈现这一方法学说,为的是促使解释者从笛卡尔的所说和所做中重构它的细节。有些人渴望照着笛卡尔本人那样的计划去做,对这些人而言,不需要告诉他们一切,只需要告诉他们笛卡尔已在这部书中告诉他们的内容:在这部书里,笛卡尔有意有所隐瞒。

笛卡尔的审判者(第 11 段)

笛卡尔将受到评断;他将受到审判。在这一段,笛卡尔描写了自己将受到的评断,他开场便谈到自己的一个极精巧的新发明,一种用来打磨镜片以适用于望远镜和显微镜的器具:这种器具可以实现《气象学》中详尽说明的解神话行为。要按照笛卡尔的说明来制造这种机械,需要技巧和娴熟;不能忽略任何细节;也不要期望一下就能成功。按照具体的说明来制造机械好比于照着一本好乐谱来弹琴:需要技巧和娴熟,留心每一个细节,只有经过长期的尝试才能成功——读《方法谈》此类精心之作亦是如此。此外,笛卡尔的精心之作采用的是其国家的语言,而不是用其师长的语言,这是因为,他想要让纯净的自然理性来评断他的观点,而不是由从故纸堆中得出的标准来评断他的观点。在第六部分的开头,笛卡尔说自己敬重伽利略的审判者们,现在却在结尾点出:"我只把这些人作为我的评判者。""这些人"不是官方的评判者和宗教审判官们,不是那求诸亚里士多德的故纸堆和《圣经》的人们,他们是"那些兼具良知和学识的人"。由此,笛卡尔邀请他的读者运用自然理性,借此把整个法庭推上了审判席。

笛卡尔的柏拉图式仁爱(末段)

笛卡尔的写作方式效仿柏拉图,但他的科学计划却与柏拉图相去甚远。在最后一段,笛卡尔又一次引证《斐德若》,其中再度表明了这一点。苏格拉底告诉斐德若这位爱言辞的人,对自然的认识是有益的,它可以提供一种呵护灵魂的新知识,因为它能辨识灵魂的不同类型,也能辨识何种样式的言辞对何种灵魂有说服力(《斐德若》,269c – 272b)。笛卡尔绝不会忽视这种呵护灵魂的言说术,[204]然而,他寻求这种对自然的认识是要据以建立一种呵护身体的新医学:柏拉图在《斐德若》中明确贬低的东西(270b)。笛卡尔说,他余生将努力去探求一种自然知识,从这一自然知识,他人将能够为一种新医学推衍出规则。确如许多人所认为的,笛卡尔并没有自己从事医学研究,[①]尽管笛卡尔知道,谁实际为新医学推衍出规则,谁才会获得荣耀。即便如此,是笛卡尔和培根两人为医学带来了科学的方法,是他们缔造了一个新的美德(能力)品级,并把对身心的技术呵护抬至更高的品级。这条新的光荣之路取代了"古代异教徒们"——柏拉图,还有其他把呵护灵魂看得高于呵护身体的人们——所建造的道德的"富丽堂皇的宫殿"。新数理物理学提供了牢固且稳靠的根基,培根和笛卡尔在上面建造起一座新的道德楼宇,并树立了新的美德标准:全人类的共同福祉在于通过征服自然达至尘世的幸福。谁要想住进这座新殿宇,要看他是否符合这一新的美德标准。

这一新的美德标准必然要对所谓古代哲人的非人道主义(nonhumanitarianism)发出一项道德谴责,包括谴责柏拉图。不过,它谴责柏拉图——无论笛卡尔,还是培根——同时又清醒意识到它受惠于柏拉图。与柏拉图的决裂就是与苏格拉底传统的决裂。在《斐多》中,苏格拉底传统得到了范式性描绘:由于第一次远航的失败,苏格拉底开始了第二次起航。自然科学不能合理地说明自身,亦不能合理地说明人世,为了逻格斯的安全,或说为了理性和哲学的安全,必须进行第二次远航。但是,苏格拉底传统却落入亚里士多德藤萝般的后学们之手,被他们拖进一个充斥教派意见的洞穴,哲学由此被迫听命于宗教。为了哲学或理性的安全,"只能有一个行动",如培根所说,那就是"按照一个更好的安排,全盘重新来过"(《伟大的复兴》,"序言")——这是一次崭新的第一次远航,一种崭新的自然科学。但培根和笛卡尔的新科学并没有放弃第二次远航的收获:它所具有的审慎正是柏拉图关于哲学言说的教导,

---

[①] Roth,《笛卡尔的〈方法谈〉》,页15,77 - 78,88 - 89;Hartle,《死亡和漠然的观众》,页152。

此外,它还遵循着柏拉图对仁爱的根本训喻:出于爱人之心——爱逻格斯或理性,"你们必须要下去"。

在令人称奇的末句,笛卡尔重申了他与柏拉图的关系[205]以及他可与柏拉图相媲美的抱负。笛卡尔并不寻求大众的欢呼;那些医学名家用他的方法来救助别人,他们才会得到大众的欢呼。笛卡尔珍视自己的独居,他更感激的是那些让他得享清闲的人,而不是给予他世上的至尊地位的人们。"世上的至尊地位"——这是初次把他介绍给世界的这部著作的结束语,笛卡尔用它婉拒了所有将使他这位哲人成为王者的给予。不要给予我王位,笛卡尔说,把王位给那些一心想让我下地牢或受火刑的人吧——要是他们明白我正在做什么的话。让我独善其身吧。像约亚宾那样。或者,像柏拉图《王制》中的奥德修斯。面对着所有可过的生活(iii. 27),笛卡尔同样选择了一位独居者的静谧生活,因为他已经从对荣誉的爱中清醒过来,正如约亚宾和柏拉图笔下的奥德修斯(《王制》,卷十,620c)。正如柏拉图那样,笛卡尔也是一位不愿统治的哲人(卷七,519c – 520d),他也知道,无法说服民众相信由他来统治是件好事情(卷六,494a)。尽管如此,笛卡尔深知,果敢的哲人以自己的判断指导自己的行为,他可以选择干预对人事的统治。笛卡尔高调地拒绝统治——人们心中至上的荣誉,何况人们无论如何都不会把这至上的荣誉给予他——但他决意成为一位主人,去统治众多未来的自然的主人,他决意成为时代的秘密精神领袖,一位现代哲学之父。

以当前的这种方式发表自己的著作,笛卡尔借此表明,他已经领会了柏拉图的写作艺术。不顾一切地发表自己的著作,笛卡尔借此表明,他已经领会了柏拉图对哲人更根本的教导:"你们必须要下去",柏拉图如此训诫那些已经从意见的洞穴上升到知识之光的人们(《王制》,卷七,520c)。①同样,笛卡尔也是一位感于仁爱的柏拉图式哲人,这种爱人之心是一种根在雅典的对理性的爱,不过它也可以变得像基督教的爱(charity)。为了担负起理性的安全,现在必须要采取行动,以培根所开

---

① 参见本书第五章,"《王制》与责任",页 127 – 132。

创的方式保卫哲学免受宗教的统治。同样,笛卡尔也是一位清楚自己
身处何方的柏拉图式哲人。本书下一章将分析《方法谈》的其他部分,
并将进一步阐明,笛卡尔清楚自己所在的世界以战争为标志:交战者们
被笛卡尔称为"上帝的伟大朋友们",他们的"正义的狂热……责令他
们[206]去做令人发指的滔天罪行,比如背叛社稷、弑杀君主、仅仅因
为众生不接受他们的观点而予以剿灭"(《灵魂的激情》,条190)。为了
践行柏拉图的训谕,笛卡尔下到培根在《宣告一场圣战》中所描绘的世
界,而且,他是作为一位培根派下来以继续培根的精神战争。

　　在临时性准则的荫庇下,笛卡尔度过了三个月的火炉生活;他随后
又度过了多年的流放岁月,用思辨之学和道德操行掩饰起自己物理学
的根基,即可应用于其他各门学问的关于运动质的假设。当果敢的笛
卡尔终于出现在舞台上,他不是从三个月的火炉生活中归来,而是从韬
光养晦的流放岁月中归来。笛卡尔作为一个演员登场,知道怎样以自
己的判断指导自己的行动,而且,他来是为了战争——一场赴死如归的
精神战争,强大的对手们尽管可以控制他的行为,但却无力控制他的思
想。用权威的形而上学和道德来包装自己物理学的根基,把它安全地
藏诸这样一个载体,笛卡尔借此把一个致命的礼物馈赠于他权威的敌
人,就如雅典人馈赠给特洛伊人的礼物为他们的战争带来了胜利的结
局。当特洛伊人(驯马人)越出他们自己的城墙,把那献祭给波塞冬的
木马带进自己的城池时,他们就带进了由雅典娜最中意的奥德修斯所
设计的礼物,木马内所藏最终使单纯武力无法攻克的城池陷落敌手;同
样,当笛卡尔所敬重的权威们夹道欢迎笛卡尔的礼物进入学问的城池
时,他们就带进了一种会从内部瓦解自家城池的武器——在讨论他们
的波塞冬的虔敬的形而上学中,藏着笛卡尔的新物理学。无怪乎三百
年后,一位英国神父(日后成为了坎特伯雷的大主教)会说,如果有人问他
"哪个是欧洲历史上最不幸的时刻",他极想说,那就是"笛卡尔的那一
段闲暇时光,他百无聊赖时,'一个人关在火炉里'待了一整天"。①

---

① 　William Temple,《自然、人与上帝》(*Nature, Man and God*),页57。

第九章　笛卡尔与蒙田:《方法谈》作为随笔

> 蒙田……这个人的写作无疑增添了在这个世界上生活的快乐。
>
> ——尼采(《叔本华》,条2)

第一部分:笛卡尔与每个人

[207]我们从《方法谈》的尾句转向首句,从柏拉图转向蒙田,因为尾句暗指柏拉图,而首句则直接引用自蒙田。

"良心是人世间分布地最均匀的东西,因为人人都认为自己充分地禀有良心,即使那些对其他一切最难以餍足的人,都认为自己拥有足够的良心,不会再想要更多。"这无疑是整部《方法谈》中最为蹊跷的句子,它宣告人人都平等地享有分辨真假(对错)的能力,而这种能力恰恰是哲人最为渴慕的心灵的品质,也恰恰是《方法谈》认为最珍贵和最稀少的东西。除此之外,笛卡尔给出的许多理由让我们察觉,开篇的这个平等主义宣言是假话。支持这一宣言的两条论据——每个人都认为自己有足够的良知,而且不可能每个人都弄错了——根本没有说服力,因为,这两条伪称放诸四海皆准的意见仅仅是基于一个人对自己禀赋的看法:"我知道,在所有牵涉到自己的事情上,我们非常容易自欺欺人"(i.3)。而且,笛卡尔说他本人就在努力追求个人心灵在才智、想象力、记忆上的进步,以提高自己分辨真假的能力。此外,笛卡尔仅仅是"愿意相信"这一意见(i.2),即赞同"哲人们所持的普遍看法"——但在其他地方,他无处不在地挖苦他们的普遍看法。笛卡尔最终径直告诉自己的读者,这一看法是错的,几乎所有人都不足以分辨真假。笛卡尔说,世界上的人大致只分为两类,[208]而且两类人都不足以分辨真假。头一类人自视甚高,臆认为自己完全能够分辨真假;后一类人则有自知之明,认定自己分辨真假的能力不如别人(ii.15)。大致说来,每个人都不能分辨真假;所以,笛卡尔主张,单就他的方法的第一步而言,几乎每个人都不应当效仿,因为他们不应当抛弃自己信之若素的信念。然而,笛卡尔将在下一段表明,几乎每个人都应该效仿那些能够分辨真假的人。①不仅开篇的这一意见是假话,笛卡尔此后还说,为了这一意见而抬出的那些理由不足为证,因为这些理由诉诸多数人的意见,而"对于相当难以发现的真理而言,多数人的意见毫无用处"(ii.16)。②

　　何其放肆! 经过多年的谋划,又经过多次未竟的尝试,笛卡尔终于登台了;他公开露面的第一句话竟然宣称一个他明知是错误的意见! 那些渴望效仿笛卡尔那样的计划去做的人(vi.71)会怀疑开篇的这一宣言,因为他们会像笛卡尔那样对待每一个意见:凡是自己没有明确认识到的东西,笛卡尔绝不以之为正确(ii.18)。笛卡尔的蹊跷开场提醒这种读者要小心,因为他们在笛卡尔的书中甚至都要辨分真假。通过以此种方式开场,《方法谈》承诺要摹状潜在的知者(would - be - knower)所面对的最根本问题:尽管这些潜在的知者渴望辨分真假,但他们始终深陷于虚假(却伪称真实)的意见之中,这些意见基于权威却不足为证的推断,而这些推断则源于自负(self - love)。只有少数人才不会盲从自己的习惯倾向,只有经过他们不懈的实践,才能辨分出真假。

　　笛卡尔的书是写给每个人的,可也是写给"你们"的。笛卡尔八次使用了直接的第二人称向他的读者发言,读者渐渐形成这一印象:"你们"就是笛卡尔在结尾所说的那些兼具"良知和学识"的少数人,也就

---

　　①　[译注]见第二部分第四段。

　　②　布尔曼问询这一蹊跷的开场,却得到了一个更为蹊跷的答复;见《笛卡尔与布尔曼的对谈》,页45。

是笛卡尔唯一接受的评判者(vi. 77 – 78)。与监控笛卡尔行为的"评判者们"不同,他们才是笛卡尔思想真正的评判者,他们运用自己天赋的良知孜孜研读他的著作;他们会分辨出笛卡尔书中的真真假假,对他们而言,他的书将[209]极为有益(i. 4)。这样的读者会注意到一个显著的事实:笛卡尔的第一句话引用自蒙田。不仅如此,笛卡尔多次窃用蒙田,而这第一次窃用树立了一个范式:在评判笛卡尔的时候,那些具有良知同时又深研蒙田的读者将更易于领悟笛卡尔的意旨。①

　　笛卡尔的第一句话(包括其中所表达的意见,以及为了这一意见而给出的理由)直接采自蒙田的随笔"论自命不凡"(Of Presumption),这篇随笔几乎一开始就说:"如果谁是恺撒,那就让他大胆地自认为是世上最伟大的统帅。"但是,这篇随笔的主题并不是少数恺撒们相应的自命不凡,而是少数哲人们相应的自命不凡。哲人们怎么会自命不凡,他们怎么会自以为是呢?蒙田谈起了自己。临近这篇随笔的结尾,在反思过哲学和讲真话(truth – telling)之后,蒙田现身说法:从理性"最亲密和最熟悉的朋友"——苏格拉底的行为中,还从马基雅维里所激起的争论中,我们都可以看出,人的理性是把危险的双刃利剑。鉴于"我们道德风化的败坏",而理性是个基于经验的脆弱工具,那些只信靠这一工具的审慎之人尽管怀疑创新,却不得不保留自己真正的意见。为了说明

----

　　①　Gilson 的《方法谈疏正》注意到了笛卡尔对蒙田的许多引用,参见"索引",页497;另及 Brunschvicg,《笛卡尔与帕斯卡尔》(Descartes et Pascal),但两者的讨论并未揭示笛卡尔为何如此广泛地引用蒙田。另见 Curley,《笛卡尔反怀疑主义者》,页 12 – 20,38 – 40;Judovitz,《笛卡尔哲学中的主观和表象》,页 3 – 38;Woodbridge,《方法谈》,页 136 – 142。在《蒙田的诡计》(Montaigne's Deceits)中,Margaret McGowan 倍有说服力地刻画了蒙田所践行的"狡猾和隐秘之法"。除了证明蒙田著作中这一处处皆是的思想特征,McGowan 还展示了蒙田的前人与同时代人中"防卫性写作的传统"。至于宗教战争如何浸染了蒙田的所有文字,而在这样压制性的背景中,蒙田曲折迂回的文风又如何使得他可以相对自由地言说,McGowan 的讨论极为有力。Schaefer 的《蒙田的政治哲学》(Political Philosophy of Montaigne)对蒙田进行了全面的重新阐释,他强调了蒙田与苏格拉底传统的决裂,并不遗余力地证明了蒙田的策略性写作。

自己作为一位作家的策略,蒙田谈起了自己的自命不凡,并总结说,他唯一赞赏自己的地方,恰恰是不会有人自认为缺乏的东西:"因为有谁曾认为自己缺少辨别力(lacked sense)?"蒙田赞赏自己,这不是因为他认为自己拥有辨别力,而是因为他认为自己缺少辨别力。蒙田认为自己缺少每个人认为自己拥有的东西。[210]每个人都认为自己拥有辨别力,但这并不证明他们确实拥有辨别力,因为认为自己缺少辨别力"会是一个自身就包含矛盾的命题"。只有认为自己缺少辨别力,才会拥有辨别力,否则就是缺少辨别力。"这(缺少辨别力)是一种病,但察觉到它的人就绝不会得这种病。""自古以来最聪明的人"苏格拉底认为自己缺少辨别力,所以就没有患病,然而却"从未有哪个撬锁贼或傻女人认为自己缺少辨别力来照顾自己"。这就是哲人们的自命不凡:一种在知识上的高贵谦逊,一种产生于自识的谦逊。哲人们知道自己无知。蒙田自命不凡,因为他认为自己缺乏没人曾自认为缺乏的东西——除了他之前的苏格拉底,还有他之后的尼采,因为尼采也说,哲人们始终对"知者们"(knowers)表示怀疑(《快乐》,条351)。①

蒙田自诩为苏格拉底,自古以来最聪明的人。哲人的标志在于认为自己缺乏良知,因为"人们通常说,大自然所给予我们的恩惠中分配得最公平的就是辨别力(sense)":此即笛卡尔所引用的句子。在自己公开露面的第一句话中,笛卡尔就引用了蒙田——蒙田表明,所有人都享有良知,除了少数几个例外。苏格拉底是个例外,而蒙田效仿作为例外的苏格拉底。笛卡尔呢? 看这样一位哲人登台的方式!

这还并非全部,就在这一语境中,蒙田提出了要害问题:"我为谁写作?"他回答说,世界上只有两类人,但他的写作并不是为了这两类人。更明确地说,蒙田说他既不为学者也不为普通人写作(笛卡尔也问起他为谁写作,并重复了这一区分,见《方法谈》,ii. 15)。蒙田为自持且强大

---

① 在最后一篇随笔中,蒙田重新回到了这一问题,III. 13,"论经验",页823,再次提示了苏格拉底与其他人的不同。出于同样的理由,霍布斯表达了相同的观点(《利维坦》,第13章)。

的第三类人写作,这类人举世罕有,因此在我们中间籍籍无名,蒙田所托诸的这类人当然也就是笛卡尔所托诸的对象。蒙田在为笛卡尔写作,一俟意识到这一点,笛卡尔就从这位哲人那里领受了自己作为一位哲人的使命。这是因为,蒙田在自己对哲人最详尽的论述中说到,哲人是品级最高的少数人,哲人渴望用政府和法律来统治世界,为了隐藏自己的求知热情所带来的愉悦,避免他人接触既不"健康又不有益"的结论,哲人的写作不得不有所欺骗,[211]而且哲人应社会的需要而特别讨论宗教之类的问题(《随笔》,II. 12,"为塞邦一辩",页 370 – 378;见 III. 13,"论经验",页 824)。蒙田进一步说哲学有三种,尽管这三种哲学均未提到苏格拉底、柏拉图和亚里士多德,但苏格拉底是自古以来最聪明的人,是"桂冠大师"(master of masters),柏拉图和亚里士多德这两位苏格拉底式的大师则是隐藏在各自著作中的皮浪派(Pyrrhonists)。蒙田是一位柏拉图的彻底怀疑者,同样也是一位亚里士多德的彻底怀疑者。尽管柏拉图用教条式的韵律来缀饰其风格,但他旨在探询而不是教导,而亚里士多德这位"教条派的君主"(the prince of dogmatists)本身绝非教条派,而是一位"皮浪主义呈肯定形式"的导师。这样一部哲学史会令笛卡尔深表赞同——笛卡尔说,要是他可以自由地写他的哲学史,他会这样来写(《哲学原理》,"前言")。一部尼采式的哲学史必须要为蒙田正名。①

————————

① 在《大同国:现代性的隐秘议程》(*Cosmopolis*, *the Hidden Agenda of Modernity*)中,Stephen Toulmin 认为,对现代性的兴起而言,文艺复兴时期的人文主义者(尤其蒙田)要比我们通常认为的远较重要。Toulmin 对比了人文主义者与现代性的"第二阶段",即 17 世纪的理性主义者,特别是笛卡尔——这位人们公认的现代性的肇始者追求一种具有确定性的方法,但这种方法令我们并不轻松,而人文主义者的立场则更为开放,更加充满怀疑,令我们更感惬意。然而,在我看来,Toulmin"重述"(recontextualize)早期现代哲学的努力部分付之东流,因为他被过于简化了背景,并过分相信背景决定着哲人的思想。尽管 Toulmin 并没有把哲学降格为哲学所处的背景,却把思想者当作其时代的受害者,而不是看作其时代的一位演技精湛的演员(页 39 – 41)。

蒙田强调说,哲人必须运用虚假的意见。在一篇随笔中,蒙田认为贤德之人不屑于热衷荣誉,但他在结尾又主张,热衷荣誉可以有效地"唤起人们追求美德"。蒙田说,柏拉图的例子表明为了美德可以无所不为,因为柏拉图为了这一目的而用尽"一切手段"——他不仅允诺美德会带来荣誉,而且还在人力不及之处引入"神圣的活动和启示",并因此为自己赢得了"伟大的奇迹伪造者"的称号。"所有的立法者"都擅用伪造的基金来偿付美德——尤其擅用关于神圣太初(sacred origins)的谎言(II. 16,"论荣誉",页477)。"柏拉图几乎使出了自己所有的牌来处理这种神秘"(《随笔》,II. 12,"为塞邦一辩",页379)。

为了把自己呈现给世界,笛卡尔效仿了蒙田,以人生故事的形式绘制了一幅自画像并写作了《随笔》(essays),①尽管他的随笔与蒙田颇为不同。此外,在[212]他对蒙田的窃用中,笛卡尔似乎在重复蒙田的邀请:"让大家看看,我是否清楚怎样选择借用的材料来提升自己的主题。"笛卡尔对蒙田的借用是在效仿蒙田借用晚近俗语作家的方式:蒙田采用了这些作家最出色的说理和创新,但故意隐去作者的名字,之所以如此,是为了抵制那些普遍针对晚近俗语著作的粗暴谴责(《随笔》,II. 10,"论书籍",页296)。蒙田准许笛卡尔犯下蒙田的一位拥护者曾指控蒙田的罪行:蒙田的剽窃。②

笛卡尔一次次地引用蒙田却从未加以说明,蒙田可谓是他最初的和始终的教育者,尽管他还得与这位导师保持距离,因为对一位有着笛卡尔式抱负的人而言,皮浪主义算不上有用的思想武器。对笛卡尔来说,要博得声名,最好是对蒙田这样的怀疑主义者开战,个中理由很可能已由尼采道出。在谈到作为教育者的哲人时,尼采给予了蒙田"这一最自由和最高迈的灵魂"近乎最高的赞扬:"这样一个人的写作无疑增添了在这个世界上生活的快乐……假如使命在于让自己在世上安居乐业,我就会和他一道努力"(《叔本华》,条2)。让自己在世上安居乐

---

① ［译注］似是指《方法谈》后所附三篇《论文》(Essays)。

② Norton,《蒙田的影响》(Influence of Montaigne),页187–188。

业,这也不可能是笛卡尔的使命;为了自己的声名,笛卡尔不得不装作拒绝蒙田:要实现培根征服自然的计划,就得鼓足而非打击对理性的信心。我们将会看到,笛卡尔和蒙田有一个共同的敌人,但两人采用了不同的策略来缴除敌人的武器。笛卡尔窃用蒙田,但却绝少透露他自己特有的哲学怀疑主义,不过,他的剽窃正有助于揭开他思想的隐秘层面所笼罩的面纱。

这位耶稣会的学者出于蒙田门下。一旦认识到这一点,我们就可以把笛卡尔在《方法谈》第一部分所叙述的个人求学历程看作是一位蒙田派(a Montaignian)的教育。蒙田《随笔》中隐晦的苏格拉底教诲教导年轻的笛卡尔,要怀疑他那些权威的老师,从而使他摆脱了对个人现实处境的依赖。它们使他转向了蒙田所称的"世界这部大书"(i. 9),并最终使他转向了内心,开始研究自己(i. 10)。蒙田的《随笔》教导沉思者要截然脱离个人的所有,它也教导要服从[213]一项"至高无上的规则"(rule of rules),即那条刻印在蒙田的挚友灵魂上的格言:要最虔敬地服从和遵守本国的法律——尽管如果可以选择,他更愿生于其他地方(《随笔》,I. 23,"论习俗及不要轻易改变成法",页86;I. 28,"论友谊",页144)。

在向自己那些兼具良知与学识的特别读者发言时,笛卡尔用的是"你们",他首先向"你们"发出一个邀请:笛卡尔所称为他生活的"史传","你们"或许更愿意视之为一部"传奇"(i. 4)。"你们"或许倾向于认为,笛卡尔在讲述自己生活的历史时,他是在编故事。这无关紧要。历史和传奇两者都有益,而且可以相互制衡:传奇的雅致可以唤醒心智,史传中的丰功伟绩则激励心智,精心研读它们有助于英明决断(i. 5)。关于诸神与英雄的传奇故事可以唤醒心智向往伟大和非凡,正如在蒙田最开始读奥维德《变形记》(*Metamorphoses*)中的传奇故事时的体验。心智受到了唤醒,再来精心研读史册中的丰功伟绩,在评价伟人的时候,心智就会受到激励,正如普鲁塔克的《传记集》和李维之于蒙田(《随笔》,I. 26,"论儿童教育",页106 – 129)。但是,传奇的缺陷在于把不可能的事情变得似乎可能,而史书(甚至包括蒙田的史书)的缺陷在于忽略了细枝末节(i. 7),所以"不能尽如原貌"。笛卡尔警告说,那些对传奇和史书亦步亦趋的人会陷入小说中骑士的浮夸,还会构想出自己力所不逮的计划,并由此结束了对传奇和史书的讨论。笛卡尔的史书中描绘了什么传奇事迹,设若这些传奇事迹超出了我们的能力,难道它们也超出了他的能力? 关于一位英雄——他的事迹既能唤醒我们的心智意识到人的可能性,又能通过描写这些可能性的实现来激励我们的心智——《方法谈》会如何描写他? 只有思索笛卡尔对自己年轻时确立的使命传奇的第一次描述,这些引而未发的问题才会无比清晰地凸显出来。

第二部分:传奇的事迹

经过多年的准备,经过许多他认为失败的尝试(《奥林匹卡》《指导心灵的规则》《论世界》),笛卡尔终于把自己的思想带给了世界——通过介绍自己,讲述个人生命的传奇故事。不过,笛卡尔个人的历史与当时当地的历史是联系在一起的。他的思想追求普遍性(universality),[214]但并不是出自一个普遍的头脑;笛卡尔是一位欧洲人,一位出生在战火纷飞的大陆的法国人。在提到当时当地的具体事件时,笛卡尔笔墨极为简约,正因如此,他这些为数不多的提及似乎更有说服力。在第二部分的开始,笛卡尔将个人生命中的一个事件与欧洲生活中的一个事件联系起来——在笛卡尔初次获得了他所报告的思想时,"战争"正在如火如荼,而17年后,笛卡尔把自己介绍给了世界,这场战争"仍旧尚未平息"。①欧洲正为接连不断的战争四分五裂,沉思者笛卡尔却隐居起

---

① ［译注］指1618 – 1648年席卷欧洲的三十年宗教战争,参战国分为两派:奥地利、西班牙、德意志天主教联盟组成的哈布斯堡集团,由罗马教皇和波兰支持;法国、丹麦、瑞典、荷兰、德意志新教联盟组成的反哈布斯堡联盟,由英国和俄国支持。笛卡尔首先在荷兰参加了拿骚的摩瑞斯(Maurice de Nassau)的新教徒军队,并在1619年7月转投巴伐利亚公爵马克西米连一世所领导的天主教联盟军,反对新教联盟。同年冬天,笛卡尔随军驻扎在德国慕尼黑北部,附近便是乌尔姆(Ulm)。笛卡尔第二部分所说的故事当在1920年前后。

来,追寻着安宁的自我思考。笛卡尔另外一次提到战争(iii.31),同样强调了公共的战争与私人的安宁之间的对比:笛卡尔定居荷兰,欧洲的这个新教国家正全力备战,但它允许一位哲人独来独往,所以能得到笛卡尔的赞美。不论是短暂地停留于乌尔姆(Ulm)附近德国南方的火炉,还是长期地居于新教的荷兰,独居的笛卡尔都隐蔽且安宁地生活在一个因战争而四分五裂的欧洲:这些战争与笛卡尔隐居时的思想有何关系?

笛卡尔走进了火炉,进行了整整一天完全自由的沉思。他获得了许多思考,但他仅交代了一个,这一思考涉及完美(perfection),尤其是通过人的经营而达到的完美:人工的完美。完美难以实现,笛卡尔的思考(整整一段)对比了两条实现这一目标的不同途径:一条途径是通过许多人的努力,另一条则是通过一个人的努力。由许多人共同经营的作品往往不够完美,而一个人独自经营的新作品却相对完美,笛卡尔以五个"因而"(thuses)——对比这两种情况,通过一条颠扑不破的逻辑,形成了自己的思考轨迹。笛卡尔的思考渐趋宏大:他首先思考的作品是建筑,然后扩展到城市、人民;他首先思考的经营者是建筑师,然后扩展到工程师、立法者。思考一旦到达一国之民的立法者,也就上升到了宏大的顶点;取而代之的是,关注立法者自身及其应有的品质,立法者的品质决定着其作品(他的人民)的完美。从战争中的人民中间,一位独居的年轻人归隐于思想的私人领地,他构想着更完美的人民,构想着由一位更完美的立法者来缔造更完美的人民。这真是一个与传奇相称的故事。假如最伟大的思想是最伟大的事件,假如哲人是立法者,假如哲人的写作会向公众隐去他们自己的思想,那么,笛卡尔的这一思考就值得我们深入思量。

[215]笛卡尔对人工所达到的完美的思考,似乎是围绕着五个"因而"组成的。每一步都进行了对比:由多位经营者长时间努力产生的作品,与由一位经营者更为意外(more suddenly)产生的作品。建筑、城市、人民可以经过长期的演变,由变化和调整而塑造成型;或者,也可以全盘按照单独一位作者所拟定的计划开始。笛卡尔还停下来提醒说,城市里历时弥久的事物习惯性地抵制新奇和创新;人们习惯忠于历时弥久的事物,

尽管塑造这些城市的"与其说是某些运用自己理性的人的意志,不如说是机运"。市民们忠于机运的旨意,他们委任长官来确保新旧之间的和谐。如果哪位建筑师一心想要新奇或创新,掂量一下这些长官们的标准,他就会明白,单靠经营别人既存的建筑物鲜能产生什么尚品佳作。

从重新建造所面对的这一难题,笛卡尔直接转入("因而我想象到")人最有挑战性的建造:一个民族。有些民族自然而然地从野蛮过渡到文明,他们获得法律,仅仅是迫于犯罪和争吵造成的麻烦。其他民族从一开始聚居时就遵奉着由"某位审慎的立法者"确立的法度。相比之下,后一类民族更加完美,因为他们"更守规矩"或更有秩序。但是,他们仍然不够完美——在这一论述完美的段落中,笛卡尔在此处选择强调不完美,甚至强调相对更完美的对象不够完美。笛卡尔第一次举出了相对更完美的具体例子:两个民族,"由上帝一手制定法规、拥有真正的宗教的国家"与法规同样出于一人之手的斯巴达。这两个相对更完美的作品有多完美呢?"斯巴达过去极为强盛"但已消失久远,而且斯巴达人的许多法律很古怪,甚至忤逆健康的风俗。笛卡尔评价了他的第二个例子,但他并没有评价第一个例子。不过,如果笛卡尔"谈论人的事情"是出于不要用自己无力的推理测度启示这一个人准则(i.8)——马基雅维里在探讨民族的创立者时,同样遵守了这样的准则①——那他的看法就毫无问题。拥有真正的宗教的国家"应当比其他各国治理得无与伦比地好"。[216]确实如此?笛卡尔刚刚提示过我们,现在那些声称由真正的宗教统治的国家,正在忙于相互厮杀的狂热战争。②这一含混的表达促使我们追问,笛卡尔所说的是否就是这些国家。他是不是在指古代的以色列?难道是在说现代的伊斯兰——声称拥有真正的宗教的奥托曼帝国威胁了欧洲两个世纪?这些国家都声称拥有真正的宗教,哪一个才是真的拥有呢?

对于拥有真正的宗教的国家,统治它们的法律从何而来? 笛卡尔

---

① 马基雅维里,《君主论》,第六章。

② Kennington,《笛卡尔》,页 427。

说,它们的法律由上帝一手所定,但他随即说斯巴达的法律"由一者(by one)创立"。怎样的一个?"为你们创立法律的,应该归之于神,还是某个人?"——柏拉图在《法义》中追问法律的来源,且从斯巴达和克里特的法律开始,其开篇便如此问道。"当然是神,宙斯为我们克里特人立法,阿波罗为那些斯巴达人立法",遵守由神一手所定的法律的克里尼亚(Kleinias)如是回答。笛卡尔也这样回答:他让自己和同胞所遵守的法律好像来自上帝,而让其他人所遵守的法律好像只是来自凡人。在一个长期演变而成的城市(而且现在有长官们小心看护着公共建筑),根据装饰的要求,在谈论他自己的国家时,他必须回答"当然是神"。不过,通过含混地谈论作为其他人法律来源的"一者"(one),笛卡尔就所有法律的来源提出了相应的柏拉图问题。尽管笛卡尔并不像马基雅维里在论述由单独一人创建一个民族时那般肆无忌惮,①但这一段却清楚表明了他的马基雅维里立场。

由一位审慎的立法者所创立的民族相对更完美,但它们的不完美使笛卡尔产生了一个反思,这一反思初看之下颇为不同,实则紧密相关。笛卡尔以"并且,因而"(and thus)——并不完全是"因而"——引入了自己的最后两步思考,似乎它们是通过反思他的两个例子而带来的必然结果。此外,每一步思考都引入了笛卡尔的看法,而不仅是他的想象。他认为,在接近真理的可能性上,有良知的人自然而然作出的简单推理强过"书卷中的学问、至少强过那些推理似是而非的学问"。书卷中传下的传统[217]出于多位经营者之手,因此必然带有此类作品的不完美,甚至包括笛卡尔刚刚提到的两大基于书卷的传统:源远流长的、希伯来人和希腊人给与我们的宝贵遗产,都不如有良知的人自然而然作出的简单推理。

"并且,因而",笛卡尔转入了最后一步思考:天赋推理(natural reasoning)自身有欠缺,因为它依靠长期的发展;我们获得推理能力,正如相对不够完美的建筑、城市和民族的产生,取决于众多的经营者。在长大成人之前,我们都是小孩子,因此注定要在成长期内听命于自己的欲

---

① 马基雅维里,《李维史论》,I. 9。

望和规诫(appetites and preceptors)。没有抗拒之力的我们受制于这些经营者,在接近真理的尝试中,当我们最开始运用自己的推理能力时,它已经受到了严格限制。在理性自身能够开始塑造我们之前,历史(化身为我们的导师)与自然(化身为我们的欲望)已经塑造了我们的天赋推理。所谓的"自然的教导"(teaching of nature,《沉思录》,vi. 76 - 90)实际上只是习惯和灌输的结果。在最后一步思考所进行的对比中,可以说其中相对更完美的这方仅仅是一项提案:由导师和欲望所塑造的人,要达到纯粹和可靠的判断"简直不可能",除非他出生时推理能力就很健全,而且此后始终以这种能力作为唯一的行为准则。

笛卡尔对人力之完美的思考终止在一个他只能想象的人:一个天生理性而且只遵从理性的人。这个想象的人将最能胜任完美的工程,最能胜任审慎的立法者——古代雅典和耶路撒冷的双料遗产经由许多经营者而传交给了我们,而他将用理性的法律取而代之,并在上面创建一个新的民族。这样一位立法者独力奋战,而且他的工作不得不面对着旧有的原料,面对着在上帝和希腊的子民中间形成的极度忠诚。不过,要着手改变以此种方式得到塑造的民族,这位未来的立法者必须先完成一项预备任务,因为自然和历史使他有缺陷。由于长期受到欲望和规诫的监护,他自己的理性并不纯粹。他首要的工作不得不是他自己。他不得不克服自身自然的历史,经历一次新生,成为一个出生时就充分使用理性并始终唯以理性为旨归的人,成为一个绝对理性的人。要实现这样的新生,他必须做自己的导师,[218]并为自己确立起新生所需的四条基本准则(ii. 15 - 19)。

《方法谈》讲述了这位理性的立法者的成长历程,它是一部传奇故事。或者,换用笛卡尔所提示我们的意象来说,他的《方法谈》是一幅画,描绘了这位立法者的形象,但它并没忘记绘画是光和影的艺术,是展现和隐藏的艺术(i. 4; v. 41)。①一幅画,一个故事,一部传奇:《方法

---

①　Nancy,《为了上帝而戴上面具》(*Larvatus pro deo*),页 14 - 36。[译注]笛卡尔有句名言叫 Larvatus prodeo[戴上面具前行]。

谈》是一部自我展示的杰作,它使人们得以领略一位审慎的立法者的英雄行为,看他如何解放自己来创立新的民族。

在下一段中,笛卡尔对立法者的思考似乎随即由狂肆变得温和起来,他的表现似乎表明,他的目的仅仅是重建个人意见的房屋,而不是推倒别人的房屋。然而,第二段实际是要表明如何进行第一段中的革命:一开始要绝对隐秘的进行,而且绝对不要露出一丝迹象让人们认为这是场摧毁别人房屋的变革。笛卡尔申明了习传意见的至上和全盘革新的危险,尽管他已经开始脱离习传意见的桎梏,踏上了一条全盘革新的道路,但他所进行的哲学革命认同一种政治保守主义,持守着沿袭已久的旧有道路。进行这场运动,要遵循蒙田的原则:表面上禁止推究"社会的最好形式",主张"对每个民族最好和最卓越的统治,就是每个民族在其中繁衍生息的统治,这不是空谈,而是的确如此"。置身于肆虐法国的劫乱之中,蒙田对改革派的谴责竟与笛卡尔的话无二:"重塑(一个国家)这样庞大的人群、改变这样一个宏伟建筑的根基,想要进行这种工作的是这样一些人:他们会为了清理一幅画而把它完全涂抹掉,他们想以普遍的混乱来整改细微的瑕疵,以死亡来疗治疾病,他们更渴望的是颠覆一切而不仅是改变"(《随笔》,III. 9,"论虚妄",页 730 – 731)。不过,和笛卡尔一样,在蒙田那里,这样的看法与审慎的立法者的角色并容不悖:蒙田引用李维,说"固守古人之道应受肯定",似乎彻底地批评了革新,但他还澄清,这一训诫并不意味着没有人"能够控制和改变(其国家的法律)",他还援引了普鲁塔克,赞扬通晓怎样依据政治处境来操控法律自身的立法者[219](《随笔》,I. 23,"论风俗及不可轻易改变成法",页 77 – 90)。①

第二部分的第二段全部重演了第一段的三个层次(建筑、城市和国家),这促使读者思索,笛卡尔的重建想要进行怎样的革新。笛卡尔说,我们没见过谁把全城的房屋统统夷平,我们只见过有人不得不拆毁自

---

① 至于蒙田隐藏起来的激进主义,参见 Schaefer,《蒙田的政治哲学》,页 153 – 176。

己的房屋,因为这些房屋有坍塌的危险,而且地基也不牢固。这一例子让他相信,要通过改变所有根基并推倒重建,来单独一个人革新一个国家,这确乎是妄想。不过,对于一个业已形成的民族,一位审慎的立法者又该如何行事呢?笛卡尔明确拒斥培根所采取的这一方式:改革各门学问的主体以及学校教授这些学问的成规。尽管笛卡尔对各门学问的改造事实上正暗含此意,但他私下说最好不要说明这一点。笛卡尔曾晓谕梅森,说《沉思录》包括了他物理学的所有根基,他随后告诉梅森:不要告诉任何人;让他们自己来发现他的原理能摧毁亚里士多德的原理;一旦人们察觉改革的必要性,改革就会接踵而至(致梅森,1641年1月28日)。身为激进改革家的笛卡尔并没有作为一位政治改革家或教育改革家而名世,这一点至为重要。由于欧洲1619年改革派与反革派之间再度爆发的战争,"改革派"一词可谓恶名昭著。作为作家的蒙田一生都在这样的战争中度过,和他一样,笛卡尔也以明智的顺从断然拒斥"改革派"这个词;笛卡尔甚至必须要装作否定培根,尽管他奠立并推动了培根在学问上的改革。

笛卡尔的新生意味着,必须要用以理性为根基的意见取代一切基于欲望和规诫的意见。《方法谈》中详审了"根基"一词,此词在本段出现了三次,阐明其含义的是它在第一部分的两次出现:数学的根基极为"牢固和稳靠",但令人讶异的是,竟没有谁在它们上面建造起任何更宏伟的东西(anything more noble)。这块闲置的稳靠根基让笛卡尔反过来想到:古代异教徒在松泥软沙之上建立了道德的琼楼玉宇[220],他们哲学的原理一直是各门学问的根基(i.7-9)。在一个宗教战争的时代,古代异教徒们根基仍然有效但已变得岌岌可危,笛卡尔将自己置于与古代异教徒的对立之中,开始独力奠定新的根基,在这块新的根基上面,或许会创建一座新的道德殿宇、一个新的民族。笛卡尔所说的"他的形而上学的根基"是第四部分所谈论的那些根基(见《方法谈》介绍性的概要),还是他此时在第二部分所描述的、将为所有学问提供新的原理的方法?审慎的立法者会利用旧有的材料,而且清楚人们对旧事物的忠护所具有的威力,于是他会扮得遵循着旧有的方式,同时却树立全新的根基。

在转入他的方法的原理之前,笛卡尔强调了他的独一(singularity)。他并非一位以改革为志的改革派;他只想改造他自己的思想。既然如此,为什么还要公开自己的思想呢?"尽管我的工作让我倍感愉快,但我在这里把它作为一个范例展示给你们,并不是出于这个原因"——并不是因为笛卡尔从自己的工作中获得的快乐——"而想要劝导谁来效仿它"。笛卡尔为什么要写作?他把他的工作向谁展示,他为什么要这样做?几乎没谁会效仿他的工作,因为世界上大致只有两类人组成,单就笛卡尔决心摆脱习传意见这第一步而言,两类人都不适合效仿(ii. 15)。第三类人并非完全独一的(entirely singular),①笛卡尔表明自己属于这稀有的一类,此外,借由提示自己对蒙田的取法,笛卡尔以一种极宜人的方式展示了自己的独一。我们已经注意到,这一段沿用了蒙田在"论自命不凡"中对其写作对象的描述。依照蒙田拣选其读者的方法,笛卡尔拣选出了他的读者:严格仿效蒙田,他谈起代表了几乎所有人的两类人,纠正了自己开篇的第一句话。一类人错误地高估了自己的能力,因而判断草率且缺乏耐性探问——蒙田就此谈到的是那些讥嘲所有不知道亚里士多德的人的学士们(《随笔》,II. 17,"论自命不凡",页498)。这些领袖实际上是随从,一旦他们开始怀疑自己所遵奉的原则,他们就会一辈子惶惶惑惑。另一类人判断准确,正确地认识到自己远远不能像老师们那样辨分真假——蒙田就此谈到的是[221]那些平庸的人,这种人无法领略一项超拔而精细的言辞的美感和意蕴。不应自负的自负者,与本应谦卑的谦卑者——整个世界大致就由这两类随从组成。

笛卡尔由追随他人而被迫踏上了自己的路途,这是出于两个理由:他的老师不是单独一位;他早年就觉察到最渊博的学者之间意见有歧义,由此不再轻信任何意见(包括他自己的意见)本质的高超。不过,在

---

① [译注]这里是指,蒙田和笛卡尔都属于第三类人,而他们之间有着众多的共同点,当然不是完全独一无二的。

说明这些理由时,这位被迫自立的主人公就依赖蒙田。笛卡尔追随的这位老师把追随变成一种自立,变成对个人理性的运用。这是因为,蒙田这位老师不是为"世界上到处都是的这两类人"写作,他是为心灵"自身清明和强大"的第三类人写作(《随笔》,同上)。蒙田的写作曲折隐晦,从不妄下断语,交由读者自己来发现他的作品所影射的更重要也更大胆的问题。蒙田甚至说,他在写作技艺上罕有敌手:"如果有很多其他作家在他们的作品中供以领悟的内容比我的多,那我就大错特错了"(《随笔》,I.40,"评西塞罗",页184–185)。但读者必须要极为细心:"我的观点彼此相连,但有时隔得很远……错过我的主题的是粗心的读者,而不是我。在某个犄角,总是会发现与我的主题有关的一些话,尽管这些话不太显眼,但很能说明问题"(《随笔》,III.9,"论虚妄",页761)。

以这种极为机趣的方式,笛卡尔展示了他对蒙田这位高明作家的自立的依赖(independent dependence)。"不论人们能想到多么离奇、多么难以置信的事情,全都已经由某位哲人说过"——从哲人蒙田那里,哲人笛卡尔引用了这个离奇和难以置信的观点来描述哲人,使他质疑哲人的这个观点剽窃自一位哲人。不过,笛卡尔的小小玩笑也剽窃自蒙田:他说的这一观点源出于西塞罗,蒙田曾予引用,以一位哲人的话来攻击哲人。①此外,笛卡尔之所以脱离习传意见的其他三个理由,照搬自蒙田笔下的怀疑派(《随笔》,II.12,"为塞邦一辩",页325;I.31,"论食人族",页150–159)。

"像一个在黑暗中独自前行的人",笛卡尔不得不缓慢且小心翼翼地向前。这种小心意味着,[222]在抛掉他所不满的一切训练之前,他必须确保自己掌握了验证各种意见之真假的良法。笛卡尔由此开始了他对"寻求正确的方法"的叙述(ii.17)。他在哲学和数学上的一些训练——逻辑、几何分析和代数——证明是有用的。在逻辑方面,要将正

———

① 在拉丁版中,笛卡尔逐字引用了西塞罗,参见吉尔松,《方法谈疏正》,页178;蒙田,《随笔》,II.12,"为塞邦一辩",页408。

确和完善的准则与有害而多余的东西分别开来,其难度不亚于从大理石块中取出狄阿娜(Diana)或米涅瓦(Minerva)的一尊神像。这两位女神象征着政治智慧和类似的智慧,她们会惩罚那些看到自己裸体的人,狄阿娜就用死亡惩罚了阿克同(Acteon),而米涅瓦用失明惩罚了特瑞西阿斯(Teiresias)。在引入两位女神之先,笛卡尔区分了解释的逻辑与发现的逻辑,并强调后一种逻辑更高超。把狄阿娜和米涅瓦公之于众,就是公开自己所掌握的政治智慧或类似的智慧,从而就有丧命或致盲的危险。笛卡尔似乎是在暗示,要展示他所掌握的发现的逻辑,所采取的方式必须敬重这两位女神。①

在描写他对新方法的寻求时,笛卡尔谈起了一国之法,返回到第二部分第一段的顶点:要治理好一个国家,法律不用多,但要严格执行;职是之故,笛卡尔用自己严格遵守的四条准则取代了逻辑中的众多准则。他给自己立法,颁予自己四条准则,决心永不违反它们。这四条准则不属于数学或形而上学,它们把一切事物交由笛卡尔的理智评断,构成一个极度理性的程序,并先于一切论题:如果想挣脱欲望和规诫余留的束缚,一切论题都必须服从这一程序。

在列出了四条准则之后,笛卡尔说几何学为这些准则提供了一个典范,几何学的成功让他怀想着更为辉煌的成功,并宣告了一种与蒙田迥异的、极度的理性乐观主义:"没有什么寥远得让人们无法到达,也没有什么隐蔽得让人们不能发现"(ii. 19)。这种对理性的能力的热烈肯定将以各种形式贯穿笛卡尔的所有著作,根据这些肯定,人们把笛卡尔理解为一位确信理性能够解开宇宙一切奥秘的哲人,一位认为思维和存在可以完全通约(commensurabi – lity)的哲人,一位认为数理理性将使整体透彻可解的哲人。在这里,笛卡尔首次表达了他对理性的信心,但他的表述实际有两个重要的限定。首先,[223]是几何学的成功让

---

① [译注]参照《探求真理的指导原则》中笛卡尔对米涅瓦的另一次提及,,:"运用米涅瓦给予我们的武器证明人要确定无疑地认识真理"(管震湖译文,页72)。

笛卡尔"想象到"这些(他的想象与他的思考是否一致,这尚需探讨)。其次,更为重要的具体限定是:"没有什么寥远得让人们无法到达,也没有什么隐蔽得让人们不能发现",只要人们遵循这一方法,只要所探讨的主题是"人所能认识到的东西"。和四条准则所规定的一样,笛卡尔的理性乐观主义只是针对"人所能认识到的东西"。但是,人所认识不到的是什么,严格遵行笛卡尔的准则却仍然寥远和隐蔽的东西是什么呢? 要回答这一问题,我们需要观察笛卡尔本人如何将他的方法应用于各种不同的论题,尤其需要留意他对"根基"的含糊其词。可以想见,对笛卡尔来说,某种东西能为人所认识,这意味着它是属人而不是属于它自身的东西。笛卡尔的理性乐观主义是基于一种原康德主义(a proto‑Kantianism,我们姑且颠倒年代如此称之),而不是基于人心与万物的终极秩序之间的任何关联。设若如此,那笛卡尔的理性乐观主义就与这样一种理性悲观主义或怀疑主义深为契合:我们以为确定的东西在上帝或一位天使看来可能是虚假的,但笛卡尔却对自己引入的这一可能性回答说——谁在乎这? [who cares?](《笛全》,VII. 145;《哲著》,2.103)。笛卡尔深知,有些人极在乎我们的确实性(certainties)有否等同于上帝和一位天使的确实性,尽管如此,他在《折光学》中所描述的感知、在《灵魂的激情》中描述的心灵的主动性和受动性表明,"谁在乎这?"是他所应持的结论。①

　　这一认识论问题是《方法谈》的要害,可它还夹带着一个相关但并非认识论上的问题。蒙田和培根就把认识论问题与一种哲学的政治的问题混在一起。笛卡尔时常影射的这两位现代大师依据欧洲宗教的现状来审时度势,这并非因为宗教问题能够推展认识论的问题,而是因为对理性的信心会挫伤对启示的信心。蒙田强调理性的局限,以及无知者应有的谦逊:狂妄的宗教信念同样缺少这种谦逊,它们宣称领会上帝的意志,却把人送往战场。[224]培根则反过来夸大理性的能力,但他

_____

　　①　Lachterman 所著《几何学的伦理学》特别关注笛卡尔的几何学,并详尽论证了笛卡尔的建构主义。

对理性能力的放诞赞词也部分是出于修辞目的。科学计划的成功,取决于对理性能力的信任,而培根在《新工具》中表明,要树立这一信任,取决于拥护理性者能否从各种形式的怀疑主义中恢复理性,因为理性是探究自然的唯一手段,而它的能力却受到怀疑主义的质疑。这意味着,要从理性所遭到的诋毁中恢复理性;那些诋毁者追求得救而不是认识,他们要用一种理性不可企及的绝对确定性(absolute certitude)取代理性天然的不确定性(tentativeness)。为了恢复理性,培根不仅把理性从信仰中抽离出来,他还以一种显得平实的方式,把理性提升到柏拉图予以神化的地位。为了科学计划的成功,复兴理性还意味着要从蒙田的有益的怀疑主义中恢复理性。这种怀疑主义为从苏格拉底降至尼采的那些真正的哲人所熟稔,但科学计划是要借由对理性的信仰来重新安排世界,而它对这个计划没有任何助益。为了科学计划,笛卡尔与培根联手反对蒙田。这位哲人接受了培根的目的,他不得不再接受培根的手段:在信心不足而又需要信心时,当然要赋予人们信心。他的方法确立了这一信心。然而,《方法谈》随后的段落表明,笛卡尔承继培根来灌输理性能够洞明一切的信念,同时却坚持理性的局限。一种理性的乐观主义可能掩饰着一种彻底的哲学皮浪主义,笛卡尔当然谙熟这一点,因为蒙田就把这种皮浪主义归之于柏拉图和亚里士多德:理性乐观主义最伟大的两位导师。此外,在其哲学史的戏作中,笛卡尔恰恰就是把这一"肯定形式的皮浪主义"归之于柏拉图和亚里士多德(《随笔》,II. 12,"为塞邦一辩",页 370 – 376;笛卡尔,《哲学原理》,见《笛全》,IXB. 5 – 9;《哲著》,1. 181 – 183)。在《方法谈》的第四部分,笛卡尔鲜明地表明了他对理性乐观主义和确定性的立场。他试图证明,有一位上帝使绝对确定性得以可能,并在其间探讨了怀疑派的一些品质,并承认他们有理由怀疑一切声称具有形而上学确定性的东西。①从数学中得到的确定性不同于传统形而上学所主张的确定性。笛卡尔的科学计划需要修辞,但他却对确定性言之凿凿,鉴于这一点,[225]要把笛卡尔说成是"怀

---

① 参见本章"第四部分:确定的确定性",页 238 – 245。

疑主义者的仇敌",或者说成一位"怀疑主义的征服者"与"不情愿的怀疑主义者"(Sceptique malgré lui),必须要多事斟酌。①

要洞明笛卡尔的方法,需要观察他为自己立下了四条准则之后实际怎么行动。如何开始并不是个问题,因为这四条准则自身就要求从最简单和最容易认识的东西开始。数学家就是以这种方式开始的,而且,在那些投身学问寻求真理的人间,只有数学家为自己的论证找到了确定和明晰的推理。不过,即便知道从哪里开始,但笛卡尔并不知道会走向哪里,因为他依然不清楚,数学除了会让自己的心灵亲近真理外,是否还有什么效用(参见 i. 7)。在这里,确定性和效用彼此分离,笛卡尔所想的只是决心追求确定性,除了历练自己的心灵,他没有理由从确定性中期待任何效用。只有在求索过程中,数学这一起点才会显现它真正的效用。

但是,在笛卡尔启程时,他所不知道的可不仅仅是他方法的效用:他同样不知道自己的方法最终能用于什么论题。它能否应用于哲学的传统论题? 哲学一直在赋予其他各门学问以原理(i. 8):要将他的方法应用于各门学问,笛卡尔必须撇开传统哲学。笛卡尔叙述了他对自己的方法的应用,从中可以看出,他的方法取代传统哲学来赋予其他各门学问以原理。问题因此就来了:这新旧两者将如何并存呢?

在谈及四条准则的范围之先,笛卡尔扼要叙述了他的第一次伟大成功:他通过这些准则创立了解析几何。他认为解析几何就是把各种关系化约为可计算的比例,对各种可计算的事物符号化。他把这一成功归功于自己对四条准则的严格遵守,并把自己由此发现的真理比作一个孩童所掌握的算术上的真理:小孩子按照算术规则得出了一个简单的总和,那他就在这个总和上发现了人心所能发现的一切。笛卡尔随后得出一个重要结论:"这个方法教人遵循研究对象的真正次序,并准确列举研究对象的所有情况,[226]算术规则的确定性完全由它而

---

① 参见 Curley,《笛卡尔反怀疑主义者》;Popkin,《从伊拉斯莫到斯宾诺莎的怀疑传统》,页 172,193。

来。"这里所说的方法就是四条准则;遵循这个方法而获得的确定性并不依赖于借助"最高存在的真实"所形成的"一种极意外的回环"(a very unexpected circuit)。①

　　这里所描述的方法先于第四部分的形而上学沉思,正如 1628 年(或许更早)的《指导心灵的原则》先于 1629 年初次成形的形而上学。这些准则的发现和应用与之后提出的"根基"无关,何况它们的性质表明,它们根本不需要这种根基。《指导心灵的原则》似乎始终没有完稿,但从此书的内容可以看出,笛卡尔曾想把它作为一篇循序渐进的导论来引介这一新方法;实际上,《方法谈》及附录《论文》取代《指导心灵的原则》成为这篇导论,后者是笛卡尔收回的方案之一。我们不确定笛卡尔是否想过发表《指导心灵的原则》,但它如今的发表,使我们得以见到对《方法谈》第二部分的这一方法更早的表述。《指导心灵的原则》表明,通过想象力把世界理解为广延(extensive magnitude),就可以对所有问题进行数学化。"原则十二"描写了认知主体的认知过程——感官知觉首先获得信息,经过"通感"和想象力,最后传达给理智。它探讨了理智与想象力的关系,然后阐述了认知客体,结尾强调如何着手所要探究的问题。笛卡尔以磁体为例指出:我们首先要从所有可用的观察入手,对这些观察进行"演绎",查明磁体的这些效应源于各种因素怎样的混合,继而就可以果敢地断定,我们已经根据这些观察领悟了人所能领悟的磁体的性质。"原则十三"说明应如何从多余的特殊中归纳出本质,"原则十四"则描述如何归纳出广延。通过与已知的广延相比较,能够发现未知的广延,借此就可以把完全确定的问题归结为各种比例。《指导心灵的原则》和《方法谈》的四条准则都表明,笛卡尔的方法乃是一种数学化的培根主义,面对笛卡尔形而上学沉思的两大难题——从哪里开始,又如何进行,他的方法毫不受其制约。

　　第二部分的最后一段由方法一词统领。[227]此词本身仅在开头

---

　　①　休谟,《人类理解新论》(*An Enquiry concerning Human Understanding*),见第 12 节,第一部分。

和结尾出现,但全段众多的代词都促使读者断定,各处的先行词就是"方法"。在《方法谈》的其他地方,笛卡尔仅有四次使用了"方法"一词(iii. 27[2次];iii. 29;vi. 61),而且均是指第二部分中"我为自己规定的方法"(iii. 27;iii. 29)。先前几次谈到方法,同样都是指四条准则(介绍性的概要[2次];i. 3;i. 4;ii. 17;ii. 18;ii. 21)。《方法谈》并没有对"方法"含糊其词。笛卡尔从未把形而上学沉思当作他的方法——此外,笛卡尔所说的"根基"可能是指形而上学沉思,也可能是指数学。笛卡尔的方法将如何用于他的形而上学沉思呢? 在第二部分的最后一段,笛卡尔承诺说,他要按照这一方法所规定的次序将它应用于其他学问。关于这一方法所规定的次序,笛卡尔只透露了一点:现在还不能处理哲学的主题。不过,他一方面决心将自己的方法应用于其他学问,一方面意识到他是在侵犯哲学以及哲学在历史上的至高地位,这是因为,他要将自己追求确定性的方法应用于各门学问,这些学问从哲学中获得自己的原理,而哲学却没有任何确定的东西。笛卡尔意识到,他的方法向哲学提出了挑战,因此,他认为自己应该"首先"努力在哲学中建立某种确定性。笛卡尔说这是"世界上最重要的事情"——火炉外面的那个世界正由于它认为最重要的东西而干戈扰攘。这件"最重要的事情"必须得延后,因为可以完成这个任务的人还没有准备好。难道这部传奇故事的作者构想的是一个自己力所不及的计划? 在他为这一壮举做好准备后,是否就一定能完成世界上最重要的事情? 这一方法规定的次序如今要求某种非同寻常的东西:走出了火炉,他需要一种临时的道德,以免阁外的人们怀疑他是个革命分子,因为他的新方法将创立一个新的人类。他的临时道德成就了一位佯装艺术(the art of seeming)的大师,使他能够从独居生活中现身,却不会让人们注意到他彻头彻尾的改变。

第三部分:避居、坚决、幸福

第三部分与第二部分的独居生活直接关联,因为它开始就说:"最终……"（And finally）。而且,《方法谈》介绍性的概要声称,[228]第三部分包含着"作者从这一方法中推导出的一些行为准则"。这些准则是一套临时性的行为规范（provisional code of morals）。笛卡尔再次以建造为譬喻:他自比为一个拆毁了自己的房屋、正在进行重建的人;在重建住宅的同时,一位明智的建造者会准备好临时性的栖身之所。由此,笛卡尔就引申出了一套可以从他的方法推导而来的最终的（definitive）行为规范。完工后的建筑会不会相似于暂时的栖身所? 更重要的是,如果暂时的栖身所相似于整座城市的房屋,完工后的建筑如何才能融入其中? 对于整座城市的房屋——还有整个民族的法律,它会带来什么样的后果?

首段规定了下面的四段。它声称,拆毁自己居所的建造者必须要想办法避居,变得坚决和幸福（sheltered, resolute, and happy）。拆毁自己的房屋,这已经使他失去了达到这三者的手段。单是理性能否提供一个新的手段? 理性最初的规定被称作临时性的,所以必须等到发现最终的规定,才会形成一个令人满意的评判。笛卡尔说,他临时性的道德规范（morale par provision）包括了三四条准则,他还想跟你们一起分享这些准则。那些想要与他分享的人或许会问,到底是三条还是四条呢? 笛卡尔会回答说,是三条准则,但它们都基于第四方——那不是一条临时性的准则,而是这位理性人的自我立法（self‑legislation）,这三条临时法则都是由他为自己规定下的。

第一条准则规定要服从——卡顿称之为"一条装模作样的规则"（a rule of seemliness）。①笛卡尔说,接受波斯人或中国人的中道标准（如果他碰巧生活在他们中间）,或者接受欧洲基督徒们的中道标准（笛卡尔实际处身于他们中间）,这两者对理性人同样有益。以这样的服从精神,笛卡尔遵守着本国的法律和习俗,信奉着本国的宗教。笛卡尔仅在第一句话提到了宗教,他虔敬而感恩地称之为"靠着上帝的恩典,我自幼就领受其教诲的宗教"——可是,为了重生为一位理性人,理性要求他

① Caton,《进步的政治学》,页84。

悬置自幼所受的那些教诲。在这一准则的末尾,他谈到了自己对法律
的遵守,从而澄清了他对宗教的遵守。他是作为旁观者来遵守法律和
习俗的:要想发现人们真正的看法,就要看他们怎么做,而不是听他们
怎么说。笛卡尔指出,行动和言辞之间的差异根源于内外两个原因。
外在的原因在于:由于"世风日下",很少人[229]愿意一诉衷肠;笛卡
尔当然不属于这愚蠢的少数人。第二个内在的原因区分了信仰与认
识:"相信一件事并不等于知道自己相信这件事,这是两种不同的思想
活动,而且还常常互不相干。"信仰常常不需要认识信仰。信仰自身是
一种顺服,它要求屈从所信仰的对象;认识所信仰的对象,能够使人摆
脱屈从,摆脱这种屈从所规定的行为。为了重生为一位理性人,必须要
认识信仰;为了描写如何摆脱对信仰的顺服,笛卡尔分析了对法律的遵
守,却将对宗教的遵守妥善地隐在幕后。

　　笛卡尔坦承,他总是选择最合乎中道的意见,"把对个人自由有所
损害的所有诺言视为偏激"。为了彻底的自由,或不受任何法律的控
制,笛卡尔随即声明他赞同法律:为了弥补心智薄弱之人的反复无常,
法律是必须的。心智薄弱者无力树立自己的恒心,只有通过强制性的
服从施予他们恒心。笛卡尔看到这个世界没有任何恒常:传统以对恒
常的信念作为法律的根基,但这种信念是错的。此外,笛卡尔本人追求
改变,想要经历一场彻底的转变,尽管他不清楚自己最终会变成怎样。
他能够坚定不移,但他却不了解他应当坚守的东西,他所坚守的只是他
的理性准则。心智薄弱者缺少恒心,却相信自己了解意志的恒常(willa-
ble constant);恰恰与他们相反,笛卡尔拥有恒心,却知道自己不了解意
志的恒常。正是在这里,笛卡尔提醒读者注意《方法谈》头一句话中表
面的平等主义:心智薄弱者受到法律的束缚,而他也用法律来约束自
己,对于人世间分布最均匀的良知,这岂不是一个大的错漏?

　　在第六部分,笛卡尔将声称服从"责使我们尽力谋求所有人的共
同福祉的法律"。这里的服从仅仅是表象吗? 或者,从火炉中的独居
生活到《方法谈》的发表,这十七年间发生了某些事情? 我认为,确实
有什么事情促使笛卡尔从一种纯粹临时性的道德转向了一种从其准则

推导出的最终的道德。第六部分所宣扬的法律说明，笛卡尔认识到了什么是善好（the choiceworthy），有恒心者现在可以致力于这种善。笛卡尔已经领会到，理性能够提供一个新的最高福祉，他所订立的方法[230]可以超出当初的预期变得无比有用。笛卡尔所宣扬的新的最高福祉属于一种人道的、科学的、技术的文化，坚定者可以和不坚定的多数人为之共同努力。从临时的道德转向最终的道德：这位建造自己房屋的人成了新城市的缔造者，成了新民族的审慎立法者。只服从理性的笛卡尔立下了新的最高福祉，立下了所有人行动的目标（《王制》，卷六，505d）。

《方法谈》是一部传奇，因而有理由夸大其主人公的行为事迹，但细心的读者可以将这部传奇与被略去的历史细节综合在一起：新民族的最高福祉是基督教仁爱的培根式变体。它表现得完全像它基督教的父亲那样虔敬，背地里却要用一种尘世的福祉打破父亲的霸权。培根和笛卡尔的福祉是一种为所欲为的"弑父"（i.8）。它表面上是在拿"古代异教徒"开刀，实际屠戮的却是基督教，后者只是它名义上的父亲，前者才是它真正的父亲（《灵魂的激情》将揭示它弑父的方式）。它佯装以基督教评价异教哲学的方式来评价古代异教徒的德性：对其他人的艰难命运"漠然"；应对人的悲惨境遇谦卑却"傲慢"；对人们相信能从中获得拯救的道德存在却感到"绝望"（i.8）。《灵魂的激情》将表明，这些评价也针对着基督教。

笛卡尔既是一个守法、顺从和虔敬的人，又是一个离经叛道的思想者，超脱于法律、习俗和宗教之上。第一条准则的所有内容都来自蒙田所谓的"诸法之法"（law of laws）：每个人都要遵守他所居之地的那些法律。这条"诸法之法"源出于苏格拉底就自己的守法所说的话；"靠着上帝的恩典"，蒙田也持守着他所信仰的宗教的古老信念，堪为"诸法之法"的表率（《随笔》，I.23，"论习俗"，页86；II.12，"为塞邦一辩"，页428，436－437；在柏拉图的《法义》中，"诸法之法"禁止谈论法律，而且要求所有人异口同声地承认，一切法律都由诸神精心制定，见634e）。在蒙田看来，服从当地的法律和当地的宗教是阿波罗的教导，因阿波罗曾说：对每个人而言，真正的宗教就是自己的所居之地奉行的宗教——蒙田就此问道，这难道不是清楚地在说,宗教不过是用来凝合社会的人的构造吗?(《随笔》,II. 12,"为塞邦一辩",页 436)宣扬一种新的最高福祉的守法者同时是[231]一位伟大的违法者,他超脱于法律之上并从而掌控法律(《随笔》,I. 23,"论习俗",页 90;尼采,《朝霞》,条 496)。

在第一条临时准则中,笛卡尔关注着自己外在的形象。临近《灵魂的激情》的结尾(条 206),笛卡尔再次表现出对自己的外在形象的关注,并给出了一个深刻的原因。他首先揭示了自负与羞耻的根源、价值和作用,之后他声称应当采用自大者和羞耻者的标准:亦即采用大众的标准,即便这些标准是错的。之所以这样口是心非,缘于笛卡尔必须生活在那些缺乏明断的人中间,甚至还必须赢得他们的尊重。这是因为,这些人对自大者和羞耻者的评价决定了他们会尊重什么,为了赢得他们的尊重,就必须装作认同他们的评价。鲁莽蛮干就不会达到这种效果(条 207)。这里所说的是行为的外在方面:笛卡尔深知,鉴于世风日下,根据一个人的行为并不足以评判他的信仰。知道自己所相信的东西,一个人或许就不会按照自己的方式行事,而是有意按照与信仰一致的方式行事,因为赢得那些信仰者的敬重很重要。笛卡尔同样采用了"朱诺的追求者"(Juno's Suitor)的乔装,学得低声下气。但《灵魂的激情》表明这只是临时的乔装,笛卡尔在其中阐述了一座新的道德殿宇,以及使这座殿宇实现普遍化的条件作用的原理。

第二条临时准则陈述了笛卡尔行动上的坚决,尽管他依然难免在自己的决断上犹豫不决。他把自己的坚决比作选择一个方向,以最终把一个迷路的旅客带出森林;这或许是要安心追随理性,虽然不知道理性最终的用途。在决断上犹豫不决,却有可能知道关于各种意见的"一条非常可靠的真理":假如无法看出哪个意见最正确,那我们就应追随最为可能的意见;假如无法看出哪个意见最可能,我们也必须选定一个意见追随下去。这一可靠的真理关系到行为不可靠的依据,它使笛卡尔挣脱了一切忏悔和自责。笛卡尔的逍遥再次对立于心智薄弱者所受的束缚:他们认为自己知道善恶,忏悔和自责搅乱着他们的良心,因为他们做了好事却随后被评价为恶行。笛卡尔的坚决使他自己挣脱了忏悔和自责,但《灵魂的激情》将表明,这种解救如何能普遍开来。

第三条准则有可能最为重要,因为"临时"与"最终"之间的张力在这里变得极为尖锐。这条准则的主题是幸福或欲求的满足,而且笛卡尔决心"永远[232]只求征服自己,不求征服命运,永远只求改变自己的欲求,不求改变世界的秩序"。但第六部分表明,笛卡尔的物理学旨在征服命运并改变世界的秩序。第三条准则对比了幸福的少数人与不幸的多数人,从而也彰显了哲学:古代哲人是幸福的少数人,他们的理智牢牢控制着自己的欲求,所以获得了像神一样的幸福;而大多数人的理智都不能控制自己的欲求,因此只能深陷于不幸之中。然而,第六部分许诺了一种普世的仁爱:改造世界以满足我们的欲求,所有人就可以享有一种尘世的幸福。第三条准则引出了这位立法者的计划中的一个关键环节,而且这个环节只能极其缓慢和谨慎地展现出来。在第五部分的进化宇宙论的末尾,笛卡尔重新接续了此处所开启的话题:他对比了动物与人,并强调人所达到的幸福和善好迄今都依赖上帝和灵魂。反思过上帝和灵魂的用处,笛卡尔继而在第六部分提出了一个关于幸福和善好的新学说,这一学说认为,我们应当用新物理学来改造世界,让世界满足我们的欲求,给予我们幸福。幸福将不再必须是某个来世所应许的偿报——来世不过是为了让那些心智薄弱者持守美德。幸福亦将不再是只有少数人物才能达到的此世的成就,不再是一种非凡的对欲求的控制。幸福将在于通过科学技术来征服自然:被征服和改造过的自然有望满足我们的最深的欲求,实现安逸的生活,"甚至还可能会"推迟死亡。《灵魂的激情》重新回到了这一主题。此书一开始就肯定培根式的征服自然,其核心就是肯定一种征服欲求的新方式。笛卡尔在书中第一次表述了条件作用的现代心理学,他认为,经过一定的训练,我们就能把自己天生具有的喜爱和反感(愉悦与痛苦)与它们最初的对象中分离开来,并把它们投射到不同的对象上。经过一定的训练,人类就能渴慕他们天生厌恶的对象,并厌恶他们天生渴慕的对象(《灵魂的激情》,条50),由此就会缩减幸福的少数人与不幸的多数人之间的距离。

第三条准则训练笛卡尔坚信,他能够完全掌握的只是自己的思想。

只有在对思想之外的事情尽全力之后,凡是他没有成功的事情,他就会认为这是自己的能力绝不可能办到的。这使他不再妄想[233]他将来无法获得的东西。独居中的这位年轻人刚刚立下了远大的抱负,现在却要用一条临时准则死死地抑制住自己的企望。但他所坚决遵行的那一方法勾画出了光辉的前景。不仅如此,这一方法会换来未来的希望,因为它决定改变世界的秩序来满足我们的欲求。笛卡尔约束了个人的希望,但这并不会阻止他燃起希望。

第三条准则还声明了一种没有任何条件的满足:我们的意志天生只会欲求理智认为可能的东西。理智支配着意志以及意志的欲求,而且支配得轻松自如。所谓欲求,因此也就是理智对可能之物的识解。但是,理智从最一开始就受制于欲望和规诫,它所领受的只是关于可能之物的各种妄想,应该怎样来塑造理智,让它只把可能的东西呈现为可能的?

第三条准则显露峥嵘,把认为一切外在的事物均不可能的观点,拿来与各种痴心妄想作对比。假使经过训练,理智就能把所有外在的东西呈现为我们无力获得的,那么,"如果平白无故地被剥夺了我们生来就拥有的东西,我们不该对这样的欠缺感到懊恼,正如我们不应懊恼于自己没有拥有中国或墨西哥的王国"。我们出生时还没有能力给予自己的,正是这部传奇强调的我们应当拥有的东西:理性。我们的出生让本应为主的理性屈从于欲望和规诫,而理性的重生则要从这场堕落中复原一切,带来一场理性的救赎。然而,如果我们会因出生时被剥夺了理性而懊恼,我们是否也会为没有拥有中国或墨西哥的古老王国而懊恼呢?像大多数古老的王国一样(当然包括法国),中国和墨西哥早已是笛卡尔的现代主义的天下。培根曾极为明确地为他的本撒冷想象过此类征服;身为培根派的笛卡尔在展示自己斯多亚似的节欲时,似乎也期待着笛卡尔主义的君临天下。

承接下来的句子似乎确证了我们的解释。它展示了逆来顺受所造成的后果——我们屈服于所谓的必然,而这恰是笛卡尔主义所要克服的东西:"我们生了病就不应再妄求健康,入了监就不应妄求自由,正如我们不应妄求拥有金刚不坏之身,或高飞远翥的翅膀。"[234]可是,医学和机械学正是笛卡尔物理学的成就之二：他的物理学不仅拒绝接受疾病的必然，而且还要打破自然囚禁的枷锁，它教导我们可以拥有金刚不坏之身和高飞远骛的翅膀。笛卡尔的物理学在可能的知识方面提供了新的指导，并由此把意志引向新的欲求。和培根主义一样，笛卡尔主义也是一项关于"人要想望什么"（what to wish）的新教诲。

古代哲人们劝说自己相信，他们所能把握的只是自己的思想。这位新哲人则教导我们梦想新的可能之物，教导我们一种征服命运的统治的新方式：征服和拥有自然令人想往，因为尘世会变成一座伊甸园，而我们的身体会变得不朽。这一崭新的梦想辞别了古代哲人，却走向了基督教的先贤们所教给理智的梦想。基督教的梦想要世界为我们出生时所承担的罪孽而悔过；它教导说，我们能够拥有中国和墨西哥的古老王国（耶稣会士们当时正致力于此）；我们会拥有新的金刚不坏之身，还会拥有一个能够展翅高飞的天堂。这位新哲人通过他的新物理学使这一梦想成为可能，他由此开始了征服命运和改变世界的秩序。

为了总结这套行为规范，笛卡尔转入了第四个问题——但并不是这套临时性行为规范的第四条准则。这个问题关系到他应该追随的那种生活方式（见 i.3）。在《方法谈》的开头，笛卡尔向读者说：所有其他生活方式与哲学相比都是"虚浮无益的"（在柏拉图那里，这正是大多数人对哲学的指责，见《王制》，卷六，487b – d），哲学是最"稳固有益和重要的"职业（i.3）。尽管火炉中的笛卡尔并没有向自己说这些，但他之选择哲学却是基于同一个标准，即知识的增进所带来的极度满足。他的哲学选择与三条准则之间的关系由此就极为清楚了：知识的增进带给他极大的满足，以致"其他一切都不重要了"，而这三条准则就建立于他增进知识的计划之上。这三条行为准则之所以必要，是因为笛卡尔选择从事哲学，成为一个理性人来自我立法。当布尔曼谈及临时性准则时，笛卡尔告诉他，"这位作者不喜欢就伦理问题来写东西，但迫于那群经院哲学家们，他不得不 [235] 纳入了这些规则；要不然的话，这些人会说他没有任何宗教信仰，还会说他想用他的方法来颠覆他们"。①

---

① 《笛卡尔与布尔曼的对谈》，页 49。

申辩中的苏格拉底讲述了他的经历:他考察了自己能够接触到的各种行业,最终还是选择继续他已经从事的行业——哲学(《申辩》,22e)。这正是笛卡尔的作为。此外,笛卡尔以强烈的满足感作为他的理由,这也使我们回想起苏格拉底:苏格拉底遍尝各种愉悦,他体验到这些愉悦的尊卑高下,于是摒弃了牟利和荣誉的愉悦,全身心地追求知识所带来的最强烈的愉悦(《申辩》,38a,41b;《王制》,卷九,580d–583a)。这三条准则用笛卡尔的美德掩藏着笛卡尔的愉悦;它们表明,笛卡尔很早就精通了苏格拉底的做法:对于自己的所作所为,只给出可信的或高尚的理由,尽管真正的理由在于愉悦或强烈的满足感(《申辩》,37e–38a)。①在柏拉图的《申辩》中,苏格拉底为自己的选择交待了两个原因。第一个原因是德尔菲的神谕,苏格拉底对之详加叙述,而且显得超常地顺服。第二个原因只在审判团宣判苏格拉底有罪之后提到了一次。苏格拉底给出这个原因,是要回敬一项反驳:人们指责他不能保持缄默或离群索居,而且不能免除用哲学来骚扰其同胞。第二个原因的出现揭示了苏格拉底突出第一个原因的考虑:如果苏格拉底说自己的事业来自神,审判团可能会认为他是在掩饰或装样子;但如果他说自己的事业基于最高的愉悦,是对一个人最大的善,审判团更加不会相信(《申辩》,37e–38a)。在《申辩》最后的演说词中,苏格拉底向他的朋友们讲述了一个冥府旅行的传说,描述了与在冥府遇到的那些英雄们交谈的愉悦(39e–42a)——即便是在冥府,他依然会继续他在雅典做的事情,尽管没有神的驱使,也没有要受益的城邦。和苏格拉底一样,笛卡尔以个人的愉悦作为自己事业的理由,但和苏格拉底一样,笛卡尔提供了更为可信的理由,因为有些人认为哲学并不愉悦,美德才是一切行为的基准。笛卡尔在效仿苏格拉底,但他是以柏拉图《斐德若》中的策略来效仿苏格拉底:进行自我审查,需要接受对各种传说流行的信仰,[236]并且不能表现出倾慕那些热衷于揭穿这些传说的人(230a)。笛

---

①　参见 Strauss,《柏拉图式政治哲学》,页50。关于愉悦与美德,参见 Strauss,《论僭政》,页101。

卡尔甚至捍卫流行的信仰,攻击那些有揭穿嗜好的怀疑主义者。

　　尼采并不太经常引用笛卡尔。但是,尼采把笛卡尔对愉悦和美德的这一陈述作为《人性,太人性》的序言,置于他对启蒙的赞颂之前。笛卡尔的这一陈述通向一片广袤的禁域,尽管通常的哲学史对这片禁域格格不入,甚至倍感不快,但一部尼采式的哲学史却对之应付裕如。这是因为,笛卡尔的陈述重新回到了柏拉图不得不以隐晦的方式所描述的哲人的隐秘生活。哲人身上必然有着高贵的愉悦和远大的抱负,如果把这种品质公开展现出来,必然会被看作是一个恶行。和柏拉图或培根一样,笛卡尔并没有加以过多展现——而尼采却大肆炫耀。在《扎拉图斯特拉如是说》的寓言中,尼采最清晰地阐发了哲人的心理,把此前的哲人精心掩饰的东西暴露在光天化日之下。"重要的是从这类人中发现他们曾经存在过"(《希腊人》,8),或许是以这句话为座右铭,尼采猛然脱下了哲人的伪装。尼采不仅发现哲人存在过,他还断定,哲人所处的时代如此不同于现今的时代,因此现在必须揭去哲学的面纱,揭示出哲学在文化形成中的作用,不管这会激起多少憎恶、仇恨或冥落。

　　笛卡尔表现得跟别人一样遭受着束缚,但他的临时行为规范却揭示,他如何获得了彻底的自由。他的每条准则都旨在摆脱某种特定的束缚:传统正当地让大多数人遵守法律、习俗和宗教;缺乏恒心让大多数人屈从于忏悔和自责;命运的宰制让大多数人经受着痛楚和贫乏,因为理智没有正确地告诉意志什么是可能的。只有理性人是自由的,理性人之所以自由,是因为他的理智教给他的意志什么才是可欲的。这是一种苏格拉底式的自由:"有了正确的判断,就可以有正确的行动"(iii. 28)。美德即知识,但这只是对哲人而言;对于其他人,对于那些理性永远不能完全引导理智的人,美德就是充满忏悔和自责的服从,就是承受痛楚和贫乏。这三条准则及其稳固的根基表明,对笛卡尔而言,哲学的自由源于知识的"古怪与癫狂的使命"对它的束缚,[237]为了某种高深且无法传授的东西、某种坚韧的精神命运,他选择了这没人选择的使命(《善恶》,条 230 - 231)。此外,如尼采进一步所言:"一个人如果紧紧拴住自己的心,把它囚禁起来,那他就能给予自己的精神许多自由"(《善恶》,条87)。正如尼采和笛卡尔那样,自由的心灵能够带给自身酣畅的自由,亦即笛卡尔在第一次叙述他火炉中的思考时所表达的立法自由。《灵魂的激情》条50表达了同一种自由:条件作用能够打破思想和行为之间"从我们出生时"就形成的自然束缚,习惯或习俗能够征服我们每个人身上好像生来就有的东西,消除欲望和规诫在理性出现之前所打上的烙印。笛卡尔三次说道,"知道这些是有用的"。如果所有人经过训练就能达到自由,那谁来训练训练他们的人?最高明的训练者自己训练自己。笛卡尔再怎么追求共同福祉或所有人的幸福,他都没有抹除沉思者与其他人之间在自由的可能性上的巨大差异。

与古代哲人一样,笛卡尔坚持哲人与其他人之间的区隔;但是,虽然他比他人更充实、更强大、更自由、更快乐,他依然关心着他人的福祉。临时的准则预示着最终的结果:笛卡尔将带给所有人一个希望,那就是通过数不清的工具征服命运,摆脱命运的宰制,实现一种新的自由;他还将带给所有人一个新的福祉:一种致力于尘世的共同福祉的生活。在这位新哲人所奠立的根基之上,那座完工后的建筑将弥补古代哲人在松泥软沙之上建立的道德殿宇的缺陷:笛卡尔说,古代哲人把变形的欲情吹捧为美德,他们并不怎么教人如何认识美德(i.7-8)。在数学这一稳固又牢靠的根基之上,将建立起笛卡尔的道德殿宇,而且笛卡尔还会教人如何获得美德。

现在,笛卡尔可以放心地走出独居的火炉了,因他已用临时的行为规范掩藏起世上最张狂的抱负和能够实现这一抱负的方法。他选择当一名观众,欣赏世界上正在上演的"热闹戏"(comedies),比如史上最狂热的宗教战争这样的热闹戏。这位观众要最终成为喜剧舞台上的一名演员,还需要经过精心的准备。他应该以什么形象登上这个舞台呢?《奥林匹卡》中做梦的人?《指导心灵的原则》中颁布原则的人?《论世界》中的造物主?不,他选择作为一部谈方法的小说中的骑士登台,他要用这部小说展示他在各门学问中所能达到的成就。

[238]走出了火炉,笛卡尔再次援引房屋建造者的譬喻(iii.29,这个譬喻贯穿于讲述他的独居生活的两个部分),他还声称自己保留了被他摧

毁的那些意见的废料,以备将来之用。同时,他继续践行他为自己规定的方法,用它来指导自己所有的思考。有时候,他还将这个方法用于特别的思考:用来解决数学上的难题,还有许多其他学问上的难题——使这些难题脱离它们从中借取原理的哲学,他就能把它们变得类似于数学上的难题。在下面的两个段落中,笛卡尔谈到某种比通行的哲学更加确定的哲学具有的"根基"(iii. 30),并邀请读者来评价他奠立的根基是否牢固(iv. 31)。①但他刚刚邀请"你们"见证:不需要他将在第四部分提出的"根基",他的方法就能解决各门学问中的问题。在提出"根基"之后,笛卡尔将转入比他从前学过的一切更有用和更重要的真理(v. 40 - 41),而且他将建立的那座科学和道德的大厦与第四部分的"根基"并没有任何关系。照此看来,第四部分必定是笛卡尔保存下来的废料,以便让他临时的栖居所符合监查官们心中的装饰标准(ii. 12)。通过使科学和道德摆脱哲学的虚浮根基,笛卡尔将他的方法应用于哲学,解决了这件"世界上最重要的事情"(ii. 22)。如果他在这部喜剧中的角色需要智慧的声名,那他赢取这一声名的方式表明,他无愧于智慧之名。

第四部分:确定的确定性

"我不知道"——笛卡尔在这一部分获得了绝对的确定性,开篇却声称他不知道是否应该把它讲给"你们"听。他所给出的理由是,他在退隐荷兰之后所进行的第一批沉思"太过形而上,太不通俗,未必人人都感兴趣"。既然如此,为何还要拿出来说?"为了让大家能够评断我所奠立的根基是否足够坚牢,我觉得自己非谈不可。"第四部分会有助于评断笛卡尔哲学的根基。此后,他澄清了自己为什么非谈不可:为了谋取所有人的共同福祉,他不得不发表自己的物理学,不得不连带着发表自身不值得发表的、自己对思辨之学的思考(vi. 61)。即便未必人人

---

① [译注]这两个段落分别是指第三部分的末段和第四部分的首段。

都感兴趣[239],笛卡尔似乎认为,那些将要评断他的声名的权威们会对这第一批沉思感兴趣,正如他把详细阐发这些沉思的《沉思录》呈献给"最智慧和最卓越的人们,巴黎神圣神学院的院长和圣师们"。所谓的"笛卡尔主义"的精彩诡辩包括:请原谅,在我可以对世界进行科学的解释之前(v.43),我必须再放手采用经院哲学的语言(iv.34)。

我并不想详尽阐发笛卡尔的这些沉思,因为他说它们未必合每个人的兴趣;我仅讨论其中的一个段落:本部分倒数第二段(iv.37 - 39)。这一段落是针对那些嗜好怀疑主义的人,那些通过刚刚说明的理由"仍然不太确信上帝和灵魂的存在"的人。对于"根基"和绝对确定性的整个问题,这一奇异的段落给出了一个最终的观点。正是在这里,笛卡尔强调了绝对确定性,表明了实现绝对确定性的条件,但他同时表明自己缺乏这种绝对确定性。笛卡尔和蒙田共同以哲学来反抗一个主张绝对确定性的权威宗教,两人之间的契合在这场反抗运动中彰显出来。

这一段揭开了笛卡尔形而上学的帷幕,使我们可以看到其中的机关妙道。它以极愉快的方式揭示了学者们很早就称之为"笛卡尔的循环"(the Cartesian circle)的发明,虽然笛卡尔在他的科学方法上并未"犯下逻辑家们称作循环论证的错误"(vi.76),但无疑在他的形而上学上犯了这一错误。梅森和阿尔诺德(Arnauld)曾识破了笛卡尔的这一伎俩,可他却在答复中淡然回避了他们的反驳。①早在 1690 年,但尼尔神

———————

①　[译注]在《沉思录》的第三个沉思中,笛卡尔论证说,凡认识得清楚且明确的东西都是真实的(即逻辑上可能),"我现在觉得能够把'凡我们领会得十分清楚、十分明确的东西都是真实的'订为一条普遍准则"。为了驳斥怀疑主义视上帝为骗子的观点,笛卡尔继而论证上帝的存在,并说若没有他对上帝存在的认识,他的认识就没有一个是确定的。

甚至在笛卡尔写作之时,就有诸多评论者认为其中有一项"循环论证"——笛卡尔依据清楚和明确的原则来论证上帝的存在,却随后声称上帝是他清楚和明确的观点的保证者。梅森在"第二组反驳"中最早提出了批评:"你还不确定上帝的存在,而你却说,除非获得对上帝的存在的清楚和明确的认识,

父(Father Daniel)就称之为"一项陈旧的反驳",并大加调侃:在去往笛卡尔的世界的旅程中,那些远游的灵魂在到达月球之前中途停留,他们碰见了亚里士多德本人的灵魂,他挑明,"笛卡尔的方法是个循环,推理论证最卑劣和最不可宽恕的失误莫过于此"①(年迈的笛卡尔分子的灵魂不满于这一对其老师的非难,他的报复就是向正在离去的亚里士多德叫嚣:那么你所说的横亘在地球和月球之间的火的圆环在哪儿呐?)在关于"笛卡尔的循环"的长期争论中,学者们(les doctes)在这些问题上所耗费的时间远远超过笛卡尔所建议的一年几个小时,他们不得不怀疑笛卡尔的能力,因为他们[240]怎么也不会怀疑到笛卡尔的诚挚。不过,笛卡尔在其中插入了对确定性是否可能的解释,这比他故意的循环论证更值得玩味。他的循环推理证明只是一个例证,用来表明达到绝对确定性的唯一方式。

笛卡尔之前已经证明过上帝的存在,他的论证的前提在于:更为完满的东西不可能产生于和取决于并不完满的东西(iv.34)——这正是尼采所说的形而上学家们"对正反价值的信仰",因为他们认为高贵者和纯粹者绝不能产生于低贱者和卑微者(《善恶》,条2)。而现在,笛卡尔停下来深入思考真实和确定性的问题(iv.37-39)。有些人自身的怀疑禀性促使他们怀疑上帝和灵魂的存在,笛卡尔"非常想"让他们知道,

---

(接上页)你就不可能确定任何东西,不可能清楚、明确地认识任何东西。据此而言,你还不知道你是一个正在思维着的东西,因为,按照你自己所承认的,这种认识取决于对一个存在着的上帝的清楚的认识,但在你断言你清楚地认识自己是什么的段落中,你并没有证明这种认识。"

阿尔诺德在"第四组反驳"中亦说:"笛卡尔说只是由于上帝存在,我们才肯定我们所清楚明白地领会的东西是真的,对于这些话,他怎么辩护才能免于陷入循环论证?因为,我们之所以肯定上帝存在,只是因为我们对这件事领会得非常清楚、非常明白,因此,在我们肯定上帝存在之前,我们必须先肯定凡是我们领会得清楚且明确的东西都是真的。"

以上引文分别参见庞景仁译本,页35,128-129,216-217,译文有所改动。

① Daniel,《笛卡尔世界之旅》,页82。

除了上帝和灵魂的存在之外,所有其他的事情都不够确定——比如我们有一个身体、存在着星辰和一个地球这样的事情。笛卡尔告诉这些怀疑者,我们可以梦到自己有一个不同的身体,可以梦到存在着不同的星辰以及一个不同的地球,但永远没人能够证明这种梦是假的,而且梦中的这些景象就像我们醒时看到的身体、星辰、地球一样实在。就在这一点上,笛卡尔引入了两种确定性:内心的确信(assurance morale)和形而上学的确定性(certitude métaphysique)。内心的确信就是确信我们有一个身体、存在着星辰和一个地球这样的事情,确信整个物质世界的存在——而在形而上学的观点看来,物质世界的存在并不确定。在《哲学原理》中(iv. 205),笛卡尔把内心的确信界定为"其确定的程度能够满足日常生活的需要,尽管与上帝的绝对威权相比,这些日常的需要并不确定"。笛卡尔说,假如没有要求一种更重要的确定性,即形而上学的确定性,那怀疑整个物质世界的存在便属放肆之举。之所以会要求形而上学的确定性,是因乎我们所能想象到的东西,比如梦到一个不同的身体、不同的星辰、一个不同的地球。我们想象着自己正在做梦,同时认识到我们梦中的思想与醒时的思想一样"生动和鲜明"(vivid and express)——"生动和鲜明"近同于"清楚和明确"(clear and distinct),并在本部分最后一句话中再次出现(iv. 40)。想象着这样的梦,我们感到需要一种比内心的确信更重要的确定性,即形而上学的确定性。要满足这样一种升级的需求,唯一的方法就是假设上帝的存在。依据这一假设,而且只有依据这一假设,我们才能获得形而上学的确定性:形而上学的确定性永远只是从一个假设产生的结论。笛卡尔邀请"最智慧的人"来"随意地研究这个问题",[241]随后,他做出了一项重大的声明:除非假定上帝的存在,否则就不能以"清楚和明确"作为可靠的规则。笛卡尔的这番话瓦解了他自己对上帝存在的证明,宣告他在四页之前用来证明上帝存在的步骤并不合理:为了证明上帝的存在,他把一个命题看得确定可靠,然而,只有在他认识到这一论证所要证明的对象之后,他才能知道这个命题是否可靠。

上帝、人是否可能获得绝对确定的知识——在这个最严肃的问题上,笛卡尔这会儿肯定在笑。相比于一种不能放肆地加以怀疑的确定性,我们会更渴望一种基于一项假设的确定性?我们首先在哪里产生这种放肆的怀疑?——从一个我们能够想象着不同的身体、不同的星辰和一个不同的地球的梦中。由于这一生动和明确的梦(已有人教导说,我们的整个文明都要做这样的梦),我们产生了放肆的怀疑,而且在做梦的过程中,我们原先对自己实际的身体、星辰和地球的确定感都变得不确定了。笛卡尔亮出了他对这种梦的立场:不管醒时睡时,他只会相信自己的理性所提供的证据(iv. 39)。这并不是说,笛卡尔要用理性来控制那些困扰自己实际睡眠的各种梦境,毕竟这不可能实现:他是说要用理性来控制那个最让我们难眠的梦,这可是个完全合理的主张。

笛卡尔对那些怀疑者说(他同时还邀请最智慧的人来思索),要获得形而上学的确定性,唯一途径就是假设上帝的存在——这正是想要凭借理性新生的人绝不会做的事情。这一声明使形而上学的确定性取决于一个成见。笛卡尔以这种精心的方式坦承,新的科学世界观必然要权且声称自己的地位逊于它的强敌所要求的地位。从一个基于一项成见的梦中,产生了所有身体、星辰和地球具有的所谓确定性(alleged certitudes),而一门清醒的科学却发现了我们的身体、星辰和地球具有的实用可能性(useful probabilities),后者必然会抵触前者。哲学永远不会达到形而上学的确定,因为它并非基于一个成见,但在与心怀成见者的交锋中,哲学可以随意征用对方的确定性标准,并把它装扮成自己的标准。鉴于哲学自身的主题——我们实际的身体、实际的星辰、实际的地球,因而哲学有着可能性和效用性(probability and utility)的实际限制,但哲学的修辞武器并不会受限于此。

这是哲学史上的一个巅峰时刻:尽管启示所宣称的真理并不可能,但一位哲人却以之作为自己的真理,[242]以便装作是把科学建立于这些宣称之上。他不仅夺取了敌人的属地,还如实交代自己是如何得手的,还邀请我们来观战。

海德格尔是正确的:在笛卡尔的著作中,确定性的需要和确定性的标准就好像一条解救之路神圣的遗迹。但海德格尔错的是:在笛卡尔那里,这些神圣的遗迹并不是一位无力超越自身历史视阈的迷茫者不自觉的借用。基于清晰和明确的确定性挪用了某种偏见的特有标准,它体现着笛卡尔的修辞,而且在这个段落中,笛卡尔向那些对他心领神会的人表明,一个基于可能性和实用性的科学如何能最有力地对抗一个基于确定性的宗教(其确定性来自其成见)。这一段表明,笛卡尔根本不像吉尔松等人所认为的那样倚赖中世纪的范畴。它同样表明,波普金所归之于笛卡尔的"加尔文主义"(Calvinsim)纯属莫须有——波普金论证说,在笛卡尔的形而上学中,基于清晰和明确的观念的确定性标准充满新教色彩,其实质是把主观的确定性依附于上帝来实现客观化。①

　　笛卡尔邀请最智慧的人来思索的是:哲学无法驳倒作为权威启示的宗教。宗教基于一个意志行为(an act of will),尽管理智决断什么是可能的,但意志并不遵照理智的决断;宗教的智慧基于一种欲情:对上主的恐惧是其智慧的开端。但笛卡尔的新生表明,哲学同样基于一个意志行为:在知道怎样促成这样一次新生之前,意志选择接受理智在所有方面的指导。这一选择不可能完全合乎理性,因为它先于理性的明晰,后者是因为这一选择才得以可能。笛卡尔愿意让他的意志听从他的理智;他选择成为理性人,这个例子重申了尼采所认为的一条通则:"理性是怎样来到这世间的? 与其相宜的是,以一种非理性的方式,意外地到来,人们只能猜谜一样去猜它"(《朝霞》,条123)。但是,理性的非理性起源并不是要反驳理性。这一段表明,理性不可能分享启示宗教由一条假设换来的绝对保障;出于其策略性优势,理性只能假装享有它们。"让最智慧的人来随意地钻研这个问题吧":笛卡尔的循环似乎意在使人反思理性的不安定(precariousness)。

　　笛卡尔摧毁了形而上学的确定性,同时却装作[243]期望并获得了形而上学的确定性,由此他对确定性的标准提出了质疑。形而上学的确定性要求证明那些最显见的事物的存在,要满足这一要求,只有假

---

① 　Popkin,《从伊拉斯莫到斯宾诺莎的怀疑传统》,页189 - 192,201 - 202。

设一个隐蔽的在者的存在,虽然它的存在无法证明。尽管如此,我们对世界的存在永远有着内心的确信,而且这种内心的确信可以包括数学上的确定:不需要明确证明世界的存在就能达到的一种确定。数学的确定(Mathematical certainty)产生于大脑的组织运算,这些清晰和反复性的运算可以发现能够应用的实用真理。假如有人在一个生动和鲜明的梦中想要行放肆之举,那他或许就可以怀疑世界的存在;假如有人要求某种绝对确定的衡量标准,或假设有一个全能的在者,那他还可以怀疑"2 + 3 = 5"。但是,在答复梅森所提出的反驳时,笛卡尔似乎承认,我们并不可能真正获得形而上学确定性的终极标准。梅森要求笛卡尔清晰和明确地解释他所谓的清晰和明确的认识,笛卡尔回答说,他将"把我认为人的一切确定性据以建立的基础再阐述一遍"。他首先称,牢固的信念源于我们认为自己正确地感知事物,继而补充道:"或许有人会强说,我们如此深信其真实性的观念在上帝或一位天使看来是错的,因而绝对地说来是错的,但这对我们有什么关系呢?"(《笛全》,VII. 144 - 145;《哲著》,2. 103)。①"这对我们有什么关系呢?"没任何关系。不过,对于那些期望自己的信念与上帝划一的人,这就大有关系。不仅如此,绝对地说来,笛卡尔放弃这一观点就是放弃在各项沉思中精心建立的堡垒。没有人能再始终坚持清楚和明确的观点对于世界必定是正确的。"既然我们并不相信这个所谓的'绝对错误',又对它没有丝毫的怀疑,那我们理会它做什么?"笛卡尔根本没有理会这一形而上学确定性的标准是否阙如,而笛卡尔主义者和反笛卡尔主义者却对之耿耿于怀。为了维护他对人的确定性的论证,笛卡尔暗示绝对确定性是一个不可能的理想,它的付诸阙如也不会造成对理性的绝望。笛卡尔在"答复"中稍稍可以直言不讳,他几近承认形而上学的确定性并不可能,他还向"哲人"承认,他对上帝存在的证明在另一个方面无效:个人的认识虽然有限,但把这个观念无限地推展下去,[244]我们就能够得出上帝有着无限的认识,因此可以说,更为完满者的观念产生并依靠于

---

① [译注]参见《沉思录》,庞景仁中译本,页 147 - 148。

不完满者(《笛全》,Ⅶ. 188;《哲著》,2. 132)。

《方法谈》中的两个确定性关联着两个根基,这两个问题可以相同的方式得到解决。形而上学的根基借助于一个确定性的标准,这一标准有一个必需的前提:假设上帝的存在。笛卡尔声称要在第四部分为他的整个哲学伟业提供根基,实际却让他的读者审视这毫无根据的前提。与这一形而上学的根基相对的,是笛卡尔数学物理学的根基:他的数学物理学把世界解析为运动质,他实际是要在这个根基上建立起科学和道德的宏伟建筑。那些假定上帝存在的人会说:我们可以怀疑这一根基和标准。笛卡尔会对此答复说:没错,但这是放肆之举,而且任何更大的保障都必须基于一个假设。只有那些惯于放弃个人理性的人才会认为这是一场平局。

《方法谈》的这个段落是针对那些好怀疑者,并提请最智慧的人进行反思。它展示了一位愿与他的读者共蹈一个蒙田式的风险的笛卡尔。蒙田曾传授阅读自己著作的方法,他直接向他的读者发言,并含混地谈到,"他们"用捏造的意思取代他的本义,强逼他接受他们的观点,从而毁坏了他的著作。所指不清的"他们"表面上是指那些据说对他的文字作过手脚的排版工人。借由责难排版工人,蒙田隐晦地提出了一个问题:在蒙田付印的文字中,哪些才是他自己的文字? 蒙田说,当思想超出了蒙田的控制,公正的读者们就必须为自己做出判断,还要为了蒙田而拒斥这并非蒙田本人的思想。这些读者能够为自己判断哪些是蒙田本人的思想,迫于自身的处境,蒙田只能与他们进行隐蔽的交流,因为,蒙田在这里把自己的时代刻画得比古人所知的任何黑铁时代都更糟糕。蒙田的时代之于古人的时代,其黑暗和蒙昧犹如一个矿井的深底之于一个纯粹的洞穴。置身于一个矿井的深底,一位作家不可能逍遥无忧,他只能寄望于读者的能力,让他们自己来判断哪些才是他的真意(《随笔》,Ⅲ. 9,"论虚妄",页 737)。我们并不难判断出,笛卡尔的循环是一个超出笛卡尔控制的观念。可是,笛卡尔是在探讨绝对确定性时插入了这一循环,当时的他正处于巅峰状态。在这里,这位新梦想的先知让我们看到,在他沉睡时,向他说话的诸神并未临到他身上。

[245]由于笛卡尔对宗教威权的敷衍(lip service),在一个开诚布公的时代,我们已难以领会这一敷衍背后的冲突和惊心动魄的斗争。培根表面上顺从,实则要宣告发动一场圣战,和他一样,笛卡尔的顺从是为了放手推翻卢梭所称的"世上最暴戾的专政"。①这正是一部尼采式的哲学史的核心主题,施特劳斯的评语对此进行了阐明:"(马基雅维里)之后的所有政治思想家都攻击同一个权威,这就是霍布斯所称的黑暗王国,这个事实把他们联结在一起……对他们而言,这一斗争重于任何单纯的政治问题。我们越是像这些思想家理解自己一样来理解他们,我们越是熟谙他们每个人在不同程度上运用的言此及彼且隐约其辞(allusive and elusive)的写作艺术,我们就越发清楚地认识到这一点。"②笛卡尔用"言此及彼又隐约其辞的写作"来表明,他最猛烈的攻击是针对专政权威:专政者的假设不仅使他们获得了绝对的确定性,还使他们绝对地行使自己的确定性,即进行绝对统治。在这场斗争中,与笛卡尔相联结的不仅有培根,还有马基雅维里之后的另一位思想家,这就是蒙田。对蒙田而言,这场斗争同样重于任何单纯的政治问题,因为他特意表明这一斗争在他思想中的位置:确确实实(quite literally)处于中心。

临近《随笔》第一卷的中心,蒙田说到,他决定效仿一位画家:这位画家把自己最重要的画放置在最佳位置,并在上面施展他所有的才华;他把自己最重要的内容安置在最中心,并在四周安插各样的离奇怪诞来突出它们(《随笔》,I.28,《论友谊》,页135)。如果我们依循蒙田的指引,留意其著作中留给特别重要的内容的中心位置,我们就会发现,在三卷《随笔》每一卷的中心,他都安排了论述专政的随笔:第一篇由拉

---

① 卢梭,《社会契约论》,卷四,第八章"论公民宗教"。

② Strauss,《思索马基雅维里》(*Thoughts on Machiavelli*),页231。关于黑暗王国,参见 Strauss,《斯宾诺莎的宗教批判》,页3。

博埃西(Etienne de la Boétie)所作,其他两篇由他自己所作。①拉博埃西将自己的著作冠名为"谈自愿的奴役"(Discour de La Servitude Volontaire),蒙田说这部书后来被人"改名"为"反独夫论"(Le Contra Un),而读过这部书就会清楚,最终的独夫就是上帝。在蒙田自己居于中心的随笔中,第一篇(II. 19,"论心志的自由")夸赞了尤利安皇帝(Emperor Julian)——[246]"我们的宗教"诬蔑这位哲人是"叛教者",但蒙田却认为他是一位盖世伟人——从而在思想的监控下歌颂了思想自由。在这篇随笔的开始,蒙田就提请注意"当我们的宗教开始靠着律法赢得威望时"进行思想监控的粗暴形式之一:"我们的宗教"狂热地缴毁所有异教书籍,这对蒙田推崇备至的学问造成的危害甚于蛮族人的焚书。尤利安的《驳加利利人》(*Against the Galileans*)就被认为过于恶毒而受到缴毁。在这篇反基督教的随笔中,蒙田暗自将一位反基督教的皇帝与"最为基督教的国王"亨利三世两相对比。②在之前的"离奇怪诞"中,蒙田描写了古人享有的一种自由:古人可以把自己对僭主的看法当面告诉他们,还可以揭穿统治者的骗辞(《随笔》,II. 18,"论揭穿谎言")。蒙田说,这种自由现已不复存在,他清楚个中原因何为,但他要推迟讲出原因。推迟到何时?紧接下来的这篇居于中心的随笔就描写了这种自由的例证:凭着个人的是非观念,一位基督教的主教当面大胆地痛斥尤利安的统治,而这位主教所遭受的不过只是几句侮辱。与吉本一样,在蒙田看来,这种面对统治者的自由之所以会丧失,很大程度上归咎于基督教对罗马帝国的征服。尤利安没能颠覆基督教对罗马的征服,为了让读者理解这一事实所造成的后果,先前的"离奇怪诞"强调了古人和今人对待讲真话的另一不同:在我们的时代,说谎已经从一个凶德摇身变为一个美德。蒙田本人就在高尚地说谎,这使他能够把自己对统治者的看法告诉他们;尽管有罗马的前车之鉴,他并没有改变这篇赞颂尤利安的随笔的主旨。

---

①　Platt,《蒙田作品的中间位置》(In the Middle of Montaigne),页124 – 143。

②　Mcgowan,《蒙田的诡计》,页118 – 119。

不过，直到《随笔》最后一卷的中心，蒙田才安置了他对暴政与人之自由最出色的描绘。在这篇《论尊威之缺陷》中（On the Disadvantage of Greatness，《随笔》，III. 7），蒙田站在人这方对比了上帝与人。整篇随笔始终贯穿着僭主与哲人之间似乎仅是政治层面的对立，结尾还谈到试图把柏拉图卖为奴隶的僭主行径。蒙田对自己的故事和思考并不做出结论，他更愿意交由他的读者们来自己发现（《随笔》，I. 40，"评西塞罗"），尽管如此，这篇居于中心的随笔所要得出的结论却由这位作家起首的话暗示出来："既然我们得不到它，那就让我们讥诟它来加以报复吧。"［247］"它"是什么？起首的这句话和文中的许多地方都在促使我们提出这一问题。"它"是尊威（greatness）。但尊威是什么？尊威的缺陷又是什么？在这个为各种奇幻怪诞（比如"我们的"宗教在墨西哥和秘鲁的所作所为，《随笔》，III. 6）所烘托的中心位置，蒙田描绘了一位至高无上的上帝的绝对暴政，那些代上帝摄政的奴仆却在其他人面前耀武扬威。蒙田一方面讥诟作为暴政的上帝的至上权威，一方面歌颂人间最美好的事物——理性思考的自由，因为把柏拉图卖为奴隶的企图终将落空：所谓基督教的柏拉图主义（Christian Platonism），实际却在它的柏拉图主义中，把关于它的基督教的真理发扬光大。

（会不会笛卡尔也效仿了蒙田所说的那位画家，把他的中心思想放在了中心位置？《方法谈》共 65 个段落，其中的第 33 段交代了笛卡尔行为的最终理由［iii. 27］。此外，在这个中心段落的中心句——也就是尼采为《人性，太人性》引用的那一句，笛卡尔说到，哲学带来的极度满足感充斥着他的内心，以至其他一切对他都已无足轻重。①）

虽然笛卡尔和蒙田一样敌视我们的宗教，但他并没有完全追随蒙田的道路，没有像蒙田那样"压制和践踏人的自大与狂傲"（《随笔》，II. 12，"为塞邦一辩"，页 327）。笛卡尔抛下蒙田的道路，投向了培根开辟的那条险径，狂傲地赞美人是宇宙的潜在领主，并提出一个梦想来比攀并取代基

---

①　这是 1637 年版本的段落安排。《笛全》在 v. 56 – 57 又安插了两个附加段落。

督教的来世梦想。在培根的引领下,笛卡尔也采取了对宗教双管齐下的策略(double strategy):在开创一个科学宗教的同时,他还对旧有的宗教进行改造,以使之尽可能包容科学。为了开创一个科学宗教,笛卡尔把实用性提升为最高的标准。这种实用性是要带给人一种自我保存(self - preservation)的舒适生活,它是以培根的方式转变而来的仁爱标准。面对着一个许诺来世的宗教,科学宗教许诺了此世——新的身体和一个新的地球,而这一培根式的实用梦想的执行者在人而不在上帝。此外,笛卡尔曾在《方法谈》的第一部分声称,对宗教真理的理性考察要求"上天的特殊帮助","非凡人所能为"(i.8),尽管如此,没有要求任何帮助,[248]这位笛卡尔就在第四和第五部分提出了他改造过的神学,修理了关于最高存在的现有学说。遵照伊壁鸠鲁派的策略,笛卡尔把神圣者转移到人类生活的边缘,使之边远地无关轻重,老实地不再插手人世,他对哲人们的上帝的理解由此开启了现代的自然神论(v.45)。

笛卡尔的某些怀疑者声称,笛卡尔关于上帝和灵魂的形而上学只是个幌子,用以"掩人耳目"(flag to cover the goods)并申张其物理学。事实绝非如此。克吕格(Gerhard Krüger)已经表明(亦是 17 世纪的共识),笛卡尔关于上帝和灵魂的学说表面上服膺正统,实际上不仅有意识地反叛正统,而且要颠覆旧学说并为新学说张目。①它们体现了卡顿所称的"战斗性的秘密无神论"(militant crypto - atheism)。②在征服自然的计划中,圣经中的上帝遭到边缘化,虔诚的加尔文派卫道士们就曾怀疑,上帝在笛卡尔手中变成了一个无所不能的恶魔天才(evil genius)——除了不能让这位独居的沉思者相信自己现在的思考是错误的。摆脱次理性的神威(subrational divinity),这使笛卡尔的著作迸发出少见的深切热情

---

① Gerhard Krüger,《哲学的自我意识的起源》(Die Herkunft des philosophischen Selbstbewusssteseins),页 225 - 272;参见 Canton,《论〈沉思录〉的阐释》,页 224 - 245;Canton,《主体性的起源》,页 66 - 73;Dorter,《笛卡尔〈沉思录〉中的科学和宗教》,页 313 - 340。

② Canton,《进步的政治学》,页 61。

(《沉思录》，iii. 36）。这位沉思者似乎把那位恶魔天才改造成了一位理性且忠实的上帝，让它遵守自然的秩序，只有他能够宰制这样一种专断独裁和无法无天的力量。

在笛卡尔那里，哲学和宗教之间的关系如同一场战争，一旦我们理解到这一点，笛卡尔在这场开创了现代的伟大革命中的角色亦随之变得举足轻重。特雷沃－罗柏（Hugh Trevor－Roper）在其对"启蒙运动的宗教起源"的权威性研究中，深入地揭示了笛卡尔的角色。这位史学家描述了伊拉斯莫和伊拉斯莫主义在一个宗教意见两极化的时代的遭遇，他指出，哲人们有时候需要投身于宗教运动，尽管他们无法认同宗教运动的基本信念，但他们可以利用其政治力量来实现自己的目的。在总结自己的研究时，特雷沃－罗柏说，"在一个危机四伏的时代，哲人或许不得不披上一副盔甲。他的性命、他之能够继续从事哲学，都有赖这副盔甲……就启蒙运动而言，加尔文主义的美德或许也可以拿来当作盔甲。[249]老式的锁子甲（chain－mail）甲面缛饰，既保护又扼杀了那些委身于大公教会的哲人；而这副盔甲在战场上很有威力，尽管穿起来不太舒服，但想丢开却更容易"。①笛卡尔当然也装备有老式锁子甲，但他的努力却似乎颠覆了教会，尽管他并没有孤注一掷地投向教会

---

① Hugh Trevor－Roper，《十七世纪的危机》，页 236－237。在一系列探讨晚期文艺复兴、宗教改革和启蒙运动的精彩论著中，特雷沃－罗柏都阐发了哲学在革命时代的命运，在我看来，他的阐发与一种对哲学史的尼采式解读多有契合。特雷沃－罗柏追溯了伊拉斯莫睿智而温和的观点在一个宗教狂热甚嚣尘上的时代的遭际，并论证了思想家们的雄心和责任：他们意图在一个黑暗时代保存这些睿智的观点，并缔造一种能够调解各种极端的政治。尽管特雷沃－罗柏只是附带提及了培根和笛卡尔这两位我认为最革命性的思想家，但他同意 17 世纪的观点，认为笛卡尔对终结西欧恐怖的女巫风（witch－craze）贡献甚隆，但这并不是因为笛卡尔写来抵制女巫风：特雷沃－罗柏问得好，各地的女巫们之所以被看作信仰的敌人被淹死或受火刑，正是关于自然的整个信念体系在作怪，在应当向中央高地发起进攻时，何必再理会一个次要的、边缘的问题？（《欧洲的女巫风》，同上书，页 181－182）另见 Trevor－Roper，《培根》，页 73－77。

的宿敌。和《随笔》中的蒙田、《宣告一场圣战》中的培根一样，笛卡尔自我展示为一位哲人，一位深知"当宗教……坚决要统治之时，我们要付出沉重而巨大的代价"的哲人（《善恶》，条62）。①

第五部分：创世

第四部分成就了笛卡尔的声名，而第五部分则呈现"比我先前学过、甚或希望学习的一切更有用且更重要的"真理。笛卡尔说，这些真理从他发现的几条自然规律（laws of nature）推衍而来，这些自然规律烙印在我们灵魂上，所以他才能够发现它们。只有他发现了烙印在我们所有人灵魂之上的自然规律，乃是因为只有他发明了方法。这里的"方法"是指第二部分中的数学—物理学方法（这一方法的"假设"即是运动质的规律，《论文》将展示它所取得的成功）？或者，是指第四部分所描写的步骤，通过假设上帝的存在而使绝对确定性得以可能的循环论证？如果有人按照俗见说是第四部分的步骤，那么，为何笛卡尔不来表明最有用且最重要的真理[250]与上帝和灵魂的"根基"之间的关联呢？前者是关于世界的前所未有的结论，后者是苦思冥想得出的关于上帝和灵魂的貌似传统的结论，如果两者之间有所关联的话，声称能够表明这种关联却不表明、甚至从不表明，那就极为蹊跷：要造就新理学的声名，还有什么手段会胜过实际展示它与传统形而上学的关联呢？从另一方面来说，如果两者之间没有任何关联，那就有充分的理由不表明这种关联，但依然有充分的理由宣称存在着一种关联：那些监控笛卡尔举动的人需要这样的修饰。

为了首次阐述这些最有用且最重要的真理，笛卡尔先转述了一本他出于"某些顾虑"没有发表的书的内容。他的转述表明，这本书提出了一

---

①　至于笛卡尔在三十年战争期间欧洲的宗教政治中的积极角色，Yates的《玫瑰十字会的启蒙运动》（*Rosicrucian Enlightenment*）中已多有考证，见页111–117；另见 Reiss，《笛卡尔、巴拉丁领地及三十年战争》。

种自然主义的宇宙论来取代《圣经》中的人观和自然观。等到这场转述结束之后，笛卡尔才指明，阻挠其发表的"某些顾虑"来自宗教裁判所的伽利略审判。由此，笛卡尔先行展示了自己的"罪行"，其次才谈到本应对他进行宣判的宗教法庭。作为一个辩护状，第五部分把这些最有用且最重要的真理展示为必须谨慎发表的内容，它在抬出检控官之前就承认了罪行，并促使读者质问，到底谁在指控谁？罪名究竟是什么？

这本书本应成为笛卡尔的第一部作品，笛卡尔的初衷是要在书中囊括他认为自己对物质事物的本性所知的一切，但恐惧促使他改变了自己原本的想法，转而像一个画家那样来营造光影和留白（vi. 42 – 42）。像画家作画一样，笛卡尔以从光到人的六个步骤描绘了物质世界：他的书讲述了一个创世故事，针锋相对于《圣经》的六部曲叙述。①为了确保自己的自由，用"一种略显柔和的光线"表达自己的观点，笛卡尔佯称，自己描写的不是现实世界，而是一个位于"假想的空间中的某个地方"的新世界。这个世界开始于一团体现着运动规律的物质的"混沌"；最终，这些运动规律把最初的混沌变为一种与现存秩序同一的秩序。所有可能的世界都遵循着笛卡尔的假想世界所具有的规律，甚至连上帝的意志也必须对之服从（v. 43）。这位瞎编者为自己拿到了免罪牌，他最终描绘的是学者们所争论的世界：我们的世界。尽管如此，他的幌子使他能够抛开[251]经院中所争论的所有那些"形式"或"性质"，即便没有它们，他依然能充分描绘物质事物的整体秩序。笛卡尔抛开了此类假想，同时以纯粹假想的形式提出自己对世界的唯物主义解释，他由此就能够把自己的结论立于一种天赋的并因此"谁都不能假装不存在"的知识之上——但是可以装成假装不存在，正如第四部分中的笛卡尔：对形而上学确定性的追求产生了放肆的怀疑，这表面上促使他怀疑一切，继而还促使他任意使用经院哲学的语言来摆脱自己放肆的怀疑，返回到我们所关切的世界。

---

① 参见 Michael Davis，《古代悲剧与现代科学的起源》(*Ancient Tragedy*)，页 75 – 77。

第五部分的余篇(v. 42 以下)提出了一种演进的宇宙论,这一宇宙论改变了原六个步骤的次序并有所增补,同时显明他对这六个步骤的第一次列举刻意摹拟《圣经》:笛卡尔没有以"要有光"开始,他以对物质的描述开始,随后转向自然规律,即支配物质的运动规律。这第二次描述说明了物体是如何逐渐"变成它们如今的样子的"(v. 45)。笛卡尔的世界开始于物质的一团混沌——其中物质的种类清楚明确,而运动的发生也遵循着不变的规律,然后逐渐演变成一个由各行星系组成的、与现实宇宙相似的宇宙。在这个地方,在太阳系形成之后,就可以讨论光了。没有流露出丝毫的哥白尼主义,笛卡尔就转入了对地球的讨论。我们所看到的地球是长时期演进的结果,随着时间的进程,所有的地质构造、植物、动物自然而然地产生了。这场演进论的描述特别提到了火或热,还提到了笛卡尔自称乐于描述的单独一个现象:在热的作用下,灰烬会变为玻璃。他称之和自然界中所有其他现象一样值得"惊异"(v. 44 – 45)。这一稀松平常的事情为什么值得如此惊异?惊异正是柏拉图和亚里士多德所认为的哲学的起点。原因可能在于,这个自然现象是把无用的东西变成了有用的东西。对于一位旨在认识一切对生命有用的事物的哲人而言(i. 4),此种自然界的转变意义非常。哈特勒(Ann Hartle)认为,通过研究笛卡尔在《气象学》中的做法,就可以领会他对灰烬变玻璃的惊异——在《气象学》中,彩虹这一自然界的惊异就促使他进行各种研究来理解彩虹,并研制了各种设备来制造彩虹。[1]哈特勒总结说,"笛卡尔的使命……就是通过阐明自然事物的性质,消除这种对自然事物的天生的惊异"。[252]天生的惊异转变成了制造惊异之物的能力。《灵魂的激情》就明确重新定位了惊异:在面对惊异之物时,那些对个人能力不自信的人往往会觉得吃惊和慌乱,这就是惊异的危险所在(《灵魂的激情》,条 73,77)。惊异这种欲情会引导我们接近学问,但我们必须要从中解脱出来,用意志行为取代惊异,把理解力集中在我们认为值得注意的事物上(条 76)。

---

① Hartle,《死亡和漠然的观众》,页 150 – 152,187。

笛卡尔极为乐于描写灰烬到玻璃的转变,可能还有另外一个原因,因为就这一现象的性质而言,可以说"完满者产生于并取决于不完满者"。第四部分在证明一位完满者的存在时宣称,这是一个清楚和明确的不可能性。然而,在这里,它似乎是整个自然演进史所揭示的一个进程。对哲人而言,最值得惊异的不是上帝而是自然,因为在一个始于混沌并最终达到人类所看到的样子的宇宙中,完满者产生于并取决于不完满者。对灰烬变玻璃的思考表明,科学的方法必然完全不同于一直在奴役哲学的神学方法。神学的方法预设一个原初的完满,我们无法透彻地说明这一完满,并且只能对这一完满惊异不已。在第四部分,笛卡尔似乎迫不得已采纳了这一方法,这位沉思者好像完全服膺于这一方法的自明性,不得不假设上帝的存在。但第五部分表明,在物质世界的自然进程中,完满者产生于并取决于不完满者——笛卡尔终究没有认同形而上学家们"对正反价值的信仰"(《善恶》,条2)。因乎笛卡尔的自然进程观,我们得以想象一个新的理想的完满:完满者产生于并取决于不完满者,因此可以说是一个漫长的自然进程的结果,人类现在就可以为这个结果自觉地努力。时间的轨迹不再是一场从原初之完满的堕落,而是一场向可能之完满的上升。对完满的这一梦想唤起我们的努力,它孕育了科学的方法,正如基督教对其他身体、其他星辰、另一个地球的梦想孕育了神学的方法。这两种方法表面上圆融一致,彼此互为"根基",实际却截然对立。笛卡尔在一小段文字中承认,他的论文讨论的是世界的创造和生成(v.45),他强调了这两种方法之间的不同,[253]并直截了当地断定,要使物质事物的性质更容易理解,就要采用那把它们看作是自然演进而来的方法。

当这篇未能付梓的论文推进到它最后的论题——人,笛卡尔便中止了他的演进性原理。他转而设想了一个瞬时生成的存在,这个存在里里外外与我们毫无二致,但它完全是物质的,没有亚里士多德归之于所有活物的各种形式的灵魂。笛卡尔用一条新的原理来解释"活"(aliveness),称其为"一种没有光的火",类似于自燃这样的氧化作用,热的这一自然原理使得对"活"(灵魂)的所有其他解释变得多余。在《灵魂的激情》的开头,笛卡尔称,把灵魂作为身体的运作原理是一个极荒谬的错误,也是迄今无人能正确解释欲情的主要原因(《灵魂的激情》,条5)。只要假设人的身体类似于动物的身体,笛卡尔就能够准确地解释几乎人的所有行为,除了依靠思维(即笛卡尔所理解的灵魂)的行为——灵魂的本性仅在于思维,从而区别于身体。为了说明人依靠思维的行为,笛卡尔最终引入了经院哲学中所争论的形式之一:理性的灵魂(rational soul)。笛卡尔对人的阐述分为这样两部分,促使他的读者注意他对人—动物(human animal)的机械论描述,并特别注意最后出现的、并非机械性的思维:在这一顶点上,难道新哲学必须要回到它为了认识世界而明确抛开的旧哲学? 难道笛卡尔愿意给一具笛卡尔的身体嫁接一个经院哲学的脑袋? 在《灵魂的激情》中,笛卡尔严格作为一位"物理学家"来发言,他没有借助理性的灵魂就阐述了"人的整个本性"(《灵魂的激情》,对第二封信的答复;第一部分的标题)。然而,《方法谈》又如何呢?

《方法谈》对人的心脏和动脉进行了一次机械论的解释,称这为"应该怎样看其他一切"提供了基础。①笛卡尔想让那些认真的读者来效仿自己:当着这些读者的面,他解剖了一个有肺的大动物的心脏(v.47),这正是他始终都在强调的一种试验倾向(v.50)。临近结尾,笛卡尔讲明了他解释的一般原则(v.54 – 55):心脏按照机械学的规律来运作,而这些机械学的规律"与自然规律一个样"。这些自然规律就是运动质的规律——[254]即笛卡尔此后在《哲学原理》中说明的三类物质和三类运动规律。它们就是强者要无情地统治弱者的强力法则(laws of force);在这一过程中,完满者可以产生于并取决于不完满者;此外,谁能够计算力,谁就可以预测和控制这一过程。

笛卡尔描述了一个机械般的宇宙中作为一台机器的人,并在结尾最终转入并非机械性的灵魂。他首先讨论了自动机(automata)——人造的机器,并区分了人与机器;随后转向自然界的活机器——动物,并区分了人与动物;最后在第五部分的末段引入了理性的灵魂。笛卡尔

---

① 关于人作为机器,参见 Carter,《笛卡尔的医疗哲学》。

的论说和例证都窃用自蒙田：为了拉低人与所有生物齐一，蒙田证明了人与动物之间的相类（《随笔》，II. 12，"为塞邦一辩"，页 336）。此外，最后一段表明，笛卡尔同样遵循着蒙田所说的哲人们的习惯，为了公众的福祉而专门讨论宗教问题（同上，页 379），因为笛卡尔承认，他引入理性的灵魂是为了保护心智薄弱者的美德：为了那些心智薄弱者，要装作相信唯人拥有不死的灵魂并从而超越了飞蝇与蝼蚁，这一点至为重要。

在那些认真按照笛卡尔的指引来研读蒙田的读者看来，笛卡尔对非机械物的讨论实际表明了他与蒙田及蒙田之前的哲人们的一致：人与人的差别比人与兽之间的差别大得多（同上，页 342；I. 42，"论我们之间的不平等"）。人与人之间的差别实际才是对机器和动物的讨论的主题——这种差别源于心灵的品质，即心灵的强大与弱小。人的等级高低显然是一个敏感之极的问题，笛卡尔处理得甚为谨慎，因为他没有足够的自由来公开讲出柏拉图和尼采敢于公开讲出的话：比如说，只有理性的人才有真正的自由，只有那些以理性为指引的人才可以不像机械那样行动，如笛卡尔在其论证的开始所说，只有他们是真正的人（vrais hommes）。①因为，笛卡尔的讨论实际是要区分真正的人与人。

在这场对人和机器的讨论一开始，笛卡尔断言，没有办法区分猴子样的机器与猴子，但 [255] 有两种"非常可靠的方法"来区分人样的机器与"真正的人"。第一个方法是："这些机器绝不能使用语言，或用其他符号来构成语言，就像我们为了向别人表达自己的思想所做的那样。"笛卡尔此时正在用语言和符号向别人表达自己的思想，他以他正在做的事情作为区分真正的人与人样的机器的第一个方法。语言自身并不是评断标准，因为我们能够设想出一台机器，固定的身体动作造成它部件上的变化，于是它就能相应地说些话。作为对身体所受刺激的反应，一台机器也可以产生这样的语言。尽管如此，一台机器"绝不能对语言进行不同的编排以回应当面向它表达的意思，而这连最愚钝的人都能办到"。但是，编排语言来回应别人当面表达的意思，最愚钝的

---

① 这一点要归之于 Janet Rash 在一篇未刊论文中所做的提示。

人当然根本办不到这一点;只有少数人才有能力编排自己的语言,向不同的人说不同的话,以不同的方式回答人们的提问。

第二个方法与第一个相关,因为它同样关系到应变能力,但现在的主题不是作为应变手段的语言和符号,而是应变的依据:理性。"尽管这些机器在许多事情上做得跟我们一样好,甚至好过我们,但它们肯定做不来别的事情,就此可以看出,它们的行为靠的不是知识而仅仅是其部件的配置。"依据知识来行动就是运用理性,理性是可以用于一切情况的"万能工具"。笛卡尔是不是认为所有人都依据理性来行动?这是一篇"关于如何正确运用个人理性的方法谈",它讲述的是一部传奇:近乎所有人生来就受制于自己的欲望和规诫,他们的信仰把他们捆缚于法律和习俗,因此注定只能根据这些法律和习俗来思考和行动,看到这样的情景,主人公只身英勇地以理性作为自己所有思想和行动的依据。理性是一个应变的万能工具,但对机器的各种部件而言,一个行动就要求采取一种特殊的配置,因而它们的反应就欠灵活。《灵魂的激情》公开把这一差异处理成人之间的差异;在那里,人唯一可能的自由就来自用理性的控制征服身体各器官的构造。在《灵魂的激情》中,《方法谈》中区分人与人样的机器的手段被用作区分自由的人与受束缚的人、理性的人与不理性的人。

笛卡尔的讨论在开头和结尾都揭示了他所基于的标准:[256]行为的不可能性。在这一论证的关节点上,笛卡尔第二次引入一个行为的或实践的限定条件,促使读者疑惑这一条件的地位(见 iv. 37 – 38)。①为了提示实际的情况,笛卡尔在这里假想了一个实践上的不可能性——由人发明的、具有与人相同的器官和外形的机器。在运用语言的方式和在理性上,人—机器(human machines)生性就不同于少数真正的人;少数真正的人只依据理性来行动,他们运用语言的方式是要回答别人当面表达的所有意思。通过强调理性的人在行动和写作上的灵活

---

①　参见笛卡尔致梅士朗函(1644 年 5 月 2 日),另及致希佩哈斯匹斯特(Hyperaspistes)函(1641 年 8 月)。

自如,笛卡尔暗示,受制于自己的身体器官的人与运用理性这一万能工具的人实际有着天壤之别。

不过,根据笛卡尔的新物理学,我们能够想象出无数的工具来改造身体各器官的构造(vi. 62),并改造世界来回应这些构造。此外,鉴于习惯化原则(principle of habituation)的强大力量,"没有灵魂会软弱到不能绝对控制自身的欲情",但实现这一点大多不是通过理性,而是通过"妥善地指导",通过训练,正像训练猎犬听到枪响不惊吓、发现山鹑不跑开(《灵魂的激情》,条50)。笛卡尔根本不是在介绍习惯化原则,因为他表明它是人性的基本原则,是欲望和规诫借以规定身体各器官的构造的手段。笛卡尔实际介绍的是习惯化原则的理性趋向,尽管这不会把机器般的人变得理性,但却首次将我们的构造与理性联结起来。有理性的机器(reasonable machines)。这似乎就是笛卡尔为我们所有人设计的宏大训练计划的目的。而且,笛卡尔的独创之处在于"有理性"一词,而非"机器"一词。

由此看来,笛卡尔似乎采取了尼采所否认的做法。尼采在他把人打回动物中间的深刻格言中说,"就动物而言,胆量可嘉的笛卡尔第一个敢于把动物理解成机器:我们的整个自然学都在不辞辛劳地证明这个主张"。但尼采的赞扬还没完,他补充说:"和笛卡尔不同的是,我们按照推理没有把人排除在外:我们今天对人的认识,恰恰足以使我们把人理解成机器"(《敌》,条14)。[257]笛卡尔实际并未把人排除在外,假如他确实排除了少数真正的人,那他就与尼采一样,把理性的生活看成一场漫长的斗争,一场由于某种自发的精神命运而投入的斗争,以挣脱欲望和规诫所塑造的忠诚。

笛卡尔依据"两个可靠的方法"区分了真正的人与机器,继而将这两个方法用于人与动物。①他现在改用戏谑的语调,援引蒙田的例证得

---

① 关于笛卡尔的"非常可怪之论"、他把动物看作机器的"无可救药的愚蠢信念",参见 Peter Harrison 持之有据的回应,《笛卡尔论动物》(Descartes on Animals)。

出了与蒙田截然相反的结论。笛卡尔以一个偏激的观点开始:人不管多么愚蠢和迟钝("甚至连白痴也不例外"),都能"编排一些话来传达自己的思想"——即便白痴也能做笛卡尔现在所做,也能编写一部《方法谈》。蒙田用类似的话表达了一个不同的目的。蒙田也讨论过人和动物,并在其中谈到了外国人——这些人不能把法语单词组合在一起以传达自己的思想,因而被视为低人一等(《随笔》,II. 12,"为塞邦一辩",页343)。和笛卡尔一样,蒙田也说到喜鹊和鹦鹉、聋子和哑巴、各种动物的语言,但得出的观点却与笛卡尔截然相反(同上,页335 – 357)。我们不能把笛卡尔的偏激主张看作是在针对他所援引的蒙田的论证。相反,笛卡尔采用蒙田的例证但却予以偏激化,这让他的区分看上去难以成立。实际上,他的区分并不比感觉的灵魂与理性的灵魂这一传统区分更为激进:就基督教的说法而言,动物没有一丝理性的灵魂,而每个人都"完完全全地"拥有理性的灵魂(i. 3)。借用蒙田证明人与动物相类似的例证来证明人与动物的差异,笛卡尔就无需再援引认为人完全不同于动物的传统区分。而且,在下一段引入理性的灵魂之时,笛卡尔廓清了他以传统的方式区分人与动物的真正原因:"如果我们跟飞蝇蝼蚁一样对身后的事情没有任何恐惧,也没有什么希冀",那么所有人(少数理性人除外)道德德性的根基就会崩解。然而,笛卡尔就是在建造一座新的道德殿宇,和所有审慎的建筑师一样,他在新殿宇竣工之前提供了一个临时避居所。[258]因此,作为一个过渡时期,道德的上帝与不朽的灵魂这些古老的幻梦必须要保留下来,作为一套临时的行为规范。新的建筑将由理性来建造,尽管这座建筑的居民不全是理性的人,但他们会经受训练与理性保持一致。

在笛卡尔的所有存世著作中,只有一处提到蒙田的名字,并承认第五部分结尾的内容参照了蒙田,这就是 1646 年 11 月 23 日致新堡的马尔奎(Marquis of Newcastle)的著名信函。在这封信中,笛卡尔把《方法谈》中区分人与机器、动物的两个可靠的方法划缩减为一个。在信的最后一段,他历数了动物的行为类似于人的行为的众多例子,这些例子或许会让人猜测,动物的这些行为产生于与人的思维相似的思维,尽管其思维可能比人低等得多。笛卡尔没有回应这一猜测,只说"假如它们像我们一样思维",那它们就像我们一样有着不朽的灵魂。如果这些动物拥有不朽的灵魂,那所有的动物都会有。但是,至于牡蛎和海绵这样的低等动物,"那就有点儿荒谬了":为了避免把不朽归之于一个海绵的灵魂,我们必须得说,没有任何动物具有与人一样的思维。难道我在拿这场讨论烦扰您吗?——笛卡尔对马尔奎如此说,如斯突兀地结束了这封信。恰恰相反,我们可以想象到,这出哲学喜剧最能讨好一位身为哲人庇护者的通信人。①

与《方法谈》第五部分相仿,《灵魂的激情》在第一部分也讨论了心脏、血液和元气(animal spirit),但并未在结尾论证理性的灵魂、灵魂不死或人与动物之不同。相反,这场讨论似乎是在修正《方法谈》中不得不进行的伪装,其中也提出了上面三个主题。笛卡尔提到了理性的灵魂,但他更详尽地阐述了一个圆融无际的灵魂来驳斥前者(条47)。灵魂并不是彼此冲突的各个部分斗争的场所;实际上,理性与身体作斗争,而且"正是由于这些斗争的结果,每个人才能认清自己灵魂的强大或软弱"(条48)。当笛卡尔的讨论触及软弱的灵魂时,他这回并没有为他们的福祉引入不朽的幻梦。相反,笛卡尔强调了灵魂固有的武器:判断(judgments)。只有一小撮人才完全没有用来控制个人欲情的判断,但大多数人用来与欲情作斗争的判断都是错的。这完全不应予以谴责[259],尽管唯有基于对真理的认识的判断才能使人免遭遗憾和悔恨(条48,49)。正是在这里,在思索强大和软弱的灵魂以及控制欲情的手段时,笛卡尔说,"了解"习惯化摧毁旧的纽带以及形成新的纽带的力量"大有用处"(条50)。这一力量无比强大,以致"加以妥善的指导,就没有灵魂会软弱到不能绝对控制自身的欲情"。对这种指导而言,了

---

① 《奥布瑞简传集》(*Aubrey's Brief Lives*),页149。马尔奎曾委托霍布斯写了《法之要素》(*Elements of Law*,1640),而且一直是霍布斯政治学说的秘密听众。参见 Strauss,《霍布斯的政治哲学》(*The Political Philosophy of Thomas Hobbes*),页75–76,78。

解人与动物的相似性大有用处,因为动物提供了习惯化的力量克服自然倾向的例证:"凭着一点点技巧,我们就能改变丧失理性的动物的大脑运动,所以我们当然能在人身上能够做得更好。"《方法谈》以关于上帝和灵魂的临时结论作为道德行为的根基,《灵魂的激情》则更为直率地对此提供了最权威的疏解。

嘲笑"伟大的笛卡尔的愚蠢错误"

> 后人们啊:千万不要听信那些关于我的各种传闻,除非我自己透露了它们。

> ——笛卡尔(《方法谈》,vi. 70)

一个世纪过后,反抗制约着笛卡尔的政治境遇的斗争取得了胜利,拉美特得以无所顾忌地宣称人是机器,他也径直想当然地认为笛卡尔持有相同的观点。拉美特立肩负起代表笛卡尔来反复申辩的使命:保卫伟大的笛卡尔,驳斥那些习惯为笛卡尔的愚蠢错误而嘲笑他的人。拉美特立的辩护称,笛卡尔处于一个他不得不施行启蒙的世纪,而进行启蒙需要一个诡计。笛卡尔把毒药藏在一项类比中,并让神学家们吞下:以笛卡尔表面采取的那种方式来区分人与动物,能够最好地说明最能将这种动物([译按]指人)与别的动物区分开来的骄傲自负① ——只有神学家看不出其中的机关。在拉美特立看来,笛卡尔反驳蒙田的方式肯定了蒙田所有的真知灼见,并由此以蒙田的方式肯定了蒙田。②

---

①　[译注]"人的骄傲自负",正是蒙田"为塞邦一辩"第二章的著名论题。

②　Vartanian,《拉美特立的〈人是机器〉》,页 191 – 192。无独有偶,维柯也认为《沉思录》是笛卡尔"驾驭修道院"的策略(《维柯自传》,页 129)。

蒙田为我们当前的哲学史所忽略。培根亦如此。这位现代哲学的创始人则在今天的哲学导论课上处处受到辱谩。相形之下,谁的命运更为糟糕?那些哲学初习者在课堂上受到教导说,[260]要嘲笑笛卡尔的愚蠢错误,还要认定自己比那位创建了他们现在所拥有的精神世界的理性人更加理性,他们从而再也不会捧起一部哲学著作。蒙田、培根及笛卡尔是其时代最伟大的心灵,可我们却听信了对他们的拙劣描述,尽管我们拥有他们的著作,尽管我们自己本应看到他们所透露的秘密。一部尼采式的哲学史将恢复过去那些伟大的理性人所扮演的角色。

要反驳那些为笛卡尔的愚蠢错误而嘲笑他的人,为伟大的笛卡尔(或伟大的蒙田,或伟大的培根)进行辩护,都要预先承认"正直的虚伪"(如赫东迪所称)的理智德性,以及随之而来的结论——笛卡尔的虚与委蛇并不会让他成为我们的道德败类。承认笛卡尔的隐微术,我们就找到了理解他的门径,由此就能开始与笛卡尔一起开怀大笑,而不是嘲笑他。他的嘲弄法宝制造了无边的欢乐,同时也顺遂了阴谋:我们还能嘲笑他佯装认同实则反对的那些立场。笛卡尔深明于笑的威力,他属于一部尼采式的哲学史,因为长远来看,如尼采所说,每一个关于目的的伟大教诲都"被笑、理性和自然征服:短暂的悲剧总是再次退场,重返为生存的永恒喜剧"(《快乐》,条1)。哲学史是喜剧对悲剧的胜利,这场胜利遥遥在望,它要从关于宇宙或人类历史的目的的教诲走向尼采希望会是"变易的清白"(the innocence of becoming)的最终结果:一部尼采式的哲学史将以这种方式恢复不朽的过去,并让它实至名归。笛卡尔的精灵战胜了神圣神学院的院长和博士们的圣灵,即便柏拉图也会赞叹这场胜利,因为,柏拉图的枕头下面藏了一份阿里斯托芬的喜剧(《善恶》,条28)。

但是,如果笛卡尔要作为一位搞笑家在一部尼采式的哲学史中占据要位,那就需要全面重估他著名的二元论:为了成就自己的声名,笛卡尔不得不用神学的、本体论的诡辩建立了二元论,而这个二元论如今却要毁坏他的声名。笛卡尔创立的物理学缔造了今天的世界,但这个世界的哲学史却遗忘了笛卡尔曾经(与蒙田和培根一起)处身于矿井的深底,昔日的权宜之策如今成了一个困窘。

只要承认笛卡尔高尚的虚伪,那他著名的身心本体二元论亦随之涣释。作为实存(substances)的心灵和身体[261]仅仅属于形而上学的沉思,因为实存是经院哲学中所争论的一种形式,而在笛卡尔关于运动质的实际物理学中,这样的形式并没有位置。笛卡尔的本体—神学的方法(姑且如此名之)始于彻底的怀疑并最终确立自我的确定性,笛卡尔有力地怀疑了本体—神学领域既有的意见,却未在叙述自己实际如何在各门学问中行动时贯彻这种怀疑,因为这种怀疑忽略了"谁都不能假装忽略的东西"(v. 43)。从自我的确定性出发,经由循环论证(通过假设上帝的存在,确保清楚和明确的观念真实可靠),这些沉思最终到达了上帝。这一循环推理声称提供了一个可以推出关于世界的所有真理的根基,然而,没有凭借这一所谓的根基,笛卡尔就得出了那些比其"更有用且更重要"的真理(v. 41)。在《灵魂的激情》中,笛卡尔没有提及身体与灵魂的实存二元论,尽管他有许多机会这么做。灵魂依然"不同于"身体,但与之不可分割,因为灵魂只是"添加进"整个身体的意识,产生于身体在孕期最初的体验,并"脱离"死亡的身体,使之失去知觉。

笛卡尔实际的方法是一种改良的培根主义,它舍弃了培根关于本质和形式的观点,选择了能由新数学来推算的运动质。这一归纳的和试验的方法从最简单和最容易知道的东西开始;它运用感官知觉,同时规定(在《折光学》中)自身可能性的条件,并由此规定自身本体论的局限;它根据推测性的猜想(它称之为假设)展开;它用一些试验得出反例或否定性例证来验证这些猜想。这一方法带来了对天空彻底解神话的《气象学》中的那些结果。这就是这一研究自然的新科学所采取的方法,它带来的结论使一个本体的二元论变得滑稽可笑。笛卡尔科学中自然的、演进的宇宙显然是一元论的。这种科学暗含了一种本体论,就此而言,它无疑是一种一元论的唯物主义或自然主义。有人或许会说,这"在上帝或一位天使看来是错的,因而绝对地说来是错的……"(《笛全》,VII. 144–145;《哲著》,2. 103)但这有什么关系呢?当笛卡尔私下说

《沉思录》包含了他物理学的所有根基时,他警告梅森不要告诉任何人,因为这会让亚里士多德的拥趸们更加难以认同这些根基:现在,我们应该告诉所有人的正是这些根基。

　　但这不是背叛吗? 出于正当的理由,笛卡尔把一些东西巧妙地藏在一副规矩的面具之后,而我们却汲汲于公开揭露他隐藏的东西,难道这不是背叛吗? 在《随笔》即将结尾[262]讨论外表的"论相貌"中(III. 12),蒙田绝妙地警告了背叛。在叱责一种执意实话实说的"经院派的诚实"之时,蒙田讲述了他两次隐居时受到侵扰并命悬一线的经历,来说明他外表上容易受到攻袭。在这两次经历中,山贼实际上占有了蒙田的家产,并把蒙田赶到了荒郊野外。然而,蒙田并没有丧命,因为入侵者的头领一开始倾向于伤害蒙田,却受到蒙田的开明和对待财产的态度感化,最后都成了蒙田的朋友。蒙田并没有屈膝向这些侵入他的独居生活的人乞求饶命,他还意识到自己对财产疏于戒备。蒙田不用武力来据有家产,因为他甘愿与人分享家产,并敦促那些分享了自己的家产的人以蒙田的方式来与人分享家产。蒙田对自己家产的开明感化了图谋不轨的强盗们——就实际情形来说,是感化了头领:当头领拒绝领受到手的东西时,其他人纷纷摇头反对。

　　培根在"论友谊"中就背叛给出了相同的教诲。费什的精彩分析已经揭示,这篇随笔是在反思独居和背叛。[①]培根的例证表明"世上的友谊难觅难寻"(《论说文集》,"论追随者和朋友"),因为他所举证的都是某人遭到亲信背叛的例子。不过,这些例子都涉及那些野心勃勃的政治人物;每一例均表明,轻信的掌权者丧命于他深信不疑的朋友。有些人拥有真理并想把真理托付给其他人,在他们的世界里,又有没有友谊呢? 恺撒不能信任自己的朋友,而培根则可以,因为这些人之所以会成为培根的朋友,是由于培根把他的发现交托给了他们。培根和蒙田的发现是可以通过分享而增值的财富——与钱财和权力不同,财富会随着自身的散播而加增。向那些认为这些财富是一桩罪行的人开放这些

———————

　　① Fish,《自我消耗的作品》,前揭,页 134 – 135。

财富,这就是背叛。

但是,如果背叛过去意味着揭露蒙田或培根或笛卡尔对不宜说出之事的缄默,难道时代的变迁不已经把背叛变成相反的一面——不要揭露他们的缄默?一部尼采式的哲学史必然要碰到这一问题。我们能否谴责这部以坦率的诚实指引的哲学史是"某种经院派的诚实",是蒙田视为的背叛?显而易见,我认为诚实现在必须公开过去不得不隐藏的东西;这绝不是背叛,而是一种忠诚,[263]是为了哲学而支援这场由尼采所公开化的斗争:宗教统治哲学,抑或哲学统治宗教。看到笛卡尔如何隐秘地参与这场由尼采所公开的战斗,这既令人释怀,又饱含启迪。

一旦公开笛卡尔高尚的虚伪,那他看上去就越来越像他最伟大的追随者:斯宾诺莎。笛卡尔的观点同样指向了一种彻底的内在论(immanentism)。在这条内在论的路上,笛卡尔走到了哪里?他是否走到了斯宾诺莎的尽头——对上帝或自然的理智之爱?或说尼采的尽头:amor fati[热爱命运]?

我认为,再次考察培根可以作为回答这一问题的起点。1622年,培根致信一位年轻的哲学和数学教授(此人主动与培根通信,并有望成为培根最出众的追随者),对他说:"不要为形而上学操心。一旦发现真正的物理学,形而上学也就没有了。只有神(divinity)才会超出真正的物理学"(致巴汉赞神父[Father Baranzan],1622年6月,《培根全集》,XIV. 377)。这听起来像是物理学家笛卡尔在对布尔曼说话。但是,神呢?真正的物理学如何理解神?在我看来,我们必须带着这一问题再次研读《灵魂的激情》,因为只有在那里,笛卡尔——可惜天不假年——才有机会描绘新的哲学之树的道德果实,或者借用他的另一个比喻,将在新科学的坚实根基上建立道德新殿宇。但是,我们必须谨慎小心地阅读《灵魂的激情》,因为笛卡尔在这里依然是一如既往的高尚,始终不忘他必要的虚伪。尽管如此,经过了十二年对读者的培育,笛卡尔不再需要那么多虔敬的伪饰,能够相对公开地鼓吹古代异教徒的道德学说,并阐明它们与我们的宗教的学说之间的对立。《灵魂的激情》表明,新的宇宙观会育生一个有益的学说(其中就包括一种神的观念),这一学说能够作为所有人而不仅是少数哲人最终的行为规范——而且无需依赖二元论。

在致伊丽莎白(1645 年 9 月 15 日)和致沙努(Chanut)(1647 年 6 月 6日)两人的信中,笛卡尔描述了认为宇宙之无垠的正确观点所暗含的教诲,并在《哲学原理》(iii. 1 – 3)中对此加以暗示。在《灵魂的激情》中,笛卡尔阐述了他的科学自然主义所隐含的一种综合性道德学说:这一道德学说彻底摒弃了柏拉图主义对道德的诸神与不朽的灵魂的谎言。道德不再依赖对神秘力量所设立的一种无形的分配性正义(distributive justice)的信仰;道德[264]不再需要善有善报恶有恶报的信念。笛卡尔的宇宙不是一种道德秩序,但它有助于复原人本真的道德行为。

笛卡尔让他的巴黎朋友来描述新哲学如何鼓舞人;他则以自己的名义描述这一新哲学如何富有教益。前言部分只阐发了笛卡尔的培根主义,突出了征服自然来获得健康和物质享受的希望,并再次以之作为笛卡尔为什么必须发表著作的论由。《灵魂的激情》正文强调征服我们自身的天性(our own nature),用理智来控制意志(条 152),驾驭所有那些我们从中获得快乐的欲情(条 212)。我们出生时尚无法理性地控制自身的欲望,故我们的自然在某种意义上有缺陷,尽管如此,我们并不会急剧堕落下去,而且能够挣脱欲望和规诫的束缚——完全不需要神的介入,我们就能征服我们的自然带来的后果。借由神的介入这一要害问题,笛卡尔得以展露神在新物理学中的位置。

笛卡尔在这个重要论题上效仿了蒙田,因为蒙田谈到了上帝或自然(God or Nature)(《随笔》,III. 6,“论车骑”,页 686),但两人都不像无神论者斯宾诺莎那样明确混同上帝和自然(God and Nature)。笛卡尔并置上帝或自然,但他并未莽撞和荒唐地把愤慨(indignation)的欲情延伸到“上帝或自然的作品”,正如那些“不满于世界的统治的以及神意的秘密”者所为(条 198)。神意(Providence)——笛卡尔用这一神学术语表示什么?世界的秘密统治何谓?临近《灵魂的激情》第二部分的结尾(条145),笛卡尔提出了如何清除妄念(vain desires)的问题:欲求(desire)这种欲情必须专由道德哲学来予以控制(条144),因为欲求朝向着未来(条57),并驱使人想望自认为适合的东西(条86)。反思神意就是笛卡尔消除妄念的药方之一,另一则是崇高(generosity)。①

有助于反思神意的条目(条145-146)目的只是要区分神意与机运,笛卡尔最后将之归结为命运(Fate)和机运(Fortune)的不同。神意就是命运或不变的必然性;机运则是打破必然,给它的领受者带来幸或不幸。这一教海判然区分了命运和机运,而且还移除了机运:一切事物都从属于一条牢不可破的因果链,与机运毫不无关。由于对成因的无知,人们才会信赖机运。[265]笛卡尔的物理学是探究成因的科学,是探究神意的新科学,是探究自然的必然性以尽可能揭示特殊现象的特殊成因的科学。它的方法原则上要靠否认机运在因果网络中的介入。笛卡尔将这一因果体系称为"神意",但他的观点排除了一种可能性,否认了一种特殊的神意:为了少数几个人,神可能会介入一个具有自然必然性的宇宙。就笛卡尔所言,对神意的反思带来的结论就是,奇迹是不可能的,祈愿的祷告也是荒唐的——但这并不会使人绝望,因为,我们

---

①　[译注]笛卡尔在《灵魂的激情》中提出了四种主要的欲情:乐、爱、悲、恨。这四种欲情激起我们身上的欲求,它们只能通过欲求这一中介才能控制我们的行为。故而,需要特别加以控制的就是欲求,这正是道德哲学的职能所在。欲求如果是基于正确的认识,那就是好的;如果是基于错误,那就肯定是坏的,而错误之所以产生,缘于我们没有区分开完全由我们决定的东西和不由我们决定的东西。对于那些我们根本无法决定的东西,不论它们自身多么好,我们都不应该动用欲情来欲求它们,这主要是因为它们会使我们忽略那些我们可以决定的东西。有两个药方来救治这些妄念,第一就是崇高,另一就是经常反思神意,提醒自己一切都是由这种神意永恒地决定,好似与机运截然对立的命运或不变的必然性。我们只会欲求我们认为可能的东西,我们把并不由自己决定的东西看作是可能的,这缘于我们认为这些东西取决于机运,也就是说,没有真正了解每一结果所赖以产生的原因。如果我们认为某种取决于机运的东西并未发生,这表明它缺少成因,因而是绝对不可能的。事先认识到这一点,就绝不会再认为它是可能的,因而就不会欲求它。笛卡尔说,我们必须彻底否认有机运的存在,一切都由神意掌握着。

可以把欲求转移到可能实现的目标,并可以确立宇宙和人的本真面目。笛卡尔将在他对崇高的描述中表明这些。

然而,笛卡尔还表明,鉴于认为上帝能够介入自然的道德观下的情形,对命运和机运的反思会带来极大的道德提升。信赖机运不仅是错的,而且在道德上还逊于这一观点:自然是牢不可破的因果网络,任何超验的力量都不能强加干预。有些人相信超验的力量,还有人甚而相信自己能够领悟超验力量的目标,并遵照其命令行事,笛卡尔对他们进行了令人瞠目的叱责,借以阐明了上面的观点。笛卡尔的叱责出现在他对自我满足(self‐satisfaction)的讨论中——自我满足是灵魂的一种自然趋向,专属于那些习惯追求美德的人们。当人采取了某个自认为是善行的行动,这一趋向就随即被体验为一种欲情;这种欲情是一种愉悦,“我认为是所有愉悦中最甜蜜的,因为它的成因只取决于我们自身”(条190)。正是在此处,在描写这最甜蜜的自然愉悦之时,笛卡尔突然转入了产生于恶行的满足。这种满足特别体现在那些自称是“上帝伟大的朋友”的人中间,这些人幻觉着“自己的欲情所指令他们的一切都是正义的狂热”,他们能“犯下令人发指的滔天罪行,比如背叛社稷、弑杀君主、仅仅因为众生不接受他们的观点而予以剪灭”。《灵魂的激情》的第三部分始终贯穿着(但从不完全显明)自然美德和基督教美德的对比,而刚刚这些话就是笛卡尔在其中最直白的过激言辞。在笛卡尔成年后的一生,宗教战争始终如火如荼,如今终于在1649年因两败俱伤而暂告平息。笛卡尔说,只有对于上帝的朋友们——西庇太乌斯和其亲属([译按]见培根《宣告一场圣战》)而言,而不是那些根据自然的自尊(natural self‐esteem)来行动的人,这样的战争才会可能。蒙田和培根已经说过,异教徒的自尊开始于自我,他们从不会犯下上帝的朋友们——他们的自尊开始于上帝——所犯下的罪行。[266]上帝或机运(God or Fortune),这种力量能够不依赖自然必然性而在世上发起行动,一种专断的力量;如果假设这种非理性的力量道德上逊于建立在自然必然性之上的学说,它也随之成了道德学说。马基雅维里曾问,人能征服机运吗?笛卡尔回答说,必须要杀死机运,用认为神意是自然必然性的正确观点杀死它。

如果由新物理学揭示的自然(Nature)可以名之为命运或神意,那么,命运可为人所爱吗?是否和斯宾诺莎一样,对神意的反思也把笛卡尔带向了对上帝的理智之爱,命运之爱?在《灵魂的激情》中,似乎只有一个地方暗示了这一点。根据爱的对象应得的尊重,笛卡尔区分了爱的种类(条83)。①挚爱(devotion)就是爱那些我们比尊重自己还更尊重的对象,而且挚爱的首要对象"无疑是至高的神(supreme divinity),当我们按照应该的方式认识到神时,就无法不挚爱它"。我们应该怎样认识神呢?把它看作神意或自然的必然性。挚爱就是爱自然的必然性,一种基于认识的爱,一种理智之爱。而且,源自认识的爱(当这种认识正确时)不会太过强烈,但始终都会带来愉悦(条139)。这种对上帝的爱或许惨白甚于尼采在斯宾诺莎身上找到的"amor intellectualis dei[对神的理智之爱]……什么是爱,什么是神,如果它们身上没有一滴的血"(《快乐》,条372)?尽管如此,它迈出了大大的一步,迈向了尼采的扎拉图斯特拉所教导的对尘世之爱。约维尔的《斯宾诺莎及其他异端》有助于我们理解《灵魂的激情》中的这位笛卡尔。②约维尔没有详论异端笛卡尔,但他对斯宾诺莎观点的阐发对理解笛卡尔的著作颇有启发:斯宾诺莎的观点始终连贯一致,无论是他为理性的理智设下的最高目的,抑或为了"大众"而采取的最通俗的表达。约维尔表明,一位哲人怎样来严肃对待自己的责任,指引大众获得一种对世事的看法,这一看法恰恰会在它有可能造成悲恻和伤害的地方让人充实和高贵起

---

① ［译注］依据我们对自己爱的对象与对我们自身的尊重程度对比,笛卡尔区分了三种爱:当我们尊重所爱的对象并不如尊重自己更甚时,那只能说是"喜爱"(affection);当我们像尊重自己一样来尊重所爱的对象时,那就是"友爱"(friendship);当我们尊重所爱的对象胜过尊重自己时,那就是"挚爱"。我们或许会喜爱一朵花,一只鸟,但却只能对人产生友爱;而挚爱首要的对象无疑是至高的神,但也可以是我们的君主、国家、城市,甚至是一位令我们尊崇备至的人;为了我们挚爱的对象,我们不惜抛头颅洒热血。

② Yovel,《斯宾诺莎及其他异端》,卷一,"理性的马兰诺"。

来。如约维尔所论,在真正理性的观点周围,环绕着一种"情感的和认知的光晕"(页140),但这环"光晕"绝不仅仅是一种计策,因为它把最高的欲情(对上帝的理智之爱)转变成了一句有益的俗语。

　　崇高是消除人最困扰的妄念的另一灵丹妙药;与对神意的反思相辅,崇高就能战胜基于对机运的信仰的道德学说。笛卡尔[267]以崇高作为第三部分全篇的主题,作为获得所有其他美德的关键(条161),并用这一美德奠立了一个完全非基督教且反基督教的美德体系。①崇高这种美德基于人的一种适宜的自尊;所以,我们可以把它的根源归结为一种从尊重返回惊诧的欲情,唯有这种欲情超越了善恶,超越了有害的痛楚和有益的愉悦这样的即时性感觉。générosité 一词在词源上与génétique(起源)和 généalogie(谱系)紧密相关,②因而意蕴深远:崇高来自起源和谱系,后两者是自然美德的自然起源。与出身(比如幸运地出生在一个法国外省小镇)相比,当然"起源"含义更为丰富。"起源"必然意味着塑造了尼采所称的"幸运儿"(lucky hits)的一切因素,各种个人的、家庭的、社会的、国家的偶然因素综合在一起,才塑造了一位笛卡尔这种级别的思想家。但是,《方法谈》中的传奇表明,崇高绝不是一种"顺其自然"(laisser aller),绝不是要听任自己的起源和谱系:在理性出

---

　　① ［译注］第161条题为"如何来获得崇高"。笛卡尔在其中说道:"尽管我们容易相信上帝放进我们身体的所有灵魂并不是同样高贵和强大(正因乎此,我按照法语的用法把这一美德称作 Générosité,而不是按照经院派的用法称作 Magnanimité,后者并没有较好地理解这一美德),但确定无疑的是,良好的教育非常有助于矫正出生的缺陷,而且如果一个人经常沉浸于思考什么是自由意志,坚定地使用自由意志又会带来多么大的好处,而另一方面困扰有抱负者的那些操心又是多么虚妄和无用,一个人或许就会在自己身上激起这种激情,并由此获得崇高的美德。"

　　② ［译注］就词源上来说,三词都源于希腊语中的 gigno(生育,产生),故有拉丁文中的 genus(出身,起源,族系,类别),形容词 generosus(出身高贵,高等的,优秀的)。而在如今的法语或英语,générosité / generosity 一词意义多主"慷慨大方、宽宏大量",与古义迥异。因此我们明白笛卡尔用 générosité 而不是 magnanimité 来命名这一美德,是要突出一种"自然的高贵"。

生之前,我们屈从于欲望和规诫,因此要挣脱由一种刺激—反应机制形成的天生的依附,必然需要英勇的决绝之心。在《灵魂的激情》的结尾,笛卡尔承认,他用来消除扭曲的欲望的两个药方可以纠正"我们体质上的缺陷"(条211);反思自然的必然性和人的品质,可以纠正自然遗留给我们的诸般问题,即一开始还不会运用理性的身体—灵魂的组合。

就笛卡尔所言,在基督教的背景中,崇高界定了一种令人难以认同的自然的高贵,正如它难以公开说出这样一种高贵。在一种自然主义的观点看来,崇高是最核心的美德或趋向——这一观点认为,人与人之间有一种自然的等级秩序,这一等级秩序中对立的双方有着自然的立场,对立双方的立场之间有着一场自然的战争。《灵魂的激情》的第三部分是笛卡尔的《道德的谱系》。尽管它不可能如尼采的《论道德的谱系》那般直白,但它呈现了主人道德与奴隶道德——用笛卡尔的话说,一种崇高的道德与一种卑屈(servility)的道德——之间的严格对立,而且宣告了针对卑屈道德的战争。

崇高基于人正当的自尊,笛卡尔的道德学说否弃了基督教的起点:我们堕落无比,不靠恩典就不可能嘉惠自己。而且,笛卡尔对正当的自尊的阐述是在刻意挑衅基督教。除了最后两个总结性的条目,笛卡尔之前还谈到一次"智慧",他称"智慧的主要成分之一"就在于知道[268]"每个人应以何种方式并为了什么因由尊重或鄙弃自己"(条152);尊重自己只有一个正当的成因,即"运用我们的自由意志,以及实现对自身意志的统治"。这一结论随即凸显了笛卡尔的观点与基督教的观点之间的冲突:"而且,它把我们变成了自己的主人,同时它还使我们某种程度上与上帝相仿,倘若我们不会因怯懦而丧失它给予我们的权利。"倘若我们由于怯懦放弃了对自己的统治,转由上帝来统治我们,那我们就绝对不能与上帝相仿。倘若我们信奉我们先祖的怯懦观点,把人的权利交给上帝的权威,那我们就没有自尊的权利。

拥有崇高,这使人尊重自己;而且,崇高是认识和感受的一种结合:一个人认识到自己对自己的意志有着自由的控制,并在自己身上感受到有种坚定且不变的决心要善用这一自由(条153)。①这样的认识和感受自然而然产生一种同感(条154),感到人与人之间有着自然的纽带,所有人都或多或少地秉有这种能力。依据笛卡尔的观点,崇高者不会轻蔑和责备那些犯错的人,而是认为他们犯错是因为缺少认识。笛卡尔由此表明,怎样能够以崇高奠立一种不依靠罪咎或指责的社会伦理。为了简要勾勒崇高及其附随的美德如何用一种更有益的观点取代基督教伦理,笛卡尔还表明,由于认识到普遍的人(universal human,条155)以及人在自然中的位置(条164),崇高会带来一种高尚的谦卑。这种崇高促使人做伟大的事情;它指引那些天生高贵的人期望自己力所能及的高贵举止(条156):从自然法和万民法的希腊普遍主义中,笛卡尔引申出了他综合性的道德观,另如培根在《宣告一场圣战》中所论,这种道德观命令人为了它自身而采取行动。笛卡尔在《灵魂的激情》中表明,崇高要求采取伟大的行动来反对基督教的学说。

此后,笛卡尔从自尊转向其对立面,对比了崇高与骄傲、得体的谦卑与卑屈或下贱(条157 - 159)。有些人觉得自己一无是处,但又比其他人更汲汲于得到赞赏(由此与他人见出高下之别),骄傲——或说邪恶的骄傲——就是他们的典型特征;这种人想象着不存在自然的品质,荣誉不过只是篡夺、只是窃取属于别人的荣耀(条157)。这些邪恶的骄傲者否认有自然的品质,他们企图拉低自然高的东西,但他们自己却受役于自身的[269]欲望,纠缠于恨、怨、妒、怒(条158)——这里对基督教的谦卑及其历史影响的尖刻分析与《敌基督》相比如何? 卑屈的实质在于依赖,而且卑屈者认为自己完全依赖机运——如果要在此处换用

---

①　[译注]条153"崇高在于什么":"真正的崇高使人尊重自己的程度高到他能正当地尊重自己的程度,所以我认为,真正的崇高仅在于如下这一点:部分在于人认识到,没有什么真正地属于他,除了他对个人意志的自由控制,而且他应当得到称赞或指责的原因只在于他运用这种自由控制的好与坏;部分在于他在自身感受到一种坚定和不变的决心要来善用自由控制,也就是说,永远不缺乏意志来承担和实行他认为好的一切事物——也就是完全地追求美德。"

"恩典"一词,恐怕对笛卡尔并不见得好,但这并不是因为笛卡尔是个闪烁其词的懦夫:在此书倒数第二条(条211),笛卡尔承认,在所有不公平的决斗中都应当秉持审慎原则,所以他的行为已有所收敛。那些依赖恩典或机运的人相信,我们靠自己是活不下去的。最卑屈的人恰是最自大的人,但假如有人可能会施惠或者降罚给他们,那他们就会对其奴颜婢膝(条159)。第三部分以此种语调贯穿着主人道德与奴隶道德的对比。"灵魂""神意""谦卑"——和培根一样,笛卡尔也"努力地保留古代的语词"(《学术的进步》,《培根全集》,III. 352)。但也正如培根,笛卡尔懂得如何让这些语词服务于自己的目的。这些语词乍一看像是在拥护古老的二元论,而深究它们的用法就会发现,它们实际颠覆了古老的二元论。

可是,如果道德哲学的首要用途在于控制欲望(条144),那笛卡尔提出的不就只是一种仅对少数人有用的道德哲学吗?笛卡尔不就和古代异教徒一样没能充分教导我们如何认识美德吗(i. 8)?或者说,他跟那些古代哲人一样,自己获得了幸福也就不管其他人如何悲惨和受奴役(iii. 26)?笛卡尔的道德似乎也只是伊壁鸠鲁派从主流道德中的一种隐退,他能够驳斥但并没有驳斥这种主流道德。在倒数第二条,笛卡尔讨论了"一种对欲情的一般性疗治"(条211),他承认"只有很少的人"才能运用他的疗治,因为这些疗治需要"谋略和技巧"。尽管笛卡尔进一步界定了他所说的"最一般性的疗治",但他的疗治终归是要求自制和磨炼,这会让人们觉得过于理智和严格,因而不可能推而广之。在第三部分的结尾,或许已有人淡忘了第一部分的结尾:笛卡尔在那里肯定了习惯化或条件作用的原理,并用醒目的例子证明,通过良好的训练,条件作用就可以打破自然的依附,并建立新的依附。第一部分的结尾从属于教导人的高下之别、承认最高者最稀少的学说。即便崇高这一美德最精致的形式对少数人才有可能,它依然能凭着那些相关的和衍生的美德为每个人奠立一种新的道德学说。在第三部分的结尾,或许也已有人淡忘了前言:[270]巴黎朋友夸张地描述了培根—笛卡尔的学说将带给全世界的好处,这一学说缘于一个梦,于是醒来后就追求这个梦，因为它公开转向了尘世的目的，即人类对舒适和不死的欲求。笛卡尔清楚自己身在何处，清楚自己必须怎样说话；他深知，崇高的新道德必须变相地接受卑屈的道德所固有的目的。

在作为"生存的永恒喜剧"（《快乐》，条1）的西方文明中，少数哲人曾代表理性人而登台表演。在17世纪上半叶基督教的欧洲，理性人笛卡尔参与了当时正在上演的那些特别的喜剧，作为一个演员，他不得不戴上肃穆的面具，这一面具如今让他看上去似乎是一位二元论者，他似乎不仅与非理性人妥协，而且还与非理性人的卑屈道德进行了妥协。但是，笛卡尔戴上面具是为了成就自己的声名；成就了自己的声名，他也就成就了哲学的声名，成就了哲学为人的积极仁爱。从漫长的永恒喜剧中的这一视角向后回望，我们就能重新发现笛卡尔是一位戴面具的演员，他"用笑、理性和自然"击败了我们关于目的的学说。笛卡尔在绝对禁止笑的地方教导少数人笑，由此开启了淹没"甚至是这些悲剧家中的最伟大者"的"无尽笑声的浪淘"。"然后呢？"——尼采问——"你们理解我吗，我的兄弟们？你们理解这一新的盛衰规律吗？我们也会有一个时代。"搞笑者会有一个时代，那关于变易之清白的快乐的科学也会有一个时代。

在离开笛卡尔之前，让我们最后一次享受这位嘲弄者献给我们的笑——他外表沉静内心快乐，而那些敌人却由于内心谋划的报复面色苍白（条200）。如果意外遭到了一伙敌人的突袭，那些习惯于反思自己行动的人会作何反应（条211）？如果他们感到自己的报复欲想要追击袭击者，他们就得"回想起，能够全身而退时却无端冒险是轻率之举"。《灵魂的激情》以这一中庸的忠告作结，而这个忠告令我们回想起一个更早的关于灵魂的更极端的忠告："因为凡要救自己生命的，必丧掉生命；凡为我丧掉生命的，必得着生命"（《马太福音》16:25–26）。对笛卡尔而言，无端冒险是轻率之举，"决斗非常不公平时"最好就保全自己。一位嘲弄者对抗监控他的行为的所有狂热信众，还有比这更不公平的吗？在这样一场决斗中，"最好是体面地撤退，或者[271]乞求饶命（ask quarter）"，而不是"让自己无谓地牺牲"。笛卡尔并没有撤退，他"乞求饶命"。在三十年战争中的马格德堡(Magedeburg)之役,陷入绝境的人们嘶喊"乞求饶命"但无一获饶,"乞求饶命"由此闻名。① 为了报复这场恐怖的大屠杀,屠杀者改向被屠杀者嘶喊"乞求饶命"。此谓 Magedeburg quarter:屠杀者们嘶喊"乞求饶命!",但并不会饶对方的命。笛卡尔乞求饶命。但我更愿意认为,笛卡尔是在乞求 Magedeburg quarter:这位只身一人的嘲弄者在突袭被嘲弄者时嘶喊"乞求饶命!",而他并不会饶他们的命。

笛卡尔说,感激(gratitude)是由我们所感激的人的某个行为在我们身上激起的一种爱,我们从这一行为判定这个人有惠于我们(条193)。一部尼采式的哲学史应该对笛卡尔报以感激。如果这种感激会因为认识到笛卡尔的计划导致的后果而有所保留,那么,在思索这些后果以及一种可能的补救时,那我们就要从笛卡尔的自然主义转入尼采的自然主义。

---

① [译注]1630－1631 年间,天主教军队围攻德国城市马格德堡,破城后烧杀掳掠,原来的三万人口仅有五千人幸存。magdeburgization 成了大毁灭的代名词。此后,为了报复这次屠杀,新教势力在处死天主教徒时都会大喊一声"Magdeburg quarter!",以消心头之恨。

下编　又一位天才哲人

第十章　尼采与哲学史

　　我们是极北人(Hyperboreans)。①我们知道路,我们已经找到整个千年迷宫的出口。还有谁发现了它?

——尼采(《敌》,条1)

---

　　① ［译注］Hyperboreans,字面义为"在北风之外的人",也有人解作"翻越高山的人""四处传送者"。该名不见于《荷马史诗》,最早的希腊文献记载见于希罗多德《原史》,4.32－36、品达,《皮托凯歌》,10。据古希腊神话传说,极北人是居住在欧洲之外、北风之外、极北之地的一个神秘民族;此地气候温和、四季如春、阳光普照,传为福地;但如此福地乐土却极难通达,品达在诗中说:"无论陆路,还是海路,您都找不到通往极北乐土之路。"极北人崇拜太阳神阿波罗;据传,希腊德尔菲和提洛岛(Delos)的阿波罗崇拜就来自极北地。每到冬季来临,阿波罗就到极北之地与极北人一起度过寒冬;而极北人则为阿波罗献出供品和礼物,礼物"从一个城邦传到另一个城邦",一直传送到位于提洛岛的阿波罗神庙。另据说,在赫拉克勒斯取金苹果的故事中,金苹果也在极北之地。希罗多德在《原史》中还提到一位极北人、太阳神祭司阿巴里斯(Abalis),说他从不吃东西,且带着一支箭周游世界;毕达哥拉斯派曾宣称此人后来皈依了毕达哥拉斯教派。"极北乐土之人"这一希腊神话意象极为丰富,与希腊哲学极为相关,在西方思想上影响深远,罗马作家普林尼、西塞罗和维吉尔等都解释过这个神话,现代神秘主义者如 H. P. Blavatsky, Rene Guenon, Julius Evola 等无不自称信仰极北乐土。隐微哲人尼采在此重新解释这个意象,当然颇有深意。在本书中,作者似乎用这个意象暗示了尼采的哲学理想和超历史、超时代、超欧洲的高远视野以及明净欢快的思想品质。其丰富意蕴很难用一个中文词表达出来,译者只好偷懒就其字面义译为"极北乐土之人"、"极北人"或"极北的"。另,第十三、十四章标题分别为"The Hyperborean History of European Philosophy and Religion"和"Hyperborean Politics or European Antinihilism",其中 Hyperborean 与 European 恰成对照,似强调某种超欧洲的特征,为了简洁易解起见,姑译作"超欧洲的",读者诸君请细察之。

[275]作为一位哲学史家,尼采绝非文德尔班(Windelband)或科普勒斯顿(Copleston)之流,他并没有笼统地论述西方传统中的伟大哲人们,并没有把他们拉入某种仍局限于西方传统的视角之中;尼采也绝非黑格尔,他从未设想我们的历史竟完全可以编织成一件天衣无缝的大衣,而我们则幸福而智慧地站在历史的终点,并为此而洋洋自得;尼采更非海德格尔,他拒绝听命于某种不可言说的东西,拒绝思考后者假定每个思想者都应该思考的某个赠予者,不管这个赠予者是他、她,还是它。——不! 作为一位哲学史家,尼采是一位"极北人":他居于北风之外,眼观西方。

一位极北人? 尼采戴着这一非常适合语文学家的美好形象,愉快地坚持某种放肆大胆的主张,以一种独特而真实的视角看待过去。尼采说,"我们是极北人",不过在别处,他又承认"我说'我们'只是出于礼貌罢了"(《偶像》,"理性",条5)。品达(Pindar)也曾寻找过通往极北之路,但最后还是放弃了:"无论陆路,还是海路,您都找不到去往极北乐土之路"(《皮托凯歌》[Pythian Odes],10)。于是,极北乐土也就成了一个难以企及的蓬莱仙境、一个美好的象征。尼采声称自己就是极北人,自己知道通往极北之路;他甚至还自称自己知道,这条路打开了过去的整个地图:"我们已经找到整个千年迷宫的出口。"

培根、笛卡尔与尼采

既然我们的目标是从一位极北人的视角去理解哲学史,那么,又为何要从培根和笛卡尔跳到尼采呢? 因为这样做能使我们更清楚地看出这条路线的全部延伸过程:即现时代。从培根和笛卡尔跳到尼采,[276]就等于从两位现时代的奠基人跳到第一位后现代思想家。作为一位哲学史家,尼采具备培根笔下卡珊德拉的美德:他知道自己身在何处。尼采很清楚,他自己不是站在某个逼近历史终点的理想国里,而是站在培根和笛卡尔留下的残渣余粕之中。哲人尼采首次从相对完成了的视角重新思考培根和笛卡尔的方案。尼采让我们看到了培根式哲学统治的种种后果,因为他在作品中极为明白地道出了现时代的诸特征:我们的进步史观、我们对自然的肆意掠夺、我们凭计算方法对科学之确定性所做的虚构,而最泛滥的则是我们的公益(the common good)理想。在尼采看来,现时代怀抱着一个全面的美妙神话:把时间说成是进步的,把存在说成是可塑的,把人类的幸福说成是宇宙的意义。极北人站在现代信仰之外:在他看来,现时代是对从柏拉图至培根和笛卡尔这条哲学传统的永恒化。这条传统还总是带着尼采式的脾性:"我们可别忘恩负义哟!"

　　既然我们的目标是理解哲学史,那么,从培根和笛卡尔跳到尼采,其原因之二就是:把他们放在一起可以阐明哲学和科学的各自等级。培根固然支持萨罗门宫的统治,但仍然承认哲学的至高无上地位;笛卡尔虽然把自己的荣耀让给了自己方法的实践者,但也没有放弃哲学的统治地位。他们无不怀着"尼采式的"哲学观:根据这种观点,"天降之大哲人……乃是命令者和立法者";他"第一个决定人类的去向和目标"(《善恶》,条211)。借助尼采对哲人的理解,我们可以揭开这些科学鼓吹者作为革命哲人的本来面目,他们虽然把科学抬高到第一公共等级的位置,心里却很明白:哲学乃是真正的第一等级。换言之,鉴于培根和笛卡尔这些不朽典范,尼采对哲学提出过高要求也就显得合情合理了。

　　此外,把培根、笛卡尔和尼采放在一起对观,不仅可以阐明哲学的等级,还可以说明哲人的写作艺术:这三位都是隐微术高手。"太少语文学"——这是尼采给其同代人判下的罪名,我们今天还要为此惶惶不安、愧疚不已。"我当面告诉我的每一位朋友,他从来都不觉得值得花时间悉心研究我的任何一部作品"(《瞧》,"瓦格纳",条4)。只有仔细研读尼采的作品,才能欣赏到尼采本人独特的隐微术。尼采的隐微术不同于培根和笛卡尔的隐微术,[277]这大概是因为培根和笛卡尔成功了:在尼采生活的时代,公共科学取得了统治地位,"最年轻的美德"即诚实或智性坦诚随之主导了整个时代。尼采的隐微术并不在于给高贵的假话戴上某种面具,而在于:首先,洞见到一种使各种视角相互分隔的距离、一种等级距离;其次,以隐微方式传达这一洞见,以便上升到高处,在隐微中教育。可以想见,在一个民主时代,这项使命多么困难,多么可笑呵! 而那伙人又会多么自以为是地拒绝这项使命哟! ——那伙人是谁? 不就是尼采身后那成群结队的粉丝们和追随者们吗,他们还自视为"哲学工作者"呢 ——尼采这个赞词,即便不是最高的表扬,也是很高的表扬喔(《善恶》,条211)。而且,他们还一心一意自以为是一群"天降之大哲人"呢! 也不看看,在我们的作品中,又有哪一段文字有资格放进《善恶的彼岸》中呢? 遑论比得上《善恶的彼岸》一书或该系列作品了! 尼采式隐微术的使命之一就在于教导隐微术的不可避免性,展示那个不为民主时代所欢迎的事实:哲人如柏拉图、培根和笛卡尔诸辈都是至高无上的君王,足以让人视为整个人类的教育者——并且成功了。

读尼采应该像读培根和笛卡尔一样:尼采说,我看得上眼的读者,应该"像优秀的老语文学家读他们的贺拉斯那样,读我"(《瞧》,"好书",条5)——优秀的老语文学家不会误以为自己就是贺拉斯。尼采说,"我已经是一位语文学家,这并非无关紧要"。尼采本人经历过长期的语文学训练,他这样描述自己的收获:

> 语文学是一门值得敬重的艺术,它对自己的信徒有一条最重要的要求:走到一边儿,闲下来,静下来,慢下来……它教导我们以**良好的阅读**,亦即,慢慢地、深入地读,从头至尾细心地看,有所保留,敞开大门,眼睛放尖一点儿,指头放柔一点儿。(《朝霞》,"序言",条5)

尼采精通业已失传的阅读艺术;按理说,他必定首先发现了业已失传的写作艺术。尼采早就在过去的伟大思想家那里重新发现了这种写作艺术;然后,他又借助书写,与读者分享自己的这一发现,以便以一种新的方式打开哲学史,打开整个文化史。读者若慢慢地、深入地阅读了培根和笛卡尔,那么,在面对尼采本人谜一般的隐微风格时,心里就有底了。

至于为何从培根和笛卡尔跳到尼采,现在我们就遇到了最后一个缘由:通过研究培根和笛卡尔,可以使我们看出尼采的真理激进主义。培根和笛卡尔的目的是在公众面前掩藏哲学,或在哲学面前掩护公众;而尼采的目的则是把哲学从幕后中拉出来,重新在哲学与公众之间建立一种和睦关系。尼采的公开、[278]他的轻率、他对柏拉图式掩蔽行为的背叛等等,这些行动迫使我们直面尼采全部思想中可能最深刻的、但又最成问题的一点,即真理的激进性:一个人类共同体能否建立在哲学所认识到的致命真理之上?培根和笛卡尔把哲学掩藏在一种全球性的、后－基督教的科学人道主义之中;然而,尼采不仅要把哲学搞成后基督教的,而且要搞成后－人道主义的,以便使社会摆脱一切基于特殊起源神话的人道主义(根据这些起源神话,人类有权统治和控制自然)。尼采的思想是一种后－培根式的自然主义、一种肯定自然秩序的彻底内在主义、一种生态哲学——尼采美其名曰"快乐的科学"。"我的天职:自然地去人化和人的自然化——人已获得关于自然的纯粹概念之后"(《全集》,V 11 [211])。尼采摧毁了形形色色对自然的人化,斥之为已死诸神的幢幢阴影,他在这方面的破坏工作已广为人知;相比之下,人们却不太知晓尼采其他方面的工作,即建构部分,亦即人的自然化——这部分工作的目标就在于,建立一个如其所是地肯定自然秩序的人类社会。①

一个人类共同体能否建立在一种彻底的自然主义或内在论之上?研究过培根和笛卡尔之后,我们这些哲学爱好者现在准备带着这个柏拉图式哲学的核心问题,集中精神悉心研读尼采的作品。以往,许多最伟大的心灵都实践过"掩饰诚实"这一智性美德;如今,为什么要抛弃

---

① 在众多尼采研究著作中,Georg Picht 的《尼采》(Nietzsche)是最有教益的专著之一。该书展示了尼采的真理激进主义,并为之辩护。Picht 证明了尼采思想的内在一致性和广泛性,同时也反驳了尼采思想最有影响的解释者海德格尔对这种一致性的误解。

这种美德,背叛这种实践呢? 单纯的诚实或道德主义绝对无法左右第一位非道德主义者的选择:对哲学而言什么是必要的? 这个问题由时代说了算。现代科学的崛起与统治迫使尼采不得不"拿真理做实验"(《全集》,VII 25［305］)。哲人尼采绝不是突发奇想,轻率行事:他不会为了一闪之念而甘冒一切风险;这项实验是哲学史强推给他的使命。尼采并没有选择自己的使命,只是被给予了这项使命——海德格尔也做过类似的判断,不过含义不同。尼采使之可能的新哲学史包括:要把哲学的当前使命(即尼采本人的工作)作为一项代表艺术与真理的事业来加以理解。尼采哲学的大政治规模宏大,在范围上甚至超过了培根和笛卡尔哲学的政治,因为培根式政治所重组的世界恰恰是尼采哲学的诞生之地。

［279］培根和笛卡尔的政治在于以自己的良心承担人类的整个未来(《善恶》,条62)。人们只有正确评价了培根和笛卡尔的高远政治(high politics),才有可能正确评价尼采的高远政治。人们现在还可以听到下面这种呆板的观点:哲人尼采才不会自降格调,去考虑什么政治问题呢。但若仔细研究过尼采的作品,我们就能确定,尼采是气势恢宏的柏拉图级量上的政治哲人:他是虚无主义的敌人、语文学家和仁爱之人(philanthropist /爱人类的人)。很少有人发现这样一位尼采。这样的尼采会支持唯一可能的长期政治,即全球政治——这个星球大约已有45亿年,并且在不断膨胀的太阳将它蒸发并变成一粒粒分子之前,它大约还有45亿年,亦即还有45亿年的政治。尼采思想为一种后民族主义的政治奠定了基础:这种政治热爱尘世,把尘世当作人类的家园,绝不会再支持现代人道主义及其赋予人类的种种骇人权利(人类凭借这些权利凌驾于其赖以生存的其他生命群体之上);这种政治也不会支持灰飞烟灭的有神论,因为有神论认为尘世该当永罚,其中只有人类值得拯救。

李奥帕德(Aldo Leopold)①、贝瑞(Wendell Berry)②之流也曾动人地吟唱出一种土地伦理和乡土之爱;然而,在语言和主题上,他们与尼采有着天壤之别:尼采在存在论和历史学方面,即在存在与时间方面,为尘世之爱铺染了一片全面的底色。尼采拥有一种宇宙视野、进化视角和启蒙了的眼光,它融哲学与艺术于一体,为人类奠定了一种深刻的生态学,提供了一种关于文化教养的新理解。③

本书的论点即:一种新的哲学史可以在尼采思想的基础上写就,从而雄辩地声称自己知道出路,知晓整个千年迷宫的出口。这种新哲学史不仅在于以改变了的视角看待过去,更在于全面地重新理解人与自然。我们既不能在转向哲学史之前孤立地考虑极北人的人观和自然观;也不能脱离这种新的人观和自然观而孤立地考虑新哲学史。极北人的观点本质上是历史性的,并把文化视为一个整体:"最重要的问题总是文化教养"(《偶像》,"德意志人",条1)。④尼采的各个主题不可分割;这也规定了尼采的风格——相互穿插的格言:他在论述文化、心理学、历史、宗教、自由精神等主题时,常常停下来谈哲学史;同样,在讲述

---

① [译注]Aldo Leopold(1887-1948),美国生态学家和环保主义先驱,被誉为"一位热心的观察家、敏锐的思想家和造诣极深的文学巨匠"。从耶鲁大学毕业后,他一直从事与土地和森林相关的工作,还买下威廉斯辛河畔的一片废弃农场,举家迁入其中。此后十几年里,他在那里观察自然的变迁,思考土地的命运,并亲手栽种了上千株松树,以便恢复那片土地上的生态。他不仅创立了"野生动物保护"学科,而且提出了"土地伦理"观念:人类对土地应该抱以谦恭平和的态度,摈弃征服者的姿态,因为"征服者最终都将祸及自身"。

② [译注]Wendell Berry,1934年生,美国诗人、随笔作家、农民和小说家,被誉为"一个肯塔基农民和作家,也许是我们当代伟大的道德伦理随笔作家"、"我们当今美国人的先知声音"。著有《动荡的美国:文化与农业》《好土地的礼物》《性、经济、自由》等。

③ 参 Max O. Hallman,《尼采的环境伦理学》(*Nietzsche's Environmental Ethics*)。

④ Blondel,《尼采》(*Nietzsche*),页51:"在尼采那里,文化教养问题虽然已被低估了,但仍然构成了尼采思想的起源和核心。"

哲学史时,他常常插进来以自己的新方式谈论认识论和本体论等古老
话题。[280]尼采无法割裂思想本身及其表达方式:一切都是那么新
颖而独特,必须同时说出来。若要恰如其分地呈现尼采的哲学史,看来
必须在尼采本人提供的框架中考察它。因此,这部尼采式的哲学史就
将在这里转向尼采本人,转向尼采的两部作品:一部写于《扎拉图斯特
拉如是说》之前(即《论历史对生活的利与弊》),一部作于《扎拉图斯特拉
如是说》之后(即《快乐的科学》,第五卷)。这两部作品之间的天渊之别
使我们注意到,在尼采的诸多作品中,《扎拉图斯特拉如是说》既是转
折点,又是制高点。《论历史对生活的利与弊》设计了一项文明教化工
程,旨在直接对抗那个最基本的、甚或致命的真理问题,即致命的真理。
《快乐的科学》第五卷则以一种新的姿态面对真理,并向人透露,真理
问题已获解决。前者是一部精心制作的随笔,主题是记忆与遗忘。后
者是一部已完成作品的结尾,似乎是胡乱塞在一起的随想。而实际上,
这只是尼采后期典型的装配艺术:诸般论点连贯展开,步步为营,最终
就呈现出一个前后一致、全面综合的观点。我们若把这些作品放在一
起,就会看到:尼采是一位积极肯定的思想家,拥有一种全面的哲学视
野;他的目的根本上在于重新恢复已经全球化了的西方的精神活力;为
了吸引其他人共同参与自己的使命,最好的写作方式莫过于格言体。

第十一章　哲学与致命的真理

> 我第一阶段的作品所送出的斜视是对耶稣会做的鬼脸：
> 我指的是自觉地坚持幻相并强行把这幻相并作文化的基础。
>
> ——尼采(《全集》，VII 16 [23])

[281]尼采从来就不是什么耶稣会士。早在《论历史对生活的利与弊》(此书基本观点产生于《悲剧的诞生》之前的一段时间[《人性》，II. "序言"])中，尼采就表达了自己对耶稣会的反感：他并不主张自觉地坚持幻相。尼采公开说出了耶稣会所掩藏的东西，即真理是致命的："至高无上的变易，所有概念、样态和种类的流变性，人与动物之间缺乏任何根本差别——我认为这些教诲都是对的，却是致命的"(《历史》，条9)。但尼采并没有因此得出以下结论：可以把这些致命的真理掩藏起来，可以把某些或新或旧的幻相强行并入文化的基础。相反，该书呼吁并希望找到某种方式以使真理与生命达成和解。

从《摩奴法典》的"神圣的假话"到柏拉图的"高贵的谎言"，再到耶稣会本身，尼采修习过这一有益的撒谎史，也熟悉道德论者和"人类的改善者们"的"虔敬的欺骗"(《全集》，VIII 15 [45]；《偶像》，"改善者")。尼采相信上述三条基本真理具有"致命"特征，这表明，尼采可能曾经也打算继续那种欺骗；尽管如此，尼采的确很早就"拿真理做实验"了。尼采也知道实验的赌注很大："人类可能因此而毁灭"——在他的一则未刊笔记中，扎拉图斯特拉如是说(《全集》，VI 25 [305])。早期的《论历史对生活的利与弊》就是对这项实验的重要尝试。该书描述了这项实验中的一个冲突，即生命需要谎言而真理却致命。在该书中，真理与生命从未达成和解，二者之间的冲突表现为现代生活的最大难题；要想复兴文化的生命力,就必须解决这个难题。因此,这是一本"前尼采式的"书,它先于《扎拉图斯特拉如是说》所呈现的真理与生命之间的和解。尽管如此,该书极为有力地展示了这一尼采问题,并把它与哲学史联系起来。

[282]《论历史对生活的利与弊》是《不合时代的思想》四论之一(尼采将后者称为"暗杀"[《瞧》,"好书""不合时代",条2])。该文描绘了现时代的状况,并点燃了反现代性的精神战火,尤其反对所谓的"历史感",或者广义上说,反对当代人对科学的理解。一个人能否抗拒自己的时代? 一个科学的和历史的人(像尼采那样)能否抵抗自己所处的科学与历史的时代? 在做 unzeitgemäss[不合时代的思想]的同时,尼采也坚称自己已经取得了 zeitgemäss[合乎时代的思想]认为不可能的东西:用黑格尔的话来说,尼采从自己的影子中跳了出来;用他自己的话来说,尼采已经成为那个时代的头生子;他已经理解了自己的时代,与那个时代的自我理解不同,他已经真正地理解了那个时代。尼采如何突破了这种不可能性? 如何改变了自己的出身? 办法就是:做古希腊人的孩子,当叔本华和蒙田的学生。尼采说,这些教育家让他见识了另一种哲学理想,这种哲学完全不同于那种 zeitgemäss——后者把哲学与时代绑在一起,成了对时代的洞察和总结。这些不朽的典范证明,一个人可以在思想中超越自己的时代和处境;尼采本人实现了这种可能性。

轻视或减少历史并不能解决"太多历史"这一难题。1886 年,尼采在《人性、太人性》卷二序言中说得很明白:

> 我不得不说出反对"历史病"的话,而且我也说了出来;说这些话时,我已经缓慢地、极其艰难地学着渐渐康复,我一点儿都不愿仅仅因为曾经深受其苦就放弃"历史"。

历史教育本身就是解决现代历史难题的前提,正如科学也是解决现代科学难题的前提。尼采后来也承认,他早期试图超越时代的做法并不完全成功:"这类悲叹、狂热和不满"表明,他自己实际上仍属于

"现代人中最现代的人"(《全集》,VIII 2 [201])。但是,承认绝不意味着屈服;尼采并没有放弃超越自己时代的努力,也没有反过来把"年轻的过度"看作"年轻的愚蠢"。相反,承认早期的失败恰恰预示着后来的成功。

《论历史对生活的利与弊》是一套系统连贯、细致饱满的论证。不过,尼采的朋友罗德(Erwin Rohde)还是批评了这篇论文,因为"你的推论实在太少,而你留给读者的又太多,超出了读者应该和想要接受的程度"(致尼采,1874 年 3 月 23 日)。莎拉瓜达(Jorg Salaquarda)引用这封信作为对尼采该文的两个批评之一;正是这封信迫使尼采中断写作,反思自己作为一名作家的前途。① 此文似乎还没有达到罗德应该和想要接受的程度,[283] 但尼采作为一名作家所采取的方向就是要把更多东西留给读者。

为集中讨论那些与哲学史密切相关的论题,笔者在此决定改变尼采的论述顺序。我以尼采的下列观点开始——这仍然是一个合乎时宜的观点或疾世愤俗的黑格尔主义观点:当代是"历史的终结"。鉴于这种历史的虚构,尼采描述了历史的三种用途;尼采暗示,只有拒绝这三种用途,才更有可能复兴过去。但是,历史的用途又引起了正义问题;在尼采的工作中,正义问题无处不在;在这里,尼采接受下述经典的正义观:正义即各得其所(give things their due)。透过正义问题这个至关重要的视角,我们可以观察真理与生命的关系问题。既然我们的哲学传统基于柏拉图主义这种自觉的耶稣会主义(现代科学就是这种主义的子嗣),那么,现代人不就仍然纠缠于真理与生命之间的古老冲突之中吗?怎样才能既为生命辩护,同时又为真理辩护呢?

---

① Salaquarda,《研究两次不合时代的考察》(Studien zur zweiten unzeitgemässen Betrachtung),载《尼采研究》,页 1 – 45;引用见页 12。关于《论历史对生活的利与弊》,尤见 Müller – Lauter,《尼采》(*Nietzsche*),页 34 – 65。

历史的终结(第五－九章)

现代性的自我解释孱弱而虚假,既反生命,又反真理。一位如今被人遗忘的黑格尔分子曾写过一部如今被人遗忘的书(在该书最后的高潮部,尼采像一枚重磅炸弹火力十足,余波震及全书),但该书抨击的观点至今却一点儿都没有被人遗忘,那种观点认为:现代是历史的完成。黑格尔首先从根本上表达了这种观点;随后,马克思及其拥护者们则大张旗鼓地鼓吹现代性是"历史的终结",从而发扬并推进了这种观念;如今,这种观念正爬上新闻报纸,好像最新发现的星星之火。①根据这种观点,历史是直线的、有意义的,是人类自由和启蒙的进步过程,并在一个自由而开明的全球社会中达到顶点。尼采同意黑格尔的看法:现代性的这种自我解释是基督教的遗产之一。这两位哲人都是新教牧师的儿子,不过二者有个很大的不同之处:黑格尔把基督教看作终极的和最后的宗教,而尼采仅仅把基督教看作"一种"宗教。这两位都很清楚,所有宗教都注定会留下不信神的子嗣;但在尼采看来,基督教留下的那群不信神的子嗣却信仰他们那些危险的自我虚构。

现代的进步信仰是"伪装的神学"(第八章)和一场基督教改革运动,其使命包括摧毁基督教信仰的种种旧形式,尤其是基督教的上帝。现代进步信仰以现代科学的工具(尤其现代历史科学或语言科学)[284]为武器战胜了基督教信仰的种种旧形式:用语言科学杀死了各种起源神话,并对那些神圣文本去神话化。尼采也有幸目睹基督教如何死于历史科学之手,于是,他提出了这个一般性的问题:作为精神力量的艺术或宗教能否幸免于历史感?

在尼采看来,先前的信徒解放之后,就会把基督教上帝之死当作他

---

① 见 Kojève,《黑格尔导读》(*Introduction to the Reading of Hegel*);Cooper,《历史的终结》(*End of History*)。

们的自我肯定。这些人作为基督教预言的产物,将会坚信自己诞生于时间完成之时,坚信自己就站在漫长历史斗争的终点,自己就是历史的最终结果或历史的选民。这正是培根式宗教的成熟变种。因为培根式宗教坚信,若能把时间解释为一个不断趋向未来的进步过程,不断趋向公益的实现,那么,时间就有了意义:现在,未来已经到来,而我们祖祖辈辈的奋斗和牺牲就是为了我们这些子孙后代。因此,对于"宗教能否幸免于历史感?"这个尼采问题,尼采本人的回答是肯定的;宗教本身作为历史感而能幸免于历史感。现代历史科学证明了非现代信仰的神话特征,但它本身却也被自己的神话信念拖着鼻子走,这个信念即:历史是进步的,而现代性就是历史的目的和终点(第八章)。现代人相信,宇宙的存在就是为了创造现代人类,而现代历史社会在最终意义上达到了顶点。为了反驳现代人这种妄想和傲慢,尼采提出了五点反证(第五章)。

现代人为了巩固对现在的信仰而掠夺过去的做法目前已难以为继了,因为现代人怀揣着种种自相矛盾的信念。对历史研究的信念必定会摧毁对历史进步的信念;历史的良心必定会摧毁其自身那些非历史的假定。因此,在历史的"顶点",现代历史人将宣布,历史的种种努力和付出毫无价值可言。现代宗教繁殖了其固有的异教徒,即那些嘲讽现代信仰的人,现代信仰的自我认识证明了他们的犬儒主义:如果我们是历史的选择,那么,历史的一切努力就都是白费力气。因而,犬儒分子对尼采所说的"历史哲人"(《善恶》,条20)有所帮助,因为人们可以在犬儒分子的话语中听到各种现代宗教虚构背后的真理。这种真理必定能说服最有血气的现代人,令他们断然抛弃对自己时代和处境的幻想;一个时代若自信为最高和最好的时代,只能带来精神上的衰老。

尼采就现代性分析到最后,表达了对现代青年的担忧:假如过多的历史葬送了我们的宗教和艺术,那么,青年就会开始相信,唯一值得追求的就是满足自己的个人利益。现代个人主义在渺小的自我主义中达到了顶峰。[285]人应该适度而自私地追求个人满足——这种观念必然来自现代神话,这种神话假定现代人的实际生活就是理想的生活:无需再做任何伟大恢宏之事。再者,现代神话把国家改造为机器,从而助长了平等市民之间精明的自我主义;现代神话把整个过去都解读成了自我主义,并在过去愚蠢的或雄心勃勃的自我主义与现代精明的自我主义之间划了一条道德分界线(第九章)。这是扎拉图斯特拉关于"末人"演讲的早期版本;我们从中可看到,现代教育机制都给现代青年喂了什么东西,竟让他们如此服服帖帖。就在这时,这场争论的参与者尼采从信徒们中间走了出来:他既非基督徒,也非现代人,更不是犬儒分子;他是青年的朋友,他知道年轻和血气意味着什么;更重要的是,他知道如何用挑衅之辞嘲弄青年们奉为权威的导师们以惹怒青年,并把他们勾引到自己这边来。①

　　尼采一方面毫不惋惜基督教已然烟消云散的神圣过去,一方面也不遗余力地贬斥历史感所理解的神圣现在;但只是在拒绝参与杀死未来的合谋时,他才积极参与争论。正是这种拒绝,催生了尼采书中的激情和修辞:他太需要寻找或创造合谋者了。乐观主义的浮标指引着这位参与者——我们可以合伙暗杀我们的导师们所教导的那些令人衰弱的谎言。②

　　尼采对青年的勾引或尼采对青年的败坏,在某种程度上改变了现代青年对过去的理解。在现代神话的影响下,现代史述把整个过去解读为一场为自由与启蒙而反对奴役与无知的斗争。现代史述从"大众的立足点"去书写历史,只是为了证明现代大众民主的正当性。现代史述的宗旨在于发现曾经支配历史变化的"诸规律",其中首要的规律即:大众是历史的推动者,而卓越之人(从前人们认为,历史的变化应归功于伟人)仅仅是"洪水上面依稀可见的小小泡沫儿"(第九章)。尼采打算从"泡沫儿"(即主人)的视角撰写西方历史;不过,我们必须在尼采而

----

　　①　Cavell 非常漂亮地阐明了尼采勾引现代民主青年的重要意义,见氏著,《条件之优劣》(*Conditions Handsome and Unhandsome*),页 33 – 63。

　　②　Dürr,《青年尼采》(Young Nietzsche)令人信服地反驳了 Paul de Man 对该文的历史主义解读。

非黑格尔的意义上去理解"主人"：最伟大的思想就是最伟大的行动，
[286]最伟大的思想家一直在历史中扮演着立法者的角色。哲学常常
深埋于某个历史背景之中，回应并试图改变着这个背景；尽管如此，尼
采一开始就认识到，哲学在文化史中是一位决定性的演员。哲学并不
是对时代的思想概括；哲学并不是一只"睁一只眼闭一只眼的"猫头
鹰；它来得晚，但并不总是太晚。

　　为了成功地克服黑格尔及黑格尔主义者们关于历史意义的教诲，
尼采倾其成年生活的绝大部分时间来搜集种种方法：这是一项首要的
哲学任务、心理学任务和历史学任务。只有掌握了彻底的谱系学方法，
尼采才可能恢复"homo natura[自然人]的永恒文本"（《善恶》，条230），
才可能全面地重思西方的过去——要反黑格尔，就得这样做。这种学
识渊博的反黑格尔主义将用实例证明，哲学一直都是文化的主动参与
者而非被动反思者。因此，哲学应当再次积极行动起来，其首要使命之
一就是摧毁愚蠢的黑格尔主义。德勒兹的《尼采与哲学》（*Nitzsche and Philosophy*）一书展示了尼采如何成功地反对黑格尔主义，并且进一步抨
击了当代的黑格尔信徒们。①尼采式哲学史将在所有重大主要问题上
质疑主流的黑格尔式观点，尤其在哲学的社会角色这个问题上质疑黑
格尔式观点。

尼采如何利用历史学（第二 – 三章）

　　历史学有三种用途：纪念、好古、批判。这三种用途出自三种不同
的性情或倾向：要行动和奋斗、要保存和爱慕、要忍受与解放。但是，具
有"塑造力量"的伟人在面对过去时却能融以上三种性情于一身。

――――――――――

　　①　Deleuze 该著是迄今最好的尼采研究著作之一。他对黑格尔主义的批
判，见该著，页162,195。

　　一个人最内在的天性之根越强壮,他就会从过去学会或汲取
越多的东西;而且一个人要是去设想最强力的、最庞大的天性,就
可以由此认识这种天性,对于这种天性而言,根本没有历史感的任
何界限,历史感也不可能借这种界限压垮和损坏这种天性;过去的
一切,不管是本己的还是最异己的东西,这种天性都会将其引向自
身、纳入自身,仿佛融入自己的血液一般。(第一章)

　　这种强健精神的理想在尼采后期的作品中获得了具体的形式。在
一段短暂但不可忽略的时期内,这种理想的名称是"超人";[287]但后
来,变成了"滋补之人"(《善恶》,条 207,28;《道德》,1. 12)。具有强大综
合能力的思想者一直都是尼采的哲人理想;这类哲人对人类的未来负
责(《善恶》,条62)。因此,尼采的哲学史当然要着眼于那些立法者—思
想家。

　　纪念的历史学属于那些渴望伟大行动的人;他们在过去的伟大典
范鼓舞并支持下寻求当前的可能性。那些伟大典范都是行动者,他们
似乎首先是政治领袖和军事将领;而纪念的历史似乎首先就是王者的
镜鉴。不过,尼采却以席勒(Schiller)和文艺复兴时代的人物为例强调
了思想和艺术的不朽特征。最高的行动者是哲学教育家;而对最伟大
行动者的最伟大纪念碑就是哲人们的作品:"重要的是,要向过去那些
如赫拉克利特那样的人学习"(《希腊人》,条8),因为这些不朽的典范揭
示了一位思想者的可能性。这些孤独的行动者早就面临着一个危险:
他们意识到自己没有一个同类和朋友(《叔本华》,条3)。蒙田说过,这
类人非常稀罕,而他们之间的友谊则更加稀罕,三个世纪才可能出现一
次。因此,这类稀罕之人必须在过去的历史中寻找自己的朋友和同
类——尼采本人当时也正在寻觅同类,他正热切地研究一位教育家;现
在,他甚至把这位教育家排在叔本华之上:这位教育家就是蒙田。五年
之后,尼采在《意见与格言集锦》(条408)中诗意地表达了自己对几位
不朽典范的感激之情:

像奥德修斯一样,我也去过下界,而且会经常去;为了能同死人谈话,我不仅牺牲了公羊,还不惜献出了自己的鲜血。有四对人没有拒绝我这个献祭者:伊壁鸠鲁和蒙田、歌德和斯宾诺莎、柏拉图和卢梭、帕斯卡尔和叔本华。当我长时间独自漫游的时候,我不得不同这些人争论;当他们彼此互相评判的时候,我会从他们那里接受判断,我会注意倾听。无论我说什么,决定什么,为自己和别人设想什么,我都用眼睛紧盯着这八位,并且发现他们也紧盯着我。

好古的天性重视保存本土的东西,保养熟悉的并在记忆中变得神圣的历史,甚至要把细琐之物变得崇高庄严起来——这条小路哦、这扇门哦,还有这幅路牌,这些可都代表了我的连续性和根源性啊。[288]不过,尼采以歌德和文艺复兴的奠基人为好古精神的典范,这些典范见证了好古式史学的最高使命:把伟大之物保存在人类的记忆里。尼采在该书的最后才提到好古精神的典范之一歌德,并表明,历史学的使命在于开启并聆听哲人们之间的对话(第九章)。少数哲人是人类的最高典范,是人类的目标,他们在流变之河上建造了一座桥梁。只有保存了过去,才有可能使这少数思想家生活在“永恒的同时性”之中,生活在“天才们的共和国”之中。历史学的最高使命就是保持并开放下述可能性:不断更新这种精神上的对话,再次开展类似的伟大行动。

不过,纪念式史学和好古式史学若要以尼采所说的方式再次成为可能,一种解放行动是必需的:必须运用批判式史学去批判历史感本身。尼采此书大部分都运用到了批判式史学的方法:把当代对过去的神话拉到审判席面前,对其进行审问和宣判(第三章)。既非正义,亦非仁慈,而是生活本身引导着批判式史学对当代的审判。这场对当代的宣判可能危及整个时代。但是,不顾后果的行动正是人类生活的一部分,因为“人的天性”本身就是这种行动的产物:人的天性始终只是一种获得性的“第二自然”,是“第一自然”的某种变形;而“第一自然”本身在某个更早的时代也是一种获得性的第二自然。尼采把人类历史看作一系列连续的变形,因而发动了一场改造运动(改变那些看似如此的人类天性)、一项危及整个时代的事业。这项事业也危及尼采本人:它将使尼采本人显得像个邪恶的教师,而他的教诲看起来也会剥去时代的一切可敬外衣和道德饰品。但这终究是一项有其高贵先例的不朽行动。

从上述尼采的早期特征,可以看出其一生工作的大致轮廓。尼采以反黑格尔的方式理解哲人,从而派给哲人一个行动者的角色;而黑格尔则出于历史的虔敬,把这个角色转让给了天意或逻辑——让给了魔力:诸如亚历山大、凯撒和康斯坦丁之辈不过是历史的不自觉的行动者,在他们身上真正起作用的是这种魔力。哲人当前的使命是什么?不是编造什么 Heilsgeschichte[救赎史]——妄想在历史的终点,整个宇宙会智慧大开,人类会集体进入永远的休息之中。相反,哲人当前的使命是揭露西方的邪恶精神史,重新理解并阐明时间和存在。尼采成熟时期的思想综合了纪念式、好古式和批判式的历史:一面试图把整个自然的过去保存于人类记忆之中,一面废除天意的神话;同时产生一种新的视角,以使人类能够庆祝自己在万物中的自然位置。[289]当然,必定会有反对之声:现代历史文化只要有"那么一丁点儿勇气和决心"(它有时也真有那么一点点),"就会放逐哲学"(第五章)。现代人对哲学充满敌意,更要命的是,这种敌意竟声称它本身就是真正的哲学,并借此颠覆了哲学:在历史的终点,任何改变都只能变得更坏。Verwirklicht[实现的/完成的]哲学,即黑格尔式的科学或智慧,容不下任何竞争对手:纯粹的哲学应该扫入历史的垃圾堆。

正 义(第六章)

尼采决定作为第一个"非道德主义者"挺身而出,但这掩盖了下述事实,即:尼采在自己的作品中自始至终都坚持正义。①正义位于尼采著作的核心,但其含义远非判罪和惩罚所能涵盖:正义就是各得其所。在《论历史对生活的利与弊》中,尼采主要思考了狭义上的正义,即公正对待过去;当然,该书也反思了最广泛意义上的正义。

正义首次出现在第一章对非历史之物的反思中。这个反思令人头疼:视阈宽广的人虽然比视阈狭隘的人更为正义,但也更缺乏行动的能力,更怀疑自己行动的正义性,因为他们更熟悉微妙的差异和似是而非的失误。历史的人因更多的学识而变得犹豫不决,因更大的正义而变得宽容大度,因而也就缺乏非历史的人身上那股一往无前、专心一意的劲头儿。生活本身似乎更偏爱无知者和不义者,更欣赏他们的坚定不移和自信不疑。一个为知识和正义而"无可非议地自豪"的时代又如何能够保持生机勃勃和健康强壮呢?

正义是第六章的主题。该章第一段从谱系学上质疑了现代著名的"客观性"的正义性:果真从根本上必需正义的动机吗?在宣布"不"之前,尼采在全书最引人注目的这段话中描述了正义。真与善或事实与价值之间有什么关系?这个问题既是柏拉图哲学的核心,也是尼采思想的核心。尼采在第六章第二段考察了这个问题,从而清晰地展现了尼采对哲人的理解。

尼采把正义提升到最高的等级:正义由最高的和最稀罕的美德构成。因为这些美德本身就是最高的和最稀有的;没有任何东西能超越它们,做它们的根据。[290]人类正义深奥莫测,或者说最终毫无根据,因为人不是神;人不可能把自己的行为建立在稳靠的知识上。甚至连最高尚的人也不可能知道他的正义是否基于真理,因为他不可能成为神或超人。在这里,尼采笔下充满了单数形式的最高级——这里所说的人和标准高于任何人和标准。从稀有上升到最稀有,从慷慨上升到正义,正是这种卓越的上升把一个人提升到"最孤独的高处",使之

---

① Picht 解释了海德格尔没有解释的几条格言,从而在正义问题上使尼采摆脱了海德格尔的诽谤,见氏著,《尼采》,页96以下,122以下。

成为"人类中最值得崇敬的典范"：正义就是给那应该给的，它比"慷慨的给予"更高尚、更稀有。很显然，尼采绝非仅仅套用某些现成的正义或不义法则，他在谈论一种更为庄严宏大的正义；他在思考如何制定正义的法则，如何产生一种新的善恶或者好坏，如何筹划哲学立法者的奠基行动。

哲学立法者总是把这类立法当作真理提出来。尼采说，人类的最高典范固然追求真理，但他们的追求方式迥异于现代人追求真理的方式，因为他们绝不是冷静无情的人。尼采看到，对于科学的"工厂打工族"来说，冷静无情的客观性再好不过了；但尼采谈论的另一类人则完全不同。最高典范们追求真理是为了立法；真理使他们的正义有了神圣的合法性。其中有很明显的高低秩序：求真激情只有受到无条件地追求正义的意志驱动的时候，求真激情才配得到崇高的敬意。于是，那个最具尼采风格的问题就凸显出来了：为什么要真理？为什么不干脆要非真理？——为了正义，为了最高的善。

最高的人热爱真理，只是为了追求正义。为了进一步在数量上减少这类孤独的少数人，尼采最后又提出了一项要求：追求正义的纯粹意志若要得到实现，正义若要成为现实，就必须伴随着一股强力——一股判断力而非意志上的强力；然而，同时具备这种意志和这种强力的人却少之又少。这种强健的判断力把最高的典范与假冒伪劣分子截然区开来。那些假冒伪劣分子就是狂热分子：他们不具有强健的判断力，无法指导自己追求正义的意志；因为只有强健的判断力才能揭示出何谓正义。此外，尼采断然指出：由于缺乏判断力的狂热分子狂热地追求正义，人类已经在这些人手中吃了太多的苦头。于是，深渊洞开：如果正义仅仅基于判断力，如果正义的最高典范（即立法者）只是凭借自己在真理方面的强健判断力而成为不同于狂热分子的立法者，那么，谁又能区分真正的法官与真正的狂热分子呢？

这看来是个难以解决的困境，《论历史对生活的利与弊》在此触及了最幽深之处：在如何区分法官与狂热分子这个问题上，谁又能，又如何能避免陷入沉默或武断呢？该书接下来并没有自命不凡地声称已经解决这个问题,但毕竟打开了一个视角。尼采邀请读者务必要与自己一起解决这一困境。[291]在陷入无可奈何的沉默之前,该书特地向读者指出:现时代把这个困境掩盖在骗人的解决方案之下;现时代欢迎成群结队的研究者装备着适当的方法,把真理降格为客观公正的研究。这种现代的真理观念服务于现代的正义理想,即所有人的公益,也可说是安逸的自我保存。

《论历史对生活的利与弊》是前－尼采式的作品:尼采已经粗浅地领会了作为爱真理和爱正义的哲学的根本使命,因而他能够直接批判现代理想的非正义,而不必把这种批判建立在对真理或正义的更充分理解之上。不过,尼采笔下的正义尽管面目不清、根据不足,却仍然对人们提出了无情的要求:不要忠于种种蒙人的解决方案。尼采号召打破对现代宗教的信仰,目的在于产生现时代的真正异教徒:他们不仅是犬儒分子,更是批判家;他们一边进攻,一边向往某种尚未成型的理想。即便正义的最高形式是解构,尼采也会构想这种正义,也仍然把自己试图重新理解真理和正义的冲动称为一种 Bautrieb[建构冲动](第七章):在宗教和艺术方面的行动欲。

科　学(第十章)

《论历史对生活的利与弊》断言,现代历史科学必定会暴露自身的矛盾,并在自我主义和犬儒主义中耗得油枯灯尽。而尼采早就想到了这个问题:下一步怎么办? 历史终结之后又是什么? 用尼采后来的话说,这就是虚无主义问题。在提出这个问题的时候,尼采指出了柏拉图主义另一个面向。在他看来,这个面向一直被人忽视了。

在该书最后一章,尼采转向柏拉图《王制》(iii. 414b－415a)中关于高贵而必要的谎言的说法。这个说法是传统"耶稣会教义"的最著名例子,它要求把自觉的幻象强行并作文化的基础。尼采并没有称之为"高贵的谎言":它只是强加在完美城邦的第一代人头上的"一个强有

力的必要谎言"。但谎言一旦被人信仰，会怎样？"不可能反抗这样一
个过去！不可能反对诸神的工作。"尼采强调，柏拉图相信虚假信仰的
必要性；同时，尼采也宣布自己反对柏拉图主义：柏拉图旨在教育第一
代信徒，而尼采旨在教育第一代不信仰者。尼采意欲摧毁现代的历史
进步论信仰，用关于这个信仰的真理粉碎这个信仰！

　　柏拉图决定性地阐明了信仰谎言的必要性，[292]说明了高贵而
必要的谎言，但他并没有就此结束。因为柏拉图接下来又回头说明了
哲人的最后一个品性：哲人的决定性标志之一就在于有能力容忍必要
的谎言。苏格拉底凝视着哲学女王，见那些不配沾沐哲学之名的人给
她身上溅满了泥浆，于是就愤怒了（《王制》，vii. 535c，536c）。随后，柏
拉图用调包仔的比喻生动而贴切地表明：一套关于起源的谎言是城邦
民美德的基础，而擅自改动那套谎言（即告诉城邦民关于起源的真理）就
会毁掉城邦民的美德，甚至毁掉城邦。在这种情况下，只有残缺不全的
灵魂，只有混蛋下流的哲学家才会坚持说出真理（vii. 535c–539b）。哲
人，热爱真理的哲人，一定要学会容忍必要的谎言；甚至当别人把谎言
高呼为真理的时候，哲人也不要怒不可遏，尽管他比谁都清楚什么是谎
言。柏拉图式的哲人（如培根和笛卡尔）均以这种容忍能力为标志。但
尼采却不。从柏拉图式哲学的角度来看，尼采简直就是个残缺不全的
灵魂，一心要公开宣传致命的真理，不顾一切后果。

　　从柏拉图式哲学的视角，可以对尼采提一个问题：他为什么受不了
必要的谎言？他也看到了谎言的必要性呀：《论历史对生活的利与弊》
本身就是对真理之致命特征的长期沉思。智性良心迫使尼采得出如下
结论：谁要是认定宇宙只为这颗小星球上的某个物种而存在，谁就愚蠢
至极。但是，假若正是这种愚蠢维持着生命，岂不就有必要容忍这种愚
蠢吗？为什么一定要急急忙忙、毫不节制地行事？为什么一定要去创
造一代不信仰者，使他们不再相信祖祖辈辈的信仰呢？

　　尼采之所以不能容忍谎言，难道仅仅是由于他个人的品味或缺陷？
显然不是。我们很难说尼采对上帝之死负有责任，他只不过向世人展
示了上帝之死的种种后果而已；同样，谎言如今变得令人难以容忍，其

罪责也不在尼采头上:科学已然崛起为一项公共事业,尼采对此不负任何责任;科学已然膨胀为所有社会(包括科学社会本身)的神话基础,尼采对此也不负任何责任。如今,是否容忍公共谎言已经不再是个问题了——科学的智性良心已经公开地揭露公共谎言。哲人尼采知道,他自己就处在培根和笛卡尔的残渣余粕之中,而且公共科学已经真心诚意地且不可避免地摧毁了它自身的基本信仰。伏尔泰曾说,在他那个时代,高级教士们彼此看到对方时无不相互取笑。而在尼采笔下,他那个时代的高级教士们无不是科学的权威信徒,他们之间完全没有那种冷嘲热讽的轻浮劲儿;他们绝不允许在他们相信的东西与别人以为他们相信的东西之间出现裂隙。[293]成功的公共科学造成了一种新环境,在这种处境下,仍然保持柏拉图式信念(真理是致命的)的哲人不得不面临一个新问题。而在《论历史对生活的利与弊》中,尼采正是此种意义上的柏拉图式哲人。他坚持:至高无上的生成,一切概念、样式和种类的流变性,人与动物之间缺乏根本差别——所有这些都是真实的,但又是致命的;尼采说过,若把这些真理砸在某个民族头上,只要超过一代的时间,这个民族就会在渺小的自我主义和贪婪无度中沦亡,就不再是一个民族(第九章)。但尼采是第一个故意拒绝与那些有益的说谎者共命运的柏拉图式哲人。尼采拒绝任何形式的耶稣会主义。

扎拉图斯特拉说过:坦诚或智性正直是最年轻的美德(《扎》,1.3);而妒忌是美德的标志(《扎》,1.5)。年轻的坦诚只关心自己的至高地位,肆意破坏既定的美德。美德上的大破坏使高尚之士蒙受了巨大的痛苦(《扎》,2.13);现代的真理追求者宁愿为了他们自己的美德,而把所有其他美德赶进——那位尼采式的诗人叶芝(William Butler Yeats)所谓的——

荒凉的真实之地:
埃及?再见!希腊?再见!

再见了,罗马!①

尼采眼睁睁地看着这事发生,助它发生,并且描述了随后发生的事情:坦诚的美德虽然还能撑着继续行动,但已经渐渐无力维持希望;于是,对睿智的少数人来说,结局就是苦涩的犬儒主义;而对启蒙了的多数人来说,结局则是渺小的自我主义。尼采断定,柏拉图式隐微术的时代已经结束了;现代科学的智性良心已经破除了隐微术的必要前提,因为现代科学长期以来都以基督教信仰为生:"真理必叫你们得以自由!"(《约翰福音》8:32)

尼采之所以说出关于现代信仰的真理,原因之二在于:现代信仰不健康。现代信仰相信我们自己就是历史的目的。这种信仰不仅不真实,是一种注定破灭的愚蠢想法;而且还危及人性中最美好的东西,是对人的一种贬视。而当雄健的现代信仰溃倒在自我主义和犬儒主义脚下的时候,情况也不会变得更好;取代现代信仰的虚无主义本身也必须被打倒。

尼采在《扎拉图斯特拉如是说》中首次系统而明确地回应了柏拉图主义之死,尽管如此,《论历史对生活的利与弊》对这个问题的回应也值得注意,因为后者预示了前者的观点。[294]尼采说,新一代的教育基础不是必要的谎言而是必要的真理。但是,既然真理是致命的,它又如何可能用于医治呢?治疗性的真理在这里似乎就是某种"非历史的"和"超历史的"东西;而科学必定会把这些药石视为毒药。"非历史的"东西就是遗忘并把自己封闭在某个视阈之内的能力;"超历史的"东西就是为生活赋予永恒和稳靠特征的艺术和宗教。这些东西似乎从原则上限制了科学的追问,难怪科学要把它们视为天敌。然而,尼采接着又说"科学需要管制和监督"——他这里似乎又把科学置于那些天敌的控制之下。尼采在这里是不是真的将科学置于那些限制科学追求的力量之下而弃之不管了?不,尼采在任何地方都没有亲近过耶稣会

---

① William Butler Yeats,《超自然之歌:须弥山》(Supernatural Songs, Meru),见《叶芝诗集》(*The Poems*),页289。

主义(即把真理掩藏在某种自觉的幻象之中)。

在该书行将结束的时候,有些读者就像被施了催眠术一样,已经迷上了该书的主题。于是,尼采就对这些人发出了最后一道命令:想想希腊人吧。希腊人是这样一个民族:她敞开胸怀,乐意接受所有邻邦异族的任何影响;她还发明了科学。希腊人尽管敞开大门,追问不休,但他们仍然有足够的力量把种种混乱不堪的视角有序地整合到一个统一的艺术整体之中。该书结尾虽说没有提出一种新的组织原则,也没有给出一套克服现代混乱的确切方法,但它倒是推荐了希腊式的文化概念:文化是"一种新的和改善了的 physis[自然]";"诚实方面的每一次长进都必定有助于提高文化教养"。

诚实的新希腊人

尼采留下了科学与"非历史的"和"超历史的"东西之间明显的冲突,同时也表达了一种虔诚的希望:希望通过推进诚实性来推进文化。尼采在其他作品中如何看待科学与"非历史的"和"超历史的"东西之间的敌对关系呢?《快乐的科学》第五卷表明:尼采从来没有放弃诚实性或科学,也从来没有放弃"超历史的"东西即艺术和宗教;不过,他确实放弃了"非历史的"东西或所谓的"遗忘的需要"。在《论历史对生活的利与弊》中,尼采怀疑人不可能与科学生活在一起:科学旨在"破除一切视阈的限制,把人类抛入无边无际的光明之海中,而这光明就是对一切生成变易的认识"(第十章),人如何承受得了? 然而,正是这个"敞开的大海"意象,后来规定了扎拉图斯特拉和尼采本人的工作。尼采后期的工作绝非一种有意的遗忘,而是一种对记忆的召唤、[295]一种向整个自然史敞开并将其保留在记忆之中的谱系学。尼采并不健忘,倒是虚无主义遗忘,"不忠于自己的记忆,任其花果飘零"(《全集》,VIII

10〔43〕=《权力》,条21)。①尼采后期的工作开启了一项史无前例并受前人反对的新使命:在关于起源与终结的致命真理上建立一个社会。

但关于"超历史的"东西呢?如何处理艺术和宗教?具有永恒化力量的艺术和宗教能否与追问不休的科学和谐相处,甚至有助于科学的追问?有没有一种关于无限者的艺术和宗教?在我看来,尼采在另一部前期作品即《瓦格纳在拜雷特》(*Richard Wagner in Bayreuth*)中,曾以一种无与伦比的方式界定了"超历史的"东西即艺术和宗教。尼采说,人类由于人生苦难才被动地需要艺术。尼采以一种引人注目的方式界定了这种苦难:"并不是所有人都能分享到知识,终极洞见永远不能确定,能力被不平等地分配。"这三者展现了"个体面对的实实在在的最大痛苦";它们都源于一种与人之本质(人本质上是有意识的生命体)密切相关的不义:认知活动是人的本性,但又无法得到最终的满足,甚至连部分满足也不可能得到平等的分配。生命的不义渊深如谜,它使有意识的生命体不可能获得完全的幸福、道德或智慧:

> 只要我们周围的一切都在受苦并制造痛苦,我们就不可能幸福;只要暴力、欺骗和不义决定着人类事务的进程,我们就不可能道德;只要整个人类不在竞争中为智慧而奋斗并在智慧的引领下把个人领进生活与知识中,我们就绝不可能智慧。(《拜雷特》,4)

如何才能承受生活?要"在我们的斗争、追求和失败中"辨识出"某种崇高的和意义重大的东西"。就在这里,悲剧艺术进场了:悲剧教导我们要"在大激情的节奏及其受苦者中汲取大欢乐",并借此增强

---

①　Bernard Yack 争辩说,"自觉的健忘"一直都是尼采"自相矛盾的"要求,贯穿着其工作的始终。见氏著,《渴望全面革命》(*Longing for Total Revolution*),页334 – 336,340 – 341。他声称,尼采的革命能否成功取决于它能否让我们愿意受无知的欺骗;但他的引文(《叔本华》,条6;《敌》,条3)并不能支持他的上述主张。

了我们承受生活的能力。用尼采的比喻来说,悲剧艺术的目的在于重新捆扎戈尔迪厄斯之结(Gordian knot),①重新收拢文化遗产的残丝乱缕,并将它们捆结成一个文化整体。[296]当然,悲剧固然简化并缩略了"人类行动和欲求的无休无止的复杂微积分",但并没有拒绝或反对这种微积分。而在现时代,悲剧艺术对个体来说显得更为困难,这不单单是因为现代生活的复杂性在不断增加,更因为对生活意义的单纯信仰已经变得不再可信了。

> 越难以认识生活的法则,我们就越炽烈地渴望那种简化的表象……关于事物的普遍知识与个体的精神—道德能力之间的张力也就变得越大。有了艺术,弓就不会折断。

艺术与知识之间、艺术与人的本性(追求知识)之间有一种难分难解的联系。艺术并没有放松"关于事物的普遍知识"与人类的"道德—精神能力"之间的张力;相反,艺术恰恰使人有可能生活在这种紧张之中。尼采根本不是什么乌托邦主义者,他并没有梦想着艺术能把我们从致命的真实性中解救出来。艺术的最高形式是悲剧,而非喜剧:由于现代知识,任何基督教式的喜剧都不能被认为是真实的;培根主义的喜剧也不能被认为是真实的。

健康的理性可以使我们免受这种信念的毒害,即相信人类在未来某个时候会获得关于事物的终极理想秩序……绝没有黄金时代,也绝没有万里无云的天空分配给将来的那一代……也不会有超人般的善和正义像一道不动的彩虹那样悬挂在那个未来的田野上(《拜雷特》,11)。

---

　　① ［译注］这个成语源于古希腊传说。据说,公元前 4 世纪,小亚细亚地区有个国王叫 Gordius。他用一根绳子把一辆牛车的车辕和车扼系了起来,打了个找不到头的死结;然后,他声称,谁能解开这个 Gordian knot,谁就可以称霸亚洲;但一直没人能解开。直到公元前 3 世纪,亚历山大用剑斩碎了这个死结,用暴力的方式了结了这段传说。

知识的不断增加令我们不可能再做现代乌托邦之梦——宗教乌托邦之梦的继承人。《瓦格纳在拜雷特》的整个第四节都在证明:古代东方的美梦,尤其基督教及其现代继承人所做的那些美梦已经黯然失色,因而必须返回到希腊人那里:"大地如今已充分东方化了,它再次热切向往希腊人",尤其向往古希腊悲剧艺术。但是,怎么可能在现代背景中复兴悲剧艺术呢? 怎么才能在悲剧艺术中改善现代知识及其带来的苦难呢?

> 必须把个体神圣化为某种比他自己更高的东西——这就是悲剧的意义;他必须摆脱由死亡和时间在个体内心激起的可怕的焦虑:因为在任何时刻,在其生命历程的最短暂瞬间,他都有可能突然遇见某种神圣之物,而这神圣之物将无尽地补偿他的一切斗争和苦痛——这就叫做有一种悲剧意向(a sense for the tragic)。(《拜雷特》,4)

知识被现代科学搞成了公共财富,并为这种悲剧意向提供了一个精确的焦点:

> 如果整个人类注定会灭绝——谁敢怀疑这一点? ——那么,他的最高使命为他设定的目标就是:[297]要一起生长成一个东西、一个共同的东西,以便作为一个整体以一种悲剧意向去面对自己即将到来的死亡。(《拜雷特》,4)①

柏拉图主义和耶稣会主义让我们相信我们自己的不死性,从而使我们避开了我们的必死性;而现代科学却坦诚地宣布,我们所有这些族类都注定会灭绝。不过,这种认识仍然给我们指派了一项使命。

> 这项最高使命包含着人类的一切高贵化;在一位人类之友的

---

① 很遗憾,Hollingdale 的英译本漏掉了这句话。

想象中,一旦最终拒绝这项使命,就会出现最糟糕的画面。这就是我的观点!(《拜雷特》,4)

　　尼采把希望寄托在现代悲剧的诞生上。现代悲剧吸收了现代知识,而现代知识洞见了最大的戏剧——生成的无辜(the innocence of becoming)。尼采写下这段豪言壮语的时候,仍然把希望寄托在瓦格纳身上;但后来,尼采承认自己错了:"关于我之所是的绝对确定性也反映在某种偶然的现实性上"(《瞧》,"悲剧",条4)。

　　《论历史对生活的利与弊》以虔敬的希望结尾:希望艺术和宗教能服务于诚实。《瓦格纳在拜雷特》更精确地界定了这种希望,只是把这希望错放在瓦格纳身上了。《扎拉图斯特拉如是说》第一卷重新展现了这些初步想法:一位年纪轻轻的扎拉图斯特拉欣欣鼓舞地希望某种人(某种未来的超人)会履行那"不可能的"使命。不过,《扎拉图斯特拉如是说》仍然路过了青年语文学家尼采曾经停靠的站点,因为它描述了对古代教诲的重新发现。尼采在《论历史对生活的利与弊》激励性的结尾中指明了当代人的使命,并在《瓦格纳在拜雷特》中从头至尾描述了瓦格纳的使命;与此同时,尼采也开始了自己的使命:1881年夏,当他头脑中盘亘着永恒复返思想的时候,他就要开始履行自己的使命了。用柏拉图式的话来说,永恒复返是新的至善,是新的基本道德判断的太阳,是价值的最高准则(《快乐》,条7);它能使迄今为止一切致命的真理变得美好而神圣起来。

　　1883–1884年冬,尼采拟写一部名为《永恒复返》的书,并草就了该书的提纲。该书的斜体副标题为"一部预言之书"(A Book of Prophecy),而斜体结语却是"耶稣会主义的反面"(Antithesis of Jesuitism)(《全集》,VII 24〔4〕)。永恒复返教诲就是现代悲剧的诞生,是对致命真理的艺术变形和庆祝。永恒复返教诲之所以是耶稣会主义的反面,乃因它还体现为一种教育的政治学,〔298〕旨在为"文化教养"提供一个"基础"。永恒复返教诲之所以是耶稣会主义的反面,乃因它旨在"培育一种人类的大同政治":这种政治将不再强行吸纳一种自觉的幻象,而是庆祝自然的真理。①

《论历史对生活的利与弊》的结果是：尼采反柏拉图主义。一旦我们像尼采本人那样去理解柏拉图主义，这个结果就不再是个无关宏旨的小问题了。按照尼采的理解，柏拉图主义是一种政治哲学传统：这种传统断定真理对共同体而言是致命的，因而必须基于一种道德行为而把真理掩藏在有益的谎言之中。柏拉图主义一直都享有无可匹敌的至高权威，并且有古今两个版本：古者为超越的谎言，今者为进步（通过人为的控制）的谎言。但古代的柏拉图主义和现代的培根主义也有共同之处：即拒绝至上的生成而偏爱存在，拒绝一切概念的流变性而偏爱无时间性的真实概念，拒绝人与动物的亲缘关系而偏爱人与动物之间的某些根本差异。此类谎言如今已经被彻底识破，变得不堪一击，但也让我们付出了惨重的代价：犬儒主义和自我主义理所当然地结束了我们有益的说谎传统。尼采一边揭穿柏拉图主义的逻辑，一边拒绝其结果；同时，他再次提出关于真与善的基本问题，以此反对柏拉图主义。为了提出这个基本问题，尼采声称要进行一次实验：一个民族能否建立在致命的真理基础上？在这个问题上，《论历史对生活的利与弊》的结论还算比较谨慎小心；但尼采后来的看法则反映出，他"在评价历史的价值时发生了某种转变"。②尼采的"语文学的系谱学"（套用 Eric Blondel 的词组）之后，就要求全盘重建人类的历史，诚实地看待我们本真的过去。在这种新的眼光中，哲学史便以一种超欧洲的方式渐渐显现出来。

---

① 关于耶稣会主义，见《人性、太人性》，1.55,441；《漫游者及其影子》，"序言"；《荷马的竞赛》，收于《全集》，III vol. 2，页 283；VII 25［263］。

② 见 Wolfgang Müller – Lauter，《尼采》(*Nietzsche*)，页 51。

第十二章　快乐的科学之一:新哲学史

> 您问我哲人们的癖性?……他们缺乏历史感,他们甚至憎恨生成观念,他们有埃及精神。做一个哲学家就是做一具木乃伊——装扮得倒像个掘墓人,提出的却是单调乏味的一神论。
>
> ——尼采(《偶像》,"理性",条1)

[299]尼采的哲学史粉碎了那些旧癖好,并把它们嘲笑了一番。但玩笑归玩笑,人类毕竟曾经严肃对待过这些旧哲人,并为此"已经付出了昂贵的代价";而尼采的新哲学史有助于估算这些代价:尼采从来不认为哲学是无关现实的闲情逸致,相反,哲学对人类的实际生活影响巨大。尼采的新哲学史将从一个全新的制高点去追踪哲学的来龙去脉。但这个制高点在哪儿呢? 如何取得这个制高点? 对此,《论历史对生活的利与弊》也许还只流于空想,有待后来的探索和冒险。

但尼采毕竟已经成了一位极北人,他知道一条全新的出路。现在,他所面临的难题是:不得不立刻同时说出一切。要恢复哲学的过去,就必须把它看作更广阔的文化史的一部分。要在更广阔的人类过去中瞥见那些大事件,就必须以新的角度看待人的灵魂和群体:要有一种新的心理学和新的社会学。而这些问题又反过来取决于如何解决(在最起码的程度上)那个最古老、最困难的哲学难题:即扎拉图斯特拉所说的"万物之道(the way of all beings)"(《扎》,2. 12)。而所有这些都要求首先解决解释难题:解释者的处境、洞见的界限和交流的限度。

从尼采提出其哲学史的方式本身可以看出,尼采承认了上述重大难题:这位极北人总是在某些背景中讲述哲学史,而这些背景会向这位解释者显示出所有上述问题的巢穴。《快乐的科学》第五卷就以这种方式讲述了哲学史。[300]这卷书并没有详细展示尼采关于哲学及哲学史的所有想法,也没有为书中包含的种种论断提供任何必要的理据。尽管如此,第五卷仍然很有代表性地反映了尼采如何在那些使其阐释成为可能的问题背景中阐明哲学。第五卷也表明了尼采试图如何解决他自己的难题——不得不同时说出一切。

《快乐的科学》第五卷

《快乐的科学》在尼采作品中的位置很特殊。尼采曾在该书第一版(1882)封底声明:该书是一系列作品的最后一部,而该系列作品的共同目标是为自由精神树立一个新的形象和理想。鉴于"自由精神(free spirit)"含有某种轻狂的言外之意,似乎最好把 Geist 译为 mind;①尼采理想中的自由精神超脱于情感(heart)之外,摈弃了单纯的忠诚,摆脱了信仰或执念。尼采声称他已经完成了关于自由精神的系列作品,这说明他十分清楚自己在思想上走到了哪里:七个月之前即 1881 年 8 月,尼采在锡尔斯(Sils Maria)度假途中便萌发了永恒复返思想;同年冬天,尼采从拉帕罗(Rapallo)归来,扎拉图斯特拉已经像一辆永恒复返思想的旅车在路上等他了。《快乐的科学》的结尾正是这些主题:永恒复返思想首次出现(34),扎拉图斯特拉首次露面(342)。关于自由精神系列作品的最后一部是第一部首次贴上永恒复返标签的书,是第一部认识到根本变形经验的书。永恒复返虽然仅仅明确出现在结尾,但它作为快意欢呼的根据暗中贯穿了全书;永恒复返思想使《快乐的科学》成为

---

① [译注]作者认为尼采的 Der freie Geist 更多强调的是思想理智上的自由,即哲学思考不受各种感情尤其宗教感情的束缚。作者在后文还强调了尼采在 mind 与 heart 之间所做的区分,鉴于此,他把 der freie Geist 其译作 the free mind。译者在翻译中,一般把 the free mind 译作"自由精神";在 mind 与 heart 相对比的情况下,则分别译作"理智"与"情感";少数情况下,mind 译作"心智"。

一部康复之书。

《快乐的科学》结束了关于自由精神的系列作品，并预备了《扎拉图斯特拉如是说》。此书是否标志着尼采已经不再顺从科学的非个人性和客观性，而转向个人性和主观性的追求？大多数人都这样读尼采。但《快乐的科学》本身暗示，这个转向其实是转入科学的基础，尼采开始深化对科学的理解，而绝不是放弃科学。不过，这种转向仍然既是个人性的，又是预言性的：说它是个人性的，因为在尼采自己的经验中，一位思想者已经可以进入科学的根基；说它是预言性的，因为《扎拉图斯特拉如是说》的教诲正是未来科学的根据，它能使科学升华为人世间最高的东西，[301]并公开地追问存在之谜。《扎拉图斯特拉如是说》不是论文，而是寓言；这种形式使它看起来不那么科学，但它自始至终都在倡导科学，并在第四部分关于科学意义的辩论中达到顶峰。

如果说《快乐的科学》很特殊（因其在尼采系列作品中的特殊位置），那么，第五卷则尤其特殊（［译按］下文"第五卷"均指《快乐的科学》第五卷）。第五卷也是一系列作品的最后部分：1886年夏秋之交，尼采花了几个月的时间重读了自己以前的作品，并为其中大部分作品撰写了新的序言；第五卷正是这些回顾性反思的成果之一。尼采反复考虑了自己的全部著述生涯之后，才最终（1886年10－11月）转向《快乐的科学》。该书新序言的开头写道："也许，本书需要的不仅仅是一篇序言……"于是，尼采不仅补充了一篇新序言，还增加了整整第五卷，附录了"自由鸟王子之歌"，并以 la gaya scienza（［译按］意大利文"快乐的科学/知识"）作为新的副标题以表明该书的普罗旺斯之根；此外，他还补充了一则新格言"我从来不从任何人那里获得任何东西"——我们最好不要相信这话，因为这则格言取代了先前那则取自爱默生（Emerson）的格言，而后者在《扎拉图斯特拉如是说》(2. 11)中再次成为至关重要的一句话。第五卷十分特殊，因为它让我们看到：在写完《扎拉图斯特拉如是说》之后和重思其整个著述生涯之后，尼采在科学问题上持有什么样的立场。尼采通过解决致命的真理这个难题（从《论历史对生活的利与弊》开始）而成了一位极北人，而第五卷正反映了尼采成为尼采之后如何反思科学。权力意志开始显现为基本的事实,永恒复返也开始显现为最高的价值,因此致命的真理也就变成了快乐的科学;第五卷基于对权力意志的洞见和对永恒复返的肯定,尽管书中对这两点只是寥寥几笔带过。整个第五卷自始至终回响着一种邀请的声音:这卷书中只有论断,至于这些论断的根据,请到《扎拉图斯特拉如是说》里去找。第五卷就好比一颗发向《扎拉如斯特拉如是说》的人造卫星,带领读者以科学的视角进入《扎拉图斯特拉如是说》。自由精神们一旦着迷于对科学的新理解,就能够进入已经备好的《扎拉图斯特拉如是说》,并在那些寓言事件中发现快乐科学的一些基本视角。

必须强调,尼采是科学的辩护者。但尼采也知道,他对科学的辩护必定会使自己陷入科学的敌意之中(《全集》,VII 2[127] =《权力》,条1),因为他否决了科学的统治权威。培根主义和更精致的笛卡尔主义假定了一个机械的宇宙,并公然主张物理学本身的确实性及其追求的社会利益,从而把物理学抬举成了典范科学。相反,尼采则抨击这种机械主义的世界观及其对物理学的拔高,攻击物理学号称的什么确实性和社会利益——不过,尼采仍是以科学之友的身份来这样做的。[302]为了取代物理学的典范科学地位,尼采推举出了语文学——解释的艺术或解释学:机敏的赫耳墨斯(Hermes)取代了畸脚的伏尔坎(Vulcan),一道来自神界的秘密神谕取代了锤头和钳子。这并不是一种任性的决定,并不是尼采的孩子气和天赋的偶然结果:机械的世界观不能充分说明丰富的现象,语文学才要取代物理学。

语文学一旦取代物理学,可能性就会取代确定性而成为衡量标准。快乐的科学一直自觉地寻求在见识上的不断进步,不过,它把一种新的审慎当作进步:它用视角的转移取代"不可能性,用更多可能性取代不可能性,尽管可能是用一个错误取代另一个错误"(《道德》,"序言",条4)。第五卷听起来就像一部新《新工具》或者新《方法谈》:即精心研究一些新方法并考察其细微差异,继而用这些方法把"诸非自然的科学"的马嚼拴在自然科学的适当位置上(《快乐》,条355;《道德》,3. 25)。也就是说,通过一种新心理学和对意识诸要素的新批判,迫使所有其他科学尊重其适当的界限——起组织与解释作用的精神范畴为其他科学结论所规定的适当界限。心理学的要义就在于批判意识的诸要素,探索欲望与激情的内在世界,以便理解内在世界,甚至理解整个世界(《快乐》,条355),因此,"心理学再次成为通往诸根本问题之路"(《善恶》,条23)。

然而,所有这些议题必定会给尼采招来科学的敌意,甚至不仅仅是来自科学的敌意:最惊世骇俗的是,尼采竟公然抨击现代科技的公益理想,即安逸的自我保存。第五卷坚持了《论历史对生活的利与弊》的批判路线,把现代科学的公益理想判定为对科学和哲学的最大威胁。但第五卷远远超过了那篇早期论文,其关键方面在于:第五卷为一种新的社会秩序树立或奠定了(尽管不那么完整)一个新理想;这个理想忠诚于大地,旨在把人类共同体建立在对自然的肯定之上。科学的辩护者变成了科学所揭示的秩序的辩护者,进而变成了一种"大政治"的辩护者:他要在那种自然秩序上建立一种新的社会秩序。第五卷之所以特殊,乃因为它表明,新哲人的全面教诲就在于推进科学。①

1886 年序言:康复与感激

[303]"尼采先生"已经健康起来了;《快乐的科学》以年代为序记载了他的康复史。这是尼采在 1886 年序言中的夫子自道。随后,他还替读者问道:"谁关心这个?"我们当然可以不关心,因为那只是尼采个人的康复;但序言争辩说,我们应该关心康复,因为康复就是从所有现代欧洲人都感染的精神疾病中恢复过来。患病和康复都属于最大事件:如果"新近的最大事件"是上帝之死(我们可以在第五卷看出这一事件的种种后果),那么,随之而来的大事件就是从其中康复过来——还不仅仅是

---

① 关于尼采与科学,参 Eden,《政治领袖与虚无主义》(*Political Leadership and Nihilism*),页 74:"尼采的政治首先在于知识的领导地位。"

从上帝之死中康复过来,因为上帝之死只是西方精神史中一个长期的系列连锁事件中的一环。我们应该关心尼采先生的康复,就像关心一位思想家的精神康复——从某种我们满以为健康的文化疾病中康复过来。

但康复之人怎样才能让人分享他的康复经历呢? 1882 年版的开篇词是一首韵律小诗,题为 Einladung[邀请]。"邀请"应该就是邀请别人参加宴会吧:尼采已经备好了饭菜,现在他要邀请客人。但这饭菜又不会迎合客人们的口味,于是,这邀请也就成了一场挑战:无论如何,总要冒险尝尝嘛,尼采如是说;刚开始味道可能不大好,但明天味道也许会美一些,后天呢,味道就棒极啦,让你欲罢不能。不过,对于那些通过阅读而已经改变口味并学会品尝的读者,这位主人怎样才能端出更多类似的佳肴呢? 那就再读一遍吧,这位主人说,那无人不知的七个旧东西(已经读过的东西)将变成七个新东西,而且人们已经不怀疑这七个新东西已经出现了。①《快乐的科学》试图培养读者的鉴赏力,将其变成美食家,以便品尝自己的佳肴;很显然,尼采正在实践培根和笛卡尔等人已经实践过的那种艺术:在阅读行动中转变读者的品味,从而创造出自己所需要的那类听众。这样的阅读将十分艰辛,因为尼采的书和培根或笛卡尔的书一样,只为某类人而写:只有这类人能带着良好的品味去研读,才肯花许多时间去悉心阅读。然后呢? 客人们将被诱进尼采的宴会并被他的美食所改变,从而将变成改变"大众品味"的工具(《快乐》,条 39)。"爆炸的人"即"诡秘的勾引者"将通过被勾引者而激起一系列连锁反应(《快乐》,条 38):被勾引者将改变普通人的品味,并教我们所有人跟勾引者一起说:"这个吗? ——可笑! 那个吗? ——荒谬!"

---

① [译注]这里的"七个旧东西"似乎泛指基督宗教信仰,或专指《圣经·启示录》关于"七封印"的说法。因为"七"是《圣经》中出现最多的数字,也最神秘的数字之一:如上帝创世和休息合为七天、约瑟预言七丰年七荒年、每七年为安息年、每七安息年为禧年、七教会、七天使、七火灯、七封印、七雷、七金碗、七"我是"等等,其中尤以在《启示录》中出现的次数最多。关于《圣经》中的"七",参 James Harrison,《图相与预言:〈圣经〉密码》(*The Pattern & The Prophecy: God's Great Code*, Isaiah Publications, 1995)。

尼采要把什么东西传授给学生? Heiterkeit[欢乐 /愉快 /玩笑]。1886 年序言的最后一条愉快地证明:在科学精神中要有愉快。以往的求真激情过于严肃,毫无幽默感,缺乏轻浮感,甚至把男孩儿变成了老男人:[304]他们气喘吁吁地追求真理,想要看一眼她的裸体。康复之人治愈了眼睛的这种激情(扎拉图斯特拉把这种激情称为"贞洁的激情",《扎》,2. 15);尽管席勒借助古老艺术把这种激情提高到了一个令人赞叹的水平,但康复之人可能还会予以反对,报以最严厉的评价:还是坏品味! 关于品味问题,有一个最基本的论争。新品味放弃了旧信仰——真理剥去面纱之后仍然是真理。康复就在于培养得体的方式。从无辜之中学习经验吧:

"上帝真的无处不在吗?"一个小女孩儿问她妈妈;
"嗯……我觉得那样问不大得体"——对哲人们的一个暗示。

真理是个女人,是这个小女孩儿的母亲。而假若真理是个女人,我们就有很好的理由假设,最富激情的真理追求者即哲学家们,还没有找到适当的方式以赢得她的芳心(《善恶》,"序言")。康复之人是否做得更好呢? "也许真理是个女人",尼采说,"她有理由不让我们看到她的理由? 也许,她的名字在希腊语中就叫鲍波(Baubo)?"鲍波? 对真理来说,这似乎是个陌生的名字,因为在厄琉西斯(Eleusinian)秘教中,鲍波是个老女人的名字,她揭露了赤裸的真理。为此,克雷芒(Clement of Alexandria)曾大为震惊。这个基督教作家揭露了鲍波在秘教中的角色,目的是搞臭古希腊宗教的名声。按照克雷芒的说法,鲍波撩起自己的裙子是想让德墨忒尔(Demeter)伤心难过;讲了这个故事之后,克雷芒引用了"俄耳甫斯的几行原诗":

据说,她褪去长裙,闪出
羞涩的一瞥;男孩儿雅库斯(Iaccus)正在那儿,
咯咯地笑,一下子把手伸进她的裙子里。

于是女神[德墨忒尔]笑了,打心眼儿里笑了,
一口干掉了杯中的酒。①

　　当时,珀塞福涅(Persephone)进了冥府,德墨忒尔正在为失去自己的女儿而伤心难过,但当她看到雅库斯触摸鲍波的下体时,她又恢复了希望。尼采怎么能以鲍波作为真理的名字呢? 鲍波公然撩起裙子,很不得体地裸露不该裸露的下体,得体的哲学怎么受得了这个呢? 也许——但单单"也许"就能在这些问题上引出任何含意吗? ——也许鲍波撩起长裙的行为仅此一次,也仅为德墨忒尔一人,仅仅因为德墨忒尔正沉浸在绝望之中,为失去她的所是、她的生育能力、她的珀塞福涅而绝望。克雷芒亵渎了鲍波所属的秘教,[305]他崇拜一位天神而妄想除掉地神们。作为该秘教的一员,鲍波象征着该秘教的密藏,即某种应该被知道的东西,这种东西在被爱者消失于冥府之后也永远不会被遗忘:生命通过性器官而得以代代相生相传。而这正是克雷芒之流想要忘却的东西。由此,我们就可以理解,尼采为什么用鲍波为真理命名,而且这个名字很合适:她以一种适当的方式保存了某种应该被知道的东西——确实有一种需要被知道的东西,也确实有一种隐藏和分享这种东西的方式。

　　如果以上就是"鲍波"的含义,那么,康复之人在结尾赞美希腊人就毫不奇怪了:"噢,那些希腊人! 他们知道怎样生活。"那些希腊人知道真理与生活的关系:真理和生活都需要"表面之物"——比如秘仪、阿提卡悲剧和阿里斯托芬的喜剧等,都是些肤浅的表面之物。尼采说,我们回到了希腊人的经验,我们这些康复之人已从我们年轻的粗俗中康复过来——所谓年轻的粗俗就是乐观的理性主义:它曾教我们相信,我们可以盯着阿耳忒弥斯(Artemis)和雅典娜(Athena)游泳时的裸体看个够,并且还能活着,还能不瞎掉眼睛。康复之人是一位语文学家;在

----

　　① 　Clement of Alexandria,《规劝希腊人》(*Exhortation to the Greeks*),II. 16 – 18。

某种程度上，他正是通过恢复古希腊人的视野才恢复了健康。尼采的哲学史将进一步扩展此处借古希腊秘教所提出的主张：那些颓废派、苏格拉底之流、理性的乐观主义者们曾经取代了早期希腊思想家们，包括希腊悲剧时代的哲人们；这些颓废派宣布，真理根本不是一个女人，而是种种永恒的形式、上帝心中的理念或机械的法则——根本不需要遮羞的衣裙。几个世纪以来，这些谣言点燃了多情的青年对真理的热爱，让他们以为可以用眼睛直视真理。但现在——一位康复之人自称已经从那种关于赤裸真理的谎话中康复过来；在康复过程中，他才渐渐发现，我们需要一种快乐艺术：需要效仿高古的希腊人，崇拜形式、色调和言辞，这是一种"表面的－要从深处走出来"的艺术。《快乐的科学》的话题就是这种快乐艺术。在该书序言的结尾，尼采似乎建议人们应该停留在表面，嘲笑那些一心探求其深奥的读者。

新哲学史的基本前提在于重新理解哲学的起源和希腊人的历史。苏格拉底是一切所谓世界史的漩涡和转折点（《悲剧》，条15），他标志着向下的转向：从赫拉克利特或德谟克利特所取得的高度上降下来，并且每降愈下（《全集》，VII 36［11］；VIII 14［116］）。不过，这位康复之人身上也体现了苏格拉底的某些基本特征。

用无知败坏青年

［306］《快乐的科学》第五卷由四十一条格言构成了一个有序的整体，每条格言都凭其位置和内容成为整体的要素。①越接近结尾，这些格言变得越个性化，从而有助于读者渐渐认同作者。其中条381尤其

---

①　Robert Ackermann 论及格言体的"缠绕""弹跳"的紧张特征，极富洞见，但他认为"设计雨点般的格言是为了制造混乱"，这个看法很难成立，因为尼采晚期诸书在谋篇布局上极具统一性（氏著，《尼采》，页38）。关于格言体，见 Picht，《尼采》，页44－45。

能实现这种功能,因为这条格言既描绘了尼采本人,也描述了尼采的隐微风格;所以我们现在有必要一开始就考虑这一条,尽管这样做有违全书的结构。

条 381 题为"关于可理解性问题"。这是第五卷的倒数第三条,意在复兴最后一条所说的那些"长期被人遗忘和不被人知的""正确阅读"的美德(条 383)。正确阅读的前提是熟悉隐微术——尼采已经在现代平等时代之前的哲人们那里重新发现了隐微术(《善恶》,条 30)。对尼采而言,"隐微与显白之间的区别"并不在于对内与对外的区别——像耶稣会那样掩藏致命的真理;毋宁说在于区分高低贵贱并保护高者的品级。尼采的论证是柏拉图的回声:最高的见识"若要未经许可地讲给那些气质上、天性上不宜听的人听时,必须——而且应该!——听起来像蠢话,某些情形下像犯罪"。蠢话或犯罪,用柏拉图的话说,就是"无用的或危险的"东西(《王制》,vi. 487a – e)。为此,哲人们必须发明一种言辞的编织艺术,以便同时完成多重使命:把最高的思想掩藏起来,以免被天性上不宜听的人听见;用非哲学的东西扭转人们对哲人的谴责;保护非哲学的东西,以免让它感染上无用的或犯罪的思想;把那些无用的或犯罪的思想传达给那些天性上适宜听的人。

"关于可理解性问题"的关键在于作者的意图:尼采坚持,auslegen is einlegen [exegesis is eisegesis,解读出来的东西就是读者自己放进去的东西];尽管如此,尼采仍认为,有一类作者能让别人领会自己的意图。尼采所说的这类作者既了解他的读者,也知道自己的主题;他能选择自己的听众,使自己的工作对某些人开放,而对另一些关闭。"一切高贵的精神和品味"都修炼过鉴别能力或选择能力,鉴别或选择已经上升为"一切风格的精致法则"。风格的意图在于传达内在状态,而好的风格则能很好地传达内在状态(《瞧》,"好书",条 4):[307]尼采丝毫不怀疑交流与传达的可能性,他成功地使内在状态的交流成为这种风格的明确特征。作者和读者都有责任:"语文学……是关于健康阅读的艺术——如何能读出事实而不用解释去歪曲事实"(《敌》,条 52)。

尼采为少数人写作。他固然不想让所有人都理解自己,但他也的

确不想让少数人误解自己:

谨慎的文风

A:可是,如果所有人都知道这一点,就会伤害大多数人。你自己都说这些意见对濒临危险的人很危险,那你干吗还公开说出这些意见呢?

B:我的写作方式是,既不让群氓,也不让 populi[民众],也不让任何种类的党派想要读我的东西。所以,这些意见绝不会成为公共意见。

A:可你究竟怎样写呢?

B:既没有用,也不令人愉快——对上述三种人来说。(《漫游者》,条71)

而对少数人(尼采想让这类人理解自己),则既要有用,又要令人愉快。尼采的作品只有被那些它打算邀请的人所理解,才会有用。

在条381,尼采说自己有两个特点。这两个特点会诱使所有人误以为尼采的作品缺乏严肃性而不屑一顾,却不会误导尼采的"朋友们"。这两个特征就是:无知和欢快。在这里,尼采以有知的方式谈论自己的无知,以严肃的方式谈论自己的欢快。这显然是自相矛盾嘛!但这种说话方式并不表明他的风格失败了——所有深谙写作艺术的人(甚至包括培根和笛卡尔)都觉得,有必要直截了当地说明他们自己在闪烁其词。而且,尼采在这里并没有用有知的和严肃的方式说出书中最深奥的东西;尼采只是借此"在我们中间"说明他如何表达最深奥的东西。

欢快最先出现——为什么不呢? 这本关于科学的书开始于六十三首题为"玩笑、蒙骗与复仇"的小调,结束于十四首"自由鸟王子之歌"。尼采的欢快——他的 Munterkeit[愉悦、活泼、欢喜、明快]——固然源于他的气质,固然只是一种天性。但他的气质和天性与他的主题如此协和融洽:他天生适合说一说最深奥的东西,并且他真的把那些最深奥的东西搞得有点儿欢快明亮(通览《快乐的科学》就会发现这一点)。这种表面艺术推开了许多人,因为他们觉得很肤浅;并且尼采把自己的文风搞得像快进快出的冷水浴,这就把那些人推得更远了。[308]"'彻底之人'——那些求知缓慢的人认为,缓慢才是知识的本质"(《快乐》,条231)。他们当然不知道无知的尼采自称知道的东西:深处寒冷产生迅捷。尼采的第二个比喻给这些人当头第二棒:这些问题并不是一堆鸡蛋,不必日日夜夜地趴在上面等着孵出小鸡——它们是小鸟儿,是怕人瞧见的小鸟儿,如果人们非要瞧一瞧,那也只能斜斜地瞟一眼,或在它们飞速掠过时瞄一眼,压根儿不可能孵化或捕捉它们。

尼采的简捷把风格与内容联结起来,强调追求者和思想之间的对称性。在尼采的诗篇中,有一个主题频繁出现:即猎人与猎物之间的相似关系。尤其当这些诗篇转向本质性问题的时候,更是如此:比如在《快乐的科学》第四卷的核心章节"意志与浪潮"(条310),或者在最后一首诗"致北风"中。如此一来,读者就必须做作者嗤之以鼻的事情:无疑,尼采的读者必须日日夜夜趴在这些诗篇上,以便领会其中的深意。尼采以这种风格鼓励学生模仿自己的反面。戏剧《扎拉图斯特拉如是说》既要造就门徒又不要造就门徒,这表明:在这些人中绝没有扎拉图斯特拉式的人。正如丕希特(Georg Picht)所说,尼采并不是一个新族类的典范,根本不能被自己的追随者们所复制;作为一位"天才哲人",尼采有一种独特而非凡的风格。①

在进入自己的无知之前,尼采又指出了自己简捷风格的最后一个优点:简捷可免于伤害无辜之人。尼采说得已经够简捷了,但他还要使它"听起来更简捷",这完全不是为了让人听懂嘛:非道德主义者走出自己的非道德方式是为了避免造成伤害。尼采以简捷风格善待那些没有伤害过任何人的善良朋友。由此可见,尼采式简捷是对苏格拉底式正义的效仿。尼采,这位非道德主义者像非道德主义的楷模柏拉图(《敌》,条496)那样,不仅避免伤害无辜,还激励他们,提高他们,鼓励他

---

① Picht,《尼采》,前揭,页114,297。

们追求美德：尼采是一位教导美德的非道德主义者。不过，尼采并没有回避自己的思想对既定秩序带来的危害，甚至还大肆炫耀——他的修辞术远比培根或笛卡尔更为公开，因为后者尽管一心想要危害古老秩序，也仍然有意隐藏这种危害。

尼采的修辞术要避免伤害谁呢？谁是无辜的人？"两性中的笨伯和老处女。"在《善恶的彼岸》中，尼采曾把学者描述成老处女（条 206；《快乐》，条 357 也说到老处女）。不过，怎样鉴别笨伯和老处女呢？对此，尼采在本段结尾时特别指出："und 'das habe ich gesehen'——also sprach Zaratustra. [并且'我已经看见了这种人'——扎拉图斯特拉如是说]。"《扎拉图斯特拉如是说》中并没有这样的话；[309] 不过，扎拉图斯特拉也确实看见了某些类似笨伯和老处女的人。这些人因尼采的教诲激动莫名地去追求美德：在第四部分，超人们为扎拉图斯特拉的教诲而激动万分地去追求美德，去庆祝生活（这是尼采的新美德）。尽管他们被尼采的简捷方式推开了，从而无法窥见尼采教诲的真正基础；但是，他们仍然参与了这种基础之上的美德。如果这就是此处"扎拉图斯特拉如是说"的含义（不要忘了，《扎拉图斯特拉如是说》第四部分当时仍然只在少数几个朋友中传阅），那么，这个句子就是一种恭维：你们这些笨伯和老处女哦，我真是为你们而写呢；你们这些无辜之人哦，我不会败坏你们的道德。还有什么东西会更败坏人呢？

以上是尼采风格的第一个方面，即尼采式的欢快；它使尼采采取了苏格拉底式的说话方式。尼采风格的第二个方面则是：公开承认自己的无知；这使尼采采取了苏格拉底式的认知方式。尼采的无知比他的简捷"还更糟糕呢"，但他毫不隐瞒自己的无知，尤其不对自己隐瞒：因为"我们的使命"（即一位当代哲人的使命）"现在是而且今后也是：切勿把我们自己误当成别人"。哲人的使命一直都是"认识你自己"，尽管最终不可能获得完美的自我认识。①尼采说，当代哲人能够知道的也就下面这么多：知识在不断增长，而随着知识的增长，连最博学的哲人都

---

①　见 Strauss，《注意尼采〈善恶的彼岸〉的谋篇》，页 182。

会发现,他们自己知道得太少了——知识的增长使哲学认识到自身的局限。不过,认识到自己无知本身也是一种进步,因为倘若哲人们知道得太多,说不定会更糟哩——人们一度坚持,只有上帝才是有智慧的知道者;如果那些哲人认为自己就是知道者,那他们岂不是跟上帝一样了。

尼采认为哲学上的怀疑论伴随着科学知识的进步;关于这种看法,历史上也有先例。在《斐多》(*Phaedo*)中,苏格拉底曾叙述过自己如何渐渐发现科学解释的局限(96a – 100a);这个发现让苏格拉底终生为哲学而奔忙。这就是苏格拉底的"第二次航行"。因为苏格拉底意识到,其他人不久就会分享到自己的经验,也认识到科学的局限,最终就会攻击科学,反对知识:即 misology[厌理病],因自己对科学的信任遭到背叛而厌恶理性本身。而厌理病又会导致 misanthrope[厌人病],即憎恶那些充满理性的人。苏格拉底的第二次航行似乎是为了在科学所遭受的挫折之后保存哲学,是已经无知的人(the already ignorant)为即将无知的人(the soon – to – be ignorant)所付出的努力。在其生命的最后时光里,苏格拉底私下回顾了自己为了朋友们而度过的一生;在回顾中,所有的思想情感都归结为一个问题:[310] 能够从一切过往中保存下什么。苏格拉底让年轻的科学追慕者们认识到:承认自己无知的哲学才是最珍贵的财富,必须摆脱科学在知识上的错位信仰而保存哲学,必须为一切仁爱(philanthropy /爱人类)的理由而保存哲学。

认识到无知,或更委婉地说,即认识到知识的局限,这种认识后来在苏格拉底传统中出现了另一座高峰。笛卡尔似乎就想在这种无知之知的基础上坚持绝对的确实性,尽管他也承认,此类主张永远只能建立在某个偏见的基础上(《方法谈》,iv. 37 – 39)。在面对一个主张绝对知识(为了知识本身及其科学)的强大对手时,哲人笛卡尔暗地里承认无知;而为了自己的新科学,笛卡尔又公开宣称绝对的确实性。由此可见,笛卡尔的新科学与旧科学站在相同的立足点上——"做一个哲学家就是做一具木乃伊——装扮得倒像个掘墓人,提出的却是单调乏味的一神论"。

以前的哲人们早就明白隐微与显白的区分，他们习惯用显白来掩饰自己的无知；他们只是在明知道自己缺乏某种知识的时候才声称自己拥有那种知识。尼采在第五卷表明，柏拉图是那类假装自己有知识的最伟大的哲人典范。但如今，在笛卡尔式信仰的包围下，尼采这位新哲人竟公然炫耀一种健康的无知——他再次宣布最高的人类智慧就是无知，他成了苏格拉底式的哲人。尼采以欢快方式证明无知，坚持从某些生理特征上区分单纯的学者与有知识的哲人（即知道自己无知的哲人）：需要、生长、消化和品味。今日的苏格拉底们可不是柏拉图主义者；他们绝不自称拥有纯粹心灵（即超然于口腹之欲之上的、净化了的精神），也绝不自称自己已经把握了善本身（《善恶》，"序言"）。新哲人的品味有助于他那最具个人色彩的愿望——他希望自己的精神变得像个舞蹈者，因为舞蹈就是他的理想，就是他的"神圣仪式"。新哲人扮得倒像个舞蹈者，突袭的却是单调乏味的一神论。尼采是一位欢快的苏格拉底分子和有知识的哲人：他有足够的知识以便认识自己的无知。他希望人们懂得，如今最高的愿望就是舞蹈者的精神：哲人的精神要配合事物的舞动。尼采引诱别人进入自己欢快的无知中去，他这是在败坏别人。尼采知道自己将会被带到审判席前，因为他知道，世间永远都不缺少媚劣彙士们（Meletuses）。①

老蝎蛹化为新蝴蝶

[311]尼采这种配合着舞蹈理想的风格也有其先例，即普罗旺斯风格或高贵地 la gaya scienza[快乐的科学]——该书副标题和《瞧这个

---

① ［译注］Μέλητος/Meletus，苏案原告之一，号称诗人。这个名字含有"关怀/关心"（μελέτη）的意思，而在柏拉图笔下，这个"关心君"显得挺关心青年和城邦信仰的样子，其实不过是个媚劣彙士。参柏拉图，《游叙弗伦》，2c；《申辩》，24c。

人》(《快乐》)都标明了这种风格。尼采试图用格言体散文再现行吟诗人们的风格；那种风格是现代欧洲诗歌的源头活水；它有一种清晰可辨的品质，阿诺德(Matthew Arnold)称之为"迅速"。迅速与庄重是否相谐？阿尔比教派(Albigensian)十字军曾经镇压过行吟诗人并焚烧了他们的诗歌，尽管其首要目的是镇压卡塔尔派教徒(Cathars)和里昂的穷汉们。尼采复兴行吟诗人们的艺术，也就等于复兴那种教会觉得必须予以镇压的优雅的庄重。第五卷一方面重思了西方文化史，包括中世纪教会史，同时也以散文形式再现了行吟诗人的欢快风格。因为"风格本身是纯粹的愚蠢"(《瞧》,"好书",条4)，复活行吟诗人的风格就等于挑起一场精神战争，而敌人就是这样一帮人：他们处心积虑地要粉碎这种风格的肤浅表面，并用他们的庄重和恩宠压碎整个欧洲。尼采聪明地选择了自己的武器：他选择那让人愉快的东西。尼采"在最起码意义上是一位音乐家和一位艺术家，他给自己的读者带来了愉悦"。①

欢快、简捷和无知的结果就是某种极简主义风格或内容的浓缩；对此，尼采说，"我对风格的感觉，即格言体"。在这种文风中，"每一个词——作为声音、作为位置、作为概念——都向整体的左边、右边和上面倾泻其力量"。尼采通过"这种极小化的符号内容和数量"，获得了一种"极大化的符号力量"(《偶像》,"古人",条1)。尼采欢快的极简风格尤其明显地体现在他关于最基本事实的教诲上——即权力意志和永恒复返：关于存在与价值的教诲。尼采只是偶尔短暂而快速地碰触一下这些问题，但这种方式恰恰决定了这些问题的分量和价值。第五卷正是以这种方式对这些问题予以倏然一瞥——在最重要的时刻，只用眼角的余光匆匆一瞥羞怯的小鸟儿们。

作为风格上的战略家，尼采毫不逊色于敏锐的培根；尼采使自己的风格适合一个比培根更激进的意图：彻底改变哲人的公开形象。尼采在反思禁欲主义教士的时候，简明扼要地表达了这种革命性的改变：

---

① Blondel，《尼采》，前揭，页39。

让我们简要概括一下这些事实:哲学精神甫一出现,总要戴上一个面具,[312]把自己包裹在以前已经确定下来的沉思者的类型中——教士啦、魔术师啦、预言家啦,反正都是宗教类型的人——以便能够生存:长期以来,哲人都把禁欲主义理想用作一副**现身模样**,当作一种生存前提——哲人为了生存,就必须表现出禁欲主义的样子;为了表现出这个样子,他还必须相信这个样子。哲人这种奇特的隐遁姿态——否定尘世、敌视人生、怀疑感觉、解脱情欲——已经保持到最现代的时代,实际上成了哲人的**绝佳造型**(pose par excellence)——这首先不过是哲学产生并幸存于其中的紧急状况的结果;在最漫长的岁月里,若没有禁欲主义的包装和外衣,若没有一种禁欲主义式的自我误解,哲学压根儿就不可能存在于地球上。形象地说:直到最现代的时代,禁欲主义教士还在提供那种讨厌的、阴暗的毛毛蛹外壳,直到最近才将那灰突突的、讨人嫌的毛毛蛹外壳交出来;而以前,只有在这种外壳中,哲人才能生存,才能溜来爬去。所有这些真的已经变了吗?那多彩的、危险的、长翅膀的生灵,那躲在这种毛毛蛹里的"精神"真的由于一个更阳光、更温暖、更明亮的尘世而终于脱蛹而出、自由飞翔了吗?如今有没有足够的骄傲、胆量、勇气和自信可用,有没有足够的精神意志、责任意志和意志的自由,从今以后"哲人"——可能在世上生存吗?(《道德》,3.10)

"哲学产生并幸存于其中的紧急状况"还存在吗?尼采冒着一切风险,答道:不存在。不是蠋蛹,而是蝴蝶;不是教士,而是舞者;不是禁欲主义者,而是行吟诗人——后者才是尼采式哲人的风采,它们才符合思想者的内心、他的律动、他的轻盈、他的强烈愉悦。快乐! 热爱生活! ——哲人终于可以坦白地说出柏拉图的苏格拉底、培根和笛卡尔只能暗示的东西:生活因其本身而值得选择;哲学作为人类生活的最高形式、作为最快乐的快乐而值得选择。于是,哲学就能宣布自己活下来了吗? 于是,哲学仅仅通过把快乐等同于简单就能为那些非–哲人证明非禁欲主义的美德（即承认快乐是尘世的基本品质和肯定特征）了吗？
于是,哲学就能公开地攻击公共美德的老管家们,而不必再迎合他们了
吗？ [313]这就是尼采反柏拉图主义的意义——他反对另一个世界,
反对哲学只有同彼岸世界结盟才能生存下来。

尼采否定了过去所有哲学皆以为必要的禁欲主义谎言,摈弃了柏
拉图主义的高贵谎言;后者肯定流变之物背后有一个永恒,坚持公共美
德依靠对道德永恒、对上帝和灵魂的信仰。谁会如此短视,竟至于要毁
掉哲学本身赖以生存的公共美德,要破坏文明的种种条件(这些条件使
人有可能见识到真理与谎言)呢？ 这个家伙难道不是灵魂残废不全吗？
这颗残废的灵魂难道不是自杀的灵魂吗？ 难道不是以阿里斯托芬笔下
的苏格拉底为榜样吗？ 难道不是一个满不在乎的思想家,竟至于认为
斯特瑞普希阿德斯(Strepsiades,[译按]参阿里斯托芬的《云》)有权烧掉自
己的思想所吗？

"如今,这一切都结束了",尼采如是断言。哲学与禁欲主义的勾
结已经无可挽回地改变了哲学的处境。培根和笛卡尔式科学的成功也
已经改变了哲学生于其中的公共世界。为了避免卡珊德拉的失误,哲
人必须知道自己在哪里——哲人尼采第一个从现时代之外的立足点上
来评估现时代。"上帝死了"——其全部字面含义就在于,尚需另一个
宗教来满足宗教的自然循环。事实上,随着这个上帝的死亡,"柏拉图
主义也躺在了地上"——要不是这样,那可能就有点儿乏味了。柏拉
图主义之死是个十分了不得的事件:它标志着对道德永恒性信仰的终
结,标志着哲学曾必须隐匿其中的古老禁欲主义的终结。尼采的公开
风格在哲学中是前所未有的;从亚里士多德到笛卡尔主义者,所有庄重
严肃的柏拉图式哲人无不为尼采的欢快和无知而感到震惊不已。没关
系! 既然他们曾一度为了生存而明智地强迫自己肯定某个彼岸世界并
接受它的引导,那么,他们现在也不会愚蠢到竟至于不承认那个世界正
在消逝。哲学的处境已经改变,哲学本身也必须改变。根据尼采的历
史性判断,迫于现时代的压力,哲学产生于其中的紧急状况已经让路给
"历史的终点"上的全球社会——末人世界。历史的终结就是哲学的

终结:如果所有人都已开明启蒙,就完全没有必要无知,就完全没有必要孜孜地热爱智慧。从此,新哲人就开始炫耀自己的无知,并使某种与哲学在历史上的无知相协调的哲学史成为可能:在过去的历史中,哲学一方面承认知识的限度,一方面为了自己的生存而容忍某些不可能的知识宣称。哲学的无知与哲学的知识(即真正认识到自身现在和过去所处的世界)协调一致,也与深刻而有知的行动协调一致(比如在培根或笛卡尔等哲人那里)。尼采那些见识深刻的败坏行动也是为了传达一种知识:[314]知道我们站在何处。尼采那欢快的无知很符合他的身份:他是一位极北人,看清了"历史的终结"的真面目———一种基于无知的真诚的公众信仰,却被当成了知识,因而成了哲学的致命之物。

尼采反对历史的终结和哲学的终结;这迫使哲学不得不走出来,走向公开,露出它可耻的过去:一个掩饰其无知的必要谎言史。不过,这可耻的历史仍然含有某种并不可耻的东西:哲学的爱人之心。现在,这颗爱人之心使哲学甘愿冒着最伟大的危险:说出关于哲学的真理,以便在至上的生成上、在一切概念类型和种属的流变性上、在人与动物之间毫无根本差异的基础上建立一种公开的哲学。尼采的哲学史暗杀了柏拉图主义,同时又与柏拉图哲学拥有相同的灵感来源:philology[爱理性/爱言辞/语文学]和 philanthropy[爱人类/仁爱],亦即热爱 logos,热爱作为 logos 之家的存在。

"我们大无畏之人"———整个第五卷都体现了这个意味深长的标题。但作者与听众之间在无畏方面是否有某种差距? 当然有! 请看第五卷卷首的那则箴言:

你这副骨架子哟,发抖了吧? 你要是知道
我正带你去哪里,你定会抖得更厉害。

无畏而有知的精神嘲笑着颤抖而无知的身体。作者那有知的精神是不是也在嘲笑读者那无知的、骨架子般的心智呢? 我们要是知道尼采在第五卷要把我们带到何方,我们会不会抖得更厉害呢?

第十三章　快乐的科学之二:超欧洲的 欧洲哲学—宗教史

> 我看哪,哲人们的秘史已昭然若揭。
>
> ——尼采(《瞧》,"序言",条3)

极北人在第五卷揭露了隐秘的哲学史:在他看来,这种历史完全不同于哲学一度自说自描的任何传说。哲学起源于希腊悲剧时代,当时的哲学远远胜过希腊颓废时代的哲学;而后者始于苏格拉底,此人似乎败坏了"古代最美好的果实"柏拉图。柏拉图给哲学打上了标记,定下了基调,把后来所有的哲学家和神学家都拉上了同一条小路:"高级欺骗"之路。伊壁鸠鲁奋起保护高古的希腊人的视野,保护哲学免受苏格拉底的败坏,因为苏格拉底的道德化已经使哲学本身转而反对科学。但伊壁鸠鲁最终还是被一个家伙给打败了,这家伙就是奥古斯丁:此人倒有几分像柏拉图分子,其实却是个神学家;奥古斯丁的动机十分可疑,一如柏拉图的动机毫不可疑。奥古斯丁之流为了宗教而拘捕了苏格拉底式哲学,几乎把哲学的其他形式完全逼入了地下。一批批文艺复兴分子力图复兴希腊哲学追问的快乐精神,但每个人最终都沦为宗教奋兴运动的牺牲品,沦为十字军运动和宗教裁判所的猎物(其中最要命的是路德的宗教运动,因为它催生了"诸现代观念")。然而,在现代文化的极大反抗和抵制下,欧洲慢慢重新赢得了古人发明的那些方法(凭借这些方法,本来可以重新理解世界,并在知识的基础上建立起一个文明),尤其那无与伦比的阅读艺术和与之相伴的智性诚实的性情。然而,现代科学为了自身的利益,不惜服务于现代政治;斯宾诺莎的观念(即生命追求自我保存)竟成了我们的正统教义；而这种教义又进一步加固了哲学与现代政治的最高理想(即安逸的自我保存)之间的勾结。沿着这条道路，现代德意志哲学(莱布尼兹、康德和黑格尔)做出了实质性的长期推进；[316]不过，这种推进恰恰暗中破坏了他们依然效忠的宗教和政治视野。叔本华给那种狭隘的宗教视野以决定性的一击，与之决裂，并从一切必须开始之处重新开始，从当前的最大事件(即上帝之死)重新开始。"上帝之死"这件大事势不可当地加剧了柏拉图主义之死。于是，通向极北地的道路才渐渐依稀可见；这条道路将成为整个千年迷宫的出口：重新回到高古的希腊人那里，重新找回科学的方法，摆脱下述更大的现象(哲学因此成了一个最新的征兆)：对自然与历史的道德化误读。

以上简要总结了《快乐的科学》中所呈现的尼采式哲学史。这种历史是一幕幕反对单调乏味一神论的战争史——波澜壮阔、英勇大胆、令人振奋。这种战争史本是为了肯定地看待我们精神的过去，学会感激过去：用感激之情召唤地下那些与尼采类似的、但被深刻误解的精神先驱们——"因为人天生都这样去感激：误解他的恩人们"(《偶像》，"漫游"，条44)。出于感激，尼采的哲学史想恰当地理解恩人和罪犯，想知道我们应当把天才人物的偶然出现归于什么原因，想理解并评价伟大立法者—思想家在多大程度上决定了我们的历史。

对尼采而言，哲学并非出现在真空状态，因而也不可能在真空中呈现哲学史；哲学史必须借用单调一神论者迄今还不知晓的"历史感"。对历史感而言，一切都变化不定——但"死亡、变化、年岁，还有孕育和生长"都不是"反对"或"决绝"的理由(《偶像》，"理性"，条1)。要恰当地运用历史感，一种"恰当的物理—心理学"就是必需的——它能够理解人类行动的根源(《善恶》，条23)。不过，这种物理—心理学还要取决于某些更根本的东西：即尼采思想中真正的基本洞见，"从内部看世界，即根据其'智性特征'来界定和确定世界……它也许就是'权力意志'，此外什么都不是"(《善恶》，条36)。第五卷只是间接地提出并讨论了这个基本洞见及其如何可能的问题(也就是以前所谓的"本体论"及其

"认识论");同样,第五卷也只蜻蜓点水似的涉及那种出自根本洞见的伟大肯定(即肯定永恒复返)。由此看来,第五卷似乎没有详尽地阐述尼采思想的根据(即存在、认识和评价的根据)。不过,尼采明确断言这些问题就是根本问题;同时,他也恰如其分地表明,必须用恰如其分的方法来处理这些问题。在涉及这些根本问题时,[317]尼采总是以一种拐弯抹角的、声东击西的、嬉笑怒骂的方式碰触它们。不管在本书还是在其他作品中,尼采总禁不住要恰如其分地 Versuche[尝试]一下:先在那最可能知道的东西上面("认识你自己")获得一些实验性的推论;然后借助这些推论,试图瞥见最难以捉摸的、最隐藏不露的、但也最迷人的问题。而且这种尝试还打算在拒绝与肯定中挑起进一步的试验。

就研究尼采的哲学史而言,《快乐的科学》第五卷是个不错的着眼点,因为它以尼采的方式呈现了尼采的哲学史:他的哲学史就好比一团头绪繁多的绣帷上的一个重要线头儿,要想看清这个线头儿,首先必须理清其他主要的线头儿——哲学、心理学、语文学结合历史共同呈现出了一个新的广阔视野;每方面的见识都支持并补充着其他方面的见识。正如洛维特(Karl Löwith)所说,尼采的新哲学是"一个格言中的体系";①第五卷的四十一条格言都"体系化地"呈现了尼采的"体系"。当然,这不是建筑学意义上的体系,它既没有一种关于认识、行动和评价的永恒结构,也没有在有限的段落里呈现全部智慧或知识。说尼采的作品是"体系化的",是指这些作品都是有主题的戏剧性整体;只不过这些整体充满了更多的旁白、嘲弄、反对与回答、玩笑、辱骂和迷惑而已。第五卷以罕见的力量和迫切之情把那些宽泛杂乱的格言堆积起来,进而凝聚起来,把诸多相互连续而又彼此交叉的见识熔为一炉,并裂变成了一片全面而肯定的视野。

---

① Löwith,《尼采的"相同者的永恒复返"哲学》(*Nietzsches Philosophie der ewigen Wiederkehr des Gleichen*),页15。

哲学和新近的最大事件:从快意欢呼
到虚无主义(条 343 – 344)

我们欢呼的含义(条343)。上帝死了,我们为此欢呼。作者似乎并不是条125中那个绝望地宣布上帝之死的大疯子。作为一位"天生的猜谜者",尼采似乎想和自由精神们一起分享上帝死后的自由解放感:把尘世从那颗旧太阳上卸下来,完全擦去古老的地平线——这让我们快意欢呼,毫无惧色。但我们之所以能无畏地欢呼,是不是因为我们还没有彻底领会这件大事带来的一切后果呢? 它会不会也让我们付出某种代价——也许付出我们欢乐的道德呢? 作者毕竟很可能就是那个大疯子啊。

这种开篇方式让人觉得,尼采在随后的章节里将要扮演先知的角色。谁"会被迫扮演教师呢"? ——尼采。尼采绝不是大煞风景的人,他可不想破坏那场庆祝上帝之死的舞会。[318]但是,只有面对上帝死后紧接而来的种种后果,我们才能真正赢得我们的欢乐和无畏。诸神虽然死了,但人们依然在洞穴中摆弄诸神的阴影,并且竟长达几个世纪之久(《快乐》,条108);所以,还必须克服那些"令人不寒而栗的阴影"本身。为此,我们必须努力理解那个起初令我们欢呼不已的事件的种种后果,因为上帝之死固然自有其逻辑,但它毕竟是个"错误的荒诞逻辑",这个事件的意义远没有事件本身那么显而易见。

第五卷的开篇就是这样一个宣言:必须扮演欧洲虚无主义之意义的教师。虚无主义这个词直到《扎拉图斯特拉如是说》之后才开始出现在尼采的作品中(《善恶》,条10;《悲剧》,"序言",条7),并且第一次在《快乐的科学》第五卷得到分析。①要理解欧洲的虚无主义,就要重新理

---

① 关于尼采的虚无主义概念的来源,参 Ottmann,《尼采》,页 329 以下;Müller – Lauter,《尼采》,页 66 – 68。

解过去：即《论历史对生活的利与弊》所呼吁的，以一种非–黑格尔的、非–基督教的方式撰写历史。于是，随后的章节便试着以一种陌生的、但清晰的方式阅读古希腊哲学、基督教的起源、中世纪教会、文艺复兴、宗教改革、现代哲学和现代宗教。这种自由的阅读方式摆脱了对进步的信仰，摆脱了对"当代是历史的终结"的信仰。尼采无处不在争辩说，关于上述那些事件，传统的解读都是不公正的和错误的；既然如此，他自己的解读就会更公正、更正确吗？这个问题也是尼采自问的问题。尼采一面主张自己解读是公正而正确的，一面又质疑这类主张的根据，从而一再迫使读者问：尼采的解读会更公正、更正确吗？

根据"第一位后–虚无主义思想家"，① 欧洲的过去早就预示了欧洲虚无主义，并且使这一历史性的精神事件变得不可避免，变得可以理解。尼采已经迫使我们直面虚无主义，从而破坏了快意的欢呼；然后，他又让读者相信，欧洲的过去还可能预示了另一些东西：这些东西也许来得比较晚，但能为快意的欢呼提供正当的基础。快乐的科学首先冒险驶入当代的虚无主义之中，然后再驶出来，航行在"敞开的大海"上（象征着某些从未见识过的东西）。尼采用"敞开的大海"这个意象结束开篇一节（亦参条 289，"上船"）；这很容易让读者想起，他早先在《论历史对生活的利与弊》和《扎拉图斯特拉如是说》中也都使用过这个意象。（尼采对《道德的谱系》的读者说过，他希望读者"已经读过我此前的作品，并且已经不觉得麻烦"[《道德》，"序言"，条 8]）。[319] 在《论历史对生活的利与弊》中，"敞开的大海"表示一种危险：生活若要得到养护，就必须要有一个封闭的大气层；而科学一旦开放就是致命的，它将破坏那个封闭的大气层（《历史》，条 10）。在《扎拉图斯特拉如是说》里，"敞开的大海"代表一个承诺：扎拉图斯特拉的婚姻之歌一旦自由开放（《扎》，3.13），就宣告了对大地和天空的新理解，并为开放的新追问提供了基础。《快乐的科学》第五卷重述了这个承诺，并以更加严肃的普罗旺斯式快乐重新肯定了"敞开的大海"。

---

①　Ottmann，《尼采》，前揭，页 373。

我们依然虔敬的方式(条344)。新近的最大事件投下了一道令人战栗的阴影。这阴影威胁着科学，并使之黯然失色。尼采证明说：科学，这种出于某个信念的虔敬选择即便拥有一个完全可以理解的历史宗谱，也不可能为自己找到科学的正当根据。对无神者们来说，并不是所有的神都死了：因为科学的根本信念仍然是个神圣的残余，是基督教信仰和柏拉图信仰(真等于善)的延续。不过，自由精神们的真正虔敬将强迫他们进一步审查自己的虔敬；他们的道德将迫使他们进一步追问"作为问题的道德"(条345)。并且"我们的工作"将成为"我们的问号"(条346)：我们是不是虚无主义者？

开篇几条充满戏剧性，以其特有的速度带领读者穿过一连串大事件；这些大事件即将展现出：新近的最大事件中所隐含的"错误的荒诞逻辑"如何一步步展开。尼采设想自己是个被动的追问者，被迫沿着一个无情的问题旋梯，首次下到虚无主义的深渊。可是，这个追问者不是早在三年前就完成《扎拉图斯特拉如是说》了吗？鉴于《快乐的科学》的修辞意图，尼采只好假装不知道《扎拉斯特斯拉如是说》所取得的成果，以便带领读者从一条新路重新走到扎拉图斯特拉身边。一位书写未来事件的史家、一只"预言的精神之鸟在说明即将到来之物的时候，会向后看"(《全集》,VIII 11［411］)：尼采必须给读者留出足够的时机，使他们信服。

我们依然虔敬的方式——自由精神们很难再把虔敬看作美德；尼采开篇关于科学的反思就是讲给这些自由精神们听的。尼采本来可以换一种说话方式：假如这里的"虔敬"是指对科学的信念(相信科学是对真理的追求)，那么，尼采本来就可以像通常那样，轻而易举地谈及"智性良心"或者"最年轻的美德即诚实"；这样，他就可以使自己的立足点与读者们的美德靠得更近。但如此一来，这些高尚的言辞就有可能妨碍尼采的修辞重点，因为尼采旨在刺激虔敬的美德反对它自己，并迫使虔敬者虔敬地质疑他们的虔敬。[320]既然"完全客观的人"一直服从着客观性的命令，那么，现在也就必须服从客观性的下一条命令：承认那种服从行为本身并不客观。不过，承认科学的道德或虔敬起源，并不一定导致拒绝那种起源。尼采的科学谱系学导向了一种双重的肯定：既肯定科学的虔敬起源，也肯定这些起源的其他产物。尼采在第五卷开篇就表明了如今科学追问的方向：质疑科学本身的基础。

"人们说得很有道理"：科学的命题不是信念，而是假设和暂时的观点，永远处于"不信任"警察的监视之下。只有科学不再允许自己相信任何信念的时候，科学精神的培育才有可能开始。尼采描述完科学的自我造型之后，就以一个很合乎科学的暂时性说法作结："大概就是这么回事吧。"科学要开始，首先要培育科学精神；但是，这培育又如何才能开始呢？通过选择。但这种选择仍然基于一种信念，而这个信念的价值又不可能得到进一步的确证。那个促使人们检验所有信念的信念却不用自己的标准去检验自身；人们基于某个信念而选择去做不带任何信念的事情。科学仍然基于某种信仰，这个信仰的首要信条就是："没有什么东西比真理更必要；与真理相比，其余一切都只有次等价值。"

这种绝对的求真意志是什么？尼采回答说，那就是既不愿受骗、也不愿骗人的意志。但这两个备选答案显得相互排斥并相互抵消，并且基于完全不同的理由：前者基于一个假定，后者基于一个道德信念。

前一个备选答案暗示：受骗是有害的；科学（作为对真理的发现）是一种长期有用的谨慎的努力。在《扎拉图斯特拉如是说》第四部分中，科学拥护者曾为上述科学观大加辩护（《扎》，4.15）；这类富于献身精神的专家相信：科学就是启蒙，就是用有知的幸福取代无知的恐惧。但这种主张不经一驳，因为它本身就建立在无知的基础上：科学一开始就断定了它一开始还不可能知道的事情：知识对认知者而言是好的。它怎么知道这个判断是对的呢？而且，科学有了经验之后也会承认：对生命而言，非真理和真理同样重要。如果真理和非真理都能不断地证明自身的有用性，那么，"真理是有用的"这类结论就无法产生"真理是最高的价值"这个信念——"事实确实如此"。实际上，真理的无用性倒总是显而易见，因此，第一个备选答案实在是基于无知，基于一种可治愈的无知。

[321]第二个备选答案（"我不愿骗人，也不愿骗自己"）使求真意志成为一种道德现象；科学人由此把自己纳入了道德宇宙之中。在这里，整个论证通过一连串暗示产生了一种迅猛的冲击效果，最后得出结论：上帝，这位真理的长期保证人是我们最古老的谎言。为什么不骗人呢，如果生活应该显得——"而且确实显得"——更喜欢表面假象，既然生活的巨流显然存心偏向最狂肆的 polytropoi［变化多端的/机智多谋的人］？polytropoi 这个词出自《奥德赛》第一行：奥德修斯被描绘成一个靠欺骗别人和避免被人欺骗而生活的"诡计多端的""见多识广的"或多才多艺的人（《奥德赛》，X. 330）。科学的命令是"我不愿骗人"，而生活却更喜欢狂肆的奥德修斯身上所体现的东西；科学与生活相互抵牾。由此可见，科学很可能表达了一种敌视生活的破坏性原则或一种隐秘的求死意志。对科学的信仰仍然基于一种"形而上学的信仰"，即基督教信仰和柏拉图主义信仰：相信上帝就是真理，真理就像上帝。但"如果上帝本身也证明是我们最长久的谎言"，那么，我们欢快的科学本身也就失去了真正的基础。

尼采的戏剧辩证法引出了一个为培根和笛卡尔的当代弟子们所熟悉的结论：现代科学作为基督教信仰和柏拉图主义信仰的继承人，同样基于一种毫无根据的理性乐观主义：即相信人们能够知道真理，相信真理会给人们带来自由。此外，尼采还就这项道德事业下了一个独特的判断：它的目的在于创造一个比这个世界更好的新世界，其动力源于对这个世界的仇恨。如果现代科学本身也心怀某种高贵的谎言（真等于善），它又怎么可能不毁掉自己的美德呢？再者，科学一旦自我毁灭，那么，错误、蒙昧和谎言会不会成为神圣之物？fröhliche Wissenschaft［欢快的科学］难道就是要给这些东西加冕不成？难道要以愚昧的野蛮取代科学的文明不成？要真是这样，耶稣会难道不正是最好的方式吗？

尼采将用整个第五卷来回答开篇提出的上述问题——尼采的回答是：既不放弃科学的原则，也不欣然接受某种新谎言。生活最喜欢那些 polytropoi，那又怎样？这个词似乎为尼采的论证提供一条线索，这个荷马式线索非常适合语文学家尼采：因为在荷马与柏拉图之间那场古代

争论、那场"彻底的天才对抗"(《道德》,3.25)中,尼采恰好站在荷马的
阵营中。①在《希琵阿斯后篇》(*Lesser Hippias*,或"论谎言")中,柏拉图探
讨了 polytropoi 问题。[322]柏拉图借苏格拉底之口反思了荷马的看
法:在荷马笔下,谁是最好的人? 最好的人是那位按真理行事的正直朴
实的阿喀琉斯(Achilles),还是那位按谎言行事的狡诈多谋的奥德修斯?
智术师希琵阿斯为荷马的道德解释作辩护,竭力证明阿喀琉斯是最好
的人:因为他坚持"一个人必须大胆地说话,不顾一切后果"(365a,引自
《伊利亚特》,9.308-312)。阿喀琉斯认为"心里一套,嘴上一套"的人最
可恨,而希琵阿斯也觉得这种人很可恨。二者都认为或者希望:真与好
相互联系,好会成为真的助手。但苏格拉底却证明,荷马笔下最好的男
人是奥德修斯,因为他鬼点子多多。奥德修斯自觉自愿地说谎,并且说
话时顾及后果;这表明,奥德修斯既有能力又有知识(375d),他不愿意
把自己行动的结果托付给虔敬的希望——希望某种道德秩序会增强真
实之物。如果把正义理解为能力与知识的结合(375d),那么,奥德修斯
就是正义的人;他的正义要求他说谎。苏格拉底注意到,既然荷马已经
不在了,我们就没法问他在创作自己的诗行时到底是怎么想的(365d);
但对话本身似乎显示:希琵阿斯自以为自己知道荷马当时怎么想,其实
并不知道;而苏格拉底根本没有声称自己知道荷马怎么想,其实却知
道。荷马笔下最伟大的人奥德修斯知道背信弃义的必要性;柏拉图也
知道:他笔下的苏格拉底几乎公开为背信弃义的行为做辩护。柏拉图
《王制》就充分显示了说谎的必要性。在对话行将结束时,柏拉图把苏
格拉底比作再生的奥德修斯或改善了的奥德修斯:他不再热爱荣誉,转
而自由地运用自己的智慧和欺骗过着私密的、无人赏识的哲学生活,并
高度赞美哲学,把哲学作为道德生活的新基础。《王制》第十卷以那位
新奥德修斯的诗歌取代了荷马的诗歌,并建立了新哲人的统治——这

---

① 关于 polytropos,参 Clay,《雅典娜的愤怒》(*Wrath of Athena*),页 29-
34,64,96。

类哲人就是所谓理性乐观主义的教师,就是道德诸神和不死灵魂的
教师。①

"一位完全怀疑柏拉图的人"很可能熟悉《希琵阿斯后篇》中的怀
疑论,并且很可能认为,柏拉图本人也是生活最喜欢的狂肆的 polytropoi
之一。柏拉图本人超乎善恶之外:[323]他培育了一套柏拉图主义信
仰(即相信真等于善),并借此建立了一种新善恶的统治地位;但柏拉图
本人并不相信那套柏拉图主义信仰,他可不像阿喀琉斯那样幼稚。奥
德修斯高于阿喀琉斯,狡诈多谋高于单纯的道德。在这个问题上,荷马
与柏拉图这两位伟大对手的意见并无二致。但现在,道德柏拉图主义
的最新形式(即现代科学,它相信说出真理是好的)却危及整个柏拉图主义
大厦。真理言说者的整个制度遵循着勇敢无畏的阿喀琉斯的行为方
式,不顾一切后果地说出真理;而公开言说真理的行为最终将要求我们
必须看清关于言说真理的致命真理:真理反对生命,而生命热爱谎言。
就在这时,另一位生命最喜欢的狂肆的 polytropoi 出场了。这位新奥德
修斯如何改善旧奥德修斯呢? 他又如何改善柏拉图的苏格拉底——此
人以不道德的方式在理性乐观主义基础上建立了一种道德,并因而成
为一切所谓世界史的一个转折点? 新奥德修斯坚持说出真理,坚持良
心的虔敬是衡量事物可否接受的标准。

尼采让人小心 polytropoi 的方式。可见,尼采并没有以 polytropoi 的
方式站在 polytropoi 一边。但是,既然生命更喜欢 polytropoi,为什么还
要坚持说出真理呢? 肯定没有人会回答说,尼采像阿喀琉斯一样直率

---

① 关于柏拉图的隐微术这一大主题,Patrick Coby 已经表明,有必要研究
《普罗塔戈拉》(*Protagoras*):一位苏格拉底分子看到,普拉塔戈拉的隐微术形
式是不充分的,这位苏格拉底分子隐微地 = 以隐微的方式为隐微术而争
辩——他甚至为了隐微术而编造了一种智慧史,并叫斯巴达人来助阵 = 帮助,
斯巴达人是最明智的希腊人,因为已经很好地隐藏了他们的智慧,以至于只有
苏格拉底一个人知道它(Coby,《苏格拉底与智术师启蒙》)。关于柏拉图与尼
采在隐微术问题上的亲缘关系,参看 Stanley Rosen 很有见地的论文,《怀疑、欺
骗和隐藏》(*Suspicion*, *Deception*, *and Concealment*)。

朴实,憎恨那些"嘴上一套、心里一套"的人,会不顾一切后果地说话。尼采似乎坚持要恰如其分地言说真理,因为他赞赏诡计多端的奥德修斯;既然科学已经公开露面,多面的新奥德修斯就不得不与有道德的科学言说者们结成联盟。第一位非道德主义者竟站在了公共道德一边。由此可见,他也是 polytropoi 的人:由于柏拉图主义在世界史上造成的冲击,公共道德已经变了,哲学也必须随之改变。当然,仍然还有必要小心翼翼:谁一面夸耀自己在言说真理,一面揭露说谎的历史,谁就很可能正在说谎。

由于科学上的柏拉图主义和理性乐观主义信仰,科学如今成了反生命、反自然和反历史的东西。鉴于这种情况,科学还能否与柏拉图主义和理性乐观主义脱离干系呢?科学能否看清自己的道德基础和虔敬,而非简单地屈从于那个触目惊心的判断呢——科学本身就是虚无主义?关于柏拉图主义,尼采的基本看法如下:所谓的柏拉图主义是一种信仰,即信仰"纯粹精神和善本身"(《善恶》,"序言"),相信真等于善。现代柏拉图主义公开相信一种不可证实的信仰;尼采也必然只能在这种现代背景提出自己对柏拉图主义的基本论断。尼采的思想产生于培根主义的危机之中。[324]如今,"诚实"这项最年轻的美德决定了科学的可能性;正是在这种背景下,尼采邀请读者反思那个由来已久的老问题,即真理与谎言的问题:最不道德的 polytropoi 者们都曾面对过这个问题,荷马和柏拉图面对过,培根和笛卡尔也面对过。尼采的结论是:新近的最大事件就是,上帝已经死于虔敬者之手。如果确实如此,那么,尼采的主要问题就是:接下来怎么办?虔敬者一旦把他们的虔敬投向他们自身,他们的智性良心一旦转而审查它自身,会发生什么?会发生虚无主义——这将是未来两个世纪的最大事件。接下来呢?为了克服伴随科学的自我追问而来的虚无主义,将有必要冒最大的危险说出真理。哲学虽然怀疑知道者(knower),但仍有必要与知道者们结成联盟,以便克服他们刚刚面临的虚无主义。第五卷接下来将带读者经历这一奥德修斯之旅。

哲学、道德、虚无主义（条345–346）

道德作为问题（条345）。如果科学只是道德的一种形式，为什么还要科学？这个问题暗含着另一个问题：究竟为什么要道德？本条并没有回答这个问题，但要求读者关注它：道德难题是"我们的工作"。我们将用什么方法开展我们的工作呢？不能不假思索地用科学方法来寻找答案，因为科学方法本身就需要受到质疑。于是，本条一开始就提出了一项强有力的挑战。这是快乐的科学向主流科学（即改进了的培根和笛卡尔方法）提出的挑战：主流科学的创始人培根和笛卡尔曾把那套方法看作科学的民主化，从而减少了科学对天才的依赖。主流科学的方法要求剔除"个性"，以便客观地接近问题本身；在某种程度上，任何研究者原则上都可以复制这种研究。尼采考察过科学禁欲主义美德的谱系，认为现代科学的"无私无我"是禁欲主义美德的翻版，即谦虚的美德（《道德》，条3）。而快乐的科学则要求，那些最重大的问题（如我们的道德问题）应该由爱好这些问题的人来追求，只有爱者们才满怀激情地追求这些问题。问题本身必须配得上爱欲，而爱者也必须配得上被爱者。不管对尼采，还是对柏拉图而言，philosophy 一词都可说是用词不当：sophia［智慧］需要的不是 philia［友爱］，而是 eros［欲爱］；热爱智慧的人是最高的好色之徒（erotics）。

尼采很清楚，以这种方式谈论自己的方法将面临极大的危险：显得反科学。扎拉图斯特拉在这个问题上遭遇超人的时候，尤其明显地承认了这个危险（《扎》，4. 14–16）。［325］如果专家的客观方法（以追求确定性为目标，具有可重复的程序）并不是科学的全部方法——而专家们那水蛭般的脑袋里嚷道，客观方法就是科学的全部方法——如果科学本身可以理解为一种不可证明的道德选择（由一套科学圣典做出这种选择），那么，科学本身就只能是众多选择之一而已。个人的奇思臆想威胁着科学本身；一种滑向无知和迷信的危险正威胁着启蒙运动的所有成就。《扎拉图斯特拉如是说》第四部分描述了新近的最大事件给科学带来的种种后果:尼采在自己的戏剧舞台上摆满了其他形象,他们象征着那些在虚无主义的荒诞逻辑(这种逻辑在新近的最大事件中展现得淋漓尽致)下必定会出现的世界史力量。艺术家和天才发明家欢迎甚至庆祝科学的自我批判,并把它当作他们自己的解放,从而可以进行大规模的解构。他们废除了一切可共享知识的主张,并以他们自己的艺术游戏为典范:每个人都只是在游戏,甚至像科学家或扎拉图斯特拉那样自以为严肃的人也是如此。"只是傻子,只是诗人"——在这首歌中,伟大的艺术家解构了扎拉图斯特拉:后者和他一样,仅仅是个艺术家而已,唯一的区别是后者不会反讽。"所有在场者都像鸟儿一样不知不觉地飞进了他那狡黠的罗网"——面对老魔术师对扎拉图斯特拉所做的解构,超人们如是反应(《扎》,4.15),尼采写到这里时有没有想到:那些解释其工作的人们可能会认为尼采正在解构他自己,从而也会跟着那些鸟儿一起飞进那个网罗?扎拉图斯特拉试图在别的方面说服他们;他对科学的辩护类似于《快乐的科学》第五卷,后者为科学的进步设计了更为详尽的计划。虚无主义即将来临,科学如何才能幸免于难?在一种不可能的确实性之梦和一种虚无主义的解构游戏之间,如何才能为科学保存一席之地?

尼采在"道德作为问题"中初步处理了这个问题,并说自己至今还没碰到("甚至书本里也没有")有谁满怀激情地看待这个问题。"甚至书本里也没有"——这并不能意味着,柏拉图、蒙田或叔本华都没有反思过道德问题;毋宁说,这很可能意味着,道德对他们来说无论如何已经成了答案或"药物"的一部分,不管他们开药方时怀着多么不道德的初衷。现在,道德判断的价值问题第一次浮出水面,并且落在了哲人尼采的头上,好像这就是他一个人的问题一样——他是整个道德医学的"医学嘲讽者(medicynical)"(《瞧》,"书",条5)。

[326]新近的最大事件改变了道德问题。道德问题与哲学(作为自然与习俗问题)同时并存。以前,哲人都讨论自然并说出某种高贵的假话,以便为习俗或道德奠基;道德已经成了解答的一部分。既然如今

"上帝本身也证明是我们最长久的谎言",那么,已经成为解答之一部分的道德也就开始成为问题的一部分。上帝之死本身也表现为哲学上的柏拉图主义之死;后者是一个更加重大的事件。像培根和笛卡尔一样,哲人尼采根据自己的时代来确定自己的方向;对尼采来说,这就意味着过去两千年的柏拉图主义和未来两个世纪的虚无主义。尼采思想的激进特征源于他的时代,而非他的气质。

尼采已经发现,道德问题成了他本人的问题;于是,他便尽其所能地鼓励其他人以某种值得一试、但极少成功的方式着手处理这个问题。尼采在《道德的谱系》序言(条7)中重申了这一点,并且描述了自己如何鼓励自己的朋友雷(Paul Rée)把尼采的问题当作雷的问题:尼采建议雷不要"模仿英国时尚在蓝色中漫无目的地东张西望",而要集中于另一种颜色,"对一位道德谱系学家来说,比蓝色重要百倍的是:灰色,这已经得到了证明"。灰色——这种名副其实的道德谱系服从于严格的历史感或语文学的良心;可以从过去恢复的东西将为这种谱系的所有判断提供依据。

英国的谱系学家们并没有锚定在文献足证的灰色中,而是匆匆忙忙做出了幼稚的结论:要么,坚持所有民族共享某些虚构的道德原则;要么,承认道德的实际多样性,从而导致一种更加现实主义的道德怀疑论。在后者当中,还有一种更高明的观点认为:他们一旦揭露了道德起源的卑鄙性,就等于否定了一切价值观的道德价值。但谱系学家尼采却认为:卑鄙的起源并不能否定某个东西的价值;谱系不是一种还原程序,不能仅仅满足于羞辱曾经自称高贵的东西。柏拉图早就证明,一个民族的自豪与幸福从根本上说必须与高贵起源的谎言串通一气。但是,尼采也早就在《论历史对生活的利与弊》中证明,绝不能再容忍这种谎言了——这不是由于某位哲人个人的不满和愤怒,而是因为公共科学已经使诚实的美德成了读书人的美德。人们已经不再相信高贵起源的谎言就是高贵性的证据,甚至也不再相信这种谎言的最后形式:根据这种谎言,整个历史就是为争取自由和智慧而高贵地奋斗的历史,我们就是自由和智慧的典范——甚至宇宙的历史可能也是如此:某些当代宇宙学家可能会像我们一样相信,宇宙的存在是为了让他们认识宇宙。

[327]尼采从起源谎言的破灭中获得的并不是下述教训:基于起源谎言的一切道德价值都毫无价值。即便揭露了道德起源,"也摸不到诸价值观的价值问题,还差得远呢"——尼采追问起源并不是为了戳穿假面;这只是一个必要的前奏,还有一项更艰辛的使命:识别价值。如今,我们的科学面临着一个不可回避的要求:必须无畏地洞察诸价值观的自然起源——我们虔敬的科学也即将敏锐地见识到其本身的毫无根基的基础,并为此惊骇不已。据尼采说,一种惊恐的科学或虚无主义科学是我们命运的一部分和必然阶段;也许,这只是一种"病理学上的过渡阶段",通向某种可能的、但不必然的阶段:快乐的科学(《全集》,VIII 9〔35〕=《权力》,条13)。

"我们的"大问题是道德问题。要解决这类问题,必须有合适的气质;尼采发现,除了他本人,没有谁还适合解决这类问题。在《论历史对生活的利与弊》结尾也出现过同样的困境;尼采为此也曾召唤志同道合者和自己一起完成使命。但这十二年间可有什么变化?《扎拉图斯特拉如是说》表明,已经有很大变化:刚开始,教师扎拉图斯特拉还在徒劳地寻找自己的同类,希望他们会超过自己;但渐渐地,他发现,他不得不孤身一人,独辟蹊径,去解决落在他头上的历史难题。哲人尼采可视为同类并托付重任的,似乎至多只有培根或笛卡尔之类的人。《扎拉图斯特拉如是说》表明,尼采没有必要再等待或屈就追随者们了:在该书第二、三部分,我们可以看到,扎拉图斯特拉如何孤独地发现并解决自己面临的根本问题,即道德问题——末人和虚无主义问题。《快乐的科学》第五卷接下来的章节清楚地表明,扎拉图斯特拉的解答正是尼采已经获得的成果。尼采甚至在《扎拉图斯特拉如是说》第四部分结尾就已经开始履行自己的使命,而第五卷则是完成这项使命的诸多努力之一。这项使命就是:使扎拉图斯特拉的问题成为我们的问题;使扎拉图斯特拉的解答成为我们的解答。第五卷来得很早,因为在此之后,我们才渐渐明白这个问题就是我们的问题;但它来得也很晚,因为在此之前,尼采就已经完全洞穿了这个问题并从另一头走了出来。

首要事物首先出现在本条格言中。至此,尼采才引诱其他人来分享一个原本只属于他一个人的问题:如果我们不得不质疑所有药品中最重要的一种,即道德本身,"那就让我们冲上去吧!因为这是我们的工作"。然而,"我们的工作"将导致"我们的问号"。

"我们的问号"(条346)。本条格言开头的破折号显得很突兀;前条格言在此戛然而止,并预示了这个问题:"你们不理解吗?""我们的"问题原本只是虚无主义问题,但我们的问题却在某种程度上肯定还涉及尼采本人。[328]尼采一上来就这样问:"我们究竟是谁?"他认识到,为上帝之死而欢呼雀跃的自由精神们会问他:"你究竟是谁?"为了回答这个问题,尼采不得不描述我们当前所处的精神史位置——现在可以"全面地检查"这个精神史(条357)。

尼采远非我们想象的那样简单:什么无神论者啦、不信仰者啦、非道德论者啦等等。这些标签固然都不错,但都不充分;它们仅仅具有否定含义,绝对无法标示出尼采思想中的肯定因素;即便尼采具有这些身份,那也是在一种非常高级的意义上讲的。鉴于这些否定含义,就很有必要说明"某个人在这一点上感觉如何"。"某个人"(单数形式的Einem,而非笼统的man)已经依依不舍地离开了他的信仰,也失去了随之而来的一切痛苦和辛酸,完全没有必要再从他的不信仰中制造出某种信仰。长期以来,我们都是以一种虚假而骗人的方式解释世界;但尼采像笛卡尔一样相当清楚地表明,这种骗人的解释在我们的天性中有着相当理性的基础:"人是一种需要崇拜的动物!"但崇拜只是人天性的一部分,我们自身包藏着某种自相矛盾的东西:崇拜的动物也是怀疑的野兽。于是,尼采开始充实前面先前那个看似武断的主张:"太相信和太不相信"二者都有必要(条344)。如今,"不相信"至少使人相信,世界并没有我们相信它会有的价值。随之而来,一声静静的悲叹:So viel Mistrauen, so Viel Philosophie[如此多的不信任,如此多的哲学!]。尽管崇拜是我们的天性,但哲学已经培育了我们的不相信,让我们怀疑一切崇拜。哲学反对我们的部分天性。哲学能否容纳我们的整个天性?哲学能否有助于崇拜?

最不相信的人现在已经知道,世界并没有我们相信它会有的价值;

尽管如此,尼采也肯定会克制着不说"它根本就没有……"之类的话。就在这时,笑声大作。直到那些为上帝之死而欢呼雀跃的严肃之人要求说明为什么要笑的时候,笑声才停下来。可笑的是:人类发明了某些价值,并假定这些价值定然超过现实世界的价值。现在,我们可以看看这种傲慢无礼的真面目:"人类自负和非理性的一种放肆的错乱。"此外,我们还可以看清它的当代后果:自负和非理性已经把我们彻底推进了一种错乱与迷惘之中;而不信任的哲学现在又引诱我们唾弃虚飘的人类和可怜的世界。最后的柏拉图主义者叔本华最后一次表达了这种徒劳的越轨或错乱;也正是在柏拉图主义的终点,我们才可能审视和评判我们虚妄的希望及其破灭的整个历史。[329]对此,尼采以最高的范畴(即品味)判定:这整个姿态如此单调乏味,我算是看透了,简直感到恶心——我们放声大笑。

"我们究竟是谁?"尼采站在整个虔敬的评价史之外——以往的哲人们都以哲学形式的柏拉图主义进行价值评估;尼采站在上帝之死之外——上帝之死标志着柏拉图主义传统的普遍崩溃;尼采还站在单纯的快意欢呼之外——有些人为上帝之死带来的解放而欢呼;尼采更站在柏拉图主义最后的哲学形式之外——叔本华绝望地表达了这种哲学形式。尼采站在这一切之外,放声大笑。

然而,尼采放声大笑的时候,难道不是更深入而强烈地鄙视人类,鄙视我们可能理解的存在了吗?尼采在整个崇拜和不信任轨道的终点放声大笑之时,难道不是更进一步地掉进那个轨道了吗?难道不是因为最终知道了人类和世界的实际面目而进一步陷入了犬儒主义的憎恨与辛酸了吗?面对这一连串的质问,尼采神情坦然,并借此明确提出了自己的虚无主义论题。嘲笑者是否也跌进了两个世界(我们的崇拜世界和他自个儿的另一个世界)的对立之中?如果这个嘲笑者的摧毁行动是基于"另一个世界",甚至基于他自己那个嘲笑的、不信任的、毫无实质的自我世界,那么,他最终不也是形而上学家吗?他对另一个世界的信仰不就让他有可能否定我们曾经安居其中的这个世界吗(条344末尾)?我们的崇拜世界与不信任的自我世界之间的对立就在于"无情地、彻底地、极度地怀疑我们自己"。这种怀疑一旦变得昭然若揭，未来几代欧洲人就会面临一个可怕的抉择："要么，废除你们的崇拜——要么，废除你们自己。"这是信仰与理性之间的历史性抉择。关于其中一种选择，尼采断然指出：废除我们自己，就等于废除不信任的理性，这只能把我们带入虚无主义的绝境。至于另一个选择（即废除我们的崇拜），其后果仍然难以断定：可能也是虚无主义？——"这是我们的问号。"

　　全面考察了欧洲崇拜与不信任的历史之后，欧洲的未来就只剩这两种选择了吗？要么，废除不信任的东西，废除不崇拜的哲学，而把一个毫不怀疑的崇拜世界留在历史的终点。要么，废除我们的崇拜，只把毫不崇拜的怀疑留在历史的终点。欧洲必须要在人类的两种动物本性（崇拜和怀疑）之间作出非此即彼的选择吗？这是尼采邀请我们向他这位站在整个历史终点而放声大笑的人提出的疑问；[330]这个问题也暗示出，这位大笑者已经找到了一个更完整的可能性。随后几条格言将表明，这位大笑者暗中认为，有可能超越这里提出的孪生虚无主义：有一种不信任可以通往崇拜，有一种哲学可以以全新的调子配合宗教。尼采此前的两本书（对不信任精神的训练）都在狄奥尼索斯的神秘回归中达到高潮：这位哲学之神象征着不信任与崇拜的神秘统一。尼采这里第一次使用"虚无主义"一词，并以此暗示自己已经克服了虚无主义：非此即彼的可怕抉择并非万全之策；在欧洲宗教和哲学的终点上，若能从看似无望的虚无主义中产生一种全新的哲学和宗教概念，那么，就既不必牺牲哲学，也无需牺牲宗教。

　　"我们究竟是谁？"本条以这个问题开始，也以这个问题结束，只是更加精确而已：尼采是不是虚无主义者？有趣的是，尼采在这里首次正式使用虚无主义一词，实际上等于邀请读者用这个词棒打尼采本人；这一点着实引人注目。

　　第五卷以对欧洲现状和未来的反思开篇，并以此表明：新哲学史如何从哲学史的新近后果中产生，如何从虚无主义或柏拉图主义之死（对民众而言就是上帝之死）中产生。现代虚无主义使我们可能且必须重新找回过去。

哲学的新方法：尝试（条 347 – 348）

现在,尼采带着一种看似要废黜崇拜的姿态转向了我们的崇拜。
而我们的崇拜不仅包括我们的宗教,还包括我们的科学。尼采满怀狐
疑地简要考察了科学家和学者的出身,以及宗教人和宗教的起源;这番
考察展现了一种新的解释模式,即由显白之物追索潜隐之物的谱系学
模式。尼采试图用这种方法来解释我们的主流解释模式(即宗教和科
学),并将后者溯源于某些心理和社会因素;但在这样做之前,他却没有
解释自己的方法。尼采怎么忘了写一部《新工具》或《方法谈》? 尼采
凭空用心理—社会学的谱系学方法摧毁其他解释模式的权威性,这不
是强迫读者怀疑他本人那种解释模式的心理—社会基础吗? 也许,尼
采以这种方式提出自己的怀疑方法,是为了故意引起读者的怀疑。

信徒们及其信仰需要(条347)。在这几条格言中,[331]尼采将继
续分析即将到来的虚无主义时代。这几条格言始于一个看似刁诡的现
象:虚无主义时代将是一个信仰的时代。扎拉图斯特拉已经分析过这
一现象:在"论叛教者"(《扎》,3. 9)中,扎拉图斯特拉眼睁睁看到,自己
的首批听众尽管受过怀疑主义的训练,可还是沦为了一系列信仰的猎
物;统一权威虽然破碎了,但这并没有禁止信仰,反而批准了信仰。在
尼采看来,需要驱使大多数人保持旧的基督教信仰;"形而上学的需
要"(康德和叔本华把它炒得名噪一时)则把少数人赶进了形而上学的信
仰。此外,少数人还需要"确定性需求"的典型现代形式,即笛卡尔式
的科学实证主义。在权威扫地的无政府状态中,科学也被看作一种虔
敬,各种全新的信仰也蜂拥而起。例如,就连"最有才智的同代人"都
已沦为下列三种信仰的猎物:Vaterländerei[祖国情怀]、naturalisme[自
然主义]和彼得堡式的虚无主义。这些日耳曼式的、法兰西式的和俄
国式的地方主义疾病注定会葬送欧洲的未来;尼采提及 Vaterländerei
时就已经预感到,这些信仰不仅会毁掉不信仰的人,还会殃及许多不相

干的人。

然而，把信仰追溯到需要毕竟只是一种权宜之计：需要的基础又是什么？《快乐的科学》的读者在这里即将接近尼采关于需要的基本说明——权力意志，尽管"权力意志"一词在第五卷仅仅出现一次（条349）。其实，早在《扎拉图斯特拉如是说》和《善恶的彼岸》中，尼采就已经以一种欢快而简捷的独特风格宣布自己发现了权力意志；在这里，尼采仍然保持了这种风格，并且在随后描述这一基本事实的时候，也没有放弃这种风格。

信仰意味着缺乏意志；意志作为命令的影响力或现象部分，是自主或力量的决定性标志。这个定义其实是以公式化的形式重复了扎拉图斯特拉的以前说法。扎拉图斯特拉发现权力意志的范围之后，只对"你们最智慧的人"（即极少数哲人）说过：一个人越少地知道如何下命令，就越多地渴望接受命令。关于自己的基本概念，尼采在这里就说了这么多。他甚至还没有三年前在《扎拉图斯特拉如是说》中走得远：后者不仅把命令与服从看作一切人类活动的基本原则，而且看作一切生命、甚至一切活动或运动的基本原则（2.12）。让许多解释者感到意外的是，尼采一直都没有改变自己的想法：他不仅在《善恶的彼岸》中重复了自己关于权力意志的全面观点，还将在《快乐的科学》（条349）、《道德的谱系》以及随后许多书中一而再再而三地重复这个观点。此外，尼采还将在一些重要笔记中重申这个观点：他曾打算写一个大部头，并为此准备和酝酿了大量笔记；该书出过预告，可惜没有完成。[332]尼采在处理这个根本事实时惜墨如金，个中原因在于他的哲学观（笛卡尔似乎也怀有这样的看法）：

> 我不愿意说服任何人去相信哲学：哲学应该是一种稀罕的植物，这一点不可避免，而且兴许最好不过。（《全集》，VII 26［452］ =《权力》，条420）

哲学只是极少数人的事情；为了用新哲学的原则训练这少数人，

尼采不得不引诱他们同自己一起去发现那些原则。若说有种东西像害羞的小鸟一样,我们只能在它飞翔的时候倏然一瞥,那么,这种东西可能就是权力意志。若就"权力意志"在后–《扎拉图斯特拉如是说》作品中出现的次数而言,权力意志似乎成了比较次要的主题。但若想一想它出现的位置和方式,就不难发现,这正是最冷的"冷水浴"呢。

本条余下部分以谱系学的解释原则说明了两大世界宗教(即基督教和佛教)的起源和传播:鉴于新的意志原则和信仰需要,尼采将不得不重新解释整个人类历史。尼采固然知道,绝大多数民众仍然需要基督教和佛教,但他仍然把二者说成是世界两大主流的狂热主义。由此可见,尼采极少尊重哲人们原先高度重视的高贵谎言。但是,既然几乎所有人都渴望接受命令,那么,尼采为什么还要公开揭穿"上帝、君主、阶级、医生、听忏悔的神父、信条、党派意识"呢? 这种做法又有什么前途呢? 尼采在抨击权威的同时,难道就没有意识到,他这种抨击本身也需要权威? 尼采为什么认为哲学不应该再容忍权威宗教? 对此,我们必须在随后的章节中寻找答案——并不是因为哲人不再相信宗教信条了:哲人从来就不是什么信徒(条351)。

尼采用一对鲜明的对比结束了本条:一些人需要接受命令,另一些人则在自我决定中寻求快乐和力量;后者拥有自由意志,因而不再幻想获得确定性,并废除了他们的虔敬。由此可见,最后一句话与第一句话字字针锋相对:对大多数人而言,确定和安全是必需的;相反,"出类拔萃的自由精神们"却愿意要不安全。尼采曾以"自由精神"为题写过一系列作品;而现在,他把自由精神重新界定为"出类拔萃的自由精神们"。该系列作品的目标曾经是"自由精神";而现在,该系列作品在《扎拉图斯特拉如是说》之后、在《快乐的科学》的结论中即将抵达一个新的目标:"出类拔萃的自由精神们。"曾有科学家声称科学乃基于一种安全的需要,扎拉图斯特拉当时就予以驳斥,并说,科学的真正基础是冒险(《扎》,4. 15)。如果科学的基础是冒险与实验,如果要用 Versucher[实验者、尝试者、勾引者](《善恶》,条42)这个名字为新科学家施洗，①[333]那么，尼采就必须质疑旧科学：旧科学的知识谱系是什么？随后几条于是着眼于不自由精神（即接受命令的精神），并由此开始探究旧科学的谱系。

论学者们的出身（条348）。尼采用两条独立的格言处理了学者们的出身问题。奇怪的是：这两条格言的标题相同，但篇幅都很短，合起来也没有其他许多章节长；而且，这两条还把看似相互联系的两个要点（关于犹太人）分开了。此外，这两条都隐含一种返身性：实际上都是在嘲弄读者，以便刺激读者用作者的批判方式去批判作者本人。

本条一上来就宣称，欧洲学者们犹如依赖性的植物，"必不可少且不由自主"地抱有一种政治上的忠诚；不过，这种说法的根据和重要性只是在很久以后才变得清晰可见。学者们拥护已成主导趋势的现代欧洲政治，成了民主理想的"搬运工"；而尼采式政治所反对的恰恰是这种民主政治。为了争取欧洲学者们对新政治的支持，尼采要么必须使他们意识到他们自己比植物更优越，从而使他们有可能选择尼采式政治；要么就必须培育新植物。但现在，他只能说：谁要是把自己的眼睛送到学校——也就是说，假若他的眼睛变得比植物更主动一些——他就会懂得如何查明一个学者作品的家庭出身。

一个学者的所谓证明"几乎总是"仰仗其家庭特征。因此，学者们所谓的证明确实是五花八门：官僚后代的证明形式是分类系统；法律人后代的证明形式是表面上的说服；新教牧师后代的证明形式则是宣称自己说得多么富于同情、多么真心诚意。这些新教子孙们的父辈和祖辈过去常常仅凭借他们的真诚而获得信任。尼采本人就是新教牧师尼采（Nietzsche）和奥勒（Oehler）②的子孙；他在这里夫子自道，描述自己学术上的植物血统。他肯定从这种描述中获得了一些额外的乐趣：他如

---

① 　Picht 全面地描述了尼采的革命性哲学；他对名字的分析富于洞见，构成了该书极其重要的一部分。见氏著，《尼采》，前揭，页 61–69。

② 　[译注]分别指尼采的父亲 Carl Ludwig Nietzsche、外祖父 David Ernst Oehler，两位均是路德教派的牧师。

此真诚而热情地说出自己的主张,并期待着别人相信,而这恰恰会激怒一些人。这个惹人愤怒的家伙要是知道自己正在做什么,也会感到惊讶不已吧:他信誓旦旦地说自己已经离开了植物王国,并谴责纯种代传的余孽;但他的风格似乎暴露出,他本人就是纯种代传的结果。不过,尼采最后举了有关犹太后裔的例子;我们借此可以从某个新的视角观察尼采本人。

犹太祖先过去从来没有获得过任何信任。[334]在一个由充满敌意的多数人所决定的环境中,他们发现自己是渺小的少数派;于是,为了迫使别人相信自己的学术作品,他们就乞灵于一种放之四海而皆准的工具:逻辑。逻辑是尼采在本条中唯一赞赏的学术特征,也是唯一超出地方特色的东西。尼采在研究中始终都在反思逻辑的起源,并认为它起源于希腊而非希伯来。尼采说,逻辑是一套具有清洁作用的理性原则,它已经训练了欧洲人,尤其德意志人的心智。人们受过这种说服形式的训练之后,就能够找出更深远的差异,做出更严格的推论,学会更清晰、更整洁地写作。现在,尼采同样周围充满了相信其他信仰的信徒;在这种敌意的环境中,尼采自然也成了少数派之一,成了不被信任的人。尼采把自己的观点送到学校的时候,是不是也采用了犹太人当年训练欧洲时所完善的那种逻辑方式、那种源于希腊和希伯来的理智上的清洁工具呢?①

尼采拿什么来证明自己? 更确切地说,作为一个局外人,尼采如何运用一种精致的证明工具,迫使那些原本不信任自己的人就范,使他们相信自己所说的话? 在下一条中,尼采将提到犹太人斯宾诺莎的逻辑方法:此人也是个局外人,但很有逻辑头脑,竟能说服欧洲人相信一种谬误的基本生命观。尼采早就发现斯宾诺莎是自己的近亲和先驱,因为他曾在"[斯宾诺莎的]教诲的五个要点"(致 Overbeck,1881 年 7 月 30

---

① 　关于犹太人和希腊人,及其对欧洲精神的贡献,见《人性、太人性》,I. 475。

日)中发现了自己:斯宾诺莎"恢复了世界的无辜"(《道德》,2. 15)。①不过,尼采在根本问题上不同于斯宾诺莎:即在"生命的意志"问题上。尼采争辩说,斯宾诺莎之所以能使自己的教诲产生说服力,最终不是凭借什么逻辑,而是由于共同的出身和共通的经验;这些共通经验把现代科学与现代政治联系在了一起;斯宾诺莎的生命观在根本上服务并支持了现代民主运动的政治设计。尼采认为,生命的基本意志是权力意志。这个独一无二的观点若要说服别人,要想变得跟斯宾诺莎那个曾经独一无二的观点一样有说服力,大概也得仰赖那些享有共通经验的读者们吧。

斯宾诺莎与哲学史:权力意志而非
自我保存意志(条 349)

再论学者们的出身(条 349)。斯宾诺莎的生命观俘虏了整个现代科学,包括达尔文:生命的根本动力是自我保存。为了反对主流科学的这一正统观念,尼采提出了一条相反的原则:生命的根本动力实际上是权力扩张,自我保存只是痛苦条件下权力扩张的一个征候而已;"生命的意志就是权力意志"。尼采坚持,斯宾诺莎只是迫于无奈才把自我保存看作生命的动力,因为他本人恰恰生活在困境之中;哲人斯宾诺莎的行动方式正如笛卡尔所说:从自我出发去判断一切生命(《方法谈》,i. 5)。现代自然科学家们为什么追随斯宾诺莎? 不是因为后者的逻辑说服了他们,也不是因为"数学形式的天灵灵地灵灵"俘虏了他们,更不是因为其哲学的"盔甲和面具"(《善恶》,条 5)哄住了他们,而是因为他们是斯宾诺莎的精神亲族——他们也生活在那种困境之中,生活在角落和洞穴之中;正是这种困境让他们觉得"生命即自我保存"这话听起

---

① 关于斯宾诺莎和尼采的亲缘关系,见 Deleuze,《斯宾诺莎》;《尼采与哲学》,前揭,页 62,页 206 注 18。

来很正确。①

　　但尼采却说,一位自然科学家应该摆脱人类的困境(这种困境规定了某种私人视角),而以真正符合自然的方式看待自然。何种方式? 尼采的方式:把权力意志视为生命的意志。在以科学为对象的整个第五卷中,尼采虽然仅此一次提到权力意志,但很难说这是漫不经心的提及:权力意志正是为了对抗现代科学的主导观念和现代政治的基本观念。

　　与斯宾诺莎不同,尼采提出了一个新的基本观点;这个竞争性的观点也渴望为自己赢得亲族。尼采的逻辑能说服他们吗? 抑或他们会分享尼采的经验吗? 尼采虽然对两者都有所展示,但更强调后者。尼采的作品为读者撬开了一扇窗户;读者透过这扇窗户可以见到一种完全不同的生活经验。尼采始终以古典希腊人的竞赛为例来说明那种经验:诸道德的历史就好比两种生活性情之间的竞赛;其中一方就是血气方刚的哲学生活,最终也就是关于权力意志的全面教诲。为了合乎逻辑地阐明这一竞赛视角并忠实于内容的内在逻辑,尼采采用了格言的方式:[336]尼采本人虽然早就把某种经验说得明明白白,但他的亲族对此还一知半解,甚至无言以对;而格言的方式则可以吸引他们渐渐接近这种经验。尼采似乎要以斯宾诺莎与现代科学的关系为模型来看待自己与未来科学的关系:现代科学并不把自身的观点追溯到斯宾诺莎身上,而是追溯到证据上。

　　为了表达一些别人才刚刚有所感觉的经验并讨人喜欢,尼采不仅以斯宾诺莎为榜样,而且仿效哲学勾引者的原型苏格拉底,也就是那位开创了逻辑统治的哲人。尼采最后一次讲到丑陋的苏格拉底的勾引时,强调了"不惜一切代价地诉诸合理性",并认为这种诉求揭示了某

---

　　①　Ottmann,《尼采》,页267。关于斯宾诺莎思想(其形而上学、政治学和艺术形式)的社会起源,参 Yovel,《斯宾诺莎及其他异教徒》,第一卷。这部重要著作的第二卷探讨了斯宾诺莎后继者那里的"内在论的冒险",并提供了一项同情的研究:"斯宾诺莎和尼采:Amor dei[爱神]和 Amor fati[爱命运]"(页104 – 135)。

种亲族关系：苏格拉底临死时，希腊青年倏然发现，此人已经控制了他们自身刚刚感觉到的某些冲动（《偶像》，"苏格拉底"，条 8－11）。尼采说过，《扎拉图斯特拉如是说》之后的书都是为了寻找亲族（《瞧》，"善恶"，条 1）；这番话表明，尼采与斯宾诺莎和苏格拉底站在一起：借助适当的方法（格言的逻辑学）引诱别人接受他本人早已想好的某种观点。

尼采不同意斯宾诺莎并挑战斯宾诺莎的亲族，说他们没有摆脱自身的困境；但是，尼采本人有没有走出自己的困境呢？人真的能走出自己的困境吗？这两条格言只是表明了学者们根深蒂固的家族特征，也仅仅声称了植物生活的可能性；除此之外，再没有其他明确的主张。不过，尼采在其知识社会学和知识心理学的正中间插入了自己的自然观，并且冷静而严肃地宣扬这种自然观，好像这种自然观完全正确，没有任何家族忠诚似的。尼采这样做无非是为了激起读者的愤怒："但这也只不过是你的祖宗之言而已。"对此，尼采肯定会立即答道："你会如此热切地这么反对吗？——嗯，那就更好啦"（《善恶》，条 22）。比什么更好？与其固守科学的正统学说，相信其确定性（生命在于自我保存），不如用谱系学上的相对性取代那些确定性。但所有这一切可能吗？能否说，这位把自己的观点送到学校里的新教牧师之子实际上已经完成了他在这里宣称的事情呢？能否说，他已经离开了自己属人的困境，并达到了一种真正的自然观（这种自然观避免了人化并在根本上符合自然）呢？

尼采在《快乐的科学》中仅仅一次提到权力意志，在《善恶的彼岸》（条 9）中第一次提到权力意志。只要将这两处稍加对观，即可发现：后者可以有效地补充前者；尼采论及权力意志这个根本问题的时候，总是惜墨如金。在《善恶的彼岸》中，尼采同样先介绍了自己关于自然的全面教诲（即权力意志），然后批评了另一种自然观（即斯多亚派创立的那种自然观）。[337]批评之后，尼采概括说：

> 哲学总是在它自己的想象中创造世界：它不能干别的。哲学是……最精神化的权力意志。

这话显然是在贬抑哲学的狂妄(hubris)。但在此之前,尼采不是也提出了自己的自然观吗?如此一来,尼采那种自然观的正当性又何在呢?许多人会觉得,尼采这种玩笑开大了,简直是披麻救火,自毁主张。但是,胸怀整个人类未来的哲人(《善恶》,条61)难道会为了文人学者们的消遣和笔仗,为了让他们自以为发现其作品中十足的相对性,而倾其一生布下这些小小的陷阱套索吗?尼采萦绕于心的难道就是哲学长期沉思默想的某种渺小的相对主义吗?难道就是某种渺小的自由精神吗?要知道,他本人还曾批评这种自由精神缺乏严肃性呢。在《善恶》条9中,尼采一面批评类似自己的观点,一面又提出了自己最严肃的观点。在我看来,这条格言恰恰不是解构性的终结,而是建构性的开始:必须半信半疑地开始并反对这种不信仰——随后的格言正是在这种情势下论述权力意志。"一位哲人今天要是让人知道他竟然不是个怀疑论者……每个人都会大为恼火"(《善恶》,条208)。鉴于这种情况,这些格言并没有直截了当地假定权力意志,而是说"我也不能肯定",以便安抚读者,使他们渐渐接近最全面的基本结论,渐渐接受那些不受欢迎的结论。尼采这种格言式的 Versuche[尝试 / 实验 / 试笔]方法很适合他的目的:他的逻辑学是为了让人信服他的主张。人们刚开始明显感觉尼采的基本教诲难以置信,明显怀疑这类主张,因此,尼采若要让人相信自己的主张真实可靠,使这类主张变得合情合理,就必须首先满足人们的怀疑感,而他本人的观点就藏在怀疑的下面。

如果"哲学就是这种僭政冲动本身,就是最精神化的权力意志"(《善恶》,条9),那么,尼采对自然的说明本身也就是一种最精神化的权力意志行动。但这仅仅是其僭政冲动有意强加的结果吗?这仅仅是哲学见识了其他所有事物之后的一种愤怒的公开行动吗?《善恶的彼岸》在结构上具有惊人的一致性,这间接表明了某些不同的且更好的东西:哲学,这种最精神化的存在形式在它自己的"权力意志"中瞥见了它自身的存在与其他存在之间的连续性。因此,它会肯定它自身和一切存在者。

尼采在《善恶的彼岸》(条9)中把自然描述为权力意志之前,首先

做了如下邀请:

请你们自己想想吧,一个像自然之所是那样的本质,[338]无度的浪费,无度的冷漠,没有目的也没有关照、没有同情也没有正义、既丰饶又荒凉、同时也不确定,你们想想作为权力的冷漠本身吧——你们怎么可能依照这种冷漠而生活呢?

这个邀请包含了洞见和肯定。但这洞见如何可能? 这肯定如何可能? 条13和条22表明,这里最紧要的是现代科学的基本观点,即生物学和物理学观点:前者是关于生命的科学,后者是关于自然的科学。如果只可能有各种解释(条22),那么,我们或许只有通过心理学才能获得最充分的解释,因为心理学研究灵魂或自我,是离我们最近的科学(条23)。然而,感情总是挟裹着某些顽固的偏见而反对任何这类研究;尽管如此,"自由精神们"受到"方法的良心"鼓舞,仍会义无反顾地从事危险而痛苦的追问(条36)。一种严格的方法一元论始于对自我的研究——这种研究从来没有忘记"内在世界同样具有的现象性质"(《全集》,VIII 11[113]=《权力》,条477)——并会要求这种研究"把一切有效力量一概确定为——权力意志"(条36)。人们肯定会反对权力意志学说,说它把自然妖魔化了;而实际上,它恰恰是对上帝或诸神的辩护(条37)。这种辩护的最终表达则是:愿意一切曾在者和现在者永恒复返(条56)。于是,评价者就能使自己的评价活动与存在本身达成一致;对永恒复返的肯定出自对权力意志的洞见。

《善恶的彼岸》勾勒了这种洞见和肯定的过程。不过,尼采最主要的作品还应该是《扎拉图斯特拉如是说》,因为它极为详细地展现了两个基本教诲之间的联系,即权力意志与永恒复返之间的联系:前者是自然之道,后者是对自然之道的肯定。

《快乐的科学》第五卷以独特的方式重复了前两本书所呈现的洞见与肯定模式。该卷把权力意志表述为基本的本体论主张,以便与现代科学和现代政治的基础观点(即斯宾诺莎的观点)竞争。不过,该卷在考虑意识的局限时,也将表明,任何此类本体论主张都有认识论上的局限(条354)。该卷随后也只是在充分考虑了方法的局限性之后,才提出对永恒复返的肯定(条370)。此外,还不得不根据这个新的基本教诲重新检查整个人类的历史,因为权力意志"作为一种理论,是一种革新——作为一个现实,它就是一切历史的原初事实"(《善恶》,条259)。

尼采的自然观(自然即权力意志)中不含任何新的教条主义;恰恰相反,它必然会产生"我们新的无限"(《快乐》,条374),即解释的无限可能性。[339]但按照尼采的理解,解释由权力意志规定,那么,尼采是不是特许把自己有意建构的东西强加到解释上呢?在尼采作品的任何地方,人们都有责任注意作者在解释中没有说出来的话,并听出其中实际呈现的东西。有些话听起来是故意的(解释就是权力意志):这些话本身允许让显白的东西接近人们的耳朵。而有些话听起来是非法的:这些话令哲学必须负责地留心,不要让人们对自己听到的东西施暴。第五卷中出现最频繁的主题是科学、艺术、宗教和哲学等文化上的伟大精神成就。尼采探讨这些主题的方式是:允许人们如它们所是的那样听到他们。最精神化的权力意志旨在恢复我们过去的精神文本,使之成为以前实际所是的样子;尼采一面揭露历史上种种解释的任意性,一面又怀着自己的任意性激情:允许那些解释如其所是地说话。这种允许(允许恢复我们过去的历史和文化)只是一个序曲;最精神化的权力意志将做出最终的允许,即"让存在":愿意一切存在者如其所是地永恒复返。

哲学与宗教:理解哲学的骄傲和谦虚(条350 – 353)

向 homines religiosi[宗教人]致敬(条350)。前两条讨论了科学的信徒们,下两条则谈论宗教的信徒们。"向……致敬"——读者看到这标题,可能觉得作者会颂扬或礼赞题中提到的那伙人,即"宗教人"和"教士类型"。但事实上,在350节,获得赞誉的只是两类宗教人中的一类；在351节，授予荣誉的人不是尼采而是民众。现在，尼采开始根据自己新的解释准则重写欧洲精神史：那些学者和科学家在尼采的学园重新受过训练之后，就会继承和发扬这一重写计划。

[340]"向 homines religiosi[宗教人]致敬"①称赞了罗马教会。但人们肯定还记得，尼采曾把基督教对古典世界的胜利视为一场难以言表的大灾难："古代世界的全部劳作付诸东流；对于如此丑陋而骇人的事情，我简直难以言表我的感受"（《敌》，条59）。本条关注的就是那场大灾难中的历史事件（这些事件深化并巩固那场灾难）。

[340]罗马教会不仅深深地怀疑生存的价值，怀疑一个人本己的生存价值，而且实际上建立在这种怀疑的基础上：罗马教会的耶稣会主义远远早于罗耀拉（Loyola），②因为耶稣会主义继承了东方人深沉的沉思和非信仰。尼采如此高度地赞扬罗马教会，令人惊讶。同样令人惊讶的是，尼采随后如此激烈地抨击新教：新教是一场狂热的反叛，其发起人都是名副其实的信徒；他们坚持本本主义（literalism/字面解经）和教条主义，阻碍人们获得必要的精微品味，以致让人无法领略罗马教会深藏的深刻怀疑。由于法国大革命，肤浅而简单的信徒们进一步获得统治权。尼采这里的判断全是在基督教内部进行比较，对罗马教会的赞扬源于对新教及其后果的洞察。一种更宽广的视野不久就会浮现，并把基督教包含在一个更全面的领域内。

向教士类型致敬（条351）。本条与其说是向教士类型致敬，毋宁说是向哲学致敬；哲学不同于民众尊崇的教士智慧。尼采认为，当今人人都开始分享民众的视角，因而很难把哲人与教士区分开来。民众的视角只承认一种智慧：一种为民众的目的而自我牺牲的智慧。本条反思了哲学出现于其中的"紧急状态"和哲学必须皆以隐藏自己的保护色

---

　　①　关于 homines religiosi，参《快乐的科学》，条358，《善恶的彼岸》，条45，59，《全集》，VIII 7 [5]。

　　②　[译注]Loyola，全名 ST. Ignatius of Loyola，1491—1556，1535年创立耶稣会，著有《神操》等。

（《道德》，3. 10）；不过，本条蜕掉了那层保护色，并用哲学的语言——而非教士的语言——描绘了哲学。

教士的智慧为人民服务；它与哲人的方式毫不相干，因为后者在于激情地生活在最高问题和最重责任的雷霆阴云之中。哲人是激情的孤独者，他们的责任与教士不同：后者的智慧是为了给民众提供确定性和安全感。尼采的想法接近培根：教士智慧应该由外事处长官和萨罗门宫院士提供，他们的宗教和科学自称具有确实性并为信靠者提供确定性。

但哲人们怀疑他们所宣称的确实性——尼采现在要让我们透视他所理解的哲人和他自己。对一位哲人来说，教士算不上知道者（knower／明白人），因为哲人们不相信任何"知道者"——"明白人"这个骄傲的头衔与哲人的身份不相称。在古希腊，谦虚发明了哲人一词，并把智慧的头衔让给了"智术师们"，因为后者自称自己有智慧。但是，哲人的谦虚是一种奇特的谦虚，[341]它一度是"如毕达哥拉斯和柏拉图这类骄傲而至高的怪物的谦虚"。正是这类骄傲而至高的怪物发明了"哲学"这个谦虚的词语，并给它下了最有影响力的定义，但他们并没有贸然自称为"知道者"或"有智慧的人"。尼采当然知道，毕达哥拉斯和柏拉图其实都声称自己有知识：毕达哥拉斯把知识固定在数字中，柏拉图把知识固定在诸理念中。尼采为什么选这两位为例来说明知识上的谦虚？

尼采似乎分享了哲人的哲人观。蒙田清楚地表达过这种观点：

> 我不能轻易地说服我自己相信，伊壁鸠鲁、柏拉图和毕达哥拉斯把他们那些原子啦、他们那些理念啦、他们那些数字啦，当作货真价实的真币交给我们。他们太智慧了，以至于不能在任何不确定且有争议的东西上打造他们的信仰文章。（《蒙田试笔》，ii. 12，"为塞邦一辩"）

像尼采一样，蒙田怀疑哲人们所宣称的知识，并道出了个中原因："他们想思考一切，度量一切，他们发现这工作挺能满足我们天生的好

奇心。"哲学符合人类的天性,但这种天生的自由追问倾向却会把社会和哲学统统置于危险之中。于是乎:

> 有些东西,他们写下来是为了社会的需要,比如他们的宗教;为此,他们不想蜕掉民众信仰的外皮,以免在民众对他们邦国的法律和习俗的遵守方面制造混乱。柏拉图在处理这种秘密时相当开诚布公。(同上)

尼采重申了蒙田的观点:

> 就哲人们而言……他们的全部交易要求他们只能承认某些真理:换言之,用这些真理换取公众的批准……"汝不可说谎"——用平白的英语说就是,take care[小心],哲人,不要说出真理。(《偶像》,"漫游",条42)①

在第五卷结尾(条381),尼采请人们原谅自己的无知。可见,尼采早就已经清楚地告诉我们,无知属于他这类哲人——甚至属于毕达哥拉斯和柏拉图。哲人们从不相信所谓的"知道者",但却总是被"知道者们"包围着,还不得不像培根和笛卡尔那样,戴上知道者的面具。哲学为了自己的生存,不得不披上教士智慧的外衣;[342]现在,我们可以用尼采式的哲学史把哲学的生存史勾勒为柏拉图式隐微术的历史。"无知"作为打开神秘整全的钥匙,固然属于哲人,但这"无知"一直没有获得批准。"哲学出自并幸存于其中的紧急状态"(《道德》,3. 10)要求哲人带上教士的面具;哲人们也要为民众提供安全感和确定性。

---

① 施特劳斯继承了尼采的观点,并呼吁一种"哲学的未来社会学",以便证明"联合所有天才哲人的东西,比联合一个天生的哲人与一个非哲人的小团伙的东西更重要"——迈蒙尼德和斯宾诺莎与犹太人的联合,或者培根和笛卡尔与基督徒之间的联合。见氏著,《迫害与写作艺术》,前揭,页7-8。

"所有这些真的已经变了吗?"如今,哲人真的可以离开耶稣会,走到光天化日之下吗? 以前,哲人知道自己必须在私下里激情地追求知识;如今,他真的能公开露面吗? "必须说出真理,哪怕世界毁灭!"——不错,尼采赞成"伟大费希特的这句伟大呐喊"(《朝霞》,条353),但前提是"他必须首先知道真理"。哲学一方面无知,另一方面又知道关于真理的真理并说出了这种真理,这两方面是一致的。由于尼采,哲学再次成为公开的"无知",再次成为苏格拉底式的哲学:它知道自己将再次受到审判。

在下两条中,尼采把谱系学方法应用到道德需要和宗教起源上。蒙田说过,哲人们"为了社会的需要而写下"的东西就是道德和宗教;哲人们想保持温顺和服从。但尼采却煽动人们不要顺从,而要保存那种作为智性良心的道德,保存那种作为对尘世之忠诚的宗教——这种宗教完全不同于一般的主流宗教。

道德为何不可或缺(条352)。道德为我们赤裸的身体披上了衣裳,因而不可或缺。但尼采似乎决意要嘲弄赤裸的真理,要糟蹋自己举办的宴会:一个魔术师要让我们看到彼此的裸体,就不好玩了。尼采想要揭露赤裸的真理;这个问题在他的作品中是老生常谈:曾经,道德之所以不可或缺,乃因为这件文明的外衣可以掩饰我们的自然兽性;而如今,道德之所以不可或缺,乃因为这件外衣可以掩饰我们的教化驯服。长期的道德规训驯服并软化了自然性情,并因而也改变了自然性情。当然,尼采绝不赞成原始的兽性,尽管许多人很喜欢这样说他;不管是在这里还是在其他任何地方,我们都看不出任何迹象表明:《善恶的彼岸》意味着回到某种前道德状态或前社会状态。

尼采的目的并不是赤裸:扎拉图斯特拉曾告诫自己的门徒说,千万不要观看尊贵朋友的裸体,否则他们会感到绝望;而且,为了激励自己的朋友们,他们自己还应该穿上高贵的衣裳(《扎》,1.14)。人的感情已经变了,因而不可或缺的道德也变了样子。新道德强调的是血气和好战;它将提升扎拉图斯特拉所描述的那种高尚的嫉妒:在怀疑与虔敬之间、好奇与正派之间的竞赛中,要彼此竞争,勇夺第一。

[343]论宗教的起源(条353)。宗教起源于宗教创始人。那些宗教创始人是独一无二的非凡个体,天生具有洞察力和发明才能。他们既发明了一种实践,也发明了一种解释;而解释往往更为重要,因为实践通常已经存在了,如基督教和佛教的生活方式。耶稣和佛陀都是创始性的解释者,他们在一种早已存在的生活方式中发现了某种特殊之物,并把它挑选出来,作为唯一一种可以达到预定目的的生活方式,从而解释了这种生活方式;而且,他们还成功地催生了人们对这种生活方式的狂热信仰。尼采从这两个例子得出了以下结论:宗教创始人必须拥有一种精确无误的心理学知识,即懂得灵魂;因为他们正是通过这种知识才辨认出不同灵魂之间的相似性;在建立这种相似性的过程中,那些创始人还发动了一种长期的历史前进运动;这场争取承认的欢庆运动把某种早已存在、但备受忽视的品质抬高到了最重要的地位。

道德几乎不可或缺,那么宗教呢? 论述宗教的本条格言至多不过是把两种获胜的狂热主义去神话化而已。但是,《扎拉图斯特拉如是说》和《善恶的彼岸》的结尾不也是狄奥尼索斯和阿里阿德涅的神话式再现吗?《善恶的彼岸》(条295)已经承认,这类宗教话语面临着一个严重的困难:它面临着一个错误的时代。尼采自称,他已经得知"朋友们"不想再听到上帝和诸神——那个已死的上帝似乎已经给宗教本身带来了坏名声。面对这种情况,尼采可不敢掉以轻心。因而,在第五卷后来的章节中说到宗教时,尼采也总是非常小心谨慎。

哲学的方法:意识及其局限(条354–355)

哲学需要一篇"导论",需要检查自己独有的工具,即意识(consciouseness /自觉)。哲学的自我审查和自我验证是反复出现的问题,在某些意义上也是一项荒谬的课题:"工具如何可能批判它自身呢? 它怎么可能仅仅用它自身去批判自身呢? 它甚至都不能界定它自身!"

(《全集》，II 2[87]）。①然而，这项课题不可避免。尼采为"任何一种能够作为快乐的科学出现的形而上学"②提供的"导论"，从某个实质性方面来说，就是一部意识的进化史（条354）；这种进化史表明，任何关于普遍范畴和必然范畴的形而上学演绎或先验演绎都是不可能的。这部"导论"从其他实质性方面来说，则在于调查求知冲动背后的种种动机（条355）。[344]这些社会谱系和心理谱系使哲学变得岌岌可危，很容易受到怀疑。

论"族群的天赋"（条354）。Genius der Gattung[族群的特质/神灵/天赋/精神/天才]就是意识：它既规定了族群本身，也规定了族群中的个体成员——这些个体凭自己的高级意识而成为特选之人。只有极少数哲人具有自觉的激情，并借此使一切变得有意识；他们站在族群的顶峰，成为族群精神的典范。

一旦我们明白，离开意识，我们照样能过得很好，那么，意识或"开始意识到自我"就成了一个问题。《论历史对生活的利与弊》已经表明，没有自我反思，生活会更强健。既然生活与意识之间显得势不两立，那么，意识的目的又何在呢？尼采从"也许出格的猜测"出发，提供了一个进化论的答案：意识的敏锐和强度与沟通能力成正比，而沟通能力又与沟通需要成正比。根据尼采的进化论视角，我们的适应策略千年来一直塑造着且仍将继续塑造我们这个动物族群。从某些方面来讲，这种视角是最新潮的新达尔文主义：生命进化史并不是一架为最上层梯级而存在的梯子，而是一丛分出各种平等的适应形式的灌木；在生命的进化史中，智人（homo sapiens）的出现只是偶然。"人类是动物进化的伟大的隐秘目的——我们反对这种自负。人类绝不是造物的王冠；

---

① Blondel 罗列了此类段落并做出了有益的讨论，见氏著，《尼采》，前揭，页240 以下。

② ［译注］作者这里似乎在模仿康德一部重要著作的书名：*Prolegomena zu einer jeden künftigen Metaphysik die als Wissenschaft wird auftreten können*［任何一种能够作为科学出现的形而上学导论］。

一切生命类型与人类同等完善，同台并立"(《敌》，条4)。正如奥特曼(Henning Ottmann)所说，尼采"惊人地熟悉围绕达尔文主义展开的众多讨论"。①不过，尼采拒绝达尔文的原则——适应策略背后的真正动力是保存生命(《善恶》，条13)；他已经把这种原则上溯到斯宾诺莎，并为这种原则找到了基础：更根本的、主动的权力意志。

说到作为一个整体的族群，尼采解释说，意识的起源和发展可能是"最濒危的动物"[即人类]之间的"沟通网络"：为了生存，人类需要与自己的同类合作，因而也就需要与同类沟通。生命需要保存，因而就要求这个族群之间能相互沟通；因此，人们必须懂得自己的需要，并借助语言符号的形式快速传达这种需要。

[345]尼采以刁诡的方式传达自己的结论：所有思想都是社会性的，这就是"我的思想"。

> 我们的思想总是不断地被意识的特征——通过意识中下命令的"族群特质"——majorisirt[选出来作为多数人的视角]，进而转译并倒退成畜群的视角。

行动只能是个人的、独特的；而思想必然是普遍的。"个体的思想"简直是个自相矛盾的说法：思想一方面竭力纯粹化、孤立化、特殊化，一方面又在混合、掺杂、一般化，因为思想是被语言格式化了的意识。此外，思想是借由语言传出来的意识：思想若要被人理解，就必须具有混合的、掺杂的、一般化的形式。正如米勒－劳特(Müller－Lauter)所言："在描述任何东西的时候，总免不了简单粗暴。"②哲学或最精纯的思想简直是知其不可为而为之：它试图借助一种不可化约的一般方法去体验并传达一种不可化约的独特之物；按基尔克果(Kierkegaard)的比喻来说，哲学就好比试图涂画那位身披盔甲的、不可见的玛尔斯神

---

① Ottmann，《尼采》，页353。

② Müller－Lauter，《尼采》，前揭，页34。

(Mars/战神和火神)。这种努力在别人看来是一种过剩,在它自己看来也包含一种矛盾。然而,人类中十足的"艺术家们"、人类史中个体的迟到者们(即"演说家、布道者和作家们")却使这种努力变得不可避免,并且为此大肆挥霍了人类费尽艰难挣取的沟通资源。"认识你自己"是阿波罗的命令。为了让人履行这一命令,阿波罗又给人以美好的言辞作为工具;然而这个工具与这项命令却不相称。在意识的历史中,哲学来得太晚,以致没有属于自己的缪斯。①

"正如我所理解,这就是真实的现象论和视角主义";这绝不是康德主义。康德自以为用一个能说会道的和永恒不变的范畴之网就可以绘制出某种不可描绘的真实性。尼采拒绝编制所谓的范畴表;他的现象论和视角主义揭露了一切范畴的性质:那些范畴统统导致了"肤浅、稀薄、比较愚蠢、一般化"。尼采的现象论允许甚至要求 Versuche[尝试]:根据我们对世界的经验,试着领会世界的真实性质。尼采经过尝试得出了如下结论:"世界,根据其'智性特征'来规定和确定——它也许就是'权力意志',此外什么都不是"(《善恶》,条 36)。[346]尼采的现象论承认一切范畴都有历史特征并且变幻不定,因此,它根本不可能分享康德的目的(即证明牛顿科学的确实性);尼采的现象论也不接受彻底的怀疑论(即怀疑"万物之道",《扎》,2. 12),因此,它也根本不可能分享康德的伎俩(即利用无知去论证上帝、自由和永不可知之物的不朽性,勉强支撑一种古老的旧道德)。

尼采的现象论和视角主义证明,只要想认识基本事实,就都得用某种工具把流变之物固定下来,并把不相似的东西搞得相似。正如米勒-劳特所说,思维和言说就是对那些既不 gleich[相同的]也不 fest[固定的]东西的 Gleichmachen[同化]和 Festmachen[固定]。②最重要

① Blondel 的《尼采》缜密而富有启发地反思了语言的局限和尼采为了洞见和沟通而极力开发利用语言的局限;尤见页 148 – 153,页 201 – 238。亦参 Del Caro,《尼采反尼采》,前揭,页 252 – 258。

② Müller – Lauter,《尼采》,前揭,页 12。

的是:这个大困境并不能完全束缚哲学;对这个困境的发现正是哲学的本质,也是哲学谦虚的理由,更是哲学对奥秘的最初认识;也正是由于这个发现,哲学告别了其他认识形式并怀疑一切"知道者"(《快乐》,条351)。哲学遵从自己的守护神阿波罗的命令,热情地追求自我认知;同时,它也渐渐"知道":不可能有完全的自我知识。也正因此,尼采请求读者原谅自己的"无知":应该原谅尼采的无知,因为这个理由也正是哲学本身存在的理由。①

也正是在这里,哲学面临着最大的危险。

> 最终,意识的增长是个危险;谁生活在最有意识的欧洲人中间,谁就会知道,这实在是个危险。

这个危险不是某种学院哲学式的局部问题,不是康德之后认识论和本体论上友好的哲学论争。这不是哲学上的危险,而是政治上的危险。这个危险是由意识本身的性质(意识是一种沟通工具)造成的;在我们如今所达到的历史阶段,意识的发展还会使这个危险变得更加严峻。最濒危的族群在生存斗争中逐渐获得了意识这种适应工具;这种工具似乎最终会为生命提供安全,甚至使生活变得安逸起来。在安全和舒适获得长足的增长之后,人类意识已经"知道"什么东西有益于安全,"知道"什么东西有用。[347]如今,据我们所知,对沟通"有用"就是好东西——"这个法则迫使我们尽最大可能地达到一切人的公益";而这法则或至善已经成了一种约束一切的全球法则。尼采从这法则之外描

---

① 　Stanley Rosen 在一系列关于尼采的论文中认为,尼采的无知是不可原谅的。Rosen 认为,尼采"对意识诸要素的批判"和他的"世界的全部特征……是永恒无尽的混乱"主张(《快乐》,条109)含义非常极端,以至于对任何东西作出任何判断都是自相矛盾的。Rosen 还发现,尼采充分利用了完全的流变性,从事某些随心所欲的创造行动,从而把他自己的印章盖在事物上;某种任意的权力意志只能证明尼采的僭政意志。尤见氏著,《古今之争:重思现代性》,前揭,页209 – 234;《诗与哲学之争》,页 183 – 203。

述了这种危险,从一个法律破坏者的叛逆视角质疑了基本法则的束缚性:现代人所谓的"有用性"、现代人自称知道的东西"最终不过是一个信念、一种幻想,说不定正是最具灾难性的愚蠢呢,有朝一日将置我们于死地"。"我们"——这是哲学的声音:哲学"谦虚"地认识到,人不可能有终极的知识。哲学可能会沦为"真理"或某种"知识"的牺牲品:哲学知道,所谓的"真理"不过是一套套冒充知识的权威意见而已。以前,任何哲人都不曾相信过"知道者"。但现在,哲学却面临"知道者们"的全球赛跑;他们背后是某种单一的科学方法和权威的普遍知识。或许有一天,这种愚蠢会毁灭我们;或许有一天,这种新宗教(即培根和笛卡尔式的宗教,它号称"知道"人的目的)会彻底废除哲学。人类,这个曾经最濒危的族群将凭借自己的沟通天赋而把世界变安全,之后还要废除那个依然威胁自己的东西:哲学。

扎拉图斯特拉十年孤独生活之后,到市场上做了轻率的演讲;在演讲中,他以"末人"(即历史终点上普遍同质国家的公民)为例,同样尖锐地谴责了现代信仰:

> 没有牧人,只有畜群!人人都想一样,人人都是一样:谁感觉不一样,谁就乖乖地进疯人院。(《扎》,"开场白",条5)

哲学用一种因生存而进化了的工具来对待存在之谜,因而必然导致不确定性;由于哲学家培根和笛卡尔所谓的普遍"知识",哲学可能面临毁灭的危险。施特劳斯与科耶夫之间曾有一场争论。当时,科耶夫站在现代人一边,而施特劳斯站在非现代人一边;施特劳斯在争论中化用了尼采的观点:"普遍同质国家的来临"——即末人或"自治畜群"的统治(《善恶》,条202)——"将是哲学在世间的终结"。①

尼采的哲学观是苏格拉底式"属人智慧"(《申辩》,20d–e)的现代形式之一:哲学知道自己无知,并且知道那些不知道自己无知的公共信

① Strauss,《论僭政》,前揭,页211。

仰很容易危害哲学。[348]在如今处主导地位的宗教方面，哲学的使命类似于培根和笛卡尔等苏格拉底分子所理解的哲学使命：把宗教置于哲学的统治之下，借此保护岌岌可危的哲学或理性人的追求。哲学非常谦虚：它知道自己无知。但哲学又很不谦虚：它知道为了自己的利益而必须承担多大的使命。这种谦虚和不谦虚却殊途同归，诸如柏拉图和毕达哥拉斯（或者培根、笛卡尔和尼采）这类骄傲而自主的怪物的谦虚就是如此（条351）。

这条格言显示了哲学在意识史中的位置；它结束于哲学的政治学，并强调了哲学在非常现代的意识中所处的危险状态。不过，本条的核心是一个认识论上的、而非政治学上的论证：由于认识到意识的进化，最高的意识被迫谦虚起来。哲学的现象论和视角主义规定，哲学借助唯一的理解工具也只能意识到一个"表面的符号世界、一个普遍同质的世界"。我们被封锁在"纯粹的"现象之中，被锁在这个或那个视角之中。如果确实如此，我们又如何能声称我们的视角是"正确的"，怎么能说我们的视角真正符合那些根本不可能成为其对象的东西呢？但在此前，尼采谈到最基本的事实时还声称：生命的意志就是"权力意志"（《快乐》，条349）。尼采的现象论和视角主义怎么可能容许他说出这种话呢？下一条格言反思了这个问题，并使之变得更为尖锐。

我们的"认识"概念的起源（条355）。认识的谱系学现在从进化史转向了心理史："认识"起源于一个大族群的欲望；这种欲望不是求知欲望，而是驯化恐惧的欲望。我们的哲学像我们的宗教一样，也曾经服务于这种欲望，为了消除恐惧而找出了各种理由。哲学曾以民众中最自然的东西为指导，证明自己的有用性：哲学能平息原始的恐惧，因而既非无用或危险，也非愚蠢或犯罪。但现在完全颠倒过来了：哲学开辟了一条看似"不自然的"、通向大恐惧的小路。

尼采以苏格拉底的方式开始自己的话题：像苏格拉底一样，他将以一个从街头巷尾得来的解释开始；也像苏格拉底一样，他将证明街谈巷议的不充分性，并表明有必要从街头巷尾之外的视角重新思考。不过，尼采还会证明，苏格拉底以来的哲人们在至关重要的认识问题上一直执迷于街头巷尾的观点:[349]对他们来说,认识也无非是把陌生之物还原为熟悉之物罢了;认识始于"本能的恐惧",旨在确立"一种安全感"。

通过这些论证,尼采反对哲学与民众恐惧之间的古老联盟,公开指责"那个哲人""太容易满足了",竟然附和民众的意愿,想当然地以为"只要把世界扯到'理念'上,世界就'已被认识了'"。哪个哲人?当然是柏拉图,《斐多》的作者柏拉图。柏拉图在《斐多》中描述了苏格拉底临死时的言行:苏格拉底说明了自己为什么抛弃希腊自然科学的机械论和目的论解释,而宁愿选择"第二次航行"(99d);"第二次航行"后者是一种安全的哲学追问方式,其出发点是关于事物的 logoi[各种说法]和言论(99e),旨在把这些解释追溯到一种"理念":柏拉图笔下的苏格拉底开始学着从街头巷尾的解释出发并把它还原为理念。苏格拉底本人则暗示,这样就"太容易满足"了:他临死前说过,要是没有人反对他的任何解释,他就很满足了。不过,苏格拉底在向对话者们推荐这种满足感时(101d)暗中附加了一个条件:他们自己要是还不满足,就应该继续保持紧迫感,直到满足为止(107b)。就某个答案而言,如果任何人都不反对,苏格拉底本人就真的会满足吗?苏格拉底在这里是不是在玩他那有名的反讽术?在柏拉图笔下,苏格拉底给出一个令人满意的答案时,若是没有人反对,他就停止说话。柏拉图笔下的苏格拉底不同于阿里斯托芬笔下的苏格拉底,也不同于被本邦处死的苏格拉底,因为柏拉图的苏格拉底知道应该在什么时候停止说话并表现出满意的样子:当他们满意的时候,他就满意;当他们的恐惧得到平息时,当智慧的哲人告诉他们一些东西的时候,他们就满意了——告诉他们什么?告诉他们说,他知道自己无知并且还能证明他们也无知吗?不!柏拉图笔下的苏格拉底早已抛弃了那种轻率和鲁莽。他会告诉民众说,他们完全有理由相信他们想要相信的东西,比如相信他们的灵魂不朽啦。如果他们像辛弥阿斯(Simmias)那样愿意承认学习就是回忆,他甚至能证明之(91e-95a);或者,如果他们像刻贝斯(Cebes)那样愿意承认,存在一些理念(eide)并且这些理念是事物存在的原因,那么,苏格拉底也能证明之(102b–107a)。他甚至还愿意说自己的使命来自"一位值得信任的言说者"即他们的阿波罗,尽管他担心他们会把这个说法看作反讽(《申辩》,20e,37e–38a)。

这是尼采式哲学史上的一件大事,在稍后的章节中还会有进一步阐发。柏拉图笔下的苏格拉底让哲学走上了民众之道。这种哲学反对"智术师文化……现实主义者的文化";而后者的伟大代表就是修昔底德:他是"古代希腊人那种强健的、峻厉的、坚硬的实事求是本能的恢宏总结和最后见证"。柏拉图是这场转变中的大人物:[350]"柏拉图在事实面前是个胆小鬼——于是,他逃进了理想"(《偶像》,"古人",条2)。他逃到那些平息民众恐惧的东西之中。哲学成了治疗术。哲学披上了单调乏味的一神论外衣。

在"这个哲人"即柏拉图之后,所有哲学家都走上了同一条小路(《善恶》,条191),他们太容易满意了。他们满足于把诸理念当作解释原则,从而把个体性和独特性降格为所谓的万物之共性,简化成熟悉的东西,比如我们的乘法表啦、我们的逻辑啦、我们的意愿啦、我们的欲求啦等等。他们把独特之物和流动之物简化为共同之物和固定之物,他们走得如此之远,以致超出了意识必需的程度(《快乐》,条354),因为他们把那些概念装置弄得比独特之物和流变之物还真实,以至于不能充分表现这种真实性。哲学不仅赞同意识的一般化特征,还把意识的抽象概念抬举到具体事物之上,把陌生之物弄成了熟悉之物。尼采列举了四项我们熟悉的东西:乘法表、逻辑、意愿、欲求。这些东西都曾充任形而上学的原则,为了说明独特之物和陌生之物而号称要把它们还原为共同之物和熟悉之物。这四项原则粗略勾勒了从希腊人到叔本华的历史线索;叔本华把以"我们的欲望"为解释原则,认为只要把"内在世界"和"意识的诸要素"还原为熟悉之物就完事了。叔本华假定,最熟悉的东西就是最好地被认识的东西,就是最能接近我们意志的东西——这种假定"大错特错",因为它意味着"我们确实认识意志本身,绝对而彻底地、不折不扣地认识意志本身"(《善恶》,条19)。尽管这种假定大错特错,尼采却并没有宣布放弃叔本华的道路(即回到我们的欲望）；他本人仍然采取这条道路，不过没有像叔本华那样大错特错。相反，"我坚持，内在世界也是现象"（《全集》，VIII 11［113］＝《权力》，条477）：尼采把最切近和"熟悉的"东西变成了陌生的东西。不过，尼采这样做时并没有抛弃认识，也没有欣然接受怀疑主义。

只有"一种恰当的物理—心理学"能提供一条"通往根本问题之路"；这种物理—心理学若不能假定人已经认识了自己，也就只能提供这样一种方法。尼采的方法，即通往"万物之道"这个根本问题的道路（《扎》，2.12），始于那尚未被认识但也更容易被认识的东西，即一个人本己的存在：

在我身上，许多冲动都争着要起主导作用。在这种情况下，我就是万物生灵的肖像，我向我自己阐明了这一点。①

［351］尼采在《善恶的彼岸》条36讲到方法论上的严峻之时也向其他人阐明了这一点：该条格言是一个长时间的 Versuch［尝试］，起点是无知的自我，继而通过严格的"方法的良心"转向就一个人自身（即"我们的整个本能生命"）而言必须假定的东西，然后再转向就"一切有机功能"而言必须假定的东西，最后转到就"一切有效的强力"而言必须假定的东西。该条格言提纲挈领地论述了权力意志，为尼采在笔记中广泛展开的根本现象探究指明了方向；可惜尼采后来精神崩溃，没能将这些笔记整理出版。不过，尼采已经借《扎拉图斯特拉如是说》详尽地报告了这一根本发现及其后果，并用极其经济的笔墨阐述了这个问题：尼采从未放弃这种精简的阐述方式，在《扎拉图斯特拉如是说》之后的众多作品中，只要提到权力意志，都无一例外地一闪而过。尼采先用诗一样的语言描绘了扎拉图斯特拉如何准备发现生命的秘密（"舞蹈之

① 转引自 Blondel，《尼采》，前揭，页233。Blondel 阐明了尼采的"认识论"（即尼采任何探究关于自我和世界的可能知识），他的阐述目前仍是最佳的。

歌",《扎》,2.10),然后,就私下在"论自我克服"中紧急邀请"你们最智慧的人"(《扎》,2.12):"你们"将要同他一道从事一系列全新的探究活动,即考察并揭示生命的真相;这真相从根本上讲就是权力意志。①尼采只能以斯宾诺莎式的方式建立一种根本的哲学教诲(《快乐》,条249):孤独者要想使自己的见识变得有说服力,就只能用这种见识引诱那些人成为自己的同类,从而迫使他们通过他们自己的探究肯定或拒绝这种见识。

最困难的事情莫过于把熟悉之物当作一个问题去认识。与苏格拉底的安全方式相反,尼采采取了另一种方式:他的目的是让熟悉之物变陌生。哲学由此斩断了自身与民众之间的纽带:哲学既不想在恐惧的推动下恢复一种安全感,也不满足于人人同意的初级解释。哲人们从不满足。尼采要的就是这种不满足的状态:他用一种新的理想取代了旧的最高理想,前者在于永不满足地追求那永远退避的知识,后者则在于神圣地沉思那早已知道的东西。诸神也进行哲学思考。尼采"极度厌恶一劳永逸地躺在某种整体世界观中;而着迷于一种相反的思想方式;喜欢招惹神秘之物,不许任何东西打扰"(《全集》,VIII 2〔155〕=《权力》,条470)。新科学充满快乐:它以新的方式栖居在一个无限的宇宙中(《快乐》,条374),满足了哲人们从未获得满足的强烈愿望(《快乐》,条382)。尼采与莱辛不谋而合:如果某个神右手拿着真理,左手拿着追求真理的强烈冲动,尼采也会选择左手上的礼物。

尼采反对柏拉图主义向民众恐惧妥协,并与柏拉图主义决裂;〔352〕同时,尼采也奠定了一种新的科学。尼采在本条最后一句话中描述了新科学的特征;这句话没有说完,结尾的省略号旨在激发进一步的思考。自然科学的"最大安全或确定性"与"心理学和意识要素的批判"的不确定性之间形成了鲜明的对比,人们甚至"几乎"很可能把后者称为"不自然的科学"。为什么不自然? 因为它不追求安全,也不害怕恐惧——但它毕竟只是"几乎"不自然的。那么,它的自然性何在?

---

① 笔者在《尼采的教诲》中分析了这些关键章节。

在追问者的自然天性中：追问者的天性不同于 Volk[民众]，追问者发现自己必须去追问。关于这种自然天性，尼采在《善恶的彼岸》（条229－231）中已有所说明：das Volk 所谓的"精神"被尼采称为"精神的基本意志"，即渴望平息恐惧并获取安全；相反，认知者的精神则含有"一点点残忍"，但它忠实于自己的自然天性，忠实于自身中的给定之物，并不断推进自己的追问使命。

这里就是目的地：快乐的科学精神拖着颤抖的身体来到这里，领着"无畏之人"来到了这里。民众出于自然天性而强烈渴望安全；快乐的科学则既反对这种自然欲望，也反对那些曾为之服务的宗教和哲学。对民众而言，对那种与民众串通一气的旧哲学而言，尼采的快乐科学将是一种冷酷的科学，威胁着这个如今正变得不可侵犯的世界的安全围墙。

哲学的目的：建筑大师们与现时代（条356）

哲学的骄傲以谦虚为前提。哲学只有认识到自己的工具（即意识）的局限之后，才能为自己确立广泛的认识目标和行动目标。

尼采在现代虚无主义的过渡时期摆出了自己的哲学计划，第一次与柏拉图的苏格拉底的安全道路彻底决裂，第一次破除哲学与神圣起源及永恒真理之间的柏拉图式联盟（这种联盟使前者满足了后者的需要）。由此可见，尼采是个多么激进的哲人啊。不过，尼采的激进主义源于时代，而非个人气质；尼采本人并不是个粗心大意的思想家和肆无忌惮的偶像破坏者。

"如今，这一切都结束了"（《快乐》，条357）。尼采用这寥寥数词宣布了对柏拉图主义的审判。"柏拉图主义躺在了地上"（《善恶》，"序言"）。原因何在？并不是因为极少数哲人识破了柏拉图主义：尼采的哲学史表明，真正的哲人们早就看透了柏拉图主义，并且还能容忍它。柏拉图主义为什么躺在了地上？被一种为民众的柏拉图主义打倒了。

[353]基督教一直勤勤恳恳地谆谆教导诚实的美德，直到基督徒们再也不能忍受他们自己的宗教谎言。基督教是基督教美德的公开牺牲品，柏拉图主义同样也是。对理性的现代信仰就是培根版的基督教信仰：它杀死了上帝，同时也扼杀了柏拉图主义的哲学策略。这一切都遭到了智性良心的反对，因而这一切如今都完蛋了。第一位非道德主义者认为，我们的良心规定了我们的命运。

欧洲怎样变得更"艺术化"（条356）。哲学尽管注定只有暂时的理由，但必须有绝对的行动。族群中的天才们旨在使一切东西都具有意识：他们虽然知道知识本身非常成问题，但他们又必须成为建筑大师。这些建筑家必须认清他们的原材料，即必须留意人的自然天性，留意人们固守的自我观点。

有没有所谓的人性（人的自然）这种东西？人类是否能像天生能扮演各种角色的演员那样容易被塑造？尼采强调历史可以塑造和改变人类，但他同时也坚持，人类在个体方式上绝不完全等同于人类的历史。尼采绝不是什么存在主义者，对于存在主义者公然宣扬那套说法，尼采早就嗤之以鼻：存在主义者的信仰即相信我们可以自由地创造我们自己；存在主义者的道德却又把自我的角色认同宣判为一种坏的信仰。另一方面，心理学家尼采虽然旨在恢复 homo natura[自然人/人性]的永恒文本（《善恶》，条230）；但他也认为，人类受制于适应性的进化过程，人性的原文并不独立于这个进化过程。

在新近的大事之后的"过渡时期"，我们不再被迫相信我们就是由恩宠或上帝或自然所赐予的东西，也不再相信我们的幸福就在于实现它们已经赐予我们的东西。欧洲正变得越来越"艺术化"：我们现在相信，我们可以自由地把我们自己做成我们想要的样子，我们可以像艺术家那样随心所欲，我们最好的作品就是我们自己。自然所赋予的任何东西，凭借艺术都能加以改变——这正是尼采所提到的两个过渡时代所特有的信仰，即伯利克勒斯时代的雅典和现时代的美国。这两个时代都是忘乎所以的民主时代，都怀着自高自大的信仰：我想成为什么，我就能成为什么；我们不像以前、不像所谓蒙昧时代那样，我们不再受制于某种金字塔式的标准。美国的信仰并不是土生土长的,而是源自某种欧洲信仰,并转而借此证明某种非欧洲的生活方式:洛克从实践上继承并表达了培根式信仰(即人能控制自然);根据洛克的教诲,美国这片不开化的荒蛮之地恰恰是上天赐予的礼物,可以通过工业和理性加以驯化和改善,并最终转化为财富。① [354]当代美国信仰不仅应用了培根式信仰(即控制自然),并且将其推向极端,反过来以这种方式对欧洲的进行殖民。尼采并非杞人忧天,古希腊人的先例(其一切后果早已昭然若揭)极有可能预示着现代人的未来:这个过渡时代可能像古代希腊一样,把"演员"当作人的最高形式,并在全球的美国化中呜呼哀哉。

这些关于艺术家和演员的反思将我们引向尼采的首要论题之一:当代的哲学与诗之争。这个通常看似地方性的问题(尼采反瓦格纳)在尼采的手里却成了全球性的问题。瓦格纳是"个剧院里的男人、一个演员,也许是空前的、最热情的模仿家"(《反瓦格纳》,"异议")。对"一位哲人"来说,瓦格纳这个夸大了的演员恰恰是个绝无仅有的时机;这位哲人应该趁此时机抓紧反思"欧洲如何变得越来越'艺术化'",并且必须为获此良机而心怀感激:"对一位哲人来说,瓦格纳事件是个意外收获"(《瓦格纳》,"序言")。通过细心研究瓦格纳事件,一个人可以从狭隘的世界——"人格价值的一切问题都把精神判给了这个狭隘的世界"——中抽身而出,因为这个事件开启了对现时代(即演员时代)的质疑(《瓦格纳》,"后记")。

演员时代给建筑大师出了个难题。柏拉图或培根或笛卡尔,这些希望创造新社会的建筑大师都具有千年的视野;他们也是创建了诸民族的审慎立法者。而今天,任何此类渴望都须得面对下述事实:所有人民实际上都相信自己能做一切事情。但对建筑家来说,这种信仰最没有前途;因为建筑家的计划要求一种十分不同的基本信念:价值之源在于做一个整体中的一部分,在于做"一栋伟大建筑中的一块石头"。要想成为一块石头,一个人就必须变得"坚实";只有在这种信仰的基础上,才能建

---

　　① Locke,《政府二论》(*Two Treatises of Government*),2.5,"论财产"

立一个真正的新社会、一个古代意义上的社会。"我们所有人都不再是某个社会中的材料了；这是一个事实，这样的时代已经来了。"

能否把现代人塑造成某个社会的材料呢？尼采早在《人性、太人性》中就暗示了某种肯定的答案：演员时代的自大信仰必定要遭到"真正的谦虚"的反对；真正的谦虚就在于"承认我们并不是我们自己的作品"（《人性》，1.588）。我们应该承认，我们的存在归功于自然和历史，我们并不就是我们自己，而是像石头一样，属于一个由存在和时间构成的伟大建筑；这种认识与哲学的无知并无二致。在这种认识的基础上，可以建立起一种忠诚于尘世的新的感激。

叔本华和哲学史（条357）

[355]论老问题："什么是德意志式的"（条357）？在这里，尼采好像从一种全球性的雄心转向了一种纯粹地方性的关切。不过，尼采转向德意志是为了表明，最近的德意志哲学是全欧洲的哲学；鉴于全球在培根和笛卡尔哲学的指导下正在欧洲化，现代德意志哲学也就是全球性的哲学。因此，本条继续了建筑大师的主题。

哲人仅仅是其时代和处境的孩子吗？哲人能否成为其时代和处境的继子（《叔本华》，条3）？在欧洲扩张时代，犹太人约邦和本撒冷人约邦都不能摆脱他们的时代和处境；同样，如莱布尼茨、康德、黑格尔和叔本华等德意志哲人们更不可能摆脱自己的处境和时代。不过，约邦成了其时代和处境的继子：他把自己的特异性嵌入了自己的时代，但这不妨碍他开始理解这些特质并插手全球事务。培根，这位文艺复兴后期的英格兰人由此展示了自己的志愿：做时代的继子。尼采一边证明，莱布尼茨、康德和黑格尔比叔本华更紧地拴在其时代上；一边也让我们看到了一位更自由的哲人：这位叔本华之后的德意志无名哲人将带着千年的视野，担起建筑大师的使命。

莱布尼茨、康德和黑格尔对哲学做了很大推进，因而也获得了极大的尊敬。莱布尼茨发现了意识的偶然状态,康德发现了科学知识的界限,黑格尔发现了思想的进化特征;这些洞见都是天才般的永久收获,成了后来思想家们的基础。这里并没有像某种哲学史那样,把某些根本的进步仅仅看作范式的转变。莱布尼茨、康德和黑格尔不同于歌德和俾斯麦这两个德意志精神的"例外",他们自己的基本见识"毫无疑问"含有德意志因素。他们的思想根植于并表达了其德意志背景。不过,思想的意义毕竟不能还原为思想的起源:揭露了起源,也并不能充分触及那些从这些起源中已经产生出来的东西的价值(《快乐》,条345)。如今,这些德意志哲学事件是欧洲的命运。

叔本华是不是德意志事件之一呢? 不! 叔本华要从一个泛-欧洲的背景中为其反基督教的无神论和悲观主义确定位置和方向;在新近最大的事件中,叔本华是个决定性的演员和玩家。不过,尽管不能把叔本华限制在其特殊的德意志背景中,仍然不能说他的推进是毫无背景的,因为它根植于最广阔的欧洲精神史。[356]因此,叔本华的思想仍然有其背景;一种恰当的物理—心理学可能事先早已料到了这一点:"一位灵魂的天文学家可以计算出每个日期和时刻",古老的星座就坐落在这些日期和时刻中,正如它坐落在叔本华的思想中。尽管可以设想叔本华思想的时代,却不能预料其处境,因为叔本华思想不是典型的德意志思想:叔本华是第一位真正的德意志无神论者;在这一点上,他极其反对德意志精神,甚至反对德意志人,尤其反对黑格尔;在欧洲灵魂天文学的这场标志性事件中,他们两个都称得上是伟大的延误者。

对哲学史而言,叔本华意味着什么? 他代表了"欧洲良心"的一场胜利。尼采视之为独一无二的绝佳胜利:"两千年来求真教育和求真训练的最重大行动,最终戳穿了上帝信仰的谎言。"《快乐的科学》序言(条4)和第五卷开头(条344)描绘过一群不惜一切代价地热爱真理的人物,叔本华便是其中最伟大的一位。"基督教道德……不惜一切代价地把自身改编并升华成科学的良心或智性的纯洁",而叔本华的思想正是"智性良心"的一次行动(《快乐》,条2)。以往的道德总是给自然、历史和经验打上神圣的符号和印记；叔本华的无神论标志着新道德对这种旧道德的一场胜利。在叔本华那里，科学的良心战胜了自己的祖先；它杀死了讨厌的上帝，但如此一来，它也陷入了绝望。

尼采的哲学史极其严肃地讨论了良心史上的这一事件。基督教或许曾经是一种"为民众的柏拉图主义"；不过，基督教在真理问题上则严格地坚持良心，这一点恐怕绝非柏拉图式的。按照尼采的理解，柏拉图主义不仅容忍、甚至鼓励高贵的谎言，还为它寻找基础，最后以至于规定，谁要是不能容忍高贵的谎言，谁就不配做哲人。从亚里士多德到培根，每个柏拉图分子都证明了自己有这种容忍能力。然而，基督教之科学良心的继承人们却不可能再有这种容忍能力了。基督教坚决主张自己的真理焕乎美哉，此外别无其他真理；在叔本华那里，基督教良心还宣布了对尘世的最后审判：一切皆无。在尼采笔下，宗教道德的道德主义继承人叔本华达到了现代德意志哲学史的倒数第二阶段。鉴于这种良心的虔敬，叔本华之后的哲学如何才能找到自己的立足之地呢？

优秀的欧洲人也会像叔本华那样，也会奋力推开基督教的解释；但他们也因此要以一种可怕的方式面对叔本华的问题，他们将自问：在接下来两个世纪里，生存到底还有没有意义？于是，尼采担起了欧洲灵魂天文学家的重任，[357]并预言道：在叔本华之后，要处理这个问题，就要抛弃叔本华的答案——必须把毫无意义的生存当作毫无价值的东西加以抛弃。这种叔本华式的宣判仍然是基督教之梦的残余；叔本华的无神论是绝望的基督教。尼采虽然反对自己的教育者，但也请人们原谅他：叔本华还嫩了点儿，稍嫌轻率，表面看起来不信仰，背地里还是个信徒呵；他仍然执迷不悟地坚持着一种地方主义，只不过比莱布尼茨、康德和黑格尔所坚持的地方主义更宽泛一些而已。叔本华之后的哲学要摈弃叔本华的信仰（认为世界应该不同于其实际之所是），但不会放弃他那种智性良心。

但是，叔本华影响下的德意志哲学家们不是已经证明，叔本华终究只是个德意志现象学吗？不！叔本华影响下的德意志人才仅仅是德意志人哩,并因此既不是叔本华式的人,也不是欧洲人。不过,叔本华影响下的那位最出色的德意志哲人怎么样? 叔本华曾把他教育成"优秀的欧洲人"和可以原谅的反叔本华分子,而他自己后来却退出了叔本华分子的阵营。"尼采对叔本华的判断正如叔本华对康德的判断:他完成了一个合法的、却半途而止的 Versuch [尝试]。"①《善恶的彼岸》已经证明,泛 – 欧洲现象叔本华为一种更全面的超 – 欧洲景观开辟了道路;这种超 – 欧洲的景观出自一位亚洲人的眼睛甚或"一位超 – 亚洲人的眼睛",即老亚洲人扎拉图斯特拉的眼睛。扎拉图斯特拉使更全面的景观成为可能:这种景观不仅摆脱了那种仍然困扰叔本华的禁欲主义理想,也为哲人打开了"相反的理想"即永恒复返的理想(《善恶》,条56,亦参条55)。《扎拉图斯特拉如是说》也展现了这种当代哲学史:预言家叔本华的教诲造成了一场噩梦,但这噩梦为永恒复返的基本洞察开辟了道路(《扎》,2.19,20)。不管叔本华,还是尼采,都不是德意志现象;他们属于欧洲的和全球的命运。不过,叔本华之后的尼采看得更远;关于永恒复返的新教诲尽管必然根植于欧洲的过去和现在,但仍向欧洲提出了一次新的叛离意向。

　　尼采经常把典型的欧洲经验与希腊人和狄奥尼索斯联系起来,并让欧洲式的东西与亚洲式的东西相互较量、一决高下;而后者主要的成功形式就是基督教(《全集》,VII 41[6,7] =《权力》,条1051)。尼采以上述地理学方式描绘了西方历史上的诸伟大事件,从而也把他自己与培根和笛卡尔联系在一起:[358]建筑大师受过哲学史训练之后,将带着一只超 – 亚洲式的眼睛,力图恢复柏拉图之前的昔日希腊,并集一切精神资源来反对这个业已亚洲化的、柏拉图化的、基督教化的欧洲。泛 – 欧洲式的新哲人将继承培根和笛卡尔的伟大事业,但他也将必须更加直接地面对欧洲的宗教。

---

　　① 　Blondel,《尼采》,前揭,页59。

哲学和德意志宗教：路德与文艺复兴（条 358）

德意志哲学是欧洲的命运；德意志宗教也是。德意志宗教改变并最终败坏了早期的泛－欧洲命运即罗马教会，在现代欧洲的创建过程中扮演了举足轻重的角色。现代德意志哲学站在现代德意志宗教的对立面，从而使我们有可能全面审视德意志宗教的历史和种种后果。除此之外，现代德意志哲学着眼于哲学与宗教之间的关系，从而也使我们有可能全面地重新解释西方精神史的整个范围。德意志哲学之所以能有如此功能，乃因为它最终摆脱了宗教视角——这种宗教视角甚至渗入了宗教改革的子孙们（如莱布尼茨、康德和黑格尔）的思想中。德意志哲学不再认为，宗教改革及其后果是人类精神史上的一大进步。与宗教改革及其后果相比，对西方历史的新解释则把罗马教会放在了更高的精神水平上，尽管如此，这种新解释仍把罗马教会本身看作精神上的衰退，即从早期更高的水平上降了下来。因此，德意志哲学要重新解释欧洲宗教：欧洲宗教绝不是最高或最终的宗教，它断送了人类最高的精神成就。向后看就是向上看。

面对那种关于西方历史的进步论解释方案，尼采以特有的简捷风格草拟了自己的解释方案。这种新解释突出了哲学与宗教之间的等级秩序，摈弃了培根和笛卡尔所容忍的那种虔敬的欺骗——即声称宗教是比哲学更高的精神形式，信仰高于认知。尼采必须改变这一经典说法，必须使对知识的追求高于任何自命自封的启示，因为哲人们"压根儿就不相信任何'有知识的人'"（《快乐》，条 351）。尼采直言不讳地表达了自己对哲学和宗教的看法，重述了西方文化中二者之间密切的关系史；不过，尼采的目的是斩断二者的联系。尼采正是出于培根和笛卡尔自己的理由而公开了他们的圣战：这理由即是 philanthropy［爱人类］和 philology［爱理性］。［359］尽管如此，尼采决非完全反对宗教，他将开启新宗教的可能性，恢复希腊宗教的核心因素：感激（《善恶》，条 49）。

精神上的农民造反（条 358）。本条继续前条的主题：就现代欧洲史而言,什么是德意志式的? 受新近德意志哲学教育了的优秀欧洲人将把欧洲宗教看作一种有迹可循的衰退状态;这种衰退可以追溯到德意志宗教。他们将重新评价最后的罗马建筑,即罗马教会:人们曾经带着对人类需要的理解和对权力的要求而精心建造了这座大厦;而现在,某些人却误解了这类理解和要求,破坏了这座大厦;那些虔敬的德意志人哦,他们还满以为自己是在通过宗教改革而恢复教会的本质呢。

　　尼采重复了自己先前的指控:德意志人不明白罗马人曾经十分明白的教会性质(《快乐》,条350)。不过,尼采随后又强调了教会的两个特征,从而改变并扩展了自己先前的描述。这两个特征即:对自然、人性和灵魂的怀疑;精神上的自由与启蒙。路德的宗教改革出于"简单性"对"复杂性"的愤怒,是一场粗鲁而 biederes[庸俗的]误解:它误解了教会的胜利成果,而只看到了其腐败之处;它误解了一切胜利的自觉权力都能允许的怀疑主义和宽容大度;它竟打算用自己顽冥不化的宗教信念取代自由和启蒙。

　　尼采是在大声赞扬中世纪教会的自由和启蒙吗? 关于罗马教会,他要说的当然不止这些——他将在下一条还要补充最关键的看法。但在这里,受到彻底检查的是宗教改革;它必须被视为一种相对的衰退(关于宗教改革,尼采的观点并非一成不变:他早期曾表达过一种更传统的观点,称赞路德是个"伟大的恩人",因为他唤醒人们怀疑基督教的 vita contemplativa[沉思生活],从而使一种非基督教的 vita contemplativa 在欧洲再次成为可能[《朝霞》,条88]。尼采早期在瓦格纳的影响下研究德意志精神时,也曾称赞路德的赞美诗是对新德意志春天的第一声迷人呼唤[《悲剧》,条23])。

　　德意志宗教改革者们误解了教会的胜利成果,因为他们"血气不足""怀疑不够"——缺乏血气和怀疑就是缺乏尼采赋予哲学的两种品质:尼采在两段论述罗马教会的文字之间插入了其对这两种哲学品质的讨论。那只狡猾的老蜘蛛精心编织了罗马教会之网;相反,路德却误解了"权力的所有基本问题":[360]这表现在他关于《圣经》、教会和神甫的教诲中——即关于基本文献、制度和功能的教诲中。宗教改革是一种哲学—语文学式的解释;这种解释方式首要的一点即:"他把神圣经典发给每个人。"路德自信自己的忠诚信仰,并大大方方地把神圣内核暴露在世俗幻想之下:他从学术上怀疑那些经卷,从而泄露了那些建立在这些经卷之上的宗教奥秘。①以往,教会是启示不断发生的场所,而路德却破坏了这种教会观念;以往,神甫过着一种超人般的生活并因此体现出某种神秘的权威,而路德却破坏了这种生活方式及其权威;于是,路德只好把如今业已公开的神圣经典作为唯一的权威。尼采断言,"人人都是自己的牧师"这句套话其实表达的是对"上等人"的隐秘仇恨,是对 homines religiosi[宗教人]统治的农民造反。

鉴于宗教改革的种种后果,尼采套用了耶稣的那句祈祷文(耶稣以此宽恕那些把他钉在十字架的人们):路德不理解自己的所作所为(《路加福音》23:34)。路德造反的初衷是反对精神上的等级制,而结果呢,尼采说,欧洲精神无疑变得更加狭促了。此外,宗教改革之后的精神变得更加模糊不清:精神变化无常、躁动不安,渴望独立,信仰自由权和"符合自然"(naturalness)。现代性(即自由和启蒙)的鼓吹者们强调的正是上述一系列特征。不过,尼采在后面的章节中也称赞过这些特征。尼采并不是启蒙的敌人。正如皮希特所言,尼采旨在深化和扩大欧洲启蒙运动,"并迫使它采取下一步骤……对启蒙运动本身进行启蒙"。①不过,在评价宗教改革的时候,鉴于启蒙了的"末人"表现出来的危险,尼采甚至接受了启蒙运动的模糊性遗产。至于说"符合自然"(尼采在文中给这个词加了引号),尼采要人们承认,宗教改革为"我们今天崇尚的现代科学"做了准备并因而有助于"符合自然"。但这番称赞立即被随

---

① Walter Kaufmann 在不少地方带着嘲笑的口吻点评尼采的文本,这表明他对尼采的某些要点怀有严重的误解。路德之后,哲学在德国学术史上显示了强大的去神话化力量,参 Del Caro,《尼采反尼采》,页 130–132。Del Caro 援引了诺瓦利斯(Novalis)的话:"路德没有理解基督教世界,随心所欲地对待基督教世界,并引入了另一种学问和另一种宗教,即神圣不可侵犯的《圣经》。于是,另一种格格不入的世俗科学也不幸地被混进了宗教事务;从此,哲学的消极影响也变得越来越明显"(页 132)。

① Picht,《尼采》,前揭,页 163。

后的谴责抵消殆尽：宗教改革要对"现代学者的退化"负责。中世纪教会的自由与启蒙还能容许某种怀疑和怀疑主义，而现代学术界却对这种怀疑茫无所知。

对现代科学的赞扬激起了对现代学术的谴责：学术在科学的摇摆下已经跌落到损害科学本身的地步。不能仅仅因为宗教改革有助于我们今天崇尚的现代科学就称赞宗教改革，因为现代科学本身也必须受到评估，因为宗教改革的精神后果和科学已经俘虏了学术：以前，学术可以通向罗马教会所容许的怀疑主义和启蒙；而如今，学术只能生产信徒，即新科学的发言人。尼采的作品是"gentilhomme［绅士／有教养的人］的一所学园，gentilhomme 这个概念比以往所认为的更精神化、更激进"（《瞧》，"善恶"，条2）：这里 gentilhomme 就是当今的学者们；在现代科学的影响下，他们已经从高处坠落下来，已经远离了怀疑的中世纪楷模。

快乐的科学要有属于自己的学者们；尼采尽管在这里辱骂了学者们，但还是不得不从如今遍地都是的衰败标本中收集他们。尼采渐渐显得像一位柏拉图式的哲人。这位建筑大师要设计未来，就得重新解释过去，于是问题就来了：他是否足够睿智？ 自己明明需要那些学者，却还大肆辱骂他们，这明智吗？ 答案当然是肯定的。现代学者或许只是信徒，但他们的动机也毕竟是现代的诚实信念；尼采把自己当作案例托付给他们，让他们凭他们的诚实美德来考察自己：尼采先摆出对现代学者们的怀疑，以便刺激他们来反驳而非恭维自己的说法；这样一来，他们就不得不正视证据，从而发现自己仍然十分虔敬。虔敬之人若发现这些指控都无可置疑，那他还能怎么办呢？ 只能站在真理一边，站在尼采一边。新的建筑大师现在开始招募自己的工作人员。

尼采谴责"诸现代观念"是北方农民反叛南方怀疑精神的后果；不仅如此，尼采竟然还把基督教会描述为南方怀疑精神的最伟大纪念碑。为使这一惊人说法言之凿凿，尼采再次提醒：不要忘了教会是什么。正如扎拉图斯特拉所为，要想理解教会是什么，只需把教会与其现代竞争对手（即国家）加以对照即可（扎拉图斯特拉曾把现代国家描绘成"新偶像"，《扎》，1. 11）。国家是为了推进平等和自由等"现代观念"而打造起来的建筑；它的基石是"一把剑和一百个胃"，而非一种"信仰和爱"。在界定教会的过程中，尼采根据现代人潜在的想法，把教会说成"首先"是国家的特权机构：教会是"更精神化的人"为了自己的统治、为了让自己认为最高的东西占据最高的位置而建造的"一个统治机构"。

[362] 尼采接着表达了一个引人注目的观点，并恰如其分地透露了自己的结论：教会"如此相信精神的力量，以致禁止自己动用一切粗野的暴力手段"。尼采以这句话结束自己对业已毁坏的罗马教会的赞扬；尼采强调精神的力量高于粗野的暴力手段，从而迫使自己的读者想起那种独特的精神制度；而且新教的启蒙史也早已使他们想起那种精神制度：罗马教会为了保持和扩张自己的统治，为了反对精神上的对手们，曾经发明了比任何手段都更野蛮的死刑和镇压手段。《快乐的科学》的读者们应该还记得：罗马教会曾利用这些手段歼灭了普罗旺斯文化；而普罗旺斯文化正是该书新标题所呼唤并歌颂的文化，即 la gaya scienza[快乐的科学]文化；但这种文化只是昙花一现，随即就被疯狂的阿尔比派十字军(Albigensian Crusade)和异端裁判所连根带叶地付之一炬(十字军未能镇压住所有清洁派教徒，也没能肃清所有行吟诗人；为了挽救十字军的败势，罗马教会继而发明了异端裁判所)。

普罗旺斯行吟诗人在文化历史上出现过两次高潮。前一次就是所谓的"12世纪的文艺复兴"：它表达了尼采在本条大加赞赏的南欧地中海的阳光精神。后一次则爆发于15和16世纪的文艺复兴时期，不过被那个"僧侣的灾难即路德"破坏了(《瞧》，"瓦格纳")。尼采把所有此类南欧精神最终溯源于古希腊，溯源于狄奥尼索斯经验，并称后者"第一次伟大地统一和综合了所有近东的东西，就此而言，它是欧洲灵魂的渊薮"(《全集》，VII 41[6-7] =《权力》，条1051)。那种希腊经验就是：悲剧在一个充满血气的竞赛社会中诞生。在西方历史上某些时期，这种希腊经验曾经得到复兴和培育，但每次都被尼采本条标题中所说的那种"精神上的农民造反"给打败了。尼采在自己的工作伊始，就以文艺复兴或希腊经验的再生为核心目标(其实，希腊经验的敌对面也是尼采工作的核心之一；尼采在自己第一本书中把这个敌对面确认为苏格拉底的理性主义）。后来,尼采从更广阔的视野进一步阐明了这一长期的精神战争:这就是"罗马人反犹太人、犹太人反罗马人"的战争;"迄今为止,绝没有比这场斗争、这个问题、这对致命矛盾更伟大的事件"(《道德》,1.16)。这对更长久、更根本的矛盾的总爆发就是宗教改革——这个现代欧洲史上决定性的德意志宗教事件。尼采之所以支持罗马教会而反对路德,并不是因为尼采仅仅是罗马教会的辩护者,而是因为罗马教会正孕育着一场文艺复兴。[363]正当罗马教会变成伊拉斯莫的教会之时,正当"Caesar Borgia[切萨雷·波尔贾]①当教皇"即将成为事实之时,路德却跑出来攻击罗马教会。"路德重建了教会:他袭击了教会"(《敌》,条61)。路德的热忱酿成了一场反抗狂潮,逼得伊拉斯莫式的宽容也毫无回旋余地,最终断送了希腊经验永久复兴的一线希望。路德"拐骗了欧洲,让它失去了新近伟大的文化收获,而它本来可以把这场收获带回家——文艺复兴"(《敌》,条61)。《快乐的科学》本身就是 la gaya scienza[快乐的科学];这部辩护之作也并不是不知道什么东西断送了 la gaya scienza 第一次美丽的昙花一现。尽管罗马教会要为普罗旺斯文化的灭绝负责,尽管此书旨在歌颂和复兴普罗旺斯文化,但尼采仍然能把罗马教会放在路德的教会之上,放在现代国家之上。②

----

① [译注]即 Caesare Borgia(1475 /1476 – 1507),文艺复兴时期罗马教皇亚历山大六世的私生子,凶残而狡诈的阴谋家,试图统一意大利。他也是马基雅维里笔下"新僭主"的原型,参见《君主论》,潘汉典译,商务印书馆,2005,页17,30 – 38,66,79,84,104 – 105 等。

② 关于这几次文艺复兴,《人性、太人性》(1.475)补充了一个重要方面:"在中世纪最黑暗的时期,亚洲的阴云沉重地笼罩在欧洲上空。当时,正是犹太自由思想者们、学者们和医生们,在最严厉的个人制约下,坚定地高举着启蒙和智性独立的旗帜,保护欧洲不受亚洲侵犯;尤其由于他们的努力,对世界的更自然的、更合乎理性的、无论如何都不神秘的解释最终能重新获得胜利,而且现在用古希腊罗马时代的启蒙思想将我们连在一起的文化圈也能保持坚不可摧。如果基督教已经做了一切令西方世界东方化的事情,那么,犹太教本质上则有助于使西方世界再次西方化:在某种意义上,这可以说是把欧洲的使命和历史变成了希腊的一个继续。"

因此，尼采的哲学史必须重估那套在俘虏罗马之后一直主导欧洲精神生活的精神制度。在基督教的统治之下，哲学是怎么挨过来的？

哲学和罗马宗教：奥古斯丁与柏拉图主义（条359）

对精神的报复和道德的其他隐秘基础（条359）。本条引入了大名鼎鼎的"圣奥古斯丁"，即罗马教会中独一无二的教父级人物。由此，本条也与前条格言联系在起来，从而也使我们可以用新的眼光看待尼采此前对罗马教会的赞扬。这里阐述的观点势必会抵消此前对罗马教会的赞扬：奥古斯丁歪曲了哲人们的道德教诲并使之适合自己的报复心，并借此促成了一套反精神的精神报复制度。作为"基督教的吹鼓手，美其名曰教父"之一（《道德》，3. 22），奥古斯丁确实"很精明，在神圣性这一点上很精明"（《敌》，条59）；其最精明的地方莫过于利用哲学。

本条开头就惟妙惟肖地为"那里"的某人描绘了一幅令人讨厌的肖像：那人就是奥古斯丁。[364]就在前一年，尼采还曾把《忏悔录》"当作消遣读物"读过；我们在本条的细节中还可以听到尼采那时的看法。尼采还曾把自己的意见反映给自己的朋友、教会史家、奥古斯丁专家欧威贝克。尼采谈到"一位激进的医生和生理学家的好奇心"时，指责奥古斯丁说：他在分析偷梨事件的过程中犯了"心理学上的谬误"，而且他在自己最好的朋友死后竟还决心继续活着，因而犯了"令人厌恶的不诚实"。①更重要的是，尼采说奥古斯丁的工作是"毫无哲学价值"的"俗不可耐的柏拉图主义"。不过，这种柏拉图主义毕竟具有极其重要的历史意义：柏拉图的思想方式"是为最高的精神贵族发明的"，而奥古斯丁却使之"适应于奴隶的天性"。"人们在这本书[即《忏悔录》]中看到了基督教的内脏。"人们从这些评论中也看到了尼采如

---

① ［译注］关于奥古斯丁对偷梨事件的分析，参《忏悔录》整个第二卷。关于奥古斯丁对自己最好朋友的记述，参该书第四卷。

何看待基督教对哲学的盗用(致 Overbeck,1885 年 3 月 31 日)。

"那里有个人打扮得糟糕透了":那个家伙有精神缺陷,但也受过足够的教育;他知道自己在精神上比不上某些人,于是就仇恨自我(扎拉图斯特拉在"论道德的毒蜘蛛"中描述了这个过程,《扎》,2.7)。那个家伙也读过精神更优秀的人所写的书(即本条结尾所说的那些哲人的书),但他的确不配读他们的书;那家伙的精神已经在一种复仇意志的形式中变成了毒药。在尼采看来,无权力就会堕落,绝对的无权力就绝对会堕落。彻底的复仇行动(向精神复仇)采取了一种严格的道德形式:滥用"正义、智慧、神圣、美德"。尼采说,"不要误解我":这类"精神的敌人"可能只是"一小撮"被民众冠以圣者或智者的名号而大加尊崇的人①(尼采后来谈到报复的时候,举了另外两个罗马教父的例子,即德尔图良和阿奎那[《道德》,1.15],还有路德[《全集》,VIII 9 [124]])。

然而,如果基督教(即"为民众的柏拉图主义")中了奥古斯丁的报复之毒,那么,哲人们自己呢? 哲人们是否也分享了最伟大的基督教"柏拉图主义者"所表达的那种报复心?"在我们中间",尼采问,哲人们(他们竟敢要求智慧,那可是最疯狂的、最不谦虚的要求哦)背后的动机又是什么? 柏拉图就属于这类哲人,他一面不谦虚地要求智慧,一面又谦虚地知道自己不是一个知道者,这两方面并不矛盾(《快乐》,条 351)。[365]尼采从奥古斯丁上升到柏拉图,从而查明:医疗性的道德并非起源于报复的疾病,而源于一种藏身的愿望。极为稀有的哲人永远是孤独者,他们从来找不到"哪怕一个同类和朋友",除非在阴间的死人们中间,因此,哲人需要藏身之所。哲人出于两个原因才要寻找一个道德的藏身处;而且第一个理由比第二个更稀奇。有时候,一位哲人声称自己有智慧并教导某种道德,目的是为了教育:为了关照那些正在成长的

① Elaine Pagels 在《亚当、夏娃和蛇》(*Adam, Eve, and the Serpent*)一书中证明,奥古斯丁有效地发明了后来成为基督教主要教义的原罪教诲和两性教诲;她还表明,奥古斯丁的性别政治(关于普遍堕落的政治)如何巩固并证明了对堕落者的暂时的精神统治。

人,哲人允许门徒们为了他们自己的好处而相信哲人。相信某个哲人有智慧无论如何是个错误,但为了教育的目的,可以允许这个错误:教育的理由"使许多谎言变得神圣"。这类谎言使那些受教者在他们从来攀不上去的问题上相信教师,也免得那些受教育者反对他们自己。哲人迫于 philanthropic[爱人类的]动机而容忍健康的谎言,即谎称自己拥有门徒们热切相信的某种智慧。

但在大多数情况下,自称智慧的哲人之所以寻找藏身之处,除了爱人类之外,还出于另一种原因。濒死的动物们会一声不响地走开,在孤独中死去;同样,那些自称智慧的人正是出于动物的本能才选择自己的藏身之处,并因此在某种程度上"变得智慧"。这种隐藏是一种自然的智慧:因为被隐藏的东西会吓坏它所隐瞒的对象;由于这种隐藏,那些不爱智慧的人就不必直面某种智慧而认识到自己的无知,就不必因此而感到深深的震惊。哲人就像出于善意而独自死去的动物,他不把自己必须承受的东西讲给其他人,从而保护了其他人;这类不智慧的人自称自己有智慧,这恰恰是一种智慧之举。

"什么? 智慧就是哲人掩藏——精神——的蔽所?"最后这个问题关心的只是哲人,但问题的重点来自下述背景:奥古斯丁的道德教诲含有对精神的报复,罗马教会同宗教改革一样也体现了对精神的攻击:宗教在西方是精神之敌(antispirit)。但是,哲人们是否也是精神之敌呢? 哲学与精神的真正关系是什么? 哲学是"最精神化的权力意志"(《善恶》,条9),是存在者所达到的最高形式。哲学通过自称智慧而掩藏了自身的精神或血气性格;哲学让人相信,理性高于精神、独立于精神并能把握关于永恒存在的永恒真理。哲学让人相信,理性及其相应的美德(即智慧)高于血气及其相应的美德(即勇敢)。"什么? 智慧就是哲人掩藏——精神——的蔽所?"[366]不错! 为了教育和保护,哲学必须掩藏自己的血气;为了在世上生存,哲学必须否认自己的真实性格。但由于这种生存策略,哲学也很容易被下面这些人利用和伤害:像奥古斯丁那样的人、那些与哲人毫不沾边的人、那些满肚子报复心的精神之敌、那些真正的而非表面的禁欲主义者、那些历史的创造者等等,他们出于对自己的仇恨而教导着某些反生命的学说。

我们宗教与我们哲学之间的上述强烈对比清晰地表明了这两条格言的意图:部分地重新评估精神的过去和现在。这位德意志哲人一面理解欧洲哲学的过去和未来,并声称自己将是一个泛－欧洲的现象;同时也从一个超欧洲的立场上重新解释了欧洲的宗教史。从现代观念后退到宗教改革,再后退到罗马教会,再后退到柏拉图主义:这种移动并不是从精神的高处下降到精神的早期低级阶段。这种向后和向上的移动轨迹着眼于西方哲学—宗教史上的一个根本事件:基督教挪用哲学,耶路撒冷俘虏雅典。在尼采眼中,那是报复心对最高血气的胜利。黑格尔及其后继者们仍然在考虑历史的神学化,而尼采则要把我们的过去从这种神学化的历史中解救出来;这样,尼采就可以公开成为培根和笛卡尔暗中自诩的那种人:非－基督徒和敌－基督者。

西方道德有不同的哲学根源和宗教根源。就柏拉图主义的好坏和奥古斯丁主义的善恶而言,若不知道它们各自的隐秘来源,就很可能把二者看作完全相同的东西;但一种恰当的生理—心理学却可以借助谱系学方法区分二者截然不同的动机。我们不久就会看到,这种生理—心理学将在什么方面把奥古斯丁与柏拉图分别当作健康和疾病的基本事实区别开来(《快乐》,条 370,382)。彼岸世界的道德如今已经完全成了一个疾病,我们需要从中痊愈过来;为此,在某种意义上可以原谅柏拉图,却不可原谅奥古斯丁:对柏拉图而言,道德是爱人类的工具;对奥古斯丁而言,道德却是报复的工具。

这几条以犀利的眼光观察精神的过去,旨在改变现代启蒙信徒们的信念及其对过去的进步论解释。这一计划要想取得成功,就必须强化现代德意志哲学发展出来的"第六感",即历史感(《快乐》,条 357)。与海德格尔和 20 世纪其他思想家不同,尼采拒绝把历史感当作一种极端的历史主义或怀疑主义而加以放弃。在有些人看来,西方历史是不可理解的纯粹神话或神秘命运的不断展开过程;或者是一系列连续的范式,而这些范式所用的标准都只能通过这些范式本身加以证明。[367]根据尼采的观点,这些人都毫无必要地接受了无知。与当代的海德格尔分子和库恩分子不同，尼采也不打算把历史科学的结论——或现代宇宙学和进化生物学的结论——当作纯粹的世界观而加以抛弃。尼采既然为科学辩护，也就承认科学结论的可能性：这些结论要在怀疑的警察监督下，随着情势的改变而改变。"如果有位哲人今天让人知道，他并不是个怀疑论者……所有人都会为之恼火"（《善恶》，条208）。尼采冒着惹人恼怒的危险为某种科学辩护：这种科学在于不断追问那些可能已有或对或错答案的种种问题。是否真的像奥古斯丁似乎相信的那样，地球是月球之下一切造物的固定中心？眼睛想知道这种信仰是否可能是个错误，这是否真是一种该死的"目欲"（《忏悔录》，10. 35）？

尼采的历史感远远超出了这类如今已有明显答案的问题。尼采的问题是：那些动机促使奥古斯丁要证明科学的无知？那位发起宗教改革的奥古斯丁式教士是否也有这些动机？在尼采看来，人既然已经部分地创造了历史，人也就能用一种恰当的生理—心理学训练历史科学，从而部分地理解历史。尼采的那些工具听起来既危险又不可靠。譬如，有一种聆听艺术，尼采称之为"第二次聆听"或"第三只耳朵"（《善恶》，条247）或"邪恶的耳朵"（《偶像》，"序言"）：大多数读者习惯把自己的耳朵放进抽屉里，而"邪恶的耳朵"却不这样（《善恶》，条247）。这种聆听和阅读艺术也就是色调艺术（《善恶》，条31）：它不允许解释者把过去拿在手里任意涂抹。这种艺术要求人们悉心聆听伟大的历史人物，以便听出其辩护词背后的某些东西。新的生理—心理学以及由此产生的历史学使上述渴望变得可以实现且可以检测。怀特（Alan White）先生有书论证了上述观点；他在那本书的结尾说：尼采的"后－道德世界"是个"更少教条主义的、也更少相对主义的"世界。①

尼采的谱系史现在初具规模：欧洲现代性是一场精神上的衰退，它部分地可溯源于某些重大的哲学事件和宗教事件；欧洲现代性把自身

---

① White，《在尼采的迷宫中》（*Within Nietzsche's Labyrinth*），页118，147（强调为笔者所加）。

误解成了历史整体的进步过程,以至于要把那种衰退当作历史的真正目的而予以永恒化。我们渐渐能够认识人类的过去和现在,因为我们在某种程度上能够认识我们自己——但这里出现了人类的自我认识问题。尼采早就在许多作品中为这个问题大伤脑筋:认识我们自己就等于认识男人和女人。[368]于是,下一条在理解现时代的背景中提出了最富争议的人类心理问题。

一个核心问题:关于女人和男人的生理——
心理谱系学(条 360 – 362)

《快乐的知识》第五卷凡四十一条格言。掐指一算就会发现,条363(也就是第五卷的条21)是该卷的中心:它将全卷分为两部分,每部分二十条。本条的主题是男人和女人以及各自不同的爱情观。这一"核心"格言有没有核心意义呢?

尼采这里只是在玩弄小小的数字游戏吗? 这类数字游戏并非无案可稽:蒙田、培根、笛卡尔及其他许多人过去都玩过这种高雅的游戏;他们常常在中间位置故意突出一些乍看起来微不足道的话题。尼采也玩过这种数字游戏,其中以《扎拉图斯特拉如是说》中精心炮制的数字尤为引人注目。《扎拉图斯特拉如是说》分三个部分,前两部分均由二十二章组成。从尼采的一些笔记中,我们发现,"二十二"绝非随手拈来的数字(如《全集》,VII 16 [83, 84],20 [3, 8],21 [3],23 [10])。第三部分仅含十六章。第十六章题为"第七封印":这个意象来自《圣经》最后一卷(即第六十六卷)《启示录》(Revelation),而《启示录》恰好也含二十二章;它许诺要彻底消除世间相反意见之间的纷争。"十五"(章)和"七"(封印)合计为"二十二";而"二十二"的三倍数正是"六十六":尼采用这种数字游戏玩弄了圣经启示最致命的意象,从而戏谑地模仿了古老的启示。这个数字游戏暗示,世上各种相反意见之间将出现一场新的旷世决战。

从这种结构上的数字游戏中可以看出，核心数字表明了核心问题。《快乐的科学》第五卷是否也玩了这种游戏？在这类事情上，我们当然不能指望得到确定答案；不过，我们可以从主题的转移上得出肯定答案：在核心格言之前，诸条格言在为本条做着巧妙的准备，并导向本条；而在本条格言之后，第五卷突然中断并开始了其第二部分。

尤其在这里，尼采必须同时说出一切：当代人深陷于诸当代事件之中，并误解了它们；只有这个人能把一种恰当的生理—心理学与前瞻后顾的长远眼光结合起来，才能渐渐看清，诸当代事件恰恰是一系列千年相续的事件中的几环。［369］在这里，尼采把心理学和哲学—文化史结合起来解释新近最广泛的事件：首先，他谈到自己在心理学中取得的最重要进展之一（条360）；然后，谈到自己长期以来为之困扰的难题（条361）；然后，谈到拿破仑、民族主义和文艺复兴（条362）；最后，谈到男人、女人和自然天性（条363）。当追问触及最深奥的问题（自然）时，尼采就自己已经展示的历史找到了基础。

两种经常被混淆的原因（条360）。本条上承尼采的心理谱系学，讨论了方法的一般规则，并下启随后几条。随后几条将引出新心理学中或许最重要的主张：人类灵魂中有某种根深蒂固的或给定的东西，它既是种族积累的历史结果，也是生活本身的历史结果。这种给定之物是历代经验的沉淀和积累，也是 homo natura［自然人］的基础文本。它再次证明"新的谦虚"并非无稽之谈：我们并不属于我们自己。

本条开头就表明了本条的重要性：它涉及尼采在分析人类行为动机的过程中所取得的最重要进展之一。尼采把一切给人生以特殊方向的目的都算作"小小的偶然因素"：这些小偶然会搅起根本而盲目的生命力，并使之沿着特定方向奔流不止，比如奔向报复或逃避。本条结尾的两个问题暗示，明显的方向指引者本身也有其指引者，明显的舵手本身也有其舵手。最后一句话包含着一个重要想法：我们需要一部"'目的'概念批判"——康德的第三批判说明了基于自主的目的，但这种说明还不够。尼采的心理学会问，自主是否总不过是一种自负呢？

尽管尼采对奥古斯丁的责难之声还在我们耳边回响，但他表示，他绝不会让某些个体为千年的大灾难负责(《瞧》,"智慧",条7)。尼采整个成年时期都在研究个体责任心理学,其中以《道德的谱系》第二篇论文的论述最为详尽。不过,尼采在心理学上取得的最大进步之一使他超越了个体责任心理学。新心理学摆脱了长期处于主导地位的道德宣称,不再认为一个人应该为自己的行为负责或受到责备;它也从根本上摆脱美国式的虚构,不再相信一个人想怎么样就能把自己造成什么样(《快乐》,条356)。尼采把道德评价史分为三个阶段,其中清楚地显示了他研究灵魂的过程中取得的最大进步之一:[370]最初,人们根据一个行为所产生的有益或有害后果,做出"善恶"判断;然后,在我们历史上长期的"道德"时期("最近一万年左右"),人们相信善恶由所谓的行为动机来决定;接下来就是第三阶段,在这个超善恶的阶段,人们应该把行为看作整个事件之网的一部分而置入其中(《善恶》,条32;《人性》,1.39,207)。

尼采站在第三阶段的门槛上,提倡一种革命性的改变:即转变良心。良心(坏良心或负罪的良心)的最初形成曾经是一场革命性事件,其意义之重大堪比海生动物转变成陆生动物(《道德》,2.16-18)。照尼采的描述:"迄今最不自愿和最不自觉的艺术家们"是天然的统治者和主人,他们首先从尚未定型的游牧人群中创造出了"国家";在他们的强迫下,人类开始走向社会与和平。人类"最终封闭在社会与和平之墙中",从而产生了某些新奇的状况:在如此封闭的情况下,"自由本能""被迫潜伏下来",最后"只能向它自身开火和发泄"。这种侵略本能的内在化标志着负罪良心的开始。这场转变过程中产生了灵魂;这也是人这种动物曾经经历的"最根本的改变":它使人成了有趣的动物,连神都为之惊奇不已。"一切被长期拖延了的东西都很难看得见,很难看见整体"(《道德》,1.8):这些事件如今被拖延到了极端,以至涵盖了千年的人类历史,并要求人们把过去的轨道投射到未来,即良心中某种转变的未来。

鉴于这种长远视野,整个哲学史必须被看作更长远的人类道德时期中的某个短暂现象("仅仅两千年")。哲学在各种主流形式中曾经表现为道德的仆人或道德合理性的论证工具。柏拉图和奥古斯丁,还有德谟克里特和伊壁鸠鲁——只有把他们放到更大的历史(即人类灵魂史)中,才能理解他们。尼采正是在这种更宽广的自然与人类进化过程中开展自己的工作:这种工作标志着良心中的一场革命——承认我们并不就是我们自己,而是长期自然演化的历史结果(如今我们渐渐可以理解这个历史)。

尼采的极端激进性迫使他反对看似激进的现代进化论教诲:按照尼采目前的理解,现代进化论不过是延续了关于个体自我塑造的千年虚构,[371]延续了虚构的责任以及随之而来的罪、负罪感和惩罚等虚构观念。尼采以 homo natura[自然人]基础文本为名抛弃了上述道德虚构。在本条和其他作品中类似的关节点上,尼采都单单挑出这个基础文本的一个方面:即女人与男人之间的自然差异,亦即天然的两性现象。尼采强烈反对把现代革命应用到男女问题上,并因此声名狼藉。尼采的反对绝非偶然之举,而是基于他的谱系学方法和历史视野,基于他对自然的辩护。现代革命把关于自我塑造的旧道德虚构应用到男女问题上,并把男女理解为两种可变的状态:要么认为,性别是某种可以克服的习俗;要么认为,性别虽然合乎自然,但有违平等或同一的现代反自然理想。经由男女问题,我们可以接近尼采思想中最深刻的问题:自然的性质。照我的理解,尼采如此颠覆性地反对现代性,是为了保存自然的差异,为了恢复并肯定人的自然天性。

关于演员问题(条361)。眼下这几条从尼采在心理学上的最大进展之一转向了尼采长期为之困扰的演员问题,并渐渐导向核心格言(即条363)。演员问题是现时代的重大问题之一,最终也是哲学本身的重大问题之一;现在,尼采把自己对这个问题的终生思考和忧虑浓缩成了单独的一段话。有些哲学家或许觉得演员问题不过是个无关痛痒的小问题;实际上,演员问题是另一种形式的表象与真实问题,即区分真假的问题。此外,尼采早就说过,演员问题带出了欧洲的未来问题(条356);这几条将分别根据女人天生的艺术技能(条361)、男人天生的行动力(条362)和男女天生不同的爱情偏见(条362)来探索欧洲的未来。

Schauspieler[演员/表演者]典型地体现了下述状态:喜欢表象和适应环境,胜过喜欢任何既定不变的"特征"。这种状态把演员和末人连在一起:适应能力超强的末人相信,我们喜欢什么样儿就能把自己塑造成什么样儿。尼采不止描绘了这种现代状况的种种特征,而且继续追查它的起源,从而再次显示了快乐科学的某些一般特征;其结论还没有达到确定无疑的程度。和弗洛伊德不同,尼采从来不认为心理学只是唯我独尊的科学 Weltanschuung[世界观]的一部分,[372]也从不打算借此把自己的心理学弄得轻松简易。相反,尼采的心理学充满不确定性,这种不确定性动摇了科学世界观的根基,并用怀疑的警察取代了数学的证明。①

根据尼采的谱系学,演员艺术的过度孳长源于某些历史状况,那些历史状况迫使人们适应角色扮演。在强者无忌和暴力横行的环境中,弱者凭借演员般的足智多谋达到了自己的目的:弱者把自己打扮成强者希望看到的样子,凭借聪明增加了力量。尼采列举了四种人群:被统治阶级最先适应角色扮演,把自己打扮成统治阶级所喜欢的样子;后来,统治阶级也学会了这种圆滑世故的表演伎俩;然后就是犹太人,这个少数派要在多数派的异族中间生存,总得征取他们的批准;最后就是女人。对女人的说明强化了对其他三种人群的说明:女人身上的既定之物(如今成了女人的"本能")正是长期角色扮演的结果。人的自然天性是长期塑造和自我塑造的产物;在这个过程中,自然天性或既定之物又总是源于更早的变化,并且总是受变化的后续力量的影响。我们的历史决定了我们人类如今的自然天性。这种人类自我塑造观反对下述观念:各个个体曾经自由地塑造过自己,或现在可以自由地塑造自己——尼采的思想关注"所有种族及其世代相续的链条"(条354)。

现代人相信人具有可塑性;这种信念在表演史上(通过外表和表演

---

① 关于尼采在 20 世纪社会科学中的一般位置,Stauth 和 Turner 的《尼采的舞蹈》是一项重要研究,其中阐明了弗洛伊德对尼采的利用,见该书页 6 – 7, 125 – 150。

而取悦于他者)有四重根源;这四重根源各不相同,但又相互补充,最后归结于下述判断:"女人多么富于艺术技能哦……"作者命令读者为这个判断提供某些根据:"想一想"女人的整个历史;"听一听"她们最不经意的想法;"爱"她们,并在这种爱中感受一下她们的自然天性。尼采的结束语暗示了扎拉图斯特拉的那个言简意赅的判断:女人的幸福有赖于她们成功地赢得男人;女人的真正幸福在于孩子,男人只是她们生孩子的工具,但男人还不得不听这样的恭维话——说什么男人是女人生命的目的和意义(《扎》,1.18)。这些判断在尼采的作品中不断出现,且出现的位置都十分重要。可见,它们与尼采最基本的思想密不可分。

男女问题真的如此重要吗?

[373]一个思想者若在这危险的地段证明自己肤浅——在本能上肤浅——人们就可能视之为十分可疑,甚至视之为出卖和泄露天机:也许,就生活和未来生活的所有根本问题而言,他都会过于"浅薄"(short),并且没有能力获得任何深度(《善恶》,条238)。

在男女问题上,尼采不仅邀请读者来评判自己,甚至刺激读者来评判自己——大多数读者都已经一致认为:尼采在这个问题上最浅薄。有本书专门谈到尼采的政治学,一上来就大言不惭地宣称自己的看法多么公正,然后就一本正经地谴责尼采说:尼采是个"厚颜无耻的恨女人者",他"对女人的看法顶多只能算是其思想中最声名狼藉的方面之一,完全不值一提"——这种看法没有任何证据,纯属自以为是的信口胡说。① 只要不考虑任何涉及这个"最声名狼藉的方面"的段落,就能

---

① Detwiler,《尼采和贵族激进主义》(*Nietzsche and the Politics of Aristocratic Radicalism*),页15,193。最近还有些书也如此简单地处理这个问题:例如,Thiele 的《尼采和灵魂的政治学》(*Nietzsche and the Politics of the Soul*),页16 – 17;Staten 的《尼采的声音》(*Nietzsche's Voice*)。但也有相反的观点:例如,Graybeal 的《语言和"女性"》(*Language and "The Feminine"*),页27 – 39(讨论了《快乐的科学》中关于女人和男人的章节,极具启发性);Bertram,《上帝的第二次失误》(*God's Second Blunder*);Achermann,《尼采》,页122 – 131。

轻而易举地继续玷污尼采的名誉，而且看起来还真高雅得体哩：何必提起那不堪一提的东西嘛。

"厚颜无耻的恨女人者"——实际上恰恰相反，尼采关于男女的评论可以为证；这些评语通常出现在最诡秘的地方，其周围则是些并不诡秘的、挑逗性的句子；我们现在应该严肃认真地思考下述意见：在逾千年的女性史上，有某种得到充分发展和塑造的女人天性吗？在这种女人天性的形成过程中，母育活动是否扮演了某种特殊的角色呢？今天的女人是否秉承了某种特殊的性情——这种性情使她们能以某些独特的视角观察世界，在空前的统治与掠夺时代，这些视角有其独特价值？尼采在研究中早已提出了上述问题——如今已经过了一百多年，这些问题才渐渐变得即便不那么值得尊敬，至少在某些圈子里，也不那么像犯罪了。不过，尼采当时还是特别小心，因为如此公开自己的思想，会很容易遭到偏见的误解。在整个第五卷中，本条最紧凑密集，最多地回应了尼采的基本观念，也最要求读者细致入微地聆听尼采用最简练的笔墨传达出的信息。尼采在介绍另一个重要概念时曾说过，这些问题"不容易让人听见，并且需要长时间的深思、忍耐和拖延"（《道德》，2.16）。

如果说整个欧洲正在变得更艺术化（条356），那么它也正在变得更女人化。在这种意义上，对"欧洲正变得更女人化"的解毒剂就是让欧洲变得更男子气。[374]尼采非常愿意相信这是一种进步，因此，下一条将扼要介绍一种"信念"。

我们相信欧洲会变得有男子气（条362）。对现代人的耳朵来说，尼采的信念听起来未免不近情理。尼采相信某种在两性之战中将达到高潮的战争；这种信念听起来简直是某个敌人的信念。其实，尼采的信念也是一种希望：他在这里用一种胸有成竹的语气表达了这种希望，听起来很像信仰声明。尼采希望：如今正在爆发的这场战争会创造出一个新的未来；而这个未来将满怀羡慕和敬畏之情回顾我们这些时代，并将这些时代看作曾为人类发起并赢得战争的决定性世纪。

这种信念的英雄代表就是拿破仑。在尼采笔下，拿破仑的伟大行动就是一场文艺复兴：它再度弘扬了"那种花岗岩般坚实饱满的古代气质，也许是决定性的花岗岩"，并将彻底颠翻现代性。拿破仑是这一次文艺复兴或这个希腊罗马文化崛起时代的早期英雄。德意志哲人表达了对这一次文艺复兴的信心，并认为德意志宗教葬送了前一次文艺复兴；德意志哲学将能够作为一种 Wieldergutmachen［补偿/挽救］（挽救德意志宗教对前一次文艺复兴的致命打击）服务于这一次文艺复兴。新的文艺复兴将以新的角度看待 19 世纪的历史：它将联合 19 世纪的各股不同力量，集结各路人马，继续战斗。有人把当代欧洲民族主义运动的光荣战争归功于拿破仑。但按照尼采的理解，民族主义恰恰是反 - 拿破仑主义的，并注定会与泛 - 欧洲精神势不两立；拿破仑的雄心壮志恰恰在于统一整个欧洲，其嫡传嗣子也正是那种泛 - 欧洲精神。① 尼采的信念使他有可能从长远的视野、从战争之后的未来时代来看待当前的时代。未来的存在取决于拿破仑继承者们的成功，因而也会反过来感激拿破仑。尼采简捷迅速地发出了这篇来自未来的关于"战争的经典时代"的报告：尼采笔下"大写的男人"或真正的男人将战胜种种相反的现代男人理想——也就是尼采这里提到的：商业民国中的小商贩和现代教育下的小市民。尼采还补充说，真正的男人甚至会压倒"女人"，战胜现代的女人理想。现代的女人理想源于基督教，源于 18 世纪的狂热精神，尤其源于"诸现代观念"——为了反对这些观念，尼采公然发起了战争。

好战的拿破仑几乎视诸现代观念为一个私敌，即一个应该以男人的方式予以反对的 Feindin［敌人］；[375]在这场反对战争中，拿破仑证明是文艺复兴的最伟大领袖之一。哲人尼采是古今哲学的研究者，而战士拿破仑则是好战的典范；在文艺复兴问题上，前者本来就不会从后者身上获得指导，而且尼采其实在很大程度上也只是把拿破仑当作一个灵感来源。尼采比拿破仑更清楚应该复兴哪些东西；民族主义者如今阴险地把自身的来源追溯到拿破仑身上，如此一来，拿破仑就只不过是现代观念的工具而已。鉴于此，拿破仑式的哲人尼采要从哲学

---

① 不过，"拿破仑使民族主义成为可能；这反过来限制了拿破仑"（《全集》，VIII 10［31］）。关于拿破仑，参 Ottmann，《尼采》，页 273 - 275。

上复兴古代精神,并战胜民族主义运动。拿破仑的目标也是尼采的目标:一个统一的欧洲,一位要称为"地球的女主人"的 Europa[欧罗巴]。那个人刚听见拿破仑的炮声在耶拿城外隆隆作响,就给自己的欧洲精神史匆匆收尾了;①相反,尼采却要做拿破仑式哲学的"继承人和后继者"。

在《道德的谱系》第一篇论文的结尾,尼采也在类似的语境中赞扬了拿破仑:在善恶之间或好坏之间的战争史上,拿破仑代表一个决定性的事件(1. 16);尼采将继承和发扬拿破仑的事业(1. 17)。但在《瞧这个人》中,尼采终于憋不住了,就现代历史说出了"几句难听的大实话":"谁还会干这事!"(《瞧》,"瓦格纳",条2)在看待历史的时候,谁还有那种为一切狭隘视角所排斥的"恢宏视野"?尼采指责"德意志人"在解释文艺复兴和拿破仑时就已经表现出了某种狭隘的视角,而在解释现代历史的时候也同样如此。德意志人已经使欧洲丧失了新近伟大时代(即文艺复兴时代)的成果;现在,他们又企图歪曲拿破仑的意义,以致使欧洲失去了 19 世纪最伟大的欧洲政治事件。这股泛 - 欧洲的力量原本是为了创造一个欧洲统一体,而现在却变成了一股追求民族主义小政治的力量,走进了一条死胡同;尼采把这种民族主义称为"迄今最反文化的疾病和荒唐事"。尼采以下面这句话结束了自己"几句难听的大实话":"除了我,还有谁知道走出这条死胡同的道路? 谁还知道这项伟大到足以再次统一各国的使命?"(《瞧》,"瓦格纳",条2)。《快乐的科学》第五卷表明,尼采有权如此大胆地自我期许:他是拥有千年视野的建筑大师;他渐渐看出,诸当代事件都是那场长期精神战争的插曲。"战争的经典时代"在尼采的作品中放射出曙光,并显现为"没有火药、

---

①　[译注]这个人大概指的就是黑格尔。1806 年,拿破仑率军攻陷耶拿城的前夜,黑格尔透过窗口看见这位"马背上的世界精神",觉得自己理想的时代已经来临,便兴奋地为自己的《精神现象学》画上了句号,并宣布历史在1806 年终结。

没有硝烟"的精神战争(《瞧》,"人性",条1)。① 这场作为"实现和平的手段"的战争明白战争的历史:[376]

> 有人说军队是正当防卫的手段,我们必须像彻底放弃征服欲一样,彻底抛弃这种论调。也许会有某个伟大的一天,某个以战争和胜利、以高度发达的军事训练和军事思想而闻名于世,并习惯于为这些东西献出最沉重牺牲品的民族会自愿地大声宣告:"我们要毁掉刀剑"——并彻底捣毁其整个军事机制。出于一种高尚的情感,在武力最强的时候解除武装 ——这是实现真正和平的手段,这和平必然始终依靠一种追求和平的意向或性情:而现在,各国都盛行所谓"武装的和平",这实在是一种坏脾性:既不相信自己,也不相信邻邦,而它之所以不放下武器,一半出于仇恨,一半出于恐惧。(《漫游者》,条284)

"我们相信欧洲会变得更有男子气",本条预告了新的欧洲范围和全球范围的拿破仑战争,因而也触及了许多关键主题;尼采在其作品的最紧要处总是一次又一次地转向这些主题,但每次都只是以简捷的风格重述扎拉图斯特拉的解答,此外一切都留待读者自己思考(《扎》,1.7)。尼采对西方历史的观察和评论大多都是吉光片羽;不过,本条对拿破仑和男子气的说明则有助于我们条理清楚地理解尼采的那些零碎观点。男子气是本条的本质要素之一,并将在下一条中得到扩展和深化:男子气与女人味将在爱情问题上形成鲜明的对照。尼采的欧洲"信念"根植于他最基本的心理学之中。尼采的灵魂研究通向了灵魂的爱

① Ottmann 的《尼采》纠正了人们对尼采关于战争和民族主义观点的长期误解。"尼采像个宣道士一样反对欧洲的疾病,反对民族主义和权力政治,反对种族主义和反犹主义……但是,谁听说过这个尼采呢? 在尼采的 Wirkungsgeschichte[影响史/效果史]上,谁曾仔细聆听过尼采,谁曾把他当过欧洲的一个希望呢"(页127)?

欲——爱什么，或什么值得爱——并宣告了最基本的肯定：热爱尘世。

核心格言：爱与感激（条363）

两性如何获得对爱情的偏见（条363）。标题提到偏见，而内容涉及自然天性；可见，核心格言处理的是核心问题。男女对爱情所怀的偏见源于男女两性的差异：尼采认为，两性之间有种"自然的对立"，任何社会契约、任何善良的正义意愿都无法绕开这种对立。[377]《快乐的科学》曾把现时代的基本特征归于某些偶然的历史事件，诸如某个德意志僧侣［即路德］的无知或某个非洲主教［即奥古斯丁］的报复；并且强调历史可以改变和塑造人类。然而，本条却得出了以下基本信念：尽管我们总是历史地理解自然，但自然也给定了某种东西。

"全面地、长远地、完整地考虑，爱情乃是自然天性。"爱情是自然天性，所以也就"永远"是某种"非道德的东西"、超善恶的东西。尼采在《快乐的科学》第五卷正中心说明了人类天性的一个方面，大胆地说出了"爱情是……自然"。尼采这种说法绝非出于什么"自然即爱情"之类的罗曼蒂克观念。不过，爱情或 eros［爱欲］既然是人类的自然天性，也就共享着自然本身的某种特征——在尼采那里，自然本身就是普遍的权力意志。快乐的科学揭示了自然和人类天性；它也正是在这种解释活动中才变得快乐起来。不过，尼采又说了，两性在爱情中天生充满敌对情绪，不要"老想着这种敌对天性多么冷酷哦、多么可怕哦、多么神秘哦、多么不道德哦"。必须用艺术、用忠实于自然而非歪曲自然的美妙言辞在某种程度上美化自然。

尼采用了连续三条格言谈论 das Weib［女人］，本条即是其中的第三条。第一条（条361）处理了尼采长期为之困扰的演员或艺术家问题，并在结尾说"女人多么富于艺术技能哦"。核心格言（条363）则表明：女人是表面艺术的大师，表面艺术根植于女人的天性之中；女人是卓越的艺术化存在，她的爱欲就在于委身于被爱者并把后者作为获得自身幸福的工具。条362讨论的是男子气的复兴，并试图让人相信，男子气或许可以制服被现代平等和同质观念败坏了的女人。核心格言表明：男子气根植于男人的天性之中；男人是躁动不安的存在者；他充满着占有欲，他的爱欲是一种占有意志，即占有被爱者。现在，这种有男子气的占有意志成了唯一的爱情问题。

法国大革命而非拿破仑导致了下面这个特殊问题：即"爱情中的平等权利"。尼采从这个问题出发开始讨论。对"爱情中的平等权利"的追求与男女各自的自然天性之间相互矛盾。尼采论证说，两性对爱情的理解互不相同，但双方都期望获得对方的理解；这种无言的要求就在于：应该以一种不同于得到爱情的方式回报以爱情。于是，尼采便从女人的爱情开始，描述了礼赠与期待之间的辩证法；这就好比舞蹈与舞曲的关系或复杂的复调戏剧。

女人的爱情观是"显而易见的"；[378]而男人的爱情观将是个问题。对女人而言，爱情就是完全的奉献，无条件地放弃自己的各种权利——尽管人们不敢忘记尼采刚说过的那句话"女人多么富于艺术技能哦"。男人期待着完全的奉献，但他本身却不能提供这种奉献，否则就成了"一片虚飘飘的空白"。男人如果也去完全地奉献，双重性别就归于无效；不仅如此，尼采还认为，男人一旦完全奉献就会沦为奴隶，而女人一旦完全奉献却会成为"更完美的女人"——而非奴隶。"奴隶"——这个词表明，男人自愿放弃自己的爱情观这件事具有世界性的历史意义：按照尼采的分析，基督教就是奴隶的宗教，它击败了古典时代的男子气。在基督教中，可以想象的真男人只有一位，那就是上帝：所有人都把自己完全奉献给他，并无条件放弃自己的各种权利。在尼采的西方精神史轨迹中，法国大革命是个"基督教式的"现象：它宣布放弃一人之治（the one Man）即牧人的统治，目的是变成"自治的畜群"（《善恶》，条202）。这个过程大概不能被看作是女人的胜利：女人的爱情要求男人首先是某种东西。

女人要求男人不要放弃一切，她天生希望自己的爱情被占有。尼采把自己所说的"自然的对立"状态概括为"女人奉献自身、男人要求更多"。一切"社会契约或世上最善良的正义意愿"都无法绕过或改变这种状态。在根本的爱情问题上,自然统治着习俗。不过,尼采马上又告诫说,最好不要夸耀这种自然的对立,不要"老想着这种敌对关系多么严酷哦、多么可怕哦、多么神秘哦、多么不道德哦"。一位生性喜欢经常提醒我们记得这种敌对关系的思想家竟然说出这么谨慎的话,未免让人大为惊讶。为了让我们不要经常想起某些事情,他甚至还加了句更明白的话:"因为爱情,全面地、长远地、整个地看来,是自然天性,并且大凡自然天性永远有些'不道德'。"

尼采在这里提醒我们不要经常想起某些事情,这恰恰是提醒我们要特别关注第五卷和尼采总体思想中的核心主题之一:真理和艺术之间的界线,或自然与习俗之间的界线。应该不知不觉地追求和占有真理,但不应该以占有真理的方式全然揭露真理。一个人应该仅仅为了自己而占有真理;他一旦揭露了真理,别人就很容易来检查他那种私人的占有关系,从而亵渎他的占有物。赤裸裸的真理会给别人造成伤害,甚至置人于死地;真理虽说否认高贵的谎言,因而不应该掩藏在这种谎言之中,但还是应该披上艺术的外衣以便美化自身;因此,真理和艺术都必不可少。[379]尼采是否经常提醒我们记得致命的真理呢?并不经常。固然应该知道致命的真理,但不应该经常强调真理的致命性,否则这种强调本身也很致命。希腊悲剧艺术表明,有可能用艺术来美化致命的真理而不必用高贵的谎言来否定致命的真理。希腊悲剧艺术还是一种公共艺术:一个民族要是能够生活在美化了的真理中,即便只是片刻,那也是光辉灿烂的片刻啊!尼采曾两次回顾自己的工作,一致强调自己的艺术就是希腊式的艺术或狄奥尼索斯式的艺术;这两次回顾,一个是新版《悲剧的诞生》的自序"一次自我批评的尝试",一个是《偶像的黄昏》末章"我感谢古人什么"(与头章"苏格拉底问题"相对称)。尼采在这两则短文中表明,狄奥尼索斯式艺术就在于美化和讴歌那些自然的对立,而非经常提醒我们想起这些敌对关系多么严酷、可怕、神秘和不道德。

由此看来,尼采的诸多作品都有以下两个目的:发现致命的真理,并在艺术中美化真理。至于说自然与习俗，尼采在核心格言中通过谨慎的劝告暗示，完全可以保持爱情中的自然差异，同时又不必经常提醒这种自然差异的严酷性质。尼采教导人们，固然要接受两性之间的自然冲突，但最好不要简单地夸耀或激化这种冲突，也不要强调协调一致或和睦相处的欺骗性。一种新的社会契约和正义愿望可以使自然的对立变得高贵起来，从而保护并歌颂这种对立。尼采认为：爱情中的现代平权观念反映了某种社会契约和正义愿望，但其目的不是为了和谐共处，而是为了根除自然的差异。尼采只是期待而非强行规定一种新的社会契约——我们可以视之为复兴狄奥尼索斯和阿莉娅德妮的古希腊象征意义。尼采在《偶像的黄昏》最后一次描述这种象征主义时，就强调了其性别特征。

尼采最深切感谢古人的就是狄奥尼索斯体验；他称自己是狄奥尼索斯的局内人、最新加入者和门徒。狄奥尼索斯式的狂欢秘仪象征着一种愿意承认并圣化生命之性起源的生命意志。对古希腊人来说，"性象征是最值得敬仰的高尚原则，真正深刻地体现了整个古代的虔敬。生殖、怀孕和生育行为中的每一单个因素都唤起了最崇高、最庄严的感情"（《偶像》，"古人"，条4）。尼采强调，生育行为具有神圣化作用，母亲生育时的痛苦经验尤其具有这种作用："产妇的阵痛使一切痛苦变得神圣；一切变化和生长——这一切保证了一个未来——都包含着痛苦……我不知道还有没有比狄奥尼索斯狂欢节这种希腊象征主义更崇高的象征主义。"[380]狄奥尼索斯狂欢的崇高和庄严源自下述狄奥尼索斯体验：生命不因痛苦而变得毫无意义，也并非只有消除痛苦才变得完美和值得肯定。在这篇短文的结尾，尼采谈到了另一种相反的象征主义，即基督教："它首先把性搞成了某种不洁之物。"基督教对性抱着仇恨的态度。尼采很可能在嘲笑这种态度："基督教给爱若斯［爱神］灌了毒药：他虽没有死于毒药，却也退化成了——一种邪恶"（《善恶》，条168）。或者，他也可能是在嘲笑基督教的最高代表，如教皇应诺森三世（Pope Innocent III）：此人很不喜欢自己"不洁的生育、在母亲子宫中令人厌恶的养育方式、人出自于其中的卑鄙之物"（《道德》，2.7）。尼采很清楚,基督教士讨厌自己生于女人体内,其结果就是叔本华的恨女症:他从形而上学方面憎恶女人,厌恶她们那蕴含着生育原则的身体(《道德》,3. 7)。在第五卷核心格言的语境中,可以把叔本华看作形而上学的男性:从他身上可以明白,不可能有完全的占有;男性一旦发现这一点,就会难以容忍而心怀愤恨,并因而干脆放弃整个自称具有更高美德的、可怜的求爱游戏。在尼采那里,新的西方精神史必然包含性史:古希腊人对性的神圣化和基督教对性的妖魔化。尼采之所以更大声抨击基督教,在很大程度上似乎是因为,他需要更明确地为狄奥尼索斯辩护:谴责崇高和圣洁的东西(the high and holy),赞美深奥和神圣之物(the deep and sacred)。

人们通常不会把"爱情是自然天性"这个思想和尼采联系起来。要想以尼采的方式理解这个思想,就必须把它与尼采关于自然的其他说法放在一起思考。在《善恶的彼岸》中,尼采把自然描绘成非道德的,并嘲笑某些哲学竟企图把自然道德化(条9)。"爱情是自然天性"这个思想既没有把自然道德化,也没有把人的天性道德化,因为爱欲就是冲突。尼采在《善恶的彼岸》中曾把"自然"命名为"权力意志",结果冒犯了自己的听众(即自由精神们),因为他们还停留在基督教的自然观上(条36–37)。在这里,尼采再次坚持一种无可逃避的和自然的两性差异,坚持一种无可逃避的两性战争,这势必再次冒犯自由精神们:"自由的"精神们一方面饱受现代平等教诲的熏陶——根据这种教诲,只有一种度量单位,因而任何差异都只是程度上的差异或价值上的差异;另一方面也饱受现代可塑性教诲的熏陶——根据这种教诲,任何差异都通过各种社会契约的调适完全予以铲平。权力意志教诲则要求那些自由精神们重新思考:自然给定了什么,是否应该限制人类改变自然的强烈冲动。这种教诲不是要误解自然;恰恰相反,它是要高扬一种新的自然之爱:热爱自然,amor fati[热爱命运]。

[381]《扎拉图斯特拉如是说》最彻底地表达了"爱情是冲突"这个观点,因此,"爱情是自然天性"尤其要与这部书联系起来思考。该书充满戏剧因素,其中最重要的一点就是一个男人和一个女人之间的戏

剧关系,即扎拉图斯特拉和生命之间的关系。这个戏剧事件以一种看似传统的方式开始,以"论阅读与写作"中的战士形象开始(《扎》,1.7)。不过,它随后扩展和深化为一种舞蹈,并因而蕴含着关于存在与认知活动的最神秘因素(2.9–11)。尽管这个舞蹈导向洞见,但只有洞见还不够(2.20):这个舞蹈还以一种无情的逻辑导向了行动——用书里的象征来说,要庆祝爱情,最终庆祝婚姻(3. 13–16)。扎拉图斯特拉与生命之间的爱欲之舞,导向对生命的热爱:肯定生命的永恒复返。

扎拉图斯特拉与生命的关系类似于狄奥尼索斯与阿莉娅德妮的关系;直到第三部分的结尾,尼采才以诗歌的形式、用一组高昂的歌曲虔敬地表达了后一种关系。① 在尼采的作品中,狄奥尼索斯简直就像个谜,关于他的最直接说明也让人莫名其妙:狄奥尼索斯是一位进行哲学思考的神(《善恶》,条295)。就此而言,狄奥尼索斯以最有男子气的方式表达了男人的天性:疯狂地、不停地想要占有真理,同时又承认不可能完全占有真理。甚至在阿莉娅德妮屈服之后,狄奥尼索斯对她的爱情还在不断增长——直到最后,他才承认,她再也没有什么东西可以给他了。而阿莉娅德妮比狄奥尼索斯更神秘;在尼采的作品中,她以最具女人味的方式表达了女人的天性:她就像《扎拉图斯特拉如是说》中的生命,在扎拉图斯特拉的求爱期中,她以自己的方式对待他,直到最后才屈服于扎拉图斯特拉;而她之所以屈服,仅仅是因为扎拉图斯特拉手里有鞭子。这个"鞭子"是最让尼采声名狼藉的象征之一,但它绝非象征着残忍或某种恶意,也不代表那种控制自然的现代欲望;它象征着扎拉图斯特拉的强力和勇武的意志,即愿意如其所是地占有生命。在尼采看来,男人的爱情与艺术化的生育行为恰恰相反;而后者正是女人的爱情特征。不过,作为女人的生命本身并不屈服于这种生育行为;她只是阶段性地屈服于扎拉图斯特拉,而且也只屈服于他的强力;直到自己一生舞蹈的最后阶段,她才泄露出自己的秘密天性:她就是权力意志。她之所以透露这个秘密,也是为了检验扎拉图斯特拉是否有男子气,最

①　笔者在拙著《尼采的教诲》中分析了这些歌曲。

终是否能够使她自己成为他的俘虏(2. 12)。但她交出自己的秘密并不等于交出了她自己,只有在扎拉图斯特拉理解了她的秘密并因而如她所是地肯定了她之后,只有当他在她耳边悄悄地说他愿意永恒复返之后,她才会交出她自己。[382]扎拉图斯特拉的肯定使她确信,他真的热爱真实存在的她并且想占有真实存在的她。只有在这时,生命才会接受扎拉图斯特在婚姻中想赠给她的名字:永恒。只有在这时,生命与扎拉图斯特拉——即永恒与扎拉图斯特拉——才会生产出二者都渴望的后代,即肯定生命之人的孩子们。

我们一旦从《快乐的科学》的角度来考虑《扎拉图斯特拉如是说》,就会明白:只有在扎拉图斯特拉已经解决了男人的爱情问题之后,生命才会屈服于他;而男人的爱情问题就是不忠诚——尼采在第五卷核心格言的结尾才转到这个问题上。尼采经由女人爱情的本质成分之一(即忠诚)来接近男人的爱情问题。忠诚或 Treue[忠贞]是女人的爱情本质特征;尽管它也可以是男人爱情的特征之一,但远非必要特征。因此,"人们差不多有理由说,在男人身上,爱情与忠诚之间有一种自然的敌对或对立"。爱欲和忠诚之间的这种敌对源于男人爱情的天性;尼采最后把这种天性定义为:它是一种 Haben - Wollen[占有意志];一旦真的占有,这种占有意愿也就随之结束。男人一旦占有了自己的爱情对象,就不再忠于她了;男人是个不忠实的强盗,穷追到底,然后再扔掉任何已经占有的东西。持续的爱情要靠持续的需要(或匮乏)和不满足来维系。只有这种不满足在男人的"占有活动"中很少且很晚才到来,并且只有它才能使爱情绵绵无绝期的情况下,这种不满足才能够成为男人的爱情特征之一。男人只有一直保持这种渴望,那么,在女人的爱情屈服并开出忠诚之花之后,男人的爱情才能不断产生。若要保持爱情彼此共生,首先得解决男人的爱情问题;尼采的最后那句话暗示了其解决方案:一个男人"不要轻易承认,一个女人已经没有什么东西可以奉献给他了"。男人通过不断认识幽微难明之物,不断认识某些永远超出自己理解范围的存在——女人的屈服正是她的艺术技能——他才能认识到占有的界限;被爱者正因为超出了他的理解范围,才能让他产生渴望，才能牵引他的理解。

　　心理学是通向根本问题之路；上述关于人类爱情的描述正通向哲学的根本问题：即认知和存在问题。现在已经很清楚，爱情是自然天性，而最精神化的爱欲——哲学——不仅是自然的，而且是自然的最精神化形式：对智慧的热爱是一种永不满足的激情，它要占有最艺术化的被爱者们；哲人正是这种永不满足的人。自然与哲学相辅相成：自然总有更多的东西奉献给对智慧的热爱（即哲学）；作为"我们新的无限"（《快乐》，条374），自然本身值得热爱。

　　[383]新哲学有责任教导新的爱欲理想，并反击旧的反自然理想。新哲学产生了一种符合自然的理想：不要静止而要运动，不要满足而要更多，不要存在而要生成。"柏拉图令人厌倦"（《偶像》，"古人"，条2）：尼采如此简单直接地表达了对柏拉图式旧理想的反对。尼采并不反对柏拉图的那些对话，而是反对那些对话的理想：善本身——毫无不变、永恒不灭、至高无上，令人厌倦；纯粹心灵——断绝激情、全眼静观、纯洁无瑕，令人厌倦。正如尼采在某个稀有的场合（他在这里新的被爱者的面纱，见《善恶》，条36－37）所说，若要有说服力地反对旧理想，就必须采取多种多样的形式；尼采借助新方法有力地推出了下述结论：

　　　　世界从内部看，世界依其"理智特征"来定义和确定——可能就是"权力意志"，此外什么都不是。

刚说完这个结论，尼采就听到一个反对声：

　　　　什么？这不就意味着，用俗白的[或民众的]话来说：上帝遭到了驳斥，而魔鬼却没有？

这是柏拉图主义的声音和旧的爱欲理想；柏拉图主义者一听这话就惊恐万状、深恶痛绝：有人竟然要毁灭自己的高尚理想并抬高曾经被贬低的东西——过程、生成和不满足！面对这种柏拉图式的神学恐惧，尼采像神学家那样回应道:"相反! 恰恰相反,我的朋友们!"也就是说,魔鬼遭到了驳斥,而上帝却没有。不过,这种新神性观并不是旧神性观的简单翻版:"而魔鬼——谁强迫你用俗白的话说来着?"俗白的旧上帝和魔鬼建立在对爱情对象的错误理解上;如今,这种旧的俗白要让位于一种新的精微:根据人类的爱欲来理解爱欲对象。

两性互补或两性战争绝不是尼采一时的突发奇想。尼采是在用爱欲的语言对抗柏拉图主义:在尼采那里,爱欲即自然,自然即权力意志。在爱欲问题上,第俄提玛(Diotima)是苏格拉底的老师(按柏拉图的说法),但她可从来不是尼采的老师。根据第俄提玛的说法,在阿芙洛蒂忒(Aphrodite)诞生之夜,波若斯(Poverty,丰盈)和珀尼阿(Plenty,贫乏)怀上了爱若斯。对于必死的人来讲,有一种爱欲的等级;但所有等级的爱欲都受爱欲天性和必死天性的指引:爱欲的天性在于"欲求永远占有好东西"(《会饮》,206a);必死的天性在于"总想让自己永远活着不死"(207d)。爱若斯从自己的父母那里继承了两样东西:他既像他母亲那样,没有鞋子、没有家;又像他父亲那样,鬼点子多多,总在追求洵美且好的东西(203b-e)。可见,最高形式的爱欲就是哲学的爱欲。这里的爱若斯很像苏格拉底,尽管鬼点子多的苏格拉底在剧中穿了一双别致的便鞋(174a)。根据第俄提玛的教诲,爱欲会把必死的人从一种不死性(通过生孩子而获得不死)提升到另一种不死性(通过诗人和民族的创立者授予的不朽名声而获得不朽),[384]进而提升到最高程度的爱欲满足(看见不变的存在,看见永恒的存在者,看见善、美和真)(210d-211b),最终看见令人厌倦的东西。于是,哲学便以美化了的苏格拉底形象进入城邦(《会饮》,173b),以诗的形式(不朽的柏拉图为苏格拉底发明的诗)进入城邦。这种诗使哲学变得文明而美丽:诗给哲学洗了个清爽的澡,还给它穿上了新衣裳(174a);哲学因此才得以用令人愉悦的方式谈论善、美和真。对此,尼采在一则简短的笔记中表示了异议:

> 对一位哲人而言,说善和美是同一个东西,这就够丢脸的了;他要是还加上"真",简直欠揍! (《全集》,16[40,§6])

柏拉图主义过了两千年之后，尼采现在要痛打柏拉图：因为在爱欲和可爱之物这些最高的主题上，柏拉图把一个反自然的谎言给神圣化了。

第俄提玛说：绝没有哪个神是哲学家（爱智慧），因为诸神已经有了智慧，他们拥有永恒的真理（204a）。但尼采却说"诸神也搞哲学（或爱智慧）"（《善恶》，条295）。① 这是个"远非无害的新奇说法"，它改变了我们对最高之物和最值得模仿的存在者（即诸神）的理解。这种新理解不仅要在神学上，而且要在一系列哲学主题上彻底击败柏拉图，"用纯自然主义的价值取代道德的价值"（《全集》，VIII 9〔8〕）。形而上学不再伪装成永恒的理念，而要变成快乐的科学，要赞美首要的生成。认识论也不再宣称纯粹心灵足以使人领悟善本身，而是沉醉在无可逃遁的神秘之中，沉迷于那吸引探险家的"敞开的海洋"。艺术也不再坚持"美就是真，真就是美"，而是"用艺术的眼光打量科学，从生命的角度观察艺术"（《悲剧》，"自我批评"，条2）。神学也不再宣扬单调乏味的一神论，当然也不再讲上帝是"父"啦、"审判者"啦、"奖赏者"啦（《善恶》，条53），而是明白了"多神论的最大优点"（《快乐》，条143）。尼采在1881年夏洞见了永恒复返之后，紧接着就在次年的新年感言中为上述哲学、艺术和宗教的整个复合体而欢欣鼓舞。在1882年1月1日，他写道："我要不断学着把事物中必然的东西视为美好的东西：〔385〕这样，我就必将成为美化事物的人之一。Amor fati〔热爱命运〕：从今以后，就让这作为我的爱情吧！"（《快乐》，条276）：让我的爱情变成忠诚吧。

但是，男人爱情的本质特征之一就是缺乏忠诚；而尼采道德教诲的核心又是对大地或尘世的忠诚。如果对大地的忠诚竟依赖于男人爱情

---

① Leo Strauss 说，柏拉图也持有这种观点。见氏著，《注意尼采〈善恶的彼岸〉的谋篇》，页175。Strauss 简洁紧凑的论文令我大为震动，这可能是迄今关于尼采的最深刻文章。Strauss 终其一生，极富洞见地反思了柏拉图式政治哲学和尼采在这种哲学中的位置，他最大的贡献在于：显示了尼采如何取代柏拉图（他自始至终展示这一点，并在最后几乎郑重宣明了这一点）。然而，就像 Strauss 后期著作一样，这篇论文并不容易理解。

的非本质特征之一(这个特征甚至与男人的爱情相矛盾),那么,对大地的忠诚又怎么可能有真正的根基呢? 尼采说,忠诚在男人身上"可以在爱欲的觉醒中顺利地成长";他还指出,要达到这种效果,可以通过两种方式:"感激"或"一种对品味的癖好"。感激和品味是尼采思想的本质要素:感激是更具道德意味的 amor fati,而品味是精致的鉴赏力;后者既是天赋的能力,也是习得的能力,本质上是自然历史和自然教育双重作用的结果。感激和品味的反面就是现代男人的不忠诚;尼采在一段引人注目的话中描绘了这种不忠诚:

我们对待自然的全部态度:我们借助机器和技术工程人员粗心大意的发明创造去强奸自然,这是 hubris[狂妄];我们对上帝的态度:硬把他说成躲在巨大的因果蜘蛛网后的目的蜘蛛和道德蜘蛛,这是 hubris……;我们对我们自己的态度也是 hubris,因为我们不允许自己再用动物做试验,我们就拿我们自己做实验(《道德》,3.9)。

人们最好听听这样一位尼采、这位爱欲的辩护者:按照他的观察,现代人这种改变和占有自然的狂暴行为源于男性爱欲的自然习性。正是男性的行动导致了自然的死亡,因为男性的爱欲不忠诚于那养育他们的东西。忠诚于大地! 这是尼采洞见了自然和历史之后发出的一道命令。长期以来,柏拉图式谎言都教导说,人类和尘世是残缺的、堕落的,以至于男性那种精神化和组织化的性侵略行为企图报复人类和尘世;因此,这种谎言如今已不再高贵。尼采要用感激和品味抗议这种侵略行径。

第五卷的核心格言还强调:与现代人关于同质和平等的虚构相反,爱欲就是冲突。不过,爱欲同时也意味着一种和谐、一种关于信念的和谐。尼采在前条已经说过,"我们的信念"基于欧洲男子气的不断增长(条362)。在本条,他又说,女人的爱欲在其缺乏前提条件的意义上只是"一个信念:女人没有别的东西"。女人和男人的共同信念就在于发现男女身上的自然天性。因此,对于怀有这种信念的男女们来说,欧洲的未来不是法国大革命所预备的未来(条362),而是拿破仑所预备的未来:前者大谈种种平等权利(条363),后者则很可能复兴花岗岩般硬朗的古代精神。[386]这是一场独一无二的战争,即古今之争:"古"指的是前－柏拉图哲学,"今"指的是为民众的柏拉图主义。在这场战争中,男性和女性承担着同样的风险。支持古人,就意味着打破自己的信仰,不忠诚于曾养育自己的现代人。相比之下,女人更难以变得不忠诚。现代平等观念似乎已经成了女性解放运动的专用工具;尼采必须诱使女人打破现代平等的信仰。一个男人、一个纯粹的男人怎么可能产生这种吸引力呢?又怎么可能把她们的真正天性教给她们并号召她们回到她们的天性上呢?尼采不得不解除扎拉图斯特拉的禁令——"关于女人们,一个人应该只同男人们讲"(《扎》,1.18);而且,为了产生效果,他必须有计划地行事。尼采似乎已经计划好了:有效的方式就是进攻。既然爱欲就是冲突,那么,要恢复那场古代的冲突,就得挑起冲突。做爱即作战。

"我们无畏之人"有"我们的工作":让道德的价值成为问题(条345)。而道德的价值问题必然又要把尼采引向自然问题,因为只有从自然的角度,才能判断道德的价值。现在,在这条核心格言中,尼采似乎已经发现了自然的本性;他还断定,人的爱欲出于自然天性并采取了两种互补的形式。扎拉图斯特拉曾说:

> 关于女人的一切都是一个谜,关于女人的一切都有个一解答:那就是怀孕。

但在这里,男人也是一个谜,也需要解答:男性的爱欲是一种Haben－Wollen[占有意愿],一旦真的占有,这种意愿就会终止。换句话说,男人宁愿要虚无,也不愿什么都不要(《道德》,3.1)。然而,也正是这种求虚无的意愿奠定了两千年的思想和行动:

仇恨人类,甚至仇恨动物,更甚至仇恨物质;厌恶感觉,厌恶理智本身;害怕快乐和美;渴望逃离一切表象、变化、生成、死亡、希望,甚至渴望逃离渴望本身——所有这些都意味着——让我们大胆地领会它——一种求虚无的意志(《道德》,3.28)。

　　要探寻我们的历史,必须首先探寻我们的自然天性,前者必须以后者为基础;尼采在第五卷的核心格言中洞见到了我们的自然天性,并借此多方刺探和勘察了哲学史和文化史。这条核心格言暗含的问题是:男人一旦真的占有了对象,Haben – Wollen[占有意愿]就随之终结,于是便产生了虚无主义;换言之,虚无主义是男性存在的核心;既如此,如何才能够避免这种虚无主义呢? 尼采实际上已经给出了答案:一种更有教养的、更有疑心的占有感。这种占有感承认下述事实并为之欢跃:实际上永远不能获得完全的占有,总有些东西在躲避着想要去占有的人,并吸引着他的意志,令他心醉神迷。[387]关于男人的一切也是一个谜,关于男人的一切也有一个解答:那就是他的游戏,永无结局的游戏。第俄提玛的理想超越了生育,并在通往最高之物的道路上拒绝了生育。相反,尼采却仍然忠诚于希腊或狄奥尼索斯的象征主义;他仍然是荷马军队里的一名战士;他的理想是把性象征提升为最值得尊敬的高尚象征。可以说,尼采的“理想主义”夸大并圣化了生命的自然进程。男女两性之间的战争通过这种最自然的方式,在和睦或会合中找到了共同的解决之道——无需不忠诚,无需放弃艺术,更无需诸现代观念。在这种意义上,Europa[欧罗巴/欧洲],拿破仑氏哲学继承人笔下那个统一的 Europa 有望成为大地的女主人。

第十四章　快乐的科学之三：超欧洲的政治或欧洲的反虚无主义

> 任何东西都不能阻止我变得说话不客气，向……说几句难听的大实话：谁还会这样做？……这现存的最反文化的疾病和非理性……这种欧洲地方主义和小政治的永恒化……除了我，还有谁知道这条死胡同的出口？——一项伟大到足以再次统一［欧洲］各国的使命？
>
> ——尼采（《瞧》，"瓦格纳"，条2）

"最后一位反政治的德意志人"（《瞧》，"智慧"，条3）谋划了一场泛－欧洲的和全球性的政治；这是一场培根和笛卡尔规模上的、柏拉图规模上的"大政治"。哲学史为尼采提供了这些不朽的范例；他们代表了一种哲学的政治：其目标是一个重组的社会，其动机是爱人类和爱理性。正是这种爱欲的政治促使尼采对既定的善恶发起了前所未有的猛烈攻击。但许多人还在问，到底什么东西促使尼采这样做呢？这些人既不知道尼采的不朽范例，也不了解天才哲人的心理学，故而，他们只能认为尼采太热爱名声啦、甚至太热爱破坏或残忍啦——除此之外，他们还能找到更好的答案吗？没有人会大言不惭地自命为美德的典范，尼采也尽力避免那种称号：他自称是第一个非道德主义者。不过，尼采与伟大哲人们的动机都出自某种激情：扎拉图斯特拉起初称之为"馈赠的美德"（《扎》，1.22）；但后来，他又让人以非道德方式把它看作"三种恶行"，即爱欲、统治欲和自私（《扎》，3.10）。即便人们都能轻易地看出，这三种恶行属于天才哲人的本质特征和最值得享有美德之名的东西，人们还是注定会误解它们,注定会带着一种难以消除的恐惧和仇恨看待这三种激情的典范们。

这该如何是好?既然不可避免地会招来恐惧和仇恨,那就欣然接受好了;不过,得谋划一个策略反对它们。像培根和笛卡尔发起的那场战争一样,新教诲点燃了熊熊的精神战火。[389]培根和笛卡尔并没有赢取战争,但培根和笛卡尔的追随者们接过了新教诲并使人们对它口服心服。同样,尼采也宣布了一场自己不可能赢取的精神战争:他毕竟可以点火并谋划,至少能予以指导。像笛卡尔在《方法谈》第六部分一样,尼采站在一队尚未集合和武装起来的队伍前面:尽管在这个吹鼓手心中,一场场公开战斗已经打响并取得了胜利,但这支队伍还有很长的路要走。尼采的大政治不只是要用一种新教诲取代无处不在的旧教诲:"这是战争,没有硝烟和战火的战争"(《瞧》,"人性",条1)。①

《快乐的科学》第五卷第一部分阐明了新的观点;第二部分则更明显地转向了政治和战争等实践上的使命,以便为前者征募新人。第一部分论述了历史与自然、时间与存在等根本主题,并在第五卷中间部分

---

① Henning Ottmann 在《尼采的哲学和政治》(*Philosophie und Politik bei Nietzsche*)一书中阐明了尼采的大政治,其论述之广泛和细致,堪称前所未有。"基本上,关于政治,关于尼采所谓的'大政治'……只有传说,一些妖魔化的或神圣化的传奇传说"(页236)。Ottmann 最终戳穿了这些传说,但也以同情而负责的态度(这一点在他的书中随处可见)讨论了尼采的大政治。尽管 Ottmann 把这种大政治(不管是柏拉图的,还是尼采的)理解为纯粹的"乌托邦",我们还是要感激他在阐述尼采的"新政治的柏拉图主义"(页148)方面取得重要成就。Alex Mcintyre 深刻而富于洞见的《蔑视的大师们》(Virtuosos of Contempt)一文弥补了 Ottmann 上述观点的缺陷。Blondel 的《尼采》(页56)证明,在教育政治学或文化政治学方面,柏拉图是尼采的典范。Bergman 的《尼采:"最后一位反政治的德意志人"》(*Nietzsche:"The Last Antipolitical German"*)阐述了尼采如何成长为"一种不必要的欧洲主义的先知"(页169)。Bergmann 在书中就尼采的政治见识提供了许多很有价值的看法,令人大开眼界;但在我看来,该书仍未抓住尼采大政治的要义,因为在他的笔下,尼采仅仅臣服于自己时代的地方政治并心甘情愿地做一个"反政治的"人。

达至顶峰；而第二部分前几条则突然中断了此前的那些主题。现在，孤独的追问者将返回社会以便建立联盟：要想使这种新理解超出孤独思想者的孤独经验范围，进而成为许多人的经验，就必须组建联盟。这个孤独者一意寻找的对象就是学者们（条364－366）；他将引导他们深思一种关于艺术和真理的新视角（条367－370）。新的未来（条371－372）要重新建立科学与哲学之间的恰当关系，就必须重新解释哲学史，尤其得重解伊壁鸠鲁（条373－376）。不过，恢宏的新政治还得在看似非常地方化和个人化的东西上徘徊一阵子：到底谁是尼采（条377－383）？

进入社会与学者们结盟（条364－366）

[390]这里共三条格言：在前两条中，一位孤独者结束了自己的隐居生活，转而对其他人说话；在第三条中，这位孤独者对自己挑选的听众（即学者们）说话。一个选择了隐居生活的人为什么会决定进入社会呢？如何进入？要进入社会，就必须懂得社会交往；这位孤独者一开口就把这种社交活动称为一种"艺术"。他的艺术使他变成了一只狼（条364）、一道鬼影（条364）和学者们的勾引者（条366）。在这三种面相中，他都要保持欢乐和顽皮，免得落入其主题暗含的那种邪恶之中：傲慢与侮辱。此外，这位孤独者的风格恰恰泄露了他的秘密：他知道他的方式遍布社会。

尼采在此描绘了哲人的另一种形象，即返回洞穴的哲人：出于对人类的爱，表面的厌人者被迫要在人群中重新找到自己的位置。由于天生的禁欲主义，哲人已经被迫走到了一边儿；由于追问这一"最主要的本能"，哲人已经不情愿地选择了贫穷、谦恭和贞洁的生活方式（《道德》，3.8）。现在，他发现有必要重新进入社会。不过，他不会悄无声息地进入社会，不会让社会保持他刚发现它时的那个样子。哲人进入社会是为了改变社会，改变洞穴的墙壁上反射出来的影像和回声。

孤独者讲（条364）。狼饥饿时，很可能吞噬自己的同伴。但在本条,这只孤独的狼天生就不感到饥饿;因此,他必须通过艺术创造出那种饥饿。为了暗示自己的问题所在,尼采歪引一个魔鬼的话:歌德笔下的靡菲斯特(Mephistopheles)曾彬彬有礼地说,"最差劲的社会圈子也能让你感觉到,你是人类的一员"。而尼采在援引这句话时,为了反对其中包含的道德感,故意把其中的 dich[你/你自己]一词改成了 sich[它自己]:"最差劲的社会圈子也能让它自己被感觉到。"①从语境来看,这里所说的"圈子"似乎包括所有社会群体。这个孤独者身上毕竟混杂着一些人性,缺乏狼一般的饥饿并且厌恶食物,因此,他必须创造出一种食欲,以便吃掉自己的同伴。他这样做的时候,遵循这种艺术所规定的三项饮食规则:改变你自己,从而为自己的勇敢而感到骄傲;改变别人,从而使他们变得更加可口;让一切照旧,但要遵循标准的人类实践,即自我催眠——它会让你进入不在场的消隐状态,而不必愤然离开。[391]对这种忍耐艺术的科学说明预备了下一条的主题,即对这种艺术有什么极端要求:

孤独者又说(条365)。标题暗示了要点:"又说"意味着死后才说。孤独者为同代人而死,但他也看到了自己的复活和不朽,因为他的思想是 sub specie aeterni[永恒的见识](条262)。所有人都穿着衣服,而孤独者把自己扮成鬼,扮成死人。扮成鬼有两大好处:一来可以吓唬害怕的人,二来可以鼓励不害怕的人。孤独的鬼影得靠不害怕的人才能复活——这种有意的不朽正是"卓越之士死后玩弄的艺术"。只有那些不害怕的人才能把他们从死人堆里拉起来,或者到他们所在的冥府去拜访他们;尼采本人就曾拜访过四对儿死人:伊壁鸠鲁与蒙田,歌德与斯宾诺莎,柏拉图与卢梭,帕斯卡尔与叔本华(《集锦》,条408)。尼采还对这些死人发表过一通讲辞,说明自己不得不履行公共美德——忍耐。死人们的视野非常长远,看起来非常有耐性,竟能忍受寂寂无闻的死

---

① 《尼采全集考订版》违背了初版的权威性,擅自把尼采的 sich 改回为歌德的 dich(《浮士德》,行1637)。Kaufmann 把 Wolfshunger 译为"贪婪的饥饿",漏掉了尼采的重要意象:正在捕食羊群的孤独的狼。

亡；但事实上，要不是确信自己能够复活，他们恐怕也不能那么坚持下去吧。

孤独者尼采欢迎有人冒险到他的阴间去拜访他，因为他得依靠他们的报道，才能从死人中间复活过来。他不能直接给自己带来再生，而只能迫使别人做他们乐意做的事情（即从死人那里带回消息），只能有计划地依靠这些人，他才能为自己的复活做好准备。这个孤独者可以先撇开自己的 Umgehen mit Menschen［逃避众人］的性格，而把自己打扮成一副值得信赖的样子；他将被某些圈内人引荐到有教养的社会圈子里，并看到其他人也将承认这个被放逐的孤独者原来也属于这个圈子。

尼采固然期望扎拉图斯特拉所说的那些"坚果钳子们"把自己打开，带到公开场合（《扎》，3. 6），不过，他似乎也希望他们在说到自己的独居生活时讲点儿礼貌。为了保证这一点，他甚至拿椅子礼貌地抵住门，免得别人打扰他的私人生活。这并不意味着，人们一旦自以为在鬼影式的戏装背后发现某些隐微教诲，就应该把它们当作不能公开的阴谋。毋宁说，尼采那样做只是为了保护纯然个人性的或偶然性的私人生活，为了拒绝别人按照习惯的理解方式入侵他的私人生活——尼采反对那种习惯的理解方式，尽管他自己也搞了一套生理—心理学，但他本人从来没有沉迷于其中：那种习惯的理解方式，即心理学或社会学上的还原主义，想当然地假定，这位孤独者也像随便什么人一样，不过是由衣服啦、教学活动啦等琐碎的私人事实和某些怪癖组成的；［392］这种自以为是的理解方式相当地粗俗无礼，用人人共有的琐碎事实轻飘飘地打发掉了独一无二的非凡成就。尼采告诫朋友们要提防这种心理史学：

> 就连最差劲的格言读者也成了格言作者的朋友；他们一心要把普遍的东西归溯到特殊的东西上，毕竟，格言就源于这些特殊的东西嘛：他们就这样打破砂锅、刨根问底，从而使作者的全部努力化为泡影，因此，他们活该得不到一种哲学的情调和教诲，而只能满足一下庸俗的好奇心而已，除此之外什么也得不到。（《集锦》，129）

尼采一方面以自己的书本为诱饵，引诱"坚果钳们"进入自己的地府；另一方面又用椅子礼貌地抵住那扇门，把粗俗无礼的人挡出去，把高贵正直的人放进来。

面对一本学术著作（条366）。本条继续勾引学者们：尼采开头就批评学者们，用一种格格不入的标准要求他们；尽管如此，尼采结尾时却仍以朋友的口气对他们讲话，赞扬他们的美德，顺从他们的标准。尼采一上来就坦承，他的思想并非来自书本，而来自行走、跳跃、攀登和跳舞，甚至承认"我们很少读书"；如此一来，他就收缴了学者们可能借以惩罚他的武器（书本上的话）——而他却可以因他们那些典型的特征而惩罚他们。不过，彼此攻讦并不是目的所在，因为本节暗示，他要与学者们结成一种有利于彼此共同目的的联盟。如果孤独者的死后再生有赖于学者们，那么，他们的"无条件的正直"这一典型特征就显得尤为重要了。尼采衡量学者们，因为他知道学者们会来衡量他；他炫耀自己的不同，因为他自信也能够用学者们的标准来肯定自己，毕竟，"无条件的正直"是他和学者们共有的品质。

尼采一开始似乎有意让学者们用《扎拉图斯特拉如是说》所描述的那种方式来怀疑自己（2. 16）：他们很可能会重复维拉莫维兹的话："尼采不再是个学者啰。"——学者们合上自己人的书时会满怀感激，而合上尼采的书时则只能抛出这么一句话。尼采还算感激学者精神，但仍把它描绘成瘸子——尼采自称，他这样描绘并非毫无根据，而是源于他本人与学者朋友们的交往经验——人们可以想象一下，罗德（Rhode）和多伊森（Deussen）读到这一条时会作何感想。尼采断然指出：学术手艺扭曲了学者，这是毫无办法的事；对此，再怎么教育也无济于事，因为正是教育造成了这种后果。不过，一切高超的手艺都要付出高昂的代价，学术上的高超手艺也不完全是一种疾病，与某类人比较起来，甚至可以说得上是一种健康的形式；那类人虽然拒斥学者的畸形学术训练，却是完全现代的产物：[393]即知识分子和文人，扎拉图斯特拉称之为"市场上的苍蝇"（《扎》，1. 12）。

尼采对"学者朋友们"的赞扬不止于此；他最后还极其详尽地赞扬

他们毫不妥协地反对一切"装样子、半调子、扮可爱、玩技巧、搞蛊惑、做演员"。孤独者和学者们联手反对现时代，即演员时代（条361）。不过，既然应该毫不妥协地反对一切骗人的把戏，人们就奇怪了，尼采不是也玩这种把戏吗？尼采不是经常看起来蔑视证据和论证而抛出一些大胆放肆的主张吗，不是在行走、跳跃、攀登舞蹈和较少阅读（据他自称）的过程中思想并写下一堆堆的格言吗——所有这些可都是糊弄学者们的骗人把戏啊。但是，学者们的品味标准使他们与尼采结成了联盟，尤其难能可贵的是他们经得起"正规训练和前期训练中的绝对正直"的最后和最高检验。尼采若要让自己的作品得到学者们的认可，就必须首先证明自己的正直，必须确定自己的正规训练和前期教育是否已经使自己能够得出某些让学者们看来多少值得肯定的判断。

尼采经常承认自己需要援助。例如，他曾伤感地回忆说，他本可以借雷（Paul Rée）那双"敏锐而无私的眼睛"研究道德史（《道德》，"序言"，条7）。他也曾希望有一大帮学者可以像猎犬一样派往宗教感情的黑暗森林中，最后还是落空了（《善恶》，条45）。他也曾计划联合所有学科共同研究自然史——即道德评价的演化问题（《道德》，1，尾注）。而且，尼采总要求别人采取一种独特的援助方式：他们要履行他的使命。这些哲学、语文学、心理学或生理学工作者都必须在天才哲人开拓的视阈内工作。尼采认识到：他不可能把自己的工作强加到同代人的头上；也不可能说服他们相信他的价值，因而也就不可能说服他们相信自己工作的价值。在天才哲人看来，当代人都站得太低，没有谁够得着他的崇高使命，因此，他必然只能在死后才出生。就尼采而言，最重要的是重新扮演柏拉图、培根或笛卡尔等天才哲人在哲学史上曾经扮演的角色，这将有助于他死后再生。鉴于上述天才哲人们的成功，尼采也打算像他们那样做：打开一个新的视角，以便重新从科学和学术上探究存在与时间。

《快乐的科学》并不是一部学术著作，[394]不过，它毕竟旨在赢得学术认可。为此，尼采不得不注意自己的措辞。尼采屡屡因现代学术号称独立于现代政治之外而指责现代学术。但是，《快乐的科学》恰恰赞扬了那种使学者们有望成独立之人的品质，即"绝对正直"。这种正直最终会使学者们摆脱一切忠诚——除了对诚实本身的忠诚。学者们的这项最高美德似乎可以矫治尼采早先所谓的"现代学者们的堕落"（条358）。不过，《快乐的科学》又声称，一种诚实的学术仍然会产生某些新的忠诚；这种学术虽然从未抛开书本，从未放弃畸形的训练，但它本身迫于自己的正直，也仍然会为新的舞蹈服务。

尼采在括号里对正直做了一番评论，这番评论基于下述理由：正直之中有一个难以自我掩饰的缺陷。在这个演员时代，连天才都不能永远假装正直。如果假装的正直逃不过正直的眼睛，那么，正直就更逃不过了。为了证明天才的真实性，尼采不得不把一切都交给正直的眼睛，此外别无选择。"只有傻子，只有诗人？"这个演员时代正在来临，演员问题将是令学者们最感到头疼的问题。学者们讨厌现代艺术家们的坏良心，也必定会仔细检查新哲学是否像它自称的那样也具有他们所谓的正直品质。他们被捕了——他们已经飞进了他的诡计之网（《扎》，4.15）；他们只要不是冒牌货，就会明白他们自己的美德及其可能性。现在，唯一的问题是：这位舞蹈者已经获得了一个全面的视角并由此视角观察过学者们孜孜不倦为之献身的那些专业问题，还带着感激之情把他们的书抛到一边儿；既然如此，他又如何可能在自己的高度和风格中表现出学者们的美德呢？柏拉图与贵族结盟，培根、笛卡尔与科学家结盟，同样，尼采要与学者结盟。尼采依靠学者们的美德才能做到这一点。而现在的问题是：如何改变学者们的品味。

艺术与真理：谈谈方法（条367–371）

"尼采是对艺术最友好的哲人。"①为什么友好？理由就在这几条格言中。这些理由都古已有之：自古以来，即便诗人们总是对哲学充满敌意，而哲学家们却总是友好地对待诗人们。尼采在其早期文稿中写

---

① May，《尼采与现代文学》，页 1。

道，"他们［哲人们］把他们［诗人们］看作从宗教到哲学的桥梁"（"论诗人"，1875 年）；①［395］他后来也说过，自主的哲学把诗人吸引过来做自己的男仆（《道德》，3.2－5）。

《快乐的科学》第五卷中间几条都集中在尼采长期为之困扰的演员问题（或艺术与真理问题）及其方法论意义上（条361）。目前这几条（条367－371）则开始专门致力于艺术问题，结束于"什么是浪漫派？"——尼采将在这一条极为清晰地说明自己如何解决真理与艺术问题。有没有一种真理性的标准可以用来判断艺术——广义的"艺术"，包括一切人造之物？"大地上，可有一把衡量的尺规？"②荷尔德林的这个问题经常萦绕在尼采的脑海中；对此，尼采的回答是肯定的：一把基于健康身体的品味之尺。尼采知道自己的回答有点儿可笑——有些人很可能觉得尼采是在开玩笑，因为他们仍然相信，有某种独立于艺术之外的真理标准，并且这种标准受到理性、上帝或历史的保证。还有另一些人也会觉得尼采是在开玩笑，因为他们已经不再相信那类严肃的标准并且开始怀疑一切标准。"我的天才在我的鼻孔里"（《瞧》，"命运"，条1）——如何嗅出事物的气味？如何品味？鉴于人们过去常常把上帝作为尺度，品味这个标准如何获得真正的价值和尊严？尼采甚至使品味显得更可笑：品味早就一直是尼采的标准，而且这个标准一开始就把事情完全搞错了。他一度细细品尝过的东西现在闻起来竟然糟糕透了。这个新标准竟如此脆而不坚、如此容易出错，谁还会对它抱有信心呢？为了证明这个新标准的正当性，尼采在这几条谈了自己的方法，并在条370中引出了适当的结论：条370既暗示了这个新标准的基础，也表明了它如何能产生最高的价值——即永恒复返。

这几条从哲学史方面表明，新的衡量标准在某种程度上源于对我们文化中哲学命运的反思。伊壁鸠鲁成了一个中心形象。重思伊壁鸠

---

①　尼采，《尼采论修辞术和语言》，页243。

②　［译注］荷尔德林，《在可爱的蓝色中闪烁……》；参海德格尔，《演讲与论文集》，孙周兴译，北京三联，2005。

鲁,造成了生理—心理学上的重大进展。而这些进展反过来又要求重新清理整个哲学史。

对艺术作品所作的首要区分(条367)。孤独者又开口说话了。他这次引入了一个基本的区别:艺术作品要么是"独白式的艺术",要么是"见证者的艺术"。对不信神的真正孤独者而言,终极见证者已经死了;只有这种孤独者才能在艺术与真理问题上作出这一最根本的区分——尼采知道"没有比这更深刻的区分"。

"艺术作品"包括一切人造之物;"独白式的艺术"和"见证者的艺术"把一切人造之物分成两类:为自己而造的东西,或为别人而造的东西。[396]这个区分尤其适用情感和理智的最高尚或最崇高的产品,包括"所有祈祷抒情诗"。孤独者说:对虔敬之人而言,绝不存在孤独——孤独者扎拉图斯特拉与一个冒牌孤独者之间的遭遇可以为证;后者其实是个隐居山林的老圣徒(《扎》,"开场白",条2)。但是,如果宗教中不可能有孤独生活与独白艺术,哲学中就一定有吗? 或者根据语境,可以这样问:情感和理智能否产生某种完全基于正直的东西? 换言之,(据尼采说)学者们用于评判艺术的禁欲主义真理性标准是否真的规定:只能有戏剧艺术(即见证者的艺术),而不能有任何诚实的艺术?问题的焦点在于艺术家看待自己作品的"眼睛":他看到的不是作品的完成状态,而是作品的形成过程——"就一位艺术家的视力而言,没有比这更深刻的区别了":他只能在自己的创作过程中看自己的艺术。如果一位艺术家用见证者的眼睛看自己的艺术,那么,它就会变成演员的艺术,而且正直之人也会从中查出某个虚而不实的核心,发现某种为了给人看见而故意表演出来的东西。如果世上只可能有这种艺术,那么,艺术就一定会变成某种社会性和反应性的东西,变成一种顺从别人的表演——这个结论很符合霍布斯和黑格尔的观点,即人从根本上要求获得承认。尼采引出这种结论是为了与现代主流的思想站在一起,反对极少数思想家的看法——那极少数人坚持,还有某些东西高于承认,并且哲学是最卓越的独白艺术。

在转向上述可能性的过程中,尼采回到了极少数思想家那里。尼采以否定的方式、用残留的基督教禁欲主义话语指出了一位"已经遗忘了这个世界"的艺术家的可能性。一切"独白艺术"的本质都在于遗忘这个世界，类似于宗教人的禁欲主义，只是前者甚至遗忘了终极的见证者。不过，"独白艺术"仍不会遗忘作品本身在产生过程中所包含的本质之物，因而，"独白艺术"很难说是一种纯粹的遗忘。能否有这种完全遗忘的独白艺术？为了这个问题，《扎拉图斯特拉如是说》第四部分甚至发起了一场伟大的战斗：老魔术师坚持认为，艺术家最终都承认根本没有独白艺术，只有见证者的艺术；而扎拉图斯特拉则像尼采在《快乐的科学》中所做的那样，竭力证明孤独者的天才艺术是可能的。在下一条中，尼采一面直言不讳地反对瓦格纳，一面进一步捍卫并扩展了这种天才艺术的可能性。

　　像《扎拉图斯特拉如是说》一样，《快乐的科学》并不是独白式的艺术作品。《快乐的科学》是一次交流行动：本书在向科学家和学者们讲话，[397]目的是给他们引荐一种新的科学概念；在本书的创作过程中，尼采肯定用见证者的眼睛仔细检查过每个句子。但问题依然存在：作者是否可能通过遗忘见证者的世界而获得基本洞见，并基于这种洞见去观察事物？绝对的正直之人会回答这个问题。

　　犬儒如是说(条368)。尼采从遗忘的音乐过渡到瓦格纳音乐(这种音乐从未遗忘自己的见证者)。尼采对瓦格纳音乐的谴责出于一系列生理原因："我为什么要费劲地给它们[这些原因]套上美学模式呢？"他在结尾给了个似是而非的理由：瓦格纳分子曾经用尼采的生理标准反对尼采本人，可见，人们很容易把生理原因当成作者那种病态身体的心血来潮，觉得不值一提。鉴于历史上有许多标准都自称高于身体标准，鉴于人们因为这类较高标准的死亡而对标准本身产生了绝望，人们能严肃地对待尼采所说的健康的身体标准吗？能否把品味提升为一种标准，而又避免被视为琐屑或犯罪(比如本条结尾发生的那种报复行为)呢？

　　为了找回自己，尼采从身体方面反对瓦格纳音乐，并向自己提了个一般性的问题：我的整个身体真正想要从音乐中得到什么？可见，尼采的方法承认，他早已从生理上作出的有关赞成与否的判断都是有效的；

他还想知道这些判断的意义和内涵。沉重而忧郁的身体需要找到轻盈而自在的解毒剂。音乐的目的是美化沉重的东西，把它变得轻盈起来，跳起舞来。这种美化活动并没有否定"各种动物机能"，反而加快和提升那些机能。阿波罗的最有力的礼物就是节奏，它甚至能绑住命运女神（《快乐》，条84）；正是节奏的力量加速并提升了各种动物机能。音乐若果真有这种功能，那么，音乐就高于戏剧；而瓦格纳却强迫音乐为戏剧效果服务。尼采自称是"本质上反戏剧的"人：独白艺术家的首要标志就在于不从听众的视角去观看自己的作品。

然而，尼采最后竟把一个瓦格纳分子推上了自己的舞台，他关于瓦格纳的论证也就随之变得戏剧化了。尼采把自己对戏剧的根本批判讲给了那个瓦格纳分子；此外，他还坚持说，他自己作为一个孤独者，不会出于对某个听者的考虑而放弃自己的诚实、品味和勇气；他还攻击瓦格纳说，瓦格纳不仅没有用他自己的眼睛看待听者，反而屈从于现代的大众听众。面对尼采的挑衅和捣乱，那个瓦格纳分子发出了一个漂亮的回击；[398]尼采之所以写下这个回击，大概是想请读者直面某些生理上的反对观点。"犬儒如是说"中的犬儒是谁？是第一发言人尼采本人（他的身体曾教他怀疑美学模式）？还是聪明的瓦格纳分子（他怀疑尼采的品味，认为那些品味缺乏美学模式，且基于尼采对他自己身体的优先判断上）？赫勒尔（Erich Heller）惊奇地发现：尼采的"审美判断力的基础简直说得上是绝对稳靠"，尽管这种判断力的来源有点儿狭隘。① 这种看法从根本上认为尼采以身体为指导。不过，谁能断定尼采本人不会从根本上嘲笑这种看法呢？一位思想家的判断靠什么东西来保证？尼采不仅敢说：判断基于品味，而品味基于身体；他还敢说：更高的品味基于一个健康的身体——他更敢说：这种更高的品味可以分享且十分可靠，完全有理由反对历史上一切基于不健康的身体、因而毫无品味的标准。作为衡量标准的身体并不是随便什么身体。第五卷的论证在"伟大的健康"中达到顶峰（条382，若不是因为"收场白"［条383］中的大笑声，条382

————————

① 　Heller，《尼采的重要性》，页175。

恐怕就是最后一条了）；伟大的健康属于一个已经从伟大的疾病中康复过来的身体。

瓦格纳分子说，尼采只是因为不太健康，所以才不能欣赏瓦格纳式的音乐。他用尼采的武器回击尼采，自认为能用尼采自己的话击败尼采。尼采以这种方式结束对方法的说明，真是奇妙无穷。

在我们身上并存的（条369）。品味和创造力可能在艺术家身上并存，但又彼此独立地发展。品味可能会反对或超过创造力。但尼采却强调：创造力可能会超过品味，甚至使品味黯然失色，竟至完全萎缩，不能够判断艺术家创造的任何东西。这个问题与尼采自己非常相关，因为他在下一条开头就明显承认：他对自己的作品下了某些极为严重的错误判断。尼采以整个古希腊诗歌和艺术世界为"了不起的范例"说明，艺术家的创造力可能超过其品味：希腊诗歌和艺术从来不"知道"它在做什么。尼采一方面极其尊重这个诗歌和艺术世界，一面又大胆地提出相反的判断来反对它，这不由得再次让人怀疑尼采自己的品味或判断力。他的品味如何与他的创造力相容并存？他会不会像他这里所谴责的人那样，对自己的作品说些蠢话——[399]不仅说蠢话，还相信这些蠢话呢？在下一条伊始，尼采就大胆地承认：他对自己的作品说了些蠢话并相信了这些蠢话。

什么是浪漫主义（条370?）尼采在本条渐渐完成了对艺术和真理的长期反思。尼采一上来就坦言自己说过一些蠢话。丕希特说，"尼采很少在文中如此彻底而清晰地表达自己的基本哲学立场"。① 尼采在这里确实承认了自己的错误，但为了改正这些错误，他也最为精心细致地说明了一种新的解释方法，并在结尾暗示了自己所认同的教诲——肯定永恒复返（第五卷仅此一例）。本条稍后，尼采又说自己必然不可理解（条371）。但我们知道，尼采曾花费半年的时间几乎专门回顾自己的作品，而本条即是其成果之一；因此，经由本条格言，我们可以接近作者成熟时期的意图和动机。同笛卡尔的《方法谈》一样，本条一边大力推

---

① Picht，《尼采》，前揭，页178。

荐新方法并将其作为一般科学方法,一边又把新方法与创立者独特的生活史联系起来。本条在提出新方法之前,首先对这种方法本身提出了一个疑问:如果一种新方法的发明者或发现者一开始就犯了许多大错误,那么,这种方法怎么可能完全可靠呢?

尼采早期的错误源于他的希望——对现代悲观主义的希望。这种希望使他从现代悲观主义中挺了过来,并使他转而寄希望于他自己那套独特的教诲,即永恒复返教诲。但是,尼采既然寄希望于永恒复返教诲,他为什么又这样拐弯抹角地一笔带过这套教诲呢?《快乐的科学》第五卷是《扎拉图斯特拉如是说》之后的一部代表作,它以惜墨如金、间接迂回的笔调接近《扎拉图斯特拉如是说》中最深刻的发现。本条最接近《善恶的彼岸》条56:后者同样揭穿了现代悲观主义,暴露了它的根基,并通过肯定永恒复返而超越了现代悲观主义。若把这两条放在一起研究,我们就会看到:尼采确实提出了自己最重要的教诲;但他又拒绝把一切解释得明明白白,尤其在最重要的问题上。为了重思尼采的思想,读者必须以尼采的暗示为基础,但又不能孤立地看待那些暗示:这两条都暗示甚至命令读者,必须遵循《扎拉图斯特拉如是说》(该书是永恒复返教诲的入口)所设定的路线前进。

[400]尼采早期的错误是私人性的;他之所以误读了现代悲观主义,乃因为他想要让种种当代现象适合他自己的本能。不过,这种错误的确切起源如今已无从查考了——"谁知道出于什么样的个人经验?"因此,这些错误跟任何人都无关,甚至跟尼采自己也无关。不过,我们毕竟可以了解这些有趣的错误。尼采一边在读者面前显摆自己的错误,一边改正这些错误,但也并没有因此成为解释上的怀疑论者。他一边在开头暗中削弱自己的权威,一边又自始至终把解释建立在自己的新生理—心理学上,从而维护了自己的权威。

据尼采说,他曾经误解了两大现代现象——最现代的哲学和最现代的艺术:他曾经把它们解释成了希腊悲剧观的再生。他曾经把某种原本不属于叔本华和瓦格纳的东西归在他们头上——通过返回传统的源头而从根本上与传统决裂。后来,尼采又曾把他们当成反-柏拉图分子,尽管他们实际上是柏拉图主义的最后爆发。这里的关键词是浪漫主义;尼采没有理解叔本华和瓦格纳的浪漫主义。现在,他不得不提出这个问题:什么是浪漫主义?

为了充分回答这个看似狭隘的问题,尼采开始从最广的范围内来观察:"每一种艺术,每一种哲学。"尼采明确地、甚至有些武断地说,一切艺术和哲学的本质在于:它为不断生长和努力奋斗的生活服务;它以受苦之人为前提;"有两类受苦之人。"一类人因"生活的过度丰裕"而痛苦,因而想要在狄奥尼索斯艺术或悲剧艺术中强化生命。另一类人因"生活的贫乏困厄"而痛苦,因而想要从生活中解脱出来;他们想要借助艺术得到休息和救赎,或者迷醉和麻木——这就是尼采意义上的浪漫主义艺术。而"狄奥尼索斯式的神和人"不仅"敢于见识可怕和可疑的东西",甚至"勇于破坏、瓦解和否定":所有这些都是"创造力和生育力的过剩"。因此,这种艺术"曾经可以允许,现在也可以允许"。尼采在本条剩余部分描述了浪漫主义的反面,并且重新提到了自己对哲学—宗教史的新解释。

浪漫主义是生活困苦之人的艺术:他们要么需要温柔——需要一个上帝把他从生活中解救出来;要么需要逻辑——逻辑使他们的生存变得可以理解,从而抚慰他们的痛苦。这套抚慰逻辑使尼采再次反思伊壁鸠鲁——尼采的冥府近亲之一,尼采自称对他的理解可能不同于任何人(《快乐》,条45)。[401] 在尼采看来,伊壁鸠鲁是个从生活中寻求解救的人,因而与基督教分享了浪漫主义感情。按照基督教的既定说法,无神论者伊壁鸠鲁显得像是基督教的对立面,基督教甚至还给一切异教哲学都贴上了伊壁鸠鲁主义或无神论的标签。然而,从尼采的生理—心理学角度看来,有神论与无神论之间的对立不过是个表面现象而已;为了搞清二者之间的亲缘关系,必须借助新方法重写精神史。从这种角度来看,基督教和它所选定的精神劲敌属于一个哲学阵营;二者都竭力从尘世间解脱出去。伊壁鸠鲁的哲学浪漫主义借助一种令人宽慰的逻辑来寻求解脱:这种逻辑就像花园的围墙,把恐惧关在外边,把乐观主义关在里面。尼采稍后将再次回到伊壁鸠鲁问题上,并表明"我们为什么看起来像伊壁鸠鲁分子"而实际上并不是(《快乐》,条375)。不过,尼采在前面早已说出了自己对伊壁鸠鲁的基本洞见(《快乐》,条45):伊壁鸠鲁是生活的受苦者,他就像古代废墟上的太阳,带着克制而幸福的眼神,凝视着人类历史上最伟大的成就。从尼采的生理—心理学角度来看,最要紧的不是伊壁鸠鲁的原子论或无神论,而是他对生活的放弃:他把身体的激情变成了平静的眼神,带着顺从和幸福的态度眼睁睁地看着最高事物轰然坍塌。伊壁鸠鲁与基督教虽然有许多不同之处,但都分享了一种后–古典式的乐观主义,乐意让这个世界消失。

不过,伊壁鸠鲁尽管与为民众的柏拉图主义(它塑造了西方的精神生活)共享了某种东西,但也毕竟从前–柏拉图的希腊哲人那里保存了某些反柏拉图主义的东西:即柏拉图主义所抛弃的科学自然主义。我们只有搞清了这个方面("我们为什么看起来像伊壁鸠鲁分子"[条375]),才能理解尼采笔下的新伊壁鸠鲁,才能充分理解尼采对伊壁鸠鲁的重新评价,才能充分领会伊壁鸠鲁在新哲学史上的重要性。

对尼采来说,理解伊壁鸠鲁与基督教徒之间的亲缘关系是理解浪漫主义的关键一步;他把这项进展归功于自己的锐利目光:他看穿了"最困难和最可疑的"推论形式,即反向推论或回溯推论,从艺术推出真理,从歌曲推出歌唱者的真实面目。在尼采的方法中,反向推论是关键要素;仅凭反向推论能合理地区分奥古斯丁与柏拉图之间的差别;仅凭反向推论就有可能使人重新理解叔本华和瓦格纳。在"如何用锤子搞哲学"这个标题中,尼采准确地把握了反向推论的含义:[402]看似不加鉴别的捶击活动只不过是基于相似与不相似,此外再无更本质性的基础;它是对人类现象的一种倾听,渴望有一只训练有素的耳朵,像一只忠实于音调的调音叉那样准确而精密。

尼采开始从总体上使用这种反向推论方法:"在所有美学价值方面",在所有艺术和哲学方面,尼采现在自问"在这里,是饥饿还是过饱变成了创造力?"这个看起来又秃又钝的工具却表达了"伟大的健康"方法的要点之一——使一种新心理学有可能辨别细微差异的基本状态。新的二重性（即饥饿和过饱）取代了旧的更明显的二重性（即存在和生成），因为前者可以把后者纳入某种更基本的东西之中。尼采问，创造的动力何在？什么东西促使行动者去行动？旧的答案是：存在欲或生成欲（对存在的渴望或对生成的渴望）。乍一看来，这个答案更明显、更可取；但二者都不是最原初的渴望：二者都模棱两可，各自都包含着新的、更深的差异。存在欲（即渴望永恒）既可能表示一种创造性的饥饿，也可能表示一种创造性的过饱；生成欲（即渴望毁灭或变化）也同样如此。尼采首先非常简单地处理了生成欲，似乎与存在欲比起来，生成欲无需多加解释：生成欲既可能是"狄奥尼索斯式的"，即可能释放出某种孕育未来的充沛活力；也可能释放出对一切存在之物的仇恨。只有理解了存在欲的模糊性，才有可能理解叔本华和瓦格纳的浪漫主义，因此，尼采需要更多篇幅处理存在欲。此外，尼采在解释存在欲的同时，带出了他在第五卷唯一一次提到的永恒复返教诲。

尼采在讨论存在欲时用了一个新术语：der Wille zum Verewigen［求永恒化的意志］。考夫曼把它误译为 the will to immortable［求不死的意志］，这样一来，不仅掩盖了该词字面上的指涉意义（尼采以此暗示要在永恒复返中求永恒化），而且会让人误以为要通过追求不死而否定死亡。在尼采的思想中，求永恒化的意志绝对不是一种追求不死的意志：它是追求永恒复返的意志，即追求必死者作为必死者的永恒复返；这是对必死者的最高肯定。根据尼采的描述，求永恒化的意志首先是基于过饱：源于"感激和爱"。这里没有进一步阐述感激和爱——这两种激情已经在《扎拉图斯特拉如是说》中得到了最为详尽的展现，并在该书高潮部分、在求永恒复返的意志中得到了最高级的表达。在本条，尼采描述了那种可能源于感激和爱的艺术：一种神化的（apotheosis）艺术；它预示着神的出场。此外，为了说明这种艺术，尼采还举了鲁本斯（Rubens）、哈菲斯（Hafiz）和歌德这三个例子。［403］尼采说，这三人的艺术尽管各不相同，但有一个共性：都是"荷马式的"艺术。这种艺术服务于因过饱而产生的求永恒化意志，把"荷马式的光辉和荣耀铺洒在万物之上"。尼采追求的正是这种艺术，并且在《扎拉图斯特拉如是说》第三部分的高潮部分明确阐述了这种艺术——在那里,动物们出于对永恒复返的追求开始歌唱万物中的光辉与荣耀(3. 13),而且狄奥尼索斯和阿莉娅德妮也因这种求永恒复返的意志而得到了神化(3. 14)。因过饱而产生的求永恒化意志最终在必死者求永恒复返的意愿中得到表达。在那场"彻底的天才对抗"(在柏拉图与荷马之间、在对"超越之物"的辩护与对亲近之物的神化之间)中,狄奥尼索斯式的肯定站在了荷马一边(《道德》,3. 25)。

不过,求永恒化的意志也可能表达饥饿,表示生活的贫乏困厄。就其本身而言,求永恒化的意志是一种僭政意志:它报复一切事物;它把自身的痛苦转化为一条强制法则,贴在一切事物上。这正是叔本华哲学和瓦格纳音乐的真正含义。它们远没有表现出希腊悲剧的洞见及其对生命的肯定,而仅仅代表了"浪漫的悲观主义":这是一种报复形式,它为柏拉图式存在世界的消逝而感到绝望,并且认为除了弃绝那令人难受的生成世界之外,没有更好的办法。在《扎拉图斯特拉如是说》第四部分,老魔术师用一只眼睛瞧着自己的听众扎拉图斯特拉,唱起了最具狄奥尼索斯风格的歌曲(《扎》,4. 5)。同尼采曾经的遭遇一样,扎拉图斯特拉被那种歌曲给蒙骗了;但他最终还是识破了老魔术师的装腔作势,并发现了他的浪漫主义;于是,他狠狠地敲了魔术师一手杖,正如尼采现在严厉谴责叔本华和瓦格纳一样。

尼采把浪漫的悲观主义称为"我们文化命运中最近的伟大事件"。不过,尼采在本条结尾又补充了一段话,怀疑了"最近的"含义;此前,尼采也怀疑过泛 – 欧洲哲学中叔本华之后的那件大事(《快乐》,条357)。本条结尾的这段评论表明:尼采的悲观主义完全不同于叔本华的悲观主义者;尼采的悲观主义是一种"古典的"悲观主义,这是尼采自己的"预感和想象"。"古典的"这个描述固然很恰当,但希腊文化的解释者们已经把这个词用滥了;于是,尼采又把自己的古典悲观主义重新命名为"狄奥尼索斯式的悲观主义"。尼采的思想是古典思想的一次复兴,是悲剧之神狄奥尼索斯的回归——这位肯定生活的希腊神祇在《扎拉图斯特拉如是说》高潮部分、《善恶的彼岸》结尾和《偶像的黄昏》结尾出现过;这位哲学家狄奥尼索斯的最后一位弟子也将通过肯定永恒复返来肯定生命。

如果说我们文化命运中最近的伟大事件就是最近的柏拉图主义者叔本华,[404]那么,狄奥尼索斯式悲观主义(尼采看见它正在到来)在某种意义上就超越我们的文化。为了超越我们的文化,这种悲观主义必须返回到我们文化之前,返回到狄奥尼索斯神——那个曾被苏格拉底式三段论之鞭赶出我们文化舞台的神(《悲剧》,条14)。狄奥尼索斯的回归标志着我们文化的终结。我们的文化就是柏拉图主义,它认为:存在高于生成;诸神或上帝已经拥有了人类竭力追求的智慧,因而不做哲学思考。总之,我们的文化基于因生命的贫乏而产生的痛苦。尼采想返回我们文化的源头,借此从本质上克服我们的文化(他一度把这种做法错误地归功于叔本华和瓦格纳)。尼采把哲学史看作一个从柏拉图到叔本华的连续整体,同时查明了柏拉图主义的基础——灵魂的基本性情之一(尼采已经用新生理—心理学阐明了这些基本性情)。另一方面,前-柏拉图的和后-柏拉图的各种秘密思想(这些思想在历次文艺复兴中都爆发过)都基于灵魂的另一种基本性情:因过饱而产生的求永恒化的意志;它把一种荷马式的光辉铺洒在万事万物上。

"我——永恒复返的教师"(《偶像》,"古人",条4)。尼采想让读者认同永恒复返思想,但这个思想在《扎拉图斯特拉如是说》之后的作品中却很少出现。尼采在《快乐的科学》中唯有一次细致地说明过永恒复返思想(条341),但那准确地说也只是为了引出扎拉图斯特拉(条342);《扎拉图斯特拉如是说》才真正展现了尼采最奇特和最重要的教诲。在《扎拉图斯特拉如是说》中,"求永恒化的意志"只出现了一种形式,即拥有"感激与爱"这种基本性情的人对被爱者所说的:是你所是,永远是你所是! 在《扎拉图斯特拉如是说》这部诗化戏剧中,被爱者就是生活本身;而在《善恶的彼岸》中(尼采用极其经济的散文化方式表达了永恒复返思想),被爱者却是"一切曾在和现在的东西"(条56)。对于"忠诚于大地"的人来说,求永恒化意志的唯一得体形式是一种生态学的形式:如其所是地尊重大地上的一切东西。尼采的思想是一种全面的生态哲学,它在最根本的层面上统一了事实和价值:他把存在者整体看作权力意志,并从这个根本事实中瞥见新的最高价值,即爱者的渴望——渴望世界如其所是地作为无穷无尽的时间而存在。这种"追求固定、追求永恒化的渴望,这种存在欲"(《快乐》,条370)提高并夸大了爱欲对象,即自然的总体(人只是其中的一小部分)。从外部看,永恒复返看起来既奇怪又武断;[405]而一旦进入尼采鼓励的那种方式中,永恒复返就有了势不可挡的逻辑。感激和爱不知道还有什么欲望比自己更高。

　　狄奥尼索斯式悲观主义的快乐科学是一种新科学;这种新科学把一种新的基本区分应用到一切精神成果上:那些精神成果是源于饥饿,还是源于充裕? 是源于报复,还是源于感激与爱? 新科学借此也重新解释了我们的整个文化史。尼采也意识到了新标准的危险性。或许,这种危险性的最突出表现莫过于把这种新标准应用到尼采本人身上。这里可以举一个最显著的例子,即海德格尔对永恒复返教海中求永恒化意志的解释。海德格尔终生思索了尼采之后,竟得出了如下结论:永恒复返是一种复仇学说,它表达了对存在者之必死性的仇恨,即不顾一切地要把必死的存在者加工成不死的存在者。海德格尔既缺乏尼采那种适当的生理—心理学方法,又没有尼采那般对哲学的历史政治学的洞见,却敢贸然运用反向推论法,从艺术推知真理,从尼采的作品推知尼采的意图,并在他所谓的存在史中确定自己的方向——海德格尔的存在史不是把人类精神史上的基本事件归于人类存在者,而是交给存在,交给深不可测之物。海德格尔就像条368结尾中的瓦格纳分子,自以为只需把尼采的主张颠倒过来,就能读懂尼采的意图;他最终还认定,永恒复返教海仅仅是对现时代的神化;永恒复返教海背后没有任何神的影子,只有绝对统治或对全球的操纵。① 恰恰相反,尼采呈现出来的东西正是海德格尔在《林中路》(Holzwege)中试图取得的东西:人在大地上的存在方式,即允许一切存在者如其所是地存在;用尼采的话来

_____

　　① Heidegger,《什么叫思?》,页40-47;《谁是尼采的扎拉图斯特拉》,见氏著,《演讲与论文集》,卷一,页114-118。

说,即出于爱与感激的求永恒化意志。

我们这些难被理解的人(条 371)。谁很难被理解?"我们":前一条格言不断重复"我",以自传的方式报道了一种独特的新方法和一种正在到来的狄奥尼索斯式悲观主义(这二者都完全属于尼采本人);而"我们"从来不会抱怨自己被误解,因为"我们"料定只有尼采一个人才会被误解。在完善新的反向推论艺术之前,尼采自己已经完全误解了叔本华和瓦格纳;尼采自己还要用这种反向推论艺术对待基督教和伊壁鸠鲁,以便理解离他最近的东西:既然如此,尼采怎么能抱怨被人误解呢。[406]此外,尼采的不断成长使他更难被人理解:他起初还带着叔本华和瓦格纳的外皮,后来又不得不蜕掉这层外皮。他先期望别人把他当成他不是的那种人,随后又费力地澄清他是谁。这是他的"义务":"听我的! 因为我是如此这样的一个人。千万别把我误当成别的什么人"(《瞧》,"序言",条 1)。

尼采自称,说得谦虚点儿,也得等到 1901 年(新世纪的开端),他自己才有可能被人理解。说到尼采对新世纪的影响,芬克(Eugen Fink)说,尼采"扰乱了时代的精神,但没有从根本上改变时代精神。不管东半球,还是西半球,无可争辩的现实是:技术统治、世界范围内的理性计划精神、法国大革命发动的更有效的平等原则"。① 这么说来,尼采的思想只有被看成一种改变时代的上述基本特征时,尼采才有可能被人理解,那得等到什么时候——也许要到 2001 年?

尼采把自己比喻成一棵树,以此描述自己的成长。这个意象取自《扎拉图斯特拉如是说》(1.7)并有所扩展。② 在《扎拉图斯特拉如是说》中,那个年轻的学生听了扎拉图斯特拉的演讲之后,从他反应来看,他还不能理解那些讲辞,于是扎拉图斯特拉就用树的比喻给他解释:他向上的生长(朝向天堂)如何可能伴随着向下的生长(朝向"邪

---

①　Fink,《尼采对世界的新经验》,前揭,页 204。

②　关于树的意象,参 Foster,《狄奥尼索斯的后裔》,页 132 – 134;Foster 分析了尼采的"审美自然主义",很有洞见。

恶")？这里的"邪恶"是指年轻人感受到扎拉图斯特拉的优越性之后产生的嫉妒。而尼采在《快乐的科学》中描绘自己的这种成长时，却毫不掩饰这种邪恶。这种明目张胆的十足邪恶基于尼采在众多作品中对邪恶的分析：邪恶即违背习俗之物（《人性》，1. 96）。"新的总是邪恶的，因为新的总想征服、想推翻旧的界碑和旧的虔敬。"但"最强大的、最邪恶的精灵们迄今为止已经最大限度地推动了人类前进"。这些邪恶的精灵们用诸如新宗教和新道德之类的工具，摧毁了"好人"（"精神的农民"）的既定方式，为自己赢得了"邪恶"的标签（《快乐》，条4）。简言之，最一般的十足邪恶就是追问习俗的根据，以致打破习俗的束缚。最大范围的邪恶不仅打破了这套或那套固有的习俗，更打破了习俗本身；[407]它打破了祖先们习传下来的生活方式，就像扎拉图斯特拉那样——他曾与沉重的精神作战，并打破了那种使事物变沉重的古代生活方式。

　　尼采十分邪恶地玩弄"邪恶"一词；为了让人理解这个词的含义，他不惜给自己贴上邪恶的标签。"位于《圣经》开头的那个著名故事真的已经被理解了吗"（《敌》，条48）？理解那个故事意味着，看看它给什么东西贴上了十足邪恶的标签：追问——追问使人吃了善恶知识树上的果实，因而违反了《圣经》的原初禁令。这种知识最终使人认识到，原来"上帝极其害怕知识"。"知识本身是被禁止的……是最早的罪、所有罪的种子、原罪。"知识的增长就是邪恶的增长。快乐的科学就是快乐的邪恶。习俗的权威到底在多大程度上愿意禁止这种邪恶？尼采最后说得很妙：知识的增长打破了宗教控制的界限，于是，"老上帝作了最后一项决定：'人已经变得有知识了——没有其他办法，他必须被淹死'"。

　　这些难被理解的人不断朝向邪恶生长，因而也就不得不承担起一项沉重的责任：他们再也不能表演一些随心所欲的行动了。一位哲人"根本无权孤立地采取任何行动"，不管是孤立地犯错，还是孤立地求真（《道德》，"序言"，条2）。因为一切都相互联系，就像"一个意志、一个健康、一片土壤、一颗太阳"所产生的果实一样。一位哲人有责任保持一致,有责任保持某种统一的全球视角内在的一致性,保持这种视角与现象之间的一致性。雅斯贝尔斯认为,"自相矛盾是尼采思想的根本因素",而"解释者的使命是永不满足,直到他也发现矛盾为止"。① 恰恰相反,尼采让解释者有责任发现那些看似毫无联系的思想之间的有机统一性。

尼采提到了所有方向上的生长,但更强调向上的生长,向广阔的天空生长。尼采在结尾重复了《扎拉图斯特拉如是说》的说法,点明了向上生长的后果之一:可能触到危险的闪电——我们的命运可能会变成我们的"厄运"。尼采眼中正在到来的狄奥尼索斯式悲观主义(它代表了尼采对欧洲未来的希望)可能被某些反对力量吞噬。尼采眼中正在到来的东西并不是某种历史逻辑的必然结果,不是人类下一步必须接受的东西——"逻辑安抚人心并给人信心"(《快乐》,条370)。狄奥尼索斯式悲观主义本身并不是在新近最大事件的可怕逻辑中正在展开的一环,[408]不过,它在很大程度上具有思想(在柏拉图主义终点上出现的思想)上的内在逻辑。这种悲观主义若要使人们接受,就必须首先能说服人们:尽管人们天生抵制"邪恶",它也要有能力命令人们赞同"邪恶"。

柏拉图与哲学史:柏拉图的伟大健康(条372)

我们为什么不是理想主义者(条372)。本条格言错综复杂且美妙绝伦,它证明:哲学的历史就是我们最基本的历史;我们的"理想主义"或柏拉图主义已经塑造了我们的性格,甚至塑造了我们的身体。"我们现代人"只相信诸感觉;但"最现代的现代人"则转而相信旧观点:世界悄无声息地围绕着诸理念的创造者们转动(《快乐》,条359)。尼采自己的理念促使我们用一种新的视角看待理想主义的历史:柏拉图曾经创造了一套比较统一的理想主义,这种理想主义迄今为止一直主导着

---

① Jaspers,《尼采》,页10。

我们的传统；尽管如此，柏拉图本人则站在这种理想主义之外。非理想主义者从柏拉图身上获得了启发，从而开始了自己的历史行动。

本条的主题是鲜血和理念。尼采以这两个词指称传统的心脑（heart and mind，或情智）二元论。理想主义者们喜欢从一个角度去解释这种二元论，而"我们现代人"则喜欢从另一个相反的角度去解释。尼采并不打算综合这两种解释；他要重新解释理想主义的源头柏拉图本人，借此返回理想主义产生的最初条件。

根据理想主义者们自己的说法：他们的出发点是某种已被认识到的恐惧，即害怕感觉会诱惑他们离开"理念"王国。尼采在这里举了奥德修斯的例子：奥德修斯害怕感觉，就封住了朋友们的耳朵。尼采只提到"耳朵里的封蜡"，以此暗示：奥德修斯并没有封住他自己的耳朵，他本人并不害怕听到塞壬们的歌声，并不害怕那歌声会无可挽回地毁掉他自己，尽管也采取了预防措施，把自己绑在船桅上。尼采以狡猾的奥德修斯为例暗示：古代理想主义的初衷是爱人类；他出于对自己朋友的担心，才采取了这种友善的行动。尼采在本条结尾转向柏拉图，似乎也是为了进一步证实上述解释。

古代理想主义害怕感觉，而"我们今天更喜欢"相反的判断——"我们"大概就是"我们现代人"，我们这些感觉的信徒。"我们"的判断恰恰是对古代观点的颠倒，"说不定也是错误的"。我们现代人断定：与感觉相比，理念更危险、更有诱惑力。我们与理想主义者的动机基本相同：我们的判断也是基于恐惧，只不过恐惧的对象不同而已；我们这些无畏之人终究还不怎么无畏。尼采和现代人一样讨厌理想主义：苍白的理念吸干了哲学家的鲜血，[409]吞噬着哲学家的感觉和情感。哲学刚开始还慷慨地保护朋友们免受强大力量的危害，后来却渐渐变成了一个吸血鬼，从哲学家身上吸取鲜血。①

尼采现在改变了修辞策略，开始直接对"你们"讲理想主义对身体的影响：为了使"你们"注意理想主义的历史后果，尼采恰当运用了"你们觉

---

① 关于吸血鬼，见《瞧这个人》，"命运"，条8。

得""你们看"或"你们感觉"这些动词。尼采以斯宾诺莎的哲学为例，说明理想主义如何迫使感觉挨饿并驯服了感觉。应该如何解释理想主义者的整个历史？尼采在结尾指出，有可能摆脱理想主义者与感觉主义信徒们之间的对立："一切哲学上的理想主义迄今为止都是某种疾病。"但尼采随即提到一个例外："像柏拉图那样。"

　　柏拉图是谁？就是西方哲学史上那个最卓越的理想主义者，理念王国(作为美德的基础)的真正发明人。尼采怎么能排除并饶恕柏拉图，而不像通常那样指控柏拉图的理想主义呢？因为柏拉图是"古代最美好的产物"(《善恶》，"序言")。理想主义固然可能是一种疾病，但理想主义的发明人却是一位健康的楷模。柏拉图的理想主义有三个典型特征。第一、柏拉图的理想主义是警告；这警告源于一种过度丰裕而危险的健康，源于伟大的健康——尼采在自我描述的结尾，将把这种健康归在他自己身上(条382)。第二、柏拉图的理想主义是对强大感觉的恐惧。柏拉图不正是奥德修斯吗——他担心自己的朋友们在失去传统的约束之后，受不了感觉的放肆音乐，于是就像奥德修斯那样，出于友善，用封蜡封住了朋友们的耳朵？第三、柏拉图的理想主义是一种苏格拉底式的 Klugeheit［审慎/明智］。苏格拉底虽然"败坏"了柏拉图，但这个没有柏拉图那么高贵的导师毕竟把明智和审慎教给了柏拉图(《善恶》，"序言"，条190)；而且柏拉图还很可能保留了一部分没有被败坏的东西：柏拉图可能已经"发现了一种我们已经永远失去的更高类型的哲人"(《人性》，I. 261)。

　　尼采笔下的柏拉图和蒙田笔下的柏拉图一样，不是教科书中的柏拉图。在柏拉图时代，宙斯的道德秩序已经轰然倒塌，上帝之死使各种激情获得了空前的解放和放纵；于是，柏拉图出于警告、恐惧和审慎，才不得不发明一套柏拉图主义，并以此约束那些强大的激情。尼采笔下的柏拉图是个"骄傲而自主的怪物"(《快乐》，条351)：柏拉图的理想主义变成了"独断论"并一度统治了欧洲；这种独断论后来又被奥古斯丁改编成了报复的激情(《快乐》，条359)；后来又被斯宾诺莎改编成了苍白的爱上帝(《快乐》，条372)……这种独断论如今已经躺在地上，奄奄一息(《善恶》,"序言")。[410]尼采笔下的柏拉图拥有与哲人身份相配的谦虚(《快乐》,条351)——他不相信"知道者们"。但这个柏拉图相信人们对"知道者们"的信仰,并"出于教育的意图"说了些神圣的谎言,把自己神化成了一个知道者(《快乐》,条359)。尼采笔下的柏拉图非常接近于笛卡尔和培根笔下的柏拉图:这位政治哲人故意相信自己从来都完全不相信东西(《全集》,VIII 14[116]=《权力》,条428)。尼采可能不是在培根或笛卡尔笔下发现这个柏拉图的,甚至可能也不是在蒙田笔下发现的,尽管他曾明确地把冥府中的蒙田说成是自己的近亲。柏拉图的某些伟大学生已经在对话中发现了柏拉图;尼采似乎也是在对话中重新发现了自己的柏拉图;他本人已经上升到了壮观而高远的哲学顶峰(爱理性和爱人类),似乎也正因此而重新发现了柏拉图。

本条最后几句话似乎暗示了当代背景下的哲学使命。"也许,我们现代人仅仅因为不够健康,才不需要柏拉图的理想主义?"人们一度需要柏拉图主义,而现在不再需要柏拉图主义,这表明我们有一种缺陷。尼采强调了"需要"一词,这个词出自他自己的"方法谈"(《快乐》,条370);在那里,尼采用这个词描述过自己的反向推论艺术:"从理想推出需要理想的人。"尼采已经用生理—心理学方法揭示出:柏拉图是个例外,站在那种病态的理想主义统治之外;而我们虽然能够摆脱柏拉图的理想,但在健康上却有一种缺陷。我们已经不再害怕那些曾经使理想主义成为必要的冲动,但我们也已经因为治疗而染上了疾病。两千年来,形形色色的理想主义者都在独断论中发出过柏拉图式的警告,结果呢,我们继承了麻木的身体;塞着蜂蜡的耳朵似乎成了自然的听觉器官,关在身体之外的音乐似乎也不再存在。尼采在前面已经说过(条352):我们的文明或柏拉图主义已经驯服了曾经住在我们感官中的野兽。在这个历史时刻、在历史的终结时刻,病态的驯服竟被人们当成了健康!为此,尼采调动其无与伦比的论战才能,蓄势待发:他的使命就是把我们重新带进我们的感觉之中。尼采把爱人类的柏拉图当作一个例外,借此暗示了自己将在多大范围内展开自己的教育使命。如果说理想主义是吸血鬼,那么,尼采的使命就是重新把血液输进感官中,捍卫两性之间的战争和战斗，为行走、跳跃、攀登和舞蹈作辩护，从而使科学变得快乐起来并使哲学与大地结盟。

不过，结尾这句话恰恰也传达了另一种反应："正因为不够健康。"[411]这正是瓦格纳分子对尼采所做的反向推论——尼采在说明自己的艺术时，那个愤怒的瓦格纳分子就曾这样反问过尼采（《快乐》，条368）。反向推论是一种危险的方法，健康也是一个危险的标准，因为一切都取决于精微和品味。实际上，尼采追随着攀登者约翰（John the Climber）①的脚步：他想使事情变得尽可能难起来，但又不超过它们实际的难度。反向推论在判断健康和疾病的过程中，如何才能避免任意性，避免建立一种新的独断论？尼采在新哲学的监护下推出了一种危险的科学：这种科学摆脱了柏拉图式的、奥古斯丁式的和斯宾诺莎式的理想主义，因而也丧失了尊严和确定性——它无法与高贵之物或理想联系起来，无法确立自身的标准。不过，这种危险的科学为了证明自身，在哲学本身的历史中找到了一个惊人武器：各种旧理想主义在自己的最高峰（即在柏拉图和斯宾诺莎那里）始终都知道，它们借助理想进行的那套自我证明都不过是虔敬的欺骗而已。

科学和哲学史："为物理学欢呼！"（条 373－374）

科学的偏见或所罗门宫院士们在精神上的绝对统治将危及极少数哲人所理解的哲学——知道自己无知的哲学应该向谜一样的整全开放。科学要向哲学负责，这意味着：连严谨的科学都要纳入未知的领域之中，科学的发展将伴随着对自然和历史的重新安排。在条 373 中，尼采做了一个区分，这个区分类似于知识与意见之间的古典区分；不过，

①　[译注]John the Climber(Johannes Climacus)是基尔克果的众多笔名之一。他用这个笔名发表过《哲学片断》(1844)和《关于〈哲学片段〉最后的非科学附言》(1846)。

他用关于"伟大问题和问号"的认识代替了知识,用"偏见"代替了意见。根据施特劳斯的深入阐释,尼采的这个区分是苏格拉底式的区分:"哲学本身只是对问题的天才般认识,即意识到根本而全面的问题。"① 而权威的现代意见或"偏见"只不过基于笛卡尔式科学独断的确定性。尼采敢于"大声反对在科学与哲学之间发生的一场不当的且有害的等级转移"(《善恶》,条204);他还宣称:笛卡尔式的确定性和精确性方法原本是为了揭示世间最丰富的东西,结果却悬置并遗忘了最丰富的东西(《快乐》,条373)。如果说笛卡尔科学剥夺了世界的丰富性和模糊性,那么,[412]在新哲学监护下的科学就要直面笛卡尔式科学所排除的新的可能性,就要重新使世界变得令人着迷,同时又不以牺牲智性良心为代价(《快乐》,条374)。

"科学"作为偏见(条373)。新哲学意识到了自己的无知,并因而把所谓的科学斥之为"偏见"。不过,尼采虽然谴责了"科学",但也接着表彰了科学家的良心。尼采要重新教育和改善科学,就要利用科学已有的最大力量,即诚实的命令。科学当然也会造成偏见,但科学本身不能抱有偏见——尼采反对的是后者而非前者:快乐的科学可以不抱偏见,但也可以把偏见和"知识"结合起来,把意见和对"重大问题和问号"的认识结合起来。

本条第一句话就诉诸一类自然法则:"等级秩序的法则。"根据这些无情的法则,学者们根本看不见重大问题和问号,"因为他们属于精神上的中等阶层"。他们当然不必属于那个阶层,不过,他们的眼界确实必然受到三重限制:他们的勇气、他们的视力和他们的研究需要。他们的需要限制了他们的勇气和视力,因为他们"内心里假定并希望"事物可能并不像它们实际所是的样子,他们"既害怕又希望"过早地满足(《快乐》,条355)。在这方面,轻易满足的人与哲人之间有着根本的不同:后者永不满足,智性良心控制着哲人的恐惧和希望(《快乐》,条382)。这些等级秩序法则是一种精神上的等级制法则:头脑的理智只

_____

① Strauss,《论僭政》,前揭,页196。

有用这套法则才能绑住心灵的情感。快乐的科学要想取得公开的成功，所遇到的最大障碍就是：它有一颗反对它的心（《善恶》，条23）。"在精神上获得完整性，这究竟意味着什么？——他在严厉反对自己的心"（《敌》，条50）。

学者因为太容易满足自己的需要而丧失了视力。为了说明这种情况，尼采举了两个相当不同的例子；二者分别涉及现代科学的两个基本方面：善的观念和方法的观念。在第一个例子中，一个著名学者的最高理想在"我们"眼中却令人讨厌，双方形成了强烈的对比。斯宾塞的理想是一个均质而安逸的社会：它建立在渺小自我的自我主义基础之上，堪称现代自由主义的神话之一；从自由主义辩护士的角度看，那就是末人社会。斯宾塞与尼采有许多共同之处："既然道德禁令正在丧失权威性（这种权威来自其假定的神圣起源），那么，当务之急就是道德的世俗化。"但斯宾塞假定，欧洲人已经达到了"进化的最后阶段"——根据这个伦理学上的目的论概念，[413]目的就是完美的和平社会，而有利于这个目的的东西都是好的。① 斯宾塞和艾略特（George Eliot）一样，"已经摆脱了基督教的上帝，现在又觉得必须更加坚持基督教的道德"（《偶像》，"漫游"，条5）。尼采说，人类要是实现了斯宾塞的理想，那就真该灭绝了；因为要是那样的话，精神上的等级秩序就会完蛋，崇高而庄严的东西也会完蛋。斯宾塞"认定"的最高希望对别人来说可能只是一种令人厌恶的可能性——这是个大问号，因为斯宾塞本人根本不可能看见这个问号。对善的立法者而言，至善不可企及，这就是个大问号之一。在柏拉图的《法义》（*Laws*）中，经过一场长时间的上升式交谈之后，克雷尼阿斯（Kleinias）和梅吉洛斯（Megillos）准备屈服于雅典异方人（Athenian Stranger），并承认有些东西只有雅典异方人能看见。斯宾塞会屈服于尼采吗？斯宾塞自闭在现代理想中，甘作附庸，因而不可能质疑现代理想；而且一旦有人像尼采那样质疑现代理想（觉得现代理想是一种令

---

① Spencer，《伦理学原理》，卷四，前揭，页21。亦参Rachels，《从动物中创造：达尔文主义的道德含义》，页64以下。

人厌恶的可能性），某个斯宾塞或新近的现代人就会作出如下判断：尼采肯定是个虚无主义者，因为他竟然对其他所有人都觉得理所当然的最高理想毫无忠诚之心。①

第二个例子是太容易满足的人，他们也有类似的局限：方法限制了他们的视力。尼采这里所说的"唯物主义者"大致上是指自然科学家或笛卡尔分子：对他们来说，"机械的法则就等于自然的法则"（《方法谈》，V. 54）。这些严格的科学家们信奉如下"信念"：思想和存在具有完全相同的衡量标准——这里所谓的思想就等于机械论的笛卡尔主义。他们这条信念也预设了另一个世界，即"一个真理世界"；人类理性只要剥掉一切非数学的特征，就能把握和控制那个真理世界。这种笛卡尔式实证主义如今甚嚣尘上，但遭到了尼采迎头痛击；尼采也由此显示了自己对科学的一种全新的鉴别力：那种狭隘的数学概念贬低了生存本身，它只能获得一种表面的清晰性和明确性，而忘了存在本身具有某些根本的神秘特征。尼采在"我们应该想要的"和"我们不应该想要的"这个框架内表达自己的反对意见：笛卡尔式信念的信徒们想要的是一个机械的世界。但"首先，人们不应该想要剥掉存在本身具有的丰富性和模糊性"。尼采为什么不想把存在剥得精光？他只给了一个理由："好品味"［414］——敬畏一切超出人们视野之外的东西。快乐科学的关键因素之一就是敬畏；相反，机械主义则完全不敬畏自然，甚至想把赤裸裸的自然变成一台可操纵的机器。

但是，人们为什么想要一个不被敬畏的世界呢？尼采依据自己的哲学史和生理—心理学分析说：现代物理学不敬畏自然，而服务于现代政治；现代政治又服务于一种报复的激情（类似于奥古斯丁的报复）。现代物理学之所以想要一个不被敬畏的世界，乃因"现代灵魂的民主本能"想要"法律面前处处平等；自然……绝不比我们的实际所是更好"

———————————

① 尼采说，"事物的原始法则"保证，除了对最高的追问者，最大的问号对所有人都依然闭而未明（《善恶》，条213）。见 Eden，《政治领导》，页92 - 94。

（《善恶》，条22）。现代民主的人道主义通过贬低自然来提高人；而机械主义物理学更是推波助澜，提供了一套与之相配的世界观。柏拉图主义抵制明显的感官证据；而机械主义的物理学颠覆了柏拉图主义的做法，转而依靠感官，甚至膨胀成一套形而上学；这种物理学听命于一种反柏拉图式的命令：人类在看不见、摸不着东西的地方，就不应该再苦苦逗摸了——对那帮机械论者和造桥者来说，这该是个恰当的命令吧；他们如此勤劳，除了干些粗笨的劳动，还能干啥呢（《善恶》，条14）。尼采把这种物理学（甚至不敬畏世界）称为"一种次等的和更精致的无神论"：它甚至把现代人与等级秩序法则之间的对立扩及自然本身。现代物理学家想要一个不被敬畏的世界，从而把一种"幼稚的人道主义校订"强加在自然文本上；这种做法必定会受到快乐科学的抨击——由于攻击如今占统治地位的人道主义，快乐的科学也势必被人们看成是反人道主义。但实际上，快乐的科学是后－人道主义和后－有神论：不管在《圣经》意义上，还是在现代意义上，人都不是世界的意义或目的。快乐的科学痛击现代形式的人类虚荣心——人类自负地认定：人类的范畴足以捕获整个自然；人类应该主宰自然，而不值得敬畏自然。

尼采诉诸好品味，并抨击唯物主义的自然科学家没有品味。"你们的"观点是一种帝国主义的世界观：只承认那些能够证明实证主义世界观的东西，只承认那些依靠计数、计算、称量、观看和触摸等得出来的信息，而不允许其他解释。这种独断论即便不是精神病和愚蠢，也是一种粗野和幼稚。过于简单的方法势必得出过于简单的结论：这种独断论对世界的解释必将是最愚蠢的哑巴式解释。尼采坦言自己抨击的对象是笛卡尔分子们的良心 ——他们自以为机械论的世界观及其计算方法是包罗万象的：[415]如果某种方法不能把握任何精妙或细微之物，他们还能问心无愧地坚持这种方法的普遍性吗？一个人计算了音乐中一切可计算的东西之后，就能理解音乐本身吗？尼采在前一条已经证明：理想主义哲学家们已经封住了自己的耳朵，"生活的音乐"永远传不到他们的耳朵里。在本条中，一种号称无所不能的方法却完全无法领会音乐本身。

尼采整个策略都是针对良心，目的在于刺激有良心的人反对他们自己的良心：追求真理的人不仅相信某种方法，更相信这种方法能发现真理，前一个信念要为后一个信念服务；既然如此，就有可能刺激追求真理的人去反对他们自己的方法。尼采把笛卡尔主义拖向自杀的境地：用它对真理的信念杀死了它对方法的信念——后者是前者的手段。笛卡尔主义将被引向自杀，将死于真诚与真理之间的美德之战，这在历史上并非孤例：尼采在许多地方都努力证明过，基督教的上帝也是那样死的（如参《道德》,3. 27）。

但这不只是良心之间的冲突：良心要求追求真理，而有良心者却要想望一个不被敬畏的世界，因此，良心本身和有良心者的愿望之间也会有根本的冲突。这些愿望一意要提高人的地位，直至使人成为自然和历史的真正意义——这些愿望已经压倒了求真理的良心（《快乐》,条347）。快乐的科学初看起来确实很可怕，因为它使我们牺牲了通向人类尊严的现代之路：人与动物之间根本没有任何基本差别，进化也不是通向人的梯子。要接受这种反人道主义的结论，就得使良心的权力高于愿望的权力，使理智高于情感；就得用精神控制激情：在这里，精神要能够既不诉诸任何高于它自身的命令，也不保证命令的正当性，而只需保证这些命令的完整性。新近最大的事件驱散了古老虚构的一切阴影：良心象征着某种超越之物，它残酷地对待各种愿望，并仅仅根据它自身来证明这种残酷行为的正当性。

但另一方面，人与动物之间毕竟确实有一种差别，尽管说不上是最重要的差别：人是受良心监督的动物，是遵守诺言的有教养的动物（尼采在随后一部书中将提出这个观点）。诚如伯格曼（Frithjof Bergmann）所言：人们还在误读尼采的谱系学，就好像"尼采念兹在兹的就是长篇大论地歌颂残酷无情似的"，就好像尼采在鼓吹人们返回前文明或前社会的动物状态和残酷状态似的——"这种误读太令人厌恶、太让人失望，简直荒谬绝伦"。① ［416］相反，尼采在良心的自然史中、在人与动物之

---

①　Bergmann,《尼采的道德批判》,前揭,页44。

间的差别中发现：凭良心讲，人们既有理由赞美人，也有理由赞美动物，甚至赞美整个自然秩序；正因为有了自然秩序，宇宙的进化才能在地球上产生生命。残酷的科学只有这样理解人类，才能变成快乐的科学。若果真如此，那么，本条斥之为"偏见"的物理学就不再只是一种偏见了，而成了一种赞美手段。因此，尼采在《快乐的科学》（条335）中说："为物理学欢呼！"

尼采一方面把现代物理学斥为偏见，一方面又指望现代物理学能证明某种世界观，以便肯定人类和世界，这不是自相矛盾吗？条373强调，笛卡尔式的现代物理学在至善观念和方法观念两方面都有某些严重的局限性，在这两个方面都表达了一种报复自然的激情。但尼采并没有指责整个物理学或自然科学。尽管尼采抨击现代科学的偏见，但这并不能掩盖下述事实：尼采本人其实完全是个现代人，持有现代科学的世界观；甚至连寓言人物扎拉图斯特拉头顶上的太阳也只是我们的"星球"，他脚下的地球也只是一个在进化过程中产生了生命的"行星"。在科学与哲学方面，尼采绝不会像维特根斯坦那样带着一副非历史和非文化的褊狭态度声称："像自然科学的任何其他假设一样，达尔文理论对哲学毫无助益。"[1]而尼采在一篇早期习作中表达了一种广阔的宇宙视野；这种视野可以说贯穿了他的整个工作：

> 无数闪闪发光的太阳系散布在宇宙中，在这个宇宙的某个遥远的角落里，曾经有一个星球，在这个星球上，聪明的动物们发明了知识。那是"世界史"上最自大、最不诚实的一刻——但也仅仅是一刻而已。自然呼吸了几次之后，那星球就冷却冻结，而聪明的动物们就只好死掉。（"论超道德意义上的真理和说谎"[1873]）

据当代宇宙论预测，地球不会冷却冻结，而会被不断膨胀的太阳吞噬并蒸发掉，太阳经过燃烧消耗阶段之后，最后会变成一颗白矮星，然

---

[1]　Wittgenstein,《逻辑哲学论》(*Tractatus Logio-Philosphicus*),4.1122。

后"冷却冻结"成一颗黑矮星。不过,这些都无关紧要。[417]聪明的动物们在宇宙中究竟如何走向终结,这个问题尽管有趣,但无关宏旨;最要紧的是:人类是自然进程的一部分;作为一个物种,人类必然也会灭绝。这才是尼采的观点。尼采在下面这段话中重复了上述观点;从这段话中,我们也可以看出尼采对宇宙论与哲学关系作何思考:

> 个人必须被神圣化为某种比他自己更高的东西——这就是悲剧的意义;他必须摆脱由死亡和时间在个体中激起的可怕焦虑:因为在任何时刻,在其生命历程的最短暂的原子中,他都可能遇到某种神圣之物,这神圣之物远远比他所有的斗争和苦痛更为重要——这就是一种悲剧意向(a sense for the tragic)。如果整个人类注定会逐渐灭绝——谁敢怀疑这一点?——那么,一切未来时代的最高使命作为目标就摆在了人类面前,人类应当共同成长为一体之共在,由此开始作为一个整体、带着一种悲剧意向,去直面那正在来临的死亡:所有人类的高贵化都包含在这个最高使命之中;对一位人类之友来说,可以想象,最令人悲哀的画面莫过于对这项使命的断然拒绝。这就是我对事物的看法!(《拜雷特》,条4)

"为物理学欢呼"吧!因为它教育人类要在自然秩序中找到自己的位置。当永恒复返思想第一次浮现时,尼采曾在一则笔记中描述了"我的天职",其中必不可少的一项就是物理学:"我的天职:自然的去人化和人的自然化——人已经获得关于'自然'的纯粹概念之后。"(《全集》,V 11 [211])。人的自然化要求,人应该承认自己处身于宇宙之内:

> 在某些重大情况下,我们的自我保护能力微乎其微:某颗彗星随时都能撞碎太阳,或者某个电场爆发以致突然间融化了太阳系。在这些情况下,"统计学"又有何意义!我们的地球和太阳还有一百多万年寿命嘛,在这段时间里,此类事情根本不会发生:但这不

能说明任何问题。人的自然化就是要为完全突如其来的灭绝做好准备。(《全集》，V 11［228］)

"为物理学欢呼"吧！因为它给我们可能思考的东西设置了某些限制。这些限制不仅来自宇宙学，也来自进化生物学；而进化生物学属于广义的"物理学"，即条335设想的古希腊意义上的物理学：物理学作为良心的一部分监督着良心。［418］物理学对自然的解释证明正是由于各种不知自然的传统，人心中才自然而然地发育出良心。这种自然的良心就是祖先和神们的声音；而物理学（命令的发出者）正是要探究这种良心的自然形成过程，并在此基础上质疑这种良心，发布一道新的命令。良心在物理学的监护下走向成熟和独立：良心认识了自己借以形成的自然过程，才会用良心约束良心本身。因此，物理学作为良心的良心获得了双重的肯定：它使人理解了自然秩序的真相；它本身也包含着一条迫切的命令——按照自然生活。

但"按照自然生活"是斯多亚派的命令，尼采援引过来不过是为了嘲笑一番。斯多亚派的自然观是对自然的人道主义校订，"在自己的想象中创造了世界"。此外，如果自然是"无度的浪费，无度的冷漠，无目的也无关照、无同情也无正义、既丰饶又荒凉、同时也不确定"，谁又"能按照自然生活呢"(《善恶》，条9)？这位哲人指责说，帝国主义哲学把它自己对自然的解释读进了自然文本之中；为此，这位哲人要提出他自己对自然的解释。谁能按照那种［自然］生活呢？真有这号人吗？在这个精彩绝伦的反讽语境中，尼采的整个哲学和天职瓜熟蒂落，美妙地结出了最后的果实：其一、要在不信任的警察监督下，从某种真实的意义上说明自然；其二、要创造音乐和诗歌，才可能按照自然生活。在尼采这里，真理与艺术合为一体，成了一种生态哲学，即后－有神论的和后－人道主义的哲学。后－神和后－人只会让存在者是其所是，不会让存在者是其所不是。

"为物理学欢呼！"暗示了"打倒形而上学！"打倒那些把自然人格化的旧谎言。尼采曾宣布，我们的天职或"新的战斗"之一就是挫败我们洞穴之墙上那个已死上帝的阴影(《快乐》,条108);这样宣布之后,尼采就清晰地描绘了这些阴影所采取的某些科学形式(条109,《快乐的科学》中最令人难忘的格言之一)。这条格言可能是笔记"我的天职"的增订版,因为它不仅进一步说明了应该如何把自然去人化,而且在结尾呼吁人的自然化。"我们要当心":不要以为世界是个活生生的存在;不要相信整全是个机器;不要断定宇宙中的一切东西都像邻近星球那般优美雅致地运动;[419]不要把无情或无理性或其反面特征归于世界;不要说自然中有规律;不要说生死之间相互对立;不要以为世界永远在创造新东西。所有这七项都是上帝的阴影,蒙蔽着我们的心智,使我们无法理解自然秩序。只有先让自然摆脱此类科学神话,让自然去人化和去神圣化,尼采才能开始自己的另一半工作,即按照纯化了的自然观,对人进行"自然化"。

按照尼采的意思,哲学监护下的科学是一种彻底的自然主义,要继续保持古今最好的科学传统。早期希腊的科学传统在苏格拉底哲学中消失殆尽;尼采像培根和笛卡尔一样,旗帜鲜明地要恢复这一传统。尼采在1888年初的许多笔记中都反思过下述奇特的事实(《全集》,VIII 14):希腊哲学本身其实反对希腊科学,这一点尤其表现在苏格拉底及其学派中,甚至在伊壁鸠鲁和皮洛那里也是如此。其中最长的一则笔记(14[141]=《权力》,条442)写道:一种道德主义哲学仇恨着科学,不能容忍科学的清晰性和客观性及其对单纯有用性的拒斥;"在反对科学的过程中,负罪和惩罚的概念、整个'道德的世界—秩序'都被发明出来了"(《敌》,条49)。基督教会继承了希腊道德哲学在反对科学的过程中开发的整个武器库,现代道德主义也不例外。尼采本人完全站在科学的阵营中;尼采的西方哲学与宗教史决心揭穿对科学的恐惧之情到底都扮演过什么角色;它珍视一种公共科学(历史科学和自然科学),以便使权威意见与一种彻底的自然科学达成一致。

不过,快乐的科学必然会攻击现代科学的帝国主义和偏见,因而就一定会激起现代科学信徒们的愤怒:他们会荒诞不经地指责快乐的科学就是反科学。其实,快乐的科学攻击现代科学只是为了清除现代科学包含的种种人道主义教条、神学教条和形而上学教条。曾经有人认为，尼采既然采用了先知扎拉图斯特拉做自己的代言人，就表明他放弃了自己的科学使命。这种观点不经一驳：因为《快乐的科学》第五卷，还有《扎拉图斯特拉如是说》之后的其他作品，直到《敌基督》的最后一页，都无一不在赞扬一种精致的科学；而且《扎拉图斯特拉如是说》本身就是尼采履行科学使命的工具之一。扎拉图斯特拉本人虽然没有"为物理学欢呼！"但他说过"为科学欢呼！"优秀的现代文化人已经愈发怀疑科学，认为科学也不过是诗；扎拉图斯特拉高呼"科学"的时候，他们却在那里高呼"扎拉图斯特拉"(4.15)。既然如此，人们怎能听见扎拉图斯特拉对科学的赞许呢。[420]毋庸置疑，尼采是一位科学之友；他的哲学与宗教史清楚地表明：基督教使人类失去了硕果累累的古代科学，几乎永久地蒙蔽了一种科学的事物观(如《道德》,3.22)。

　　一种学术文化所需的一切先决条件、一切科学方法在那里都已具备，伟大的、无与伦比的健康阅读艺术也已经确立——这是一种文化传统的先决条件，是一种统一科学的先决条件；自然科学当时在数学与力学的配合下，正走在最好的大道上——事实感，一切感觉中最新－发展的、最有价值的感觉，这种感觉已经有了几个世纪之久的学派和传统！这被理解了吗？……一切对开始工作而言本质性的东西都已经被设计出来……自由的现实观、小心翼翼的手、在最小事物上的耐心和严肃、知识的全部完整性——在那里都已经具备！早在两千多年以前哪！（《敌》,条59）

　　"古人、古代的语文学家们曾经多么煞费苦心地学习阅读哦，而基督徒们却根本不学习阅读！只有《圣经》！"（《全集》,V 4［235］）尼采首先要在现代恢复科学，恢复那些被基督教破坏了的追问方法，并"在我们今天赢回一种难以言传的巨大的自我克制"（《敌》,条59）。作为一位科学之友，尼采把科学带进了一种"谦虚的"哲学领域。这种谦虚的哲学既不以绝对真理自居，也绝不想伪造这类自命不凡的主张。这种谦虚的哲学可以说"为物理学欢呼！"因为物理学可能会发现：在数十亿星系中，有一颗运行了45亿多年的行星；人类就诞生在这颗行星上；人类与其他所有物种相互依存,同属于有机演化过程的一部分,因而也必定会有一个演化和灭绝的过程。这种谦虚的哲学发现,人类是有教养的、遵守诺言的、独一无二的物种(比如现在,它就承诺要忠实于一种有见识的良心)。这种谦虚的哲学肯定自然的秩序,并渴求最高的肯定形式:愿意存在者如其所是地永恒复返。

我们新的"无限"(条374)。简单的计算方法根本无法接近生存本身,甚至连最精确、最微妙的分析也不能触及生存本身:太容易满足的人必然会从不容易满足的人那里得知,根本不可能有完全令人满足的解释。在本条开头,尼采就提出了极端的视角主义:[421]知识有其界限,解释不可避免。在本条结尾,尼采以自己特有的引诱方式提出了一个康德式的问题:关于新的无限,我们能假定什么? 我们能否把它神化? 我们能否有单纯快乐科学限度内的宗教?①

尼采以不容置疑的方式表达了理智的有限性主张,但又以成问题的方式公开表明了这种主张的含义。第一层含义即:我们要是从自己的小角落出发,命令别人也只能从这个角落获得他的视角,"我想",我们现在离"这种可笑的不谦虚"还远着哩。但在前一条格言中,尼采不是刚刚承认,我们仍然坚持着一种可笑的不谦虚——笛卡尔机械主义的法令吗? 在本条,"我们"指的是极少数人:这极少数人已经超越了现代科学的信念;对他们来说,世界已经再次变得"无限"了。他们的经验类似于扎拉图斯特拉的经验:"白昼智慧嘲笑一切'无限的世界'。因为它说'哪里有力量,数字就会在哪里成为女王:她有更多力量'"(《扎》,3.10)。白昼智慧拒绝无限,并(在笛卡尔的哲学形式中)从有限力量的视角去解释世界,认为只要可以计算这些力量就能控制它们——但白昼智慧比不上黑夜智慧,扎拉图斯特拉用黑夜智慧决定自己的命运。

"新无限"坚持,世界本身包含着无限的解释。但这个"新无限"会

_____

① [译注]参康德,《单纯理性限度内的宗教》,李秋零译,中国人民大学出版社,2003。

产生令"我们无畏之人"都感到恐惧的后果。现代科学信念曾以其确定性给人们带来了安慰,而现在,要是剥夺了这种确定性,使人们"再次"悚然面对无限,"谁还会真心想要按照旧的方式把这个未知世界的怪物立刻再次神圣化呢? 甚至继而把这个未知之物当作'未知之神'[Unknown One]而顶礼膜拜呢?"据使徒保罗说,雅典人一度敬拜"未知之神"(《使徒行传》17:23);尼采也曾在《致未知之神》(*Dem unbekannten Gott*)这首歌中称呼"未知之神"。不过,尼采为这种神圣化的渴望加了三个条件:谁会"按照旧的方式"——"立刻"——"再次"具有这种渴望? 这是否意味着:可以按照某些不旧的方式表达这种渴望;可以不立刻而等到旧神的阴影消散之后再表达这种渴望;可以并非仅仅"再次",而是首次表达这种渴望——在一种新的神圣意义上开启新的无限之路?

本条结尾是个不完整的句子:妖魔化的恐惧给神圣化的渴望蒙上了阴影:

> 啊,这未知之物中包含了太多**不敬神**的解释,太多邪恶的、愚蠢的、荒谬的解释——包含了我们自己人性、太人性的解释本身,我们知道这种解释……

[422]关于我们自己人性的、太人性的解释本身,我们究竟知道什么? 这些不敬神的解释是否包括尼采自己的《人性、太人性》——他在这部前-《扎拉图斯特拉如是说》式的作品中表达了不敬神的解释? 不管这个特殊问题的答案是什么,有一点很清楚:由于新近最大的事件投下了长长的阴影,"新无限"将首次通向种种不敬神的解释。我们的上帝之死将作为神圣性之死、作为诸神之不可能性持续下去。

本条有些特殊。因为尼采曾在类似的语境中说过,"听好喽,我可是难得像个神学家那样说话喔"(《瞧》,"善恶",条2);而在本条中,尼采倒像个神学家那样大谈当代的危机。各种圣经宗教都在大肆诅咒世界,妖魔化世界,视之为黑暗的力量,并借此压制了一切把世界神圣化的新解释。旧的上帝虽然死了,但他的阴影还在,以至于人们一旦摆脱了单调乏味的一神论,就再也不想按照旧方式把这个未知世界的怪物立刻再次神圣化。为了表达自己的神圣化渴望,尼采公开以狄奥尼索斯神的最后门徒和新入门者自任;《扎拉图斯特拉如是说》,尼采这部最伟大的作品在其魅力非凡的高潮部分以现代的方式重复了古代的神秘事件——神化狄奥尼索斯和阿莉娅德妮(《扎》,3. 13 – 16)。在《善恶的彼岸》结尾,尼采更为公开地大谈狄奥尼索斯:他明知道自己的听众就是自由精神们,明知道他们"已经不再喜欢听到诸神",还竟敢向他们大谈诸神,于是,他只好为自己的大胆而道歉(条 295)。尼采知道《快乐的科学》的听众还处于新近最大事件投射的阴影之下,因而,他在《快乐的科学》中极少谈论《扎拉图斯特拉如是说》中的大问题:权力意志、永恒复返、狄奥尼索斯与阿莉娅德妮。既然要向自由精神们推荐快乐的科学,尤其在神圣化的渴望方面,那么,就必须尊重"他们耳朵的严格习惯"(《善恶》,条 295)。尽管如此,"新无限"的开放视阈倒也承认"多神论的最大益处"(《快乐》,条 143):一神论关于"唯一标准人类"的专横教义"可能是人类迄今遇到的最大危害";相反,"在多神论中,已经形成了人的自由精神和多向思考:这种力量为自己创造了新的、属于自己的眼睛,并且一再创造比自己的眼睛更新的眼睛;因此,在一切动物中,只有人的视阈和视角永不恒定"。人与动物的差别在于:除人之外的一切动物都是天生的柏拉图主义者;而在一切动物中,只有人能摆脱柏拉图主义。

在学者们和科学家们看来,尼采竟然大谈神圣化,似乎在热烈拥抱他们早已弃若敝屣的东西,这可是最令他们反感的事情。[423]刚刚清醒的人为什么不想再着迷了? ——尼采通过反思伊壁鸠鲁,暗示了个中缘由。

伊壁鸠鲁和哲学史（条 375 – 376）

我们为什么看起来像伊壁鸠鲁分子（条 375）。不错，尼采说，他很得意：因为关于伊壁鸠鲁的性格，他的感觉也许不同于其他任何人（《快乐》，条 45）。不仅尼采的感觉与众不同，他获得这种感觉的方式也与众不同：他在重思哲学史的过程中，重点解释了伊壁鸠鲁，但我们却只能偶尔瞥见这些解释的吉光片羽。关于自己的冥府近亲，尼采不想把自己的想法全盘托出（《集锦》，条 408）；关于伊壁鸠鲁，同样如此。不过，我们还是可以从尼采那些零散的反思中勾勒出伊壁鸠鲁的肖像。就理解尼采的哲学史而言，伊壁鸠鲁是个至关重要的人物。

按尼采的感觉，伊壁鸠鲁的典型性格是幸福——尼采连续用三条格言讨论幸福，并在中间一条谈论伊壁鸠鲁的幸福（《快乐》，条 44 – 46）。尼采自称已经理解了且与众不同地理解了伊壁鸠鲁，这无异说他已经正确地理解了伊壁鸠鲁，已经看穿了一般机械主义的误解。据条 44 的描述，这种误解就是："人类内心的幸福或痛苦"根源于那些"虚构或幻想的动机"。伊壁鸠鲁的幸福并非源于伊壁鸠鲁式的 ataraxia［心灵宁静］——对一切激情漠不关心——而来自一种激情或 Wollust［欲望］——这种欲望渐渐变得谦逊，变成了静观的眼睛，看着太阳照耀在壮丽辉煌的古代。在古代的午后，伊壁鸠鲁享受着一种只有长期受苦的人才能发明出来的幸福，他"如今再也不厌倦表面"（条 45）。伊壁鸠鲁是一位懂得如何生活的希腊艺术家（《快乐》，"序言"，条 4）。

在尼采看来，伊壁鸠鲁是个激情洋溢且幸福快乐的人，能否说这种独特的理解是真实的呢？尼采在《快乐的科学》条 46 惊奇地发现：科学竟能带来某种"深刻而根本的幸福"；科学竟有力量把握那些坚决反对人类法律和概念不断改变的东西——就像伊壁鸠鲁的幸福，它仍然能被科学追求者感受到，仍然能使他们 Wollust［想要］惊奇。从前，我们觉得一切似乎都不稳固，人事变化无常；但正是在这样一个时代里，我们惊奇地发现,科学却能使事物停止不动,从而感受到一种感官上的愉悦[424]——就像伊壁鸠鲁的体验,它仍然可以从几乎所有的误解中恢复过来。

尼采有一则题为 Et in Arcadia ego[而我也在阿卡狄亚]格言(《漫游者》,条 295):①这则格言可称得上是尼采作品中最美妙的沉思之一,其中就描绘了伊壁鸠鲁在古代晚期所体验到的那种幸福。尼采笔下田园诗般的阿卡狄亚虽说不等于普桑(Poussin)笔下的阿卡狄亚,但相同的标题把二者联系起来了:他们二人似乎都是天堂的居民,知道天堂也有灭亡的一天;不过,他们也都经历过瞬间的启示时刻,同时感受过田园诗情和英雄气概。尼采说,有些人其实就曾经生活在那种田园诗情和英雄气概中,"他们中间最伟大的人之一发明了英雄—田园诗般的哲思方式:伊壁鸠鲁"。这也是卢克莱修笔下的伊壁鸠鲁:卢克莱修完全明白,古老的诸神并不存在(《物性论》,2. 581 – 660;5.1 – 54);而伊壁鸠鲁的主要贡献也正在于使人类摆脱了对诸神的崇拜(1. 62 – 78);但英雄般的伊壁鸠鲁却像个神(3. 1 – 30)。

对于这位英雄—田园诗般哲思方式的发明者,其他人的感觉如何呢? 其实,伊壁鸠鲁活着的时候,就已经有人误解他了(致 Köselitz,1883年8月3日);但最生动地表达这种误解并使之成为主流观点的人恐怕还是杰罗姆(Jerome)。这个鼓吹沙漠苦修主义的家伙曾污蔑伊壁鸠鲁的最伟大追随者卢克莱修,散布谣言说:卢克莱修"被春药搞疯了,并在发疯期间编造了几本书……在四十四岁那年自杀"。沙漠中基督徒的幸福大概就在于他们相信,住在墙内花园里的卢克莱修悲惨得很,其无神论之父伊壁鸠鲁更是痛苦不堪。

尼采早期曾在《朝霞》条 72 中谈到过基督教与伊壁鸠鲁。后期提

---

① [译注]Et in Arcadia ego 是一句著名的拉丁文墓志铭。阿卡狄亚是古希腊的一个内陆城邦,那里群山环绕,风景优美,与世隔绝,后来渐渐成为田园诗中令人神往的"世外桃源"。普桑(Nicolas Poussin,1594 – 1665),17 世纪法国古典主义绘画的奠基人,《阿卡狄亚的牧人们》为其代表作之一。

到伊壁鸠鲁的时候（《敌》，条 58），尼采部分重复了前者的描述，并强调基督徒眼中的伊壁鸠鲁与卢卡莱修眼中的伊壁鸠鲁之间有重大的差异，从而进一步澄清了自己对伊壁鸠鲁的独特看法。在《敌基督》中，尼采攻击完基督教之后，就把伊壁鸠鲁引为自己的盟友（《敌》，条 58）：

> 人们应该阅读卢克莱修，以便理解伊壁鸠鲁当时反对什么东西；不是异教信仰，而是"基督教"。

在卢克莱修笔下，伊壁鸠鲁是一位反对种种神秘宗教的希腊英雄——那些神秘宗教与古典精神大异其趣，并"通过负罪感、惩罚和不朽等概念"败坏了灵魂。伊壁鸠鲁反对包括基督教在内的一切秘密崇拜；在这场斗争中，"伊壁鸠鲁可能已经大获全胜"：[425]"在罗马帝国，所有值得尊敬的精神都是伊壁鸠鲁分子。"①然而，使徒保罗却成功地把基督教变成了一种民众的赎罪形式，战胜了古代精神。这场胜利的附带后果之一即：基督教根据自己的意愿重写了历史，并捏造了一个痛苦的伊壁鸠鲁和一个疯狂的卢克莱修；为了保证这种解释的真实性，基督教还烧毁了证据：卢克莱修仅有一份抄件幸存下来（1418 年被重新发现），而伊壁鸠鲁所著的三百本书则无一幸存——要知道，在基督教之前的罗马，"人们仍然能读到"这些书；"为了得到这些财富，人们现在可以拿全部文献的一半去换"（《道德》，3. 22）。

根据尼采的哲学史，基督教的胜利就是柏拉图主义的胜利：这种哲学的政治学毫不脸红地利用了什么负罪啦、惩罚啦、不死啦等等谎言。柏拉图主义最终还是战胜了伊壁鸠鲁主义，尽管花园之神的伟大成就包含尼采所知道的"最恶毒的玩笑"（《善恶》，条 7）：伊壁鸠鲁把柏拉图及其追随者们称为 Dionysiokolakes[狄俄尼修斯的谄媚者]：他们像演

---

① 然而，正如 Cicero 所示，就连自尊的罗马人如 Atticus（《法律》中的人物之一）也不得不掩藏自己的伊壁鸠鲁主义，而公开表达一种被认为更有益的观点，即斯多亚派的自然法教诲。参 Strauss，《自然权力与历史》，页 154 – 155。

员那样,拜倒在僭主狄俄尼修斯面前。柏拉图主义某种程度上说是演员在古希腊世界的胜利(《快乐》,条356);伊壁鸠鲁的恶毒玩笑直击问题的要害所在:柏拉图为哲学的政治学(politics for philosophy)之所以最终能够获胜,不是由于僭主狄俄尼修斯,而是因为柏拉图心甘情愿地借用了伊壁鸠鲁极力破除的那些谎言。曾几何时,柏拉图主义以基督教为媒介战胜了伊壁鸠鲁主义;而现如今,现代科学又重新战胜了关于死后生活的教诲,克服了"终极死亡"的观念;于是,尼采说:"伊壁鸠鲁重新获胜!"(《朝霞》,条72)

　　基督教的柏拉图主义趁机重写西方精神史,于是乎,某类思想家就成了思想史上的失踪者:伊壁鸠鲁和皮罗这类思想家,他们曾把希腊思想中最美好的东西带进了一个不合时宜的时代;而那最美好的东西就是前－苏格拉底思想家们的伟大成就(《全集》,VIII 14［99－100］=《权力》,条437)——不仅包括"前－苏格拉底思想家"(苏格拉底并没有完全超越他们),还包括"希腊悲剧时代的哲人们"。"德谟克利特、希波克拉底和修昔底德诸人在其性情中达到的高度,还没有第二次被达到过"(《全集》,VII 36［11］=《权力》,条443)。伊壁鸠鲁"和古代所有深刻的思想天才"一样,厌恶"满口美德的哲学家们"——这些哲学家出自苏格拉底及其道德化行为(《全集》,VIII 14［129］=《权力》,条434)。［426］在一个已经孕育了科学的文化中,那种道德化行为却对科学怀有一种根本的敌意(《全集》,VII 36［11］=《权力》,条443);因此,那种道德化行为恰好与上帝气味相投,因为后者也对科学怕得要命(《敌》,条48)。以一种不同于其他任何人的方式理解伊壁鸠鲁,意味着把伊壁鸠鲁理解为希腊科学最美好产物的继承人;更笼统地说,意味着从科学的角度理解整个希腊哲学:柏拉图笔下的苏格拉底标志着一次衰退——下滑为敌视科学的道德主义。而尼采的哲学史从另一种视角重新发现了哲学史上的一些重大事件:这种视角友好地对待科学,惊奇地看见了那在万物流变之中卓然站立的东西,恢复了伊壁鸠鲁的本来面目——尽管所有人都竭力想要埋没伊壁鸠鲁。

　　然而,尼采还必须超越伊壁鸠鲁:后－基督教的精神之战必须放弃围墙中的花园。这场战争不能再满足于赢得少数像梅宓乌斯(Memmi-us)那样自尊的罗马人的支持；①也不能再尊崇那些隐退到幸福与沉默中的诸神——他们厌倦了人类及其爱情(《朝霞》,条150)。因此,尼采拿起神圣之锤,掀起了一场全面的战争(《善恶》,条62);他必须借鉴柏拉图的某些东西:当然不是借鉴柏拉图那些完全不可信的负罪、惩罚和不朽等概念,因为那代表了最坏的品味;而是借鉴他那种为哲学的政治学。此外,新伊壁鸠鲁主义还必须放弃伊壁鸠鲁哲学中的某些基本教诲。伊壁鸠鲁的教义最终还是与它所反对的救赎宗教藕断丝连;伊壁鸠鲁主义尽管包含"希腊生命力与强大胆量的宏富混合物",但仍是"关于救赎的异教教义"(《敌》,条30)。按照尼采的理解,伊壁鸠鲁仍是一个浪漫主义者,这种浪漫的悲观主义必须被一种狄奥尼索斯式的悲观主义所取代(《快乐》,条370)。尼采尽管承认伊壁鸠鲁是自己的近亲,可还是坚持"我们甚至必须超过希腊人"(《快乐》,条340)。

以上是尼采对伊壁鸠鲁比较全面的描绘,"我们为什么看起来像伊壁鸠鲁分子"只是其中的片段之一,其重点在于肯定伊壁鸠鲁对知识的癖好。"我们现代人"不信任任何终极的解释,不信任任何欺骗良心的做法——这种欺骗是一切强大信念的本质特征。我们的不信任在很大程度上就相当于以前信仰者的怕烧综合症(once‐burned‐twice‐shy／一次被烧下次胆小／一朝被蛇咬十年怕井绳)(《善恶》,条59)。不过,最让尼采感兴趣的倒不是被烧后的消极后果,而是积极后果:一种欢悦的好奇心。人们以前住在狭小的信仰角落里,而如今则从那种狭隘视角的暴政中解放出来并进入了一种新的无限,所以很需要这种欢悦的好奇心。这种"欢悦的好奇心"近似于"快乐的科学";尼采剖析了这种"欢悦的好奇心"并描绘了一种近乎伊壁鸠鲁式的幸福。[427]要拥有这种幸福,就必须养成"一种近乎伊壁鸠鲁式的认知癖好"和"对高大的道德世界与道德姿态的反感"。拥有了这种幸福,就会产生骄傲、一

---

①　[译注]Gaius Memmius,古罗马政治家,文学艺术的保护者,伊壁鸠鲁分子,卢克莱修的长诗《物性论》的受献人。

种基于自制的伊壁鸠鲁式的特殊骄傲:用理智控制情感——面对柏拉图向情感让步的做法,伊壁鸠鲁坚决要求控制情感。

伊壁鸠鲁式的骄傲在于自觉地经验尼采所谓的最大进展之一(《快乐》,条360):在行为动机方面,要区分已经聚集起来的力量与这种力量的既定方向。"我们的骄傲"基于我们能够控制"我们追求确定性的汹涌冲动";而这种冲动的保姆就是基督教信仰和现代科学信念——这两大追求确定性的主流形式已经塑造了我们,但不能再引导我们。不确定的"新无限"也许会让人战栗(《快乐》,条374),但只要不屈服于我们的战栗,我们就能赢得骄傲。在理想主义吸血鬼的吮吸下,我们的感官也许已变得毫无血色(《快乐》,条372);但现在,我们毕竟已经"骑上了疯狂而激昂的动物":我们知道我们还不能平息它们,但我们觉得我们毕竟能引导它们。

现代的骄傲是一种美德,是一种历史成就:它理解自己的谱系,知道自己与极少数骄傲的希腊人有亲缘关系,并且曾经被囚禁在某个狭隘的信仰角落里。现如今,它知道自己已经解放出来了。尼采恭维现代的骄傲,似乎是为了进一步激起并利用这种骄傲。骄傲的现代骑手们控制并引导着他们那追求确定性的激情,纵身跃入新的无限之中,毫不犹豫地直面一切危险。

尼采重新发现了伊壁鸠鲁,这是尼采式新哲学史的关键因素之一。循着这条线索,我们可以接近其他重要主题:伊壁鸠鲁曾竭力保护的前苏格拉底哲学与科学传统;柏拉图主义的意义(作为哲学与道德主义的和解策略);柏拉图主义为何很容易沦为某种异族宗教的俘虏(那种宗教拥有复仇的激情和终极的执行人);罗马文化内部两种哲学传统的斗争(一种比较认可宗教对柏拉图主义的统治,另一种则反对);胜利者的历史观为何仍然发挥着普遍的影响力;现代历史的意义(现代史某种程度上是一场战争,即从大众的柏拉图主义手中夺回希腊人早已创立并由伊壁鸠鲁保存的那些古代方法);最后,应该采取一种柏拉图式的为哲学的政治学,而非伊壁鸠鲁式的政治学。在某种程度上,为哲学的政治学就是要恢复伊壁鸠鲁式视角在哲学史上的位置,并破除柏拉图主义对这种视角的误解。

我们的缓慢时日(条376)。本条平静地反思了伊壁鸠鲁分子所欣赏的死亡。[428]"我们"仅限于独特的一类人:他们像尼采本人一样,"像母亲一样"生产自己的作品。他们之所以"缓慢",因为他们相信自己一旦完成了一部作品,就达到了人生的目的。他们之所以"犹豫",也不在于他们面对着危险,而在于他们完成了自己的工作。这种艺术家似乎是天生有死者的典范,他们坦然接受死亡,把它看作某个自然目的的最终完成。他们像母亲一样,把自己的存在托付给他们的作品。这种托付产生了"一种信念"——相信有一个更长的 tempo[节奏],相信有一种不断延长的生命超越了作者的死亡。基督教把全部生命的砝码都压在最后的时刻上(《历史》,条8),相反,尼采的 memento mori[铭记死亡]则是记住"一个愚蠢的生理事实"(《全集》,VII 25[226]):就这样安然地结束生存,既不拒绝死亡,也不需要救赎,并在最佳情况下,迈向完满的成熟。

大政治,或尼采究竟是谁?(条377－383)

尼采的政治是一种新的雅典普遍主义,其目的是克服雅典与耶路撒冷之间一切虚情假意的混合。尼采的政治是继 12 世纪 gaya scienza[快乐的科学]的复兴、15 至 16 世纪文艺复兴(此次复兴差点儿把希腊精神抬到教皇的宝座上)、拿破仑的复兴(它代表了男子气的再生和泛－欧洲的目标)之后的另一次复兴。

这位政治上的尼采是谁?他是现代欧洲的无家之人(条377)。他一直保持着自己的真实身份,尽管他的朋友和敌人都试图把他当成别的什么人(条378－380)。他尽量表达得清晰明白,但同时也承认:他讨论的事情和问题太复杂了,他的方法也太新颖了,这可能会使人们觉得他故意含混其词(条381)。他渴望为无家之人创建一个新的欧洲家园(条382)。如果这些话题看起来过于沉闷而严肃,那就放声大笑,快乐地结束这快乐的科学吧(条383)。

我们无家之人(条377)。尼采有一类合格的听众:他们凭着自己现有的爱恨,已经从欧洲家园中挣脱出来了。尼采强调,他的"秘密智慧和 gaya scienza[快乐的科学]正好特意要把这些人放进心里"。尼采的 gaya scienza 是一种 geheime Weisheit[秘密的智慧];它要为 Heimatlose[无家之人]提供一个 Heim[家]。从本条格言造成的地震般震动可以看出,未来之家还十分遥远。什么"保守"啦、"自由"啦、"进步"啦……这些看起来好像是欧洲政治的永恒特征,而其实呢,不过是一个"易破碎的且已经破碎的过渡时代"的临时范畴而已;它们都无法道尽欧洲的政治,更涵盖不了尼采所谓的"大政治"。

[429]然而,从尼采对旧政治的攻击来看,尼采仍然坚持旧政治。尼采在《扎拉图斯特拉如是说》("论新旧法版",3.12)中曾经更为详细地说明了自己的政治;在本条,他借用了前者中的一些意象,把貌似永恒的东西比作河流上的坚冰,把新的教诲比作融化坚冰的春风。这个比喻从两方面讲都恰如其分:尼采不仅融化了坚冰,还促使人们憎恶那些被扔进冰河中的东西。本条及其他类似格言对尼采的政治提出了深刻的质疑:尼采的政治本身似乎没有任何基础,没有坚冰,却还想贸然破坏传统的基础。施特劳斯如此评价说,尼采"的许多演讲激情磅礴、勾魂摄魄,充满了无与伦比、源源不断的力量,他用这些演讲使自己的读者不仅厌恶社会主义和共产主义,而且厌恶保守主义、民主主义和民主制度"。[①] 尼采的"大政治"唾弃"平等权利"和"自由社会",重启战争、危险和征服,并以此自夸——这种政治怎么能让人信任呢?不仅如此,尼采甚至赞美奴隶制!可要知道,这个时代认为历史的意义恰恰在于战胜了奴隶制,在于人类的解放和自由哦。人们怎么可能会聆听这种许下了战争和奴隶制的新政治呢?值得去听吗?

现时代许下的是"最人道的、最温和的、最公正的"未来。但这些漂亮词儿却让扎拉图斯特拉产生了一种不祥的疑虑;他在"论毒蜘蛛"中说(《扎》,2.7):这些教诲包含着一种隐秘的复仇激情。"论毒蜘蛛"

① Strauss,《什么是政治哲学?》,前揭,页55。

把这种令人不安的疑虑（《快乐的知识》的本条格言也引起了这种疑虑）置于更宽广的背景下：这些正经的教义是不是我们欧洲的真正遗产？我们一旦在这些教义中安了家，那么，我们是否还住在欧洲的传统之中，我们是否还忠于我们希腊的过去？

尼采集中分析了当代欧洲政治的两大现象——爱与恨：爱是法兰西民族政治的标志，恨是德意志的标志。现代人宁要爱不要恨，宁要现代法兰西不要现代德意志；但无家之人两者都不要。本条更为尖锐地表达了《论历史对生活的利与弊》的某些文化主题：因为尼采现在更明显地区分了现代人的选择，更具先见之明地谴责了德意志，也因为尼采现在更准确地把握了古希腊人所代表的典范形式——一种尽管陌生、但十分切己的可能性。"如今人们唯一鼓吹的宗教"是"同情的宗教"（《善恶》，条222）：当代的"同情宗教"源于法国政治上的大革命，而后者又发端于卢梭（《叔本华》，条4）。[430]尼采说："我们绝不是什么人道主义者，我们从来不敢冒昧地自称'热爱人类'。"不过，尼采是一个后 - 人道主义者，而非次 - 人道主义者；尽管他拒绝使用人道主义的说法，但他的政治仍然是以柏拉图为典范，以 philanthropy［爱人类］为动力。

尼采固然不会用现代法兰西的方式去爱，但也肯定不会用现代德意志的方式去恨。后者不过是种族仇恨而已，它歪曲了尼采的思想，给世界带来了极大的伤害，甚至玷污了尼采的名誉；殊不知，尼采早就强烈而明确地谴责过这种族仇恨。德意志种族仇恨是"双重的荒唐与下流"，因为德意志是个有"历史感"的民族——尼采最后将以无家之人的名义收回这一正当的德意志遗产。现在，德意志种族仇恨又把 unzeitgemäss［不合时宜的人］从他们的欧洲家园中赶了出来，逼迫他们到过去或未来的时代寻找一个家园。

在种族和出身上混杂不纯的无家之人希望被称为"优秀的欧洲人"，渴望继承欧洲几千年的精神遗产。这份遗产的一部分就是基督教：基督教是我们血统中的一部分（《全集》，VIII 15［30］），这个血统的两个特征仍有必要予以继承：残忍和信仰。随着基督教渐渐老迈，我们也已经长大并开始反抗它了,但这反抗本身恰恰又推进了基督教本身毫不妥协的正直品格。我们的基督教祖先们曾经为了他们的信仰,"牺牲了他们的财产和鲜血、地位和祖国"。而我们呢,作为他们的继承人,我们也要反对他们的信仰吗?"我们——也这样做。"为什么?为了我们自己的不信仰?"你们知道得更清楚,我的朋友们!"尼采如是说。我们这样做也是为了我们的信仰:一种为我们毫不妥协的正直提供根据并令我们别无选择的信仰;一种被尼采称之为无家之人心中"隐秘的肯定"的信仰(这种肯定比"否定"或"也许"更强有力);一种在科学的美德中得到表达的信仰。

尼采大政治背后的"隐秘的肯定"似乎的确被隐藏起来了,被"否定"掩盖了,被"也许"驯化了。尼采的政治立场究竟何在?他又如何在这种立场上表达肯定?尼采不满意欧洲的自由主义:这种盲目的重商主义势必会为了眼前利益和舒适而肆意破坏地球;它还无知地相信人人都能永远那样做,从而诱使整个世界都去那样做。尼采也不信服欧洲的进步主义:进步主义用自由与平等的神话证明自己,而这种自由与平等却又依靠机器。有些人从精神上批评现代性,并以各种不同的方式转向"保守主义"——如瓦格纳和艾略特的方式,海德格尔和庞德的方式,施特劳斯的方式等。尼采大概也属于这类批评者,[431]但他绝不是保守主义者,"我们不想退回到任何过去"。尼采没有像瓦格纳和艾略特那样,"扑倒在十字架面前";也没有像施特劳斯那样,断言柏拉图的智慧永远无比高明;也没有接受民族主义,更没有接受德意志民族主义:尼采可不是海德格尔。1936 年,海德格尔曾到罗马,访问自己最好的学生之一洛维特,并向他炫耀自己领子上的纳粹徽章;要知道,就在三年前,正是那帮带着纳粹徽章的家伙把洛维特这位有教养的德国犹太哲人逐出了德意志。① 尼采既不是保守主义者,又不是自由主义者,还不是进步主义者,那么,他的政治除了破坏之外,还能跟当代发生什么关系呢?

---

① Löwith,《我 1933 年前后在德国的生活》,前揭,页 57。

　　尼采的政治没有缩进某种现代选择中，倒是扩大了政治的视野。根据尼采的意思，"优秀的欧洲人"才是欧洲精神的继承人：他们以强硬的姿态继承了基督教毫不妥协的正直，继承了希腊精神，继承了具有"欢悦的好奇心"的科学精神——这种好奇心曾受到基督教压制，但又在历次文艺复兴中复活，并在现代精神战争中得到了推进。优秀的欧洲人在物理学中修炼了一种残忍的正直（"为物理学欢呼！"）；借助于这种正直，他们可以把自己视为整个自然的种族史的继承人——只有极少数欧洲思想家意识到了这种自然的种族史。在他们眼中，整个种族史完全是自然的产物；他们才不那么迷信，竟至于以为整个种族史的存在就是为了产生他们这些思想家哩。

　　这种新政治绝非无根之谈：它兴起于圣经宗教与希腊思想融合而成的欧洲多元文化中，它把自己的谱系放进了整个种族史中，放在整个地球的生命史中，放在终有一灭的宇宙史中（"而谁又敢怀疑这一点呢？"）。若考虑到这种根据，尼采关于奴隶制的讨论就显得意味深长。尼采那些看似肆无忌惮的演讲是为了抑制真正肆无忌惮的现代自由言论。按照尼采的理解，自由就是茫然无知地服从某种给定之物，把这种历史的和自然的给定性当作个人命运，并在这种既定性的命令中寻找自己并成就自己。自由就是不断地深化和扩展对命运的认识，并结束于对命运的热爱（在尼采那里，热爱命运是最高的爱欲，《快乐》，条276）——尽管人们也可以在斯宾诺莎那里找到这种自由观，但在这个自以为首次经历了大众自由的时代，很少有人会相信这种自由观。这种现代虚构以为，在历史的终点，一切男男女女都可以成为普遍同质国家的公民，从而都会变得自由；正是这种虚构造就了少数无家之人——尼采也正是想迫使这些人真心接受自己的作品。[432]尼采给他们讲了一套新的奴隶制：要知道，我们并不是我们自己，我们也没有造就我们自己（《人性》，1. 588），我们不过是自然和历史的产物而已。这种基于自然的大政治觉得对其过去负有一种责任，并产生出感激之情；这种对古代精神的感激现在意味着，把整个自然秩序当作它的历史。历史成了谱系学，成了我们家族的传说。

尼采的政治坚持回到过去。这是一位"优秀的欧洲人"的地方政治：他继承了基督教和希腊精神，继承了强硬和理智，从而肯定了自己的欧洲家园。但这种特殊的过去也使他有可能恢复整个人类和自然的过去，这种地方政治也因此拓宽了范围；一种地方政治可以扩大为对大地的忠诚。

尼采的政治也坚持面向未来。这是一种在欧洲产生的全球政治：旅居希尔斯－玛丽亚（Sils Maria）时，尼采曾从杜里希（Durisch）出发，在散步中洞见到永恒复返思想；他又曾从拉帕罗湾（Rapallo）出发，在"去往佐阿丽（Zoagli）的宏伟壮观的路上"被扎拉图斯特拉截住。笛卡尔的政治是从乌尔姆（Ulm）附近的 poêle［火炉子］里扩散开来；而尼采的政治则是从欧洲扩散开来，并将扩散为一种未来的全球政治：这种全球政治是忠诚于大地的生态政治或"绿色"政治；这种政治虽然才刚开始规划自己的行动日程，但已经在尼采的思想中找到了一种全面肯定大地的方式。

保守的、自由的或进步的欧洲充满了形形色色的有神论和人道主义；尼采的政治绝不能在这样的欧洲中找到欧洲的家园。过去的有神论和人道主义背后潜藏着一个深刻的柏拉图式问题，尼采的政治尽管是后－人道主义的，也不得不直面这个问题："一个社会能否建立在致命的真理基础上？"一个后现代的社会还能建立在什么基础上呢？尼采从自己的时代、从其长期的后顾和前瞻出发来确定自己的政治方向，从一种恰当的生理—心理学上确立自己的政治方向。他把那种肯定大地的新政治与一种改善的快乐科学联系起来。尼采干脆与柏拉图笔下的苏格拉底彻底决裂：后者在临终时论证说，出于 philology 和 phianthropy［爱理性和爱人类］，人们应该放弃自然科学的不完美构想，应该转而支持演说家共同体的不完美构想，并且一旦提问者满意，就应该沉默下来。如今，科学已成了某种公共事业，相比之下，柏拉图的策略就显得不那么道德了：如今，谁还会热爱一位高贵的说谎者呢？谁还能相信，一个社会的基础只能是对正义诸神和不死灵魂的信仰呢？优秀的欧洲人肯定会说：没有人能。

　　这种新政治必定会惊世骇俗。对尼采来说，这就意味着，新政治必定会遭人误解，他本人也必定会被人误解。[433]我们可以从接下来几条中看到尼采惊人的预料：人们如何会把尼采误当成别的什么人。不过，尼采也预料到自己要在死后才出生。①

　　"再度澄清"（条378）。这个时代并不知道自己需要或想要这个人的礼物；它如何对待这个施赠者呢？尼采用一个扩展的隐喻描述了新教诲将会遇到什么样的情况——这种新教诲就是关于形而上学和神圣性的教诲，对尼采的政治而言，这种教诲是必需的。基本的教师（当代人眼中的邪恶之徒）就像井泉那样深不可测、源源不绝，并因此经受了一切毒害，最终把自己的清澈和纯粹施予了遥远的后代——即笛卡尔所提到的后代。对这种新教诲的歪曲和污蔑不仅来自它的敌人，也来自它假想的朋友：前者"善良而正义"，却自以为法律在握；后者简直是"猴子"和"傻子"，竟然以轻蔑为生，缺乏爱欲和渴望（《扎》，3.7）。扎拉图斯特拉发现有些朋友听了自己的教诲后中了毒，于是"走到一边"——但他始终相信，他的教诲（尼采在这里所表达的）在未来还有希望。

　　"很不幸"，尼采说，"我们不知道在我们想要自卫的时候如何自卫。"实际上，一直以来，都有人企图往尼采的教诲中投毒。这让我们觉得，为了自卫，尼采很可能做过许多事情。他至少不太相信读者的鉴赏能力——他们可能觉得他在某些微妙主题上的反讽有些过度。Vergiss die Peitsche nicht［别忘了鞭子］！没有人忘记。一位老相识听了

---

　　①　有位思想家没有把尼采误当作其他人，这位思想家就是叶芝。他对尼采的深刻评价出现在以下几首诗中：例如，《雕像》（*The Statues*）以超妙绝伦的意象，生动而简练地表达了尼采的希腊—基督教文化史；《自我与灵魂的对话》（*A Dialogue of Self and Soul*）重现了自我挣脱灵魂、争取自由的历史斗争，这种斗争是为了肯定自我，最终为了最高的肯定，即肯定永恒复返；叶芝在《幻相》（*A Vision*）中把尼采描绘成非凡的英雄，并优雅地自称自己走在"去往 Zoagli 的庄严大道上"——正是在这条路上，尼采曾经碰见了扎拉图斯特拉。详参拙文，《叶芝的尼采对话》（*Yeats's Nietzschean Dialogue*）。

这句话后大感不安,尼采知道后,惊讶地说:

> 别紧张,求求你啦,这不会给你带来任何困难!我的意思是,稍微动点儿脑子就知道,这只不过是句玩笑话罢了,只是象征性地夸张一下嘛。①

我们从下一条中将看到,人们还可能用另一种方式向尼采的井泉中投毒;对此,尼采可能已经尽了最大努力加以预防。

傻子大声嚷嚷(条379)。尼采是傻子吗?在《扎拉图斯特拉如是说》中,有个傻子大声嚷嚷说自己就是扎拉图斯特拉的辩护人(《扎》,3.7);而民众也相信他,称他是"扎拉图斯特拉的猴子";[434]不过,扎拉图斯特拉却说他是个"傻子",并且在听了后者的许多演讲之后就认识到,此人与自己的想法相差十万八千里,而且会玷污自己的名誉;于是,扎拉图斯特拉就断然拒绝了后者的追随。在《快乐的科学》结尾,这个大声嚷嚷的傻子是不是另一只猴子呢?尼采会不会拒绝他染指自己的教诲呢?我看似乎如此。

傻子的话听起来像个马基雅维里式的论题:与其被人蔑视,不如被人憎恨;而时代只配得上被人蔑视。蔑视是傻子的品味、特权、艺术,乃至美德——把尼采的标准变成了一种越来越没有品味的蔑视。傻子还把尼采的专用术语套在自己头上——我们最现代的现代人哦,我们无畏之人哦。傻子坚信自己的优越性,并嘲笑自己的同代人:他们很难杀掉、监禁或放逐我们;他们甚至既不能查禁我们的书,也不能付之一炬。傻子是个蹩脚的先知,要知道,瑙姆堡(Naumburg)和莱比锡(Leipzig)虽然给尼采提供过古典教育,也查禁过他的书。傻子满以为人们需要他,所以不必躲躲藏藏:傻子的演讲既没有"顽皮而欢快的恶习"(《善恶》,

---

① Gilman 编,《遭遇尼采》(*begegenungen mit Nietzsche*),页40。关于这种"超定的夸张",参 Graybeal,《语言和"女性"》(*Language and "The Feminine"*),页 55 – 56。

条284),也缺乏尼采式的现实主义——尼采明白,时代很少会承认需要他的教诲,快乐科学的未来摇摆不定。总之,傻子缺乏那种与尼采的蔑视相匹配的品味。扎拉图斯特拉的傻子住在城市之外,唾骂并恶心大城市里的臭气;而尼采的傻子则捂着鼻子,在所有人中间招摇过市。

最后,傻子还说自己热爱"艺术家的自嘲"。或许,我们可以由此角度来观察这条与尼采本人相差甚远的格言。尽管我们应该认为,尼采在本条是以傻子为例表达自己的观点,但从最后一句话来考虑整条格言似乎更好:尼采很可能想做个自嘲的艺术家,愿意把自己看作蔑视整个人类(不仅仅蔑视颓废的现代人)的傻子,愿意从敌人的眼睛里看自己。在致老朋友的一封信中,尼采有一句小小的抗议,从中可以看出尼采的期望:"怎么从来没有人起来反对呢? 怎么从来没有人因为我被人侮辱而表示愤慨呢"(致 Baron von Seydlitz,1888 年 2 月 12 日)? 尼采所遭受的最大侮辱莫过于被说成德意志种族仇恨的罪魁祸首;为了反对这种侮辱,法国于 1930 年代出过一本好书:该书就把尼采那句抗议引为箴言。①

"漫游者"说(条380)。另一个人物从尼采的过去走了出来(这个人更接近尼采本人),并在这里说话;这个人暗示,那位长期漫游的人(老奥德修斯)已经到家了,到了一个新的欧洲家园。"漫游者"的提问对象似乎是自己的影子——那个曾经遮蔽了他的人;对任何第三者来说,"漫游者"问题简直跟谜一样(参《漫游者》开头的对话)。问题有两个方面,焦点是欧洲的道德:一个人能否像尼采说的那样(《善恶》,条 56),离开自己的欧洲家园,从欧洲之外的高度、用"一只亚洲式的或超亚洲式的眼睛"来观察欧洲的道德高塔? 一个人能否停止漫游,并到达一个新的道德之家?

可以把尼采作品的四个标题或副标题合成一个论证。"漫游者(及其影子)"已经完成了求索过程,能够立足于欧洲之外衡量欧洲的道德,并提供一个新的道德之家。为了避免"关于道德偏见的思考"(《朝

---

① Nicolas,《从尼采下滑到希特勒》(*From Nietzsche down to Hitler*)。

霞》)成为关于偏见的偏见,就必须首先到达"善恶的彼岸",摆脱欧洲的偏见。为了摆脱欧洲的偏见,必须从反讽、从"一个小小的疯狂"开始:一方面,它的目的在于自由地、无拘无束地观察道德事物;另一方面,由于它自己的道德命令,它又不得不不自由地、束手束脚地开始。良心要求检验良心本身;意志选择理智来统治意志本身,愿意服从理智。这个束手束脚的开头能否到达高处? 尼采认为能:一个人可以凭"特定的沉重"挣脱"沉重的精神"。

一个人要超越自己的处境和时代,就必须给自己创造两样东西——眼睛和景观:既要有一双雄视千古的眼睛,也要看得见一片明净的天空——扎拉图斯特拉向开放的天空所歌唱的明净的天空,他准备用这首感激之歌来祝福大地上的事物(《扎》,3.4)。尼采在本条描绘了那种创造活动:只有经过创造,才能克服对时代的厌恶之情,才能克服自己的 Zeit – Ungemässheit[不合时代](标题 Unzeitgemässe Betrachtungen 的变体),才有可能再次变得合乎时代。尼采似乎曾经暗示过自己要变得合乎时代:在条 370 中,他曾把"我的浪漫主义"称为自己最后的克服——对浪漫主义的克服为狄奥尼索斯式悲观主义的到来做好了准备。这位漫游者比较含蓄地声称自己是极北人,自己知道路;而在结尾,尼采本人则更为显眼地这样声称。鉴于那么多投毒和误解,漫游者的这种做法可以被理解吗?

走向理解问题(条 381)。现在,尼采终于可以亲口说说自己的写作意图了。[436]尼采像以往的哲人们一样警惕自己的时代,一面引诱,一面禁止自己的同代人。尼采虽然把自己放在哲学家的小圈子里,但也让人注意自己的独特之处:他的精致风格有两面特征,他希望自己的读者学会欣赏这种风格。那些真正的读者已经练就了一种清醒的认知方式并相信其正确性,因此,尼采虽然想让这类读者理解自己,但他的嘲笑和无知也首先会激怒他们。不过,尼采也并不是随随便便地选择自己的风格:这种风格不仅源于尼采的天性,而且与探寻对象相得益彰;欢快和无知本质上属于快乐的科学,正如严肃的理性乐观主义本质上属于柏拉图或笛卡尔式的科学(《善恶》,条 14)。然而,现代"知道者"

仍然很难把欢快和无知当作美德接受下来。尼采认为:若适当地使用欢快的探寻方式,探寻者最终也可以变得严肃,而又不会感到沉重(《道德》,3. 11);若适当地使用无知的认知方式(我们新的无限,即解释有无限的可能性),探询者最终就可能合骄傲和谦虚于一身,向开放的大海上起航。尼采说,新哲人要通过舞蹈精神把自己的最高抱负与自己的理想、艺术和虔敬结合在一起。"对那些像我一样思考的人来说,一切事物本身都在舞蹈"——动物们对扎拉图斯特拉如是说:在《扎拉图斯特拉如是说》的高潮部分,动物们描述说,事物都在进行永恒复返地舞蹈,都在快活地、狂喜地且有节奏地舞蹈,除了舞蹈本身,没有其他目的(《扎》,3. 13)。扎拉图斯特拉本人也歌唱着狄奥尼索斯和阿莉娅德妮的舞蹈——这两个神回来是为了重新赞美大地。《快乐的科学》在接近尾声的时候召唤着《扎拉图斯特拉如是说》的理想,并表达了自己的乐观主义形式:思想者与思想的一致性。

伟大的健康(条382)。本条浓缩了整部书的精神,并表达了新的理想(随后一条的放声大笑则是健康的象征)。伟大的健康是个危险的理想,它似乎把终极标准的全部砝码押在那些看似完全主观的和个人性的东西上。因此,反对者很可能会指责并拒绝这种理想:"原来你不健康嘛,所以才不能欣赏我们的音乐。"(《快乐》,条368)不过,伟大的健康既不是主观的,也不是偶然的;它是人类精神史(人们渐渐通过谱系学懂得了这个历史的意义)上一个历史性的事件:从重大的疾病中康复过来之后,紧接着就是伟大的健康。这个结论很符合《快乐的知识》,因为尼采对我们精神史的反思正是在一种康复中达到顶点,这种康复也正是快乐的基础。

"伟大的健康"——尼采并不是在目中无人地推荐自己的视力或头痛。伟大的健康这个名称指的是:自然的道德史上从此将发生第一次转变,并将逐渐结束人类历史的"道德时期"。[437]道德时期"在大地上少数几个大地区,迄今已持续了一万多年";在那个时期,一个行为的价值取决于其出身和意图。这个事件的教化史出现在《善恶的彼岸》中,并在《道德的谱系》第二篇论文中得到了深化。在这篇论文中,第一位非道德主义者相当粗暴地对待那个事件:"这是疾病……迄今为止在人群中蔓延的最可怕的疾病"——这疾病就是怨恨(都是你的错)和坏良心(都是我的错)。① 在一万多年的道德时期里,哲学存在了两千年并一直试图从理性上为负罪和惩罚提供基础。苏格拉底是"一个转折点和所谓的世界历史的漩涡"(《悲剧》,15),是两千多年哲学史上的转折点;他用辩证法来捍卫"所有等式中最怪诞的等式",即理性=美德=幸福(《偶像》,"苏格拉底",条4,10);他甚至还败坏了柏拉图,使他捡起了关于惩罚、负罪和救赎的谎言,从而推进了早已存在的道德疾病。按照尼采的全面视野,若要理解哲学史,就必须把它放在上述更大的历史现象中(哲学已经成了这个现象的男仆)。《道德的谱系》第三篇论文专门讨论了道德时期的主要特征之一,即禁欲主义,认为它是"欧洲健康史上的真正灾难"(3.21)。在禁欲主义教士们的悉心栽培下,禁欲主义理想开花结果,变成了惩罚、负罪和救赎的一整套装饰品;它甚至还给自己创造了一个神:这个神可以擅自决定属人的正义,可以对我们与生俱来的罪恶施以永罚——"这就是疾病"。在哲学史上,哲学一直都在顺应这种疾病,都在干违心的事情:用理性捍卫一个"道德的"宇宙,好像这个道德宇宙在给人们派发永恒的惩罚。

现代科学治愈这种疾病了吗? 科学战胜了"神学上的天文学"——禁欲主义教士们曾把这种天文学当作宇宙参照系来说明人类受罚的戏剧。但是,"人的自我贬低,人的自我贬低意愿……自哥白尼以来不断加剧"(《道德》,3.25)。"自哥白尼以来,人类似乎把自己搁在了一个斜坡上",滑向虚无主义和自我鄙弃。不过,尽管伽利略的仪器加剧了人类的下滑,我们仍然要赞扬现代科学,因为它毕竟推动了自由意志——这个禁欲主义理想的残余"最终不再相信有关上帝信仰的谎言"(《道德》,3.27)。拒斥上帝虽合乎良心,但仍是一场"令人敬畏的大灾难",[438]因为它不仅导致了两千多岁的上帝的死亡,而且导致人类精神演进上整个道德时期的没落。

---

① Deleuze,《尼采与哲学》,前揭,页21。

当求真意志由此获得自我意识的时候——毋庸置疑——如今道德就会渐渐衰亡：在为下两个世纪留下的百年戏剧中，这是最伟大的一幕——最恐怖的、最可疑的、但也许最有希望的一幕（《道德》，3.27）。

什么希望？伟大的健康。哲学是康复的手段：只有洞察了我们精神的过去，发现作为万物之道的权力意志，并在这种洞见的基础上肯定时间和存在，只有开展代表新观点的大政治，才能由此获得康复。①

从扎拉图斯特拉与其主要对手（即沉重的精神）之间的战争可以看出，哲学如何克服一万年的道德时期并取得伟大的健康。尼采在《瞧这个人》中讲到"扎拉图斯特拉的故事"时说，他在从拉帕罗出发的路上碰见了扎拉图斯特拉；讲完之后，尼采就把《快乐的科学》中"伟大的健康"整条格言摘引了下来。尼采简洁地报道说他在某个冬天（在冬天里"我的健康会更好"）被伟大的健康控制；这个说法并不自相矛盾，恰恰从根本上表明了他的主要观点。伟大的健康并不在于治愈尼采的头痛，而在于治愈某种更严肃、更具历史性的东西。也许有人认为，"伟大的健康"也仅仅是治疗性的和地方性的；这种看法很明显是皮相之谈。正如尼采所说，"我们既没有时间，也没有心思围着我们自己打转"（《全集》，VIII 14[28]=《权力》，条426）。

尼采的哲学史表明，从怨恨和坏良心中恢复过来的伟大健康并不是良心的终结；伟大的健康并不是退回到前－道德或次－道德时代，而是前进到后－道德阶段。物理学的良心破坏了旧的神学天文学，同样，智性良心也破坏了人类历史的道德时期。没有良心的东西就是某种反自然的东西。"[在禁欲主义理想这个问题上]，错误之为错误，这并不令我震惊……触目惊心的事实是缺乏自然啊，反自然本身竟获得了最高的荣誉"（《瞧》，"命运"，条7）。

尼采的哲学史表明了如何虔敬地表达健康与疾病之间的冲突：[439]"我已经被理解了吗？——狄奥尼索斯反对被钉十字架者——"

---

① 关于《道德的谱系》中的伟大的健康，见 Alphonso Lingis 令人振奋、富于教益的论文《黑星》。

狄奥尼索斯和被钉十字架者都是神,都经历过受难、死亡和重生。"被钉十字架者"是使徒保罗给拿撒勒的耶稣(Jesus of Nazareth)贴的标签(《哥林多前书》11:13,23;2:2;《加拉太书》2:30)。保罗用这个词解释了耶稣在那场交易中所扮演的角色——通过偿付上帝对罪人的永罚而赎回我们的罪过。保罗把耶稣之死解释为一种献祭,这种牺牲许下了死后的生活;而根据尼采的《新约》解读,保罗恰恰歪曲了耶稣的教诲:因为耶稣的教诲是一种"和平运动","已经彻底废除了'负罪'的概念"(《敌》,条42)。一旦把耶稣解释成"被钉十字架者",福音也就变成了"关于个体永存的无礼教义"(《敌》,条41)——因为它最终导致个体虚荣心的膨胀,以至于假定宇宙中最重要的事情就是自我的拯救:"'灵魂的拯救'——说白了,即'世界围着我转'"(《敌》,条43)。"被钉十字架者"随后取得了世界性的成功:"基督教应该把自己的成功归于对人之虚荣心的卑鄙谄媚"(《敌》,条43;《道德》,1.8);吉本在《罗马帝国的衰亡》(*Decline and Fall of the Roman Empire*)中论述基督教的兴起时(第15,16章,这些论述举世无匹),也一次又一次地做过类似的论证。"被钉十字架者"的胜利"对诸神来说,对那些哲人—神们来说,实在是一场奇观"(《敌》,条39)。

狄奥尼索斯的受难(死亡和再生)与被钉十字架者的受难恰恰相反,二者之不同正如健康与疾病之不同。狄奥尼索斯的死亡和再生承认,受难是生命的一部分,并且即便在受难中,也不可否认生命本身是好的;因此,狄奥尼索斯的受难神圣化了生命。狄奥尼索斯祭仪使"性的象征……成为卓越的庄严象征"并神圣化了"生殖、怀孕和诞生中的每一个细节"。尼采在总结狄奥尼索斯祭仪时说:"据我所知,绝没有比这种希腊的酒神祭仪更高级的象征。在这种象征中,人们可以惟恭惟敬地体验最深刻的生命本能,将生命引向未来的本能"(《偶像》,"古人",条4)。①

在《快乐的科学》第五卷中,伟大的健康是一种完全的自然状态,

① 参Deleuze,《尼采与哲学》之"狄奥尼索斯和基督",前揭,页14–17。

其中，自然则被理解为整个流变。"新目标"（即舞蹈的理想）并不是摆脱自然状态之后的休息状态，而是一种崇高的运动状态，这种运动能使自然状态永恒化，并让人因此感到快乐。本条始终有一个意象，即阿尔戈水手们：他们的健康驱动他们去探索 Mittelmeer［某个地中之海］的全部海岸线，［440］以便见识他们那个被陆地包围的理想主义海洋的每个海湾。突然，他们无意中看见了一道全新的海岸线、一片没有边界的陆地，这正符合他们那种无限的、永不满足的天性。于是，尼采在结尾令人振奋地对比了沉重与优雅，描绘了与人类天性和谐一致的自然。在这方面，《快乐的科学》不像《扎拉图斯特拉如是说》走得那么远：阿尔戈船员扎拉图斯特拉眼前的新大陆是无限的、谜一般的权力意志世界，迎接着永恒复返的无限肯定。不过，尼采在本条结尾把读者引向了《扎拉图斯特拉如是说》："悲剧开始了……"1886 年的《快乐的科学》和 1882 年的《快乐的科学》一样，是《扎拉图斯特拉如是说》的前奏；在后者的寓言中，尼采将悠然自如地展现优雅对沉重精神的胜利。

尼采曾为《扎拉图斯特拉如是说》补充过一则笔记；这则笔记在本条格言有所体现，因为尼采使用了 Übermensch［超人］一词——该词位于扎拉图斯特拉教诲的开头，显得十分引人注目；但在《扎拉图斯特拉如是说》之后，这个词几乎在尼采的词汇表中消失了。① 尼采在本条使用了这个词，并承认这个词会带来危险：一种 menschlich - übermenschliches Wohlsein und Wohlwollen［人性的—超人性的健康和善意］常常显得 unmenschlich［不合人性］。新健康将显得像一种旧疾病。不过，尼采还是目中无人地描绘了这种健康，这将迫使旧哲学来谴责它：我们瞥见了新大陆，并发出慷慨激昂的呼喊："从现在开始，再没有什么东西使我们满足！"它宣告了新健康的福乐，也宣告了旧疾病的痛苦：柏拉图式的理想（即完美的休息或无梦的沉睡）只能带来痛苦。最精神化的最现代人将为谜一般的、深不可测的东西而兴高采烈；人与自然

---

① 　其后用过的地方只有：《道德》，1.6；《偶像》，"漫游"，条 37；《敌》，条 4；《瞧》，"好书"，条 1；《瞧》，"扎拉图斯特拉"，条 6；《瞧》，"命运"，条 5。

之间出现了一种新和谐;在这个世界中,诸神也做哲学思考。尼采的神义论就在于:世界与最精神化之人的最精神化天性和谐一致;快乐的科学向人证明了自然之道的正当性。不过,正如德勒兹所言,神的正义论变成了宇宙的正义论。①

《快乐的科学》的新开头和新结尾都是对康复或伟大健康的沉思。就此而言,它们是对《扎拉图斯特拉如是说》的评注(尼采在《扎拉图斯特拉如是说》之后做过许多此类评注),暗示了"Incipit Tragoedia[悲剧开始了]"是《扎拉图斯特拉如是说》的真正内容。[441]《扎拉图斯特拉如是说》若是悲剧的真正诞生,那么,它就具有无比重要的意义。该书是"不自愿的戏仿",也许只是看起来像戏仿。其实,戏仿只是其副产品,甚至满怀遗憾的反对也只是副产品——即对某些严肃之物的反对:在这个星球上,人们长期生活在道德阶段,把某些东西看得过于严肃了。除了这些副产品,该书主要渴望后－现代的、后－柏拉图的"伟大的严肃"——后－道德的使命。该书渴望悲剧在全球范围内诞生,并大胆地打了个真正的问号:最智慧者的智慧是否智慧?该书也标志着哲学史的转折,并将把尼采的名字与这个哲学史联系在一起:哲学与道德的共谋结束了,哲学开始提倡一种康复,提倡一种后道德的人与自然观。关于神圣起源和神圣目的的高贵谎言迄今为止一直庇佑着人类,如今则被怨恨和坏良心所取代——没有这类谎言的庇佑,人还能生活吗?狄奥尼索斯式的悲观主义(即肯定永恒复返,赞美自然的无目的性和人在动物中的位置)能克服我们的沉重(即我们的柏拉图主义及其腐败形式:浪漫派的悲观主义和培根式的控制自然)吗?

结语(条383)。新版《快乐的科学》的结尾与其开头一样,都引向一本更重要的书——尼采已经用那本书画出了基本的问号。无论如何,尼采故意以这种方式结束《快乐的科学》,是为了邀请读者进入《扎拉图斯特拉如是说》;但鉴于"伟大的严肃",他情愿再为读者效劳一次,加上最后一条格言,进一步说明应该如何阅读《扎拉图斯特拉如是

---

① Deleuze,《尼采与哲学》,前揭,页25。

说》，说明某些被人遗忘的且不为人知的美德——"正确 Lesens［阅读］的美德"。① 不过，眼下这本书的精神不允许尼采去写一篇关于《扎拉图斯特拉如是说》的导读，因为这一样来，就会干扰《快乐的科学》本身的欢快风格。因此，尼采不便清醒地撰写一篇论文来论述某种被人遗忘的写作艺术。

《快乐的科学》并非结束于清醒的指导，而是快乐地结束，为一种走向快乐的舞蹈奏响了音乐。尼采本可以做一些严肃的指导，但既然允许本书的精灵们放声大笑，他就放弃了这种做法；他甚至也送给大笑者们最后一笑：正因为他们，尼采唱起了自由王子之歌，用音乐为他们的舞蹈伴奏；不过，这些歌曲也以巧妙的方式悄悄地滑向了根本的教诲。［442］歌者可能会发出"歌者的诅咒"——不让听歌的舞者理解自己的歌词：舞者若不注意歌者的歌词，或许能更好地聆听歌者的音乐和风格，并随着狄奥尼索斯的笛声更好地舞蹈。"这是你们想要的吗？……"

是耶非耶？谁的舞蹈若不仅仅取决于理解，答案对谁而言就是肯定的；谁的舞蹈若仅仅是理解的舞蹈，答案对谁而言就是否定的。后者最终受不了歌者的挑逗，即便在没有指导的情况下，也要竭力理解歌者的歌曲；对他们来说，自由鸟王子之歌其实就是典型的扎拉图斯特拉之歌，其欢快的调子中隐藏着与一位 Zukunftsmusikant［朝向未来的音乐家］相配的伟大严肃。本书淘气的精灵们从尼采的过去中搜出这个讨厌的词语，再次嘲笑了尼采；但对这位正打算谱写未来之基本音乐的人来说，这种淘气的方式恰到好处。十四首看似戏仿的自由鸟王子之歌也确实是戏仿之作，但它们也再次画出了真正的问号：人能否生活在空旷的天空下，生活在毫无目的的戏剧（play）中？

———————

① 　该书第一版及后来的所有版本均作"Lesers［读者们］"，《尼采全集考订版》据尼采的 Druckmanuskript［油印稿］改正为 Lesens［阅读］。

第十五章　结语:尼采式的复兴

> 每个伟人都会产生某种追根溯往的力量:由于伟人的缘故,一切历史都被重新置于天平上衡量,过去的成千上万个秘密都从隐匿的角落里爬了出来——进入伟人的阳光之中。
>
> ——尼采(《快乐》,条34)

[443]尼采的思想之光照亮了隐匿的哲学史。过去的成千上万个秘密都从隐匿的角落里爬了出来——有些隐匿角落甚至是我们历史上某些大思想家(如培根和笛卡尔等)所选择的。"最重要的问题……始终是文化"(《偶像》,"德国人",条4),哲人如培根、笛卡尔和尼采等都研究过最重要的问题——扎拉图斯特拉称之为一千个目标,即人类已经制定的一千个善恶法版。所有这些法版都靠它们的过去而存活,体现为对其过去的某种解释。尼采试图重新把历史置于天平上,恢复过去,并在那种过去的基础上再造未来——即第一千零一个目标,从而在最深刻的意义上肯定文化。

但并不是随便什么过去:既然任何民族的现在和未来都必须根植于某种过去,尼采毫不含糊地表明,尽管种种解释暴力极其容易伤害欧洲的过去,但欧洲的过去仍然是独一无二的,并且在某种程度上可以恢复其本来面目——尽管总是在不信任的警察监督之下。尼采恢复欧洲过去的行动是多次复兴运动之一:在我们的传统中爆发了多次复兴运动,并且总是表现为精神战争。从普罗旺斯的 gaya scienza [快乐的科学]到拿破仑的泛－欧洲主义,历次复兴运动都有赖于希腊人的复苏,尼采的复兴同样如此——确切说来,尼采要恢复希腊悲剧时代的思想家们:这种哲学的、科学的、艺术的和文学的传统曾经被那个最怪诞的等式所覆盖:即苏格拉底的等式,理性＝美德＝幸福。尼采终生都在思索苏格拉底问题,并渐渐明白,苏格拉底是文化变迁表上的一大转折点。苏格拉底之前:荷马、悲剧、德谟克利特、修昔底德,和更古老的希腊本能狄奥尼索斯。苏格拉底之后:柏拉图式的高级骗局、[444]伊壁鸠鲁和皮罗的败仗,一种强大的为民众的柏拉图主义把荷马的全部军队赶进了地狱。

在尼采的"谱系"中,我们西方的家族史最成问题。尼采后来反思"我探究得最长久的重大而神秘可怕的问题"时,详细讲述了他如何着手从谱系学上探究那个问题:通过发现"所谓的 pious fraud[虔敬的欺骗]"——伟大哲人和教士们无不认为自己在行使教化人类的使命过程中,有权说一些道德上的谎言(《偶像》,"改善者",条5)。尼采终生萦绕于心的问题是:人类的文化史以及这种文化如何建立在某些关于差异的虔敬谎言中——不管是关于我们氏族、我们部落、我们国家的差异,还是关于我们物种的差异,为我们过去总是基于这些关于差异的谎言而声称自己在尊严方面处于首要地位。隐微术只是探究上述问题的第一步。尼采是一位非道德主义者:看到那样的过去时,尼采尽量克制自己的震惊之情,并力图像个哲人那样,凭着自己对整个人类负责的良心去理解那样的过去。

谱系学迫使尼采发起了圣战。这场战争并不是从根本上反对虔敬的欺骗,而是反对那种欺骗在历史终结之时造成的后果,即现代欺骗:现代人认为历史的意义就在于一个自由而平等的全球社会。为了戳穿这种历史神学的内在荒谬性,尼采继而推进了一种无神论的、不人道的自然主义:这种自然主义听起来肯定不合道德,不过在哲学传统中,也绝不是什么新东西。放声大笑的德谟克利特就曾主张一种肯定世界的内在论:据神圣的柏拉图说,不善言辞的巨人们教导过这种颠覆性的教诲(《智术师》,246a–250d);不过,基督教俘虏了罗马之后,这种主张也不免成了一个秘密的哲学传统。培根亲眼目睹了一次文艺复兴死于宗教狂热分子之手,并英雄般地力图复兴那种秘密的哲学传统。培根的科学表面上是恢复所罗门王的科学,实际上却是想恢复前–苏格拉底的希腊科学;尼采公开了这一复兴运动,结束了它与其反面(否定世界的超越主义)相勾结的历史。有人死后才出生:比如尼采、德谟克利特和伊壁鸠鲁,或者培根和笛卡尔。有人死后被埋葬:比如奥古斯丁,以及其他反对肯定精神的煽动家们。

谱系学作为一场圣战,可以在隐秘的哲学史中找到强大的武器。在某种程度上,尼采可以把冥府中的伟大思想家们带到阳光下,以便证明自己的行动。曾几何时,只有一种精神权威形式能讨得公众的欢喜,哲学也不得不向这种权威妥协;在后-禁欲主义时代,公开宣扬隐微教诲的行动本身就成了一种复兴的武器。德谟克利特和伊壁鸠鲁的大部分作品虽然已经佚失,但卢克莱修的手稿还保存至今。[445]柏拉图的作品中有些轻松浅薄的东西,也值得保存下来。同蒙田、马基雅维里、斯宾诺莎、霍布斯、洛克和卢梭一样,培根和笛卡尔的作品也值得保存:他们的洋洋大作都可以公开拿来作为颠覆性的武器,以便理性地理解欧洲的过去。

这种理性地理解本身绝不是理性主义。理性只是碰巧来到这个世界上,成了最濒危物种的生存工具。柏拉图笔下的苏格拉底把理性作为"安全方式",并由此培育了一种信仰——即相信纯粹心灵和善本身之间可以相通;尼采反对这种方式和信仰。尼采使理性重新变得欢快而无知,变得公开怀疑一切知道者;理性出于 philology[语文学/爱言辞/爱理性]和 philantropy[爱人类]而重新开始了第一次航行,追问一切事物的原因。尽管快乐的科学与培根式统治和笛卡尔式方法断绝了关系,但"我们可不要[对他们]忘恩负义哦!":他们也只是迫不得已,才对自己的敌人表面上表示友好;他们那些历史性的妥协也毕竟颠覆并摧毁了他们的敌人。

未来的人类社会能否建立在快乐的科学基础上? 快乐的科学有两大优势:一种强健的美德,即诚实;一个强大的同盟,即公共科学。二者可以一起嘲笑那些可笑之人,并把受过教育的人吸引到科学的美德上来:哲学依然有助于打击愚昧,把愚昧变成某种可耻的东西(《快乐》,条328)。嘲笑者可以把谜一般的风格大师培根加为自己的盟友:在这位风格大师笔下,大法官在宣布圣战的同时,倒像是在促进和平;嘲笑者也可以把喜剧二元论者笛卡尔加为自己的盟友:尽管他那可笑的严肃会让人以为他在犯糊涂而非反讽,但他仍不失为迄今最伟大的心灵之一。有了这样的盟友,快乐的科学就可以改变大众的品味:"这个吗?——可笑!那个吗?——荒谬!"(《快乐》,条38)。

就新哲学的社会目的而言,也许还有一种比诚实和科学更重要的古老观念,而且哲人们都怀有这个观念:感激。我们并不属于我们自己,我们的存在应该归于某种比我们自己无限高大的东西——尼采重新表达了这套古老的教诲,并且使之与诚实和科学完全相契合。谱系学产生了感激:一个不断演化的宇宙通过一连串事件(我们在某种程度上可以审查并理解这些事件,尽管总是在不信任的警察监督下)造就了我们之所是;正是在这个不断演化的宇宙中,我们不断地成为我们自己。为物理学欢呼吧,这个追问的传统才是我们真正的遗产。在整全的奥秘中找回自然和人的过去吧,这会增强我们对值得纪念之物的回忆。[446]基于快乐科学的文化将是一种心怀记忆的文化:它知道自己处于巨大的时空之中,知道自己处于尘世间生灭无常的物种之中,知道自己生来是一心追求超越的血气之族。

这种文化还知道,我们最主要的精神遗产表达了"对人的仇恨,甚至对动物的仇恨,更甚至对物质的仇恨"(《道德》,3.28);为了人、为了动物、为了物质,快乐的科学必须是尚武的科学。快乐的科学结合了尚武精神或男子气(热爱占有)和忠诚品质或女人气(忠诚于被爱者)。这两种爱情的联姻让人珍惜已经占有的东西,感激给定的东西,且永不满足。

文　献

培根著作

Farrington，Benjamin：*The Philosophy of Francis Bacon*（《培根的哲学作品》），Chicago：University of Chicago Press，1964。含 *The Masculine Birth of Time*（《男性时代的诞生》）、*Thoughts and Conclusions*（《思想与结论》）、*The Refutation of the Philosophies*（《哲学的反驳》）。

The Works of Francis Bacon（《培根著作集》），J. Spedding、R. L. Ellis 和 D. D. Heath 编，14 卷，New York：Garrett Press，1968（1857 – 1974）。

笛卡尔著作

Oeuvres de Descartes（《笛卡尔全集》），C. Adam 和 P. Tannery 编，13 卷，Paris：L. Cerf，1897 – 1912。

The Passions of the Soul（《灵魂的激情》），Stephen Voss 译，Indianapolis：Hackett Publishing，1989。

The Philosophical Writings of Descartes（《笛卡尔哲学著作集》），J. Cottingham，R. Stoothoff，D. Murdoch，A. Kenny 编译，3 卷，Cambridge：Cambridge University Press，1984 – 1991。

尼采著作

Werke. Kritische Gesamtausgabe（《尼采全集考订版》），Giorgio Colli 和 Mazzino Montinari 编，Berlin：Walter de Gruyter，1967 – 1978。

Briefe，*Kritishce Gesamtausgabe*（《尼采书信集考订版》），Giorgio Colli 和

Mazzino Montinari 编,Berlin: Walter de Gruyter,1975 – 1984。

Beyond Good and Evil(《善恶的彼岸》), Walter Kaufmann 译, New York: Vintage,1966。

The Birth of Tragedy and the Case of Wagner(《悲剧的诞生／瓦格纳事件》), Walter Kaufmann 译,New York: Vintage,1967。

Daybreak, *Thoughts on the Prejudices of Morality*(《朝霞:思考道德的各种 偏见》), R. J. Hollingdale 译, Cambridge: Cambridge University Press,1982。

The Gay Science(《快乐的科学》),Walter Kaufmann 译,New York: Vintage, 1974。

Human, *All Too Human*(《人性、太人性》), R. J. Hollingdale 译, Cam- bridge: Cambridge University Press,1986。含 *Assorted Opinions and Maxims*(《意见与格言集锦》)和 *The Wanderer and His Shadow*(《漫游 者及其影子》)。

On the Genealogy of Morals and Ecce Homo(《道德的谱系／瞧这个人》), Walter Kaufmann 译,New York: Vintage,1969。

Philosophy in the Tragic Age of the Greeks(《哲学在希腊人的悲剧时代》), Marianne Cowan 译,Chicago: Regncry,1962。

The Portable Nietzsche(《袖珍尼采读本》),Walter Kaufmann 译,New York: Vintage,1954。含 *Thus Spoke Zarathustra*(《扎拉图斯特拉如是说》)、 *Twilight of the Idols*(《偶像的黄昏》)、*The Antichrist*(《敌基督》)、*Nie- tzsche Contra Wagner*(《尼采反瓦格纳》)和 *Homer's Contest*(《荷马的 竞赛》)节本。

Selected Letters(《尼采书信选》),Chritopher Middleton 译,Chicago: Univer- sity of Chicago Press,1969。

Untimely Meditations(《不合时宜的沉思》),R. J. Hollingdale 译,Cam- bridge: Cambridge University Press, 1983。含 *David Strauss*: *The Confessor and Writer*(《施特劳斯:表白者与作家》)、*On the Uses and Disadvantages of History for Life*(《论历史对生活的利与弊》)、*Schopen-*

hauer as Educator(《作为教育者的叔本华》)、*Richard Wagner in Bay-reuth*(《瓦格纳在拜雷特》)。

The Will to Power(《权力意志》),Walter Kaufmann 和 R. J. Hollingdale 译,New York：Vintage,1968。

研究文献

Ackermann, Robert John：*Nietzsche, a Frenzied Look*(《尼采：一道狂乱的目光》),Amherst：University of Massachusetts Press,1990。

Anderson, Fulton：*The Philosophy of Francis Bacon*(《培根的哲学》),Chica-go：University of Chicago Press,1948。

Andrewes, Lancelot：*The Private Devotions of Lancelot Andrewes*(《安德鲁斯个人祈祷书》), F. E. Brightman 译, Gloucester, Mass.： Peter Smith,1978。

Ansell – Pearson, Keith：*Nietzsche Contra Rousseau：A Study of Nietzsche's Moral and Political Thought*(《尼采反卢梭：尼采的道德—政治思想研究》),Cambridge：Cambridge University Press,1991 ［译按］有宗成河、孙磊、熊文驰中译本,北京：华夏出版社,2005)。

Aubrey's Brief Life(《奥布瑞〈小传集〉》),Oliver Lawson Dick 编,Ann Ar-bor：University of Michigan Press,1949。

Bergmann, Frithjof："Nietzsche's Critique of Morality"(《尼采的道德批判》),收于 *Reading Nietzsche*(《解读尼采》),Robert Solomon 和 Kath-leen Higgins 编,New York：Oxford University Press,1988。

Bergmann, Peter：*Nietzsche："The Last Antipolitical German"*(《尼采："最后一位反政治的德国人"》),Bloomington：Indiana University Press,1987。

Bertram, Maryanne："God's *Second* Blunder——Serpent, Woman, and the *Gestalt* in Nietzsche's Thought"(《上帝的第二次失误：尼采思想中的蛇、女人和形象》),载 *Southern Journal of Philosophy* 19（1981）：259 – 277。

Blondel, Eric：*Nietzsche：The Body and Culture, Philosophy as a Philologi-*

cal Genealogy(《尼采：身体与文化,哲学作为一种语文谱系学》), Seán Hand 译, Stanford：Stanford University Press, 1991。

Bossy, John：*Giordano Bruno and the Embassy Affair*(《布鲁诺与大使事件》), New Haven：Yale University Press, 1991。

Briggs, John：*Francis Bacon and the Rhetoric of Nature*(《培根与自然修辞》), Cambridge：Harvard University Press, 1989。

Brinton, Crane：*Nietzsche*(《尼采》), Cambridge：Harvard University Press, 1941。

Brunschvicg, Leon：*Descartes et Pascal, lecteurs de Montaigne*(《蒙田的读者：笛卡尔和帕斯卡尔》), Paris：J. Vrin, 1944。

Burger, Ronna：*The Phaedo：A Platonic Labyrinth*(《〈斐多〉：柏拉图之谜》), New Haven：Yale University Press, 1984。

——：*Plato's Phaedrus：A Defense of a Philosophic Art of Writing*(《柏拉图的〈斐德若〉：为一种哲学的写作艺术辩护》), University：University of Alabama Press, 1980。

Carter, Richard B.：*Descartes' Medical Philosophy：The Organic Solution to the Mind – Body Problem*(《笛卡尔的医疗哲学：身心难题的有机解决》), Baltimore：Johns Hopkins University Press, 1983。

Castiglione, Balthasar：*The Book of the Courtier*(《侍臣论》), George Bull 译, Harmondsworth：Penguin Books, 1976。

Caton, Hiram："Descartes' Anonymous Writings：A Recapitulation"(《笛卡尔的匿名作品览要》), 载 *Southern Journal of Philosophy* 20 (1982)：299 – 312。

——："On the Interpretation of the *Meditations*"(《论〈沉思录〉的阐释》), 载 *Man and Word* 3 (1970)：224 – 245。

——：*The Origins of Subjectivity：An Essay on Descartes*(《主体性的起源：试论笛卡尔》), New Haven：Yale University Press, 1973。

——：*The Politics of Progress*(《进步的政治学》), Gainesville：University of Florida Press, 1988。

——:"The Problem of Descartes' Sincerity"(《笛卡尔的诚挚问题》),载 *Philosophical Forum* 2 (1971): 355 – 370。

Cavell, Stanley: *Conditions Handsome and Unhandsome*: *The Constitution of Emersonian Perfectionism*(《条件之优劣》),Chicago: University of Chicago Press,1990。

Choniates, Niketas: *O City of Byzantium*, *Annals of Niketas Choniates*(《拜占庭编年史》),Harry J. Magoulias 译,Detroit: Wayne State University Press,1984。

Cicero: *De divinatione*(《论神性》), W. A. Falconer 译, Cambridge: Harvard University Press,1923。

——: *Tusculanae disputationes*(《图斯库卢姆清谈录》),J. E. King 译,Cambridge: Harvard University Press,1927。

Clarke, Desmond: *Descartes' Philosophy of Science*(《笛卡尔的科学哲学》), University Park: Pennsylvania State University Press,1982。

Clay, Jenny Strauss: *The Wrath of Athena*: *Gods and Men in the Odyssey* (《雅典娜的愤怒:〈奥德赛〉中的神们和人们》),Princeton: Princeton University Press,1982。

Clement of Alexandria: *Exhortation to the Greeks*(《规劝希腊人》), G. W. Butterworth 译,Cambridge: Harvard University Press,1919。

Coby, Patrick: *Socrates and the Sophistic Enlightenment*: *A Commentary on Plato's "Protagoras"*(《苏格拉底与智术师启蒙:柏拉图〈普罗塔戈拉〉义疏》),Lewisburg: Bucknell University Press,1987。

Cole, John R.: *The Olympian Dreams and Youthful Rebellion of René Descartes*(《奥林匹亚之梦与笛卡尔的青年造反运动》),Urbana: University of Illinois Press,1984。

Cooper, Barry: *The End of Philosophy*: *An Essay in Modern Hegelianism* (《哲学的终结:论现代黑格尔主义》),Toronto: University of Toronto Press,1992。

Couissan, Pierre: The Stoicism of the New Academy(《新学园时期的斯多亚

主义》), 载 Myles Burnyeat 编, *The Skeptical Tradition*(《怀疑论传统》),Berkeley: University of California Press,1983,页 31 – 63。

Curley, E. M.:*Descartes against the Skeptics*(《笛卡尔反怀疑主义者》), Cambridge: Harvard University Press,1978。

d'Alembert, Jean Le Rond:*Preliminary Discourse to the Encyclopedia of Diderot*(《狄德罗的百科全书刍议》), Richard N. Schwab 译, Indianapolis: Bobbs Merrill,1963。

Daniel S. J. , Gabriel:*A Voyage to the World of Cartesius*(《笛卡尔世界之旅》),London: Thomas Bennet,1692。

Davis, Michael:*Ancient Tragedy and the Origins of Modern Science*(《古代悲剧与现代科学的起源》), Carbondale: University of Southern Illinois Press,1986。

Del Caro, Adrian:*Nietzsche Contra Nietzsche*(《尼采反尼采》),Baton Rouge: Louisiana State University Press,1989。

Deleuze, Gilles:*Nietzsche and Philosophy*(《尼采与哲学》),Hugh Tomlinson 译,New York: Columbia University Press,1983。

——:*Spinoza*(《斯宾诺莎》),Robert Hurley 译,San Franscisco: City Lights Books,1988。

Descartes' Conversation with Burman(《笛卡尔与布尔曼的对谈》),John Cottingham 译,Oxford: Clarendon Press,1976。

Detwiler, Bruce:*Nietzsche and the Politics of Aristocratic Radicalism*(《尼采和贵族激进主义》),Chicago: University of Chicago Press,1990。

Dewey, Kenneth:*Reconstruction in Philosophy*(《哲学的重建》),增订版, Boston: Beacon Press,1948。

Dortor, Kenneth:"Science and Religion in Descartes' Meditations"(《笛卡尔〈沉思录〉中的科学与宗教》),载 *Thomist* 37 (1973): 313 – 340。

Dürr, Volker:"The Young Nietzsche: Historical Philosophizing, Historical Perspectivism, and the National Socialist Past"(《青年尼采:历史的哲学思考、历史的视角主义和国家社会主义者的往昔》),收于 Volker

Dürr/ Reinhold Grimm/ Kathy Harms 编, *Nietzsche*: *Literature and Values*(《尼采:文学与价值》),Madison: University of Wisconsin Press,1988。

Eden, Robert:*Political Leadership and Nihilism*(《政治领袖与虚无主义》),Gainesville: University Press of Florida,1983。

Eusebius:"The Life of Blessed Emperor Constantine"(《圣康斯坦丁大帝传》),收于 Philip Schaff/ Henry Wallace 主编,*A Selected Library of Nicene and Post – Nicene Fathers of the Christian Church*(《尼西亚时代及其后的教父资料选》),第二辑,第 1 卷,Grand Rapids: Eerdmanns Publishing Co. ,1952 (1890): 481 – 559。

Ferguson, John:*The Heritage of Hellenism*: *The Greek World from* 323 *B. C. to* 31 *B. C.* (《希腊文化遗产》),New York: Harcourt Brace Jovanovich,1973。

Fink, Eugen:"Nietzsche's New Experience of the World"(《尼采对世界的新体验》),收于 Gillespie/ Strong 编 *Nietzsche's New Seas*(《尼采的新海洋》),详后,页 203 – 219。

Fish, Stanley:*Self – Consuming Artifacts*: *The Experience of Seventeenth-Century Literature*(《自我消耗的作品:17 世纪的文学经验》),Berkeley: University of California Press,1972。

Foster, John Burt, Jr. :*Heirs to Dionysus*: *A Nietzschean Current in Literary Modernism*(《狄奥尼索斯的后裔:现代主义文学中的尼采风潮》),Princeton: Princeton University Press,1981。

Galileo Galilei:*Dialogue concerning the Two Chief World Systems*(《关于两大世界体系的对话》),Stillman Drake 译,Berkeley: University of California Press,1967。

Gibbon, Edward:*The History of the Decline and Fall of The Roman Empire*(《罗马帝国衰亡史》),New York: Modern Library,未注明出版日期(1776 – 1778)。

Gillespie, Michael Allen/ Tracy B. Strong 编,*Nietzsche's New Seas*: *Explo-*

rations in Philosophy, *Aesthetics*, *and Politics*(《尼采的新海洋:哲学、美学和政治学中的探险》),Chicago: University of Chicago Press,1988。

Gilman, Sander L. 编, *Begegnungen mit Nietzsche*(《遭遇尼采》),Bonn: Bouvier Verlag,1987。

Gilson, Etienne:*Discours de la méthode*, *texte et commentaire*(《方法谈疏正》),Paris: Librairie philosophique, J. Vrin,1925。

Graybeal, Jean:*Language and 'the Fimine' in Nietzsche and Heidegger*(《尼采与海德格尔作品中的语言和"女性"》),Bloomington: Indiana University Press,1990。

Hallman, Max O.:"Nietzsche's Environmental Ethics"(《尼采的环境伦理学》),载 *Environmental Ethics* 13 (1991): 99 – 125。

Harrison, Peter:"Descartes on Animals"(《笛卡尔论动物》),载 *Philosophical Quarterly* 42 (1992): 219 – 227。

Hartle, Ann:*Death and the Disinterested Spectator*: *An Inquiry into the Nature of Philosophy*(《死亡和漠然的观众》),Albany: State University of New York Press,1986。

Heidegger, Martin:*Nietzsche*(《尼采》),2 卷本,Pfullingen: Neske,1961。

——:*Vorträge und Aufsätze*(《演讲与论文集》),3 卷本,Pfullingen: Neske, 1967 (1954)。

——:*Was heist Denken?* (《什么叫思?》),Tübingen: Niemeyer,1961。

Heller, Erich:*The Importance of Nietzsche*(《尼采的重要性》),Chicago: University of Chicago Press,1988。

Hobbes, Thomas: *Leviathan*(《利维坦》),C. B. Macpherson 编本,Harmondsworth: Penguin Books,1968。

Hume, David:*An Enquiry concerning Human Understanding*(《人类理解研究》),Eric Steinberg 编本,Indianapolis: Hackett Publishing Co. ,1977。

Jaspers, Karl:*Nietzsche*: *An Introduction to the Understanding of His Philosophical Activity*(《尼采》),Charles Wallraff/ Frederick Schmitz 译,Tucson: University of Arizona Press,1965。

Jones, R. F.：*Ancients and Moderns*：*A Study of the Rise of the Scientific Movement in Seventeenth – Century England*(《古代人与现代人：十七世纪英国科学运动的兴起》)，New York：Dover，1982 (1961)。

Joy, Lynn Sumida：*Gassendi the Atomist*：*Advocate of History in an Age of Science*(《原子论者迦桑迪：在科学的时代鼓吹历史》)，Cambridge：Cambridge University Press，1987。

Judovitz, Dalia：*Subjectivity and Representation in Descartes*(《笛卡尔哲学中的主观和表象》)，Cambridge：Cambridge University Press，1988。

Kant, Immanuel：*Critique of Pure Reason*(《纯粹理性批判》)，Norman Kemp Smith 译，New York：St. Martin's Press，1965。

Kedar, Benjamin Z.：*Crusade and Mission*：*European Approaches toward the Muslims* (《十字军和天职》)，Princeton：Princeton University Press，1984。

Kennington, Richard："Descartes ' ' Olympica ' "(《笛卡尔的〈奥林匹卡〉》)，载 *Social Research* 28 (1961)：171 – 204。

——："Descartes and Mastery of Nature"(《笛卡尔和征服自然》)，收于 S. F. Spiker 编，*Organism*，*Medicine*，*and Metaphysics*(《有机体、医学和形而上学》)，Dordrecht：Reidel，1987，201 – 223。

——："Rene Descartes"(《笛卡尔》)，载 Leo Strauss/ Joseph Cropsey 主编，*A History of Political Philosophy*(《政治哲学史》)，第 3 版，Chicago：University of Chicago Press，1987，421 – 439。

Klein, Jacob："Plato's *Phaedo*"(《柏拉图的〈斐多〉》)，收于氏著，*Lectures and Essays*(《演讲与论文集》)，Annapolis：St. John's College Press，1985，275 – 294。

Klug, Brian：Lab Animals, Francis Bacon and the Culture of Science(《试验动物、培根与科学文化》)，载 *Listening* 18 (1983)：54 – 72。

Kojève, Alexandre：*Introduction to the Reading of Hegel*(《黑格尔导读》)，James Nichols Jr. 译，New York：Basic Books，1969。

Krüger, Gerhard："Die Herkunft des Philosophischen Selbstbewusstseins"

（《哲学的自我意思的起源》），载 *Logos* 22 (1933)：225 – 272。

Lachterman，David：*The Ethics of Geometry*：*A Genealogy of Modernity*（《几何学的伦理学：现代性的谱系》），New York：Routledge，1989。

Lalande，A.："Sur quelques textes de Bacon et de Descartes"（《论培根和笛卡尔的某些文本》），载 *Revue de Métaphysique et de morale* 18 (1911)：269 – 311。

Lampert，Laurence：*Nietzsche's Teaching*：*An Interpretation of "Thus Spoke Zarathustra"*（《尼采的教诲：解读〈扎拉图斯特拉如是说〉》），New Haven：Yale University Press，1986。

——："Yeats's Nietzschean Dialogue"（《叶芝的尼采式对话》），载 *Yeats*：*An Annual of Critical and Textual Studies* 11 (1993)。

Laymon，Ronald："Transubstantiation：Test Case for Descartes' Theory of Space"（《变体论》），载 Lennon，Nicholas，Davis 编 *Problems of Cartesianism*，149 – 170。

Lea，Charles：*A History of the Inquisition of the Middle Ages*（《中世纪宗教审判史》），3 卷，New York：Russell and Russell，1955 (1887)。

——：*A History of the Inquisition of Spain*（《西班牙宗教审判史》），3 卷，New York：American Scholars Publications，1966 (1906 – 1907)。

Leiss，William：*The Domination of the Nature*（《征服自然》）Boston：Beacon Press，1974。

Lennon，Thomas M.，John W. Nicholas，John W. Davis 编：*Problems of Cartesianism*（《笛卡尔哲学问题集》），Kingston and Montreal：McGill – Queen's University Press，1982。

Lingis，Alphonso："Black Stars：The Pedigree of the Evaluators"，载 *Graduate Faculty Philosophy Journal* 15，no. 2 (1991)：67 – 91。

Livy，*Histories*（《历史》），B. O. Foster 译，Cambridge：Harvard University Press，1919。

Locke，John：*Two Treatises of Government*（《政府二论》），Peter Laslett 编，New York：New American Library，1965 (1960)。

Löwith，Karl：*Mein Leben in Deutschland vor und nach* 1933：*Ein Bericht*（《我 1933 年前后在德国的生活》），Stuttgart：Metzler，1986。

——：*Nietzsches Philosophie der ewigen Wiederkehr des Gleichen*（《尼采的"相同者的永恒复返"哲学》），第 3 版，Hamburg：Felix Meiner Verlag，1978（1935）。

Lucretius：*De Rerum Natura*（《物性论》），W. H. D. Rouse 译，Cambridge：Harvard University Press，1975（1924）。

McGowan，Margaret：*Montaigne's Deceits*（《蒙田的诡计》），London：London University Press，1974。

Machiavelli，Niccolò：*The Prince*（《君主论》），Harvey C. Mansfield，Jr. 译，Chicago：University of Chicago Press，1985。

——：*The Prince and the Discouses*（《〈君主论〉与李维史论》），New York：Random House，1950。

McIntyre，Alex："'Virtuosos of Contempt：'An Investigation of Nietzsche's Political Philosophy through Certain Platonic Political Ideas"（《蔑视的大师们：从柏拉图式政治观念看尼采的政治哲学》），载 *Nietzsche Studien* 21（1992）：184 – 210。

Maimonides，Moses：*The Guide of the Perplexed*（《迷途指津》），Shlomo Pines 译，Chicago：University of Chicago Press，1963。

Maritain，Jacques：*The Dream of Descartes*（《笛卡尔之梦》），Mabelle L. Andison 译，New York：The Philosophical Library，1940。

May，Keith M. ：*Nietzsche and Modern Literature*（《尼采与现代文学》），New York：St. Martin's Press，1988。

Medawar，P. W. ："On 'the Effecting of All Things Possible'"（《论"实现一切可能实现之事"》），收于氏著，*The Hope of Progress*（《进步的希望》）New York：Anchor Books，1973，119 – 138。

Merchant，Caroline：*The Death of Nature：Women，Ecology and the Scientific Revolution*（《自然之死：女人、生态与科技革命》），San Francisco：Harper and Row，1980。

Meyendorf, John: "Byzantine Views of Islam"(《拜占庭眼中的伊斯兰》),载 *Dumbarton Oaks Papers* 18 (1964): 115 - 132。

Montaigne, Michel de: *Essays*(《随笔》), Donald Frame 译, Stanford: Stanford University Press, 1965。

Müller - Lauter, Wolfgang: *Nietzsche, seine Philosophie der Gegens? tze und die Gegens? tze seiner Philosophie*(《尼采:他的对立哲学及其哲学的对立》), Berlin: Walter de Gruyter, 1971。

Nancy, Jean - luc: "Larvatus pro deo"(《为了上帝而戴上面具》),载 Glyph: Textual Studies 2 (1977): 14 - 36。

Nicolas, M. - P.: *From Nietzsche down to Hitler*(《从尼采滑到希特勒》), E. G. Echlin 译, Port Washington: Kennikat Press, 1970 (1938)。

Friedrich Nietzsche on Rhetoric and Language(《尼采论修辞和语言》), Sander L. Gilman, Carole Blair, David J. Parent 编译, New York: Oxford University Press, 1989。

Norton, Grace: *The Influence of Montaigne* (《蒙田的影响》), Boston: Houghton Mifflin, 1908。

Norwood, Gilbert: *Greek Comedy*(《古希腊喜剧》), New York: Hill and Wang, 1963 (1931)。

Ottmann, Henning: *Philosophie und Politik bei Nietzsche*(《尼采的哲学与政治》), Berlin: Walter de Gruyter, 1987。

Pacheco, Juan Manuel: "Un amigo de Descartes en el Nuevo Reino",载 *Revista Javeriana* [Bogota] 51 (1959): 315 - 321。

Pagels, Elaine: *Adam, Eve, and the Serpent*(《亚当、夏娃和蛇》), New York: Vintage Books, 1988。

Paterson, Timothy: "Bacon's Myth of Orpheus: Power as a Goal of Science in *Of the Wisdom of the Ancients*"(《培根的俄耳甫斯神话》)载 *Interpretation: A Journal of Political Philosophy* 16 (1989): 427 - 444。

——: "On the Role of Christianity in the Political Philosophy of Francis Bacon"(《基督教在培根政治哲学中的角色》),载 *Polity* 19 (1987):

419 – 442。

——："The Secular Control of Scientific Power in the Political Philosophy of Francis Bacon"(《培根政治哲学中对科学力量的世俗约束》),*Polity* 21 (1989)：457 – 480。

Patrick, Max J.："Hawk versus Dove：Francis Bacon's Advocacy of a Holy War by James 1 against the Turks"(《鹰与鸽：培根与詹姆士一世针对土耳其的各战辩护》),*Studies in the Literary Imagination* 4 (1971)：159 – 171。

Penrose, S. B. L.："The Reputation and Influence of Francis Bacon"(《培根的名声和影响》),博士论文,Columbia University, 1934。

Perez – Ramos, Antonio：*Francis Bacon's Ideal of Science and the Maker's Knowledge Tradition*(《培根的科学观和制造者的知识》),Oxford：Clarendon Press, 1988。

Philo of Alexandria：*On the Contemplative Life*(《论沉思的生活》),F. H. Colson 译,Cambridge：Harvard University Press, 1941。

Picht, Georg：*Nietzsche*(《尼采》),Stuttgart：Klett – Cotta, 1988。

Plato：*Alcibiades*(《阿尔喀比亚德》),W. R. M. Lamb 译,Cambridge：Harvard University Press, 1917。

——：*The Apology of Socrates*(《苏格拉底的申辩》),Thomas G. West and Grace Starry West 译,收于 *Four Texts on Socrates*, Ithaca：Cornell University Press, 1984。

——：*Euthyphro*(《游叙弗伦》),H. N. Fowler 译,Cambridge：Harvard University Press, 1914。

——：*Laws*(《法义》),Thomas L. Pangle, New York：Basic Books, 1979。

——：*Lesser Hippias*(《希琶阿斯后篇》),James Leake，收于 Thomas L. Pangle 编,*The Roots of Political Philosophy：Ten Forgotten Socratic Dialogues*, Ithaca：Cornell University Press, 1987。

——：*Phaedo*(《斐多》),H. N. Fowler, Cambridge：Harvard University Press, 1914。

——: *Phaedrus*(《斐德若》), H. N. Fowler, Cambridge: Harvard University Press, 1914。

——: *Republic*(《王制》), Allan Bloom, New York: Basic Books, 1968。

——: *Sophist*(《智术师》), 收于 Seth Benardete 译, *The Being of the Beautiful: Plato's "Theaetetus", "Sophist", and "Statesman"*, Chicago: University of Chicago Press, 1984。

——: *Symposium*(《会饮》), W. R. M. Lamb 译, Cambridge: Harvard University Press, 1925。

Platt, Michael: "In the Middle of Montaigne"(《蒙田作品的中间位置》), 载 Daniel Martin 编, *The Order of Montaigne's Essays*, Amberst: University of Massachusetts and Hestia Press, 1989, 124 – 143。

Popkin, Richard H.: "Cartesianism and Biblical Cristicism"(《笛卡尔哲学与圣经批评》), 载 Lennon, Nicolas, Davis 编, *Problems of Cartesianism*, 61 – 81。

——: The History of Scepticism from Erasmus to Spinoza(《从伊拉斯莫到斯宾诺莎的怀疑传统》), Berkeley: University of California Press, 1979。

Rachels, James: *Created from Animals: The Moral Implication of Darwinism*(《从动物中创造:达尔文主义的道德含义》), Oxford: Oxford University Press, 1990。

Redondi, Pietro: *Galileo Heretic*(《异端伽利略》), Raymond Rosenthal 译, Princeton: Princeton University Press, 1987。

Reiss, Timothy J,: "Descartes, the Palatine, and the Thirty Years War: Political Theory and Political Practice"(《笛卡尔、巴拉丁及三十年战争》), 载 *Yale French Studies* 80 (1992):108 – 145。

Rosen, Stanley: *The Ancients and the Modern: Rethinking Modernity*(《古今之争:重思现代性》), New Haven: Yale University Press, 1989。

——: *Hermeneutics as Politics*(《作为政治的解释学》), New York: Oxford University Press, 1986。

——: *The Quarrel between Philosophy and Poetry: Studies in Ancient*

Thought(《诗与哲学之争》),New York：Routledge，1988。

——："Suspicion，Deception，and Concealment"(《怀疑、欺骗和隐藏》)，
  Arion 3d ser. Vol.1，no.2（1991）：112－127。

Rossi，Paoli：*Philosophy，Technology and the Arts in the Early Modern Era*
  (《近代的哲学、科技和人文》)，Salvator Attanasio 译，New York：Har-
  per Torchbooks，1970。

Roth，Leon：*Descartes' Discourse on Method*(《笛卡尔的〈方法谈〉》)，Ox-
  ford：Clarendon Press，1937。

Rousseau，Jean－Jacques：*On the Social Contract*(《社会契约论》)，Roger
  D. Masters 编，Judith R. Masters 译，New York：St. Martin's
  Press，1978。

Salaquarda，Jorg："Studien zur Zweiten unzeitgemässen Betrachtung"(《研
  究两次不合时宜的考察》)，载 *Nietzsche Studien* 13（1984）：1－45。

Santillana，Giorgio de.：*The Crime of Galileo*(《伽利略的罪行》)，Chicago：
  University of Chicago Press，1955。

Schaefer，David Lewis：*The Political Philosophy of Montaigne*(《蒙田的政治
  哲学》)，Ithaca：Cornell University Press，1990。

Scott，J. F.：*The Scientific Work of René Descartes*(《笛卡尔的科学著作》)，
  London：Taylor and Francis，1952。

Sessions，William A.："Francis Bacon and the Classics：The Discovery of
  Discovery"(《培根与古典》)，载氏编，*Francis Bacon's Legacy of
  Texts*，237－253。

——：编，*Francis Bacon's Legacy of Texts*(《培根的遗产》)，New York：A.
  L. Burt，1990。

Simpson，David："Putting One's House in Order：The Career of the Self in
  Descartes' Method"(《整修某人的房子》)，载 *New Literary History* 9
  （1977）：83－101。

Spencer，Herbert：*The Data of Ethics*(《伦理学原理》)，New York：A. L.
  Burt，1879。

Starnes, Colin: *The New Republic: A Commentary on Book 1 of More's Utopia Showing Its Relation to Plato's Republic*(《新理想国:注意莫尔〈乌托邦〉与柏拉图〈王制〉的关系》),Waterloo, Ont.: Wilfrid Laurier University Press, 1990。

State, Henry: *Nietzsche's Voice*(《尼采的声音》),Ithaca: Cornell University Press, 1990。

Stauth, Georg, and Bryan S. Turner: *Nietzsche's Dance*(《尼采的舞蹈》), Oxford: Blackwell, 1988。

Stephens, James: *Francis Bacon and the Style of Science*(《培根和科学的风格》),Chicago: University of Chicago Press, 1975。

Strauss, Leo: The Argument and the Action of Plato's *"Laws"*(《柏拉图〈法义〉的论证与情节》),Chicago: University of Chicago Press, 1975。

——: "How Farabi Read Plato's Laws"(《法拉比如何阅读柏拉图〈法义〉》),收于 *What Is Political Philosophy?* 134 – 154。

——: *Natural Right and History*(《自然权力与历史》),Chicago: University of Chicago Press, 1953。

——: "Note on the Plan of Nietzsche's *Beyond Good and Evil*"(注意尼采《善恶的彼岸》的谋篇),收于 *Studies in Platonic Political Philosophy*, 174 – 191。

——: *On Tyranny*(《论僭政》),Victor Gourevitch and Michael S. Roth. Rev. and expanded ed. New York: The Free Press, 1991 (1948)。

——: *Persecution and the Art of Writing*(《迫害和写作的艺术》),Glencoe, III.: The Free Press, 1952。

——: *Philosophy and Law: Essays toward the Understanding of Maimonides and His Predecessors*(《哲学与律法》),Fred Baumann 译,Philadelphia: The Jewish Publications Society, 1987 (1935)。

——: *The Political Philosophy of Thomas Hobbes*(《霍布斯的政治哲学》),Elsa M. Sinclair 译,Chicago: University of Chicago Press, 1952 (1936)。

——: *Spinoza's Critique of Religion*(《斯宾诺莎的宗教批判》),E. M. Sinclair 译,New York: Schocken Books, 1965 (1930)。

——: *Studies in Platonic Political Philosophy*(《柏拉图式政治哲学》),Chicago: University Chicago Press, 1983。

——: *Thoughts on Machiavelli*(《思索马基雅维里》),Chicago: University Chicago of Press, 1978 (1958)。

——: *What Is Political Philosophy? And Other Studies*(《什么是政治哲学?》),Glencoe, III.: The Free Press, 1959。

Studer, Heidi: "'Grapes III – Trodden...': Francis Bacon and the Wisdom of the Ancients"(《"遭到践踏的葡萄……":培根与古人的智慧》),博士论文,University of Toronto, 1992。

Tacitus: *The Histories*(《历史》), Clifford H. Moore 译,London: William Heinemann, 1925。

Temple, William: *Nature, Man and God*(《自然、人与神》),Gifford Lectures, 1933 – 1934, London: Macmillan and Co. , 1934。

Thiele, Leslie Paul: *Friedrich Nietzsche and the Politics of the Soul*(《尼采和灵魂的政治学》), Princeton: Princeton University Press, 1990。

Toland, John: *Tetradymus*(《四根》),London, 1720。

Toulmin, Stephen: *Cosmopolis, the Hidden Agenda of Modernity*(《大同国:现代性的隐秘议程》),New York: Free Press, 1990。

Trevor – Roper, Hugh: *Archibishop Laud*(《马卡齐奥大主教》),London: Macmillan, 1965 (1940)。

——: *Catholics, Anglicans and Puritans: Seventeenth Century Essays*(《天主教徒、英国国教徒和清教徒》),Chicago: University of Chicago Press, 1988。

——: *The Crisis of the Seventeenth Century: Religion, The Reformation and Social Change*(《十七世纪的危机:宗教、宗教改革与社会变动》),New York: Harper and Row, 1968。

——: "Francis Bacon"(《培根》),载 *Encounter* 18, no. 2 (Feb. 1962): 73 – 77。

——: *Men and Events* (《人与事件》), New York: Harper and Brothers, 1957。

——: *Renaissance Essays*(《文艺复兴时期的随笔》), Chicago: University of Chicago Press, 1985。

Urbach, Peter: *Francis Bacon's Philosophy of Science*(《培根的科学哲学》), La Salle, Ill. : Open Court, 1987。

Van de Pitte, Friederick: "The Dating of Rule IV – B in Descartes's *Regular ad directionem ingenii*"(《笛卡尔〈探求真理的指导原则〉年代测定》), 载 *Journal of the History of Philosophy* 29 (1991): 375 – 395。

Vartanian, Aram: *La Mettrie's L'homme Machine: A Study in the Origins of an Idea*(《拉美特立的〈人是机器〉》), Princeton: Princeton University Press, 1960。

Vico, Giambattista: *The Autobiography of Giambattista Vico*(《维科自传》), Max Harold Fish and Thomas Goddard Bergin 译, Ithaca: Cornell University Press, 1963。

Victoria, Francisco de: *Political Writings*(《政治作品集》), Anthony Pagden and Jeremy Lawrance 译, Cambridge: Cambridge University Press, 1991。

Watson, Richard A. : "Transubstantiation among the Cartesians"(《笛卡尔派的变体论》), 收于 Lennon, Nicolas, Davis 编, *Problems of Cartesianism*, 127 – 148。

Webster, Charles: *The Great Instauration: Science, Medicine, and Reform*, 1626 – 1600(《伟大的复兴:1626 – 1660 年的科学、医学和改革》), New York: Holmes and Meyer, 1976。

Weinberger, Jerry: "Introduction", 见 *New Atlantis and The Great Instauration*(《〈新大西岛〉和〈伟大的复兴〉前言》), edited by Jerry Weinberger. Rev. ed. Arlington Heights, Ill. : Harlan Davidson, 1989。

——: "On Bacon's *Advertisement Touching a Holy War*"(《培根的〈宣告一场圣战〉》), 载 *Interpretation: A Journal of Political Philosophy* 9

(1981): 191 - 206。

——: *Science*, *Faith*, *and Politics*: *Francis Bacon and the Utopian Roots of the Modern Age*(《科学、信仰和政治:培根与现代乌托邦根源》),Ithaca: Cornell Univrsity Press, 1985。

Wheeler, Harvey: "Francis Bacon's New Atlantis: The 'Mould' of a Lawfinding Commonwealth"(《培根的〈新大西岛〉》),收于 Sessions 编,*Francis Bacon's Legacy of Texts*, 291 - 310。

——: "The Invention of Modern Empiricism: Juridical Foundation of Francis Bacon's Philosophy of Science"(《现代经验主义的发明》),载 *Law Library Journal* 76 (1983): 78 - 120。

White, Alan: *Within Nietzsche's Labyrinth*(《在尼采的迷宫中》),New York: Routledge, 1990。

White, Howard B.: *Peace among the Willows*: *The Political Philosophy of Francis Bacon*(《柳林中的和平:培根的政治哲学》),The Hague: Martinus Nijhoff, 1968。

Whitney, Charles: Francis Bacon and Modernity(《培根与现代性》),New Haven: Yale University Press, 1986。

——: "Francis Bacon's *Instauratio*: Dominion of and over Humanity"(《培根的〈复兴〉:人道内外》),载 *Journal of the History of Ideas* 50, no. 3 (1989): 371 - 390。

Wittgenstein, Ludwig: Tractatus Logio - Philosophicus(《逻辑哲学论》),D. F. Pears and B. F. McGuiness 译,London: Routledge and Kegan Paul, 1963 (1921)。

Woodbrige, Benjamin M.: "The *Discours de la méthode* and the Spirit of the Renaissance"(《〈方法谈〉和文艺复兴精神》),载 *Romantic Review* 24 (1933): 136 - 142。

Yack, Bernard: *The Longing for Total Revolution*: *Philosophical Sources of Social Discontent from Rousseau to Marx and Nietzsche*(《渴望全面革命》),Princeton: Princeton University Press, 1986。

Yates, Frances: *Astraea: the Imperial Theme in the Sixteenth Century*(《正义女神:十七世纪的帝国主题》),London: Ark, 1985 (1975)。

——: *Giordano Bruno and the Hermetic Tradition*(《布鲁诺与解释传统》),Chicago: University of Chicago Press, 1982。

——: *The Rosicrucian Enlightenment*(《玫瑰十字会的启蒙运动》),London: Routledge and Kegan Paul, 1978。

Yeats, William Butler: *The Poems*(《诗集》),Rev. ed. Edited by Richard J. Finneran. New York: Macmillan, 1989。

——: *A Vision*(《幻相》),New York: Macmillan, 1956 (1937)。

Yovel, Yirmiyahu: *Spinoza and Other Heretics*(《斯宾诺莎及其他异端》),2卷,Princeton: Princeton University Press, 1989。

Zagorin, Peter: *Ways of Lying: Dissimulation, Persecution and Conformity in Early Modern Europe*(《说谎之道》),Cambridge: Harvard University Press, 1990。

索　引

experience, 357; as philosophizing god, 381. *See also* Pessimism: Dionysian
Dioptrics (Descartes), 174, 188, 200–202, 223, 261
Diotima (*Symposium*), 383–84, 387
Discourse on the Method (Descartes), 12, 13, 61, 302; addressed to "you," 208, 213; as anonymous, 173; its audience, 208–9; and Bacon's project, 155; and the break with Socrates, 171–80; and the Cartesian circle, 239–44; on certainty, 238–45 (*see also* Certainty); and Descartes's predecessors, 169; its evolutionary cosmology, 178, 250–59; as a fable, 173–74, 213, 218, 230, 255, 267; and foundations (*see* Foundations, problem of); and good sense, 207–10; the method of, 220–27, 399; on philosophy, 152; its place in Descartes's writings, 167–69; the provisional morality, 168, 206, 227–34, 236–37; and the prudent legislator, 214–20; role of metaphysics in, 167; why to publish, 146, 187–89, 191, 198–206
Dissimulation, virtue of, 1, 10, 26, 160, 185–86, 246, 260, 263, 278. *See also* Esotericism
Dorter, Kenneth, 248n26
Dualism, in Descartes, 9, 162, 260–61, 263, 269
Dunn, George, 171
Dürr, Volker, 285n4

Earth: love of, 376; loyalty to, 6, 302, 354, 385, 404, 432
Ecce Homo (EH) (Nietzsche), 20, 141, 406, 422; on Bacon, 17; on history, 375; and The Joyous Science, 311, 438; on Luther, 362; and morality, 325; and nature, 438; on Nietzsche's books, 276, 361; on politics, 388; on style, 306; on taste, 395
Ecology, 278–79, 404
Eden, Robert, 302n1, 413n14
Eliot, George, 413
Eliot, T. S., 69, 430–31
Elizabeth, Princess, 149, 163–65, 263
Elizabeth I (Queen of England), 93, 94, 96, 106, 109
Ellis, Robert, 115n29, 120n4
Emerson, Ralph Waldo, 301

Enlightenment, 9, 25, 248, 325, 359, 360, 361, 366
Envy, 36, 48
Epicurus, 248, 269, 341, 419, 444; and Christianity, 400–401, 405; in the history of philosophy, 315, 370, 389, 423–28; and Nietzsche, 136, 287, 391
Epistemology, 279–80, 316, 346, 350n19, 384
Equality, 361, 377, 385, 386, 414, 429, 430
Erasmus (Erasmianism), 68, 75, 248, 363
Ericthonius, 36n7
Eros, 324, 380, 383
Esotericism, 1, 8–11, 125–26, 293, 322n5, 342, 444; Bacon's, 22; Descartes's, 160–67, 260; Nietzsche's, 276–77, 306–10. *See also* Writing, art of
Essays or Counsels Civil and Moral (Bacon), 22n3; "Of Counsel," 98; "Of Custom and Education," 39, 73, 94, 107; "Of Delays," 75; "Of Friendship," 148, 262; "Of Goodness and Goodness of Nature," 38, 114, 137; "Of Great Place," 38; "Of Love," 58; "Of Nature in Men," 39; "Of Seditions and Troubles," 54; "Of the True Greatness of Kingdoms and Estates," 72; "Of Truth," 58; "Of Unity in Religion," 53, 96; "Of Vicissitude of Things," 90, 114; "Of Wisdom for a Man's Self," 74
Eternal return, 357, 384, 417, 420, 432, 441; in The Joyous Science, 300, 316, 399, 402–5, 422; as the new highest good, 297–98, 301; and the will to eternalize, 402–5; and will to power, 338, 339, 381–82, 440. See also Amor fati
Eupolis (Athenian comic poet), 75n11
Eupolis (in Holy War), 71–72, 79, 140; his amendment, 95–96; his assigned speech, 91; his assigning of the speeches, 84–85, 102; on the ends of holy war, 95–96; as Fifth Essence, 74–75, 87; and moderation, 80, 98; and Pollio, 73–77
European, good, 357, 430–32
Eusebius, Bishop of Caesarea, 72, 78, 78n14, 90
Eusebius (in Holy War): his assigned speech, 85, 91; and moderation, 80; his muteness, 71–72, 78, 90

图书在版编目（CIP）数据

尼采与现时代：解读培根、笛卡尔与尼采/（加）劳伦斯·朗佩特
(Laurence Lampert) 著；李致远，彭磊，李春长译. --2 版. --北京：
华夏出版社有限公司，2023.4
（西方传统：经典与解释）
书名原文: Nietzsche and Modern Times: A Study of Bacon, Descartes,
and Nietzsche
ISBN 978-7-5222-0429-1

Ⅰ.①尼… Ⅱ.①劳… ②李… ③彭… ④李… Ⅲ.①培根(Bacon,
Francis 1561－1626)－哲学思想 ②笛卡尔(Descartes, Rene 1596－1650)
－哲学思想－研究 ③尼采（Nietzsche, Friedrich Wilhelm 1844－1900)
－哲学思想－研究 Ⅳ.①B561.21 ②B565.21 ③B516.47

中国版本图书馆 CIP 数据核字 (2022) 第 210706 号

北京市版权局著作权合同登记号：图字 01-2006-3428 号

尼采与现时代——解读培根、笛卡尔与尼采

作 者	[加]劳伦斯·朗佩特	
译 者	李致远 彭 磊 李春长	
责任编辑	刘雨潇	
责任印制	刘 洋	
出版发行	华夏出版社有限公司	
经 销	新华书店	
印 装	北京汇林印务有限公司	
版 次	2023 年 4 月北京第 2 版 2023 年 4 月北京第 1 次印刷	
开 本	880×1230 1/32	
印 张	17.25	
字 数	464 千字	
定 价	118.00 元	

华夏出版社有限公司 地址：北京市东直门外香河园北里 4 号 邮编：100028
网址:www.hxph.com.cn 电话:(010)64663331(转)
若发现本版图书有印装质量问题，请与我社营销中心联系调换。